Outros livros da série *Use a Cabeça* [alguns ainda sem publicação no Brasil]

Use a Cabeça Desenvolvimento para Android

Use a Cabeça C#

Use a Cabeça Análise de Dados

Use a Cabeça Padrões de Projetos

Head First Git

Head First Go

Use a Cabeça Java

Use a Cabeça Programação JavaScript

Head First Kotlin

Use a Cabeça Aprenda a Programar

Use a Cabeça Análise e Projeto Orientado ao Objeto

Use a Cabeça Programação

Use a Cabeça Desenvolvimento de Software

Use a Cabeça SQL

Use a Cabeça Estatística

Head First Swift

Use a Cabeça Web Design

Elogios à Terceira Edição do *Use a Cabeça Python*

"O Python existe desde 1991, mas ultimamente voltou com força total devido ao aprendizado de máquina e aos ambientes Jupyter. Como essa linguagem mudou ao longo de muitos anos, pode ser difícil saber como começar. O *Use a Cabeça Python* não mostra só o básico, mas corta toda a parte desnecessária. Você gostará de desenvolver um aplicativo real com uma história divertida e real enquanto cria notebooks e implanta um aplicativo viável na web. Se o Python está em sua lista de tarefas, comece com este livro!"

— **Daniel Hinojosa, desenvolvedor/instrutor/apresentador**

"Um ótimo começo para a poderosa linguagem de programação do Python, levando você em uma jornada educativa e intrigante ao criar um aplicativo desde o conceito até um webapp online."

— **Michael Hopkins, geocientista profissional, PMP**

"O *Use a Cabeça Python* proporciona uma experiência de aprendizagem envolvente, parecendo que um tutor amigo e experiente o guia pessoalmente. Com um equilíbrio perfeito de um conteúdo divertido e informativo, este livro torna o aprendizado da linguagem Python divertido e eficaz."

— **William Jamir Silva, Anaconda, Inc., engenheiro de software**

"Uma forma divertida de aprender a programar com Python, usando as mesmas ferramentas de desenvolvimento que meus colegas utilizam no dia a dia. O livro inclui uma progressão de desafios que me levaram a resolver problemas que eu não conseguia abordar no início. Ele tem uma introdução sucinta e valiosa para a codificação 'no estilo Python' que reconhece que há 'mais de uma forma de fazê-lo'."

— **Dave Marsden, arquiteto de nuvem, CTS**

Use a Cabeça Python™
Terceira Edição

Paul Barry

ALTA BOOKS
EDITORA
Rio de Janeiro, 2025

Use a Cabeça Python – 3ª Edição

ISBN: 978-85-508-2687-5

Impresso no Brasil — 3ª Edição, 2025 — Edição revisada conforme o Acordo Ortográfico da Língua Portuguesa de 2009.

Dados Internacionais de Catalogação na Publicação (CIP)

B281p
3.ed. Barry, Paul
Use a Cabeça Python: o guia de aprendizagem para os fundamentos da programação em Python/ Paul Barry ; tradução de Eveline Machado. - 3.ed. - Rio de Janeiro: Alta Books, 2025.
656 p.; il.; 17 x 24 cm.

Título original: *Head First Python.*
ISBN 978-85-508-2687-5

1. Python (Linguagem de programação). 2. Programação de computadores. 3. Desenvolvimento de software. 4. Ciência de dados. I. Machado, Eveline. II. Título.
CDD 005.133

Índice para catálogo sistemático:

1. Python (Linguagem de programação) 005.133
2. Programação de computadores 005.1

Grupo Editorial Alta Books

Diretor Editorial: Anderson Vieira.
Vendas ao Governo: Cristiane Mutüs.
Gerência Marketing: Viviane Paiva.

Produtora Editorial: Isabella Gibara.
Tradução e Copidesque: Eveline Machado.
Revisão Gramatical: Denise Himpel.
Diagramação: Ana Lúcia Quaresma.
Revisão Técnica: Jhonatan Pereira.
(Desenvolvedor de Software)

ALTA BOOKS
GRUPO EDITORIAL

Rua Viúva Cláudio, 291 — Bairro Industrial do Jacaré
CEP: 20.970-031 — Rio de Janeiro (RJ)
Tels.: (21) 3278-8069 / 3278-8419
www.altabooks.com.br — altabooks@altabooks.com.br
Ouvidoria: ouvidoria@altabooks.com.br

Editora **afiliada à:**

abdr

ASSOCIADO CBL Câmara Brasileira do Livro

Dedicado, mais uma vez, à comunidade Python.

A todas as pessoas generosas que continuam trabalhando para fazer do Python a maravilhosa tecnologia de programação que ele é. Obrigado.

Paul Barry

Paul Barry vive com sua esposa Deirdre em Carlow, Irlanda, uma pequena cidade localizada a 80km de Dublin. Seus três filhos adultos (Joseph, Aaron e Aideen) "deixaram o ninho" recentemente.

Paul trabalha na South East Technological University (SETU), localizada no Kilkenny Road Campus, Carlow, onde dá palestras fazendo parte do Departamento de Computação acadêmico. Paul deu aulas por *muito* tempo, e vem usando a linguagem Python com todos os seus alunos por quase quinze anos.

Paul tem mestrado e licenciatura em Computação, e é pós-graduado em Aprendizagem e Ensino. Ele nunca chegou a fazer doutorado, por isso ninguém deve se referir a ele como "professor", mas ele se diverte quando acontece.

Paul passou parte dos anos 1980 e 1990 trabalhando no setor de TI, principalmente na área de saúde no Canadá. Ele também escreveu outros livros e — na época — foi editor colaborador na revista *Linux Journal.*

Tudo isso (infelizmente) significa que Paul *está envelhecendo um pouco.* Por favor, não conte a ninguém.

Índice Remissivo (Sumário)

Conteúdo

Introdução

Seu cérebro com Python. Aqui você está tentando aprender algo e aqui seu cérebro está lhe fazendo um favor assegurando que a aprendizagem não se fixe. Seu cérebro está pensando: "É melhor deixar espaço para coisas mais importantes, como quais animais selvagens evitar e se fazer snowboard nu é uma má ideia." Então, como fazer seu cérebro pensar que sua vida depende de saber programar em Python?

0

por que Python?

Parecido, mas Diferente

O Python começa contando do zero, o que deve ser familiar. Na verdade, o Python tem muito em **comum** com outras linguagens de programação. Existem **variáveis**, **loops**, **condicionais**, **funções** e afins. Neste capítulo de abertura, faremos um **tour avançado e rápido** pelos conceitos básicos do Python, apresentando a linguagem sem detalhar muito. Você aprenderá a **criar** e **executar** código com o Jupyter Notebook (rodando no VS Code). Verá como muitas funcionalidades de programação vêm **predefinidas** no Python, que você **utilizará** para fazer as coisas. Também aprenderá que, embora o Python compartilhe muitas de suas ideias com outras linguagens de programação, como elas se manifestam em seu código pode ser bem **diferente**. Agora, não entenda mal: estamos falando sobre algo **bom** e diferente, não sobre uma diferença *ruim*. Leia para saber mais...

mergulhando

1 Cause um Impacto

A melhor forma de aprender uma nova linguagem é programando. E se você for escrever código, precisará de um problema **real**. Por sorte, temos um. Neste capítulo, você começará sua jornada de desenvolvimento de aplicativos Python causando impacto em nosso grande amigo, **Coach de Natação**. Você começará com as **strings** Python, aprendendo a **manipulá-las** como quiser, tentando produzir uma solução baseada em Python para o problema do Coach. Também verá mais da estrutura de dados **lista** predefinida do Python, aprenderá como as **variáveis** funcionam e descobrirá como ler as **mensagens de erro** do Python sem surtar, ao mesmo tempo resolvendo um problema *real* com código Python *real*. Mergulharemos (de cabeça)...

2

listas de números

Processando Dados de Listas

Quanto mais código você escreve, melhor fica. Simples assim. Neste capítulo, você continua a criar código Python para ajudar o Coach. Você aprende a **ler** os dados de um **arquivo** de dados fornecido pelo Coach, colocando suas linhas em uma **lista**, uma das **estruturas de dados** predefinidas mais poderosas do Python. Além de criar listas a partir dos dados do arquivo, também aprenderá como criar listas do zero, **aumentando** a lista **dinamicamente** conforme a necessidade. E processará as listas usando uma das construções de loop mais populares do Python: o loop **for**. Você **converterá** os valores de um formato de dados em outro e fará um novo melhor amigo (o próprio **BFF** Python). Já chega de conversa fiada; é hora de arregaçar as mangas e voltar ao trabalho.

lista de arquivos

3 Funções, Módulos e Arquivos

O código não pode viver em um notebook para sempre. Ele quer ser livre. E quando se trata de libertar seu código e **compartilhá-lo** com outras pessoas, uma **função** personalizada é o primeiro passo, seguida logo atrás por um **módulo**, que permite organizar e compartilhar seu código. Neste capítulo, você criará uma função diretamente a partir do código que escreveu até agora e, no processo, também criará um módulo **compartilhável**. Você colocará seu módulo imediatamente em operação quando processar os dados de natação do Coach com os loops **for**, as declarações **if**, os testes condicionais e a **PSL** (*Biblioteca Padrão do Python*). Aprenderá a **comentar** suas funções também (sempre uma *boa ideia*). Há muito o que fazer, então vamos lá!

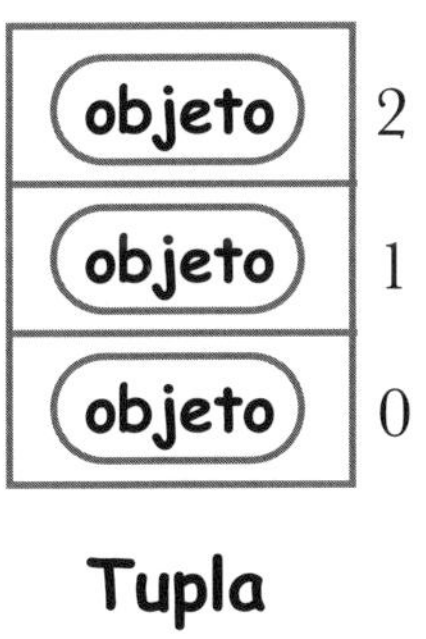

4

literais de string formatadas

Crie Gráficos com Dados

Às vezes são as abordagens mais simples que fazem o trabalho. Neste capítulo você finalmente começa a produzir gráficos de barras para o Coach. Você fará isto usando apenas **strings**. Você já sabe que as strings do Python têm uma **bondade predefinida** e as **literais de string formatadas** do Python, ou seja, as *f-strings*, melhoram o que é possível de formas bem organizadas. Pode parecer estranha a proposta de criar gráficos de barra com texto, mas, como está prestes a descobrir, não é tão *absurdo* quanto parece. Ao longo do caminho você usará o Python para criar **arquivos**, bem como inicializar um navegador com apenas algumas linhas de código. Por fim, o Coach consegue o que quer: a **geração automática** de gráficos a partir de seus dados dos tempos de natação. Vamos lá!

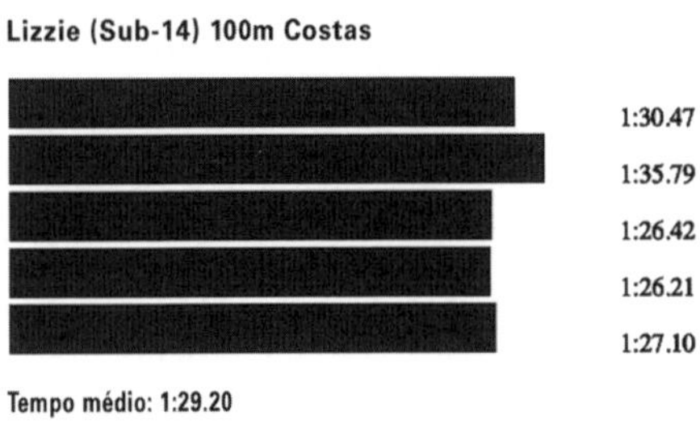

5 organizando

Escolhendo uma Estrutura de Dados

Seu código precisa colocar os dados em algum lugar na memória. E quando se trata de organizar os dados em algum lugar... **na memória**, sua escolha de qual estrutura de dados usar pode ser crítica e muitas vezes é a diferença entre uma solução bagunçada que *funciona* e uma solução **elegante** que *funciona bem*. Neste capítulo, você aprenderá outra estrutura de dados predefinida do Python, o **dicionário**, que costuma ser combinado com a lista onipresente para criar estruturas de dados **complexas**. O Coach precisa de uma maneira fácil de selecionar os dados do nadador, e quando você coloca os dados do Coach em um dicionário, as pesquisas são moleza!

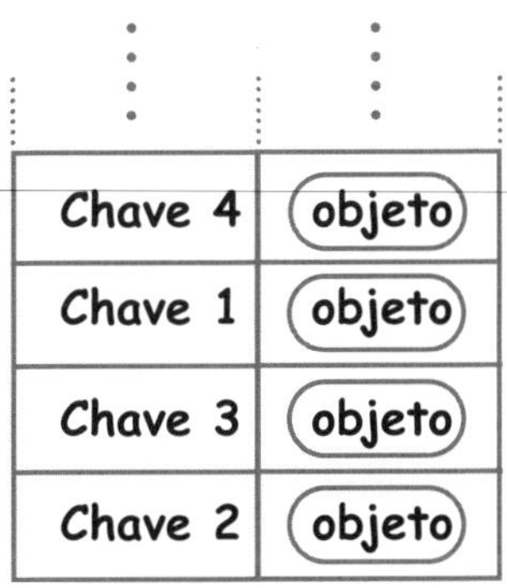

Dicionário

6

criando um webapp

Desenvolvimento para Web

Pergunte a dez programadores qual framework para web usar... e provavelmente terá onze respostas conflitantes! 😉 Quando se trata de desenvolvimento para web, o Python tem muitas *escolhas* tecnológicas, cada uma com uma comunidade de desenvolvedores leal e solidária. Neste capítulo, você verá o **desenvolvimento para web**, criando rapidamente um webapp para o Coach que exibe os dados do gráfico de barras de qualquer nadador. Ao longo do caminho, aprenderá a usar **templates** HTML, **decoradores** de funções, métodos HTTP **get** e **set** etc. Não há tempo a perder: o Coach está ansioso para mostrar seu novo sistema. Vamos lá!

implantação

7 Rode seu Código em Qualquer Lugar

Fazer com que o código seja executado no seu computador é uma coisa... O que você realmente quer é **implantar** seu código para que seja fácil para os usuários executá-lo também. E se consegue fazer isso *sem* muita complicação, bem melhor. Neste capítulo, você termina o webapp do Coach adicionando um pouco de **estilo**, antes de **implantá-lo** na **nuvem**. Mas, não vá pensando que é algo que aumenta a complexidade para 11 — longe disso. Uma edição anterior deste livro se gabou de que a implantação levava "cerca de 10 minutos", e ainda é um trabalho rápido agora... embora neste capítulo você implante seu webapp em 10 **etapas**. A nuvem está esperando para hospedar o webapp do Coach. Vamos lá!

8 trabalhando com HTML

Extraindo da Web

Em um mundo perfeito, seria fácil acessar todos os dados de que você precisa. Mas raramente é assim. Caso em questão: os dados são publicados na web. Os dados incorporados em HTML são projetados para serem **renderizados** por navegadores e **lidos** por pessoas. Mas e se você precisar **processar** os dados incorporados em HTML com o código? Azar seu? Bem, por sorte, o Python brilha quando se trata de **extrair** dados de páginas da web, e neste capítulo você aprenderá a fazer exatamente isso. Também aprenderá a **analisar** essas páginas HTML extraídas para **obter** dados úteis. Ao longo do caminho, verá o **fatiamento de listas** e a **biblioteca Beautiful Soup**. Mas, não se preocupe, isso ainda é o *Use a Cabeça Python*, não o *Use a Cabeça Cozinhando...*

9 trabalhando com dados

Manipulação de Dados

Às vezes seus dados não estão organizados como deveriam. Talvez você tenha uma *lista de listas*, mas realmente precisa de um *dicionário de dicionários*. Ou talvez precise relacionar um valor em uma estrutura de dados a um valor em outra, mas os valores não correspondem. Afff, é tão frustrante. Não se preocupe: o poder do Python está aqui para ajudar. Neste capítulo, você usará o Python para **manipular** seus dados e transformar os dados extraídos no final do capítulo anterior em algo realmente *útil*. Verá como **explorar** o dicionário do Python como uma tabela de **pesquisa**. Há conversões, integrações, atualizações, implantações e muito mais neste capítulo. E, no final, o esboço do Coach se torna *realidade*. Não pode esperar? Nem nós... vamos lá!

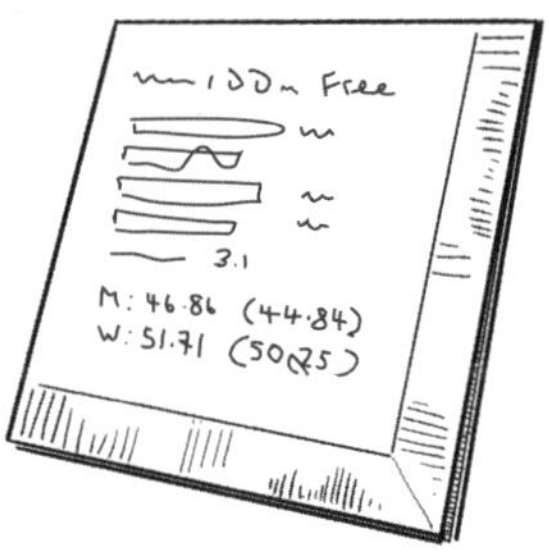

trabalhando com ~~elefantes~~ dataframes

9 1/2 Dados Tabulares

Às vezes é como se todos os dados do mundo quisessem estar em uma tabela. Os dados tabulares estão *em toda parte*. Os recordes mundiais de natação do capítulo anterior são dados **tabulares**. Se você tem idade suficiente para se lembrar das listas telefônicas, os dados são tabulares. Extratos bancários, faturas, planilhas, adivinha? Todos são dados tabulares. Neste *breve* capítulo, você aprenderá um pouco sobre uma das bibliotecas de análise de dados tabulares mais populares em Python: **pandas**. Você só tocará na superfície do que o pandas pode fazer, mas aprenderá o suficiente para conseguir explorar a estrutura de dados mais usada do pandas, o **dataframe**, quando precisar processar um bloco de dados tabulares.

bancos de dados

10 Organizando

Cedo ou tarde, os dados do seu aplicativo precisam ser gerenciados. E quando você precisa **gerenciar** seus dados de forma mais adequada, o Python (sozinho) pode não ser suficiente. Quando isso acontecer, você precisará acessar seu mecanismo de **banco de dados**. Para manter as coisas... em, eh... *gerenciáveis*, ficaremos com os mecanismos de banco de dados que suportam o bom e velho **SQL**. Neste capítulo, você não apenas **criará** um banco de dados e adicionará algumas **tabelas** a ele, mas também irá **inserir**, **selecionar** e **excluir** dados do seu banco de dados, executando todas essas tarefas com consultas SQL orquestradas por seu código Python.

list comprehensions

11 Integrações do Banco de Dados

Com as tabelas do banco de dados prontas, é hora de integrar. Seu webapp pode ter a **flexibilidade** que o Coach requer usando conjuntos de dados em suas tabelas do banco de dados, e neste capítulo você cria um módulo de **utilitários** que permite ao webapp **explorar** seu mecanismo do banco de dados. E, em uma busca interminável para fazer mais com menos código, você aprenderá a ler e gravar **list comprehensions** (compreensões de lista) que são o verdadeiro superpoder do Python. Também **reutilizará** muito do seu código preexistente de maneiras novas e interessantes, então vamos começar. Há muito trabalho de **integração** a fazer.


```
[sql for sql in dir(queries) if not sql.startswith("__")]
```

12

implantação revisitada

Toques Finais...

Você está chegando ao fim da sua jornada em Python. No capítulo final deste livro, você ajusta seu webapp para usar **MariaDB** como seu banco de dados de back-end, não o SQLite, então ajusta as coisas para implantar a versão mais recente do seu webapp no PythonAnywhere. Ao fazer isso, o Coach obtém acesso a um sistema que suporta **quaisquer** nadadores participando de **quaisquer** sessões de natação. Não há muita novidade sobre o Python no capítulo, já que você passa a maior parte do seu tempo ajustando o código existente para trabalhar com MariaDB e PythonAnywhere. O seu código Python nunca existe **isoladamente**: ele **interage** com o ambiente e os sistemas dos quais depende.


```
mysql> select count(*) from events;
+----------+
| count(*) |
+----------+
|       14 |
+----------+
1 row in set (0.00 sec)

mysql> select count(*) from swimmers;
+----------+
| count(*) |
+----------+
|       23 |
+----------+
1 row in set (0.00 sec)

mysql> select count(*) from times;
+----------+
| count(*) |
+----------+
|      467 |
+----------+
1 row in set (0.00 sec)
```

Apêndice

Dez Coisas Principais que Não Cobrimos

Acreditamos muito que é importante saber quando parar.

Especialmente quando o autor é da *Irlanda*, uma nação famosa por produzir indivíduos com o dom de não saber bem quando parar de falar. 😉 Adoramos falar sobre Python, nossa linguagem de programação favorita. Neste apêndice, apresentamos as dez principais coisas que, dadas cerca de seiscentas páginas ou mais, gostaríamos de detalhar no *Use a Cabeça* para lhe contar tudo. Há informações sobre classes, tratamento de exceções, testes, uma morsa (sério, uma *morsa*? Sim: uma *morsa*), switches, decoradores, gerenciadores de contexto, simultaneidade, type hints, ambientes virtuais e ferramentas do programador. Como dissemos, há sempre mais para falar. Então, vá em frente, vire a página e aproveite as próximas páginas!

Introdução

Nesta seção, responderemos à pergunta que não quer calar: "Por que colocaram isso em um livro sobre Python?"

A quem se destina este livro?

Se você puder responder "sim" a *todos* estes itens:

1. Você já sabe programar em outra linguagem de programação?
2. Quer adicionar o Python ao seu arsenal para programar com muita diversão como todos os outros programadores Python?
3. Você é o tipo de pessoa que aprende fazendo, preferindo fazer em vez de ouvir?

"Estilo Python": alguém que adora programar com Python.

Este livro é para você.

Quem provavelmente deve fugir deste livro?

Se puder responder "sim" a *qualquer um* destes itens:

1. Você nunca programou antes e não consegue identificar os *ifs* nos *loops*?
2. Você é um especialista em Python procurando um texto de referência conciso para a linguagem?
3. Você odeia aprender coisas novas? Acredita que nenhum livro sobre Python, não importa o quanto é bom, deve fazer você rir alto nem reclamar sobre como tudo é brega? Prefere o tédio às lágrimas?

Este livro não é para você.

[Nota do marketing: este livro é para qualquer pessoa com cartão de crédito.]

Sabemos o que você está pensando

"Como *isto* pode ser um livro sério sobre Python?"

"Por que tantas imagens?"

"Eu realmente posso *aprender* assim?"

Sabemos o que seu cérebro está pensando

Seu cérebro anseia por novidades. Está sempre buscando, examinando, *esperando* algo incomum. Foi construído dessa forma, e isso ajuda você a se manter vivo.

Então, o que seu cérebro faz com todas as coisas rotineiras, comuns e normais que você encontra? Tudo o que *pode* para impedi-las de interferir no trabalho *real* do cérebro — registrar as coisas que *importam*. Ele não se preocupa em gravar as coisas chatas; elas nunca conseguiriam passar no filtro "isto obviamente não é importante".

Como seu cérebro *sabe* o que é importante? Suponhamos que você esteja caminhando e um tigre pule na sua frente. O que acontece em sua cabeça e seu corpo?

Os neurônios disparam. As emoções vão às alturas. Há uma *explosão química*.

E é assim que seu cérebro sabe...

Isto deve ser importante! Não se esqueça!

Mas imagine que você esteja em casa ou em uma biblioteca. É seguro, acolhedor, uma zona sem tigres. Você está estudando. Preparando-se para uma prova. Ou tentando aprender um assunto técnico que seu chefe acha que levará uma semana, dez dias no máximo.

Só um problema. Seu cérebro está tentando fazer um grande favor. Está tentando garantir que esse conteúdo, *obviamente* sem importância, não sobrecarregue os recursos escassos. Recursos que devem ser mais bem gastos armazenando coisas realmente *grandes*. Como tigres. Como o perigo de fogo. O fato de que você não deveria ter postado as fotos da "festa" nas redes sociais. E não há uma forma simples de dizer: "Ei, cérebro, muito obrigado, mas não importa a chatice deste livro e o pouco que estou registrando na escala Richter emocional agora, eu realmente quero que você grave essas coisas".

Achamos que o leitor "Use a Cabeça" é um aprendiz.

Então o que é necessário para *aprender* algo? Primeiro você tem que *entender*, então certificar-se de que não *esquecerá*. Não se trata de enfiar os fatos em sua cabeça. Com base nas pesquisas mais recentes em Ciência Cognitiva, Neurobiologia e Psicologia Educacional, a *aprendizagem* exige muito mais do que texto em uma página. Nós sabemos o que ativa seu cérebro.

Alguns princípios de aprendizagem do Use a Cabeça:

Torne-o visual. As imagens são muito mais inesquecíveis do que as palavras sozinhas e tornam a aprendizagem muito mais eficaz (até 89% de melhoria nos estudos de memória e transferência). Também torna as coisas mais compreensíveis. **Coloque as palavras dentro ou perto da imagem à qual se referem**, em vez de na parte inferior ou em outra página, e os alunos serão até *duas* vezes mais capazes de resolver os problemas relacionados ao conteúdo.

Use um estilo coloquial e personalizado. Em estudos recentes, os alunos se saíram até 40% melhor nos testes de pós-aprendizagem se o conteúdo falava diretamente com o leitor, usando um estilo coloquial em primeira pessoa, ao invés de adotar um tom formal. Conte histórias, em vez de dar palestras. Use uma linguagem informal. Não se leve muito a sério. Em que você prestaria mais atenção: em uma companhia estimulante no jantar ou em uma palestra?

Faça o aluno pensar mais profundamente. Em outras palavras, a menos que você movimente ativamente seus neurônios, nada acontecerá em sua cabeça. Um leitor tem que ser motivado, envolvido, ficar curioso e ser inspirado a resolver os problemas, tirar conclusões e gerar novos conhecimentos. E para isso você precisa de desafios, exercícios, perguntas instigantes e atividades que envolvam os dois lados do cérebro e vários sentidos.

Obtenha — e mantenha — a atenção do leitor. Todos já tivemos a experiência do "Eu realmente quero aprender, mas não consigo ficar acordado depois da página um". Seu cérebro presta atenção nas coisas incomuns, interessantes, estranhas, atraentes, inesperadas. Aprender um tópico novo, difícil e técnico não precisa ser chato. Seu cérebro aprenderá muito mais rapidamente se não for assim.

Toque suas emoções. Sabemos agora que a capacidade de se lembrar de algo depende muito do seu conteúdo emocional. Você se lembra daquilo que gosta. Você se lembra quando *sente* algo. Não, não estamos falando de histórias comoventes sobre um garoto e seu cão, mas de emoções como surpresa, curiosidade, diversão, "que diabos...?" e o sentimento de "eu domino!", quando você resolve um enigma, aprende algo que todo mundo acha difícil ou percebe que sabe algo que o Beto "sou mais técnico que você" da engenharia *não sabe*.

Metacognição: pensando sobre pensar

Se você realmente quer aprender, e quer aprender com mais rapidez e profundidade, preste atenção em como presta atenção. Pense em como você pensa. Aprenda como você aprende.

A maioria de nós não fez cursos sobre metacognição ou teoria da aprendizagem quando estava crescendo. Era *esperado* que aprendêssemos, mas raramente nos *ensinaram* a aprender.

Mas suponha que, se você está segurando este livro, realmente quer aprender a projetar sites de fácil utilização. E provavelmente não quer gastar muito tempo. Se quiser usar o que lê neste livro, será preciso se *lembrar* daquilo que lê. E para isso, tem que *entender*. Para tirar o máximo deste livro, de *qualquer* livro ou experiência de aprendizagem, seja responsável por seu cérebro. Seu cérebro *neste* conteúdo.

O truque é fazer com que o cérebro veja o novo material que você está aprendendo como algo Realmente Importante. Crucial para seu bem-estar. Tão importante quanto um tigre. Caso contrário, você estará em uma batalha constante, com o cérebro fazendo seu melhor para impedir a fixação do novo conteúdo.

Então como fazer com que seu cérebro trate o Python como se fosse um tigre faminto?

Há a maneira lenta e chata ou a forma mais rápida e eficaz. A forma lenta é a pura repetição. Obviamente, você saberá que *é* capaz de aprender e lembrar até o mais maçante dos tópicos se continuar batendo na mesma tecla em seu cérebro. Com repetição suficiente, o cérebro diz: "isto não *parece* importante, mas ele continua olhando a mesma coisa *sempre*, então acho que deve ser importante".

A forma mais rápida é fazer ***qualquer coisa que aumente a atividade do cérebro***, especialmente os *tipos* diferentes de atividade cerebral. As coisas na página anterior são uma grande parte da solução e todas comprovadamente ajudam o cérebro a trabalhar a seu favor. Por exemplo, estudos mostram que palavras colocadas *dentro* das imagens que descrevem (em oposição a algum outro lugar na página, como um título ou no corpo do texto) fazem com que seu cérebro tente entender como as palavras e as imagens se relacionam, e isso faz com que mais neurônios disparem. Mais neurônios disparando = mais chances de seu cérebro *perceber* que é algo digno de atenção e, possivelmente, de ser registrado.

Um estilo coloquial ajuda porque as pessoas tendem a prestar mais atenção quando percebem que estão em uma conversa, pois devem acompanhar e chegar até o fim. O surpreendente é que o cérebro não necessariamente se *importa* se a "conversa" é entre você e um livro! Por outro lado, se o estilo da escrita for formal e seco, o cérebro perceberá como se você estivesse assistindo a uma palestra, sentado em uma sala cheia de pessoas passivas. Não há necessidade de permanecer acordado.

Mas as imagens e o estilo coloquial são apenas o começo...

Veja O Que NóS Fizemos:

Usamos ***imagens***, porque o cérebro se liga no visual, não no texto. Para seu cérebro, uma imagem *vale* por mil palavras. E quando texto e imagens trabalham juntos, incorporamos o texto *nas* imagens porque seu cérebro funciona com mais eficiência quando o texto está *dentro* daquilo a que ele se refere, ao contrário de um título ou oculto em algum lugar do texto.

Utilizamos a ***redundância***, dizendo a mesma coisa de formas *diferentes*, com diferentes tipos de mídia e *vários sentidos*, para aumentar as chances de que o conteúdo fique codificado em mais de uma área do seu cérebro.

Usamos conceitos e imagens de formas ***inesperadas***, porque seu cérebro gosta de novidade, e usamos as imagens e as ideias com pelo menos *algum conteúdo* ***emocional***, porque o cérebro está ligado para prestar atenção na bioquímica das emoções. É mais provável que o que o faz *sentir* algo seja lembrado, mesmo que esse sentimento não seja nada mais do que um pouco de ***humor***, ***surpresa*** ou ***interesse.***

Usamos um ***estilo coloquial*** personalizado, porque seu cérebro presta mais atenção quando acredita que você está em uma conversa do que quando está passivo ouvindo uma apresentação. O cérebro faz isso mesmo quando você está *lendo.*

Incluímos mais de 80 ***atividades***, porque seu cérebro aprende e lembra mais quando você ***faz*** as coisas do que quando *lê* sobre elas. E fizemos exercícios desafiadores, porque é isso que a maioria das pessoas prefere.

Usamos ***vários estilos de aprendizagem***, porque você pode preferir procedimentos passo a passo, enquanto alguém deseja compreender a imagem geral primeiro e uma terceira pessoa só quer ver um exemplo. Mas, independentemente de sua preferência de aprendizagem, *todos* se beneficiam vendo o mesmo conteúdo representado de várias maneiras.

Incluímos conteúdo para os ***dois lados do cérebro***, porque, quanto mais seu cérebro se envolver, mais você aprenderá e lembrará, e poderá manter o foco por mais tempo. Como trabalhar com um lado do cérebro muitas vezes significa dar ao outro lado a oportunidade de descansar, você poderá ser mais produtivo na aprendizagem por um período de tempo maior.

E incluímos ***histórias*** e exercícios que apresentam ***mais de um ponto de vista***, porque seu cérebro aprende mais profundamente quando é forçado a fazer avaliações e julgamentos.

Foram incluídos ***desafios***, com os exercícios, fazendo ***perguntas*** para as quais nem sempre há uma resposta certa, porque seu cérebro aprende e lembra quando tem que *trabalhar* em algo. Pense — você não pode *colocar* seu corpo em forma apenas observando as pessoas na academia. Mas fizemos o melhor para ter certeza de que, quando você estiver trabalhando pesado, será nas coisas *certas*. Que ***você não estará gastando um dendrito a mais*** processando um exemplo complicado de entender, analisando um jargão difícil ou um texto muito conciso.

Usamos ***pessoas*** nas histórias, nos exemplos, nas imagens etc. porque, bem, *você* é uma pessoa. E seu cérebro presta mais atenção nas pessoas do que nas *coisas*.

Veja o que VOCÊ pode fazer para o cérebro se submeter

Fizemos a nossa parte. O resto é com você. Estas dicas são um começo; ouça seu cérebro e descubra o que funciona ou não para você. Experimente coisas novas.

Recorte isto e cole em sua geladeira.

---

1 Vá devagar. Quanto mais você entende, menos tem que memorizar.

Não *leia* apenas. Pare e pense. Quando o livro fizer uma pergunta, não pule para a resposta. Imagine que alguém realmente *esteja* fazendo a pergunta. Quanto mais profundamente você forçar seu cérebro a pensar, mais chances terá de aprender e lembrar.

2 Faça os exercícios. Faça suas próprias anotações.

Nós os colocamos, mas se fizéssemos por você, seria como se alguém fizesse seus exercícios. E não *olhe* apenas os exercícios. **Use um lápis.** Há muitas evidências de que a atividade física *ao* aprender pode aumentar o aprendizado.

3 Leia as seções "Não existem perguntas idiotas".

Isto significa todas elas. Elas não são seções opcionais, ***fazem parte do conteúdo principal!*** Não as pule.

4 Que seja a última coisa que você lê antes de dormir. Ou pelo menos a última coisa desafiadora.

Parte da aprendizagem (principalmente a transferência para a memória de longo prazo) acontece *depois* que você fecha o livro. Seu cérebro precisa de tempo para fazer mais processamento. Se você colocar algo novo durante esse tempo de processamento, algumas coisas que aprendeu serão perdidas.

5 Fale sobre isso. Em voz alta.

Falar ativa uma parte diferente do cérebro. Se você tenta entender algo ou aumentar sua chance de lembrar mais tarde, diga em voz alta. Melhor ainda, tente explicar em voz alta para alguém. Você aprenderá mais rapidamente e poderá descobrir ideias que não sabia que existiam quando estava lendo sobre o assunto.

6 Beba água. Em grande quantidade.

Seu cérebro funciona melhor em uma bela banheira de líquido. A desidratação (que pode acontecer antes de você sentir sede) diminui a função cognitiva.

7 Ouça seu cérebro.

Preste atenção se seu cérebro está ficando sobrecarregado. Se você está começando a passar os olhos ou esquece o que acabou de ler, é hora de uma pausa. Assim que passar de certo ponto, não aprenderá mais rapidamente tentando colocar mais informações, e pode até prejudicar o processo.

8 Sinta algo.

Seu cérebro precisa saber que isso *significa algo*. Envolva-se com as histórias. Crie seus próprios títulos para as fotos. Lamentar uma piada de mau gosto é *ainda* melhor do que não sentir nada.

9 Escreva muito código!

Há apenas uma forma de aprender a programar em Python: **escrevendo muito código**. E é isso que você fará neste livro. A codificação é uma habilidade, e a única forma de ser bom nisso é praticando. Daremos a você muita prática: todo capítulo tem exercícios que propõem um problema a ser resolvido. Não os pule simplesmente — muito da aprendizagem acontece quando você resolve os exercícios. Incluímos uma solução para cada exercício — não tenha medo de **espiar a solução** se surgir uma dúvida! (É fácil ter problemas com coisas pequenas.) Mas tente resolver o problema antes de olhar a solução. E, definitivamente, faça com que funcione antes de passar para a próxima parte do livro.

Leia-me

É uma experiência de aprendizagem, não um livro de consulta. Retiramos deliberadamente tudo o que poderia atrapalhar a aprendizagem do que quer que estejamos aprendendo nesse ponto do livro. E na primeira vez você precisará iniciar no começo, porque o livro faz suposições sobre o que já viu e aprendeu.

Este livro é planejado para você entender o mais rápido possível.

À medida que você precisa saber das coisas, ensinamos. Então você não encontrará longas listas de material técnico, nenhuma tabela de operadores do Python, nem de suas regras de precedência de operadores. Não cobrimos *tudo*, mas trabalhamos muito para cobrir o material indispensável, assim você pode colocar o Python em seu cérebro *rapidamente* e fazer com que fique lá. A única suposição que fazemos é que você já sabe programar em alguma linguagem de programação.

Você pode usar com segurança qualquer versão do Python 3.

Bem... talvez seja uma mentirinha inocente. Você precisa *pelo menos* do Python 3.6, mas como essa versão apareceu pela primeira vez no final de 2016, é improvável que muitas pessoas dependam dela no dia a dia. Só para constar: no momento da impressão, o Python 3.12 estava chegando.

As atividades NÃO são opcionais.

Os exercícios e as atividades não são complementos; fazem parte do conteúdo básico do livro. Alguns são para ajudar a memória, outros são para a compreensão e há aqueles que ajudarão a aplicar o que você aprendeu. ***Não pule os exercícios.***

No final de cada capítulo, você encontrará uma palavra cruzada criada para testar sua retenção do material apresentado até o momento. Todas as respostas para as pistas são do capítulo recém-concluído. As soluções são fornecidas na última página de cada capítulo. Tente completar cada palavra cruzada sem espiar. Dito isso, as palavras cruzadas são a única coisa que você não *precisa* fazer, mas são boas para dar ao cérebro uma chance de pensar sobre as palavras e os termos que você aprendeu em um contexto diferente.

A redundância é intencional e importante.

Uma clara diferença em um livro *Use a Cabeça* é que queremos que você *realmente* entenda. E queremos que termine o livro lembrando-se daquilo que aprendeu. A maioria dos livros de consulta não tem fixação e recordação como meta, mas este aqui é voltado para a *aprendizagem*, portanto, você verá alguns dos mesmos conceitos aparecendo mais de uma vez. É de propósito.

Os exemplos são os mais enxutos possíveis.

Nossos leitores dizem que é frustrante percorrer 200 linhas de um exemplo procurando as duas linhas que eles precisam entender. A maioria dos exemplos neste livro é apresentada dentro do menor contexto possível, para que a parte que você está tentando aprender seja clara e simples. Não espere que todos os exemplos sejam robustos ou mesmo completos — eles são escritos especificamente para o aprendizado e nem sempre são totalmente funcionais (embora tentemos assegurar ao máximo que sejam).

Colocamos todos os códigos e os recursos deste livro na web para que você possa usá-los quando necessário. Dito isso, acreditamos que há muito a aprender ao digitar o código à medida que você *acompanha*, sobretudo quando aprende uma nova linguagem de programação (para você). Mas para as pessoas do tipo "só quero o código", aqui está a página GitHub do livro [em inglês, assim como todos os outros links]:

https://github.com/headfirstpython/third

Os exercícios Poder do Cérebro não têm respostas.

Para alguns, não há uma resposta certa e para outros, parte da experiência de aprendizagem das atividades *Poder do Cérebro* é para você decidir se e quando suas respostas estão certas.

Nem todos os exercícios Test Drive têm respostas.

Para alguns exercícios, simplesmente pedimos que você siga um conjunto de instruções. Nós lhe daremos formas de verificar se o que você fez realmente funcionou, mas ao contrário dos outros exercícios, não há respostas certas!

Instale o Python mais recente

O que você faz aqui depende da plataforma que está executando, que é supostamente *Windows, macOS* ou *Linux.* A boa notícia é que todas as três plataformas rodam o Python mais recente. Não há más notícias.

Se já estiver executando a versão 3 do Python, vá para a próxima página — você está pronto. Se ainda não instalou o Python ou está usando uma versão mais antiga, selecione o parágrafo seguinte que se aplica e continue lendo.

python

Instalando no Windows

O pessoal maravilhoso do Python na Microsoft trabalha muito para garantir que a versão mais recente do Python esteja sempre disponível para você via aplicação *Windows Store.* Abra-a, procure por "Python", selecione a versão mais recente e clique no botão **Obter**. Observe pacientemente enquanto o indicador de progresso se move de zero a 100%, em seguida, com a instalação concluída, vá para a próxima página — você está pronto.

Se você estiver rodando o Windows 11 ou posterior, também pode querer baixar o novo Terminal do Windows, com uma experiência de linha de comando melhor/mais agradável (se precisar).

Instalando no macOS

Os Macs mais recentes tendem a ser enviados com versões um pouco mais antigas do Python. *Não as use.* Vá para a página inicial do Python na web, *https://www.python.org*, e clique na opção "Downloads". A última versão do Python 3 deve começar a baixar, pois o site Python é inteligente o suficiente para detectar que você está se conectando a partir de um Mac. Assim que o download concluir, execute o instalador que está esperando por você na sua pasta Downloads. Clique no botão **Próximo** até que não haja mais botões **Próximo** para clicar, depois, quando a instalação terminar, vá para a próxima página — você está pronto.

Não é preciso remover as versões pré-instaladas mais antigas do Python que vêm com o seu Mac. Esta instalação irá substituí-las.

Uma alternativa é que se você é um usuário do *Gerenciador de Pacotes Homebrew,* está com sorte, pois o Homebrew tem suporte para download e instalação da última versão do Python.

Instalando no Linux

Programadores Use a Cabeça são uma equipe improvisada de técnicos cujo trabalho é manter os *Autores Use a Cabeça* nos trilhos (um feito notável). Os programadores adoram o *Linux* e a distribuição *Ubuntu,* e isso é visto aqui.

Não é nenhuma surpresa que o Ubuntu mais recente venha com o Python 3 instalado e atualizado. Se esse for o caso, legal, você está pronto, embora possa querer usar o **apt** para instalar o `pacote python3-pip` também.

Se estiver usando uma distribuição Linux diferente do Ubuntu, use o gerenciador de pacotes do seu sistema para instalar o Python 3 no Linux. Uma vez feito, vá para a próxima página — você está pronto.

O Python apenas não é suficiente

Completaremos a instalação com duas coisas: uma dependência de back-end necessária, bem como um editor de texto moderno e compatível com o Python. Para explorar, experimentar e aprender sobre Python, você precisa instalar um back-end de execução chamado *Jupyter* no Python. Como verá em breve, fazer isso é simples. Quando se trata de criar código Python, você pode usar *qualquer* editor do programador, mas recomendamos usar um específico ao trabalhar com o material deste livro: *Visual Studio Code* da Microsoft, conhecido no mundo inteiro como **VS Code**.

Instale o back-end mais novo do Jupyter Notebook

Não se preocupe, você aprenderá tudo sobre seu uso em breve!

Independentemente do sistema operacional sendo rodado, verifique se você está conectado à internet, abra uma janela de terminal e digite:

```
python3 -m pip install jupyter
```

Em alguns sistemas, o executável que roda seu código Python é chamado "python"; em outros se chama "python3". Pode ser difícil acompanhar. 😉

Uma série de mensagens de status passa pela tela. Se você estiver vendo uma mensagem quase no fim dizendo que tudo está "Instalado com sucesso", então tudo bem. Se não, verifique os documentos do Jupyter e tente novamente.

Instale a versão mais recente do VS Code

Pegue seu navegador favorito e navegue até a página de download do VS Code:

https://code.visualstudio.com/Download

Existem alternativas, mas — em nossa visão — o VS Code é imbatível quando se trata do material deste livro. E, não, nós *não* fazemos parte de uma conspiração global para promover os produtos da Microsoft!!

Escolha o download que corresponde ao seu ambiente e aguarde a conclusão dele. Siga as instruções do site para instalar o VS Code, em seguida, vire a página para aprender como concluir a configuração dele.

Configure o VS Code como quiser

Vá em frente e execute o VS Code pela primeira vez. No menu, selecione **Arquivo**, **Preferências** e **Configurações** para acessar as preferências de configuração do editor.

No Mac, comece com o menu "Código".

Você deve ver algo assim:

Pesquise qualquer configuração digitando parte ou todo o seu nome nesta caixa de pesquisa..

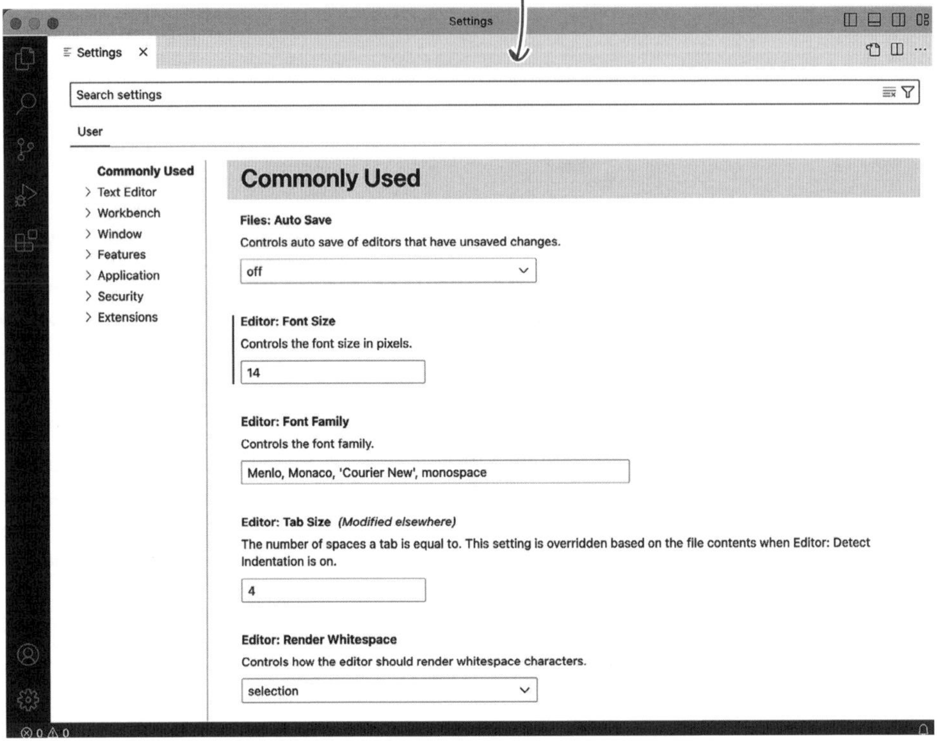

Até se familiarizar com o VS Code, você pode configurar seu editor para corresponder às configurações preferidas pelos *Programadores Use a Cabeça*. Veja as configurações usadas neste livro:

- As *guias de indentação* estão desativadas.
- O *tema de cores* do editor está definido para **Claro**.
- O *minimapa* do editor está desativado.
- O *destaque de ocorrências* do editor está desativado.
- O *destaque da linha de renderização* do editor está definido para **nenhum**.
- O *tamanho da fonte* do terminal e do editor de texto está definido para **14**.
- A *barra de status da célula de exibição* do notebook está definida para **oculta**.
- A *lâmpada* do editor está desativada.

Você não precisa usar essas configurações, mas se quiser combinar sua tela com o que vê neste livro, então estes ajustes são recomendados.

Adicione duas extensões requeridas ao VS Code

Você não é obrigado a copiar a configuração recomendada do editor, mas deve instalar duas extensões do VS Code: **Python** e **Jupyter**.

Quando terminar de ajustar suas configurações preferidas do editor, feche a guia Configurações clicando no X. Em seguida, para pesquisar, selecionar e instalar as extensões, clique no ícone Extensões à esquerda da tela principal do VS Code:

A lista de extensões instaladas está vazia inicialmente. Mas — veja! — o VS Code faz algumas recomendações.

Clique no ícone Extensões para deslizar o painel. Você pode pesquisar, selecionar e instalar as extensões daqui.

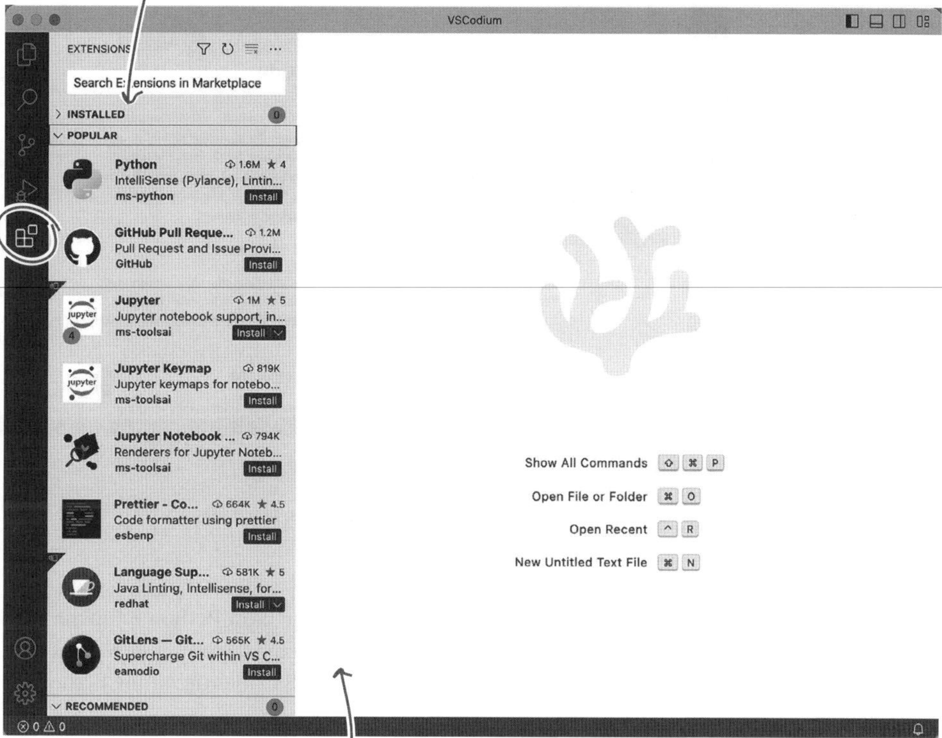

Se estiver vendo "Python" e "Jupyter" em sua lista, clique no botão Instalar para adicionar cada extensão ao VS Code. Se não estiver vendo essas recomendações, use a caixa de pesquisa para encontrá-las e fazer a instalação.

O suporte ao Python do VS Code é avançado

Instalar as extensões Python e Jupyter realmente resulta em algumas instalações adicionais de extensão do VS Code, como mostrado aqui:

Se você esperava apenas duas extensões na lista de instaladas, pode se surpreender ao ver mais algumas. Não se preocupe..

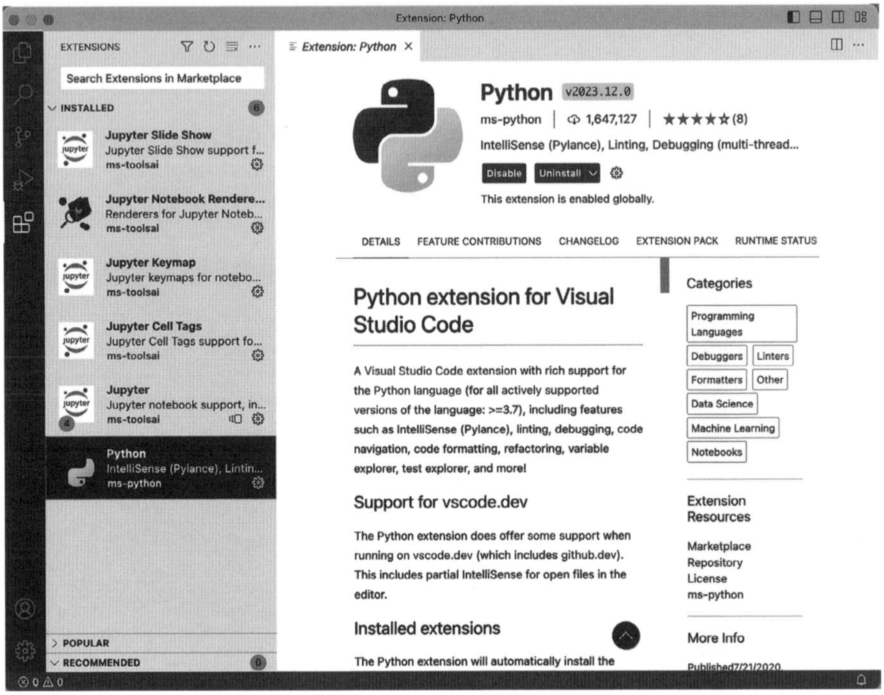

Estas extensões adicionais melhoram o suporte do VS Code para Python e Jupyter além do que está incluído nas extensões padrão. Embora você não precise saber o que elas fazem (por enquanto), saiba isto: elas ajudam a tornar o VS Code um editor Python *turbinado*.

Com Python 3, Jupyter e VS Code instalados, você está preparado!

Se Liga!!

Ao longo do livro você encontrará boxes técnicos como este. Os boxes *Se Liga!* são usados para detalhar mais um tópico específico do que normalmente fazemos no texto principal. Não entre em pânico se o material nesses boxes tirar seu foco. Eles são planejados para acalmar seu nerd interior curioso. Você pode pular com segurança (e sem culpa) qualquer Se Liga! em uma primeira leitura.

Sim, é um Se Liga! sobre os boxes Se Liga! (e não teremos nenhuma piada de recursão constrangedora, obrigado).

Equipe de Revisão Técnica

Daniel Hinojosa

Mike Hopkins

Dave Marsden

David Mertz

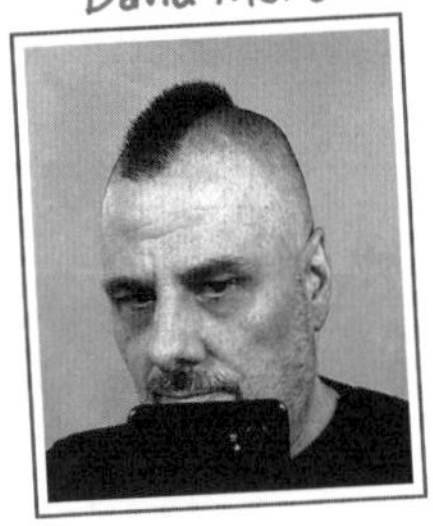

William Jamir Silva

Conheça a Equipe de Revisão Técnica do *Use a Cabeça Python*

A Equipe teve a oportunidade de revisar o rascunho de Lançamento Antecipado deste livro e, ao fazê-lo, contribuiu para tornar o artefato final publicado muito melhor. Cada comentário foi lido, considerado, então decidido ou posto em prática. Eles ajudaram a corrigir os códigos corrompidos, melhoraram muitas de nossas explicações e — em alguns lugares — forneceram melhorias de código para alguns dos nossos erros de codificação embaraçosos.

Nem é preciso dizer que tudo o que ainda está errado é nossa culpa, e só nossa.

Os nossos sinceros agradecimentos a cada um dos revisores: o trabalho de vocês é muito valorizado.

[E ao misterioso *Mark*, o revisor de tecnologia que preferiu o anonimato: obrigado também por suas excelentes sugestões.]

Agradecimentos

Na O'Reilly, começarei com **Melissa Potter**, editora deste livro.

Melissa foi um trunfo para este livro, embora (às vezes) ela possa ter desanimado quando as coisas demoraram muito. Sou muito grato por sua orientação e paciência em todo o processo, mas especialmente por seu olhar atento quando se tratava de detectar problemas no *fluxo* do livro e no meu uso da linguagem. Eu sempre disse que, independentemente de você estar escrevendo um livro ou não, *todo mundo precisa de um editor*, e estou muito feliz que a minha tenha sido Melissa para a terceira edição.

Melissa Potter

Da perspectiva da série *Use a Cabeça*, agradeço a **Beth Robson**, uma das consultoras, por fazer comentários detalhados e dar sugestões sobre o material de Lançamento Antecipado. Espero que o livro pronto faça Beth sorrir.

Há muitas pessoas nos bastidores da O'Reilly. Meus agradecimentos a todas, mas sobretudo à equipe de **Produção** que pegou minhas (ainda amadoras) páginas do InDesign e as transformou em um lindo livro impresso. Obrigado.

No trabalho, meus agradecimentos novamente ao meu chefe de departamento **Nigel Whyte** por sempre incentivar meu envolvimento nesses projetos de escrita. Obrigado também a meus alunos de **Desenvolvimento de Jogos** e **Desenvolvimento de Software**, bem como a meus pós-graduados em **Ciência de Dados** — ao longo dos anos versões deste material foram impostas a eles. É sempre um prazer ensinar a esses grupos, e vê-los reagir positivamente ao aprender a linguagem Python me faz um bem enorme.

Em casa, minha esposa **Deirdre** teve que suportar mais um projeto de escrita que, como antes, parecia consumir cada momento acordado. Nossos filhos estavam na adolescência (ou eram mais novos) quando a primeira edição deste livro foi escrita e, agora, estão todos na faculdade e buscando coisas maiores e melhores. Nem preciso dizer: eu estaria perdido sem o apoio e o amor da minha esposa e dos meus filhos.

Uma nota rápida sobre as palavras cruzadas no final dos capítulos: elas foram geradas pelo maravilhoso programa `genxword` de **David Whitlock** (com alguns ajustes locais de Paul). `genxword` é escrito em Python e está, claro, disponível para download no PyPI.

página em branco intencional

0 por que Python?

Parecido, mas Diferente

O Python começa contando do zero, o que deve ser familiar.

Na verdade, o Python tem muito em **comum** com outras linguagens de programação. Existem **variáveis**, **loops**, **condicionais**, **funções** e afins. Neste capítulo de abertura, faremos um **tour avançado e rápido** pelos conceitos básicos do Python, apresentando a linguagem sem detalhar muito. Você aprenderá a **criar** e **executar** código com o Jupyter Notebook (rodando no VS Code). Verá como muitas funcionalidades de programação vêm **predefinidas** no Python, que você **utilizará** para fazer as coisas. Também aprenderá que, embora o Python compartilhe muitas de suas ideias com outras linguagens de programação, como elas se manifestam em seu código pode ser bem **diferente**. Agora, não entenda mal: estamos falando sobre algo **bom** e diferente, não sobre uma diferença *ruim*. Leia para saber mais...

Python – A revelação

A entrevista de hoje é com um convidado muito especial: **a linguagem de programação Python**.

Use a Cabeça: Deixe-me apenas dizer que é um prazer tê-lo aqui hoje.

Python: Obrigado.

Use a Cabeça: Você é considerado uma das linguagens de programação mais populares em uso hoje. Por que você acha que é?

Python: (Ficando corado) Meu... isso é realmente um elogio. Imagino que muitos programadores gostam de mim.

Use a Cabeça: Claro. Mas por que você acha que é? O que torna *você* tão diferente?

Python: Não acho que sou tão diferente da maioria das outras linguagens de programação. Tenho variáveis, loops, condicionais, funções etc. como todas as outras.

Use a Cabeça: OK, mas o que explica seu sucesso?

Python: Eu acho que é uma combinação de coisas.

Use a Cabeça: Como...?

Python: Bem... Dizem que sou fácil de ler.

Use a Cabeça: Você quer dizer que as pessoas sabem o que você está pensando?!?

Python: Ah, é muito engraçado e hilário. Claro, me refiro ao fato de que meu *código* é fácil de ler.

Use a Cabeça: E por que você acha isso?

Python: Para começar, eu não preciso de ponto e vírgula no final das minhas instruções e parênteses em *tudo* é menos necessário do que em outras linguagens. Isso torna meu código muito limpo, o que ajuda na legibilidade e na compreensão.

Use a Cabeça: O que mais?

Python: Bem, tem a indentação. Na minha humilde opinião, eu recebo um monte de críticas *injustificadas* por isso, pois uso a indentação com espaço em branco para sinalizar os blocos de código. Isso faz meu código parecer consistente, limpo e legível. E mais, não há discussão sobre a colocação "correta" das chaves.

Use a Cabeça: Então... sem chaves no código?

Python: Na verdade, existem sim, mas não nos blocos. No Python, as chaves ficam nos dados, *não* no código. Para indicar os blocos, recuo com espaços em branco.

Use a Cabeça: Interessante... e imagino que os programadores habituados a linguagens como C, C++, Java, C#, Go, Rust etc., têm problemas com isso.

Python: Sim, infelizmente velhos hábitos são difíceis de abandonar. Agora, eu não estou apenas dizendo isso, mas depois de escrever código comigo, você quase nunca notará o espaço em branco, pois ele se torna natural muito rapidamente. É bom também que os editores modernos sejam versados em Python, fazendo a indentação para você. Raramente há motivos para reclamar.

Use a Cabeça: Com certeza a legibilidade é *Algo Bom*™, mas deve haver mais para sua popularidade?

Python: Há também minha Biblioteca Padrão: uma coleção de bibliotecas de código incluídas que ajudam em todos os problemas de programação. E, claro, há o PyPI?

Use a Cabeça: Py...P... o quê?!?

Python: Py...P...I, uma abreviação de *Python Package Index*, um repositório online, globalmente acessível, de módulos Python compartilhados de terceiros. Eles ajudam os programadores a resolver todos os problemas de programação imagináveis. É um recurso maravilhoso para a comunidade.

Use a Cabeça: Então esse tal PyPI permite explorar o código de outro programador *sem* escrever o seu próprio?

Python: Parece meio sórdido quando você coloca assim...

A entrevista continua na próxima página. →

Use a Cabeça: Desculpe, talvez "utilizar" seja uma palavra melhor?

Python: Sim, isso mesmo: *utilizar.* Minha filosofia é garantir que os programadores só escrevam código novo quando realmente precisam.

Use a Cabeça: Como assim?

Python: Uma palavra: *definido previamente.*

Use a Cabeça: São duas palavras...

Python: Sim, mas significa predefinido... de qualquer forma, o resultado é que eu tenho mais do que minha Biblioteca Padrão predefinida...

Use a Cabeça: ... Continue...

Python: Estou falando sobre minhas *outras* predefinições. Para começar, há as minhas funções predefinidas (BIFs). São pequenos motores de funcionalidade genérica que operam em muitos lugares e situações.

Use a Cabeça: Dê aos nossos leitores um exemplo rápido.

Python: Considere **len**, uma abreviação de "length" (comprimento). Dê um objeto a **len** e ela informa o tamanho dele.

Use a Cabeça: Ainda bem que estou sentado.

Python: Ha ha. Eu sei que parece simples, mas **len** é uma maravilha. Dê uma lista a **len** e ela diz quantos objetos existem nela. Dê uma string e **len** diz quantos caracteres existem etc. Se um objeto pode informar seu tamanho, **len** diz o que é.

Use a Cabeça: Então **len** é *polimórfica?*

Python: Epa, é uma linguagem chique, né?? Mas, sim, como muitas das minhas BIFs, **len** trabalha com muitos objetos diferentes de muitos tipos diferentes. Em último caso, eu concordaria que **len** é polimórfica.

Use a Cabeça: O que mais torna você popular?

Python: Minha personalidade envolvente.

Use a Cabeça: Tem mais a ver com sua personalidade *despreocupada.* Vamos manter o tom profissional.

Python: Certo, posso me divertir um pouco? Afinal, meu nome vem de um grupo britânico de comédia dos anos 1960.

Use a Cabeça: Sério? Agora você está me zoando.

Python: É verdade. Pesquise (veja: *https://docs.python.org/3/faq/general.html#why-is-it-called-python*). Meu nome *não* vem de uma cobra. Ele vem da *série de comédia Monty Python.*

Use a Cabeça: Se você diz...

Python: E sou fã de enlatados para *tudo.*

Use a Cabeça: OK, agora você está sendo bobo.

Python: Certo, prometo me comportar. Vá em frente, faça outra pergunta.

Use a Cabeça: Qual é seu lance com os dados?

Python: Eu simplesmente *amo* dados, trabalhando com minhas estruturas de dados predefinidas (são realmente legais), falando com bancos de dados ou buscando dados na web, sou sua linguagem de programação ideal para a manipulação de dados.

Use a Cabeça: Acho que seu amor pelos dados reflete sua primeira posição no mundo do aprendizado de máquina, né?

Python: Acho que sim. Para ser honesto, eu acho toda essa coisa de ML um pouco extravagante. Estou igualmente feliz por executar suas funções, acabar com seus loops e ajudá-lo a trabalhar.

Use a Cabeça: Mas certamente a fusão do Python, dos dados e do DL é uma combinação dos deuses!

Python: Sim, eu acho. Mas nem todos precisam fazer esse tipo de coisa. Não me interprete mal, estou emocionado por ser um influencer no campo da IA, mas não é *tudo* o que faço.

Use a Cabeça: Explique.

Python: Claro. Em essência, sou uma linguagem de programação geral, que pode ter muitos usos. Fico igualmente feliz por executar seu webapp mais recente e por rodar no *Mars Rover.* É só código para mim. Um *código* lindamente formatado, fácil de ler. É disso que se trata.

Use a Cabeça: Concordo plenamente. Obrigado, Python, por conversar conosco hoje.

Python: Por nada. Até!

Claro. Vamos conhecer o Python.

Iremos esperar para falar sobre o projeto no próximo capítulo. Agora, nos concentraremos em chegar ao ponto em que você tem uma boa compreensão de alguns conceitos básicos, como usar suas ferramentas para **criar**, **editar** e **executar** o código Python. Também apresentaremos alguns recursos da linguagem Python para dar a *ideia* de que precisa. Manteremos o exemplo simples, usando-o principalmente para apresentar uma visão geral do Python em vez de usá-lo para resolver um problema específico (haverá muito *disso* em breve).

Como a entrevista com o Python confirma, há várias razões para a popularidade dele. Listamos as conclusões que obtivemos da entrevista no final desta página.

Passaremos um tempo detalhando mais esses pontos. Quando tiver examinado a lista, pegue um lápis — sim, um lápis — e encontre-nos no topo da próxima página!

E não se preocupe: tudo mencionado na visão geral deste capítulo é coberto em detalhes mais adiante no livro.

1. O código Python é fácil de ler.
2. O Python vem com uma Biblioteca Padrão.
3. O Python tem funções predefinidas práticas, poderosas e genéricas.
4. O Python vem com estruturas de dados predefinidas.
5. O Python tem Python Package Index (PyPI).
6. O Python não se leva muito a sério.

Não subestime a importância deste último ponto.

Veja como é fácil ler em Python

Você ainda não sabe muito sobre Python, mas apostamos que pode dar bons palpites sobre como o código Python funciona. Dê uma olhada em cada linha de código abaixo e escreva o que acha que ela faz. Fizemos a primeira para você começar. Não se preocupe se ainda não entende todo o código — as respostas estão na próxima página, então fique à vontade para dar uma espiada se tiver dificuldades.

Código	O que faz
`import random`	Uma biblioteca é incluída para dar suporte para a aleatoriedade.
`suits = ["Clubs", "Spades", "Hearts", "Diamonds"]`	
`faces = ["Jack", "Queen", "King", "Ace"]`	
`numbered = [2, 3, 4, 5, 6, 7, 8, 9, 10]`	
`def draw():`	
`    the_suit = random.choice(suits)`	
`    the_card = random.choice(faces + numbered)`	
`    return the_card, "of", the_suit`	
`print(draw())`	
`print(draw())`	
`print(draw())`	

Veja como é fácil ler em Python

Você ainda não sabe muito sobre Python, mas apostamos que pode dar bons palpites sobre como o código Python funciona. Você deveria escrever o que achou que cada linha do código abaixo fez. Fizemos a primeira para você começar. Como suas anotações se comparam com as nossas?

`import random`	Uma biblioteca é incluída para dar suporte para a aleatoriedade.
`suits = ["Clubs", "Spades", "Hearts", "Diamonds"]`	Uma variável "suits" é atribuída a um array de 4 strings, representando os naipes em um baralho de cartas.
`faces = ["Jack", "Queen", "King", "Ace"]`	Outra variável "faces" é atribuída a um array com as 4 cartas de figura.
`numbered = [2, 3, 4, 5, 6, 7, 8, 9, 10]`	E aqui está outra variável de array "numbered", que representa as cartas numeradas do baralho.
`def draw():`	Parece o início de uma função.
`    the _ suit = random.choice(suits)`	Seleciona aleatoriamente um naipe e o atribui a uma nova variável "the_suit".
`    the _ card = random.choice(faces + numbered)`	Seleciona aleatoriamente uma carta a partir da combinação dos arrays "faces" e "numbered", criando "the_card."
`    return the _ card, "of", the _ suit`	Retorna a carta selecionada e uma string contendo a palavra "of", em seguida, o naipe selecionado.
`print(draw())`	Chama a função "draw" para pegar uma carta do baralho e mostra a carta na tela com "print".
`print(draw())`	Idem
`print(draw())`	Idem

Pode parecer um pouco estranho, pois o código chama a função "draw" primeiro, retornando a carta aleatória, que é então passada para "print" (outra função), que gera a saída.

Pronto para rodar algum código

Colocaremos tudo a fazer com este livro aqui.

Há um pouco de limpeza a fazer *antes* de executar qualquer código.

Para manter as coisas organizadas, criaremos uma pasta no seu computador chamada *Aprendizagem*. Você pode colocar essa pasta em qualquer lugar do seu disco rígido, desde que se lembre onde foi, pois irá usá-la *o tempo todo*. [Se precisar, coloque a nova pasta *Aprendizagem* dentro de uma pasta *UseaCabeça* para diferenciá-la de qualquer outra pasta *Aprendizagem* que você possa ter.]

Com a nova pasta *Aprendizagem* criada, inicie o VS Code.

Relaxe

Nada de pânico se você não instalou o VS Code.
Não é grande coisa. Volte à *Introdução* deste livro e trabalhe nas páginas que começam em **Instale o Python mais recente**. Você encontrará instruções para instalar o VS Code e algumas extensões necessárias lá.
Faça isso agora e volte aqui quando estiver pronto. Vamos esperar...

Não fique mal se pulou a introdução. Você não é o primeiro a fazer isso, e não será o último. 😉

Quando o VS Code inicia, ele normalmente leva você de volta ao que estava trabalhando antes ou você verá a página "Iniciar". De qualquer forma, feche a(s) página(s) aberta(s) do editor e clique no primeiro ícone à esquerda superior para abrir o painel Explorador.

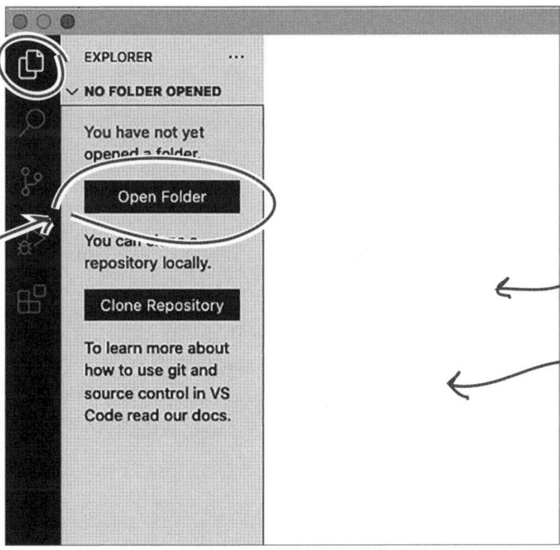

Clique neste botão para selecionar e abrir sua pasta "Aprendizagem".

Não mostramos a exibição completa do VS Code aqui porque está vazia.

Em alguns sistemas, o VS Code pode pedir que você confirme se confia nos criadores da pasta na qual está trabalhando... você confia em si mesmo, não é?

Sempre que você trabalhar com o VS Code neste livro, abrirá sua pasta *Aprendizagem* quando necessário. **Faça isso agora antes de continuar.**

Sua primeira experiência com Jupyter

OK. Você está rodando o VS Code e abriu sua pasta *Aprendizagem*. Criaremos um novo notebook selecionando primeiro o menu **Arquivo** e a opção **Novo arquivo...**. Você verá três opções:

1. Selecione esta opção se você deseja criar um novo arquivo de texto vazio (mas não escolha essa opção agora).

2. Selecione esta opção para criar um arquivo de texto para conter especificamente o código Python (e, novamente, não escolha essa opção no momento).

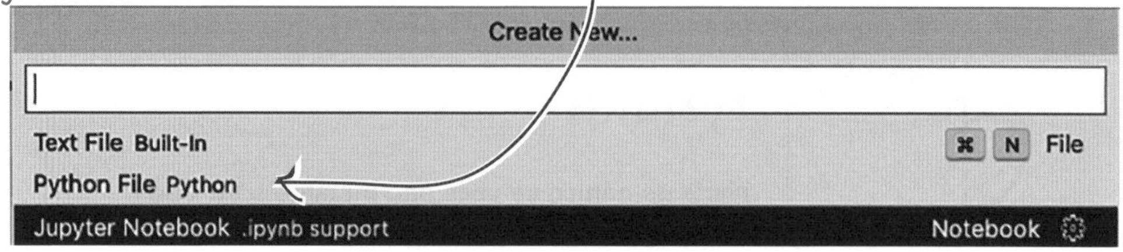

3. Selecione esta opção para criar um novo "Jupyter Notebook". É a opção que você desejará escolher sempre que iniciar um novo notebook, e — sim! — escolha essa opção agora.

O VS Code cria e abre um novo notebook *untitled* chamado *Untitled-1.ipynb*, que aparece na tela, mais ou menos como:

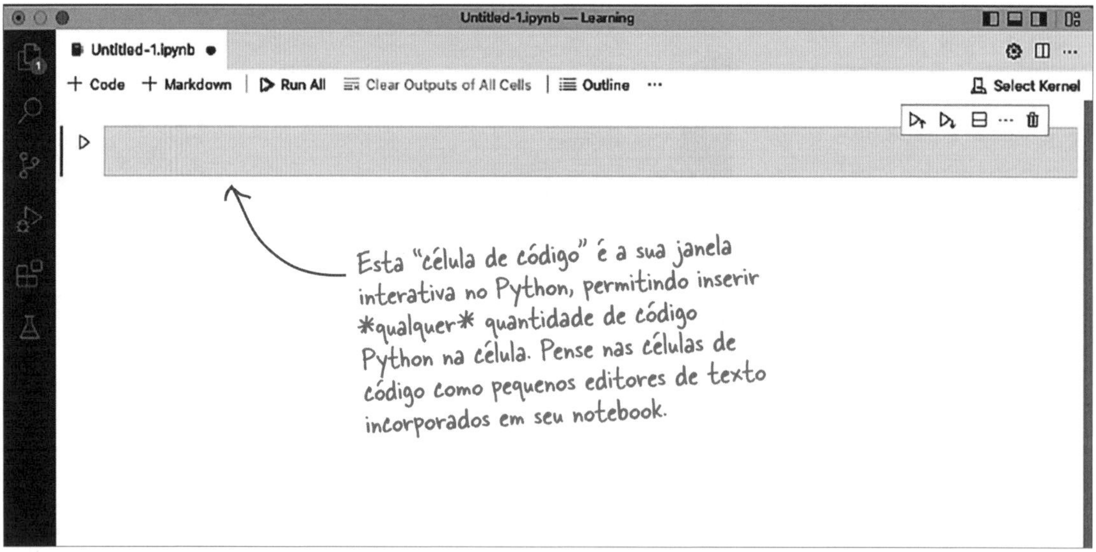

Esta "célula de código" é a sua janela interativa no Python, permitindo inserir *qualquer* quantidade de código Python na célula. Pense nas células de código como pequenos editores de texto incorporados em seu notebook.

Que rufem os tambores. Agora você está pronto para digitar e rodar algum código Python.

Colocando código no editor do seu notebook

Seu cursor está esperando na célula de código vazia. Antes de digitar qualquer coisa, reserve um momento para rever as primeiras quatro linhas de código do exemplo deste capítulo:

Esta linha importa a tecnologia de randomização do Python para o código do programa.

```
import random

suits = ["Clubs", "Spades", "Hearts", "Diamonds"]
faces = ["Jack", "Queen", "King", "Ace"]
numbered = [2, 3, 4, 5, 6, 7, 8, 9, 10]
```

Essas três linhas de código criam três variáveis que são atribuídas ao que parece ser um array de strings (os dois primeiros) e um array de números (o último).

Vejamos o que acontece quando você digita esse código no notebook.

Test Drive

Vá em frente e digite as quatro linhas de código mostradas acima na célula em espera. Veja o que temos:

Como cada célula é um pequeno editor integrado, você pode digitar quanto código Python quiser aqui.

```
import random

suits = ["Clubs", "Spades", "Hearts", "Diamonds"]
faces = ["Jack", "Queen", "King", "Ace"]
numbered = [2, 3, 4, 5, 6, 7, 8, 9, 10]
```

Como a maioria dos editores de código, o VS Code usa o destaque de sintaxe colorido na versão online para tornar seu código mais legível. Esta é a segunda coisa digna de nota.

A terceira coisa a notar é que não fica muto claro como executar o código!!!

Shift+Enter para executar o código

Ao pressionar **Shift+Enter**, o código na célula atual selecionada é executado. Depois o *foco* vai para a próxima célula no seu notebook. Se não há uma "próxima célula", o Jupyter cria uma nova:

Quando vir "Shift + Enter" neste livro, pressione e segure a tecla Shift, então, toque na tecla Enter (antes de soltar ambas).

Este pequeno círculo é como o VS Code diz que seu código ainda não foi salvo. Veremos isso em breve.

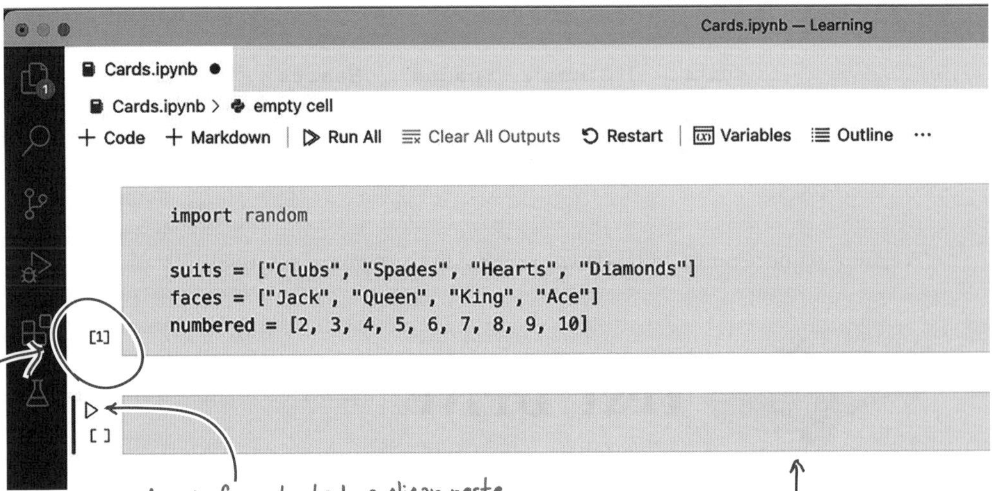

A célula recebe um identificador numérico exclusivo.

Você pode ficar tentado a clicar neste pequeno ícone de execução, que faz a mesma coisa que "Shift + Enter", mas logo se cansará dessa abordagem porque a combinação de teclas é muito mais rápida.

Como resultado de executar o código na primeira célula, uma nova célula vazia é criada (e o foco vai para ela).

Talvez eu não esteja percebendo algo, mas não vejo nada acontecendo. O código foi mesmo executado?

Sim, as quatro linhas de código foram executadas.

Mas nenhuma saída foi produzida, então nada apareceu na tela. O que aconteceu é que o Python *importou* a biblioteca `random`, bem como *definiu* estas três variáveis: `suits`, `faces` e `numbered`.

Exercício

Seu notebook está esperando por mais código. Iremos praticar um pouco com o VS Code adicionando o seguinte código ao seu notebook:

1. Digite `suits` na célula em espera e pressione **Shift+Enter**. Anote aqui o que acontece:

____

2. Digite o código para a função `draw` na próxima célula e pressione **Shift+Enter** para executar essa célula também. Veja uma cópia do código da função `draw` anterior:

```
def draw():
    the_suit = random.choice(suits)
    the_card = random.choice(faces + numbered)
    return the_card, "of", the_suit
```

Note o uso da indentação para indicar o bloco de código associado à função.

Quando a função é chamada, uma carta aleatória é retornada.

Resposta na página 12

não existem Perguntas Idiotas

P: Estou muito surpreso: as três primeiras linhas de código foram executadas. Com certeza as três variáveis, `suits`, `faces` e `numbered`, precisam ser pré-declaradas com algum tipo?

R: Pode ser assim que as outras linguagens de programação funcionam, mas não o Python. As variáveis surgem no momento em que recebem um valor, e esse valor pode ser de qualquer tipo. Não é preciso pré-declarar as informações do tipo, pois o Python trabalha os tipos dinamicamente durante a execução.

P: Importa como eu insiro minha indentação? Posso usar as teclas Tab, Espaço ou as duas?

R: Gostaríamos de dizer que não, mas importa. Quando se trata de indentar seu código Python, é possível usar espaços ou tabulações, mas **não ambos** (nada de misturar as coisas). A razão é bem técnica, então não entraremos em detalhes sobre isso agora. Nosso melhor conselho é configurar seu editor para substituir automaticamente os toques da tecla Tab por quatro espaços. E, sim, há uma *convenção* na comunidade de programação Python para indentar em quatro espaços, não em dois nem oito. Você pode, claro, ignorar a convenção se desejar, mas note que a maioria dos outros programadores Python espera quatro espaços. Claro, há sempre os rebeldes que insistem em fazer do seu próprio jeito.

P: Então, pressionar Enter não executa meu código? Tenho que continuar usando Shift+Enter?

R: Sim, você está operando dentro de um notebook Jupyter. Lembre-se: cada célula em um notebook é como um pequeno editor integrado. Pressionar a tecla **Enter** encerra a linha de código atual e abre uma nova linha (para você inserir mais código). Com a tecla **Enter** já utilizada, o pessoal do Jupyter teve que propor outra forma de executar uma célula de código, estabelecendo **Shift+Enter**.

Aliás: Na última página deste capítulo, você encontrará uma folha de cola útil dos atalhos de teclado Jupyter mais úteis. Por ora, **Shift+Enter** é tudo o que precisa saber.

Exercício Solução

Seu notebook está esperando por mais código e você praticou um pouco com o VS Code adicionando o seguinte código ao seu notebook:

1. Você deveria digitar `suits` na célula em espera, pressionar **Shift+Enter**, então anotar o que acontece:

O valor atual da variável "suits" aparece na tela.

2. Então deveria digitar o código para a função `draw` na próxima célula e pressionar **Shift+Enter** para executar essa célula também. É o que vimos ao concluir o exercício:

O valor atual da variável "suits" aparece na tela quando você só digita o nome da variável em sua célula de código, então pressiona "Shift+Enter".

```
[2]  suits

...  ['Clubs', 'Spades', 'Hearts', 'Diamonds']

     def draw():
         the_suit = random.choice(suits)
         the_card = random.choice(faces + numbered)
[3]      return the_card, "of", the_suit

[ ]
```

Embora cada célula seja seu próprio pequeno editor integrado, o código nas células seguintes pode se referir às variáveis definidas nas células anteriores. Isso explica por que não tem problema referenciar "suits", "faces" e "numbered" nesta função personalizada, pois tudo está no escopo. Este é um PONTO IMPORTANTE.

Note como o VS Code atribui um número a cada célula executada (com sucesso). É um lembrete visual de que seu código foi executado. As células sem números ainda não foram executadas. Essa funcionalidade é fornecida pelo Jupyter Notebook e não tem nada a ver com o Python, embora muitas vezes seja bom referenciar o número para lembrar em que ordem as células foram executadas (mais sobre isso depois).

Da página 11

Test Drive

Iremos tirar algumas cartas do baralho.
Na próxima célula de código vazia, digite `print(draw())`, então pressione **Shift+Enter**.
Fizemos isso em três células para confirmar que o código está produzindo cartas aleatórias e aqui está o que vimos:

```
[4]   print(draw())
...   ('Jack', 'of', 'Clubs')

[5]   print(draw())
...   (5, 'of', 'Spades')

[6]   print(draw())
...   (4, 'of', 'Spades')
```

Cada célula de código produz uma saída, que o VS Code exibe na tela. Note os três pontos que são uma pista visual de que a saída foi produzida.

Cada chamada para a função "draw" retorna uma carta aleatória diferente, que então é exibida na tela com "print".

Você deve ver três cartas diferentes. Se está vendo *exatamente* os mesmos resultados que nós, então temos apenas uma palavra para você: Sinistro.

Então... o código Python é realmente fácil de ler... e executar

Além do Jupyter, existem outras formas de executar o código Python, e você aprenderá sobre algumas trabalhando neste livro. No entanto, usar o VS Code com o Jupyter é — em nossa opinião — a maneira *perfeita* de ler, executar, experimentar e *lidar* com o código Python ao aprender pela primeira vez a linguagem. Então prepare-se para passar *muito* tempo no Jupyter e no VS Code.

Antes de continuar, reserve um tempo para selecionar **Arquivo** e depois **Salvar** no menu VS Code para salvar seu notebook com o nome *Cards.ipynb*. ← Faça isto agora!

Sempre preciso usar um notebook Jupyter para rodar meu código Python?

Para saber mais sobre REPL, acesse: https://en.wikipedia.org/wiki/Read-eval-print_loop.

Não, mas é uma ótima ferramenta para usar quando estiver aprendendo a linguagem, já que o Jupyter se conecta ao *REPL* predefinido do Python para executar cada uma das células de código. Você aprenderá a executar seu código *fora* de um notebook mais adiante neste livro, mas, por ora, só precisa se preocupar em usar os notebooks dentro do VS Code (conforme acompanha).

Diz aqui que eu não preciso compilar e vincular meu código Python a um executável. É verdade?

Sim. O Python é um **interpretador** planejado para executar cada linha de código como e quando ele a vê. Para ser tecnicamente correto, o Python *compila* seu código, mas tudo acontece nos bastidores (para aliviar a carga de fazer isso sozinho). Você só precisa escrever e executar seu código: o Python cuida dos detalhes e o mecanismo **Shift+Enter** do Jupyter facilita que você controle quando a execução acontece.

Para esclarecer, tudo o que vejo em uma caixa cinza neste livro é uma simulação de uma célula de código?

Sim, quando você vê um código apresentado dentro de uma caixa cinza, pode presumir que é o código a ser inserido em uma célula de código no seu notebook atual pronto para a execução com **Shift+Enter**. Para acompanhar, digite o código em cada caixa cinza no seu notebook e execute-o (quando necessário) com **Shift+Enter**.

Ótimo. Essas respostas ajudam muito. Agora, voltando ao exemplo da carta... Se eu quisesse tirar cinco cartas, usaria um loop em vez de chamar "draw" cinco vezes, certo?

Certo! E o loop **for** do Python é o que você usaria. Vejamos rapidamente como usar **for** para isso.

E se você quiser mais de uma carta?

Sua função `draw` é um ótimo começo, tirando uma carta do baralho cada vez que a função é executada. Mas, e se quiser tirar mais de uma carta?

Embora seja um pouco ridículo sugerir chamar manualmente sua função `draw` quantas vezes forem necessárias, a maioria dos programadores recorre a um loop. Você aprenderá mais sobre os loops do Python mais adiante neste livro. Por enquanto, veja como usaria o loop **for** do Python para executar a função `draw` cinco vezes:

A palavra-chave "for" inicia o loop.

"range" em outra função predefinida (BIF) que, neste caso, está sendo usada para controlar quantas vezes o código do loop é executado.

```
for _ in range(5):
    print(draw())
```

O código do loop é indentado "sob" a palavra-chave "for".

O bloco de código do loop "for" é uma única linha de código, mas você pode ter quantas linhas precisar aqui.

Não me diga que só eu notei isso, mas... qual é a desse caractere underscore?

É a variável padrão do Python.

É normal que a maioria dos loops tenha uma variável de loop associada (com "`i`" sendo o nome favorito em particular para muitos programadores). Porém, se o código do loop não usa o valor dessa variável, o Python permite usar o caractere underscore.

Quando você vir o underscore no código, pense: *"Ah ha! Uma variável é necessária sintaticamente aqui, mas seu valor não é usado, então a variável não foi nomeada"*.

Test Drive

Iremos testar seu primeiro loop em Python e veremos o que acontece. Estamos mostrando o código em uma caixa cinza, então digite o código na próxima célula de código do notebook e pressione **Shift+Enter**:

O código do loop da última página (mostrado em uma célula de código). →

```
for _ in range(5):
    print(draw())
```

← Só para sua informação: a partir de agora, quando exibirmos uma célula de código, não mostraremos os números das células Jupyter, pois queremos que você se concentre no código.

E, como esperado, os detalhes das cinco cartas aparecem na tela:

```
(5, 'of', 'Clubs')
('Queen', 'of', 'Diamonds')
('Queen', 'of', 'Hearts')
('King', 'of', 'Diamonds')
('Queen', 'of', 'Diamonds')
```

Parece bom... ou não? Tem algo errado bem aqui?

Sim, a mesma carta sendo tirada duas vezes.

O problema aqui é que a função para tirar cartas está retornando a *Dama de Ouros* duas vezes. Ops!

Vejamos melhor o que `draw` está fazendo para saber por que isso acontece.

Veja melhor o código para tirar cartas

A função `draw` tem apenas três linhas de comprimento, mas ainda impressiona. Veja:

1. A primeira linha de código no corpo da função seleciona *aleatoriamente* um naipe, atribuindo o valor a uma variável devidamente nomeada.

```
def draw():
    the_suit = random.choice(suits)
    the_card = random.choice(faces + numbered)
    return the_card, "of", the_suit
```

2. A segunda linha de código combina as figuras e as cartas numeradas, depois seleciona *aleatoriamente* um valor, mais uma vez atribuindo o valor a uma variável devidamente nomeada.

3. Com as duas variáveis atribuídas *aleatoriamente*, a terceira e última linha de código retorna a carta selecionada.

Sabemos: todos aqueles caracteres * na palavra "aleatoriamente" nessas anotações não eram pistas suficientes, eram? Embora o código `draw` tenha sucesso ao selecionar uma carta aleatória, ele não evita o retorno do mesma carta duas vezes. Afinal, na maioria dos jogos de cartas, quando uma carta é selecionada no baralho, ela raramente é colocada de volta, certo? Se este fosse um código "real" para tirar cartas (não um exemplo inventado e planejado para dar suporte à visão geral do Python deste capítulo), provavelmente usaríamos uma estrutura de dados diferente dos arrays utilizados atualmente, concorda?

Poder do Cérebro

Se fosse pedido para você criar uma estrutura de dados que modelasse melhor um baralho de cartas, qual estrutura escolheria?

Os 4 Principais: lista, tupla, dicionário e conjunto

É lendário o excelente suporte predefinido do Python para as estrutura de dados e é normalmente citado como a principal razão para a maioria dos programadores Python *amar* o Python.

Como este é o seu capítulo de abertura, não iremos sobrecarregá-lo com qualquer discussão aprofundada dessas estruturas de dados agora. Há muitas páginas (capítulos inteiros, na verdade) dedicadas aos *4 Principais* mais adiante neste livro.

Embora não tenhamos mencionado especificamente seu uso, você já viu listas *e* tuplas. Apesar de nos referirmos a elas como *arrays* antes, cada um desses "arrays" é, na verdade, uma **lista** Python autêntica de fato:

As listas começam e terminam com colchete.

```
suits = ["Clubs", "Spades", "Hearts", "Diamonds"]
faces = ["Jack", "Queen", "King", "Ace"]
numbered = [2, 3, 4, 5, 6, 7, 8, 9, 10]
```

Cada item em uma lista é separado por vírgula.

Você também já teve sua cota justa de tuplas. Sempre que você chama a função `draw`, ela retorna uma **tupla**:

Uma pergunta rápida: como você pronunciaria "tupla"? Rimando com "dupla" ou com "quádrupla"? É um mistério. 😉

```
draw()
```

É uma tupla (e parece uma lista).

```
(3, 'of', 'Clubs')
```

Ao contrário das listas, que têm colchetes, as tuplas têm parênteses em sua coleção de valores.

Ninguém o culparia por achar as tuplas meio esquisitas e teríamos que concordar que as consideramos esquisitas também. Não se preocupe com isso.

Você aprenderá mais sobre listas e tuplas mais adiante no livro. Embora ambas tenham seus usos, não são uma ótima opção quando se trata de modelar um baralho de cartas. Uma outra estrutura de dados é necessária aqui. Mas, qual?

Dica: há uma ótima pista no título desta página.

Modele o baralho de cartas com um conjunto

Os conjuntos em Python são como os conjuntos da aula de matemática: eles contêm uma coleção de valores exclusivos em que duplicatas *não* são permitidas.

Os conjuntos em Python também são especialmente convenientes para adicionar e remover objetos. E, sim, outras estruturas de dados podem adicionar/remover objetos também, mas — normalmente — você tem que encontrar o objeto primeiro, depois removê-lo. Ou tem que pesquisar o objeto e assegurar que ele já não existe na estrutura de dados *antes* de adicioná-lo. Nos dois casos, são duas operações para adicionar e duas para remover (com outras estruturas de dados).

Não é assim com os conjuntos.

Uma única operação adiciona ao conjunto e outra remove do conjunto, evitando a necessidade de fazer toda essa pesquisa. Na nossa cabeça, usar um conjunto para modelar um baralho de cartas é uma combinação quase perfeita.

Continue **acompanhando** em seu notebook *Cards.ipynb* enquanto criamos primeiro um conjunto vazio, então aprenda um pouco sobre conjuntos antes de adicionar as 52 cartas e removê-las do baralho quando necessário.

Não se preocupe se pensou em "dicionário" (afinal, sempre será uma coisa ou outra). Você aprenderá tudo sobre dicionários mais tarde neste livro.

Criar um novo conjunto vazio é fácil. Chame a função predefinida (BIF) "set", então atribua o conjunto a uma variável.

```
deck = set()
```

Não se esqueça de usar "Shift+Enter" para executar o código nas células de código.

Agora que seu conjunto existe e está atribuído a uma variável (com um nome bem criativo) chamada `deck`, aprenderemos um pouco sobre isso. Duas das funções predefinidas (BIF) do Python ajudam aqui: `type` e `len`:

"BIF" é uma abreviação de "função predefinida".

A BIF "type" confirma que sua variável "deck" se refere a um conjunto.

```
type(deck)
```

```
set
```

```
len(deck)
```

```
0
```

A BIF "len" confirma que seu conjunto "deck" está vazio no momento.

Agora que seu conjunto existe, como determinar o que você pode fazer com ele? Bem... há uma BIF para isso.

O combo mambo print dir

Quando fornecido o nome de qualquer objeto Python, a BIF **dir** retorna uma lista dos atributos do objeto que, no caso da variável `deck`, são os atributos associados a um objeto do conjunto.

Como você pode ver (abaixo), há muitos atributos associados a um conjunto Python. Observe como a saída de **dir** é combinada com uma chamada para a BIF **print**, assegurando que a saída exibida seja mostrada na *horizontal* da tela, não na *vertical*, o que reduz a quantidade de rolagem necessária para seus pobres dedos. Pode não ser grande coisa, mas — ei! — qualquer ajuda é bem-vinda.

Eles estão dançando o "combo mambo". Mas... qual é "print" e qual é "dir"?!?

Alguns desses nomes de atributos parecem muito estranhos, em especial aqueles com caracteres de underscore duplo antes e depois.

```
print(dir(deck))
```

```
['__and__', '__class__', '__class_getitem__', '__contains__',
'__delattr__', '__dir__', '__doc__', '__eq__', '__format__', '__ge__',
'__getattribute__', '__getstate__', '__gt__', '__hash__', '__iand__',
'__init__', '__init_subclass__', '__ior__', '__isub__', '__iter__',
'__ixor__', '__le__', '__len__', '__lt__', '__ne__', '__new__', '__or__',
'__rand__', '__reduce__', '__reduce_ex__', '__repr__', '__ror__',
'__rsub__', '__rxor__', '__setattr__', '__sizeof__', '__str__', '__sub__',
'__subclasshook__', '__xor__', 'add', 'clear', 'copy', 'difference',
'difference_update', 'discard', 'intersection', 'intersection_update',
'isdisjoint', 'issubset', 'issuperset', 'pop', 'remove',
'symmetric_difference', 'symmetric_difference_update', 'union', 'update']
```

Se a saída for para a direita da tela (ao invés de para baixo), veja se você selecionou a opção "Notebook > Saída: Quebra de Linha". do VS Code. Você pode pesquisar essa configuração digitando "quebra de linha" na barra de pesquisa Configurações do VS Code.

O resto dos nomes é mais fácil de ler, mas — Céus! — há muitos, não é?

Veja uma regra simples para seguir ao ver a saída de **print dir**: *Por ora, ignore os atributos que começam e terminam com um underscore duplo.* Você aprenderá por que eles existem mais tarde neste livro, mas — no momento — ignore, ignore, ignore!

Tendo ajuda com a saída de dir

Pode não parecer à primeira vista, mas provavelmente você usará a BIF **dir** mais do que qualquer outra ao trabalhar com o Python, sobretudo ao experimentar em um notebook Jupyter. Isso é devido à capacidade de **dir** de divulgar a lista de atributos associados a qualquer objeto. Em geral, esses atributos incluem uma lista de *métodos* que podem ser aplicados ao objeto.

Embora seja tentador (ainda que um pouco absurdo) executar aleatoriamente qualquer método associado à variável `deck` para ver o que ele faz, uma abordagem mais sensata é ler a documentação referente a qualquer método...

Mas não se preocupe: não pediremos que percorra milhares de páginas de documentação online do Python. Isso é trabalho da BIF **help**:

Em uma célula de código vazia, use a BIF "help" para exibir a documentação de qualquer método do objeto.

```
help(deck.add)
```

```
Help on built-in function add:

add(...) method of builtins.set instance
    Add an element to a set.

    This has no effect if the element is already present.
```

Esta linha de saída é a parte importante aqui.

Também é possível ver a documentação dentro do VS Code passando o mouse sobre a palavra "add" para ver uma dica de ferramenta. Mas gostamos de usar a BIF "help", pois os docs ficam na tela e não desaparecem no momento em que movemos o mouse (removendo a dica).

Preencha o conjunto com cartas

No final da última página (e por sorte), usamos a BIF **help** para ver a documentação do Python para o método **add**, que é criado em cada conjunto Python. Sabendo o que **add** faz, vejamos um código que usa os dados de carta "brutos" de antes para criar um baralho:

Veja os dados de carta "brutos" (em três listas).

```
suits = ["Clubs", "Spades", "Hearts", "Diamonds"]
faces = ["Jack", "Queen", "King", "Ace"]
numbered = [2, 3, 4, 5, 6, 7, 8, 9, 10]
```

Usamos um loop dentro de um loop para fazer o trabalho pesado. O loop externo percorre os naipes, um de cada vez: Paus, Espadas, Copas e Ouros.

O loop interno combina todos os possíveis valores das cartas em uma lista, depois percorre cada um deles, adicionando as 52 cartas ao baralho.

```
for suit in suits:
    for card in faces + numbered:
        deck.add((card, "of", suit))
```

O método "add" é chamado em cada carta para aumentar o conjunto.

Ao contrário do código de loop anterior, que usou a variável padrão do Python (o underscore), nestes loops nomeamos cada variável de loop como "suit" e "card", respectivamente.

```
len(deck)
```

52

Com o código de loop executado, a BIF "len" é usada para confirmar que nosso conjunto não está mais vazio.

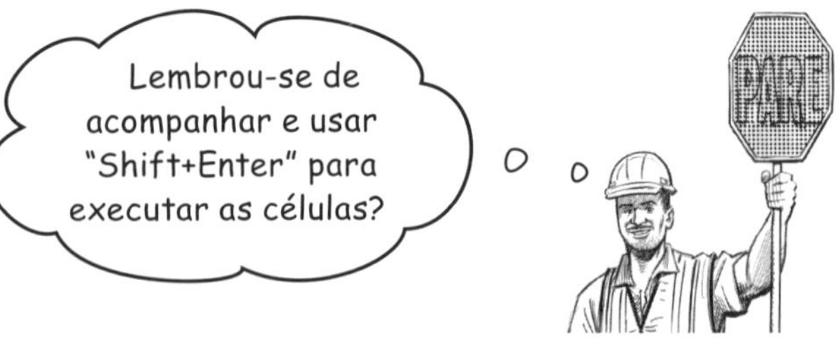

Sim. E tudo bem.

As estruturas de dados do Pyhon podem aumentar e diminuir quando necessário, por isso não é preciso pré-declarar seu tamanho.

O interpretador Python lida com todos os detalhes subjacentes para você. A memória é alocada e desalocada dinamicamente quando necessário, liberando você para criar o código de que precisa.

Parece um baralho de cartas agora

Agora que seu baralho é um conjunto, você pode modelar melhor o comportamento.

Infelizmente, selecionar aleatoriamente uma carta do baralho é complicado pelo fato de que a técnica `random.choice` anterior no capítulo não funciona com os conjuntos . É uma pena, pois seria bom usar `random.choice(deck)` para escolher uma carta, mas — enfim — não funcionará.

Por ora, não se preocupe com o motivo.

Não se preocupe. Uma alteração rápida permite que você primeiro *converta* uma cópia do conjunto de cartas em uma lista, que pode então ser usada com `random.choice`. Não poderia ser mais simples:

Quando você vir um código como este, leia de dentro para fora. Pegue o conjunto de cartas na variável "deck" e converta-o em uma lista. Depois, alimente a lista à função "random.choice".

Atribua a carta selecionada aleatoriamente a uma nova variável chamada "card".

```
card = random.choice(list(deck))
print(card)
```

```
('Ace', 'of', 'Spades')
```

Exiba o valor de "card" na tela.

Uma carta aleatória é mostrada, embora os fãs da banda Motorhead possam discordar. 😉

Tendo selecionado uma carta (o *Ás de Espadas* para nós, mas provavelmente é uma carta diferente se você vem acompanhando), devemos realmente retirar a carta do baralho para que as escolhas aleatórias subsequentes não a selecionem de novo.

A função "remove", predefinida em todos os conjuntos Python, é o que você precisa aqui.

```
deck.remove(card)
len(deck)
```

```
51
```

Como seria de esperar, o baralho diminui de tamanho após cada "remove" bem-sucedido.

Se quiser saber um pouco mais sobre "remove", lembre-se de que pode digitar "help(deck.remove)" em uma célula de código vazia para ver seus docs.

O que é exatamente "card"?

Se você está se perguntando o que é a variável `card`, não se esqueça de **type**, que informa o tipo do valor atribuído atualmente a `card`:

A BIF "type" pergunta: "O que é?"

```
type(card)
```

```
tuple
```

A variável "card" referencia uma tupla.

```
card
```

```
('Ace', 'of', 'Spades')
```

Para ver o valor de "card", digite o nome da variável em uma nova célula do notebook e pressione "Shift+Enter".

Aponte seu lápis

Agora que você já viu como selecionar aleatoriamente uma carta no conjunto, bem como remover uma carta, iremos reescrever a função `draw` para trabalhar com o conjunto `deck` (não com as listas). No espaço abaixo, forneça as três linhas de código que você adicionaria à sua nova função `draw`. A primeira linha de código seleciona aleatoriamente uma carta no conjunto, a segunda remove a carta selecionada do conjunto e a terceira (e última) linha de código retorna a carta selecionada para o chamador da função:

```
def draw():
```

Adicione suas três linhas de código aqui (e não se esqueça de indentar).

Resposta na página 26

Aponte seu lápis Solução

Da página 25

Agora que você viu como selecionar aleatoriamente uma carta no conjunto, bem como removê-la, chegou a hora de reescrever a função `draw` para trabalhar com o conjunto `deck` (não com as listas). No espaço abaixo, você deveria fornecer as três linhas de código que adicionaria à sua nova função `draw`. A primeira linha de código seleciona aleatoriamente uma carta no conjunto, a segunda remove a carta selecionada do conjunto e a terceira (e última) linha de código retorna a carta selecionada para o chamador da função:

```
def draw():
    card = random.choice(list(deck))
    deck.remove(card)
    return card
```

Defina uma função chamada "draw". → `def draw():`

Seleção aleatória de uma carta. → `card = random.choice(list(deck))`

Remova a carta tirada do baralho. → `deck.remove(card)`

Retorne a carta selecionada para o código que chama. → `return card`

não existem Perguntas Idiotas

P: Presumo que os dois pontos no final da linha `def` da função sejam importantes?

R: Sim, muito. Você conhecerá os dois pontos em detalhes mais tarde neste livro. Por enquanto, pense neles como uma parte da sintaxe necessária que informa a todos que um bloco de código indentado começará (na linha seguinte).

P: O que aconteceu com a versão anterior de `draw`? Ainda posso acessá-la se precisar?

R: A nova versão de `draw` substituiu a anterior, que desapareceu no éter digital (virou fumaça), e nunca mais será vista de novo.

P: Eu sei que essa pergunta não tem nada a ver com o código, mas isso está me incomodando... por que a grafia engraçada de Jupyter? O planeta não é escrito com "i"?

R: Sim, o planeta é com "i", mas a ferramenta não tem o nome do planeta. Jupyter recebeu o nome após três linguagens de programação que ele inicialmente suportava, a saber, Julia, Python e R. É por isso que as letras "py" são incluídas no nome.

Esse "py" também é uma referência à extensão de nome de arquivo preferida do Python para os arquivos de código, que é *.py*.

P: A extensão do notebook tem muitas letras: *.ipynb*. Significa algo em particular?

R: Sim. É uma abreviação para o *formato do notebook ipython*. Ficou feliz por ter perguntado?

Test Drive

Iremos verificar se sua nova função `draw` funciona como o esperado. Continuando a trabalhar dentro do notebook deste capítulo (*Cards.ipynb*), digite o código da sua nova função `draw` na próxima célula de código e pressione **Shift+Enter** para defini-la:

Defina a função.

```
def draw():
    card = random.choice(list(deck))
    deck.remove(card)
    return card
```

Chame sua nova função com a BIF `print`, que exibe sua carta selecionada aleatoriamente na tela:

Chame a função "draw" e receba uma carta.

```
print(draw())
```

```
(7, 'of', 'Clubs')
```

Lembre-se: pressionar "Shift+Enter" executa o código em uma célula.

Uma chamada rápida da BIF **len** confirma que o baralho tem uma carta a menos que antes:

```
len(deck)
```

```
50
```

Na última vez que verificamos o tamanho de "deck" havia 51 cartas (então esse número faz sentido).

Sim. E é bem fácil.

Embora você já tenha visto a palavra-chave **in** como parte do loop **for**, sozinha **in** é impressionante.

Vire a página para saber mais sobre este *superpoder do Python*.

Precisa encontrar algo?

Como mencionado na parte inferior da última página, você já conheceu a palavra-chave **in**:

Neste contexto (na primeira linha), a palavra-chave "in" atribui cada um dos valores da lista "suits" à variável de loop "suit" em toda iteração. Ela faz a mesma coisa na segunda linha, atribuindo cada valor individual a "card" da lista feita combinando "faces" e "numbered".

```
for suit in suits:
    for card in faces + numbered:
        deck.add((card, "of", suit))
```

A primeira linha deste loop "for" pode ser lida como "para cada valor de naipe individual na lista de naipes, em cada iteração, faça o seguinte..."

Mas a palavra-chave **in** pode fazer muito mais: ela pode *pesquisar*.

Dada qualquer estrutura de dados do Python, **in** pode executar um *teste de associação*, verificando se um valor se encontra nela. Vejamos se o *Ás de Copas* ainda está no nosso baralho. Acompanhe e lembre-se de usar **Shift+Enter** para executar cada célula:

A carta na qual você está interessado é atribuída à variável "card".

```
card = ("Ace", "of", "Hearts")
```

Uma única linha de código pesquisa o conjunto "deck" para obter a carta, retornando o booleano "True" se encontrada e "False" do contrário.

```
card in deck
```

```
True
```

Encontrada!

Além de trabalhar com "for", a palavra-chave "in" se destaca quando usada com a instrução "if" do Python. Observe a indentação, bem como as palavras-chave "if" e "else" aqui.

```
if card in deck:
    print("That card's available. :-) ")
else:
    print("That card's already taken. :-( ")
```

```
That card's available. :-)
```

Pausa para fazer um balanço

Lembra-se da lista obtida na entrevista com Python no início do capítulo? Embora esta visão geral não aborde essa lista em ordem (como somos rebeldes), neste estágio você pode colocar uma marca de verificação nos pontos que já viu:

1. O código Python é fácil de ler. ✓
2. O Python vem com uma Biblioteca Padrão.
3. O Python tem funções predefinidas práticas, poderosas e genéricas. ✓
4. O Python vem com estruturas de dados predefinidas. ✓
5. O Python tem Python Package Index (PyPI).
6. O Python não se leva muito a sério.

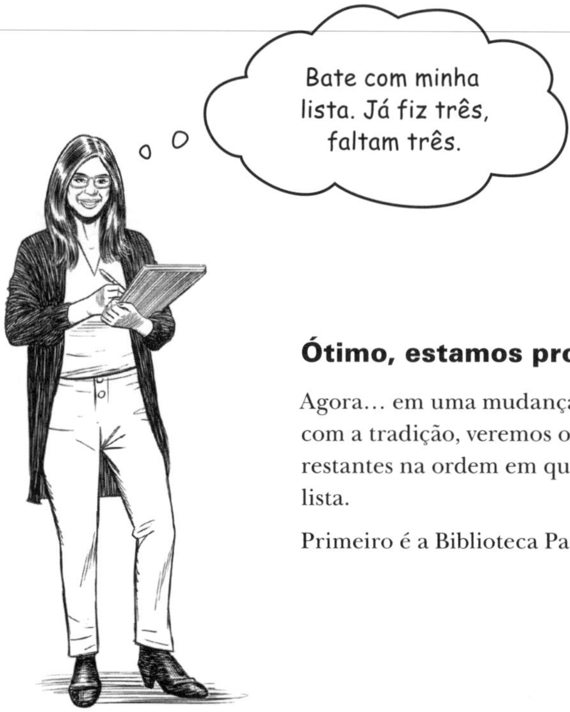

Ótimo, estamos progredindo!

Agora... em uma mudança bem chocante com a tradição, veremos os três pontos restantes na ordem em que aparecem na lista.

Primeiro é a Biblioteca Padrão do Python.

O Python vem com uma Biblioteca Padrão avançada

Biblioteca Padrão do Python (PSL) é o nome usado para se referir a uma grande coleção de funções, tipos, módulos, classes e pacotes do Python que vêm incluídos com a linguagem. Eles estão lá quando o Python é instalado.

Quando você ouve os programadores se referirem ao Python como vindo com "baterias incluídas", eles estão se referindo em parte à PSL. Há muito a fazer: *https://docs.python.org/3/library/index.html.*

Neste livro, "PSL" é uma abreviação de "Biblioteca Padrão do Python".

Sim, é sempre assim.

Você abre seu último presente e percebe que ele não veio com tudo o que precisa: *faltam* as baterias. Hora da música triste...

Já o Python raramente decepciona, pois a PSL vem com muitas bibliotecas predefinidas. Você já viu (e usou) a biblioteca `random`, mas temos muito mais. Vejamos melhor.

Quem faz o quê?

Sabemos que você ainda tem que ver em detalhes a PSL, mas, para ter uma ideia do que está incluído, criamos um pequeno teste. Sem dar uma olhada na documentação referida na última página, considere os nomes de alguns módulos da PSL mostrados à esquerda desta página. Pegue seu lápis e faça uma seta conectando o nome do módulo ao que você acha que é a descrição correta à direita. Para começar, o primeiro foi feito. Vejamos como você se sai com o resto. Nossas respostas estão na próxima página.

`random`	é um servidor da web predefinido
`collections`	processa um arquivo de texto delimitado por vírgulas
`os`	permite interagir com seu sistema operacional subjacente
`itertools`	pode gerar números com ordem imprevisível
`http.server`	informa a data de modificação de um arquivo, por exemplo
`pdb`	este módulo permite testar o código, uma função por vez
`pprint`	fornece muitos tipos de dados avançados
`csv`	formato de texto estruturado popular, às vezes chamado de "documento"
`stat`	certificados digitais e conexões criptografadas dependem deste módulo
`unittest`	isto resolve quando sua saída precisa ser bonita
`re`	para todas as suas necessidades avançadas de loop
`enum`	você pode usar isto para depurar o código Python
`ssl`	se os dados estão compactados em um arquivo, isto ajuda
`json`	uma biblioteca de expressões regulares (sem "interferência")
`sys`	o sistema de banco de dados relacional integrado mais popular do mundo
`zipfile`	um conjunto de valores nomeados e tipados
`sqlite3`	diz tudo sobre o sistema no qual você está executando

Respostas na página 32

Quem faz o quê? Solução

Da página 31

Sabemos que você ainda tem que ver em detalhes a PSL, mas, para ter uma ideia do que está incluído, criamos um pequeno teste. Sem dar uma olhada na documentação referida na página anterior, considere os nomes de alguns módulos da PSL mostrados à esquerda desta página. Pegue seu lápis e faça uma seta conectando o nome do módulo ao que você acha que é a descrição correta à direita. O primeiro foi feito. Agora que você pode ver nossas setas, como foi?

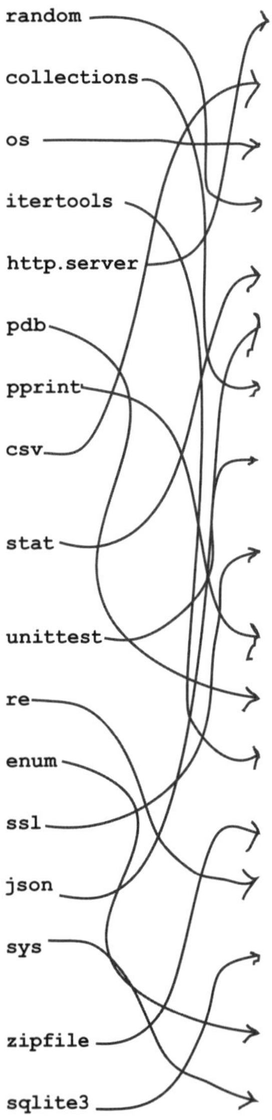

1. é um servidor da web predefinido
2. processa um arquivo de texto delimitado por vírgulas
3. permite interagir com seu sistema operacional subjacente
4. pode gerar números com ordem imprevisível
5. informa a data de modificação de um arquivo, por exemplo
6. este módulo permite testar o código, uma função por vez
7. fornece muitos tipos de dados avançados
8. formato de texto estruturado popular, às vezes chamado de "documento"
9. certificados digitais e conexões criptografadas dependem deste módulo
10. isto resolve quando sua saída precisa ser bonita
11. para todas as suas necessidades avançadas de loop
12. você pode usar isto para depurar o código Python
13. se os dados estão compactados em um arquivo, isto ajuda
14. uma biblioteca de expressões regulares (sem "interferência")
15. o sistema de banco de dados relacional integrado mais popular do mundo
16. um conjunto de valores nomeados e tipados
17. diz tudo sobre o sistema no qual você está executando

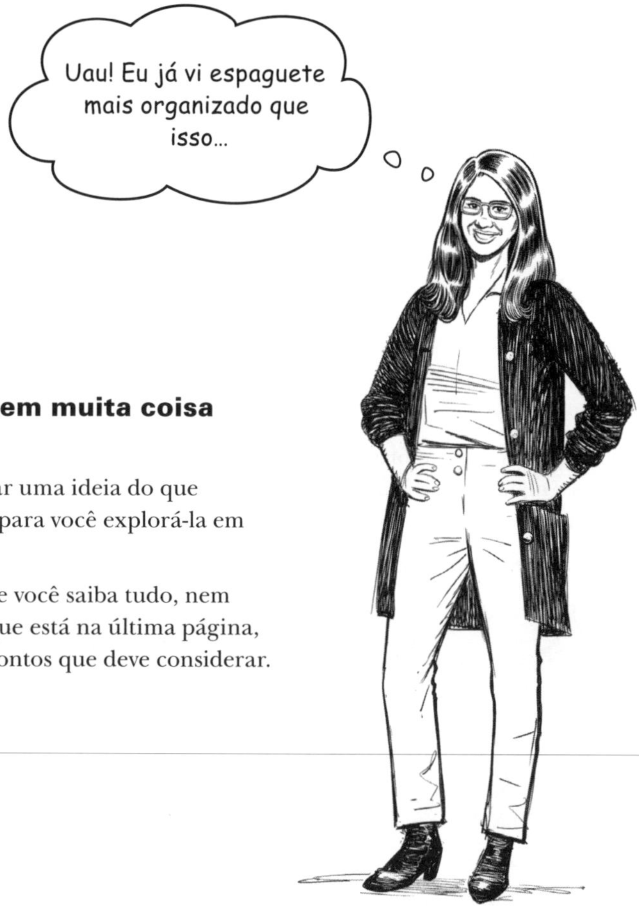

Com certeza tem muita coisa acontecendo.

Nosso objetivo é dar uma ideia do que está na PSL, não é para você explorá-la em detalhes.

Não é esperado que você saiba tudo, nem que se lembre do que está na última página, embora haja três pontos que deve considerar.

Para ser claro: não estamos falando da marca comercial...

1. **Você só tocou na superfície.**
A PSL tem muita coisa, e o que está nas duas páginas anteriores é só uma pequena amostra. Conforme você trabalhar neste livro, mencionaremos os usos da PSL para que não perca nenhum.

2. **A PSL representa um grande corpo de código testado que você não precisa escrever, basta usar.**
Como a PSL existe há décadas, os módulos que ela contém foram testados ao máximo por legiões de programadores Python *no mundo todo*. Como consequência, você pode usar os módulos PSL com segurança.

3. **A PSL existe com certeza, então você pode confiar que seus módulos estejam disponíveis.**
Exceto para alguns casos extremos muito específicos (como um microcontrolador incorporado minúsculo que fornece um ambiente Python mínimo), você pode ter certeza de que seu código, que usa qualquer módulo PSL, terá portabilidade para outros sistemas que também suportam a PSL.

Com o Python você só escreve o código necessário

A PSL é um excelente exemplo de Python trabalhando pesado para assegurar que você só escreva código novo quando for absolutamente preciso. Se um módulo na PSL resolve o problema, use-o: *resista ao desejo de codificar tudo do zero.*

E quando se trata de reutilizar código, há mais do que a PSL.

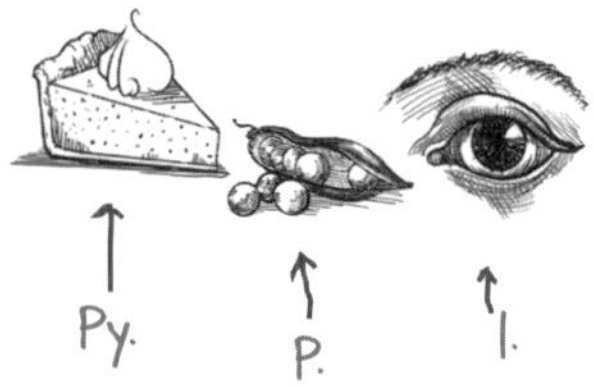

O ecossistema de pacotes do Python é maravilhoso

Insatisfeita com o que já está incluído na PSL, a comunidade Python tem suporte para um repositório centralizado online de módulos, classes e pacotes de terceiros. É chamado de *Python Package Index* e reside aqui: *https://pypi.org*.

Conhecido como *PyPI* (e pronunciado "pai-pi-ai"),[1] o índice é uma enorme coleção de softwares. Quando encontrar o que está procurando, instalar é muito fácil e você terá muita prática de instalação do PyPI à medida que este livro avançar.

Por ora, tire dez minutos para visitar o site PyPI (mostrado abaixo) e dê uma olhada.

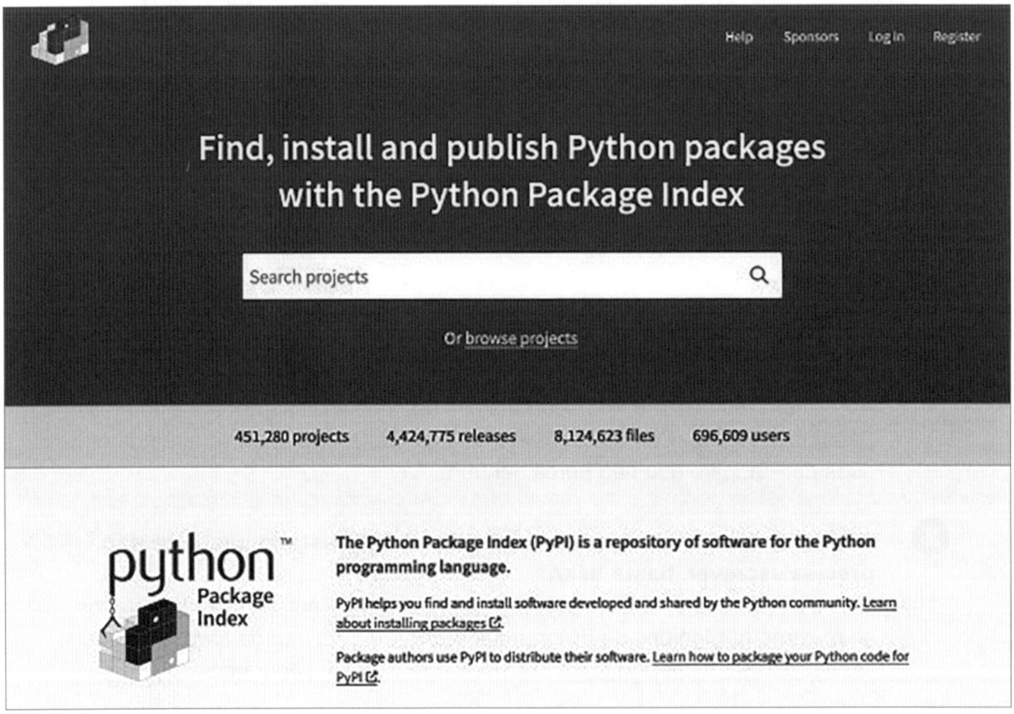

1 A imagem mostra um trocadilho que brinca com a pronúncia da sigla PyPI ("pai-pi-ai"), usando três figuras: "Py" = Pie (torta), "P" = Pea (ervilha) e "I" = Eye (olho). [N. da T.]

Não. Só lembre que existe.

Como a PSL, as montanhas de bibliotecas e módulos disponíveis no PyPI existem para facilitar sua vida (e evitar que escreva o código já pronto).

Aliás: A *caixa de pesquisa* na página inicial do PyPI é sua amiga...

1. O código Python é fácil de ler. ✔
2. O Python vem com uma Biblioteca Padrão. ✔
3. O Python tem funções predefinidas práticas, poderosas e genéricas. ✔
4. O Python vem com estruturas de dados predefinidas. ✔
5. O Python tem Python Package Index (PyPI). ✔
6. O Python não se leva muito a sério.

Quase lá. Falta apenas este último ponto para discutir.

Certo. Se funciona para você, claro, siga o seu Zen!

Sério, quando o nome de uma linguagem de programação homenageia um grupo de comediantes, não deve ser surpresa que as coisas fiquem um pouco divertidas às vezes. Isso não é ruim.

A documentação do Python está literalmente cheia de referências (desculpe-me) ao Monty Python. Onde outras documentações preferem *foo* e *bar*, os docs do Python usam *papagaios*, *enlatados* e *ovos*. Ou são *ovos* e *enlatados*? Não importa, como a documentação afirma: você não tem que gostar do Monty Python para usar o Python, mas ajuda. 😉

O Python vem com algumas *surpresas* que demonstram como os programadores Python às vezes não se levam muito a sério, e também não se importam quando outras pessoas se divertem um pouco às custas deles. Para constatar, volte ao notebook uma última vez e, em duas novas células de código, execute cada uma das seguintes linhas. Divirta-se!

```
import this
```

Exibe o "Zen do Python". Faça uma leitura!

```
import antigravity
```

Veja se você está conectado à internet antes de executar esta linha de código.

6 O Python não se leva muito a sério. ✔

E com isso, sua visão geral terminou!

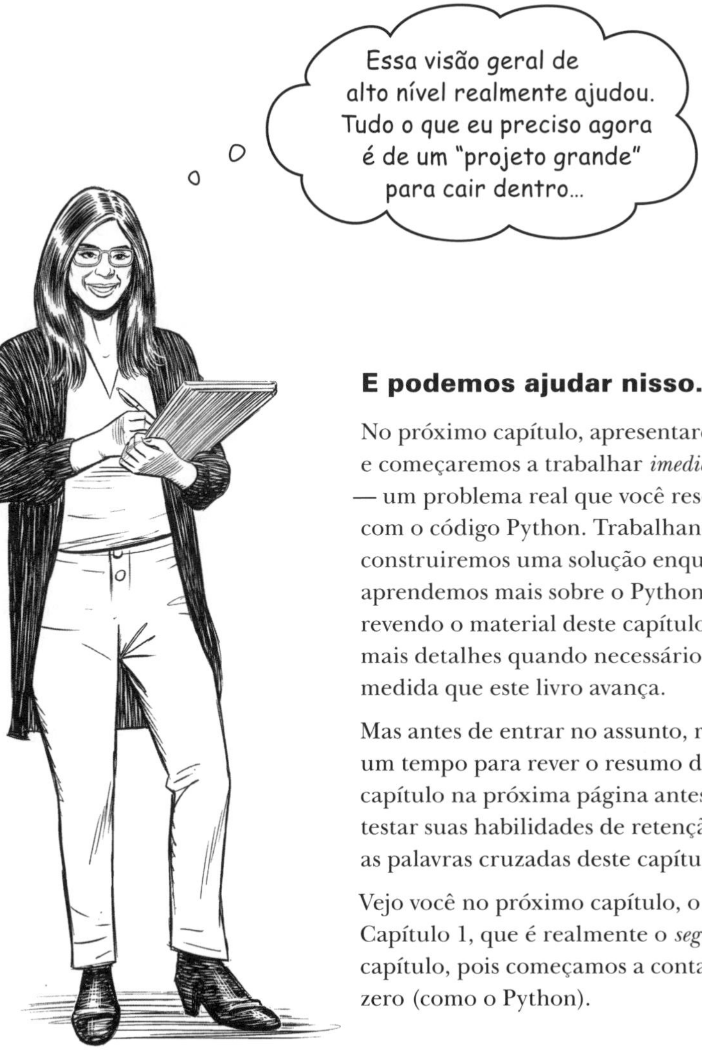

E podemos ajudar nisso.

No próximo capítulo, apresentaremos — e começaremos a trabalhar *imediatamente* — um problema real que você resolverá com o código Python. Trabalhando *juntos*, construiremos uma solução enquanto aprendemos mais sobre o Python, revendo o material deste capítulo em mais detalhes quando necessário e à medida que este livro avança.

Mas antes de entrar no assunto, reserve um tempo para rever o resumo do capítulo na próxima página antes de testar suas habilidades de retenção com as palavras cruzadas deste capítulo.

Vejo você no próximo capítulo, o Capítulo 1, que é realmente o *segundo* capítulo, pois começamos a contar do zero (como o Python).

PONTOS DE BALA

- O Python é, desde o início, planejado para dar suporte à criação de um código fácil de **ler**.
- O código Python também é fácil de **executar**. Embora existam várias formas de permitir que você faça isso, neste livro o **VS Code** junto com o **Jupyter Notebook** são suas ferramentas para experimentar e executar seu código Python.
- Para começar e ser produtivo com o Jupyter Notebook, é preciso aprender uma única combinação do teclado: **Shift+Enter**.
- Para garantir que você só escreva código novo quando for mesmo necessário, o Python vem repleto de tecnologia **predefinida**.
- As funções predefinidas (**BIFs**) estão sempre disponíveis e têm muitas funcionalidades **genéricas**.
- A BIF **len** informa o tamanho de um objeto.
- A palavra-chave **def** é usada para definir uma **função**.
- A BIF **range** produz uma lista especificada de números (e é muito útil com loops quando você precisa iterar um número específico de vezes).
- Por falar em loops, o Python fornece o loop **for**, que é iterado um número específico de vezes.
- A BIF **set** cria um conjunto. Os conjuntos são uma das 4 estruturas principais de dados predefinidas do Python.
- A BIF **print** exibe o valor de um objeto na tela. Quando uma coleção de objetos é impressa, a BIF **print** é exibida na horizontal na tela (o que muitas vezes é útil).
- A BIF **dir** retorna uma lista de atributos de qualquer objeto.
- Uma expressão comum é combinar a BIF **dir** com a BIF **print** criando o combo mambo **print dir** (como gostamos de chamar).
- Alguns atributos mostrados por combo mambo referem-se a **métodos** que podem ser aplicados ao objeto, por exemplo `deck.remove`.
- Os atributos com underscores duplos antes e depois são *especiais*, tão especiais que você pode ignorá-los por ora.
- Uma **lista** é composta de uma coleção de objetos com colchetes e é uma das 4 Estruturas Principais de dados predefinidas do Python.
- Uma **tupla** é composta de uma coleção de objetos com parênteses e é outra das 4 Estruturas Principais.
- A estrutura de dados predefinida final é o **dicionário**, que não foi usado neste capítulo (só mencionado). Isso não significa que não seja legal. Ele é.
- A BIF **type** pode informar o tipo de qualquer objeto.
- A palavra-chave **in** foi mostrada em dois lugares neste capítulo. Uma vez dentro de um loop **for**, identificando a coleção a ser iterada, e novamente sozinha, quando foi usada para determinar se um objeto está contido em outro (conhecido como *pesquisar*).
- A palavra-chave **in** costuma ser usada dentro da parte condicional da instrução **if** do Python.
- Quando você precisa de uma variável, mas não consegue pensar em um nome decente para ela ou não precisa lembrar-se de um valor pelo nome, use a variável padrão do Python: um único caractere underscore (_). Muitas vezes você verá a variável padrão usada com o código do loop.
- A instrução **if** do Python pode ter a parte opcional **else**.
- O Python tem dois valores **booleanos** predefinidos: `True` e `False`.
- **PSL** não tem nada a ver com a marca comercial, mas tudo a ver com a **Biblioteca Padrão do Python**. PSL é uma grande coleção de módulos predefinidos (que vêm com Python) e pode ser usada em todos os lugares para fazer muitas coisas úteis.
- Se a PSL não bastar, confira o **PyPI** (**Python Package Index**), um repositório online de módulos Python compartilháveis. Muitas vezes acontece que um código de que você precisa já foi escrito e enviado para o PyPI como um módulo compartilhável. Fique à vontade para "utilizar" quando necessário.
- Existem outros **atalhos de teclado** úteis que você pode usar ao trabalhar no Jupyter. Nossos nove atalhos essenciais vêm logo após a solução da palavra cruzada deste capítulo (três páginas adiante).

Cruzadinha do Python

Parabéns por chegar ao final do capítulo de abertura, começando no zero em homenagem ao Python que, como muitas outras linguagens de programação, começa a contar no zero. Antes de mergulhar no próximo capítulo, pare um pouco para fazer a palavra cruzada. Todas as respostas estão neste capítulo e a solução está na próxima página.

Horizontal

2. Abreviação de função predefinida.
5. É True ou False.
9. Inclui um módulo no código.
10. Este operador pode encontrar coisas.
11. Objetos com (e), também um dos 4 Principais.
13. Informa sobre o tamanho de um objeto.
14. Loop em um número específico de vezes.
16. Uma função predefinida que diz o que é algo.
19. Um monte de caracteres.
20. A parte opcional de uma declaração if.
21. Objetos com { e }.

Vertical

1. Falta neste capítulo uma das 4 Estruturas Principais.
3. Iluminação, no estilo Python.
4. Parte do combo mambo.
6. Python Package Index.
7. Exibe na tela.
8. Não é um Pumpkin Spice Latte, mas compartilha o mesmo acrônimo.
12. Caractere usado como variável padrão do Python.
15. Gera uma coleção de números.
17. Use junto com Shift para executar.
18. Objetos com [e].

Respostas na página 40

Cruzadinha do Python Solução

Da página 39

A palavra cruzada completa. Conseguiu?

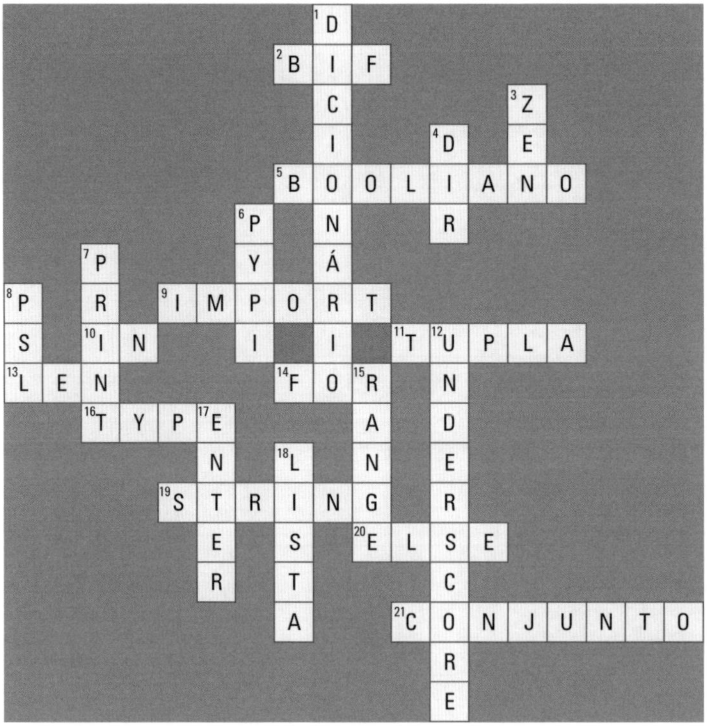

Horizontal

2. Abreviação de função predefinida.
5. É True ou False.
9. Inclui um módulo no código.
10. Este operador pode encontrar coisas.
11. Objetos com (e), também um dos 4 Principais.
13. Informa sobre o tamanho de um objeto.
14. Loop em um número específico de vezes.
16. Uma função predefinida que diz o que é algo.
19. Um monte de caracteres.
20. A parte opcional de uma declaração if.
21. Objetos com { e }.

Vertical

1. Falta neste capítulo uma das 4 Estruturas Principais.
3. Iluminação, no estilo Python.
4. Parte do combo mambo.
6. Python Package Index.
7. Exibe na tela.
8. Não é um Pumpkin Spice Latte, mas compartilha o mesmo acrônimo.
12. Caractere usado como variável padrão do Python.
15. Gera uma coleção de números.
17. Use junto com Shift para executar.
18. Objetos com [e].

Justo quando pensou que tinha terminado...

Pegue uma tesoura; aqui está um recorte útil dos atalhos de teclado do Jupyter Notebook que consideramos *essenciais*. Você poderá usar todos esses recursos e aprender mais sobre o Jupyter. Por ora, **Shift+Enter** continua sendo a combinação mais importante:

Combinações de teclas do notebook:

Shift+Enter	Executa a célula de código atual, em seguida, move o foco para a próxima (criando uma nova célula vazia quando na parte inferior do notebook).
Ctrl+Enter	Executa a célula de código atual, mas não move o foco.
Alt+Enter	Executa a célula de código atual, então insere uma nova célula vazia abaixo da executada. Mova o foco para a nova célula.

Sequências de teclas do notebook:

Esc, então A	Insere uma nova célula vazia acima da célula atual. Move o foco para a nova célula.
Esc, então B	Insere uma nova célula vazia abaixo da célula atual. Move o foco para a nova célula.

Outras sequências de teclas úteis do notebook:

Esc, então C	Faz uma cópia da célula que tem o foco.
Esc, então V	Cola uma célula previamente copiada (ou cortada) abaixo da célula com o foco atual.
Esc, então X	Corta do notebook a célula com o foco atual.
Z	Desfaz o último corte (não precisa pressionar a tecla ESC aqui).

página em branco intencional

Ainda bem, pois pedimos que você pegasse a tesoura para cortar o que está do outro lado!

1 mergulhando

Cause um Impacto

A melhor forma de aprender uma nova linguagem é programando.

E se você for escrever código, precisará de um problema **real**. Por sorte, temos um. Neste capítulo, você começará sua jornada de desenvolvimento de aplicativos Python causando impacto em nosso grande amigo, **Coach de Natação**. Você começará com as **strings** Python, aprendendo a **manipulá-las** como quiser, tentando produzir uma solução baseada em Python para o problema do Coach. Também verá mais da estrutura de dados **lista** predefinida do Python, aprenderá como as **variáveis** funcionam e descobrirá como ler as **mensagens de erro** do Python sem surtar, ao mesmo tempo resolvendo um problema *real* com código Python *real*. Mergulharemos (de cabeça)...

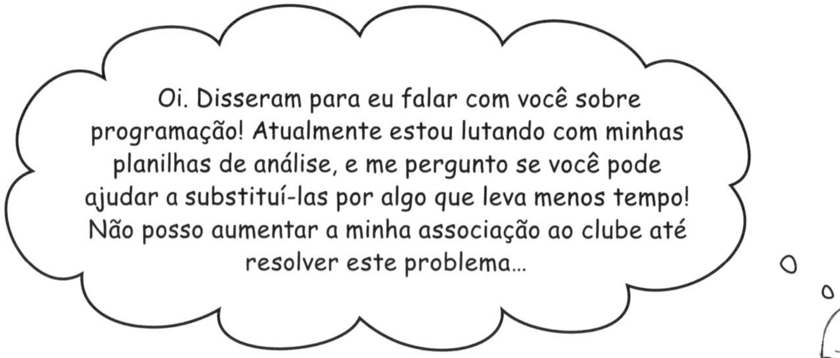

Parece interessante.

Sua conversa subsequente com o Coach começa a extrair alguns detalhes...

Quando se trata de monitorar o progresso de seus jovens nadadores, o Coach faz tudo *manualmente*. Durante uma sessão de treinamento, ele registra os tempos de treino de cada nadador em sua prancheta confiável, depois, em casa, digita *manualmente* os tempos de cada um em sua planilha favorita para fazer uma análise simples do desempenho.

Por ora, essa análise é simples. Os tempos da sessão são uma média, e um gráfico de barras simples permite uma verificação visual rápida do desempenho do nadador. O Coach logo admite ser iniciante em computadores, afirmando ser muito melhor em treinar jovens nadadores do que “mexer em planilhas”.

Como o Coach trabalha agora?

No momento, o Coach não consegue expandir sua associação ao clube de natação, pois há muita burocracia.

Para ter uma ideia do motivo, dê uma olhada em uma de suas planilhas para *Darius*, que atualmente tem 12 anos, então nada na faixa etária sub-13:

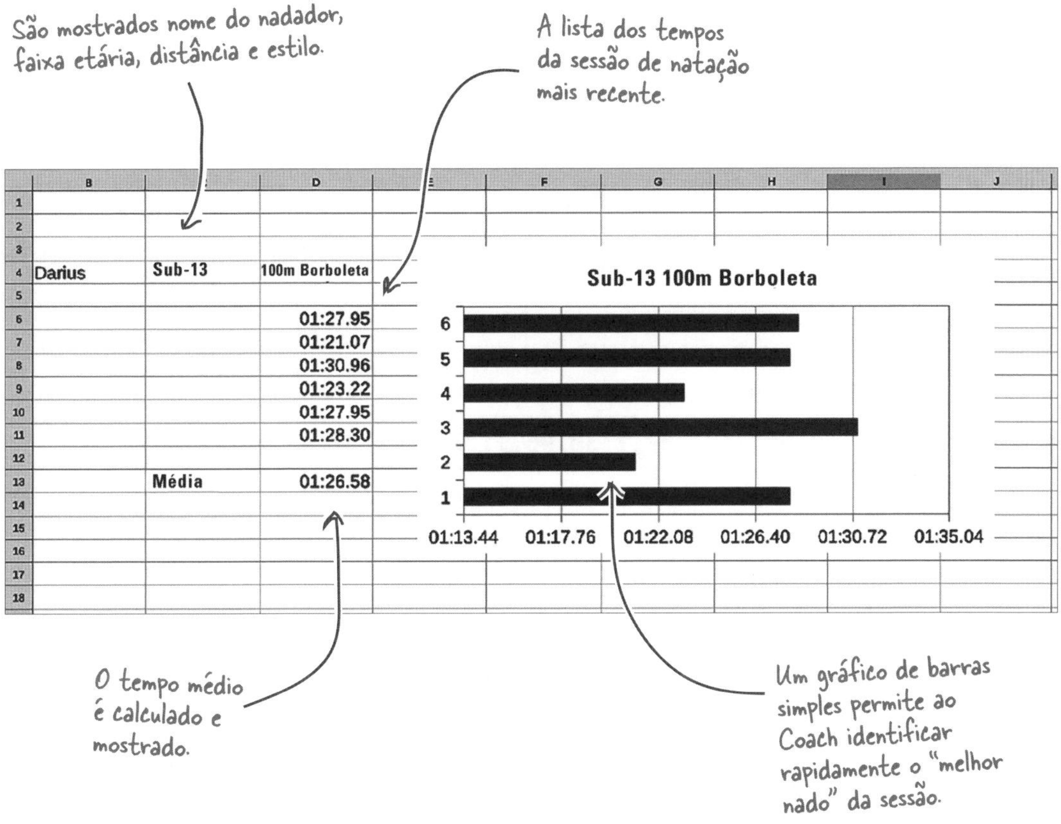

Diante disso, não parece tão ruim. Até você considerar que o Coach tem mais de *60* planilhas para criar após *cada* sessão de treinamento.

Há apenas 22 nadadores matriculados no clube, mas como cada um pode nadar diferentes combinações de distância/estilo, 22 nadadores se tornam 60+ planilhas muito facilmente. É muito trabalho manual com planilhas.

Como você pode imaginar, todo esse processo é lento e *doloroso*...

O Coach precisa de um cronômetro melhor

Antes de vermos o problema do Coach, precisamos encontrar uma forma melhor dele registrar os tempos de natação para termos um acesso mais fácil aos dados, pois continuar usando uma prancheta não dá. Uma pesquisa rápida no maior site de compras online do mundo mostra um novo dispositivo descrito como *cronômetro digital inteligente conectado à internet.* Para um nome de produto, isso é difícil de dizer, mas o cronômetro inteligente permite ao Coach registrar os tempos de natação de um nadador identificado, que são transferidos para a nuvem como um arquivo CSV, salvo com uma extensão *.txt* (só para manter as coisas interessantes).

Como exemplo desses arquivos, veja o conteúdo do arquivo que contém dados correspondentes à planilha que você viu para Darius na página anterior:

O nome de arquivo codifica o nome do nadador, sua faixa etária, a distância nadada e o estilo.

Este é o arquivo de dados mostrado no VS Code.

Nota: é um arquivo de texto, então esses tempos parecem números, mas não são. São uma sequência de caracteres.

```
Darius-13-100m-Fly.txt ×
1:27.95,1:21.07,1:30.96,1:23.22,1:27.95,1:28.30

```

Esta segunda linha está sempre em branco, por isso é ignorada com segurança.

Veja Bem!!

Pare um pouco para rever com cuidado os dados nesta página.

Especificamente, observe que as informações sobre o nadador estão codificadas no nome de arquivo, já o conteúdo do arquivo é uma lista dos tempos de natação dele. Ambos os dados são importantes e precisam ser processados.

Bem... podemos tentar.

Se pudermos descobrir como processar um arquivo, conseguimos repetir em vários arquivos com formatação semelhante.

A grande questão é: *Por onde começamos*?

Trocando Ideias

Mara: OK, pessoal, faremos algumas sugestões sobre como processar melhor cada arquivo de cronômetro para que possamos extrair os dados necessários.

Sam: Acho que há duas partes, certo?

Alex: Como assim?

Sam: Bem, primeiro, acho que há alguns dados úteis integrados no nome de arquivo, então isso precisa ser processado. Em segundo lugar, há dados de tempo no próprio arquivo, que precisam ser extraídos, convertidos e processados também.

Mara: O que você quer dizer com "convertidos"?

Alex: Era minha dúvida também.

Sam: Verifiquei com o treinador e "1:27.95" representa um minuto, 27 segundos e 95 centésimos de segundo. Isso precisa ser levado em consideração ao trabalhar com os valores, sobretudo ao calcular médias. Então, alguma conversão de valor é necessária aqui. Lembrem-se também de que os dados no arquivo são *textuais*.

Alex: Acrescentaremos a "conversão" à lista de tarefas.

Mara: E imagino que o nome de arquivo precisa ser separado para obter os detalhes do nadador, certo?

Sam: Sim. O prefixo "Darius-13-100m-Fly" pode ser separado no caractere "-", mostrando o nome do nadador (Darius), sua faixa etária (sub-13), a distância nadada (100m) e o estilo (Fly ou Borboleta).

Alex: Presumindo que podemos ler o nome de arquivo?

Sam: Não é óbvio?

Mara: Não mesmo, ainda teremos que programar isso, mas tenho certeza de que a PSL pode ajudar aqui.

Alex: Está complicando um pouco...

Sam: Não se fizermos por partes.

Mara: Precisamos de um plano de ação.

Alex: Se fizermos tudo em Python, também aprenderemos um pouco mais.

Sam: Sim, claro. Antes de nos dedicar à aprendizagem, definiremos o que precisa ser feito.

Aponte seu lápis

Segundo a conversa na última página, parece que há duas tarefas principais identificadas nesta fase: (1) extrair os dados do nome de arquivo e (2) processar os dados dos tempos de natação no arquivo.

Pegue o lápis e, para cada uma das tarefas identificadas, escreva nos espaços fornecidos o que você acha que são as tarefas secundárias necessárias para ambas. Nossas listas de tarefas secundárias se encontram na próxima página.

1 Extraia os dados do nome de arquivo.

2 Processe os dados no arquivo.

Respostas na página 50

Aponte seu lápis Solução

Da página 49

Segundo a conversa recente, parece que há duas tarefas principais identificadas nesta fase: (1) extrair os dados do nome de arquivo e (2) processar os dados dos tempos de natação no arquivo.

Você pegou o lápis e, para cada uma das tarefas identificadas, escreveu nos espaços fornecidos o que acha que são as tarefas secundárias necessárias para ambas. Veja nossa proposta. Como você se saiu?

1 Extraia os dados do nome de arquivo.

a. Adquira o nome de arquivo

b. Divida o nome de arquivo no caractere "-"

c. Coloque o nome do nadador, a faixa etária, a distância e o estilo nas variáveis (para serem usadas depois)

2 Processe os dados no arquivo.

a. Leia as linhas do arquivo

b. Ignore a segunda linha

c. Divida a primeira linha na "," para gerar uma lista de tempos

d. Pegue cada tempo e converta-o em um número no formato "min:seg.centésimo"

e. Calcule o tempo médio e converta-o de novo no formato "min:seg.centésimo" (para exibir)

f. Exiba as variáveis da Tarefa 1, a lista de tempos e a média calculada da Tarefa 2

Arquivo e planilha "relacionados"

Antes de entrarmos na Tarefa 1, pare um momento para revisar como os dados incorporados no nome de arquivo, junto com os dados do arquivo, se relacionam com a planilha do Coach:

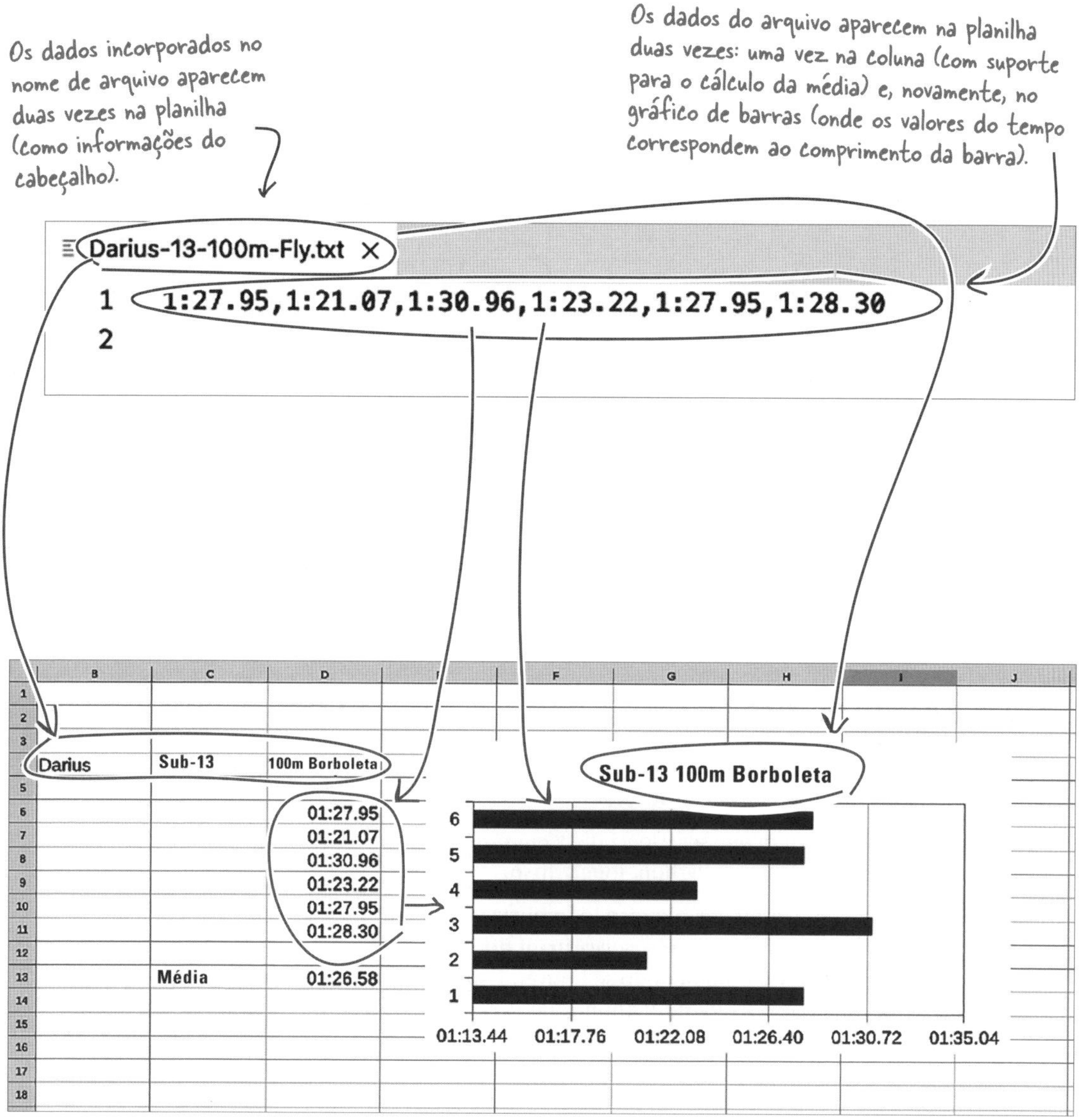

Nossa primeira tarefa: Extraia os dados do nome de arquivo

Por ora, o plano é focar um arquivo, especificamente o arquivo que contém os dados para os tempos de 100m borboleta de Darius, que nada na faixa etária sub-13.

Lembre-se de que o arquivo com os dados de que você precisa se chama *Darius-13-100m-Fly.txt.*

Criaremos um notebook Jupyter chamado *Darius.ipynb*, que você pode criar em sua pasta *Aprendizagem*. Acompanhe em seu notebook, junto, conforme trabalhamos na Tarefa 1.

Lembre-se: Para criar um novo notebook no VS Code, selecione **Arquivo** e **Novo arquivo...** no menu principal, em seguida, selecione a opção **Notebook**.

Digite isto na primeira célula de código.

Crie uma nova variável chamada "fn", abreviação de "nome de arquivo" (filename).

```
fn = "Darius-13-100m-Fly.txt"
```

Não se esqueça de pressionar "Shift+Enter" para rodar o código na célula Jupyter.

O operador de atribuição (=) atribui a string à variável "fn". A string é um nome de arquivo (criado pelo cronômetro).

É uma string (as aspas duplas foram uma ótima pista, não foram?).

Tudo é objeto no Python

Como em outras linguagens de programação, os objetos Python podem ter *atributos* e/ou *métodos* associados.

Não significa que você tem que ser especialista em programação orientada a objetos para usar o Python, longe disso.

Significa que você pode estar certo que, não importa com o que esteja trabalhando no código, o *combo mambo* **print dir** retornará as informações de atributo e/ou método se houver. Isso se destaca ao experimentar o REPL do Python (que é o que você faz nos notebooks Jupyter). Muitas vezes é útil ver a seguinte linha fazendo uma pergunta: *O que existe no objeto* **fn** *e o que fazer?*

```
print(dir(fn))
```

O "combo mambo"

Você não consegue resistir, levantando-se e fazendo uma dancinha. Vá em frente, ninguém está vendo. 😉

String é um objeto com atributos

Você já sabe como listar o atributo de qualquer objeto com combo mambo **print dir**, então vejamos o que aparece quando a variável `fn` é consultada:

Lembre-se de ler de dentro para fora: passe o nome da variável em que está interessado para a BIF "dir" e envie a saída para a BIF "print".

```
print(dir(fn))
```

```
['__add__', '__class__', '__contains__', '__delattr__', '__dir__', '__doc__',
'__eq__', '__format__', '__ge__', '__getattribute__', '__getitem__',
'__getnewargs__', '__gt__', '__hash__', '__init__', '__init_subclass__', '__iter__',
'__le__', '__len__', '__lt__', '__mod__', '__mul__', '__ne__', '__new__',
'__reduce__', '__reduce_ex__', '__repr__', '__rmod__', '__rmul__', '__setattr__',
'__sizeof__', '__str__', '__subclasshook__', 'capitalize', 'casefold', 'center',
'count', 'encode', 'endswith', 'expandtabs', 'find', 'format', 'format_map', 'index',
'isalnum', 'isalpha', 'isascii', 'isdecimal', 'isdigit', 'isidentifier', 'islower',
'isnumeric', 'isprintable', 'isspace', 'istitle', 'isupper', 'join', 'ljust',
'lower', 'lstrip', 'maketrans', 'partition', 'removeprefix', 'removesuffix',
'replace', 'rfind', 'rindex', 'rjust', 'rpartition', 'rsplit', 'rstrip', 'split',
'splitlines', 'startswith', 'strip', 'swapcase', 'title', 'translate', 'upper',
'zfill']
```

O uso de "print" aqui não é tecnicamente necessário, mas exibe esta grande lista de atributos na horizontal em toda a tela (que é um pouco mais fácil para o cérebro).

Como mencionado no capítulo de abertura, por ora, você pode ignorar todas as entradas com underscore duplo. Os métodos de string começam em "capitalize" e vão até "zfill". É muita coisa, não é?

Pare um pouco para examinar o que está vendo aqui

Se você está vendo essa longa lista de atributos e pensando que há muito a aprender aqui, considere isto: há inúmeras funcionalidades predefinidas nas strings para as quais você *não* precisa escrever código.

não existem Perguntas Idiotas

P: Notei que o Python usa strings com aspas simples, já todo o código mostrado usa aspas duplas. Por quê?

R: É uma preferência pessoal que você usa em seu código, mas pode usar qualquer uma (ou uma combinação delas). Gostamos de aspas duplas.

Relaxe

Chamar print dir **gerou uma lista grande, mas você só precisa considerar metade dela.**

Você pode ignorar com segurança todos os métodos que começam e terminam com o caractere underscore duplo, como **__add__** e **__ne__**. São os "dunders" (métodos mágicos) do objeto e eles têm um propósito, mas é muito cedo em sua jornada Python para se preocupar com o que eles fazem e como você pode usá-los. Concentre-se no resto dos métodos na lista.

não existem Perguntas Idiotas

P: Se os métodos com underscore duplo não são importantes, por que estão na lista retornada por dir?

R: Não é que eles não sejam importantes, só que você não precisa se preocupar com o que eles fazem nesta fase. Confie em nós, quando precisar entender o que os métodos com underscore duplo fazem, avisaremos. Promessa de dedinho.

P: Existe alguma forma de aprender mais sobre o que faz um método em particular?

R: Sim. Lembra o capítulo anterior quando mostramos como usar a BIF **help**. Mais daqui a pouco.

P: É um pouco difícil todo esse underscore duplo, não é?

R: Sim, é. Os programadores Python encurtam "underscore duplo add underscore duplo" usando simplesmente "dunder add". Se você ouvir alguém se referir a um método como "dunder exit", a pessoa de fato se refere a **__exit__**. Todos (juntos) são chamados de "dunders". Além disso, qualquer método que começa com um underscore simples é conhecido como "wonder" ou maravilha (e sim, reclamar de tudo isso é uma reação muito aceitável).

Aponte seu lápis

Executaremos dois métodos fornecidos com strings. Pegue cada linha de código mostrada abaixo e insira-a em uma nova célula de código vazia. Execute cada uma, em seguida, escreva (no espaço fornecido) o que acha que cada atributo de função faz.

`fn.upper()` ______________________________

____

`fn.lower()` ______________________________

____

Respostas na página 56

Antes de olhar as respostas, você se importaria de responder uma pergunta rápida? O que é esse ponto acima? Parece importante para mim...

Tudo bem. Boa pergunta.

É o operador **ponto** do Python, que dá acesso ao seu objeto. Quando você o usa com um nome de método (com parênteses), está dizendo ao Python para *chamar* o método identificado. É um pouco diferente das **BIFs**, que são chamadas como funções. Por exemplo, `len(fn)` retorna o tamanho do objeto referenciado pela variável `fn`.

É um erro chamar `fn.len()`, pois não existe tal método, assim como é um erro tentar `upper(fn)`, pois não existe essa BIF.

Pense assim: os métodos são específicos do objeto, já as BIFs têm uma funcionalidade *genérica* que pode ser aplicada a qualquer tipo de objeto.

Aponte seu lápis Solução

Da página 55

Foi pedido que executasse dois métodos fornecidos com strings. Você pegou cada linha de código mostrada abaixo e inseriu-a em uma nova célula de código vazia. Executou cada uma, em seguida, escreveu (no espaço fornecido) o que achava que cada método fez. Veja o que achamos que acontece aqui:

`fn.upper()` Retorna uma cópia do valor do que "fn" referencia usando letras MAIÚSCULAS.

`fn.lower())` Retorna uma cópia do valor do que "fn" referencia usando letras minúsculas.

É isto que vimos na tela.

Lembre-se de pressionar "Shift+Enter" para executar cada célula.

```
fn.upper()
```

'DARIUS-13-100M-FLY.TXT'

O método "upper" retorna uma cópia da string em MAIÚSCULA.

```
fn.lower()
```

'darius-13-100m-fly.txt'

O método "lower" retorna uma cópia da string em minúscula.

```
fn
```

'Darius-13-100m-Fly.txt'

O valor original da variável "fn" não mudou, pois os métodos acima retornam uma cópia modificada da string.

Sim, é isto.

Os valores retornados pelos métodos **upper** e **lower** são *novos* objetos de string, um em *MAIÚSCULA* e o outro em *minúscula*. Nada acontece com o valor original de `fn`, como confirmado pela saída no final da última página.

É tudo por padrão, pois todas as strings Python são *imutáveis* (elas não podem mudar). Isso ajuda a explicar por que **upper** e **lower** retornam cópias modificadas com base no valor de `fn`, pois a string de `fn` é imutável.

não existem Perguntas Idiotas

P: Existe um modo fácil de dizer se uma variável é imutável ou mutável?

R: Bem...existe uma regra: números, strings, booleanos e tuplas são imutáveis, já a maior parte do resto é mutável (como listas, conjuntos e dicionários). As coisas podem complicar um pouco se você tenta determinar isso durante a execução. Uma técnica possível é passar sua variável para o **hash** predefinido. Se a variável passada for imutável, o **hash** retornará um número. Se a variável passada for mutável, o **hash** falhará com `TypeError`, para o qual você teria que escrever algum tipo de código de tratamento de exceção. Mas, podemos estar nos antecipando aqui...

Dados do nadador a partir do nome de arquivo

Lembre-se das três tarefas secundárias identificadas antes para a Tarefa 1:

1a Adquira o nome de arquivo. ✔

2b Divida o nome de arquivo no caractere "-".

3c Coloque o nome do nadador, a faixa etária, a distância e o estilo nas variáveis (para serem usadas depois).

Como você já tem o nome de arquivo na variável `fn`, presumimos que a tarefa secundária (a) terminou por ora. (Em um capítulo posterior, você irá adquirir todos os nomes de arquivos do seu sistema operacional.)

Dividir o nome de arquivo no caractere "-" é a tarefa secundária (b), e você estaria certo em imaginar que um dos métodos de string pode ajudar. Mas qual? Há 47!

Bem... este é um tipo de divisão, mas não é o que tínhamos em mente.

Removemos os métodos mágicos da lista de métodos retornados por "print dir" para a string "fn".

```
'capitalize', 'casefold', 'center', 'count', 'encode',
'endswith', 'expandtabs', 'find', 'format', 'format_map',
'index', 'isalnum', 'isalpha', 'isascii', 'isdecimal',
'isdigit', 'isidentifier', 'islower', 'isnumeric',
'isprintable', 'isspace', 'istitle', 'isupper', 'join',
'ljust', 'lower', 'lstrip', 'maketrans', 'partition',
'removeprefix', 'removesuffix', 'replace', 'rfind',
'rindex', 'rjust', 'rpartition', 'rsplit', 'rstrip',
'split', 'splitlines', 'startswith', 'strip', 'swapcase',
'title', 'translate', 'upper', 'zfill'
```

É uma grande lista de métodos de string. Embora seja fácil adivinhar o que "upper" e "lower" fazem, não é tão claro o que outros fazem, como "casefold", "format_map" ou "zfill". O que você procura é um método para ajudar com a tarefa secundária (b).

Não existe "break" nem "break apart" na lista, mas temos um método chamado **split**, que parece interessante. Aprenderemos o que **split** faz.

Não adivinhe o que um método faz...

Leia a documentação do método!

Agora, é certo que a maioria dos programadores prefere comer vidro a pesquisar e ler a documentação, alegando que a vida é muito curta, ainda mais quando há código para escrever. Em geral, a grande chatice dessa atividade é a parte da pesquisa. Assim, o Python facilita encontrar e exibir a documentação relevante graças à BIF **help**.

Infelizmente o Python não pode ler a documentação para você, então você ainda terá que fazer isso sozinho. Mas a BIF **help** evita que você mude de contexto ao sair do VS Code, abrir seu navegador da web e procurar os documentos.

Para ver a documentação de qualquer método use a BIF **help** assim:

Passe o nome do método para a BIF "help". Referencie o método no contexto da variável ao qual ele pertence usando a notação de ponto. É importante notar que você não está chamando o método, está apenas passando seu nome para "help".

Esta é a assinatura do método, que detalha como ele é chamado.

```
help(fn.split)
```

```
Help on built-in function split:

split(sep=None, maxsplit=-1) method of builtins.str instance
    Return a list of the words in the string, using sep as the delimiter string.

    sep
      The delimiter according which to split the string.
      None (the default value) means split according to any whitespace,
      and discard empty strings from the result.
    maxsplit
      Maximum number of splits to do.
      -1 (the default value) means no limit.
```

Esta linha fornece uma breve descrição do que o método faz, por isso é a linha *mais importante* aqui.

Esta parte da documentação mostra o que os parâmetros significam. Nota: ambos os parâmetros têm valores padrão que iniciam quando um dos dois argumentos não é fornecido.

Com base em uma rápida leitura da documentação, parece que é do método **split** que você precisa aqui. Veremos melhor **split** em ação.

Dividir (ou separar) uma string

Em Python, espaço, tab, avanço de linha, return, avanço de página e tab vertical são considerados caracteres de espaço em branco.

A documentação de **split** sugere o poder predefinido deste método, mas é possível fazer muito com alguns exemplos simples. Por padrão, **split** usa o *espaço em branco* como separador. Considere esta string, que é atribuída à variável `title`:

Nada demais. Uma string é atribuída à variável "title".

```
title = "So long, and thanks for all the fish."
```

Como o espaço é um caractere de espaço em branco, a única linha de código que se segue divide a string acima como mostrado, criando uma lista de palavras da string:

```
title.split()
```

Sem argumentos, então o comportamento padrão de "split" é: separar no espaço em branco.

```
['So', 'long,', 'and', 'thanks', 'for', 'all', 'the', 'fish.']
```

Os colchetes são a primeira pista de que é uma lista.

Dados separados por vírgulas são sua segunda pista de que é uma lista. Neste exemplo, todos os valores de dados da lista são strings.

O separador padrão pode ser facilmente alterado fornecendo uma string como o primeiro argumento para **split**:

```
title.split(", ")
```

O separador padrão é substituído por um delimitador composto pela combinação dos caracteres de vírgula e espaço.

```
['So long', 'and thanks for all the fish.']
```

Outra lista é retornada de "split". Mas, desta vez, você não está vendo "palavras" aqui, são mais como substrings (o que é perfeitamente normal).

Nota: como todas as strings são imutáveis, o valor original de "title" *não* mudou.

Test Drive

Continuaremos trabalhando em seu notebook *Darius.ipynb* para explorar o que acontece quando você usa o método **split** na variável `fn`. Como sempre, acompanhe.
Como um gambito de abertura, vejamos o que acontece quando chamamos **split** sem fornecer argumentos:

Usando o operador de ponto, chame o método "split" da variável "fn" (sem argumentos).

```
fn.split()
```

```
['Darius-13-100m-Fly.txt']
```

Que droga! Isso não fez muito mais do que colocar colchetes na string. Não é muito útil, é?

Como o método **split** não encontrou espaços na string `fn`, retornou uma lista com a string inteira como o primeiro item da lista. Não é o que você quer aqui, então tentaremos de novo, desta vez especificando "-" como o delimitador:

Passe "-" para o método "split".

```
fn.split("-")
```

```
['Darius', '13', '100m', 'Fly.txt']
```

Parece melhor. Em vez de uma string, você agora tem quatro strings menores. A string original é dividida no caractere "-".

Ehh... não parece certo, né?

Quase lá, mas ainda temos um pouco de trabalho a fazer.

Ainda falta algo

É uma tentação olhar a lista de tarefas secundárias, pegar a caneta e colocar uma marca de verificação satisfatória ao lado da tarefa secundária (b), não é?

- **1a** Adquira o nome de arquivo. ✔
- **1b** Divida o nome de arquivo no caractere "-".
- **1c** Coloque o nome do nadador, a faixa etária, a distância e o estilo nas variáveis (para serem usadas depois).

Mas seria *prematuro*. Como o Coach apontou, temos alguns dados extras desnecessários, então precisamos ver melhor a lista produzida chamando o método **split**:

À primeira vista, parece certo, pois a string original é dividida com base no caractere de traço.

```
fn.split("-")
```

```
['Darius', '13', '100m', 'Fly.txt']
```

Mas, a extensão de arquivo (".txt") foi incluída como parte da última "palavra". Ela não faz parte do estilo de natação, então precisa ser removida, certo?

Poder do Cérebro

Existe uma estratégia melhor do que dividir no caractere "–" aqui?

Aponte seu lápis

Pare um pouco para consolidar sua compreensão de como **split** funciona. Veja a atribuição de string mais uma vez:

```
fn = "Darius-13-100m-Fly.txt"
```

Sem primeiro executar as instruções do programa no notebook, veja se você consegue descrever o que cada instrução faz, anotando as respostas nos espaços fornecidos. Se tiver problemas, não se preocupe: nossas respostas começam na próxima página. E, a propósito, quando tentar descobrir o que cada declaração faz "de cabeça", fique à vontade para verificar seu trabalho usando o VS Code (só não comece por aí).

1.
```
fn.split("13")
```

2.
```
fn.split("-1")
```

3.
```
fn.split(".")
```

4.
```
fn.split("-.")
```

5.
```
fn.split("-").split(".")
```

Respostas na página 64

Aponte seu lápis Solução

Da página 63

Você parou um pouco para consolidar sua compreensão de como **split** funciona.

Sem primeiro executar as instruções do programa no notebook, você teve que descrever o que cada uma faz, anotando as respostas nos espaços fornecidos. Nossas respostas estão nesta página e na próxima, junto com o que você vê no VS Code quando executamos cada instrução. Suas respostas parecem com as nossas?

1

```
fn.split("13")
```

Divida a string com base em onde "13" se encontra. Que é onde os caracteres "1" e "3" aparecem juntos.

Este exemplo ilustra que uma string com qualquer comprimento pode ser usada como delimitador/separador ao chamar "split".

Como "13" aparece apenas uma vez, a string original é dividida em duas.

```
['Darius-', '-100m-Fly.txt']
```

A parte antes de "13".

A parte depois de "13".

2

```
fn.split("-1")
```

Divida a string com base em onde "-1" se encontra. Que é onde os caracteres "-" e "1" aparecem juntos.

A string é dividida em três desta vez, pois "-1" aparece duas vezes na string original.

```
['Darius', '3', '00m-Fly.txt']
```

Como em todas as chamadas para "split", o resultado é uma lista (observe os colchetes).

Note que o delimitador foi removido por "split" dos resultados retornados.

3

```
fn.split(".")
```

Divida a string com base em onde "." se encontra, isto é, o caractere de ponto.

A string contém um único ponto, então a lista produzida tem dois objetos feitos das strings antes e depois do caractere de ponto. →

```
['Darius-13-100m-Fly', 'txt']
```

4

```
fn.split("-.")
```

Divida a string com base em onde "-." se encontra, isto é, onde os caracteres "-" e "." aparecem juntos.

```
['Darius-13-100m-Fly.txt']
```

← Embora "-" e "." apareçam na string, eles não estão juntos, então nenhuma divisão ocorre. Não é um erro. O método "split" retorna a string original em uma lista (conforme o comportamento padrão).

5

```
fn.split("-").split(".")
```

Divida a string com base em onde "-" se encontra, então faça outra divisão no caractere "." (ou ponto)...?? ← Não. Ele não faz isto!

Eca!

```
---------------------------------------------------------------------------
AttributeError                            Traceback (most recent call last)
/Users/barryp/Desktop/THIRD/Learning/Darius.ipynb Cell 13' in <cell line: 1>()
----> 1 fn.split("-").split(".")

AttributeError: 'list' object has no attribute 'split'
```

O último exemplo foi um erro, produzindo uma mensagem de erro de execução assustadora. Vire a página para saber mais sobre o que está acontecendo aqui.

Leia as mensagens de erro de baixo para cima

O último exemplo no exercício mais recente produziu uma mensagem erro de execução que provavelmente o fez coçar a cabeça:

```
---------------------------------------------------------------------------
AttributeError                            Traceback (most recent call last)
/Users/barryp/Desktop/THIRD/Learning/Darius.ipynb Cell 13' in <cell line: 1>()
----> 1 fn.split("-").split(".")

AttributeError: 'list' object has no attribute 'split'
```

A seta indica onde ocorreu o erro no código.

O truque para entender as mensagens de erro do Python é ler de baixo para cima.

Esta é a linha mais importante, então sempre a leia primeiro, pois é aí que você aprende O QUE deu errado. O resto da mensagem de erro diz ONDE as coisas deram errado.

É... Tudo bem.

Qualquer coisa mata a sede.

Apenas se lembre de ler sempre as mensagens de erro do Python de *baixo para cima*, e tudo bem (apesar das poções mágicas). Além disso, note que o Python chama suas mensagens de erro de **traceback**.

Mas… o que este **traceback** em particular está tentando dizer?

Cuidado ao combinar as chamadas do método

A ideia por trás do último exemplo é boa: especifique uma *cadeia* de chamadas para **split** para dividir o objeto de string em "–", depois em ".":

```
fn.split("–").split(".")
```

Como as técnicas de Python, combinar chamadas de método assim é permitido, mas é preciso cuidado.

Claro, esta linha de código falhou, o que é uma pena porque a ideia era boa, no sentido de que você quer dividir sua string *duas vezes* na tentativa de separar as strings "`Fly`" e "`txt`". Mas, veja a mensagem de erro que você recebe:

```
AttributeError: 'list' object has no attribute 'split'
```

Que diabos?!? O Python reclama que você está tentando fazer algo em uma lista quando você sabe que a variável "fn" referencia uma string. O que está acontecendo?

Sim, exatamente isto.

O primeiro **split** funciona bem, dividindo o objeto de string em "–", produzindo uma lista. Essa lista é então passada para o próximo método na cadeia que *também* é **split**. O problema é que as listas *não* têm um método **split**, então chamar **split** em uma lista não faz sentido, resultando no Python levantando as mãos com um **`AttributeError`**.

Agora que você sabe, como corrigir isto?

Trocando Ideias

Alex: Acho que devemos pausar o desenvolvimento enquanto aprendemos tudo sobre listas...

Sam: Não tenho tanta certeza. Apesar das listas serem uma estrutura importante do Python, não estou muito certo se é um problema da lista, apesar do que o traceback está nos dizendo.

Mara: Concordo. Tentamos manipular a *string* `fn`, não uma lista. O fato de o traceback referenciar uma lista é um pouco confuso, e isso está acontecendo porque **split** retorna uma lista.

Alex: E não podemos chamar **split** em uma lista, certo?

Sam: Não, não é possível devido ao fato de que as listas não têm um método **split** predefinido, mas as strings sim. É o que traceback diz: não existe tal coisa como um método **split** da lista.

Mara: Se soubéssemos um pouco mais sobre listas, poderíamos pegar a string "`Fly.txt`" e dividi-la novamente, certo?

Sam: Sim, mas não tenho tanta certeza de que precisamos fazer isso, pois acho que pode haver outro método de string para nos ajudar.

Alex: Parece que estamos sem sorte!

Mara: Não. Só precisamos repensar um pouco as coisas...

Sam: Lembre-se: `fn` é uma string. Então comece se perguntando se há algo mais predefinido nas strings que possa ajudar.

Alex: Como faço isso de novo?

Sam: Usando seu velho amigo, o combo mambo **print dir**, para exibir todos os métodos predefinidos em cada string.

Poder do Cérebro

Você está tentando se livrar da parte "`.txt`" no final da string original. Veja a lista de métodos de string. Algum nome de método chama sua atenção?

```
'capitalize', 'casefold', 'center', 'count', 'encode', 'endswith',
'expandtabs', 'find', 'format', 'format_map', 'index', 'isalnum',
'isalpha', 'isascii', 'isdecimal', 'isdigit', 'isidentifier',
'islower', 'isnumeric', 'isprintable', 'isspace', 'istitle',
'isupper', 'join', 'ljust', 'lower', 'lstrip', 'maketrans',
'partition', 'removeprefix', 'removesuffix', 'replace', 'rfind',
'rindex', 'rjust', 'rpartition', 'rsplit', 'rstrip', 'split',
'splitlines', 'startswith', 'strip', 'swapcase', 'title',
'translate', 'upper', 'zfill'
```

Experimentemos outro método de string

Examinaremos a lista de métodos de string para saber se alguma coisa se destaca:

```
'capitalize', 'casefold', 'center', 'count', 'encode', 'endswith', 'expandtabs',
'find', 'format', 'format_map', 'index', 'isalnum', 'isalpha', 'isascii',
'isdecimal', 'isdigit', 'isidentifier', 'islower', 'isnumeric', 'isprintable',
'isspace', 'istitle', 'isupper', 'join', 'ljust', 'lower', 'lstrip', 'maketrans',
'partition', 'removeprefix', 'removesuffix', 'replace', 'rfind', 'rindex',
'rjust', 'rpartition', 'rsplit', 'rstrip', 'split', 'splitlines', 'startswith',
'strip', 'swapcase', 'title', 'translate', 'upper', 'zfill'
```

Este tem um nome interessante.

Como qualquer método, pergunte à BIF **help** para obter detalhes sobre o que **removesuffix** faz:

```
help(fn.removesuffix)
```

```
Help on built-in function removesuffix:

removesuffix(suffix, /) method of builtins.str instance
    Return a str with the given suffix string removed if present.

    If the string ends with the suffix string and that suffix is not empty,
    return string[:-len(suffix)]. Otherwise, return a copy of the original
    string.
```

Agora sim.

Esta parte da documentação do método "removesuffix" parece um pouco jargão, sobretudo a parte "[:-len(suffix]", certo? Por ora, não se preocupe com o significado deste parágrafo. Você aprenderá como a notação funciona em um capítulo posterior (quando, espero, esta documentação fará sentido). De qualquer forma, provavelmente você parou de ler após a primeira linha que diz tudo o que precisa saber. 😉

Testaremos o método no seu notebook.

Test Drive

Continuando em *Darius.ipynb*, colocaremos alguns dados de teste no método **removesuffix** para ver se ele pode ajudá-lo a descartar o sufixo "`.txt`" indesejado:

```
"Fly.txt".removesuffix(".txt")
```

'Fly'

```
"Free.txt".removesuffix(".txt")
```

'Free'

```
"Back.txt".removesuffix(".txt")
```

'Back'

```
"Breast.txt".removesuffix(".txt")
```

'Breast'

Fique à vontade para curtir a glória aqui. Todos os quatro casos de teste funcionam como o esperado. Parece que "removesuffix" é o método procurado.

Notou que "removesuffix" retorna uma string (não uma lista)? Isso tem uma implicação importante, pois você pode combinar um método que retorna uma string com outro método de string (e evitar o AttributeError desagradável de antes).

Agora que isso faz o que você precisa, pode combinar uma chamada para **removesuffix** com uma chamada para **split** e extrair os dados necessários do objeto de string `fn`:

Chame o método "removesuffix" no objeto string original, depois, tendo removido a parte ".txt", chame "split" para dividir o que resta no caractere "-", criando uma lista dos dados requeridos.

```
fn.removesuffix(".txt").split("-")
```

['Darius', '13', '100m', 'Fly'] ← Parece bom!

Se você seguiu no notebook, fique à vontade para salvar o trabalho neste ponto. Você pode salvar seus notebooks quantas vezes quiser (como qualquer outro arquivo editado).

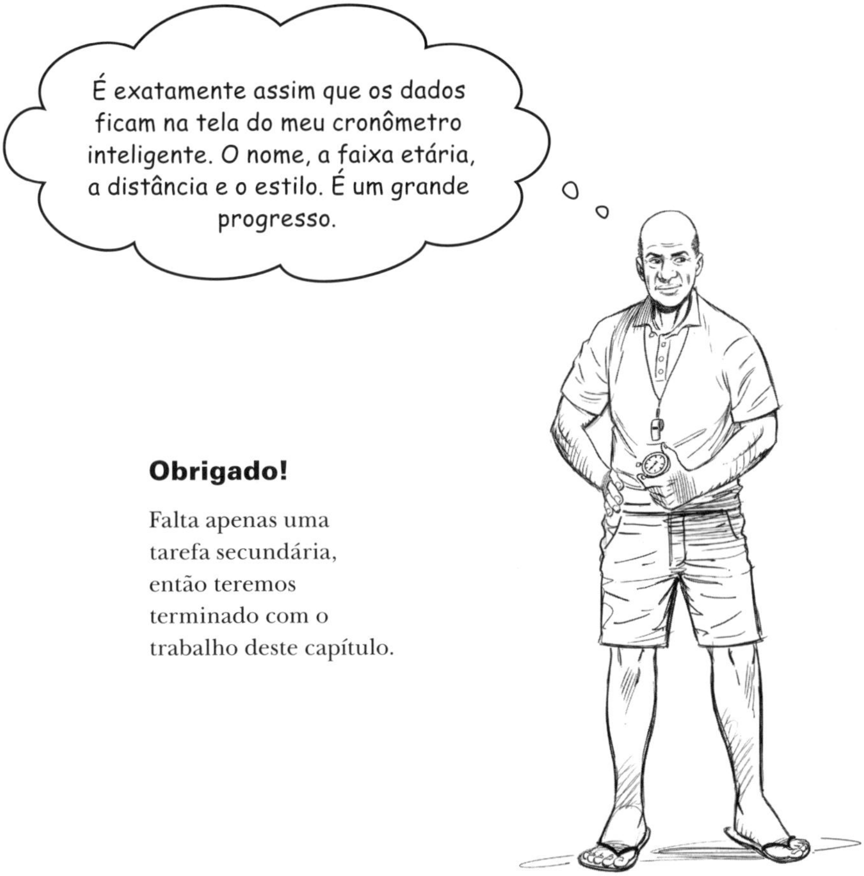

Obrigado!

Falta apenas uma tarefa secundária, então teremos terminado com o trabalho deste capítulo.

1a Adquira o nome de arquivo.

1b Divida o nome de arquivo no caractere "-".

É hora de marcar. → (1b)

Não sabemos quanto a você, mas isto parece bom! → (1b)

1c Coloque o nome do nadador, a faixa etária, a distância e o estilo nas variáveis (para serem usadas depois).

↑ A última tarefa secundária

Só resta criar algumas variáveis

Sua linha de código mais recente produziu uma lista com os quatro valores que o Coach precisa, mas como atribuir cada um dos quatro valores a variáveis individuais?

Combinação de removesuffix/split.

```
fn.removesuffix(".txt").split("-")
```

```
['Darius', '13', '100m', 'Fly']
```

É uma lista (observe os colchetes e as vírgulas que separam cada valor de dados).

Neste ponto, é uma tentação fazer uma pausa para aprender um pouco sobre listas, permitindo manipular os dados acima, escolhendo os valores dos dados individuais antes de atribuí-los às variáveis individuais.

Com certeza você poderia fazer isso, mas como é um requisito muito comum, há uma técnica predefinida no Python que facilita (e também não requer que você saiba nada novo sobre listas).

Atribuição múltipla (ou descompactação)

Embora o conceito não seja exclusivo do Python, a noção de *atribuição múltipla* é um recurso poderoso da linguagem.

Também conhecido como **descompactação** (no mundo Python), esse recurso permite atribuir a mais de uma variável à esquerda de um operador de atribuição um número correspondente de valores de dados à direita desse operador.

Atribuição múltipla... ou descompactação... ou mágica.

Faremos um pequeno aparte para aprender como funciona a atribuição múltipla.

Atribuição Múltipla de Perto

Fique à vontade para digitar estes exemplos no seu notebook atual para confirmar o que está sendo mostrado aqui (afinal, estão sendo mostrados dentro de caixas cinza). Os exemplos começam com uma instrução de atribuição com valor único e, em seguida, mostram atribuições múltiplas onde dois valores à direita são atribuídos às variáveis correspondentes à esquerda:

Um único nome de variável à esquerda é atribuído ao valor único à direita do operador de atribuição.

Neste caso, 3.14 é atribuído à variável "pie".

```
pie = 3.14
```

```
pie
```

```
3.14
```

Também é possível ter mais de um nome de variável à esquerda, com um número correspondente dos valores de dados à direita do operador de atribuição. Neste caso, você tem dois de cada.

```
pie, meaning = 3.14, 42
```

```
pie
```

```
3.14
```

A ordem à esquerda é combinada com os valores à direita.

```
meaning
```

```
42
```

Uum... está quase no fim do capítulo e logo será hora de uma pausa. Talvez saborear um bom pedaço de torta caia bem... mas alertamos sobre querer 42 pedaços. Mas com esforço, poderíamos aceitar 3.14...

Observe o seguinte: você pode combinar *qualquer número* de nomes de variáveis com valores (desde que o número de cada um dos lados do operador de atribuição corresponda). O Python trata os valores de dados à direita como se fossem lista, mas não requer que você coloque suas listas (neste caso) entre colchetes.

Sim, está correto.

Apenas veja se o número de valores de dados à direita corresponde ao número de nomes de variável à esquerda.

Os programadores Python descrevem a lista como sendo "descompactada" antes da atribuição, que é sua forma de dizer que os valores de dados da lista são obtidos um por um e atribuídos aos nomes das variáveis um por um. A lista simples é *descompactada* e seus valores são *atribuídos* a *vários* nomes de variável, um por vez.

Como um aparte, o mesmo vale para as tuplas (mais sobre isso em um capítulo posterior).

Aponte seu lápis

Pegue o lápis e veja se pode preencher os espaços em branco abaixo. Com base no que você sabe agora sobre atribuição múltipla (descompactação), forneça as linhas individuais de código que atribuem os valores descompactados corretos aos nomes das variáveis individuais. Forneça a saída impressa também.

Falta uma linha de código aqui. Adicione-a no espaço fornecido.

```
fn = "Darius-13-100m-Fly.txt"

_______________________________________________

print(swimmer)
print(age)
print(distance)
print(stroke)
```

____

____

____

____

Anote os quatro valores que esperaria ver na tela quando a célula de código acima é executada.

Falta uma linha de código aqui. Adicione-a no espaço fornecido.

```
fn = "Abi-10-50m-Back.txt"

_______________________________________________

print(swimmer)
print(age)
print(distance)
print(stroke)
```

____

____

____

____

Anote os quatro valores que esperaria ver na tela quando a célula de código acima é executada.

Respostas na página 76

Aponte seu lápis Solução

Da página 75

Você pegou o lápis e viu se podia preencher os espaços em branco abaixo. Com base no que você sabe sobre atribuição múltipla (descompactação), teve que fornecer as linhas individuais de código que atribuem os valores descompactados corretos aos nomes das variáveis individuais. Teve que fornecer a saída impressa também. Veja o código abaixo. O seu é igual?

```
fn = "Darius-13-100m-Fly.txt"

swimmer, age, distance, stroke = fn.removesuffix(".txt").split("-")

print(swimmer)
print(age)
print(distance)
print(stroke)
```

A lista criada chamando "split" é descompactada e usada para atribuir valores a diversas variáveis.

```
Darius
13
100m
Fly
```

Parece bom! A cada variável individual foi atribuído o valor correto extraído do nome do arquivo.

```
fn = "Abi-10-50m-Back.txt"

swimmer, age, distance, stroke = fn.removesuffix(".txt").split("-")

print(swimmer)
print(age)
print(distance)
print(stroke)
```

O nome do arquivo mudou, mas o código não.

```
Abi
10
50m
Back
```

Como esperado, você está vendo diferentes valores de saída devido ao uso de um nome de arquivo diferente.

Tarefa 1 terminada!

Relembre a lista de tarefas secundárias mais uma vez:

1a Adquira o nome de arquivo. ✓

1b Divida o nome de arquivo no caractere "-". ✓

1c Coloque o nome do nadador, a faixa etária, ✓
a distância e o estilo nas variáveis (para serem usadas depois).

Tarefa 1: extrair dados do nome do arquivo

Como o nome do arquivo está na variável `fn`, uma *única linha* de código Python faz todo o trabalho pesado:

```
swimmer, age, distance, stroke = fn.removesuffix(".txt").split("-")
```

É uma linha de código muito poderosa. Nós nos perguntamos o que o Coach pensa...

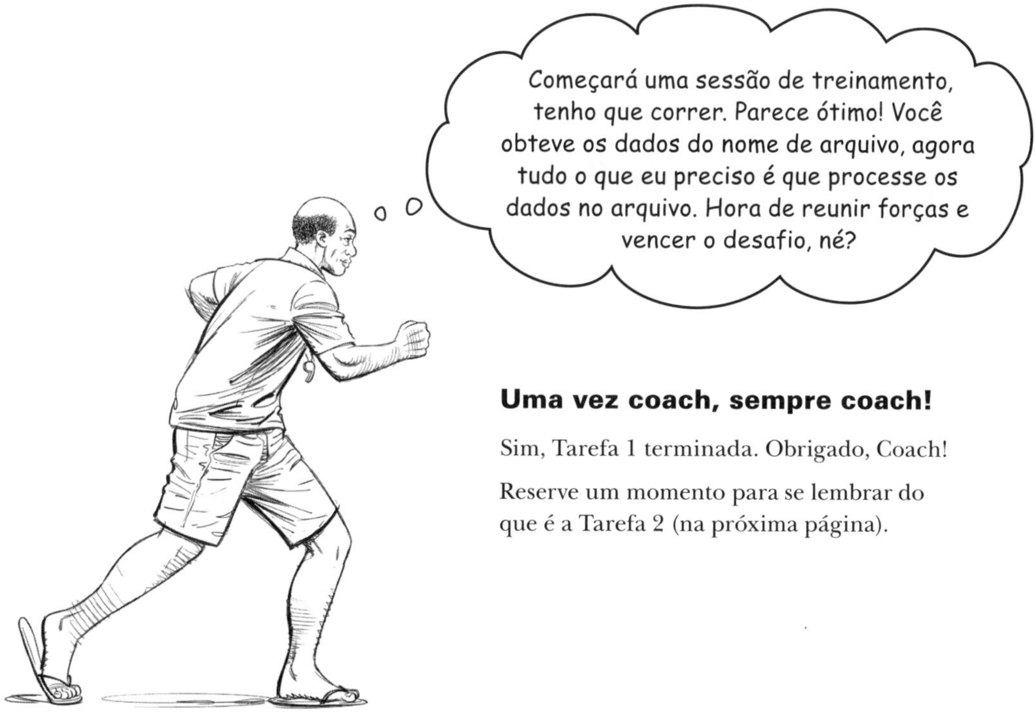

Uma vez coach, sempre coach!

Sim, Tarefa 1 terminada. Obrigado, Coach!

Reserve um momento para se lembrar do que é a Tarefa 2 (na próxima página).

Tarefa 2: Processe os dados no arquivo

À primeira vista, parece que há um pouco de trabalho aqui. Mas não se preocupe: veremos todas essas tarefas secundárias *juntos* no próximo capítulo:

- **2a** Leia as linhas do arquivo
- **2b** Ignore a segunda linha
- **2c** Divida a primeira linha na "," para gerar uma lista de tempos
- **2d** Pegue cada tempo e converta-o em um número de formato "min:seg.centésimo"
- **2e** Calcule o tempo médio, em seguida, converta-o de novo no formato "min:seg.centésimo" (para exibir)
- **2f** Exiba as variáveis da Tarefa 1, a lista de tempos e a média calculada da Tarefa 2

Café, torta, *e* palavra cruzada! Nada melhor que isto!!!

Você tem tempo suficiente para fazer algumas coisas antes de entrar no terceiro capítulo. Faça uma xícara da sua bebida favorita, pegue um bom pedaço de torta, leia o resumo do capítulo e trabalhe com a palavra cruzada deste capítulo *à vontade*.

PONTOS DE BALA

- As strings do Python não são apenas strings, são **objetos de string**, cheias de funcionalidade predefinida.
- Os atributos de um objeto (que inclui uma lista de métodos que atuam no valor do objeto) podem ser listados usando o combo mambo **print dir**.
- Dado o nome de um objeto, a notação de ponto familiar acessa qualquer um de seus atributos, por exemplo, `fn.upper`. Se você estiver lidando com um método, poderá chamá-lo adicionando parênteses, por exemplo, `fn.upper()`.
- Há muitos métodos de string, mas o favorito de todos deve ser **split** que, embora seja um método de string, retorna uma lista quando chamado.
- Os métodos de objeto podem ser **encadeados**, mas é preciso cuidado para evitar um **AttributeError** (veja o ponto anterior).
- Quando as mensagens de erro do Python aparecerem, sempre leia-as de **baixo para cima**.
- A cadeia de métodos feita por **removesuffix** e **split** é uma combinação poderosa.
- Atribuição múltipla (ou **descompactação**) é uma técnica poderosa que permite atribuir a muitas variáveis, quando necessário, com uma única instrução de atribuição. Parece um **superpoder** do Python, e é.

Cruzadinha do Python

Todas as respostas para as pistas são encontradas nas páginas deste capítulo, já a solução está na página seguinte. Aproveite!

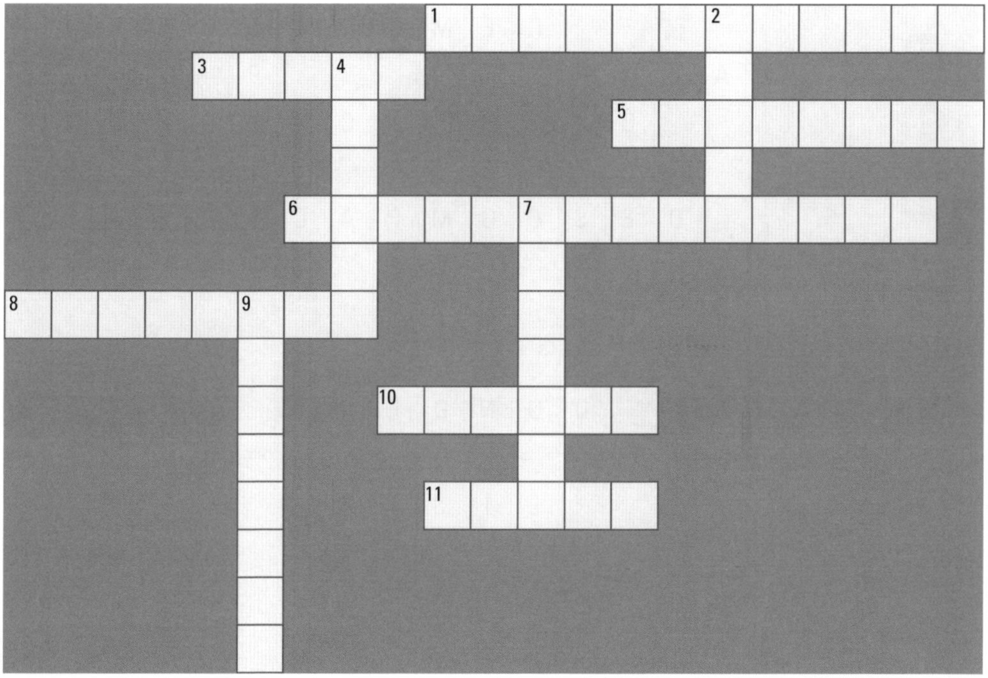

Horizontal

1. Pode ser usado para se livrar da extensão de um nome de arquivo.

3. Para ser uma variável, tem que ter um.

5. Nossos delimitadores favoritos.

6. Outro nome para atribuição múltipla.

8. Mais de um.

10. Abreviação de "underscore duplo".

11. Como um array em outras linguagens.

Vertical

2. Útil para dividir strings.

4. Tudo é um deles.

7. O nome no plural dado às funções predefinidas de um objeto.

9. O coach de natação fica por aí com uma delas.

Respostas na página 80

Cruzadinha do Python Solução

Da página 79

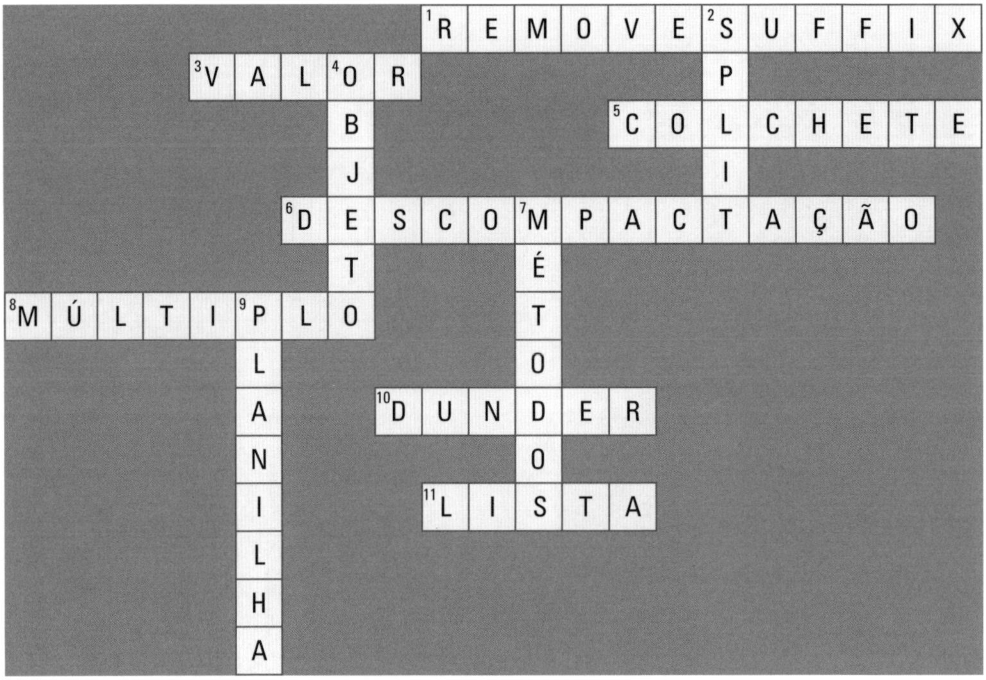

Horizontal

1. Pode ser usado para se livrar da extensão de um nome de arquivo.

3. Para ser uma variável, tem que ter um.

5. Nossos delimitadores favoritos.

6. Outro nome para atribuição múltipla.

8. Mais de um.

10. Abreviação de “underscore duplo”.

11. Como um array em outras linguagens.

Vertical

2. Útil para dividir strings.

4. Tudo é um deles.

7. O nome no plural dado às funções predefinidas de um objeto.

9. O coach de natação fica por aí com uma delas.

2 listas de números

Processando Dados de Listas

Quanto mais código você escreve, melhor fica. Simples assim.

Neste capítulo, você continua a criar código Python para ajudar o Coach. Você aprende a **ler** os dados de um **arquivo** de dados fornecido pelo Coach, colocando suas linhas em uma **lista**, uma das **estruturas de dados** predefinidas mais poderosas do Python. Além de criar listas a partir dos dados do arquivo, também aprenderá como criar listas do zero, **aumentando** a lista **dinamicamente** conforme a necessidade. E processará as listas usando uma das construções de loop mais populares do Python: o loop **for**. Você **converterá** os valores de um formato de dados em outro e fará um novo melhor amigo (o próprio **BFF** Python). Já chega de conversa fiada; é hora de arregaçar as mangas e voltar ao trabalho.

Tarefa 2: Processe os dados no arquivo

Com a Tarefa 1 concluída, é hora de passar para a Tarefa 2. Há um pouco de trabalho a fazer, mas, como nas atividades do capítulo anterior, você pode abordar as coisas aos poucos como detalhado no último capítulo:

2a Leia as linhas do arquivo.

2b Ignore a segunda linha.

2c Divida a primeira linha na "," para gerar uma lista de tempos.

2d Pegue cada tempo e converta-o em um número de formato "min:seg.centésimo".

2e Calcule o tempo médio, em seguida, converta-o de novo no formato "min:seg.centésimo" (para exibir).

2f Exiba as variáveis da Tarefa 1, a lista de tempos e a média calculada da Tarefa 2.

Am... eh... no café??

Pode haver certo choque cultural aqui, mas a boa intenção do Coach é bem-vinda.

Começaremos com uma cópia dos dados deste capítulo *antes* de iniciar a tarefa secundária (a) e aprender como o Python lê os dados de um arquivo.

Pegue uma cópia dos dados do Coach

Não adianta aprender a ler dados de um arquivo se você não tem nenhum dado para trabalhar. Então, vá para o site de suporte deste livro e pegue a última cópia dos arquivos de dados do Coach. Existem sessenta arquivos de dados individuais agrupados como um arquivo ZIP. Pegue uma cópia da URL (dentro da pasta *chapter02*):

https://github.com/headfirstpython/third

Não se preocupe, esses sessenta arquivos de dados são pequenos, então leva só alguns segundos para o ZIP baixar.

Quando o download terminar, descompacte o arquivo e copie a pasta *swimdata* resultante para sua pasta *Aprendizagem*. Isso garante que o código a seguir possa encontrar os dados, pois eles estarão em um lugar conhecido.

Cada arquivo na pasta *swimdata* contém os tempos registrados das tentativas de um nadador na combinação específica de distância/estilo. Lembre-se do arquivo de dados no início do capítulo anterior, que mostra os tempos sub-13 de Darius para 100m borboleta:

Você está interessado nestes dados.

Darius-13-100m-Fly.txt

```
1:27.95,1:21.07,1:30.96,1:23.22,1:27.95,1:28.30

```

Sim, tem.

Há uma BIF chamada **open** que pode trabalhar com arquivos, abrindo-os para ler, gravar, anexar ou qualquer combinação.

Uma BIF **open** é poderosa por si só, mas brilha quando combinada com… em, eh… a instrução **with** do Python.

A PSL vem com uma biblioteca para trabalhar diretamente com os arquivos ZIP, chamada "zipfile." Apesar disso, presumimos que você descompactou o arquivo manualmente, o que nos permite trabalhar com arquivos ".txt".

A BIF open trabalha com arquivos

Se seu arquivo contém dados textuais ou binários, a BIF **open** pode abrir o arquivo para ler, gravar ou anexar dados a ele ou a partir dele. Por padrão, **open** lê em um arquivo de texto, o que é perfeito, pois é isso que você quer fazer com o arquivo de dados de Darius.

É possível chamar **open** diretamente no código, abrindo um arquivo nomeado, processando seus dados e fechando o arquivo ao terminar. Este padrão de abrir/processar/fechar é muito comum, não importa a linguagem de programação usada. Na verdade, o Python tem uma instrução de linguagem que torna o trabalho com o padrão abrir/processar/fechar especialmente conveniente: a instrução **with**.

Embora haja um pouco mais em **with** do que inicialmente parece, existe apenas uma coisa que você precisa saber agora: se você abre seu arquivo com **with**, o Python consegue fechar *automaticamente* o arquivo quando terminar, não importa o que acontece durante o processamento executado no arquivo.

Trocando Ideias

Alex: Fechar automaticamente o arquivo aberto é mesmo importante?

Sam: Para um ou dois arquivos pode não ser. Mas à medida que seu código cresce, você pode acabar abrindo muitos, muitos arquivos — imagine atualizar todos os arquivos HTML em um site grande. Cada arquivo aberto envolve uma sobrecarga de memória e a maioria dos SOs limita quantos arquivos podem ser abertos ao mesmo tempo, então fechá-los automaticamente é bem útil.

Mara: Qualquer coisa que me poupe ter que me lembrar de fazer alguma coisa é bom para mim porque, acredite, estou sempre esquecendo...

Alex: OK, você me convenceu, embora usar a palavra **with** para abrir um arquivo pareça estranho.

Sam: **with** é uma palavra-chave do Python que você verá em muitos contextos: não apenas com arquivos. O que **with** faz é configurar um contexto no qual seu código é executado, e o código pode ter um mecanismo de configuração e encerramento. Para os arquivos, a configuração é abrir o arquivo e o encerramento é fechar.

Mara: Usarei **with** com outros recursos que preciso fechar porque — como já mencionei — estou sempre esquecendo...

Usando with para abrir (e fechar) um arquivo

Antes de abrir um arquivo, você precisa identificar o arquivo com o qual pretende trabalhar, normalmente fornecendo dois dados: o nome do arquivo e sua localização. Veja como os programadores Python podem definir *constantes* para estes valores:

```
FN = "Darius-13-100m-Fly.txt"
```

O nome de arquivo a ser usado, atribuído à variável "FN"

```
FOLDER = "swimdata/"
```

A pasta a usar, atribuída à variável "FOLDER"

Embora referidas como "constantes", acima, o Python não tem suporte para a noção de valores constantes, portanto, é uma *convenção* na comunidade de programação Python usar nomes de variáveis com letras MAIÚSCULAS para sinalizar para os outros programadores que os valores são constantes (e *não* devem ser alterados). E, sim, os leitores atentos terão notado que nós — bem descaradamente — desprezamos (!!) essa convenção no capítulo anterior com a variável "`fn`". É o uso chocante de um nome de variável com letras minúsculas quando um nome de constante em maiúsculas deveria ter sido usado. Escapamos dessa porque o Python não aplica essa convenção de nomenclatura, já que não é uma regra da linguagem. Dito isso, a partir de agora, seguiremos.

Ao ver um nome de variável em letras maiúsculas, pense em "constante".

Com suas constantes definidas, veja o código Python que abre o arquivo, *lê* todos os dados em uma lista chamada (explorando a imaginação sem precedentes aqui) `lines`, então *fecha* automaticamente o arquivo:

1. A palavra-chave "with" começa.

2. A BIF "open" é chamada e recebe a localização e o nome do arquivo a abrir.

3. Um objeto de arquivo é criado, que chamamos de "file", mas você pode usar qualquer nome de variável aqui.

```
with open(FOLDER + FN) as file:
    lines = file.readlines()
```

4. O objeto de arquivo "file" fornece muitos métodos, com "readlines" pegando todas as linhas no arquivo antes de colocá-las em uma lista, que é atribuída a outra nova variável chamada "lines".

5. Ficamos um pouco preocupados com o fato de todo esse código não caber na página... 😉

Anatomia de with... open... as...

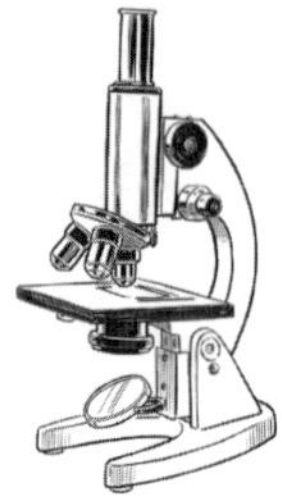

1 Não há muito código, mas...

... muita coisa está acontecendo. É verdade, o código não é muito longo, mas — como as anotações na parte inferior da última página indicam — tem muita coisa rolando:

```
with open(FOLDER + FN) as file:
    lines = file.readlines()
```

2 Primeiro vem with

A instrução **with** abre o arquivo *antes* que seu bloco de código seja executado. Você pode muito bem estar perguntando "Qual bloco de código?", e estaria certo. Ainda não contamos, mas o bloco de código da instrução **with** é todo o código indentado abaixo. Neste caso, o bloco tem apenas uma linha de comprimento e tudo bem — os blocos de código podem ter qualquer comprimento (menos estar vazios).

3 A BIF open e a palavra-chave as agem

O arquivo identificado é aberto pelo interpretador Python. Um *objeto de arquivo* é criado e atribuído à variável referenciada pela palavra-chave **as**.

```
with open(FOLDER + FN) as file:
    lines = file.readlines()
```

4 Duas variáveis são criadas pelo código

A variável `file` referencia um *objeto de arquivo* criado pela execução bem-sucedida da BIF **open**. A variável `lines` referencia a lista de linhas lidas no objeto de arquivo `file` pelo método **readlines**. Ambas as variáveis continuam existindo *após* o fim do bloco de código, mas, neste ponto, a variável `file` agora referencia um objeto de arquivo *fechado*.

5 A instrução with fecha o arquivo após a execução do bloco de código

É um recurso legal, pois nos *esquecemos* de fazer isso. É bom saber que a instrução **with** dá suporte, arrumando após a execução do bloco de código (mesmo quando ele falha).

Test Drive

Vejamos o que acontece quando você executa o código.

Para o código a seguir funcionar, a suposição é que você já baixou os dados do Coach, descompactando o arquivo em uma pasta chamada *swimdata* dentro da sua pasta *Aprendizagem*. Faça isso agora se esqueceu; veja a URL a usar (examine a pasta *chapter02*):

https://github.com/headfirstpython/third

Para começar, crie um novo notebook no VS Code e nomeie-o como *Average.ipynb*, salvando o notebook mais recente em sua pasta *Aprendizagem*. Acompanhe:

Como sempre, ao ver uma caixa cinza, digite o código em uma célula de código e pressione "Shift+Enter".

```
FN = "Darius-13-100m-Fly.txt"
```

```
FOLDER = "swimdata/"
```

```
with open(FOLDER + FN) as file:
    lines = file.readlines()
```

Se antes do Python você usou uma dessas linguagens de programação com chaves para delimitar os blocos de código, usar a indentação dessa forma pode deixá-lo nervoso. Não fique, pois não é mesmo grande coisa.

Até então, tudo bem. Mas e agora?

Se Liga!!

Embora não haja suporte direto para a noção de constantes em Python, a PSL tem o módulo `enum`, que já adianta bastante. Veja os docs de `enum` para saber mais: *https://docs.python.org/3/library/enum.html*.

A PSL também tem alternativas quando se trata de trabalhar com nomes de arquivo e pastas. Se você preferir usar uma API orientada a objetos com seu sistema de arquivos, verifique a biblioteca `pathlib` (que pode muito bem ser o que está procurando). De novo, os docs do Python são aonde você vai para aprender mais, veja: *https://docs.python.org/3/library/pathlib.html*.

Variáveis criadas dinamicamente, quando necessário

As variáveis `file` e `lines` foram criadas como resultado da atribuição. Embora seja fácil ver como `lines` surgiu, graças ao uso do operador de atribuição (=), é menos claro o que está acontecendo com `file`.

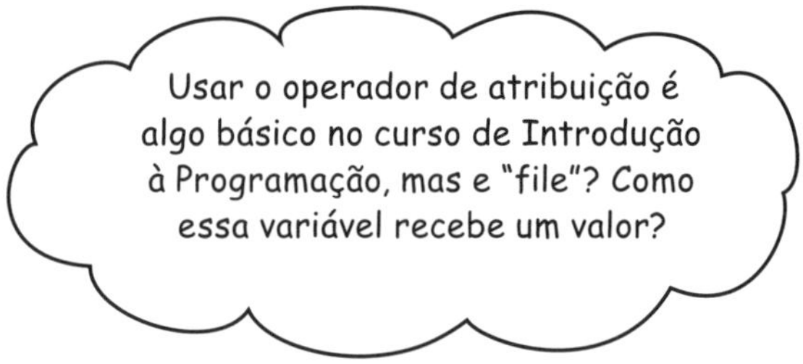

A palavra de ordem é "as".

Graças a **with**, a palavra-chave **as** pega o valor de retorno da BIF **open** e o atribui ao nome da variável identificado, que é `file` em seu código. É como se o código rodasse:

```
file = open(FOLDER+FN)
```

A palavra-chave **as**, junto com **with**, faz o mesmo (e parece melhor também).

Vejamos bem o que é `file` e aprenderemos um pouco sobre o que ela pode fazer:

```
type(file)
```

```
_io.TextIOWrapper
```

A BIF "type" mostra com o que você está lidando. É o nome interno do Python para um objeto de arquivo.

```
print(dir(file))
```

```
['_CHUNK_SIZE', '__class__', '__del__', '__delattr__', '__dict__', '__dir__', '__doc__',
'__enter__', '__eq__', '__exit__', '__format__', '__ge__', '__getattribute__', '__getstate__',
'__gt__', '__hash__', '__init__', '__init_subclass__', '__iter__', '__le__', '__lt__', '__ne__',
'__new__', '__next__', '__reduce__', '__reduce_ex__', '__repr__', '__setattr__', '__sizeof__',
'__str__', '__subclasshook__', '_checkClosed', '_checkReadable', '_checkSeekable',
'_checkWritable', '_finalizing', 'buffer', 'close', 'closed', 'detach', 'encoding', 'errors',
'fileno', 'flush', 'isatty', 'line_buffering', 'mode', 'name', 'newlines', 'read', 'readable',
'readline', 'readlines', 'reconfigure', 'seek', 'seekable', 'tell', 'truncate', 'writable',
'write', 'write_through', 'writelines']
```

E temos "readlines" na lista de métodos. Claro, há muito mais funcionalidades predefinidas fornecidas.

São os dados do arquivo o que você quer de fato

O objeto de arquivo é só um meio para um fim: carregar as linhas do arquivo na variável `lines`. Então, o que é `lines` e o que você pode fazer com ela?

Mais uma vez, a BIF "type" mostra tudo sobre com o que você trabalha. É uma lista!

```
type(lines)
```

```
list
```

Não deixe de pressionar Shift+Enter para executar as células do código.

Vejamos o que `lines` contém:

```
lines
```

```
['1:27.95,1:21.07,1:30.96,1:23.22,1:27.95,1:28.30\n']
```

Quando os valores de dados da lista têm colchetes (como aqui), pode ter certeza de que você está vendo uma lista. Claro, você já sabe que "lines" é uma lista porque é o que a BIF "type" informou...

... mas, os valores de dados desta lista parecem um pouco estranhos, ou seja, até você perceber que está vendo uma lista que contém um único item de dados. O único item é uma string e se encontra no primeiro slot da lista, começando em zero.

Como os arrays, as listas do Python entendem a *notação de colchete* familiar, então é fácil chegar ao primeiro item da lista:

```
lines[0]
```

```
'1:27.95,1:21.07,1:30.96,1:23.22,1:27.95,1:28.30\n'
```

```
type(lines[0])
```

```
str
```

A confirmação de que o valor dos dados no primeiro slot da lista "lines" é uma string. É uma ótima notícia, pois você já sabe um pouco sobre as strings do Python.

0 se refere ao primeiro elemento, 1 ao segundo, 2 ao terceiro etc....

Sim, com alguma ajuda de "with".

Apesar de ser um bloco de código com uma linha, muita coisa acontece aqui também.

Não só a sua lista foi criada, atribuída à variável `lines` e preenchida com os dados contidos no arquivo do nadador, mas a instrução **with** conseguiu terminar as duas primeiras tarefas secundárias da Tarefa 2. Que *legal* isso!

Dê uma olhada (na próxima página).

Temos os dados do nadador a partir do arquivo

Essas duas linhas de código são poderosas. Veja novamente:

```
with open(FOLDER + FN) as file:
    lines = file.readlines()
```

← Código

O valor de dados no primeiro slot da lista `lines` é uma string que representa os tempos do nadador (em `lines[0]`):

```
'1:27.95,1:21.07,1:30.96,1:23.22,1:27.95,1:28.30\n'
```

← Os dados em "lines[0]"

Você pode ignorar com segurança qualquer outra coisa no arquivo (incluindo a linha em branco extra), pois os dados de que precisa estão na string acima.

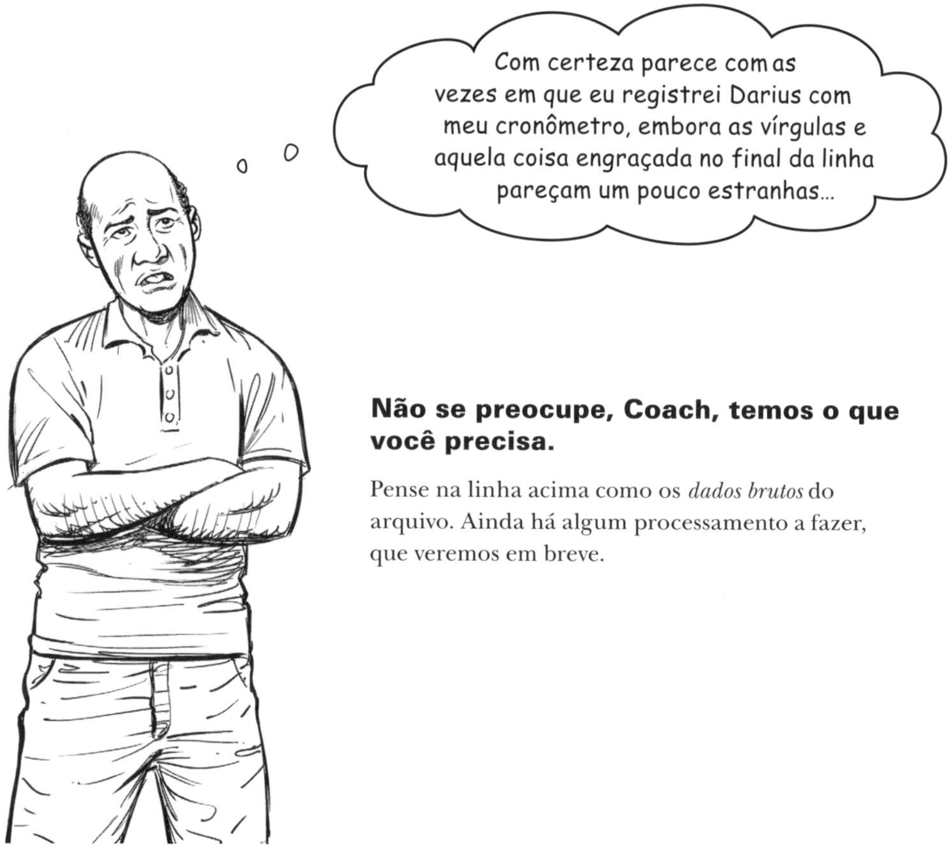

Não se preocupe, Coach, temos o que você precisa.

Pense na linha acima como os *dados brutos* do arquivo. Ainda há algum processamento a fazer, que veremos em breve.

Faremos um balanço do nosso progresso até agora

Só com umas linhas de código até agora, e você finalizou as tarefas secundárias (a) e (b):

- **2a** Leia as linhas do arquivo. ✔
- **2b** Ignore a segunda linha. ✔
- **2c** Divida a primeira linha na "," para gerar uma lista de tempos.
- **2d** Pegue cada tempo e converta-o em um número de formato "min:seg.centésimo".
- **2e** Calcule o tempo médio, em seguida, converta-o de novo no formato "min:seg.centésimo" (para exibir).
- **2f** Exiba as variáveis da Tarefa 1, a lista de tempos e a média calculada da Tarefa 2.

← Falta fazer

A terceira tarefa secundária não deve ser difícil para quem trabalhou com a tecnologia de string do Python. Por sorte, você acabou de trabalhar com o material de string no capítulo anterior, então está pronto para tentar. Mas antes de chegar a essa tarefa secundária, precisamos falar um pouco sobre uma parte específica da instrução **with**: os **dois pontos**.

Seu novo melhor amigo, os dois pontos do Python

Os dois pontos (:) indicam um bloco de código que está para *começar.* E um bloco de código em Python termina quando a indentação termina.

Na instrução **with**, o bloco contém apenas uma linha de código, mas é possível conter qualquer número de linhas de código. O código indentado no mesmo nível da linha de código imediatamente anterior pertence ao *mesmo* bloco.

O uso dos dois pontos é fundamental aqui (e por isso é seu novo melhor amigo). Como na vida real, se você esquece seu melhor amigo, coisas ruins acontecem. Se esquece os dois pontos no final dessa linha, o Python se recusa a executar o código!

Pense nos dois pontos e na indentação como *andando juntos*: você não pode ter um sem o outro.

Só para constar: os docs do Python referenciam um "bloco de código" como "suite".

↑ Também achamos estranho.

Seu novo BFF

:

Achamos que os dois pontos são tão importantes que demos a eles sua própria meia página. Um erro comum é se esquecer de adicioná-los ao final da linha ao introduzir um novo bloco indentado. O Python reclama ALTO quando você faz isso, pois nunca (nunca!) é bom esquecer o seu BFF.

Grude no Cérebro!!!

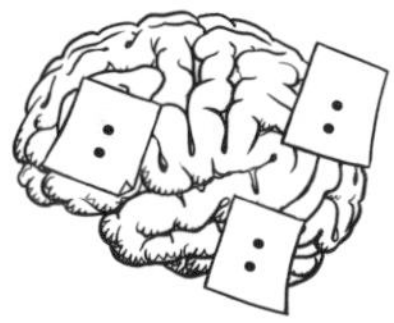

Rosas são vermelhas,
violetas são azuis.
Não se esqueça dos dois pontos,
senão o Python te exclui.

O que precisa acontecer a seguir parece familiar

Lembre-se do código no final do capítulo anterior, que pegou o nome de arquivo, que era uma string na variável `fn`, e o transformou em quatro variáveis individuais:

```
fn = "Darius-13-100m-Fly.txt"

swimmer, age, distance, stroke = fn.removesuffix(".txt").split("-")

'Darius'    '13'    '100m'    'Fly'
```

Este é o código que faz todo o trabalho pesado.

Você precisa fazer algo semelhante ao que a linha de código acima faz com os dados brutos em `lines[0]`:

Os dados brutos são armazenados no primeiro slot da lista "lines".

```
lines[0]
```

Dados brutos

```
'1:27.95,1:21.07,1:30.96,1:23.22,1:27.95,1:28.30\n'
```

É preciso um código de manipulação de strings aqui.

Dados brutos transformados

```
['1:27.95', '1:21.07', '1:30.96', '1:23.22', '1:27.95', '1:28.30']
```

É uma lista de "strings do tempo".

Aponte seu lápis

Como mostrado no começo da última página, no capítulo anterior, você pegou uma string e aplicou os métodos **split** e **removesuffix** nela para gerar os valores de dados que precisava do nome do arquivo.

Uma estratégia parecida pode ser aplicada à sua próxima tarefa secundária, embora seja improvável que você precise usar **removesuffix**. A string com a qual trabalha tem um caractere de nova linha (`\n`) no final que você não precisa. Encontre um método de string para usar em vez de **removesuffix** para remover esse caractere de nova linha. Combine a chamada para o novo método em uma cadeia que inclui **split** para dividir a string separada por "," e produzir uma nova lista, que você pode atribuir a uma nova variável chamada `times`.

Experimente em seu notebook hospedado no VS Code até ter escrito o código necessário, então use o código para atribuir a variável `times`. Forneça o código criado e o código que atribui a `times` neste espaço:

Dica: o combo mambo "print dir" lista os atributos e os métodos de uma variável.

____

____

Respostas na página 96

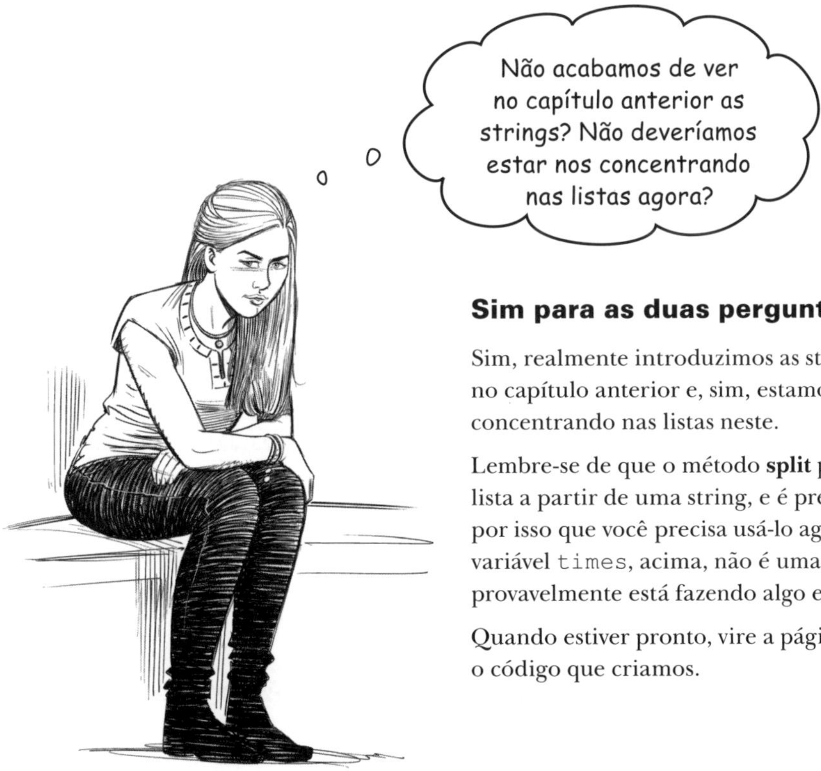

Sim para as duas perguntas.

Sim, realmente introduzimos as strings no capítulo anterior e, sim, estamos nos concentrando nas listas neste.

Lembre-se de que o método **split** produz uma lista a partir de uma string, e é precisamente por isso que você precisa usá-lo agora. Se sua variável `times`, acima, não é uma lista, você provavelmente está fazendo algo errado.

Quando estiver pronto, vire a página para ver o código que criamos.

Aponte seu lápis Solução

Da página 95

No capítulo anterior, você pegou uma string e aplicou os métodos **split** e **removesuffix** nela para gerar os valores de dados que precisava do nome do arquivo.

Uma estratégia parecida pode ser aplicada à sua próxima tarefa secundária, embora seja improvável que você precise usar **removesuffix**. A string com a qual trabalha tem um caractere de nova linha (`\n`) no final que você não precisa. Sabendo disso, você teve que encontrar um método de string para usar em vez de **removesuffix** para remover esse caractere de nova linha. Teve que combinar a chamada para o novo método em uma cadeia que inclui **split** para dividir a string separada por "," e produzir uma nova lista a ser atribuída a uma nova variável chamada `times`. Teve que experimentar em seu notebook hospedado no VS Code até ter escrito o código, então usou o código para atribuir a variável `times`. Você precisa fornecer o código que criou e o código que atribui a `times` neste espaço:

Este código corta, então divide o valor no primeiro slot da lista "lines" existente. →

```
lines[0].strip().split(",")

times = lines[0].strip().split(",")
```

← O resultado do código é atribuído a uma variável chamada "times".

Test Drive

É assim que nosso código ficou no VS Code. O valor no primeiro slot na lista `lines` (uma string) é convertido em uma lista de strings secundárias. Observe que o caractere de nova linha e todas as vírgulas sumiram.

Os dados brutos têm o espaço em branco cortado (incluindo a nova linha indesejada), depois são separados pela vírgula.

```
lines[0].strip().split(",")
```

```
['1:27.95', '1:21.07', '1:30.96', '1:23.22', '1:27.95', '1:28.30']
```

A lista é atribuída à variável "times". →

```
times = lines[0].strip().split(",")
```

Agora você tem uma cópia dos dados de tempo do nadador na lista "times". →

```
times
```

```
['1:27.95', '1:21.07', '1:30.96', '1:23.22', '1:27.95', '1:28.30']
```

O capítulo anterior está dando resultados

Com sua experiência de trabalhar com strings do capítulo anterior, esperamos que o *Aponte* mais recente não tenha exigido demais.

É importante chamar **strip** *antes de* **split**, produzindo uma nova lista a partir do valor de dados no primeiro slot de `lines` (`lines[0]`). Na verdade, seu código mais recente é muito parecido com o código do capítulo anterior:

Este código remove o sufixo e divide a string em "-".

```
fn.removesuffix(".txt").split("-")
```

Este código remove a nova linha chata e divide a string em ",".

```
lines[0].strip().split(",")
```

Com o resultado do último código atribuído à variável `times`, você terminou a tarefa secundária (c). É hora de mais uma marca.

Você já quase pode saborear a vitamina de manga e limão, né?!?

2a Leia as linhas do arquivo.

2b Ignore a segunda linha.

2c Divida a primeira linha na "," para gerar uma lista de tempos.

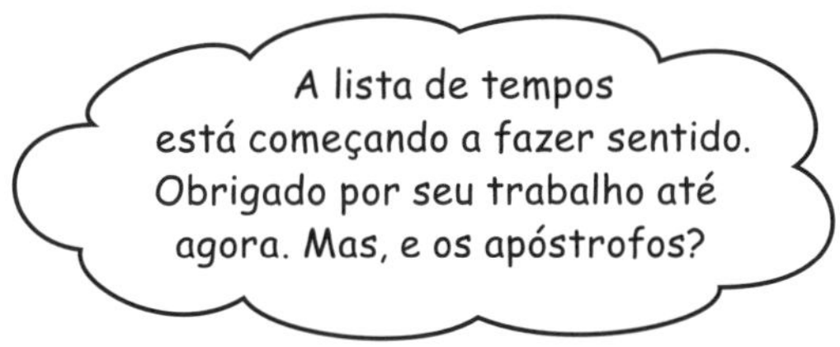

Eles confirmam a lista de strings.

Embora as strings pareçam tempos, não existem tempos *reais*, são strings. Ainda temos que encontrar uma forma de transformá-los em um valor de tempo "real" antes de fazer qualquer cálculo neles...

Convertendo uma string do tempo em um valor

Após a execução do código da página anterior, a variável `times` referencia uma lista de strings, e *não* é o que o Coach quer. Ele precisa de números.

```
times
```

```
['1:27.95', '1:21.07', '1:30.96', '1:23.22', '1:27.95', '1:28.30']
```

É uma lista de strings de tempo, não uma lista de valores de tempo reais.

Os valores em cada um dos slots na lista de tempos certamente parecem tempos de natação, mas não são. São strings. Para realizar qualquer cálculo numérico na lista, como calcular uma média, essas strings precisam ser convertidas em valores numéricos.

Vejamos apenas um valor (o primeiro). Se você puder propor uma estratégia para a conversão na primeira vez, poderá aplicá-la ao resto da lista de strings de tempo.

```
times[0]
```

Como "times" é uma lista, ela entende a notação de colchetes.

'1:27.95'

É o valor do minuto.

É o número de segundos.

É o número dos centésimos de segundo.

Poder do Cérebro

Supondo que você pode extrair os três números necessários da string, pode pensar em um cálculo que converte a string em um valor numérico?

Há mais de uma forma de fazer isso, então não se preocupe se o que você pensa não é igual ao nosso método (detalhado na próxima página).

Converta os tempos em centésimos de segundo

No momento, todos os tempos de natação são *strings*, mesmo que nosso cérebro os vejam como *tempos*. Mas não é assim com os computadores (muito menos com o Python). Nossos amigos digitais precisam de um pouco de ajuda com a conversão, e veja nossa sugestão:

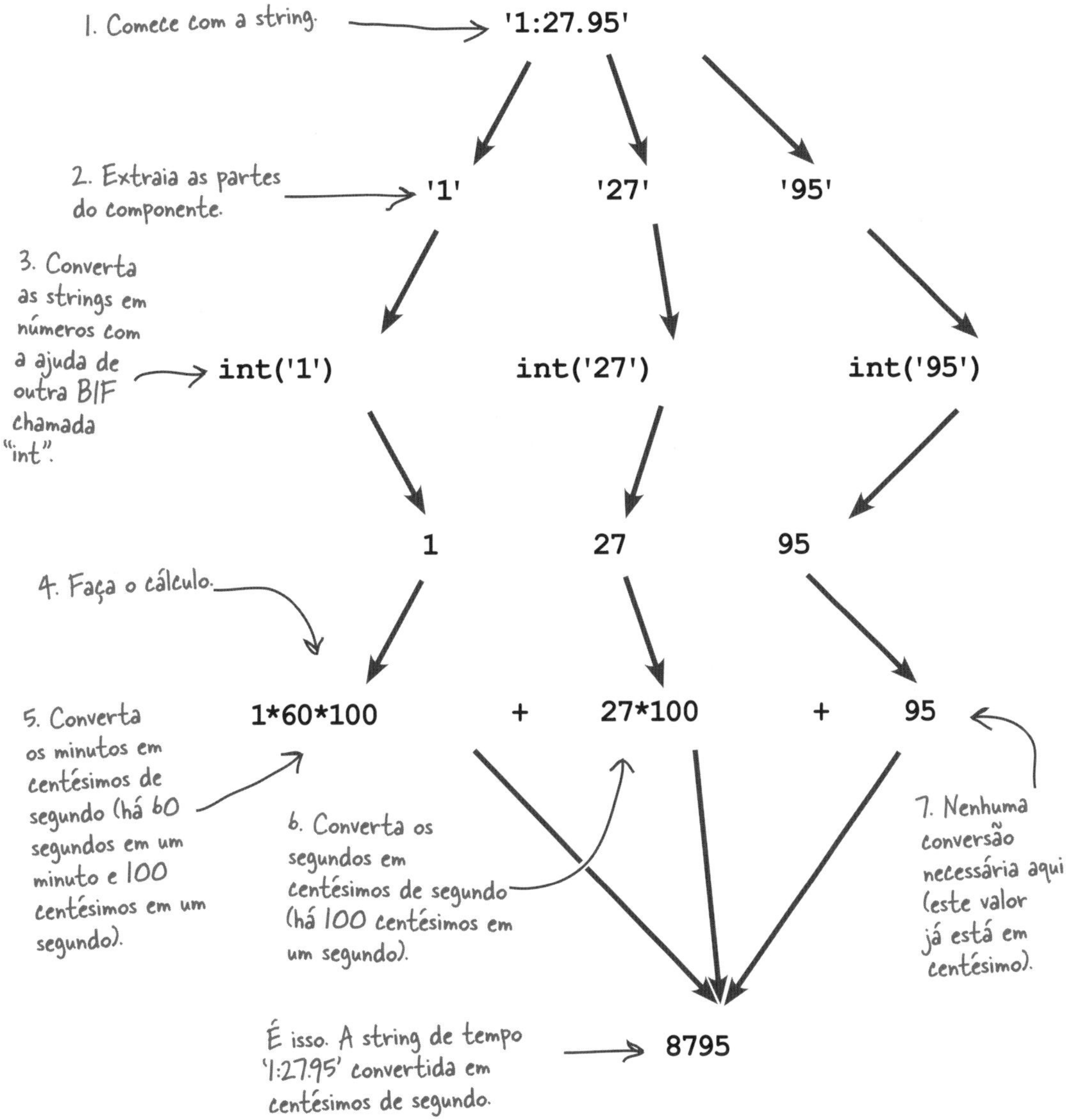

Transformar essa estratégia de conversão em código Python é *incrivelmente* simples. Vejamos.

Centésimos de segundo com Python

Tornamos tudo visual na página anterior, e converter as etapas da imagem em código Python é combinar quase que individualmente. O código mostrado abaixo faz o cálculo para o primeiro tempo de natação retirado da lista `times`, com o código digitado em uma única célula no notebook *Average.ipynb*.

Para ajudá-lo a ficar na linha, adicionamos alguns comentários ao código. Quando o Python vê o caractere # , ele *ignora* tudo após # até o final da linha atual. (Observe que online o VS Code mostra os comentários em verde.)

Digite o código em seu notebook e não sinta culpa se decidir excluir os comentários (não se preocupe, não contaremos nada). Nós os colocamos para combinar o código com as etapas de conversão da imagem da página de visualização.

Neste código, o primeiro tempo de natação da lista "times" é atribuído a uma nova variável chamada "first".

Comentário em uma linha.

```
# Start with the string.
first = times[0]

# Extract the component parts: start with the minutes value.
minutes, rest = first.split(":")
# Extract the component parts: grab the seconds and hundredths values.
seconds, hundredths = rest.split(".")

# Convert the strings to numbers with the help of another BIF called
# "int", then perform the calculation.
converted_time = (int(minutes) * 60 * 100) + (int(seconds) * 100) + int(hundredths)

# Display the result.
print(converted_time)
```

Os valores individuais são descompactados da string do tempo de natação usando uma combinação de atribuição múltipla e método "split". Você já viu isso algumas vezes, e é uma forma de programação muito comum em Python.

As strings "minutes", "seconds" e "hundredths" são convertidas em inteiros e usadas no cálculo, criando a variável "converted_time".

Com este código digitado em uma célula vazia no notebook, pressione **Shift+Enter** para executá-lo. O valor `8795` aparece na tela. Lindo.

Se Liga!!

Vale a pena parar um pouco e considerar o cálculo feito por este código:

```
(int(minutes) * 60 * 100) + (int(seconds) * 100) + int(hundredths)
```

Se você executa o código em sua célula mais recente, ele produz o resultado esperado: `8795` centésimos de segundo, então o cálculo acima está certo.

Agora, é possível reescrever o código da seguinte forma (observe a ausência de alguns parênteses):

```
int(minutes) * 60 * 100 + int(seconds) * 100 + int(hundredths)
```

Esta versão do cálculo também produz o mesmo valor: `8795`. Mas para entender o que está acontecendo, outros programadores precisam entender as regras de prioridade do Python para estarem em posição de descobrir como o cálculo ocorreu, por exemplo: * ocorreu **antes** de + ou **depois**? Como saber? Não há tal confusão na primeira versão do cálculo, pois os parênteses tornam explícito o que está sendo calculado e quando. Sim, é mais digitação (e mais código), mas a capacidade de entender o que acontece com o cálculo não pode ser superestimada.

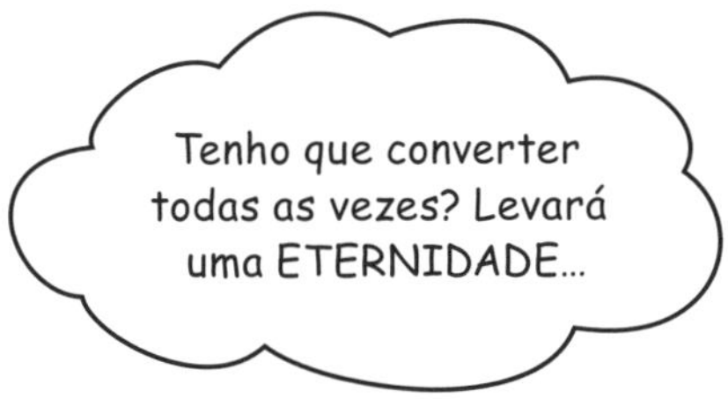

Se você pode converter um tempo de natação...

Pode converter todos. E não há crédito extra para adivinhar que você precisa de um loop aqui.

Como a maioria das linguagens de programação, o Python fornece muitas formar de fazer loop, com o loop **for** sendo o favorito.

Você viu pela primeira vez **for** no capítulo de abertura, mas lembraremos como é um loop **for** considerando um loop simples que pega cada string da lista `times` e as exibe na tela.

Revisão rápida do loop for do Python

Veja um loop **for** simples que pega cada *string do tempo* na lista `times` e a exibe na tela (graças à BIF **print**):

Não sabemos o motivo, mas os programadores adoram usar nomes de variáveis de uma só letra como suas variáveis de loop, e os programadores Python não são exceção. Sem criar confusão, usamos "t" como nossa variável de loop aqui. Sempre que o loop é executado, "t" recebe um valor da lista "times". Pense em "t" como contendo a string atual do tempo de natação.

"for" é uma palavra-chave do Python.

```
for t in times:
    print(t)
```

Outra palavra-chave importante é "in", sobre a qual teremos mais informações em um capítulo posterior. Claro, você já sabe a importância dos dois pontos (sendo seu novo BFF e tal).

não existem Perguntas Idiotas

P: A maioria dos programadores não usa "`i`" como a variável de loop nesta situação?

R: Sim, usam. Mas sempre vemos "`i`" como uma abreviação para "índice", o que não faz sentido no loop acima. Usar "`t`" como uma abreviação para "tempo" faz mais sentido para nós.

P: Só estou me perguntando se há algo na PSL que possa ajudar na conversão das strings de tempo.

R: Boa pergunta, e a resposta é: *quase*. A PSL (*Biblioteca Padrão do Python*) inclui dois módulos que podem ajudar: `time` e `datetime`. Se você precisar trabalhar com data e/ou hora, ambas as bibliotecas têm muitas funcionalidades predefinidas. Mas elas não (até onde podemos ver) dão suporte para a realização das operações de classificação ou aritméticas que você precisará aqui para calcular um tempo de natação médio como exigido pelo Coach, por isso não usamos nenhuma biblioteca aqui. Claro, nos reservamos o direito de mudar de ideia caso nossas manipulações de tempo se tornem uma grande bagunça em algum momento no futuro...

P: Presumo que o Python tenha suporte para outros operadores além de "+" e "*"?

R: Sim, com certeza. Todos os usuais estão lá: +, –, *, / etc. Existem outros que são específicos do Python, por exemplo // e **, e (se precisar deles) temos certeza que diremos tudo o que você precisa saber.

Test Drive

Como esperado, executando o loop **for** em uma nova célula de código exibe as seis strings de tempo:

```
for t in times:
    print(t)
```

E aqui estão. Todos os tempos de natação da lista "times" exibidos na tela.

```
1:27.95
1:21.07
1:30.96
1:23.22
1:27.95
1:28.30
```

Legal, não é?

O loop **for** é inteligente o bastante para saber tudo sobre o comprimento da lista que está processando.

Há sempre a tentação de usar a BIF **len** para descobrir o tamanho da lista antes que ela passe no loop, mas com **for** isso é uma etapa desnecessária. O loop **for** começa com o primeiro valor na lista, pega cada um em ordem, processa o valor e vai para o próximo. Quando a lista acaba, o loop **for** termina.

É o tipo de mágica que amamos.

Exercício

Agora que você viu o loop **for** em ação, reserve um momento para experimentar em seu notebook e combinar o código dos centésimos de segundo de algumas páginas anteriores com um loop **for** para converter todos os tempos de natação na lista `times`, exibindo os tempos e seus valores convertidos na tela conforme avança. Quando terminar, escreva o código que usou no espaço abaixo. Nosso código virá em duas páginas.

Respostas na página 106

O Python tem suporte para while.

Mas o loop **while** no Python é muito menos usado que o equivalente **for**.

Antes de chegarmos ao código de solução do exercício acima, pare um pouco para comparar os loops **for** e os loops **while**.

Hora do duelo... loops for vs. loops while

Veja o loop **for** de antes, junto com a saída:

```
for t in times:
    print(t)
```

Fique à vontade para acompanhar em seu notebook atual (e, como sempre, não se esqueça de "Shift+Enter").

```
1:27.95
1:21.07
1:30.96
1:23.22
1:27.95
1:28.30
```

E aqui está um loop **while** equivalente que faz exatamente a mesma coisa:

```
i = 0
while i < len(times):
    print(times[i])
    i = i + 1
```

```
1:27.95
1:21.07
1:30.96
1:23.22
1:27.95
1:28.30
```

1. Você precisa inicializar um contador, que chamamos de "i" neste código.

2. Você precisa especificar uma condição que deve ser mantida para que o código do loop seja iterado. Neste caso, seu loop para assim que o valor de "i" é maior que o comprimento da lista "times".

3. Ao contrário do loop "for", não há nenhuma variável "t" neste código, então para acessar o tempo de natação atual você precisa usar "i" para indexar a lista "times" e exibir o valor atual.

4. E se você esquecer de aumentar o valor de "i", ficará esperando PARA SEMPRE seu loop "while" terminar...

5. A saída do loop "while" é igual à saída do loop "for", então o código funciona como o esperado (o que é bom).

O código do loop **while** não tem apenas duas vezes mais linhas que o loop **for**, mas veja todos os extras com os quais você tem que se preocupar! Há muitos lugares onde o loop **while** pode dar errado, ao contrário do loop **for**. Não é que os loops **while** não devem ser usados, apenas lembre-se de pensar no loop **for** *primeiro* na maioria dos casos.

Exercício Solução

Agora que você viu o loop **for** em ação, reserve um momento para experimentar em seu notebook e combinar o código dos centésimos de segundo de algumas páginas anteriores com um loop **for** para converter todos os tempos de natação em centenas de segundo, exibindo os tempos e seus valores convertidos na tela. Você teve que escrever o código usado no espaço abaixo. Veja o código proposto por nós:

Da página 104

Faça loop em todos os tempos de natação. →

```
for t in times:
    minutes, rest = t.split(":")
    seconds, hundredths = rest.split(".")
    print(t, "->", (int(minutes)*60*100) +
    (int(seconds)*100) + int(hundredths))
```

Extraia as partes componentes. →

Exiba a saída calculada. →

Test Drive

Testar o código *Exercício Solução* produz o resultado esperado:

```
for t in times:
    minutes, rest = t.split(":")
    seconds, hundredths = rest.split(".")
    print(t, "->", (int(minutes) * 60 * 100) + (int(seconds) * 100) + int(hundredths))
```

```
1:27.95 -> 8795
1:21.07 -> 8107
1:30.96 -> 9096
1:23.22 -> 8322
1:27.95 -> 8795
1:28.30 -> 8830
```

Uh huuu! Parece bom.

Há duas coisas a notar aqui. Primeiro, a BIF "print" pega qualquer número de objetos, separados por vírgulas, para exibir na tela (três neste caso). Em segundo lugar, nosso código de solução dispensa a variável "converted_time" do código de centésimos de segundo, pois não é necessária aqui. Tudo o que interessa é o resultado do cálculo que é feito primeiro, então alimentado para a BIF "print" exibir.

Você está mandando bem e progredindo muito!

Você já passou da metade das tarefas secundárias da Tarefa 2:

- **2a** Leia as linhas do arquivo. ✔
- **2b** Ignore a segunda linha. ✔
- **2c** Divida a primeira linha na "," para gerar uma lista de tempos. ✔
- **2d** Pegue cada tempo e converta-o em um número de formato "min:seg.centésimo". ✔
- **2e** Calcule o tempo médio, em seguida, converta-o de novo no formato "min:seg.centésimo" (para exibir).
- **2f** Exiba as variáveis da Tarefa 1, a lista de tempos e a média calculada da Tarefa 2.

Sim, e não.

Ninguém dirá que calcular uma média é difícil, mas fazemos isso mantendo um total acumulado, dividimos *ou* lembramos os valores de conversão em (digamos) outra lista e fazemos o cálculo da média *depois*?

Qualquer abordagem funciona, mas talvez manter uma cópia dos tempos convertidos não seja uma má ideia. *O que você acha?*

Manteremos uma cópia das conversões

Supomos que esses valores convertidos serão necessários pelo menos mais uma vez em nosso código, por isso é melhor se colocados em outra lista conforme fazemos cada conversão.

Para tanto, você precisa aprender um pouco mais sobre listas. Especificamente, como criar uma nova lista vazia e como adicionar valores de dados de forma incremental à lista quando itera a lista `times`.

Criando uma nova lista vazia

Etapa 1: Pense em um nome de variável significativo para a lista. Etapa 2: Atribua uma lista vazia ao novo nome de variável.

Chamaremos a nova lista de `converts`. Veja como executar as Etapas 1 e 2 em uma linha de código:

Um bom nome significativo para a nova lista.

```
converts = []
```

Uma lista é composta de valores de dados separados por vírgulas e com colchetes. Esta lista não tem valores de dados, mas ainda tem os colchetes, por isso é uma lista VAZIA.

Lembre-se de que a BIF **type** é usada para determinar a que *tipo* se refere uma variável. Uma chamada rápida para **type** confirma que você está trabalhando com uma lista e uma chamada para a BIF **len** confirma que sua nova lista está *vazia*:

```
type(converts)
```

É uma lista...

```
list
```

```
len(converts)
```

... e está vazia.

```
0
```

Consegue lembrar o que precisa fazer para exibir os métodos predefinidos da nova lista?

Exibindo a lista dos métodos da lista

É hora do combo mambo!

Como em qualquer objeto no Python, a combinação **print dir** lista os atributos e os métodos predefinidos do objeto. E como tudo no Python é um objeto, as listas são objetos também!

Basta passar o nome da lista.

```
print(dir(converts))
```

```
['__add__', '__class__', '__class_getitem__', '__contains__', '__delattr__', '__delitem__',
'__dir__', '__doc__', '__eq__', '__format__', '__ge__', '__getattribute__', '__getitem__',
'__gt__', '__hash__', '__iadd__', '__imul__', '__init__', '__init_subclass__', '__iter__',
'__le__', '__len__', '__lt__', '__mul__', '__ne__', '__new__', '__reduce__', '__reduce_ex__',
'__repr__', '__reversed__', '__rmul__', '__setattr__', '__setitem__', '__sizeof__', '__str__',
'__subclasshook__', 'append', 'clear', 'copy', 'count', 'extend', 'index', 'insert', 'pop',
'remove', 'reverse', 'sort']
```

Como sempre, há uma grande lista mostrada aqui. E como antes, e por ora, ignore todos os dunders.

O primeiro nome do método não dunder é **append**. Provavelmente você consegue adivinhar o que ele faz, mas usaremos a BIF **help** para confirmar:

```
help(converts.append)
```

```
Help on built-in function append:

append(object, /) method of builtins.list instance
    Append object to the end of the list.
```

Oooooh. Interessante.

Ah ha!

A linha final da saída (*"Anexar objeto ao final da lista."*) é tudo o que você precisa saber, mesmo que seja tentador reservar um tempo para experimentar os outros métodos, alguns parecendo legais. Mas não faremos isso agora.

Claro, se sentir necessidade de experimentar outros métodos, faça isso.

Ficaremos com a tarefa de criar uma nova lista de valores do tempo de natação convertidos conforme avançamos.

Não, não se preocupe.

No capítulo de abertura, demos muita importância às listas em Python *como* sendo arrays em outras linguagens de programação.

Mas ao contrário de alguns arrays, em que você costuma dizer o tamanho que ele pode ter (por exemplo, 1.000 slots) e o tipo de dados que conterá (por exemplo, inteiros), não há necessidade de declarar nada disso com suas listas Python.

As listas Python são *dinâmicas*, o que significa que crescem quando necessário (portanto não é preciso antecipar o número de slots). E as listas do Python não contêm valores de dados, elas contêm **referências de objeto**, para que você possa colocar qualquer tipo de dado em uma lista. É possível até mesmo misturar os tipos.

Aponte seu lápis

Pegue o lápis, pois você tem trabalho a fazer. Aqui está o código mais recente, que exibe as strings do tempo de natação junto com a conversão equivalente em centésimos de segundo:

```
for t in times:
    minutes, rest = t.split(":")
    seconds, hundredths = rest.split(".")
    print(t, "->", (int(minutes) * 60 * 100) + (int(seconds) * 100) +
    int(hundredths))
```

Ajuste o código acima para fazer duas coisas: (1) criar uma nova lista vazia chamada `converts` logo antes do início do loop e (2) substituir a linha que começa com uma chamada para a BIF **print** por uma linha de código que adiciona o valor convertido ao final da lista `converts`. Escreva o código no espaço abaixo (e, quando estiver pronto, verifique seu código com o nosso na próxima página):

Esperamos, a esta altura do livro, que você não esteja escrevendo a primeira parte de código que surge em sua cabeça sem primeiro testar o código no notebook. A melhor forma de ficar bom em programação Python é praticando, e achamos que não há melhor maneira de praticar do que experimentar o código em um notebook Jupyter. Não é trapaça se você passa um tempo trabalhando no código de que precisa no VS Code antes de escrever no espaço acima. Na verdade, é isso o que queremos que faça: experimentar o código Python em seu notebook Jupyter.

Respostas na página 112

Aponte seu lápis Solução

Da página 111

Você teve que pegar o lápis, pois tinha trabalho a fazer. Você viu o código mais recente, que exibe as strings do tempo de natação junto com a conversão equivalente em centésimos de segundo:

```
for t in times:
    minutes, rest = t.split(":")
    seconds, hundredths = rest.split(".")
    print(t, "->", (int(minutes) * 60 * 100) + (int(seconds) * 100) +
    int(hundredths))
```

Seu trabalho era ajustar o código acima para fazer duas coisas: (1) criar uma nova lista vazia chamada `converts` logo antes do início do loop e (2) substituir a linha que começa com uma chamada para a BIF **print** por uma linha de código que adiciona o valor convertido ao final da lista `converts`.

Veja o código proposto por nós:

Criamos uma nova lista vazia chamada "converts" atribuindo-lhe uma lista vazia. Fazemos isso fora do bloco de código do loop, pois só precisa acontecer uma vez (obviamente).

```
converts = []
for t in times:
    minutes, rest = t.split(":")
    seconds, hundredths = rest.split(".")
    converts.append((int(minutes)*60*100) +
    (int(seconds)*100) + int(hundredths))
```

Como essas três linhas são indentadas sob o loop "for", elas fazem parte do bloco de código do loop, rodando sempre que o loop é executado.

Em vez de imprimir os valores convertidos, este código adiciona cada tempo convertido à lista "converts" (que cresce dinamicamente conforme o loop é executado).

Test Drive

Teste seu código mais recente. Lembre-se da versão anterior do loop que gerou esta saída:

```
for t in times:
    minutes, rest = t.split(":")
    seconds, hundredths = rest.split(".")
    print(t, "->", (int(minutes) * 60 * 100) + (int(seconds) * 100) + int(hundredths))
```

```
1:27.95 -> 8795
1:21.07 -> 8107
1:30.96 -> 9096
1:23.22 -> 8322
1:27.95 -> 8795
1:28.30 -> 8830
```

Seu novo código de loop é parecido, mas não gera nenhuma saída. Em vez disso, a lista `converts` é preenchida com os valores de conversão. Abaixo, o novo código do loop é executado em uma célula de código (gerando nenhuma saída) e, nas duas células de código subsequentes, o conteúdo da lista `times` e a (nova) lista `converts` são mostrados:

```
converts = []
for t in times:
    minutes, rest = t.split(":")
    seconds, hundredths = rest.split(".")
    converts.append((int(minutes) * 60 * 100) + (int(seconds) * 100) + int(hundredths))
```

```
times
```

```
['1:27.95', '1:21.07', '1:30.96', '1:23.22', '1:27.95', '1:28.30']
```

```
converts
```

```
[8795, 8107, 9096, 8322, 8795, 8830]
```

Veja a lista de valores convertidos, que são os centésimos de segundo equivalentes das strings do tempo de natação da lista "times".

Hora de calcular a média

Você não precisa ser programador para saber calcular uma média quando recebe uma lista de números. O código não é difícil, mas esse fato por si só não justifica sua decisão de realmente escrevê-lo. Quando tiver uma necessidade de codificação que parece que alguém já fez, pergunte a si mesmo: *Será que existe algo na Biblioteca Padrão do Python que possa ajudar?*

Não é vergonha reutilizar um código existente, mesmo para algo que você considera *simples*. Com isso em mente, veja como calcular a média da lista `converts` com a ajuda da PSL:

Ei, lembra daquela PSL útil? Não, não a marca deliciosa de latte sazonal, a outra PSL!

Não deve ser nenhuma surpresa que o módulo "statistics" da PSL forneça muitas funções matemáticas.

```
import statistics
```

O nome do módulo prefixa o nome da função para ajudar o interpretador a encontrar o código que você quer executar.

```
statistics.mean(converts)
8657.5
```

Passe para a função "mean" o nome da lista da qual gostaria a média e — voilà! — você tem sua resposta.

Embora calcular a média seja fácil, como mostrado acima, você não teve que escrever um loop, manter uma contagem, um total acumulado nem fazer o cálculo da média. Só precisa passar o nome da lista de números para função **mean**, que retorna a média aritmética (ou seja, a média) dos dados. Legal. Isso servirá.

Sim, como min:seg.centésimo.

Na verdade, você precisa inverter o processo anterior que converteu a string do tempo de natação original em seu equivalente numérico.

Não pode ser tão difícil, pode?

Converta a média na string do tempo de natação

Os programadores com experiência em Python sabem o suficiente para aplicar alguns "truques" ao problema de converter os centésimos de segundo de volta no formato de string *min:seg.centésimo*. Você aprenderá essas técnicas mais tarde no livro, já que mostrá-las agora provavelmente dobraria o tamanho deste capítulo. Então, por enquanto, ficaremos (principalmente) com o Python que você já conhece para executar a tarefa.

Acompanhe no seu notebook conforme é guiado nas cinco etapas para fazer a conversão. Veja o que você está tentando fazer:

Dado um valor em centésimos de segundo...

```
8657.5
```

```
'1:26.58'
```

... transforme o número em uma string de tempo no formato "min:seg.centésimo".

1 Comece convertendo o valor de centésimos em seu equivalente em segundos.

Criaremos uma nova variável para armazenar a média (e acompanhe).

```
average = statistics.mean(converts)
```

```
average / 100
```

```
86.575
```

Dividir por 100 dá os valores dos segundos e dos centésimos de segundo (em cada lado do ponto).

```
round(average / 100, 2)
```

```
86.58
```

Segundo — Centésimo

Outra BIF ("round") arredonda sua divisão para dois pontos decimais em vez de três.

2 Divida a média arredondada em suas partes componentes.

Veja o cálculo da média arredondada, que é convertida em uma string graças à BIF "str".

```
str(round(average / 100, 2)).split(".")
```

```
['86', '58']
```

A string criada por "str" é dividida no caractere ".", expondo os componentes — os segundos e os centésimos.

3 Calcule o número de minutos.

Os resultados da chamada para "split" são atribuídos às variáveis. Nota: ambas as variáveis são objetos de string.

```
mins_secs, hundredths  = str(round(average / 100, 2)).split(".")
```

```
mins_secs = int(mins_secs)
```

As variáveis atribuídas são strings, então você precisa converter o valor "mins_secs" em um número inteiro, pois irá usá-lo em um contexto matemático.

```
minutes = mins_secs // 60
```

Este operador // pode parecer um pouco estranho. É o operador de "divisão inteira" do Python, que arredonda para o número inteiro mais próximo (ao contrário do operador de divisão / padrão, que pode retornar um resultado decimal).

```
minutes
```

```
1
```

E é assim que sabemos quantos minutos inteiros há em 86 segundos.

4 Calcule o número de segundos.

O número de segundos é o que sobrou depois do número de minutos ser subtraído de 86. A matemática é simples.

```
seconds = mins_secs - minutes*60
```

```
seconds
```

```
26
```

Na Etapa 3, você descobriu que há um minuto. Ao subtrair de 86 os segundos em um minuto, sobram 26.

5 Com os minutos, os segundos e os centésimos agora conhecidos, crie a string do tempo de natação.

```
minutes, seconds, hundredths
```

```
(1, 26, '58')
```

Os três valores calculados...

Nota: o valor de "hundredths" já é uma string, então não precisa de conversão aqui.

```
str(minutes) + ":" + str(seconds) + "." + hundredths
```

```
'1:26.58'
```

... são usados para criar uma string do tempo de natação no formato necessário. E, sim, o operador + funciona com strings e números, fazendo a concatenação.

```
average = str(minutes) + ":" + str(seconds) + "." + hundredths
```

A string formatada é atribuída à variável "average".

```
average
```

```
'1:26.58'
```

Sim, e é mais fácil do que você pensa.

Você pode aprender a escrever testes automatizados em Python, então codificar vários testes para verificar seus cálculos...

Ou pode simplesmente dar uma outra olhada na planilha do Coach de natação e confirmar se o tempo `1:26.58` calculado corresponde à média calculada pela planilha dele.

E funciona, como mostrado abaixo.

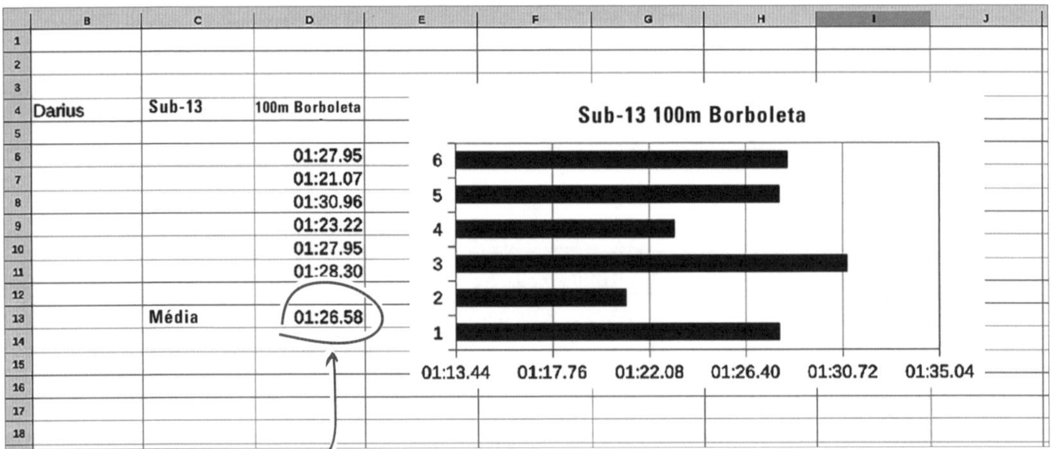

O tempo médio calculado pela planilha.

Hora de juntar tudo

Parabéns! Você finalmente conseguiu marcar com merecimento a tarefa secundária (e).

Tudo o que resta é combinar o código do capítulo anterior com o código visto até agora no capítulo. Quando terminar, a tarefa secundária (f) terá terminado também:

- **2a** Leia as linhas do arquivo. ✓
- **2b** Ignore a segunda linha. ✓
- **2c** Divida a primeira linha na "," para gerar uma lista de tempos. ✓
- **2d** Pegue cada tempo e converta-o em um número de formato "min:seg.centésimo". ✓
- **2e** Calcule o tempo médio, em seguida, converta-o de novo no formato "min:seg.centésimo" (para exibir). ✓
- **2f** Exiba as variáveis da Tarefa 1, a lista de tempos e a média calculada da Tarefa 2. ← Só falta isto...

Exercício

Nesta fase, você deve ter alguns notebooks Jupyter em sua pasta *Aprendizagem*. Para completar o exercício, precisará estudar o código em dois: *Darius.ipynb* e *Average.ipynb*. Crie um novo notebook, chamado *Times.ipynb* e adicione o código Python necessário para concluir a tarefa secundária (f). Todo o código necessário já existe, e tudo o que você está fazendo aqui é copiar o código relevante dos dois notebooks existentes para o novo. Execute todo o código em seu novo notebook para confirmar que ele seja executado como o esperado.

Não tenha pressa neste exercício e quando estiver pronto, vire a página para ver nosso *Times.ipynb* em ação.

→ Respostas na página 120

Exercício Solução

Da página 119

Nesta fase, você deve ter alguns notebooks Jupyter em sua pasta *Aprendizagem*. Para completar o exercício, você teve que estudar o código nos dois: *Darius.ipynb* e *Average.ipynb*.

Teve que criar um novo notebook, chamado *Times.ipynb* contendo o código Python necessário para concluir a tarefa secundária (f). Todo o código necessário já existe. Você teve que executar todo o código em seu novo notebook para confirmar que ele seja executado como o esperado.

Veja o código que copiamos para *Times.ipynb* e executamos. Compare com seu código.

```
FN = "Darius-13-100m-Fly.txt"
FOLDER = "swimdata/"
```

Começamos com o código que define os dois valores constantes, identificando o nome de arquivo a usar e sua localização.

Depois vem aquela poderosa linha de código do final do capítulo anterior que extraiu os valores que identificam o nadador, sua idade, a classificação de distância e o estilo.

```
swimmer, age, distance, stroke = FN.removesuffix(".txt").split("-")
```

No código original, o nome era "fn" (ou seja, com letras minúsculas). Como deve ser usado como uma constante, ajustamos o código para ficar em MAIÚSCULAS.

```
with open(FOLDER+FN) as file:
    lines = file.readlines()
    times = lines[0].strip().split(",")
```

A instrução "with" abre o arquivo de dados, lê as linhas do arquivo em uma lista e fecha-o (automaticamente). Um combo rápido para cortar e dividir (strip-split) na primeira linha de dados do arquivo cria outra lista, chamada "times", contendo as strings do tempo do nadador.

As strings em "times" são convertidas do formato "min:seg.centésimo" em centésimos numéricos de segundos, terminando em mais uma lista chamada "converts". O loop "for", junto com o método "append", facilita muito.

```
converts = []
for t in times:
    minutes, rest = t.split(":")
    seconds, hundredths = rest.split(".")
    converts.append((int(minutes)*60*100) + (int(seconds)*100) + int(hundredths))
```

O módulo "statistics" da PSL facilita o cálculo da média, então você teve que escrever um pouco de código personalizado para converter a média numérica no formato de string "min:seg.centésimo" legível por humanos. Há um pouco de código aqui, mas nenhum pode ser considerado "difícil", né?

```
import statistics

average = statistics.mean(converts)
mins_secs, hundredths  = str(round(average / 100, 2)).split(".")
mins_secs = int(mins_secs)
minutes = mins_secs // 60
seconds = mins_secs - minutes*60
average = str(minutes) + ":" + str(seconds) + "." + hundredths
```

Lembre-se: // é divisão inteira, já "str", "int" e "round" são BIFs.

```
swimmer, age, distance, stroke
```

```
('Darius', '13', '100m', 'Fly')
```

```
times
```

```
['1:27.95', '1:21.07', '1:30.96', '1:23.22', '1:27.95', '1:28.30']
```

```
average
```

```
'1:26.58'
```

Veja todos eles: os valores de dados solicitados pela tarefa secundária (f).

A Tarefa 2 (finalmente) chegou ao fim!

Bom trabalho! Com a criação (e a execução) do notebook *Times.ipynb*, as duas tarefas identificadas no início do capítulo anterior estão agora concluídas. São marcas de verificação por toda parte!

1 Extraia os dados do nome de arquivo.

- 1a Adquira o nome de arquivo. ✓
- 1b Divida o nome de arquivo no caractere "-". ✓
- 1c Coloque o nome do nadador, a faixa etária, a distância e o estilo nas variáveis (para serem usadas depois). ✓

2 Processe os dados no arquivo.

- 2a Leia as linhas do arquivo. ✓
- 2b Ignore a segunda linha. ✓
- 2c Divida a primeira linha na "," para gerar uma lista de tempos. ✓
- 2d Pegue cada tempo e converta-o em um número de formato "min:seg.centésimo". ✓
- 2e Calcule o tempo médio, em seguida, converta-o de novo no formato "min:seg.centésimo" (para exibir). ✓
- 2f Exiba as variáveis da Tarefa 1, a lista de tempos e a média calculada da Tarefa 2. ✓

Claro, chegar a este ponto não significa necessariamente que você terminou...

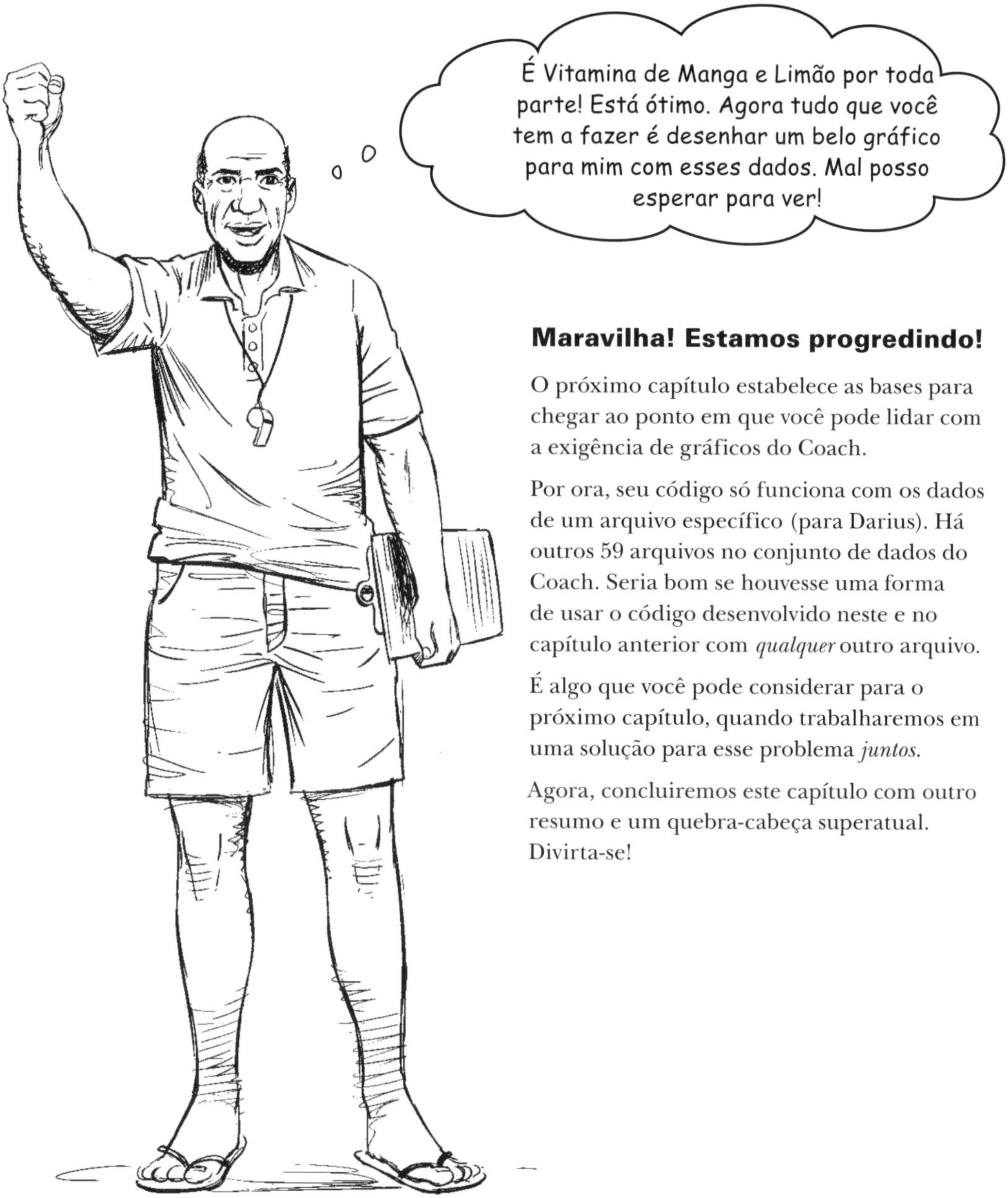

Maravilha! Estamos progredindo!

O próximo capítulo estabelece as bases para chegar ao ponto em que você pode lidar com a exigência de gráficos do Coach.

Por ora, seu código só funciona com os dados de um arquivo específico (para Darius). Há outros 59 arquivos no conjunto de dados do Coach. Seria bom se houvesse uma forma de usar o código desenvolvido neste e no capítulo anterior com *qualquer* outro arquivo.

É algo que você pode considerar para o próximo capítulo, quando trabalharemos em uma solução para esse problema *juntos*.

Agora, concluiremos este capítulo com outro resumo e um quebra-cabeça superatual. Divirta-se!

PONTOS DE BALA

- O Python não tem a noção real de um valor **constante**, então uma **convenção** da programação surgiu com constantes atribuídas a nomes de variáveis em LETRAS MAIÚSCULAS. Em alguns casos, a biblioteca `enum` da PSL pode ser o que você precisa.
- A instrução **with** é usada para gerenciar o contexto no qual seu bloco de código roda.
- Quando usada com a BIF **open**, a instrução **with** fecha automaticamente qualquer arquivo ainda aberto assim que o bloco de código de **with** termina.
- E mais, a instrução **with** atribui o arquivo aberto a um **objeto de arquivo**, que é usado como abreviação para o arquivo aberto.
- O objeto de arquivo tem muitos métodos predefinidos, incluindo **readlines** que... emm, eh... lê linhas. As linhas são retornadas como uma **lista**.
- O resto dos métodos do objeto de arquivo pode ser exibido com o combo mambo **print dir**.
- Por padrão, a BIF **open** abre um arquivo nomeado para leitura. O arquivo deve conter **dados textuais**.
- Os dois pontos, além de serem seu **BFF**, indicam ao Python que um bloco **indentado** começará na linha seguinte de código.
- A cadeia **.strip().split()** é muito popular. Ela é usada em muitos lugares, por muitos programadores Python.
- O Python tem todos os **operadores** usuais (por exemplo, +, –, *, /) e outros (como, // e **).
- O operador // faz a **divisão inteira**, que garante, entre outras coisas, que o resultado da divisão seja sempre um número inteiro.
- Embora você tenha o direito de amar os loops **for** e **while** igualmente, o loop **for** tem muito mais uso na comunidade e normalmente é a **primeira** opção sempre que um programador Python precisa iterar.
- A **lista** do Python é uma estrutura de dados predefinida muito popular, que entende a notação de colchetes familiar.
- Uma lista vazia fica assim: `[]`.
- Os itens em uma lista estão entre **colchetes** e separados por **vírgula**. Saber isso faz com que as listas sejam fáceis de localizar.
- As listas têm muita funcionalidade predefinida, mas a **estrela do show** (neste capítulo) é o método **append**.
- A BIF **int** converte seu único argumento em um inteiro, se possível. O valor `"42"` converte sem problemas, já `"quarenta e dois"` faz **int** entrar em crise.
- A **PSL** (não a marca!!) tem o módulo `statistics` que, entre outras coisas, fornece uma função **mean** útil. Tal função tem tudo a ver com o cálculo de médias, mas não é não agradável de ter por perto...
- A BIF **round** se livra das casas decimais indesejadas.
- A BIF **str** converte seus argumentos em string.
- O Coach está muito **feliz** com seu progresso até agora, e você deveria estar. Há muito **trabalho bom** neste capítulo (e no anterior).

Cruzadinha do Python

Todas as respostas para as pistas se encontram nas páginas deste capítulo, e a solução está na próxima página. Força!

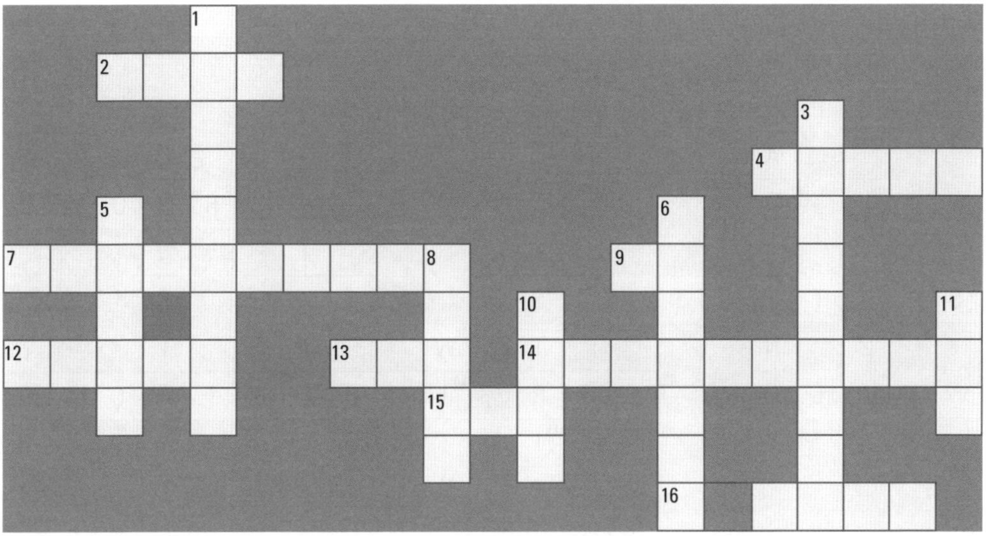

Horizontal

2. Outro combo poderoso quando usado com 7 na horizontal.
4. A BIF para controlar casas decimais.
7. Um módulo amado por matemáticos.
9. Uma pequena palavra-chave sobre a qual você aprenderá em um capítulo posterior.
12. A construção de loop menos usada.
13. Uma BIF que cria strings.
14. Outro nome para espaço em branco quando usado com blocos de código.
15. Uma BIF de conversão numérica.
16. Este método aumenta as listas.

Vertical

1. Este método cria uma lista com os dados do seu arquivo.
3. Quando um nome de variável está em MAIÚSCULAS, ele deve ser tratado assim.
5. [] significa uma lista.
6. // faz a divisão ______________.
8. Parte de um combo famoso, quando comparado com **split**.
10. A instrução recomendada para usar ao abrir arquivos.
11. Construção de loop favorita do programador Python.

Respostas na página 126

Cruzadinha do Python Solução

Da página 125

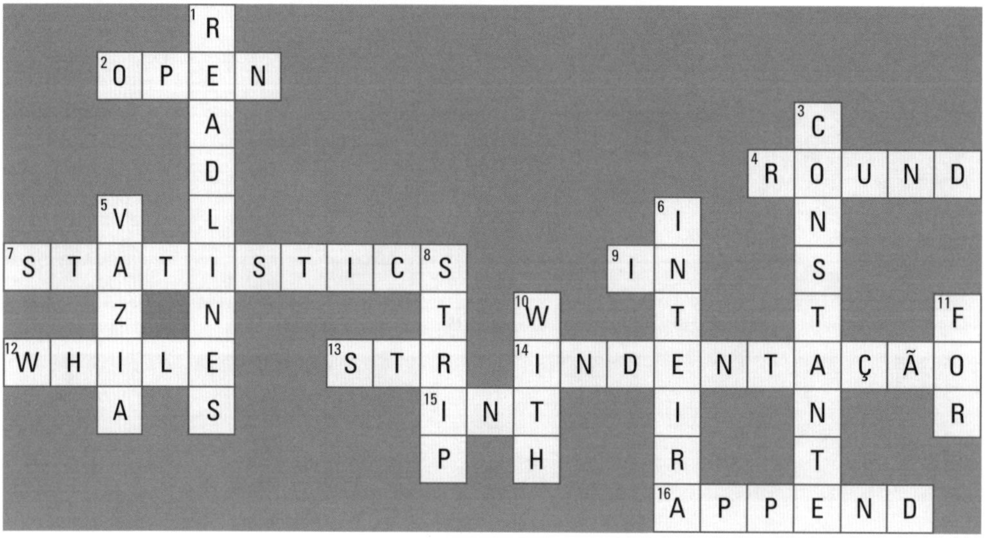

Horizontal

2. Outro combo poderoso quando usado com 7 na horizontal.

4. A BIF para controlar casas decimais.

7. Um módulo amado por matemáticos.

9. Uma pequena palavra-chave sobre a qual você aprenderá em um capítulo posterior.

12. A construção de loop menos usada.

13. Uma BIF que cria strings.

14. Outro nome para espaço em branco quando usado com blocos de código.

15. Uma BIF de conversão numérica.

16. Este método aumenta as listas.

Vertical

1. Este método cria uma lista com os dados do seu arquivo.

3. Quando um nome de variável está em MAIÚSCULAS, ele deve ser tratado assim.

5. `[]` significa uma lista.

6. // faz a divisão ______________.

8. Parte de um combo famoso, quando comparado com **split**.

10. A instrução recomendada para usar ao abrir arquivos.

11. Construção de loop favorita do programador Python.

3 lista de arquivos

Funções, Módulos e Arquivos

O código não pode viver em um notebook para sempre. Ele quer ser livre.

E quando se trata de libertar seu código e **compartilhá-lo** com outras pessoas, uma **função** personalizada é o primeiro passo, seguida logo atrás por um **módulo**, que permite organizar e compartilhar seu código. Neste capítulo, você criará uma função diretamente a partir do código que escreveu até agora e, no processo, também criará um módulo **compartilhável**. Você colocará seu módulo imediatamente em operação quando processar os dados de natação do Coach com os loops **for**, as declarações **if**, os testes condicionais e a **PSL** (*Biblioteca Padrão do Python*). Aprenderá a **comentar** suas funções também (sempre uma *boa ideia*). Há muito o que fazer, então vamos lá!

Trocando Ideias

Sam: Atualizei o Coach sobre o progresso até o momento.

Alex: Ele ficou feliz?

Sam: Até certo ponto, sim. Ele está animado com o início das coisas. Mas, como você pode imaginar, ele só está realmente interessado no produto final, que para o Coach é o gráfico de barras.

Alex: Que deve ser fácil o suficiente de fazer agora que o notebook mais recente gera os dados necessários, certo?

Mara: Bem... mais ou menos.

Alex: Como assim?

Mara: O notebook atual, *Times.ipynb*, gera dados para Darius nadando 100m Borboleta na faixa etária sub-13. Mas, é preciso fazer as conversões e o cálculo da média para *qualquer* arquivo do nadador.

Alex: Claro, é fácil: basta substituir o nome de arquivo na parte superior do notebook por outro, em seguida, pressionar o botão *Executar tudo* e — voilà! — você tem dados.

Mara: E você acha que o Coach ficará feliz em fazer isso?

Alex: Errr... eu não tinha pensado em como o Coach executará essas coisas.

Sam: Estamos na direção certa, pois precisamos de um mecanismo que funcione com o nome de arquivo de qualquer nadador. Se isso puder ser feito, começaremos a criar o código para o gráfico de barras.

Alex: Então ainda temos trabalho a fazer...

Mara: Sim, mas não muito. Como você já mencionou, todo o código de que precisamos está no notebook *Times.ipynb*...

Alex: ... que você não quer dar ao Coach...

Mara: ... bem, não como está agora.

Alex: Então como?

Sam: Precisamos de uma forma de montar o código para que ele possa ser usado com qualquer nome de arquivo e acessado fora do notebook...

Alex: Ah, claro: precisamos de uma função!

Sam: O que é parte do trabalho.

Mara: Se a função é colocada dentro de um módulo Python, ela pode ser compartilhada em muitos lugares.

Alex: Parece bom para mim. Por onde começamos?

Mara: Começamos transformando o código do notebook existente em uma função que podemos chamar, então compartilhar.

Você já tem grande parte do código de que precisa

Mas o código necessário está atualmente em seu notebook *Times.ipynb*.

Quando se trata de *experimentar* e *criar* código do zero, nada melhor do que usar um notebook Jupyter. No entanto, quando se trata de *reutilizar* e *compartilhar* o código existente, os notebooks podem não ser a melhor escolha (e, para ser justo, os notebooks não foram projetados com essa atividade em mente).

No apêndice, discutimos uma extensão para o Jupyter que pode ajudar nesse requisito, mas, por padrão, compartilhar o código do seu notebook pode ser complicado.

Você pode dar a qualquer pessoa uma *cópia* do seu notebook para executar em seu próprio ambiente Jupyter, e este é um ótimo caso de uso. Mas, imagine que você esteja criando um aplicativo que precisa usar algum código que reside atualmente em seu notebook...

Como compartilhar esse código?

Para compartilhar o código do notebook, você precisa criar uma **função** contendo seu código, em seguida, compartilhar sua função em um **módulo**. E você fará ambos neste capítulo.

Para começar, crie um novo arquivo vazio em sua pasta *Aprendizagem*, depois renomeie o arquivo como *swimclub.py*:

Sua tela pode ser um pouco diferente. Para começar, este é o VS Code em execução em um Mac (mas o que você vê no Windows/Linux deve ser similar). E mais, o VS Code descobriu que estou usando o Git para gerenciar meu código, então a interface do usuário me informa que tenho um novo arquivo não rastreado.

Não cobrimos o Git neste livro, mas não queremos que você entre em pânico quando sua tela ficar diferente da nossa. Se você criou "swimclub.py" em sua pasta "Aprendizagem", e tem o VS Code esperando para substituir essa tela em branco por algum código, então pode seguir em frente.

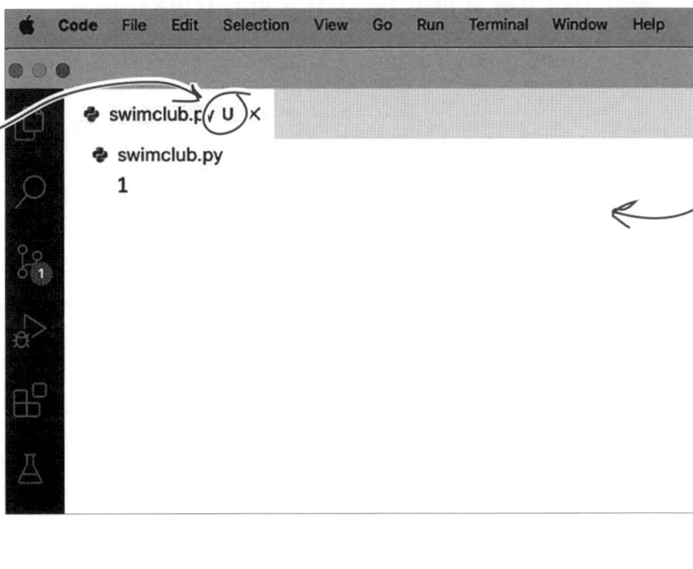

Como criar uma função no Python

Além do código real para a função, você precisa pensar na *assinatura* dela. Há três coisas a lembrar. Você precisa:

1. **Pensar em um nome bonito e significativo.**
O código no notebook *Times.ipynb* primeiro processa o nome de arquivo, em seguida, lê o conteúdo do arquivo para extrair os dados de que o Coach precisa. Então chamaremos essa função de `read_swim_data`. É um bom nome, e significativo... caramba, é quase perfeito!

2. **Decidir sobre o número e os nomes dos parâmetros.**
Sua nova função `read_swim_data` tem um único parâmetro, que identifica o nome de arquivo a usar. Chamaremos esse parâmetro de `filename`.

3. **Indentar o código da função sob uma instrução def.**
A palavra-chave **def** introduz a função, permitindo especificar o nome dela e quaisquer parâmetros. Qualquer código indentado sob a palavra-chave **def** é o bloco de código da função.

Pode ser útil pensar em "def" como uma abreviação de "definir função".

Anatomia da assinatura de uma função

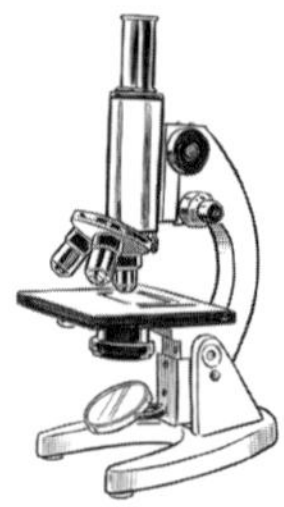

1 Use um nome bonito e significativo

Este nome dá ao usuário da função uma boa ideia do que ela faz.

2 Nomeie os parâmetros

Você só tem um parâmetro aqui.

```
def read_swim_data(filename):
```

3 Note o uso de def e de seu BFF (os dois pontos)

O uso de `def` e dois pontos é a pista de que código indentado virá em seguida.

Salve o código quantas vezes quiser

Vá em frente e adicione a *assinatura* da função `read _ swim _ data` ao topo do arquivo *swimclub.py*:

A interface do usuário agora diz que seu código não é rastreado, mas também não está salvo. Fique à vontade para salvar o código sempre que achar necessário.

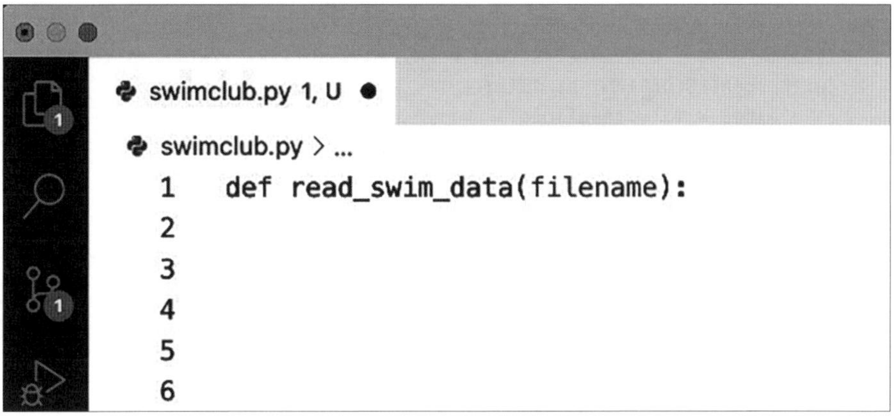

Adicione à função o código que você deseja compartilhar

Com a assinatura da função escrita, sua próxima tarefa é pegar o código que deseja compartilhar no seu notebook, copiando o código para *swimclub.py*. O código que você precisa está no notebook *Times.ipynb* do capítulo anterior.

Poder do Cérebro

*Pare um pouco para rever o código no notebook **Times.ipynb**. Você acha que precisa de todo o código neste notebook?*

Só copiar o código não basta

Nós nos adiantamos e copiamos o código que achamos ser necessário, adicionando-o à nossa função `read _ swim _ data`. Veja como vemos o código no VS Code:

Copiar e colar algumas vezes faz com que o código seja copiado para "swimclub.py", mas... é suficiente?

```
def read_swim_data(filename):
    swimmer, age, distance, stroke = FN.removesuffix(".txt").split("-")
    with open(FOLDER+FN) as file:
        lines = file.readlines()
        times = lines[0].strip().split(",")
    converts = []
    for t in times:
        minutes, rest = t.split(":")
        seconds, hundredths = rest.split(".")
        converts.append((int(minutes)*60*100) + (int(seconds)*100) + int(hundredths))
    average = statistics.mean(converts)
    mins_secs, hundredths  = str(round(average / 100, 2)).split(".")
    mins_secs = int(mins_secs)
    minutes = mins_secs // 60
    seconds = mins_secs - minutes*60
    average = str(minutes) + ":" + str(seconds) + "." + hundredths
```

Na verdade sim, e muito bem observado.

Este é o VS Code dizendo que seu código está contando com valores que ainda não foram definidos. Embora o código seja sintaticamente correto em Python, ele não será executado porque faltam esses valores.

Os valores estão no notebook *Times.ipynb*.

Copie todo o código necessário

Vendo as linhas esquisitas da página anterior, é claro que `FN`, `FOLDER` e `statistics` estão *faltando*.

`FOLDER` e `statistics` são fixos. Basta adicionar as duas linhas de código ao topo do arquivo *swimclub.py* (*fora* da função):

Diz ao código de onde importar a função "mean".

```
import statistics

FOLDER = "swimdata/"
```

Diz ao código onde encontrar seus arquivos de dados.

Se você vem acompanhando, notará que no momento em que digita cada uma dessas linhas de código no VS Code, as ondulações desaparecem.

Sentindo sucesso, você pode ficar tentado a copiar e colar a definição da *constante* `FN` também, mas seria um erro. Lembre-se de que no notebook *Times.ipynb*, `FN` referencia *um* dos arquivos de dados associados a Darius. Se você continuar usando `FN`, sua nova função usará esse arquivo e nenhum outro. A solução para o problema é usar o valor passado para função `read_swim_data` em vez da constante `FN`. Assim, o Coach pode usar sua função para processar o arquivo de dados de qualquer nadador:

Um valor para "filename" é passado na função.

```
def read_swim_data(filename):
    swimmer, age, distance, stroke = filename.removesuffix(".txt").split("-")
    with open(FOLDER + filename) as file:
        lines = file.readlines()
        times = lines[0].strip().split(",")
    converts = []
    for t in times:
        minutes, rest = t.split(":")
        seconds, hundredths = rest.split(".")
        converts.append((int(minutes) * 60 * 100) + (int(seconds) * 100) + int(hundredths))
    average = statistics.mean(converts)
    mins_secs, hundredths = str(round(average / 100, 2)).split(".")
    mins_secs = int(mins_secs)
    minutes = mins_secs // 60
    seconds = mins_secs - minutes * 60
    average = str(minutes) + ":" + str(seconds) + "." + hundredths
```

Em vez de contar com o valor de "FN", esta versão do código da função usa o valor passado "filename".

Percebeu? Nenhuma linha ondulada!

Test Drive

Com sua função definida, salve-a antes de continuar com este *Test Drive*.

Deixe o código *swimclub.py* aberto no VS Code (se quiser), então abra outro notebook novo e chame-o de *Files.ipynb*. Você já sabe como a instrução `import` do Python funciona com a PSL. Acontece que `import` também pode importar seus módulos personalizados. E, adivinha? O arquivo *swimclub.py* é um módulo Python, então você pode usar `import` nele, como mostrado abaixo:

Como nos outros notebooks (mas trabalhando em "Files.ipynb" desta vez), digite este código em uma célula e pressione "Shift+Enter".

```
import swimclub
```

Se tudo estiver certo, você verá uma nova célula de código vazia após executar a instrução "import". Se vir erros, verifique duas coisas: veja se salvou o código "swimclub.py" e se "Files.ipynb" está na mesma pasta que "swimclub.py", com ambos em sua pasta "Aprendizagem".

A notação de ponto familiar permite chamar a função "read_swim_data" (como importada de seu módulo "swimclub").

Note como passamos o nome do arquivo de dados com o qual queremos trabalhar. Antes, esse valor era atribuído à variável "FN".

```
swimclub.read_swim_data("Darius-13-100m-Fly.txt")
```

Vá em frente e pressione "Shift+Enter" na célula de código mais recente. Se você é como nós, provavelmente está coçando a cabeça agora. Esperávamos ver alguns dados, mas estamos vendo o que você vê, que é... nada! O que aconteceu?

Sim, exato.

Os argumentos enviados em uma função são atribuídos aos nomes de parâmetro definidos na assinatura da função, enquanto os resultados são retornados para o código que chama por uma instrução **return**.

Aponte seu lápis

Não é uma grande mudança, mas é importante.

Reserve um momento para examinar a função `read_swim_data` no arquivo *swimclub.py* e no espaço abaixo, escreva a instrução **return** que você adicionaria ao final de sua função, para retornar valores para quem chama a função.

Você encontrará nossa instrução **return** na próxima página, mas tente criar essa única linha de código antes de virar a página. (Dica: decidimos retornar seis valores da função).

Respostas na página 136

Aponte seu lápis Solução

Da página 135

Não é uma grande mudança, mas é importante.

Você teve que reservar um momento para examinar a função `read_swim_data` no arquivo *swimclub.py* e no espaço abaixo, escrever a instrução **return** que adicionaria ao final de sua função, para retornar valores para quem chama a função.

Veja a instrução **return** que usamos, e retorna seis valores. Compare com sua instrução **return**.

```
return swimmer, age, distance, stroke, times, average
```

Uma coleção de valores é retornada da função para o código que chama. Note a ausência de parênteses na lista de nomes de variáveis (o Python não precisa deles).

Atualize e salve seu código antes de continuar...

Antes de ir para a próxima página,adicione a seguinte linha de código como a última linha na função `read_swim_data` em seu arquivo *swimclub.py*. Tenha cuidado para combinar a indentação desta linha de código com a indentação usada para todos os outros códigos em sua função:

Use VS Code para adicionar esta linha de código ao final da sua função e salve o arquivo.

```
return swimmer, age, distance, stroke, times, average
```

Tendo salvo essa mudança no código do módulo, você provavelmente mal pode esperar para voltar ao seu notebook *Files.ipynb* e ver a diferença que a alteração faz, certo?

Nem nós, mas... detestamos ter que lhe dizer que a *decepção* nos espera.

Test Drive

Com a instrução **return** adicionada à função `read_swim_data` e o módulo `swimclub` salvo, volte ao seu notebook *Files.ipynb*, clique na primeira célula de código e use **Shift+Enter** para executar de novo as duas células do seu notebook.

Pressione "Shift+Enter" uma vez...

```
import swimclub
```

```
swimclub.read_swim_data("Darius-13-100m-Fly.txt")
```

... então pressione "Shift+Enter" de novo na segunda célula.

Mesmo que você tenha alterado e salvo o código do seu módulo, executar de novo a instrução `import` e chamar novamente a função não fez diferença. Ainda nada aparece. **O que está acontecendo?**

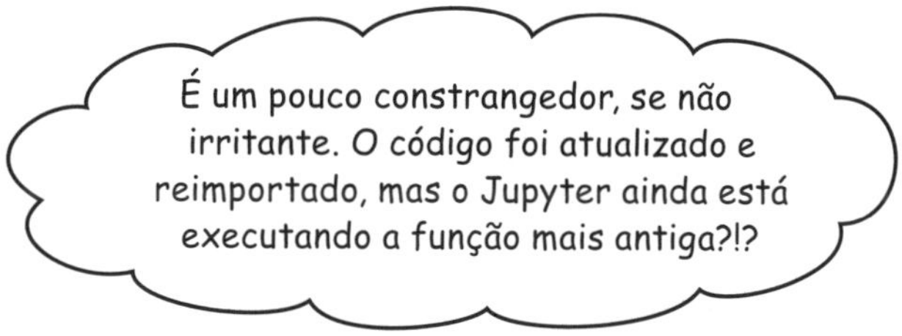

Sim, parece que há algo muito errado aqui...

Na verdade, não é o Jupyter que está causando o problema, é o interpretador Python. E (por mais estranho que possa parecer) as coisas são feitas para funcionarem assim.

Achamos que alguém tem algumas perguntas sérias para responder.

Import – A revelação

A entrevista de hoje é com a instrução **import** do Python

Use a Cabeça: Obrigado por se sentar conosco, ainda mais com tão pouco tempo.

import: Feliz por estar aqui.

Use a Cabeça: Tenho que admitir que o *Test Drive* mais recente me deixou um pouco abalado. Alterei e salvei meu código, então rodei de novo minha instrução **import**, mas nada mudou. As coisas devem funcionar dessa forma?

import: Sim.

Use a Cabeça: Sério?

import: É meu jeito...

Use a Cabeça: Mas como eu corrijo isso?

import: Não é tão difícil, mas... você precisava reiniciar, não reimportar.

Use a Cabeça: Hã?

import: Deixe-me explicar.

Use a Cabeça: Por favor. Sou todo ouvidos...

import: Quando você criou seu novo notebook, o interpretador do Python criou uma nova sessão para que o código fosse executado. A primeira coisa que você fez na nova sessão foi me executar, sua amiga, a instrução **import**, em seu módulo `swimclub`.

Use a Cabeça: Sim, então executei minha função, percebi que não estava retornando nenhum dado, corrigi, salvei e importei meu módulo novamente.

import: Só que não.

Use a Cabeça: Fiquei perdido...

import: Você fez tudo isso, *exceto* a última parte: a parte "importei meu módulo novamente". Veja, tenho a reputação de ser um pouco *pesada* quando se trata de usar recursos, então os desenvolvedores do interpretador Python estão sempre buscando formas de otimizar como sou usada. Dizem que demoro um pouco para fazer as coisas.

Use a Cabeça: Em... OK...

import: Então... como a importação às vezes pode ser computacionalmente cara, foi tomada uma decisão de armazenar em *cache* os módulos importados. Não importa quantas vezes um módulo é importado em certa sessão do Python, apenas a primeira importação é executada, com as repetições posteriores sendo ignoradas.

Use a Cabeça: Por exemplo, se é digitado `import abc` nas três células de código e pressionado **Shift+Enter** em cada uma, só a primeira célula é executada?

import: Bem... todas as células são executadas, mas apenas a primeira importação faz alguma coisa. A segunda e a terceira são ignoradas, pois o módulo importado já está no cache.

Use a Cabeça: E mesmo que o código do módulo mude entre a primeira e a segunda importação, ou entre a segunda e a terceira, o interpretador Python ignora as últimas importações porque está otimizado para ler do cache, certo?

import: Sim.

Use a Cabeça: Ah ha! Agora entendi. Mas, como eu corrijo esse problema? Posso limpar o cache ou dizer ao interpretador para ignorá-lo?

import: A melhor "solução" é reiniciar a sessão do Python, em vez de reimportar o módulo. Dessa forma, quando você importar seu módulo, estará fazendo isso em uma nova sessão que tem um cache redefinido.

Use a Cabeça: Certo, faz sentido. Mas qual é a melhor maneira de reiniciar minha sessão?

import: No Jupyter Notebook, existe um belo botão Reiniciar no topo da janela do VS Code que resolverá. Quando você clica nele, sua sessão anterior do Python é excluída, inclusive seu cache, e você começa de novo.

Use a Cabeça: Ótimo, farei isso agora. Obrigado pela ajuda, **import**!

import: Por nada!

Test Drive

Será que agora dará certo na terceira tentativa?

Clique no botão *Reiniciar* no topo da janela do VS Code (mostrando seu notebook *Files.ipynb*):

↻ Reiniciar

Dependendo de como o VS Code está configurado, pode ser solicitado que confirme para Reiniciar. Faça isso (se solicitado).

Seu clique reinicia a sessão do Python, que redefine o cache do módulo e remove da RAM quaisquer variáveis existentes e seus valores. Gostamos de seguir *Reiniciar* com outro clique rápido, neste botão:

Limpar todas as saídas

Clicar neste botão reinicia a IU do Jupyter. Os números de células desaparecem e qualquer saída anterior também. Você volta para uma sessão limpa, pronta para executar e redefinir o Python.

Com a sessão do Python reiniciada, usaremos **Shift+Enter** para executar as duas células de código mais uma vez:

```
import swimclub
```

```
swimclub.read_swim_data("Darius-13-100m-Fly.txt")
```

```
('Darius',
 '13',
 '100m',
 'Fly',
 ['1:27.95', '1:21.07', '1:30.96', '1:23.22', '1:27.95', '1:28.30'],
 '1:26.58')
```

Com a sessão reiniciada, o código atualizado em seu módulo é importado desta vez e a função retorna as seis partes de dados para Darius.

Use módulos para compartilhar o código

Se você olhar o código no seu arquivo *swimclub.py*, ele consiste em uma única instrução **import**, uma única definição de constante e uma única função.

Quando você move o código para seu próprio arquivo, ele se torna um *módulo* Python, que pode importar quando precisar.

```
import swimclub
```

Importe seu módulo, então...

⋮

```
swimclub.read_swim_data("Darius-13-100m-Fly.txt")
```

... chame a função pré-fixando o nome da função com o nome do módulo e o caractere de PONTO.

É um nome totalmente qualificado.

Ao referenciar a sua função com "módulo PONTO função", você qualifica o nome da função com o nome do módulo que a contém. É muito comum na prática, embora existam outras técnicas comuns de importação. Você verá exemplos enquanto continua trabalhando neste livro.

Saboreie a glória dos dados retornados

Vejamos de novo os dados retornados da chamada mais recente de sua função `read_swim_data`:

Há seis partes de dados retornados da sua função...

```
('Darius',
 '13',
 '100m',
 'Fly',
 ['1:27.95', '1:21.07', '1:30.96', '1:23.22', '1:27.95', '1:28.30'],
 '1:26.58')
```

1. O nome do nadador
2. A faixa etária
3. A distância nadada
4. O estilo
5. A lista dos tempos de natação
6. O tempo médio

Bom olho. Bem observado também.

Pode não ser a explicação que você está esperando aqui, mas esses parênteses devem estar lá.

Investigaremos um pouco para que você possa entender o que está acontecendo. Já examinamos a instrução **import**, agora é a vez da **Função**.

Função – A revelação

Conversando com a **Função** do Python.

Use a Cabeça: Obrigado por tirar um tempo do seu dia ocupado para conversar conosco.

Função: Tudo bem.

Use a Cabeça: Como você ficou tão ocupada?

Função: Sou usada por todo lado, o tempo todo.

Use a Cabeça: E você funcionará com tudo?

Função: Se você se refere aos dados que aceitarei, então, sim, ficarei feliz em aceitar qualquer coisa que você me der.

Use a Cabeça: Quer explicar melhor?

Função: Claro. Você pode me enviar quaisquer valores de argumento, que combinarei com meus parâmetros, e tudo o que você precisa fazer é me enviar o número correto. Se eu tiver dois parâmetros, me envie dois valores de argumento.

Use a Cabeça: O que acontece se eu enviar, digamos, um argumento ou três?

Função: Fico de mau humor.

Use a Cabeça: Entendi. É assim, né?

Função: Sim. Eu sou muito rigorosa nesse tipo de coisa. A menos, claro, que um dos meus dois parâmetros seja declarado como *opcional.*

Use a Cabeça: O que acontece?

Função: Continuando com meu exemplo de função com dois parâmetros... se, por exemplo, o segundo parâmetro for opcional, aceitarei um ou dois valores de argumento sem perguntas.

Use a Cabeça: E se eu chamar você com um único argumento, o que é atribuído ao segundo parâmetro?

Função: Normalmente atribuirei um valor padrão que foi decidido pelo programador que me criou.

Use a Cabeça: Parece complexo.

Função: Não é realmente e, para ser honesta, não é algo que todas as funções precisam, mas faz parte de mim se você precisa. Sou muito flexível.

Use a Cabeça: E quanto a retornar valores? É igual? Qualquer quantidade pode ser retornada?

Função: Não.

Use a Cabeça: Sério? Não? É tudo o que você tem a dizer?

Função: Bem... pensei que era meio óbvio. Pense na matemática, em que as funções retornam um único resultado, não vários. É igual comigo. Qualquer quantidade de valor entra, mas apenas UM resultado volta.

Use a Cabeça: Mas... emm... err... veja a chamada da função `read _ swim _ data` na página anterior. Há *seis* resultados retornados.

Função: Não, há apenas UM.

Use a Cabeça: O que...

Função: Se você olhar com atenção, notará os parênteses nos seis valores dos dados, certo?

Use a Cabeça: Sim,mas...

Função: Chega de "mas". Os parênteses são uma única tupla que contém os seis valores de dados individuais. Como eu disse, apenas UM resultado é retornado, sendo um único resultado sozinho ou uma única tupla com múltiplos valores.

Use a Cabeça: Mas o código não converte os seis valores de retorno em uma tupla.

Função: Sim, o código não fez isso, *mas eu sim.* Faço isso automaticamente quando vejo um programador tentando retornar mais de UM resultado. Você pode me agradecer depois.

Use a Cabeça: Não, vou agradecer agora. É importante saber isso. Obrigado pela conversa!

Função: Fico sempre feliz em esclarecer as coisas!

As funções retornam uma tupla quando preciso

Quando você chamar uma função que parece retornar vários resultados, pense novamente, porque não é assim. Pelo contrário, você obtém uma única tupla contendo uma coleção de resultados, não importa quantos valores de resultados individuais existem.

Parece que seis objetos estão sendo retornados pela função. Mas isso não é permitido, pois as funções só podem retornar um resultado. Assim, o Python agrupa os objetos retornados em uma única tupla.

```
return swimmer, age, distance, stroke, times, average
```

```
('Darius',
 '13',
 '100m',
 'Fly',
 ['1:27.95', '1:21.07', '1:30.96', '1:23.22', '1:27.95', '1:28.30'],
 '1:26.58')
```

As tuplas colocam parênteses em seus objetos (ao contrário das listas que usam colchetes).

Ótima sugestão.

Não estamos sugerindo telepatia aqui, mas é um pouco assustador termos pensado a mesma coisa…

Nos bastidores

Explorando de perto as tuplas do Python.

Os docs do Python informam que **tupla** é uma *sequência imutável.*

Imutável?

Você já viu dois tipos de dados *imutáveis*: números e strings. Ambos compartilham a característica de que, quando criado um valor no código, o valor não pode ser alterado. Por exemplo, `42` é sempre `42`: não pode mudar, é *imutável.* O mesmo acontece com as strings no Python: `"hello"` é sempre `"hello"`: quando criado, não pode mudar, é *imutável.*

A **tupla** do Python pega essa ideia de imutabilidade e aplica-a a uma coleção de valores de dados. Às vezes é bom considerar uma tupla como uma *lista constante.* Uma vez que os valores são atribuídos a uma tupla, a tupla não pode mudar, é *imutável.*

Sequência?

Se você pode usar a notação de colchetes para acessar os itens (ou slots) de uma coleção, então está trabalhando com uma *sequência.* A lista do Python é o tipo de sequência mais conhecido, mas existem outros, incluindo strings e... **tupla**. Além de apoiar o uso de colchetes, as sequências também mantêm a *ordem* dos itens contidos.

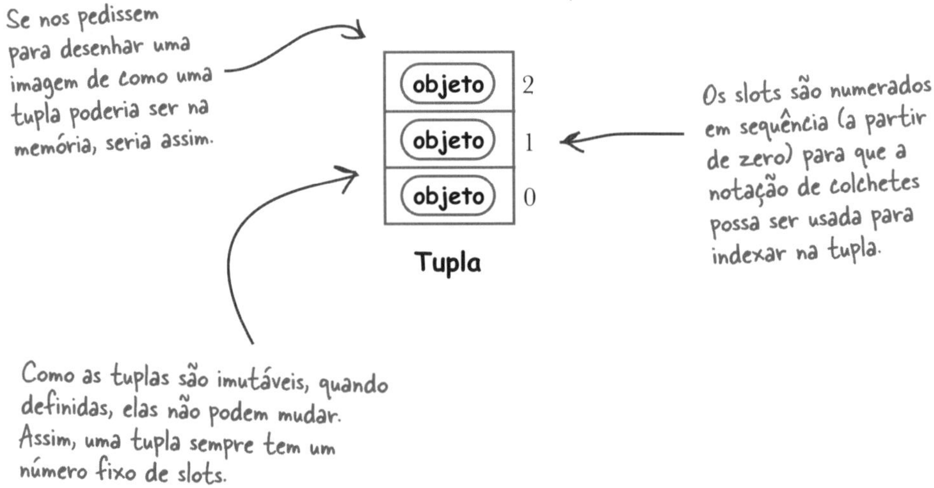

Exercício

Suponha que a seguinte linha de código foi executada em uma nova célula de código vazia em seu notebook (dica: vá em frente e execute a linha de código no notebook para que possa experimentar quando necessário):

```
data = swimclub.read_swim_data("Darius-13-100m-Fly.txt")
```

Usando a notação de colchetes, extraia a lista de tempos de natação da tupla `data`, atribuindo-os a uma lista chamada `times`. Em seguida, exiba o conteúdo da lista `times`. Escreva aqui o código que usou:

Usando a tecnologia de descompactação do Python (ou *atribuição múltipla*) extraia todos os elementos para as variáveis nomeadas: `swimmer`, `age`, `distance`, `stroke`, `times2` e `average`. Então exiba o conteúdo da lista `times2` na tela:

→ Respostas na página 146

não existem Perguntas Idiotas

P: Acabei de usar "**print dir**" na minha tupla `data` e há apenas dois métodos que não são dunders. Acontece quando você não pode fazer nada útil com as tuplas?

R: Não, não é o caso. Dito isso, se você compara a saída do combo mambo **print dir** de uma lista com uma tupla, certamente parece que as tuplas são inferiores, pois quase não têm métodos associados. Mas, lembre-se: as tuplas são imutáveis, então você nunca pode mudar uma tupla quando dados são atribuídos (este fato por si só reduz o número de métodos necessários com as tuplas). À medida que você avançar no livro, verá exemplos de onde faz sentido usar uma tupla em relação a uma lista e vice-versa. Resumindo: você precisa das duas.

Exercício Solução

Da página 145

Você deveria presumir que a seguinte linha de código foi executada em uma nova célula de código vazia no notebook:

```
data = swimclub.read_swim_data("Darius-13-100m-Fly.txt")
```

Usando a notação de colchetes, você teve que extrair a lista de tempos de natação da tupla `data`, atribuindo-lhes uma lista chamada `times`. Depois teve que exibir o conteúdo da lista `times` na tela:

Na tupla retornada, a lista de tempos de natação está no quinto slot, então você usa 4 entre colchetes para selecionar os dados necessários.

```
times = data[4]
times
```

Digite o nome de uma variável em uma célula de código (por conta própria) ou adicione ao final de qualquer célula de código existente para exibir seu conteúdo.

Usando a tecnologia de descompactação do Python (ou *atribuição múltipla*), você deveria extrair todos os elementos para as variáveis nomeadas: `swimmer`, `age`, `distance`, `stroke`, `times2` e `average`. Então teve que exibir o conteúdo da lista `times2` na tela:

Usando o poder de descompactação da atribuição múltipla, os valores de dados dos seis slots na tupla são atribuídos a nomes de variáveis individuais (incluindo "times2").

```
swimmer, age, distance, stroke, times2, average = data
times2
```

O conteúdo de "times2" pode ser exibido na tela, como foi com "times" acima.

Test Drive

É o que vimos em nosso notebook quando executamos as células de código do *Exercício* mais recente. Uma variável `data` é atribuída à tupla inteira (seis partes) retornada por `read _ swim _ data`, já `times` e `times2` "escolhem" as strings do tempo de natação no slot que as contém dentro da tupla `data` (mas com mecanismos de acesso diferentes):

```
data = swimclub.read_swim_data("Darius-13-100m-Fly.txt")
```

```
data
```

```
('Darius',
 '13',
 '100m',
 'Fly',
 ['1:27.95', '1:21.07', '1:30.96', '1:23.22', '1:27.95', '1:28.30'],
 '1:26.58')
```

← Todos os dados

Extraia a lista de tempos de natação do slot 4, que é o quinto item na tupla "data"

```
times = data[4]
times
```

```
['1:27.95', '1:21.07', '1:30.96', '1:23.22', '1:27.95', '1:28.30']
```

```
swimmer, age, distance, stroke, times2, average = data
times2
```

```
['1:27.95', '1:21.07', '1:30.96', '1:23.22', '1:27.95', '1:28.30']
```

Atribua cada um dos valores individuais da tupla "data" às variáveis nomeadas. Nota: existem seis valores de dados na tupla (no lado direito do operador de atribuição) e seis nomes de variáveis (no lado esquerdo). É uma combinação perfeita!

Uma lista de nomes de arquivo seria ótimo.

Sua função `read _ swim _ data`, parte do módulo `swimclub`, pega o nome de arquivo do nadador e retorna uma tupla dos resultados.

Agora é necessário ter a lista completa de nomes de arquivo, que você deve obter no sistema operacional subjacente. Como você pode imaginar, a PSL lhe dá suporte quando se trata de fazer esse tipo de coisa.

Só usamos um dos arquivos de dados para Darius até agora. Fique à vontade para usar qualquer outro nome de arquivo da pasta "swimdata" e passe-o para a função "read_swim_data" para confirmar se seu código funciona com qualquer arquivo de dados do Coach. Lembre-se: o Jupyter Noteb ook *existe* para que você o experimente ao criar seu código.

não existem Perguntas Idiotas

P: Uma nova pasta chamada *__pycache__* acabou de aparecer na minha pasta *Aprendizagem*. O que é e de onde veio?

R: É a pasta usada internamente pelo interpretador Python para salvar em cache as cópias compiladas de qualquer módulo criado, então importado. Embora você não precise compilar seu código Python para executá-lo, internamente o Python converte seu código em um código de bytes interno, que é depois executado. Como, às vezes, esse processo pode ser caro ao importar módulos, o interpretador armazena uma cópia do código de bytes compilado na pasta *__pycache__* durante o processo de importação. Na próxima vez que você importar seu módulo (em uma nova sessão), o interpretador verificará o timestamp do módulo com o timestamp do código de bytes em cache e, se forem os mesmos, reutilizará o código de bytes. Caso contrário, o código para o processo começa tudo de novo. Você pode ignorar com segurança qualquer arquivo na pasta *__pycache__* e deixar tudo para o interpretador gerenciar (embora possa querer excluir a pasta do seu repositório Git).

Obtendo a lista dos nomes de arquivo do Coach

Quando se trata de trabalhar com seu sistema operacional (*Windows*, *macOS* ou *Linux*), a PSL cuida disso. O módulo `os` permite que seu código Python se comunique com o sistema operacional de forma independente da plataforma, e agora você usará o módulo `os` para obter uma lista dos arquivos na pasta *swimdata*.

Acompanhe em seu notebook *Files.ipynb*.

Como já deve ter imaginado, para usar o módulo "os", primeiro você o importa.

```
import os
```

Você quer os nomes dos arquivos na pasta *swimdata*, e o módulo `os` fornece a função `listdir` superprática para fazer exatamente isso. Quando você passa o local de uma pasta, `listdir` retorna uma lista de todos os arquivos que ela contém:

Chame a função "listdir" fornecida pelo módulo "os".

A lista de arquivos é atribuída a uma nova variável chamada "swim_files".

```
swim_files = os.listdir(swimclub.FOLDER)
```

Neste caso, você identifica a pasta de interesse referenciando a constante "FOLDER" do seu módulo "swimclub".

Tudo bem esperar que a lista `swim_files` contenha 60 partes de dados. Afinal, existem 60 arquivos em sua pasta. No entanto, em nosso *Mac*, ficamos chocados quando verificamos duas vezes o tamanho de `swim_files`:

A BIF "len" informa o número de slots de dados em sua lista.

```
len(swim_files)
```

61

É estranho, né?

Hora de bancar o detetive...

Você esperava que sua lista tivesse 60 nomes de arquivo, mas a BIF **len** informa 61 itens na variável `swim_files`.

Para descobrir o que está acontecendo aqui, primeiro exibiremos o valor da lista `swim_files` na tela:

Ambos opcionais.

Digite isto em uma célula de código vazia e pressione "Shift+Enter".

```
print(swim_files)
```

```
['Hannah-13-100m-Free.txt', 'Darius-13-100m-Back.txt', 'Owen-15-100m-Free.txt', 'Mike-15-100m-Free.txt',
'Hannah-13-100m-Back.txt', 'Mike-15-100m-Back.txt', 'Mike-15-100m-Fly.txt', 'Abi-10-50m-Back.txt', 'Ruth-
13-200m-Free.txt', '.DS_Store', 'Tasmin-15-100m-Back.txt', 'Erika-15-100m-Free.txt', 'Ruth-13-200m-
Back.txt', 'Abi-10-50m-Free.txt', 'Maria-9-50m-Free.txt', 'Elba-14-100m-Free.txt', 'Tasmin-15-100m-

⋮

Back.txt', 'Tasmin-15-200m-Breast.txt', 'Katie-9-50m-Free.txt', 'Dave-17-200m-Back.txt', 'Erika-15-200m-
Breast.txt', 'Calvin-9-50m-Back.txt', 'Calvin-9-50m-Free.txt', 'Carl-15-100m-Back.txt', 'Bill-18-100m-
Back.txt', 'Katie-9-100m-Free.txt', 'Blake-15-100m-Fly.txt', 'Erika-15-100m-Breast.txt', 'Katie-9-100m-
Back.txt']
```

Os 61 valores de dados atualmente na lista "swim_files".

Que ótima ideia.

Usaremos o combo mambo para ver o que está inserido nas listas.

O que você pode fazer com as listas?

Veja a saída do combo mambo **print dir** da lista `swim_files`:

```
['__add__', '__class__', '__class_getitem__', '__contains__', '__delattr__', '__delitem__',
'__dir__', '__doc__', '__eq__', '__format__', '__ge__', '__getattribute__', '__getitem__',
'__gt__', '__hash__', '__iadd__', '__imul__', '__init__', '__init_subclass__', '__iter__',
'__le__', '__len__', '__lt__', '__mul__', '__ne__', '__new__', '__reduce__', '__reduce_ex__',
'__repr__', '__reversed__', '__rmul__', '__setattr__', '__setitem__', '__sizeof__', '__str__',
'__subclasshook__', 'append', 'clear', 'copy', 'count', 'extend', 'index', 'insert', 'pop',
'remove', 'reverse', 'sort']
```

Ah, veja!

Veja Bem!!

É preciso cuidado com as predefinições da lista (sobretudo se mudam sua lista).

*Se você está esfregando as mãos de alegria na perspectiva de usar o método **sort** para reordenar sua lista, pare um pouco. Um método **sort** faz a reordenação "no local", o que significa que a nova ordem **substitui** (!!) o que estava anteriormente na lista. A antiga ordem da lista é perdida para sempre… e não tem como desfazer.*

*Se você quiser manter a ordem existente em sua lista, mas ainda precisa classificar, há uma BIF que pode ajudar aqui. A BIF **sorted** retorna uma cópia ordenada dos dados da sua lista, deixando a ordem da lista existente intacta. Não há nada a desfazer aqui também, pois a lista original fica inalterada.*

Mas o que é isto?

```
print(sorted(swim_files))
```

```
['.DS_Store', 'Abi-10-100m-Back.txt', 'Abi-10-100m-Breast.txt', 'Abi-10-50m-Back.txt', 'Abi-10-50m-
Breast.txt', 'Abi-10-50m-Free.txt', 'Ali-12-100m-Back.txt', 'Ali-12-100m-Free.txt', 'Alison-14-100m-
Breast.txt', 'Alison-14-100m-Free.txt', 'Aurora-13-50m-Free.txt', 'Bill-18-100m-Back.txt', 'Bill-18-200m-
Back.txt', 'Blake-15-100m-Back.txt', 'Blake-15-100m-Fly.txt', 'Blake-15-100m-Free.txt', 'Calvin-9-50m-

⋮

'Ruth-13-100m-Back.txt', 'Ruth-13-100m-Free.txt', 'Ruth-13-200m-Back.txt', 'Ruth-13-200m-Free.txt', 'Ruth-
13-400m-Free.txt', 'Tasmin-15-100m-Back.txt', 'Tasmin-15-100m-Breast.txt', 'Tasmin-15-100m-Free.txt',
'Tasmin-15-200m-Breast.txt']
```

Sim, é possível.

Como o arquivo *swimdata.zip* foi inicialmente criado em um Mac, o arquivo *.DS_Store* foi automaticamente adicionado ao ZIP. Esse problema específico do SO costuma preocupar.

Antes de continuar, é importante *remover* esse nome de arquivo indesejado da lista `swim _ files`.

Exercício

Veja a lista de métodos predefinidos disponíveis ao trabalhar com as listas:

```
'append', 'clear', 'copy', 'count', 'extend', 'index',

'insert', 'pop', 'remove', 'reverse', 'sort'
```

Você já sabe o que os métodos **append** e **sort** fazem, mas e os outros?

Usando a BIF **help**, passe um tempo em seu notebook para aprender o que alguns desses outros métodos fazem. Seu objetivo é identificar o método a usar para excluir o nome de arquivo *.DS_Store* indesejado da sua lista. Quando achar que identificou um método, escreva seu nome no espaço abaixo:

____

____

Respostas na página 154

Relaxe

Não fique estressado se, como resultado do término do exercício acima, você identificar mais de uma forma de realizar a tarefa atribuída. Tudo bem, pois, às vezes, o mesmo resultado pode ser obtido de muitas maneiras diferentes. Raramente há um modo absolutamente certo de fazer algo. Como na maioria das coisas, você deve se concentrar em fazer com que seu código realize o que precisa *antes* de tentar qualquer otimização.

Exercício Solução

Da página 153

Você viu a lista de métodos predefinidos disponíveis ao trabalhar com as listas:

```
'append', 'clear', 'copy', 'count', 'extend', 'index',
'insert', 'pop', 'remove', 'reverse', 'sort'
```

Você já sabe o que os métodos **append** e **sort** fazem, mas e os outros?

Usando a BIF **help**, você passou um tempo em seu notebook para aprender o que alguns desses outros métodos fazem. Seu objetivo era identificar o método a usar para excluir o nome de arquivo *.DS_Store* indesejado da sua lista. Você teve que escrever seu nome no espaço abaixo:

remove

O método da lista predefinido "remove" parece ser o ideal a usar aqui.

não existem Perguntas Idiotas

P: Se eu descompactar o arquivo *swimdata.zip* em algo diferente de um Mac, ainda verei o *.DS_Store específico do* Mac?

R: Infelizmente, sim. O arquivo ZIP foi criado em um dispositivo da Apple, então o arquivo *.DS_Store* estará lá, a menos que quem criou o arquivo tenha instruído sua ferramenta zip para excluir o arquivo em questão (o que *não* aconteceu neste caso).

P: Não podemos evitar o problema pedindo ao Coach para usar algo diferente de um Mac?

R: Pedimos, e ele disse que preferia comer vidro...

P: Posso ver a relação entre tuplas e listas, no sentido de que são um pouco parecidas. Acho que uma lista também é uma sequência, mas é imutável?

R: As listas são, de fato, uma sequência, mas — não — elas não são imutáveis. Pelo contrário, são *mutáveis*, pois podem mudar dinamicamente conforme seu código é executado (diferente das tuplas).

P: Acho que listas são muito mais úteis do que as tuplas, certo?

R: Depende. As listas e as tuplas têm seus usos. No geral, as listas têm mais ação que as tuplas, pois as listas dão suporte a muitos mais casos de uso. Mas as listas não são "melhores" nem "mais úteis" do que as tuplas: listas e tuplas são planejadas para propósitos diferentes.

Test Drive

Dos onze métodos predefinidos em cada lista do Python, o que chamou nossa atenção foi **remove**.

Veja o que a BIF **help** informou sobre **remove**:

```
help(swim_files.remove)
```

```
Help on built-in function remove:

remove(value, /) method of builtins.list instance
    Remove first occurrence of value.

    Raises ValueError if the value is not present.
```

Este método parece com o que precisamos.

Com certeza, quando o método **remove** é chamado na lista **swim _ files** (com *.DS_ Store* fornecido como o nome de arquivo marcado para a exclusão), a lista *encolhe* de 61 itens para 60:

Identifique o arquivo a remover da lista.

```
swim_files.remove('.DS_Store')
```

Não se preocupe. O nome de arquivo é removido da lista, mas ainda existe no disco rígido.

Verifique o comprimento da lista após a remoção.

```
len(swim_files)
```

```
60
```

Parece mais com ela. O número de nomes de arquivos na lista "swim_ files" agora corresponde ao que esperávamos.

Se você voltar rapidamente e examinar sua lista de nomes de arquivo, verá que apenas um arquivo ".DS_Store" está incluído. Se tivesse mais de um, precisaria chamar remove repetidas vezes até que todos fossem removidos.

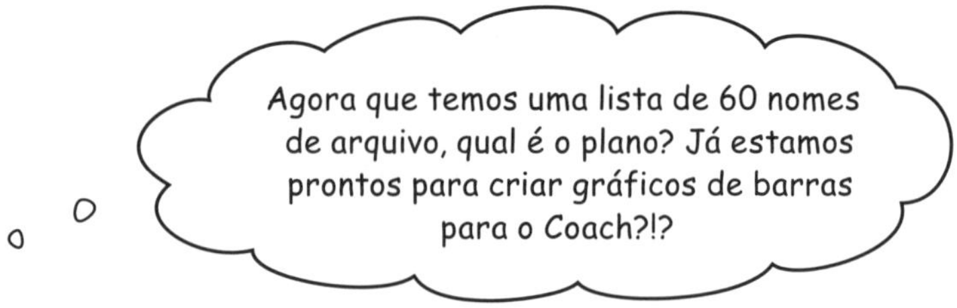

Seria ótimo, não é?

Poderíamos arriscar e mergulhar na criação de alguns gráficos de barras, mas pode ser muito cedo para isso.

Sua função `read_swim_data` funcionou até agora, mas você pode ter certeza de que funcionará para *o* arquivo de *qualquer* nadador? Passaremos um tempo para garantir que nossa função `read_swim_data` funcione como o esperado, não importa o arquivo de dados apresentado.

Exercício

Vejamos se você consegue confirmar que a função `read _ swim _ data` funciona com o arquivo de qualquer nadador.

Escreva um loop **for** que processa os nomes de arquivo em `swim _ files`, um por vez. Em cada iteração do loop, exiba o nome do arquivo sendo processado no momento, então chame a função `read _ swim _ data` com o nome de arquivo atual. Você não precisa exibir os dados retornados da função, mas precisa chamar a função.

Escreva o código que usou aqui e anote tudo o que aprendeu ao executar seu loop **for** no espaço abaixo:

Coloque seu código aqui.

Coloque suas anotações aqui.

Respostas na página 158

Exercício Solução

Da página 157

Você teve que testar a função `read_swim_data` em todos os arquivos na lista `swim_files`.

Teve que escrever um loop **for** que processa os nomes de arquivo em `swim_files`, um por vez. Em cada iteração, exibiu o nome do arquivo sendo processado no momento, então chamou a função `read_swim_data` com o nome de arquivo atual. Você não precisou exibir os dados retornados da função, mas precisou chamar a função.

Veja o código proposto por nós após alguns testes em nosso notebook *Files.ipynb*, junto com a saída gerada pelo código:

O loop "for" percorre os dados na lista "swim_files", exibindo o nome do arquivo atual sendo processado, depois chama a função "read_swim_data". Se algo dá errado, o último nome de arquivo exibido é o que causou o problema.

```
for s in swim_files:
    print("Processing:", s)
    swimclub.read_swim_data(s)
```

```
Processing: Hannah-13-100m-Free.txt
Processing: Darius-13-100m-Back.txt
Processing: Owen-15-100m-Free.txt
Processing: Mike-15-100m-Free.txt
Processing: Hannah-13-100m-Back.txt
Processing: Mike-15-100m-Back.txt
Processing: Mike-15-100m-Fly.txt
Processing: Abi-10-50m-Back.txt
```

Nenhum destes arquivos gerou um erro.

Este é o nome do arquivo que resultou no problema. Se você vir a mensagem de erro abaixo, a primeira seta aponta para a linha de código que causou a falha...

```
---------------------------------------------------------------------------
ValueError                                Traceback (most recent call last)
/Users/barryp/Desktop/THIRD/Learning/Files.ipynb Cell 27 in <cell line: 1>()
      1 for s in swim_files:
      2     print("Processing:", s)
----> 3     swimclub.read_swim_data(s)

File ~/Desktop/THIRD/Learning/swimclub.py:15, in get_swim_data(fn)
     13 converts = []
     14 for t in times:
---> 15     minutes, rest = t.split(":")
     16     seconds, hundredths = rest.split(".")
     17     converts.append(int(minutes) * 60 * 100 + int(seconds) * 100 + int(hundredths))

ValueError: not enough values to unpack (expected 2, got 1)
```

... e a linha antes da falha exibe o nome de arquivo atual, e é o que causa o problema.

É uma mensagem de erro estranha, não é?

O problema está nos dados ou no código?

Agora que você identificou o arquivo em questão, vejamos seu conteúdo para saber se consegue chegar à raiz do problema. Aqui está o arquivo *Abi-10-50m-Back.txt* aberto no VS Code:

Estes dados parecem bons...

```
Files.ipynb    Abi-10-50m-Back.txt ×
Users > barryp > Downloads > swimdata > Abi-10-50m-Back.txt
1  41.50,43.58,42.35,43.35,39.85,40.53,42.14,39.18,40.89,40.89
2
```

Veja a linha de código que gera o erro. Consegue ver qual é o problema?

```
---> 15      minutes, rest = t.split(":")
```

Lembre-se: este código reclama que não há "valores suficientes para extrair".

O problema é a suposição incorreta.

Seu código, como escrito, presume que cada tempo segue o formato *min:seg.centésimo*, mas claramente não é o caso com os tempos de 50m de Abi, e é por isso que você está vendo **`ValueError`**.

Agora que sabe qual é o problema, qual é a solução?

Trocando Ideias

Sam: Quais são as nossas opções aqui?

Alex: Poderíamos corrigir os dados, certo?

Mara: Como?

Alex: Poderíamos pré-processar cada arquivo de dados e garantir que os minutos não faltem, talvez prefixando um zero e dois pontos quando faltarem os minutos? Assim, não teremos que mudar nenhum código.

Mara: Funcionaria, mas...

Sam: ... seria confuso. Além disso, não estou muito interessado em pré-processar todos os arquivos, pois a grande maioria não precisará ser alterada, o que parece ser um desperdício.

Mara: Embora, como estratégia, não tenhamos que mudar nenhum código existente, teríamos que criar o código para fazer o pré-processamento, talvez como um utilitário separado.

Sam: Lembre-se ainda de que os dados estão em um formato fixo e são gerados pelo cronômetro inteligente do Coach. Não devemos mexer com os dados, então eles ficarão como estão.

Alex: Então, podemos mudar nossa função `read_swim_data`?

Mara: Sim, acho que é a melhor estratégia.

Sam: Eu também.

Alex: O que precisamos fazer?

Mara: Precisamos identificar onde as mudanças precisam ser feitas em nosso código...

Sam: ... e quais seriam as mudanças de código.

Alex: Parece bom. Então vejamos melhor nossa função `read_swim_data` para decidir qual código precisa mudar?

Mara: Sim, podemos usar uma instrução **if** para tomar uma decisão com base em se o tempo de natação processado atualmente tem ou não um valor de minuto.

Aponte seu lápis

Veja a versão mais recente do código do seu módulo `swimclub`.

Pegue o lápis e circule a área do código que você acha que precisa incorporar uma instrução **if**:

```
import statistics

FOLDER = "swimdata/"


def read_swim_data(filename):
    swimmer, age, distance, stroke = filename.removesuffix(".txt").split("-")
    with open(FOLDER + filename) as file:
        lines = file.readlines()
        times = lines[0].strip().split(",")
    converts = []
    for t in times:
        minutes, rest = t.split(":")
        seconds, hundredths = rest.split(".")
        converts.append((int(minutes) * 60 * 100) + (int(seconds) * 100) + int(hundredths))
    average = statistics.mean(converts)
    mins_secs, hundredths = str(round(average / 100, 2)).split(".")
    mins_secs = int(mins_secs)
    minutes = mins_secs // 60
    seconds = mins_secs - minutes * 60
    average = str(minutes) + ":" + str(seconds) + "." + hundredths

    return swimmer, age, distance, stroke, times, average
```

Vire a página para ver nossa escolha. ⟶

Aponte seu lápis Solução

Da página 161

Você viu a versão mais recente do código do seu módulo `swimclub`.

Pegando o lápis, você teve que circular a área do código que acha que precisa incorporar uma instrução **if**:

```
import statistics

FOLDER = "swimdata/"


def read_swim_data(filename):
    swimmer, age, distance, stroke = filename.removesuffix(".txt").split("-")
    with open(FOLDER + filename) as file:
        lines = file.readlines()
        times = lines[0].strip().split(",")
    converts = []
    for t in times:
        minutes, rest = t.split(":")
        seconds, hundredths = rest.split(".")
        converts.append((int(minutes) * 60 * 100) + (int(seconds) * 100) + int(hundredths))
    average = statistics.mean(converts)
    mins_secs, hundredths = str(round(average / 100, 2)).split(".")
    mins_secs = int(mins_secs)
    minutes = mins_secs // 60
    seconds = mins_secs - minutes * 60
    average = str(minutes) + ":" + str(seconds) + "." + hundredths

    return swimmer, age, distance, stroke, times, average
```

É onde achamos que você precisa colocar a instrução "if", pois precisa decidir qual dos dois formatos de tempo está processando atualmente.

Decisões, decisões, decisões

É o que as instruções **if** fazem, dia após dia: elas tomam decisões.

Sim, é do que precisamos aqui.

Vejamos melhor os dois formatos possíveis do tempo de natação.

Primeiro, aqui está um dos tempos registrados para Darius em seu arquivo:

```
'1:30.96'
```

E aqui está um tempo tirado dos dados de Abi:

```
'43.35'
```

É fácil ver a diferença: *os dados de Abi não mostram os minutos*. Com isso em mente, é possível chegar a uma condição para verificar ao tomar uma decisão. Consegue descobrir qual é? (Dica: considere seu BFF, os dois pontos).

Procure os dois pontos com "in" na string

Se os dois pontos aparecem em qualquer string do tempo de natação, então o tempo tem um valor de minuto. Embora as strings tenham muitos métodos predefinidos, incluindo os métodos que podem fazer uma pesquisa, não usaremos nenhum aqui. Como a pesquisa é um requisito comum, o Python fornece o operador **in**. Você viu **in** antes, com **for**:

Os métodos de string "find" e "index" fazem a pesquisa.

Neste exemplo, o loop "for" itera a lista de "times".

```
for t in times:
    print(t)
```

A palavra-chave "in" vem logo antes do nome da sequência a ser iterada.

Usar **in** com **for** identifica a sequência a ser iterada. Mas quando **in** é usado fora de um loop, ele tem poderes de *pesquisa*. Considere estes exemplos de usos de **in**:

Use "in" para verificar a existência de uma substring dentro de uma string maior.

```
"ell" in "Hello there!"
```

True

"True" significa sucesso!

```
"fell" in "Hello there!"
```

False

"False" significa falha.

Pesquise um valor em uma lista de valores.

```
42 in ["Forty two", 42, "42"]
```

True

Este pode fazer você coçar a cabeça... mas você está pesquisando a string "two" no primeiro slot da lista. Lembre-se, [0] é o primeiro slot.

```
"two" in ["Forty two", 42, "42"][0]
```

True

A lista à esquerda da palavra-chave "in" aparece na lista à direita?

```
[1, 2, 3] in ['a', 'b', 'c', [1, 2, 3], 'd', 'e', 'f']
```

True

```
[1, 2] in ['a', 'b', 'c', [1, 2, 3], 'd', 'e', 'f']
```

False

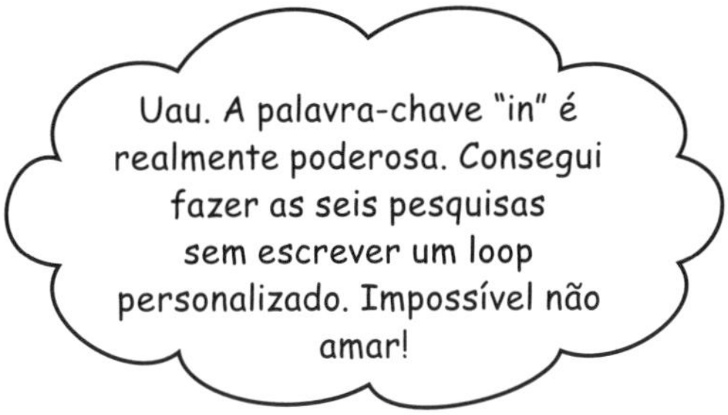

Amamos a palavra-chave"in" também.

É um superpoder do Python.

Aponte seu lápis

Como previsto no Capítulo 0, veja a estrutura geral de uma instrução **if** simples:

```
if <some condition>:
    Code to execute when <some condition> is True
else:
    Code to execute when <some condition> is False
```

Agora que você conhece a palavra-chave **in**, pode criar uma instrução switch que verifica quando os dois pontos aparecem no tempo de natação atual (armazenado em uma variável chamada `t`)? Preencha o espaço em branco abaixo:

```
if __________:
    minutes, rest = t.split(":")
    seconds, hundredths = rest.split(".")
```

Qual condição entra aqui?

Este bloco de código roda quando a condição é avaliada como "True".

Respostas na página 166

Aponte seu lápis Solução

Da página 165

Veja a estrutura geral de uma instrução **if**:

```
if <some condition>:
    Code to execute when <some condition> is True
else:
    Code to execute when <some condition> is False
```

Agora que você conhece a palavra-chave **in**, teve que criar uma instrução switch que verifica quando os dois pontos aparecem no tempo de natação atual (armazenado em uma variável chamada `t`). Você teve que preencher o espaço em branco abaixo:

Este é um teste simples, que explora o poder da palavra-chave "in".

```
if ":" in t :
    minutes, rest = t.split(":")
    seconds, hundredths = rest.split(".")
```

Veja Bem!!

Escreva suas instruções if no estilo Python

Se você está usando o Python e antes usava uma das linguagens C, seus dedos podem insistir em colocar parênteses extras na condição. Ou talvez você sinta a necessidade de verificar explicitamente para saber se a condição é avaliada como **True** *(ou* **False***). Não fique tentado a fazer nada disso. O interpretador Python não irá impedi-lo de fazer o que é mostrado abaixo, mas você precisa resistir, resistir, resistir!*

Só uma palavra para descrever as duas versões da sua instrução "if": Eca!

```
if (":" in t):
    minutes, rest = t.split(":")
    seconds, hundredths = rest.split(".")

if (":" in t) == True:
    minutes, rest = t.split(":")
    seconds, hundredths = rest.split(".")
```

Exercício

Resta uma última tarefa, que é trabalhar o código executado quando a condição é avaliada como **False**. Aqui está sua instrução **if** até agora. Consegue criar o código que precisa ser adicionado ao bloco de código **else**? Experimente em seu notebook e adicione o código abaixo. Como sempre, nossa solução fica na outra página.

```
if ":" in t:
    minutes, rest = t.split(":")
    seconds, hundredths = rest.split(".")
else:
```

____

____

____

Adicione o código aqui a rodar quando o bloco "else" é executado.

Respostas na página 168

não existem Perguntas Idiotas

P: Imagino que `True` e `False` sejam valores booleanos do Python? Posso usar 1 e 0 no lugar?

R: Mais ou menos. Em um *contexto booleano*, `1` avalia como `True` e `0` avalia como `False`. Dito isto, os programadores Python raramente usam `1` e `0` assim. Isso tem a ver com o fato de que qualquer valor em Python pode ser usado em um contexto booleano.

P: Existe uma forma de verificar o que um valor avalia em um contexto booleano?

R: Sim, há uma BIF para isso, chamada **bool**. Você pode usá-la interativamente (ou em seu código) para verificar a avaliação booleana de qualquer valor.

P: E o uso de `true` e `false`, ou seja, com letras minúsculas? Como são avaliados?

R: Não como o esperado. Usar `true` e `false` é uma má ideia, já que a diferença das letras é *significativa*. `True` é um valor booleano e `False` também, já `true` e `false` não são. São nomes de variáveis válidos, não booleanos. E como variáveis, elas existem, o que significa que *sempre* serão avaliadas como `True` (como algo que existe pode ser diferente de `True`?). E, sim, concordamos que algo chamado `False` avaliado como `True` é um pouco estranho. Lição de vida: nunca use `true` ou `false` com letras minúsculas para representar um valor booleano, use `True` e `False`.

Exercício Solução

Da página 167

Restou uma tarefa final, que é trabalhar o código executado quando a condição é avaliada como **False**. Você viu sua instrução **if** até agora e teve que criar o código que precisa ser adicionado ao bloco de código **else**. Veja o que usamos. Seu código é parecido, igual ou totalmente diferente?

```
if ":" in t:
    minutes, rest = t.split(":")
    seconds, hundredths = rest.split(".")
else:
    minutes = 0
    seconds, hundredths = t.split(".")
```

Quando os dois pontos não se encontram na string de tempo, o valor "minutes" é definido para zero.

Quando não há minutos registrados, você precisa dividir a string de tempo (armazenada na variável "t") no caractere ".". Isso fornece os valores "seconds" e "hundredths".

Quase. Falta uma última edição.

Adicione o código mostrado acima à função `read_swim_data` no módulo `swimclub` e não se esqueça de **salvar** seu arquivo.

Seu código *swimclub.py* deve parecer com o da próxima página.

Este é o nosso código "swimclub.py" com o código "if/else" adicionado.

```
import statistics

FOLDER = "swimdata/"


def read_swim_data(filename):
    swimmer, age, distance, stroke = filename.removesuffix(".txt").split("-")
    with open(FOLDER + filename) as file:
        lines = file.readlines()
        times = lines[0].strip().split(",")
    converts = []
    for t in times:
        if ":" in t:
            minutes, rest = t.split(":")
            seconds, hundredths = rest.split(".")
        else:
            minutes = 0
            seconds, hundredths = t.split(".")
        converts.append((int(minutes) * 60 * 100) + (int(seconds) * 100) + int(hundredths))
    average = statistics.mean(converts)
    mins_secs, hundredths = str(round(average / 100, 2)).split(".")
    mins_secs = int(mins_secs)
    minutes = mins_secs // 60
    seconds = mins_secs - minutes * 60
    average = str(minutes) + ":" + str(seconds) + "." + hundredths

    return swimmer, age, distance, stroke, times, average
```

Adicione o código "if/else" ao início do bloco de código associado ao loop "for" e observe a indentação. Combine com o que está aqui.

Antes de salvar seu código, remova as duas linhas de código que anteriormente definiram as variáveis "minutes", "seconds" e "hundredths", substituindo pela instrução if/else, como mostrado.

Test Drive

Para usar a versão mais recente do módulo `swimclub`, você precisa reiniciar a sessão do notebook. A forma mais fácil é limpando todas as células do notebook, reiniciando o notebook e executando cada célula. No topo do VS Code, observe as seguintes opções, que você deve clicar na ordem mostrada (1, 2 e 3):

▷ Executar tudo ≡ Limpar as saídas de todas as células ↺ Reiniciar

3. Isto executa todas as células em seu notebook, de cima a baixo.

1. Clique aqui primeiro para limpar todas as saídas anteriores de seu notebook.

2. Reinicie o notebook, que apaga da memória todas as execuções anteriores, importações e atribuições.

Assim que terminar as três etapas acima, seu loop **for** produz (esperamos) 60 linhas de saída. Desta vez não há erro de execução (presumindo que nenhuma outra célula de código gere um erro):

```
for s in swim_files:
    print("Processing:", s)
    swimclub.read_swim_data(s)
```

```
Processing: Hannah-13-100m-Free.txt
Processing: Darius-13-100m-Back.txt
Processing: Owen-15-100m-Free.txt
Processing: Mike-15-100m-Free.txt
Processing: Hannah-13-100m-Back.txt
Processing: Mike-15-100m-Back.txt
Processing: Mike-15-100m-Fly.txt
Processing: Abi-10-50m-Back.txt
Processing: Ruth-13-200m-Free.txt

⋮

Processing: Blake-15-100m-Fly.txt
Processing: Erika-15-100m-Breast.txt
Processing: Katie-9-100m-Back.txt
```

Desta vez, o arquivo de Abi é processado sem gerar um erro. Uh huuu!

Tudo parece em ordem. Mas, como ter certeza de que todos os 60 arquivos foram processados?

Terminou com os 60 arquivos processados?

É provável que você esteja confiante de que seu código mais recente está processando todos os arquivos na pasta *swimdata*. Também estamos. No entanto, muitas vezes é bom verificar essas coisas. Como sempre, há várias formas de fazer isso, mas iremos numerar os resultados do seu loop **for** adicionando uma enumeração, começando em 1, a cada linha de saída exibida na tela.

Para tanto, usaremos mais uma BIF criada para esse exato propósito chamada **enumerate**:

A BIF "enumerate" adiciona um número incremental a cada iteração em "swim_files".

Seu loop "for" agora tem duas variáveis de loop: "s" contém o nome de arquivo da iteração atual ("s" para "swimfile"), e "n" contém a enumeração atual ("n" para "number").

```
for n, s in enumerate(swim_files, 1):
    print(n, "Processing:", s)
    swimclub.read_swim_data(s)
```

A BIF "enumerate" tem o padrão zero como seu valor inicial, então, neste caso, pedimos que comece a contar de um.

```
1 Processing: Hannah-13-100m-Free.txt
2 Processing: Darius-13-100m-Back.txt
3 Processing: Owen-15-100m-Free.txt
4 Processing: Mike-15-100m-Free.txt
5 Processing: Hannah-13-100m-Back.txt
6 Processing: Mike-15-100m-Back.txt
7 Processing: Mike-15-100m-Fly.txt
8 Processing: Abi-10-50m-Back.txt
9 Processing: Ruth-13-200m-Free.txt

                 ⋮

58 Processing: Blake-15-100m-Fly.txt
59 Processing: Erika-15-100m-Breast.txt
60 Processing: Katie-9-100m-Back.txt
```

Parece bom. O uso de "print" do seu loop inclui o valor para "n", que aumenta automaticamente a cada iteração (graças à BIF "enumerate"). E a saída confirma que você está processando 60 nomes.

não existem Perguntas Idiotas

P: Por que precisamos reiniciar de novo? Com certeza digitar `import swimclub` em uma célula vazia recarrega o código mais novo do módulo antes importado?

R: (Esperamos que você esteja sentado...) Não mesmo. Lembre-se da nossa discussão anterior de que o interpretador Python implementa um esquema de cache agressivo para os módulos importados que, para todos os efeitos, proíbe a reimportação de um módulo já importado, mesmo que o código do módulo tenha mudado nesse meio- tempo. Embora existam algumas técnicas para substituir esse comportamento padrão de cache do módulo, em nossa experiência, o mais seguro a fazer é *sempre* reiniciar um notebook após uma alteração no código de um módulo. Assim, você tem a garantia de executar o código que acha estar executando.

O código do Coach está tomando forma...

Seu módulo `swimclub` está pronto. Dado o nome de um arquivo que contém uma coleção de strings do tempo de natação, seu novo módulo pode produzir dados úteis. O Coach espera ver alguns gráficos de barras criados a partir desses dados, então veremos a implementação dessa funcionalidade no próximo capítulo.

Como sempre, você pode seguir em frente depois de revisar o resumo do capítulo e, depois, tentar a sorte na palavra cruzada do capítulo.

PONTOS DE BALA

- A palavra-chave **def** define uma nova função sob medida.
- Quando você coloca o código em seu próprio arquivo (com uma extensão *.py*), cria um **módulo**.
- A instrução **import** permite reutilizar um módulo, por exemplo, `import swimclub`.
- Use um **nome totalmente qualificado** para chamar uma função a partir de um módulo, como `swimclub.read_swim_data`.
- A instrução **return** permite que uma função personalizada retorne um resultado.
- Se uma função tenta retornar mais de um resultado, a coleção de valores retornados é **agrupada** como uma única **tupla**. Isso é devido ao fato de que as funções do Python só retornam um único resultado.
- Uma tupla é uma estrutura de dados com **sequência imutável**. Uma vez que uma tupla tem valores atribuídos, ela não pode mudar.
- As listas são como tuplas, exceto que são **mutáveis**.
- O módulo `os` (incluído como parte da PSL) permite que seu código Python se comunique com o sistema operacional subjacente.
- Embora as listas venham com um método **sort** útil, tenha cuidado ao usá-lo, pois a ordem é aplicada *no local*. Se você quiser manter a ordem atual de qualquer lista, use a BIF **sorted** (que sempre retorna uma cópia classificada dos seus dados).
- As listas vêm predefinidas com muitos métodos (não apenas **sort**), incluindo o método **remove** útil.
- O operador **in** é um dos nossos favoritos e deve ser um dos seus também. É ótimo ao pesquisar (ou *verificar a associação*).
- Quando você precisa tomar uma decisão, nada melhor que o combo **if else**.
- Uma BIF muitas vezes esquecida, mas realmente maravilhosa, é **enumerate**. Ela pode ser usada para numerar as iterações de qualquer loop **for**.

Se Liga!!

O módulo `swimclub` contém um código que funciona, mas pode ser melhorado com a adição de alguns comentários bem colocados (e bem intencionados). Veja outra versão de `swimclub.py` que faz exatamente isso. Se decide adicionar estes comentários (ou similares) ao código é com você, mas note que o código disponível na página do GitHub deste livro os inclui.

Este tipo de comentário é conhecido como "docstring" e costuma ser usado para adicionar um comentário com várias linhas ao início das funções. Observe o uso de aspas triplas para delimitar o comentário. Para saber mais sobre docstrings, consulte https://peps.python.org/pep-0257.

```
import statistics

FOLDER = "swimdata/"


def read_swim_data(filename):
    """Return swim data from a file.

    Given the name of a swimmer's file (in filename), extract all the required
    data, then return it to the caller as a tuple.
    """
    swimmer, age, distance, stroke = filename.removesuffix(".txt").split("-")
    with open(FOLDER + filename) as file:
        lines = file.readlines()
        times = lines[0].strip().split(",")
    converts = []
    for t in times:
        # The minutes value might be missing, so guard against this causing a crash.
        if ":" in t:
            minutes, rest = t.split(":")
            seconds, hundredths = rest.split(".")
        else:
            minutes = 0
            seconds, hundredths = t.split(".")
        converts.append((int(minutes) * 60 * 100) + (int(seconds) * 100) + int(hundredths))
    average = statistics.mean(converts)
    mins_secs, hundredths = str(round(average / 100, 2)).split(".")
    mins_secs = int(mins_secs)
    minutes = mins_secs // 60
    seconds = mins_secs - minutes * 60
    average = str(minutes) + ":" + str(seconds) + "." + hundredths

    return swimmer, age, distance, stroke, times, average  # Returned as a tuple.
```

Os comentários de linha única começam com o caractere # e vão até o final da linha atual.

Os comentários também podem ser adicionados ao final de uma linha de código.

Cruzadinha do Python

As respostas para as pistas se encontram nas páginas deste capítulo e a solução está, como sempre, na próxima página.

Horizontal

2. É como uma lista imutável.
4. Encontra e exclui o valor de uma lista.
6. Carrega código de um arquivo.
9. Seja explícito com um nome totalmente ________________.
10. Palavra-chave que introduz 15 na vertical.
11. As aspas __________ ficam assim: """.
12. De `os`: lista o conteúdo de uma pasta.
16. Uma BIF que fornece números na iteração.
18. Seu novo BFF.

Vertical

1. O underscore é a variável __________.
3. BIF para aplicar a ordem nos dados (deixando a ordem atual inalterada).
5. O que você recebe quando não tem valores suficientes para extrair.
7. Um lugar para colocar 15 vertical.
8. Usada ao tomar decisões.
13. Um pequeno operador poderoso.
14. Pode iniciar a última linha de 15 vertical.
15. Uma parte do código nomeada.
17. A parte falsa de 8 na vertical.

Respostas na página 176

Cruzadinha do Python Solução

Da página 176

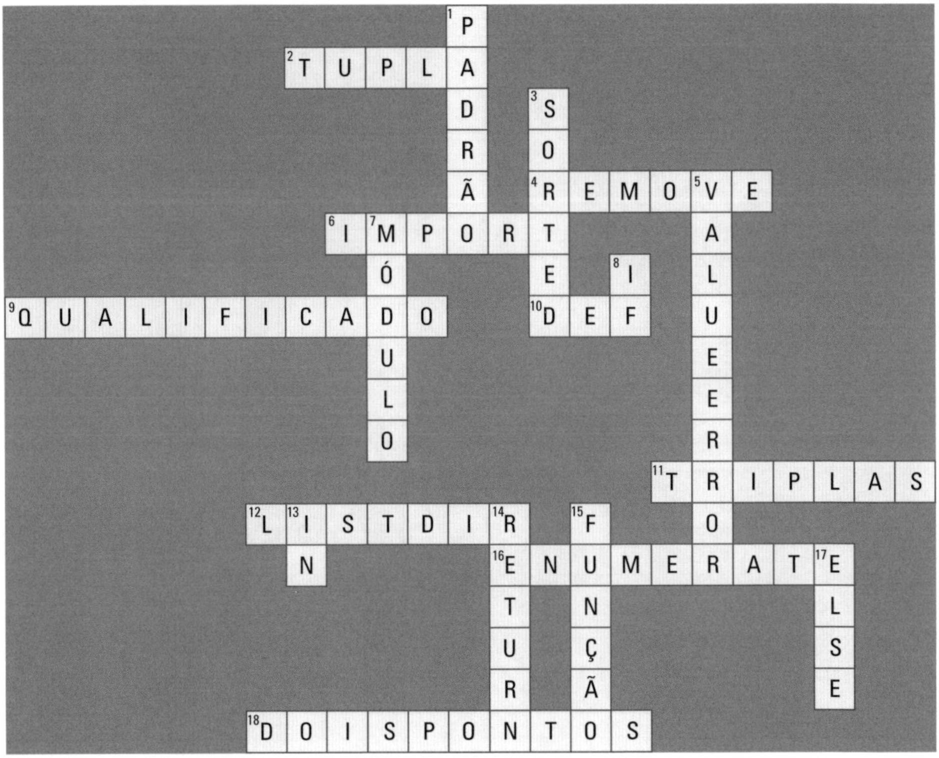

Horizontal

2. É como uma lista imutável.

4. Encontra e exclui o valor de uma lista.

6. Carrega código de um arquivo.

9. Seja explícito com um nome totalmente ________________.

10. Palavra-chave que introduz 15 na vertical.

11. As aspas __________ ficam assim: """.

12. De os: lista o conteúdo de uma pasta.

16. Uma BIF que fornece números na iteração.

18. Seu novo BFF.

Vertical

1. O underscore é a variável __________.

3. BIF para aplicar a ordem nos dados (deixando a ordem atual inalterada).

5. O que você recebe quando não tem valores suficientes para extrair.

7. Um lugar para colocar 15 na vertical.

8. Usada ao tomar decisões.

13. Um pequeno operador poderoso.

14. Pode iniciar a última linha de 15 vertical.

15. Uma parte do código nomeada.

17. A parte falsa de 8 na vertical.

4 literais de string formatadas

Crie Gráficos com Dados

Às vezes são as abordagens mais simples que fazem o trabalho.

Neste capítulo você finalmente começa a produzir gráficos de barras para o Coach. Você fará isto usando apenas **strings**. Você já sabe que as strings do Python têm uma **bondade predefinida** e as **literais de string formatadas** do Python, ou seja, as *f-strings*, melhoram o que é possível de formas bem organizadas. Pode parecer estranha a proposta de criar gráficos de barra com texto, mas, como está prestes a descobrir, não é tão *absurdo* quanto parece. Ao longo do caminho você usará o Python para criar **arquivos**, bem como inicializar um navegador com apenas algumas linhas de código. Por fim, o Coach consegue o que quer: a **geração automática** de gráficos a partir de seus dados dos tempos de natação. Vamos lá!

Ótimo ouvir isso, pois temos todos os dados de que precisamos.

Agora tudo o que temos a fazer é descobrir *como* transformar os dados em um gráfico de barras.

Lembra-se disso? Você precisa produzir isto (ou algo parecido) com o código Python.

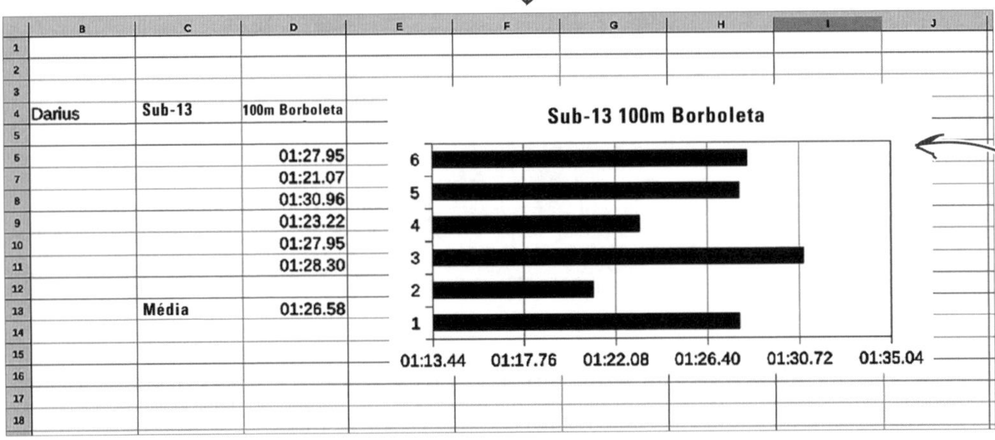

Nota: todos os dados mostrados nesta tela são retornados como uma tupla da função "read_swim_data".

Só para constar: o nado mais recente fica no topo do gráfico de barras.

Nós também.

Não temos escolha. É hora de sentar com o Coach.

A grande entrevista

Conversando com o **Coach**

Use a Cabeça: Olá, Coach. Como tenho certeza de que você está ciente, agora temos todos os dados necessários para começar a desenhar alguns gráficos.

Coach: Que beleza, ótimo ouvir isso. Eu estava ansioso para gerar rápido meus gráficos de barras.

Use a Cabeça: Acho que você vem usando sua planilha até agora...

Coach: Bem, para ser bem honesto, eu tenho tantos jovens nadando com estilos variados que estou um pouco atrasado com as minhas análises.

Use a Cabeça: Não se preocupe, Coach. Iremos colocá-lo de volta nos trilhos. Se você tiver alguns minutos, temos algumas perguntas.

Coach: Manda ver.

Use a Cabeça: O sistema é apenas para você ou planeja deixar outras pessoas usá-lo também?

Coach: Ah, eu não tinha pensado se eu disponibilizaria meus gráficos para os meus nadadores e seus pais. Emmm... interessante. Acho que eu teria que dizer que sou o usuário principal, com todos os outros sendo um usuário ocasional.

Use a Cabeça: OK, ótimo. Próxima pergunta: quais dispositivos você acha que todo mundo usará para conectar o sistema?

Coach: Dispositivos?!?

Use a Cabeça: PCs desktops, notebooks, tablets ou outra coisa?

Coach: Ah, entendi. Bem, para mim, tenho meu grande PC de 25 pol. no escritório e um notebook aqui em algum lugar. Mas, todos os meus nadadores — quando não estão na piscina — estão fazendo uma coisa: têm os narizes enfiados em seus celulares, e vejo muitos pais com aquelas i-coisas...

Use a Cabeça: iPads?

Coach: Sim, pelo menos é isso que eu acho que são. Tenho um smartphone, mas uso principalmente para ligações. Os nadadores mais jovens acham que sou muito antiquado!

Use a Cabeça: Qual a frequência das sessões de natação?

Coach: Não mais que uma vez por dia, mas pode demorar um pouco, sobretudo quando os nadadores individuais querem aperfeiçoar mais um dos seus estilos.

Use a Cabeça: São muitos dados então?

Coach: Acho que sim. Como você sabe, a última sessão gerou sessenta arquivos de dados. É bem típico quando todos estão na piscina.

Use a Cabeça: Todos de uma vez?

Coach: Ah, não! Temos seis raias em uso durante uma sessão, mas apenas uma raia com um nadador sendo cronometrado. Sou só um, afinal.

Use a Cabeça: Sim, claro, desculpe... aponta quem não sabe nadar.

Coach: [Risos] Em que mais posso ajudar você?

Use a Cabeça: Vendo sua planilha de amostra, qual detalhe mais importante você gostaria de manter?

Coach: Fico tentado a dizer "tudo", mas o detalhe mais importante para mim é a ordem dos dados na página em comparação com a ordem dos dados apresentados no gráfico de barras. A lista dos tempos de natação é ordenada de cima para baixo, mostrada na ordem em que foram registrados. Mas o gráfico de barras mostra os dados com o tempo mais recente registrado como a barra superior com o primeiro nado do nadador na parte inferior. É um pouco contraditório, mas é assim que eu gosto.

Use a Cabeça: Não se preocupe. É você quem manda. Obrigado pela conversa, Coach. É hora de voltar ao trabalho.

Coach: Eu também. Estou na área da piscina em cinco minutos. Tenho que correr. Obrigado!

Trocando Ideias

Sam: Com base na conversa, acho que devemos criar algo para a web.

Alex: Como assim?

Sam: Pense em todos os usuários. Certo, o Coach está em sua mesa, mas todo mundo está em um dispositivo móvel. E você sabe o que sempre funciona em um dispositivo móvel?

Mara: Sim, dados.

Sam: Mais especificamente, conectividade da web.

Alex: Então vocês dois estão pensando que todos irão interagir com o sistema com algum tipo de página da web?

Sam: Sim.

Mara: A coisa com o menor denominador comum?

Sam: Estou pensando mais em aproveitar o fato de que todos têm acesso a um navegador da web em seus dispositivos, conectado à rede...

Alex: Então teremos que criar um site *e* escrever um monte de HTML?

Sam: Sim e não, porque criaremos tudo o que precisamos com o Python.

Alex: Como assim?

Sam: O Python é ótimo quando se trata de trabalhar com texto. HTML é texto, embora de uma forma estruturada. Quando você combina com SVG, pode criar elementos visuais como texto também.

Mara: SVG?!? Sério?

Alex: Nunca ouvi falar disso...

Sam: SVG significa "Scalable Vector Graphics" (ou traduzindo Gráficos Vetoriais Escalonáveis). É um padrão da web, pode ser usado para definir a maioria dos elementos visuais e — essencialmente — é baseado em texto e predefinido em todos os navegadores da web.

Alex: Então... para continuar tenho que aprender HTML e essa coisa de SVG...

Sam: Não, não é o caso. Tenho todo HTML e SVG de que você precisa, então nos concentraremos em criar o código Python necessário.

Alex: Confio em você, então vou tentar. O que vem primeiro?

Sam: Vejamos rápido HTML e SVG.

Crie gráficos de barras simples com HTML e SVG

Antes que alguém tenha um ataque de pânico, observe que este livro não tem a intenção de ser uma cartilha para HTML ou SVG.

Nossa suposição é que você tem um conhecimento muito limitado de HTML e menos ainda de SVG. Então, veja um pequeno arquivo HTML chamado *bar.html* que contém HTML e SVG, e que desenha um gráfico de barras quando visualizado em um navegador da web. Vá em frente e pegue *bar.html* na página do GitHub deste livro (na pasta *chapter04*):

https://github.com/headfirstpython/third

```
<!DOCTYPE html>
<html>
    <head>
        <title>
            A simple bar chart
        </title>
    </head>
    <body>
        <h3>A simple bar chart</h3>
        <svg height="30" width="400">
            <rect height="30" width="300" style="fill:rgb(0,0,255);" />
        </svg>Label 1<br />
        <svg height="30" width="400">
            <rect height="30" width="250" style="fill:rgb(0,0,255);" />
        </svg>Label 2<br />
        <svg height="30" width="400">
            <rect height="30" width="350" style="fill:rgb(0,0,255);" />
        </svg>Label 3<br />
        <p>It's simple, but it works!</p>
    </body>
</html>
```

As páginas HTML têm duas partes: o cabeçalho e o corpo. Neste arquivo, o cabeçalho fornece o título da página.

A parte do corpo tem o conteúdo que aparece na janela do navegador. Aqui, o corpo contém um cabeçalho (h3) e três tags SVG que descrevem como as barras devem ser exibidas (altura, largura e cor).

Cada barra tem um rótulo textual associado.

O conteúdo da página termina com uma mensagem textual.

Test Drive

Com *bar.html* baixado e salvo em sua pasta *Aprendizagem*, vá em frente e abra-o em seu navegador favorito. Aqui está o que vimos:

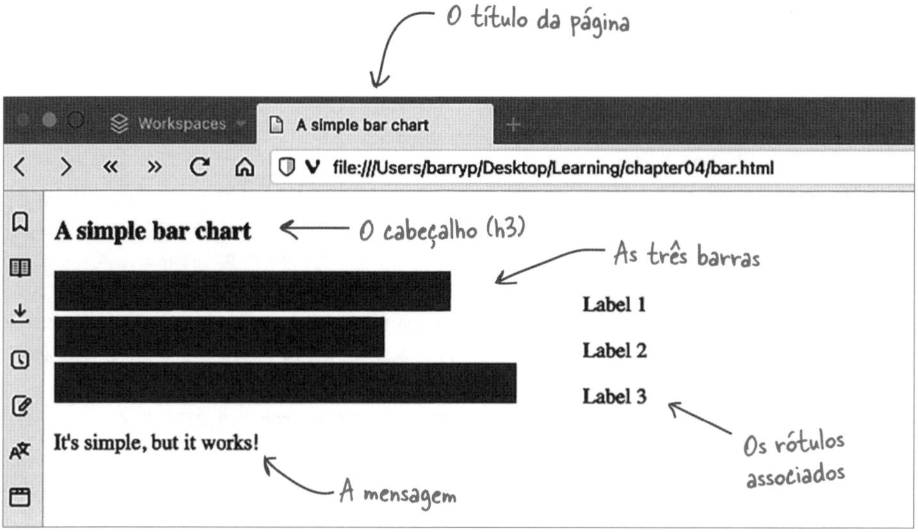

Estamos só começando.

Embora seja ótimo ver o Coach tão entusiasmado, é importante notar que o arquivo *bar.html* é um "protótipo" do gráfico de barras que esperamos criar a partir dos dados reais.

Combinaremos HTML e SVG com a saída que você vê na tela:

Nos Bastidores

Toda a diversão acontece dentro de <body> da página HTML.

Cada gráfico <svg> tem altura e largura fixas. Nota: todas as tags <svg> usam os mesmos valores aqui.

```
<body>
    <h3>A simple bar chart</h3>
    <svg height="30" width="400">
        <rect height="30" width="300" style="fill:rgb(0,0,255);" />
    </svg>Label 1<br />
    <svg height="30" width="400">
        <rect height="30" width="250" style="fill:rgb(0,0,255);" />
    </svg>Label 2<br />
    <svg height="30" width="400">
        <rect height="30" width="350" style="fill:rgb(0,0,255);" />
    </svg>Label 3<br />
    <p>It's simple, but it works!</p>
</body>
</html>
```

O rótulo de cada barra é único, seguido por uma quebra de linha <br />.

Este título é definido na tag <h3>.

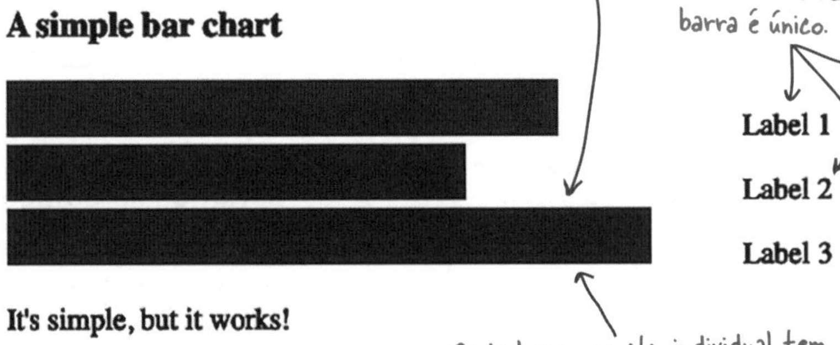

O rótulo de cada barra é único.

É o texto do parágrafo <p>.

Cada barra <rect> individual tem sua própria largura, já os valores da altura são os mesmos, não importa o que aconteça.

De um gráfico simples para o gráfico do Coach

Espero que você esteja começando a ver aonde queremos chegar. O gráfico simples em *bar.html* não está a quilômetros de distância de um gráfico que você precisa para atender ao requisito do Coach:

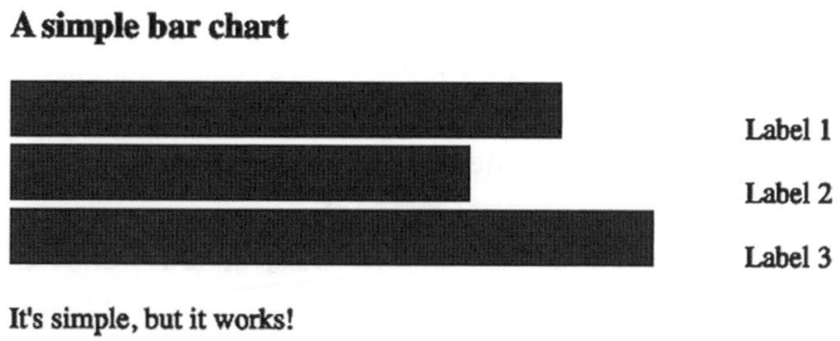

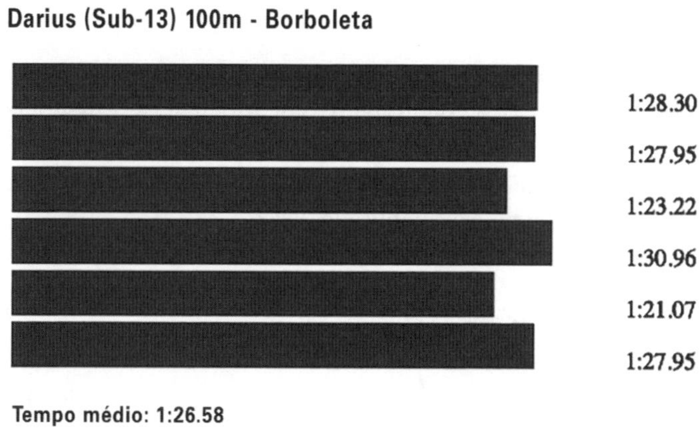

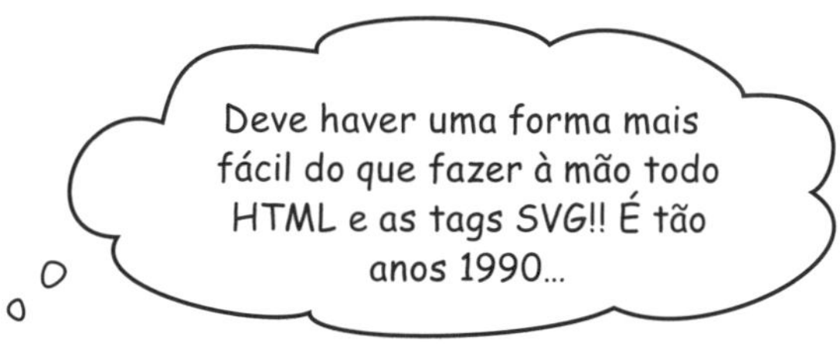

Há sim!

Podemos escrever um código Python para gerar HTML e SVG *em tempo real.*

Crie as strings que seu HTML precisa no código

Veja a primeira parte do HTML em *bar.html*, até a tag <h3>. A maior parte dessa marcação pode ser mantida, embora o texto em <title> e <h3> precise mudar para que a página inclua os detalhes do nadador.

```
<!DOCTYPE html>
<html>
    <head>
        <title>
            A simple bar chart
        </title>
    </head>
    <body>
        <h3>A simple bar chart</h3>
```

Nota: o espaço em branco NÃO é significativo em HTML, então toda essa formatação é para nosso benefício, seres humanos. Seu navegador da web se preocupa apenas com o HTML bem formado.

Este texto precisa ser substituído pelos dados de identificação do nadador.

Os dados de identificação do nadador são retornados como parte da tupla da sua função `read _ swim _ data`. Uma vez que você tem esses dados, pode criar a marcação HTML como mostrado acima com o texto substituído quando necessário.

Como visto na última linha de código, é possível criar a string de que você precisa, mesmo que seja um pouco complicado. Veja:

Declare o nome de arquivo.

Comece importando o módulo.

```
import swimclub

fn = "Darius-13-100m-Fly.txt"

(swimmer, age, distance, stroke, * _ ) = swimclub.read _ swim _ data(fn)

title = swimmer + " (Under " + age + ") " + distance + " " + stroke
```

Extraia os dados.

O uso de parênteses é opcional aqui, mas os colocamos para lembrá-lo de que sua função retorna uma *tupla*.

Crie os textos <title> e <h3>.

Esta parte "*_" pode parecer estranha. Lembre-se de que a função "read_swim_data" retorna seis valores em uma única tupla. Aqui, estamos apenas interessados em dar nomes a quatro deles. A parte "*_" informa ao Python para ignorar os dois valores restantes, atribuindo-os à variável padrão (underscore).

Test Drive

Vejamos as linhas de código em ação. Crie um novo notebook (na pasta *Aprendizagem*) chamado *Charts.ipynb*, depois digite as quatro linhas de código na parte inferior da última página, antes de pressionar **Shift+Enter**. Supondo que o código roda sem erros, digite `title` na próxima célula e pressione **Shift+Enter** de novo. Você deve ver isto:

Este código é executado, mas não produz uma saída...

```
import swimclub

fn = "Darius-13-100m-Fly.txt"

(swimmer, age, distance, stroke, *_) = swimclub.read_swim_data(fn)

title = swimmer + " (Under " + age + ") " + distance + " " + stroke
```

... assim, digitar "title" na próxima célula exibe o valor.

```
title
```

```
'Darius (Under 13) 100m Fly'
```

Esta é a string que queremos exibir nas tags <title> e <h3>.

Exercício

Para este exercício, você pode presumir que o código do *Test Drive* acima rodou, então continue acompanhando em seu notebook *Charts.ipynb*.

Dê uma olhada no trecho HTML mostrado na parte superior da página anterior, em seguida, escreva o código Python que cria uma variável chamada `html`, atribuindo uma string contendo o trecho HTML da página anterior à nova variável, mas com o texto "`A simple bar chart`" substituído pelo valor de `title`.

Escreva o código que você usou abaixo (e, dica, dica, o operador de concatenação de strings + deve ajudar):

____

____

____

Respostas na página 188

Exercício Solução

Para este exercício, você teve que presumir que o código do *Test Drive* rodou, então continuou acompanhando em seu notebook *Charts.ipynb*.

Dando uma olhada no trecho HTML mostrado antes, você teve que escrever o código Python que cria uma variável chamada `html`, atribuindo uma string contendo o trecho HTML à nova variável, mas com o texto "`A simple bar chart`" substituído pelo valor de `title`.

Teve que escrever o código que usou abaixo (e, dica, dica, o operador de concatenação de strings + deve ajudar):

Concatene os trechos HTML com o valor da variável "title", colocando a variável entre as tags <title> e <h3>.

Veja a primeira substituição...

```
html = "<!DOCTYPE html><html><head><title>" + title
html = html + "</title></head><body><h3>" + title + "</h3>"
```

... e aqui está a segunda.

Da página 188

Test Drive

Testaremos as duas instruções em nosso notebook:

O destaque online da sintaxe do VS Code facilita ler as duas linhas de código.

```
html = "<!DOCTYPE html><html><head><title>" + title
html = html + "</title></head><body><h3>" + title + "</h3>"
```

```
html
```

```
'<!DOCTYPE html><html><head><title>Darius (Under 13) 100m Fly</title></head>
<body><h3>Darius (Under 13) 100m Fly</h3>'
```

Esta saída não é tão fácil de ler, mas o seu valor "title" calculado foi substituído corretamente.

A concatenação de strings não escala

À primeira vista, os trechos de código na página anterior parecem bons, pois a saída produzida é um trecho de HTML com o valor de `title` substituído corretamente.

Mas veja todos os operadores de concatenação (+) e todas as aspas duplas! Você realmente precisa prestar atenção para saber o que está acontecendo aqui.

Esse tipo de código deixa a maioria dos programadores com a cabeça doendo — há muita coisa para ficar de olho enquanto descobrimos o que o código faz, e isso torna tudo bem complicado quando se trata de fazer alterações.

```
html = "<!DOCTYPE html><html><head><title>" + title
html = html + "</title></head><body><h3>" + title + "</h3>"
```

Não é bonito, mas funciona.

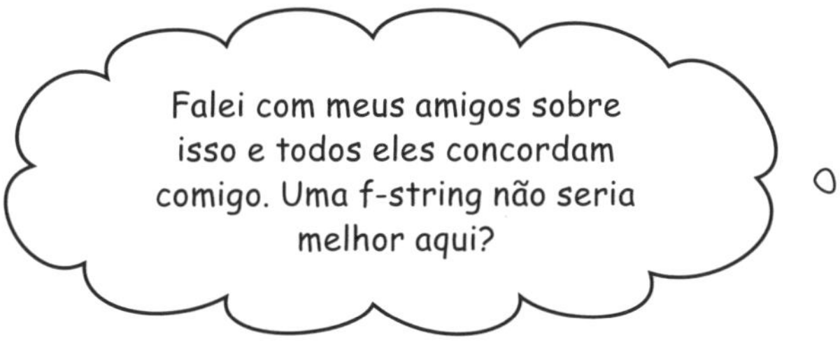

Sim, as f-strings ajudarão.

f-strings, abreviação de *literais de string formatadas*, são muuuuuito legais (e é o termo técnico correto a usar aqui 😉).

Uma f-string permite criar uma string sem ter que confiar no operador + problemático. Em vez disso, você *incorpora* seus valores de variável na f-string.

Aprenderemos um pouco mais com um autêntico especialista em f-string.

f-strings – A revelação

Bate-papo com as f-strings

Use a Cabeça: Deixe-me começar perguntando como é ser referida como "muuuuito legal"?

f-string: Um pouco demais, para ser honesta. Sou a mais recente em uma longa linhagem de mecanismos de criação de strings do Python e, embora o que eu faço sempre foi possível, parece que sou muito popular.

Use a Cabeça: Acho que é mais do que isso: hoje é como se você fosse a primeira escolha de todos quando se trata de criar uma string formatada.

f-string: Obrigada por dizer isso. Estou apenas fazendo meu trabalho. Nada mais, nada menos.

Use a Cabeça: Falemos sobre seu modo de fazer as coisas. Iremos compará-la no uso do operador + para criar uma string formatada com concatenação.

f-string: OK, tudo bem. Imagine que você tenha duas variáveis definidas, uma chamada `first` e outra, `second`. A variável `first` é atribuída à string "Tim" e `second` é atribuída à string "O'Reilly".

Use a Cabeça: Com os valores de string sendo escolhidos completamente ao acaso...?

f-string: Mas é claro! De qualquer forma, você precisa criar uma string (ou uma *literal formatada*) avaliada como "Hi there, Tim O'Reilly!" Usando a concatenação de strings, este código resolveria:

```
print("Hi there, " + first + " " + second
                   + "!")
```

Use a Cabeça: E não há nada de errado com o código. Quando eu o executo no meu Jupyter Notebook, ele exibe corretamente a mensagem.

f-string: Com certeza. Mas você precisa focar todos os operadores + e as strings extras, como `" "` e `"!"` para descobrir o que está acontecendo. Mas, estou feliz em admitir que funciona, mesmo que o código seja um pouco complicado.

Use a Cabeça: E o que você faria diferente?

f-string: Dê uma olhada na minha versão da mesma literal de string formatada:

```
print(f"Hi there, {first} {second}!")
```

Use a Cabeça: Não parece muito diferente... e entendo que isso também exibe corretamente a mensagem?

f-string: Sim. Agora, dê uma olhada mais de perto. Notou o caractere "f" prefixando a string?

Use a Cabeça: Ehhh... ah, sim, Vejo agora. Bem no começo?

f-string: Sim, o caractere "`f`" diz ao Python que o que vem a seguir é uma *f-string*. E você notou o uso das chaves *na* string, { e }?

Use a Cabeça: As chaves nos nomes de variável `first` e `second`? Sim, percebi isso de cara.

f-string: Legal. Quando vejo um nome de variável com chaves, pego o valor da variável e o *insiro* na string no lugar das chaves e do nome da variável. Há um nome para esse mecanismo: *interpolação de variáveis.*

Use a Cabeça: O que é apenas uma forma estilosa de dizer *inserir aqui*, certo?

f-string: Sim. É o que significa *interpolação.*

Use a Cabeça: Acabei de executar sua linha de código e estou feliz em informar que ela exibe a mesma mensagem do código de concatenação de strings. O que eu não entendo é por que seu mecanismo é melhor...

f-string: Bem, quando você entende o que as chaves fazem, não há mais nada para prestar atenção. Com o código de concatenação, você tem muito mais com o que se preocupar, e conforme o formato da string fica mais complexo, fica mais difícil de entender, enquanto meu mecanismo, francamente, não. É bem simples.

Use a Cabeça: Acho que isso já diz tudo. Obrigado pela explicação, f-string.

f-string: Tudo bem. Gostei do nosso bate-papo.

Exercício

Embora você tenha acabado de conhecer as f-strings, iremos usá-las imediatamente. Veja o código que usa a concatenação para criar o título do seu gráfico de barras. Sua primeira tarefa é reescrever o código para usar uma f-string.

```
title = swimmer + " (Under " + age + ") " + distance + " " + stroke
```

Pegue o lápis e escreva a f-string que você usaria aqui.

A segunda tarefa é reescrever o código que gera o HTML visto antes para usar uma f-string. Aqui está o código anterior:

```
html = "<!DOCTYPE html><html><head><title>" + title
html = html + "</title></head><body><h3>" + title + "</h3>"
```

Estamos deixando mais espaço aqui para esta f-string, não porque achamos que é mais complexa, mas para dar espaço suficiente para você escrevê-la usando uma string com três aspas e várias linhas (que também pode ser prefixada com um "f", transformando a string com três aspas em uma f-string também).

Respostas na página 192

Exercício Solução

Da página 191

Embora você tenha acabado de conhecer as f-strings, queremos que as use imediatamente. Este código usa a concatenação para criar o início da página HTML do seu gráfico de barras. Sua primeira tarefa foi reescrever o código para usar uma f-string.

```
title = swimmer + " (Under " + age + ") " + distance + " " + stroke
```

Um único conjunto de aspas duplas, junto com chaves nos nomes de variáveis, resolve aqui.

```
title = f"{swimmer} (Under {age}) {distance} {stroke}"
```

A segunda tarefa era reescrever o código que gera o HTML visto antes para usar uma f-string. Aqui está o código anterior:

```
html = "<!DOCTYPE html><html><head><title>" + title
html = html + "</title></head><body><h3>" + title + "</h3>"
```

```
html = f"""<!DOCTYPE html>
<html>
    <head>
        <title>{title}</title>
    </head>
    <body>
        <h3>{title}</h3>
"""
```

O uso de uma string com três aspas permite formatar HTML de uma forma amigável para humanos em várias linhas. Usando chaves nos slots de string no título quando necessário.

Test Drive

Executaremos as duas f-strings em seu notebook para vê-las em ação. Primeiro, a f-string que gera o valor para `title`:

```
title = f"{swimmer} (Under {age}) {distance} {stroke}"

title
```

```
'Darius (Under 13) 100m Fly'
```

Parece bom.

E, em segundo lugar, a f-string que gera o HTML:

```
html = f"""<!DOCTYPE html>
<html>
    <head>
        <title>{title}</title>
    </head>
    <body>
        <h3>{title}</h3>
"""

html
```

Sem dúvida, parece um pouco estranho...

```
'<!DOCTYPE html>\n<html>\n    <head>\n        <title>Darius (Under 13) 100m
Fly</title>\n    </head>\n    <body>\n        <h3>Darius (Under 13) 100m
Fly</h3>\n'
```

A saída produzida pela exibição da string com três aspas parece um pouco estranha até você exibi-la com a BIF **print**:

```
print(html)
```

```
<!DOCTYPE html>
<html>
    <head>
        <title>Darius (Under 13) 100m Fly</title>
    </head>
    <body>
        <h3>Darius (Under 13) 100m Fly</h3>
```

Lindo!

não existem Perguntas Idiotas

P: As f-strings têm suporte para os especificadores de formato para que eu possa preencher com zeros, formatar os números de ponto flutuante, alinhar à esquerda e à direita etc.?

R: Sim, mas não nos preocuparemos com tudo isso até que seja necessário. (Se você não pode esperar, comece sua exploração lendo a seção adequada da documentação do Python: *https://docs.python.org/3/reference/lexical_analysis.html#f-strings.*)

f-strings como recurso muito popular do Python

Quando você entende como elas funcionam, começa a ver todos os lugares onde pode usá-las. Um exemplo é disso está perto do final do seu código *swimclub.py*, onde você tem uma linha de código que se parece com:

```
average = str(minutes) + ":" + str(seconds) + "." + hundredths
```

Refatorar a linha de código acima para usar uma f-string resulta em:

```
average = f"{minutes}:{seconds}.{hundredths}"
```

Sabemos qual das duas alternativas preferimos.

que não só é menor, mas representa mais claramente o formato do tempo de natação. Note que não há necessidade de fazer essa conversão explícita de tipos usando uma chamada para a BIF **str**. Para ser honesto, seria difícil justificar o uso de uma linha de código que não emprega uma f-string.

Test Drive

Antes de continuar, abra o arquivo *swimclub.py* no VS Code e ajuste a parte inferior da função `read_swim_data` para usar uma f-string ao criar a variável `average`. Quando a alteração for aplicada, **salve** *swimclub.py*.

```
        ⋮
mins_secs = int(mins_secs)
minutes = mins_secs // 60
seconds = mins_secs - minutes * 60
average = f"{minutes}:{seconds}.{hundredths}"

return swimmer, age, distance, stroke, times, average
```

Sua primeira f-string!

Gerar SVG é fácil com f-strings!

Veja o trecho HTML de *bar.html* que cria uma barra SVG rotulada e azul (online):

O valor para "height" é fixado em 30 pixels para a tag <svg> e a tag <rect>.

O valor "width" da tag <svg> também é fixado em 400 pixels. Isso garante que os gráficos de barras gerados tenham todos o mesmo tamanho (na largura).

```
<svg height="30" width="400">
    <rect height="30" width="300" style="fill:rgb(0,0,255);" />
</svg>Label 1<br />
```

Todas as barras são azuis, então nenhuma mudança é necessária aqui.

Este rótulo precisa mudar para cada barra e ser definido para a string do tempo de natação da barra.

O valor de "width" de cada barra precisa estar relacionado à string do tempo de natação e varia com base no tempo registrado. Decidir qual valor colocar aqui é mais complicado do que você pode imaginar.

Para usar o Python e gerar programaticamente os gráficos de barras do Coach, você precisará criar a mesma quantidade de tags `<svg>` e tempos nos dados do nadador. Você provavelmente decidiu que usar um loop **for** nos dados `times` retornados da função `read_swim_data` é o necessário aqui, com cada iteração do loop usando uma f-string para gerar uma tag `<svg>` personalizada quando necessário. E estaria certo em adotar essa estratégia.

Poder do Cérebro

Reserve um momento para importar a versão mais recente do seu módulo `swimclub` *para* ***Charts.ipynb****, então chame a função* `read_swim_data` *na variável* `fn`*, que retorna os dados de Darius. (Lembre-se de que você pode precisar reiniciar seu notebook para garantir que o módulo editado mais recentemente seja importado.) Pare um pouco para estudar os dados retornados de sua função (e não se esqueça de verificar o valor de _ também).*

Notando que o atributo `width` *acima deve ser definido para um valor extraído desses dados, você consegue detectar problemas com os dados retornados?*

Os dados estão lá, não estão?

Os dados retornados da sua função parecem bons. Mas esses dados por si só dão suporte à criação das tags `<svg>` que você precisa gerar?

Veja um exemplo dos dados retornados de sua função.

```
('Darius',
 '13',
 '100m',
 'Fly',
 ['1:27.95', '1:21.07', '1:30.96', '1:23.22', '1:27.95', '1:28.30'],
 '1:26.58')
```

A maioria desses dados é string, exceto a lista, que em si é uma lista de strings!!

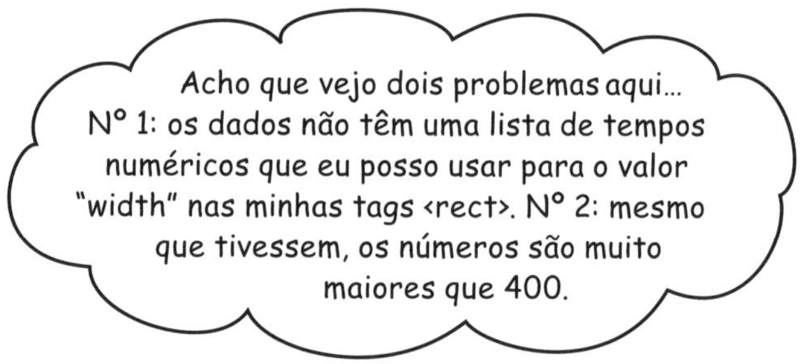

Sim, bem notado (em ambos os casos).

Faltam alguns dados aqui (mas há uma solução fácil). E, sim, os valores numéricos são muito grandes (muito maiores que 400), o que pode torná-los difíceis de trabalhar.

Retorne todos os dados necessários

Veja sua função `read_swim_data` e observe como a lista `converts` é preenchida com os equivalentes numéricos dos tempos de natação baseados em strings, antes que o cálculo da média seja feito. O valor médio é então retornado para quem chama junto com todos os outros valores. Em essência, a lista `converts` *não* é retornada para quem chama, principalmente porque não precisa... *até agora.*

O código da sua função usa a lista "converts" sem problemas para ajudar no cálculo do tempo médio de natação.

```
    :
    :
converts = []
for t in times:
    # The minutes value might be missing, so guard against this causing a crash.
    if ":" in t:
        minutes, rest = t.split(":")
        seconds, hundredths = rest.split(".")
    else:
        minutes = 0
        seconds, hundredths = t.split(".")
    converts.append(
        (int(minutes) * 60 * 100) + (int(seconds) * 100) + int(hundredths)
    )
average = statistics.mean(converts)
mins_secs, hundredths = str(round(average / 100, 2)).split(".")
mins_secs = int(mins_secs)
minutes = mins_secs // 60
seconds = mins_secs - minutes * 60
average = f"{minutes}:{seconds}.{hundredths}"  # Your first f-string.

return swimmer, age, distance, stroke, times, average  # Returned as a tuple.
```

Mas, veja! A lista "converts" não é retornada da função.

Não é difícil corrigir o problema. Só precisa de uma pequena mudança na instrução `return` da função para que fique assim:

```
return swimmer, age, distance, stroke, times, average, converts
```

Uma edição fácil.

Vá em frente e faça a edição no código do seu módulo e salve o trabalho. Em seguida, *reinicie* seu notebook mais uma vez para que qualquer importação use o código do módulo atualizado.

Você pode executar novamente o código do seu notebook desde o início pressionando **Shift+Enter** repetidas vezes ou pode clicar no botão *Executar tudo* no topo do VS Code.

Você tem números agora, mas eles são úteis?

É uma caixa cinza, então lembre-se de digitar e rodar este código.

Com a mudança feita para o seu módulo `swimclub` e seu notebook reiniciado, sua função mais recente *também* retorna os equivalentes numéricos das strings dos tempos de natação:

```
import swimclub

swimclub.read_swim_data(fn)
```

```
('Darius',
 '13',
 '100m',
 'Fly',
 ['1:27.95', '1:21.07', '1:30.96', '1:23.22', '1:27.95', '1:28.30'],
 '1:26.58',
 [8795, 8107, 9096, 8322, 8795, 8830])
```

Uma lista de números representando as strings de tempo convertidas.

Embora os dados retornados pareçam bons, os números estão um pouco grandes e este é o segundo problema. Especificamente, o trecho SVG de antes tem uma largura *máxima* de `400`:

A largura da tag <svg> de fechamento deve ser maior do que o valor de largura da tag <rect> contida.

```
<svg height="30" width="400">
    <rect height="30" width="300" style="fill:rgb(0,0,255);" />
</svg>Label 1<br />
```

Obviamente, nenhum dos seis números maiores que 8.000 é menor que 400. E se você usasse esses números como estão, seus retângulos SVG provavelmente sairiam pelo lado direito da tela com uma boa uma margem!

O necessário aqui é alguma forma de *escalar* os números maiores com um valor dentro da faixa de 0 a 400, o que parece precisar de um cálculo elaborado. Caramba!

Por sorte, os *Programadores Use a Cabeça* acabaram de enviar um pequeno módulo Python (chamado `hfpy _ utils`), junto com um notebook (*HowTo.ipynb*) mostrando como converter qualquer número no seu equivalente dentro de outro intervalo. Copie ambos os arquivos para a sua pasta *Aprendizagem* e, em seguida, junte-se a nós no início da próxima página.

Você encontrará o módulo e o notebook incluídos com o material de download deste livro.

Test Drive

Abra o notebook *HowTo.ipynb* no VS Code e execute cada uma das suas células de código (se vir erros, verifique se copiou o notebook para sua pasta *Aprendizagem*). Aqui está o que temos quando executamos o código deste notebook:

A primeira célula preenche a variável padrão com os primeiros seis valores do arquivo e cria a variável "converts".

```
import swimclub

fn = "Darius-13-100m-Fly.txt"

*_, converts = swimclub.read_swim_data(fn)
```

```
converts
```

```
[8795, 8107, 9096, 8322, 8795, 8830]
```

A variável "converts" contém a lista de tempos convertidos.

```
_
```

```
['Darius',
 '13',
 '100m',
 'Fly',
 ['1:27.95', '1:21.07', '1:30.96', '1:23.22', '1:27.95', '1:28.30'],
 '1:26.58']
```

A variável padrão recebe uma lista dos outros seis valores de dados, não uma tupla. Este é um efeito colateral de usar a versão "*_" da variável padrão.

```
import hfpy_utils

for n in converts:
    print(n, "->", hfpy_utils.convert2range(n, 0, max(converts), 0, 400))
```

Quando dada uma lista de valores, a BIF "max" retorna o maior.

```
8795 -> 386.76
8107 -> 356.51
9096 -> 400.0
8322 -> 365.96
8795 -> 386.76
8830 -> 388.3
```

Este loop chama a função "convert2range" para escalar cada um dos números na lista "converts" para seu valor escalado equivalente no intervalo de 0 a 400.

Nos Bastidores

Valores numéricos escalados para caberem

Não é necessário que você entenda como o código no módulo hfpy _ utils funciona (nem será obrigado a mudá-lo).

Mas precisa entender o que a função convert2range faz. O *Test Drive* na página anterior mostrou a função em ação, convertendo os valores (bem grandes) de centésimos de segundo em números em um intervalo de 0 a 400.

Você aprende a controlar como a escala funciona vendo a assinatura da função convert2range:

Valor a converter.

O menor valor do intervalo FROM.

O maior valor do intervalo TO.

```
def convert2range(v, f_min, f_max, t_min, t_max):
```

O maior valor do intervalo FROM.

O menor valor do intervalo TO.

E para quem precisa muito ver, aqui está — em toda a sua glória — todo o código no módulo hfpy _ utils:

```
def convert2range(v, f_min, f_max, t_min, t_max):
    """Given a value (v) in the range f_min-f_max, convert the value
    to its equivalent value in the range t_min-t_max.

    Based on the technique described here:
        http://james-ramsden.com/map-a-value-from-one-number-scale-to-another-formula-and-c-code/
    """
    return round(t_min + (t_max - t_min) * ((v - f_min) / (f_max - f_min)), 2)
```

Sabemos o que você está pensando: "Por sorte eu não preciso entender isso!!" 😉

Sim, não esquecemos.

E podemos ver de onde está vindo o Coach. Parece que estamos indo na direção oposta da geração dos gráficos de barras solicitados, mas não se preocupe: tudo fará sentido.

Exercício

Agora que você já viu as f-strings em ação e estudou o código no notebook *HowTo.ipynb*, paramos um pouco para criar o código necessário para gerar as tags SVG para cada um dos tempos de natação do nadador atual. Veremos passo a passo, com você pensando no que é necessário, experimentando o código em seu notebook e (pegando o lápis) escrevendo o código de que precisa nos espaços abaixo.

Comece escrevendo uma linha de código que cria três variáveis a partir dos dados do nadador chamando a função `read_swim_data`, criando a lista `times`, a variável `average` e a lista `converts`:

____

Crie outra variável chamada `from_max`, atribuindo-lhe o valor máximo da lista `converts`:

____

Importe o módulo `hfpy_utils` e crie uma nova variável chamada `svgs`, inicializando em uma string vazia:

____

____

Suponha que exista um valor chamado `n` que contém um valor de slot que indexa em sua lista `converts`. Forneça uma linha de código que cria uma variável chamada `bar_width` e defina-a para um valor de `n` que escala de `0-from_max` até `0-400`:

____

Dica: estude o código no notebook "HowTo.ipynb" para uma aproximação do código de que você precisa aqui.

Escreva a primeira linha de um loop `for` que itera uma lista `times` *enumerada*, criando duas novas variáveis de loop chamadas `n` e `t`:

____

Aqui está o trecho de SVG retirado do arquivo *bar.html*:

```
<svg height="30" width="400">
    <rect height="30" width="300" style="fill:rgb(0,0,255);" />
</svg>Label 1<br />
```

Crie uma f-string com várias linhas e três aspas que usa as variáveis `bar_width` e `t` da última página para criar uma tag SVG para o tempo de natação atual:

Com a f-string pronta, mostre o código que a anexa ao final da variável `svgs` criada na última página:

Respostas na página 204

Exercício Solução

Da página 202

Agora que você já viu as f-strings em ação e estudou o código no notebook *HowTo.ipynb*, parou um pouco para criar o código necessário para gerar as tags SVG para cada um dos tempos de natação do nadador atual. Continuando com o passo a passo, teve que pensar no que é necessário, experimentando o código em seu notebook e (pegando o lápis) escrevendo o código de que precisa nos espaços abaixo.

Começou a escrever uma linha de código que cria três variáveis a partir dos dados do nadador, chamando a função `read_swim_data`, criando a lista `times`, a variável `average` e a lista `converts`:

```
*_, times, average, converts = swimclub.read_swim_data(fn)
```

Pegue as duas listas da tupla retornada e o valor médio.

Teve que criar outra variável chamada `from_max`, atribuindo-lhe o valor máximo da lista `converts`:

```
from_max = max(converts)
```

Determine o valor máximo encontrado na lista.

Depois importou o módulo `hfpy_utils`, , em seguida, criou uma nova variável chamada `svgs`, inicializando em uma string vazia:

Ao importar um módulo, não especifique a extensão ".py".

```
import hfpy_utils
svgs = ""
```

A string vazia (duas aspas duplas)

Supondo que existe um valor chamado `n` que contém um valor de slot que indexa em sua lista `converts`, você teve que fornecer uma linha de código que cria uma variável chamada `bar_width` e defini-la para um valor de `n` que escala de `0-from_max` até `0-400`:

```
bar_width = hfpy_utils.convert2range(converts[n], 0, from_max, 0, 400)
```

Deixamos uma grande dica para isto, pois uma aproximação do código de que você precisava estava no notebook "HowTo.ipynb".

Escale o valor do slot atual, deste intervalo até este intervalo.

Então teve que escrever a primeira linha de um loop `for` que itera uma lista `times` *enumerada*, criando duas novas variáveis de loop chamadas `n` e `t`:

```
for n, t in enumerate(times):
```

O segredo a lembrar aqui é usar a BIF "enumerate" para numerar suas iterações.

Aqui está o trecho de SVG retirado do arquivo *bar.html*:

```
<svg height="30" width="400">
    <rect height="30" width="300" style="fill:rgb(0,0,255);" />
</svg>Label 1<br />
```

Você teve que criar uma f-string com várias linhas e aspas triplas que usa as variáveis `bar_width` e `t` da última página para criar uma tag SVG para o tempo de natação atual:

```
f"""
    <svg height="30" width="400">
        <rect height="30" width="{bar_width}" style="fill:rgb(0,0,255);" />
    </svg>{t}<br />
"""
```

As variáveis "bar_width" e "t" são posicionadas na f-string (graças ao uso destas chaves).

Para terminar, e com a sua f-string pronta, você teve que mostrar o código que a anexa ao final da variável `svgs` criada na última página:

```
svgs = svgs + f"""
                <svg height="30" width="400">
                    <rect height="30" width="{bar_width}" style="fill:rgb(0,0,255);" />
                </svg>{t}<br />
             """
```

Concatene a f-string com o valor anterior da string "svgs". Se você fizer isso dentro de um loop, a string "svgs" aumentará.

Com todo esse código escrito, juntaremos tudo em um Test Drive e veremos o que acontece...

Test Drive

Com apenas alguns pequenos ajustes, o código que você criou durante o *Exercício* recém-concluído pode ser combinado em uma única célula de código no seu notebook assim:

```
import swimclub
import hfpy_utils

*_, times, average, converts = swimclub.read_swim_data(fn)
from_max = max(converts)
svgs = ""
for n, t in enumerate(times):
    bar_width = hfpy_utils.convert2range(converts[n], 0, from_max, 0, 400)
    svgs = svgs + f"""
                    <svg height="30" width="400">
                        <rect height="30" width="{bar_width}" style="fill:rgb(0,0,255);" />
                    </svg>{t}<br />
                """
```

Os pequenos ajustes envolvem importar o módulo "swimclub" e capturar as duas listas e o valor médio retornado da função "read_swim_data".

Pressionar **Shift+Enter** nesta célula executa o código, mas não exibe nada. Na próxima célula, use a BIF **print** para dar uma olhada no seu trabalho:

```
print(svgs)
```

```
<svg height="30" width="400">
    <rect height="30" width="386.76" style="fill:rgb(0,0,255);" />
</svg>1:27.95<br />

<svg height="30" width="400">
    <rect height="30" width="356.51" style="fill:rgb(0,0,255);" />
</svg>1:21.07<br />

<svg height="30" width="400">
    <rect height="30" width="400.0" style="fill:rgb(0,0,255);" />
</svg>1:30.96<br />

<svg height="30" width="400">
    <rect height="30" width="365.96" style="fill:rgb(0,0,255);" />
</svg>1:23.22<br />

<svg height="30" width="400">
    <rect height="30" width="386.76" style="fill:rgb(0,0,255);" />
</svg>1:27.95<br />

<svg height="30" width="400">
    <rect height="30" width="388.3" style="fill:rgb(0,0,255);" />
</svg>1:28.30<br />
```

Há uma tag <svg> individual para cada um dos tempos registrados deste nadador.

Tudo o que resta é o final da página da web

Provavelmente está ansioso para ver como a sua marcação HTML e SVG gerada fica no navegador, mas ainda não terminou. Lembre-se de que o final do arquivo *bar.html* tem esta marcação:

```
            <p>It's simple, but it works!</p>
        </body>
    </html>
```

Você precisa colocar o tempo médio aqui.

Como você está para se tornar um ninja em f-string, só lhe daremos o código desta parte:

```
footer = f"""
        <p>Average time: {average}</p>
    </body>
</html>
"""
```

É uma caixa cinza, então execute-a.

Insira o valor "average" e, em seguida, feche as tags <body> e <html> da página.

Criar a página completa da marcação HTML não é difícil:

```
page = html + svgs + footer
```

Sim. Mas primeiro salvaremos o HTML em um arquivo.

A PSL inclui um módulo chamado `webbrowser`, que você pode usar para exibir o HTML em seu navegador. Infelizmente, não é possível enviar ao módulo uma grande string de HTML para exibir. O HTML precisa estar disponível na web ou primeiro ser salvo em um arquivo.

Gravar em arquivos é tão fácil quanto ler

Lembra-se do código que você usou para ler os tempos de natação de um arquivo em uma nova lista chamada `data`?

Este código presume que as constantes "FOLDER" e "FN" recebem os valores apropriados.

```
with open(FOLDER+FN) as df:
    data = df.readlines()
```

Mais caixas cinzas nesta página, por isso teste todo o código em seu notebook.

A BIF **open**, por padrão, abre um arquivo para *leitura*, mas também é possível abrir um arquivo no *modo gravação* fornecendo um segundo argumento a **open**:

Substitua o padrão especificando "w" para gravação.

O alias "tf" se refere ao arquivo aberto.

```
with open("test.txt", "w") as tf:
    print("This is a test.", file=tf)
```

Este argumento extra para a BIF "print" é ESSENCIAL. Ele informa à BIF para enviar os dados para o arquivo, *não* para a exibição.

Se você executar este código em uma nova célula de código, ele criará *test.txt* se não existir, então armazenará a mensagem (muito emocionante) no arquivo, antes de fechar o arquivo automaticamente (graças à sua velha amiga, a instrução `with`).

Se *test.txt* já existir, o código substituirá (!!!) o antigo conteúdo do arquivo pela mensagem. Se quiser preservar o conteúdo existente do arquivo, o *modo anexação* poderá servir, supondo que você substitua o argumento `"w"` para a BIF **open** por `"a"`.

Sabendo tudo isso, usaremos um código parecido ao mostrado acima para salvar a página da web gerada em um arquivo.

Exercício

Antes de iniciar o exercício, crie uma subpasta na sua pasta *Aprendizagem* e chame-a de *charts*.

Em vez de usar um nome genérico para o arquivo da sua página da web, iremos gerar um a partir do nome já armazenado na variável `fn`. Especificamente, criaremos uma f-string que converte um nome de arquivo segundo este padrão:

```
Darius-13-100m-Fly.txt
```

em um com este padrão:

```
charts/Darius-13-100m-Fly.html
```

O nome de arquivo é prefixado com o nome da pasta em que ele deve ser salvo.

A extensão ".txt" foi substituída por ".html".

Quando você tiver elaborado a f-string que faz isso (dica: é possível colocar o código Python entre as chaves de uma f-string, não apenas os nomes de variáveis), pegue o lápis e escreva a f-string que usaria no espaço abaixo. Atribua a f-string a uma variável chamada `save_to`:

____

Forneça o código que você usaria para salvar o HTML (atualmente na variável `page`) no arquivo cujo nome está na variável `save_to`:

____

____

____

____

____

____

Respostas na página 210

Exercício Solução

Da página 209

Antes de iniciar o exercício, você precisou criar uma subpasta na sua pasta *Aprendizagem* e chamá-la de *charts*.

Em vez de usar um nome genérico para o arquivo da sua página da web, você precisou gerar um a partir do nome já armazenado na variável `fn`. Especificamente, teve que criar uma f-string que converte um nome de arquivo segundo este padrão:

```
Darius-13-100m-Fly.txt
```

em um com este padrão:

```
charts/Darius-13-100m-Fly.html
```

O nome de arquivo é prefixado com o nome da pasta em que ele deve ser salvo.

A extensão ".txt" foi substituída por ".html".

Quando você elaborou a f-string que faz isso (dica: é possível colocar o código Python entre as chaves de uma f-string, não apenas os nomes de variáveis), pegou o lápis e escreveu a f-string que usaria no espaço abaixo, atribuindo a f-string a uma variável chamada `save_to`:

```
save_to = f"charts/{fn.removesuffix('.txt')}.html"
```

Para concluir, teve que fornecer o código que usaria para salvar o HTML (atualmente na variável `page`) no arquivo cujo nome está na variável `save_to`:

```
with open(save_to, "w") as sf
    print(page, file=sf)
```

É tentador pensar em substituir a variável "save_to" neste código pela f-string real. Mas, sugerimos deixar o código como está, pois é mais fácil ver o que ele está fazendo quando o código que cria o nome de arquivo fica separado do código que grava no arquivo.

Hora de exibir sua obra

Com o HTML e o SVG salvos em um arquivo na pasta *charts*, é fácil pedir ao módulo `webbrowser` da PSL para exibir o gráfico:

Defina o local do arquivo a usar.

Salve sua página da web no local do arquivo.

```
save_to = f"charts/{fn.removesuffix('.txt')}.html"

with open(save_to, "w") as sf:
    print(page, file=sf)
```

Importe as bibliotecas necessárias.

```
import os
import webbrowser
```

Peça ao navegador para exibir o gráfico.

```
webbrowser.open("file://" + os.path.realpath(save_to))
```

```
True
```

E veja como seu gráfico fica em um navegador.

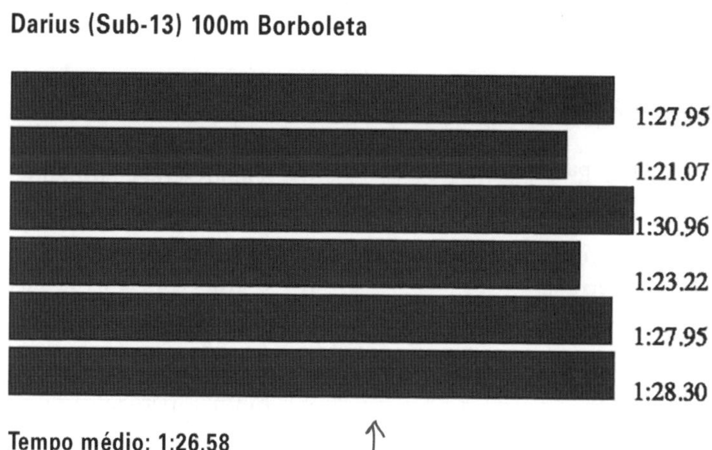

Parece ótimo! Este gráfico de barras é gerado a partir do seu código Python e dos dados do Coach. Legal.

Só restam dois ajustes estéticos...

Veja os dois gráficos mostrados abaixo. O gráfico do seu código está à esquerda, já o gráfico "alvo" de antes neste capítulo está à direita. Percebe alguma diferença?

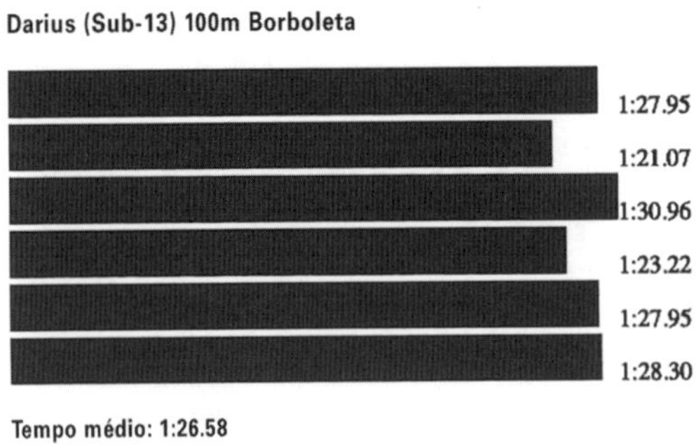

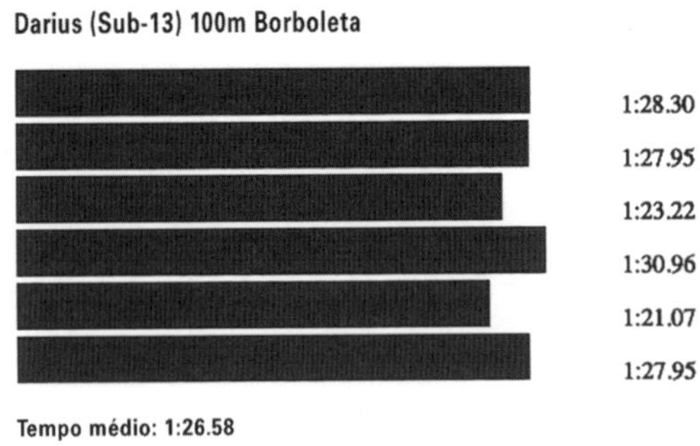

Trocando Ideias

Alex: Ambos são muito parecidos...

Mara: Mas há diferenças sutis.

Sam: Para começar, o gráfico à esquerda exibe suas barras na ordem errada.

Mara: Sim, o Coach foi muito claro quando nos disse que queria ver o tempo de natação mais recente no topo do gráfico.

Alex: Com certeza é uma correção fácil?

Sam: Acho que sim. As listas têm um método **reverse** predefinido que podemos explorar aqui.

Mara: É só uma questão de chamar **reverse** no lugar certo para que o código que gera SVG processe os dados na ordem correta.

Alex: O que mais está errado? Não vejo nada.

Sam: Mara disse que a diferença era sutil. Observe como o gráfico de barras à direita tem espaço em branco extra depois de cada barra, antes dos tempos serem mostrados.

Mara: Não é um grande problema, mas certamente significa que o gráfico à direita é mais fácil de ver. O gráfico à esquerda me parece confuso.

Alex: Ah, sim, vejo isso agora. É uma solução fácil também?

Mara: Espero que sim.

Sam: Lembre-se de que a *largura* de cada barra é determinada chamando a função `hfpy _ utils.convert2range`. Acho que conseguiremos lidar com essas chamadas para resolver o problema sem muita dificuldade.

Alex: Legal. São duas correções rápidas, então. Não deve levar muito tempo...

Test Drive

Ajuste a célula de código como mostrado abaixo, reinicie seu notebook e, em seguida, execute todo o código de novo para ver as diferenças que essas pequenas edições fazem:

Reverter ambas as listas antes de executar o loop "for" que gera o SVG corrige o problema da ordem.

```
import swimclub
import hfpy_utils


*_, times, average, converts = swimclub.read_swim_data(fn)
from_max = max(converts)
svgs = ""
times.reverse()
converts.reverse()
for n, t in enumerate(times):
    bar_width = hfpy_utils.convert2range(converts[n], 0, from_max, 0, 350)
    svgs = svgs + f"""
                          <svg height="30" width="400">
                              <rect height="30" width="{bar_width}" style="fill:rgb(0,0,255);" />
                          </svg>{t}<br />
                    """
```

Mudar o valor máximo do "intervalo" de 400 para 350 deve dar o espaço em branco de que você precisa.

Com certeza, sua versão mais recente do gráfico de barras parece muito melhor que antes. A ordem é corrigida e tudo parece um pouco mais limpo agora que há um espaço adicional:

Isto parece bom.

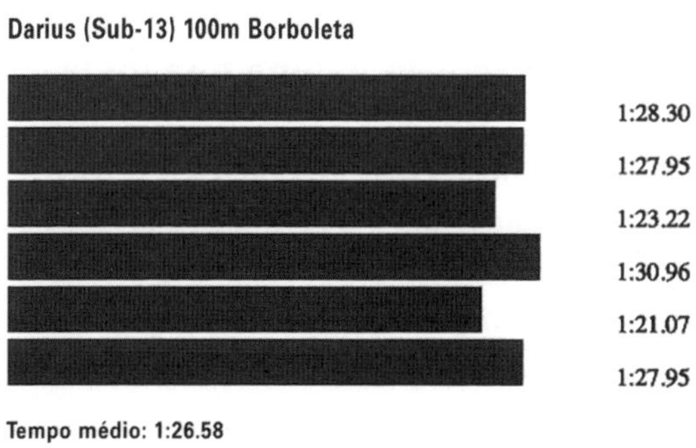

Hora de outra função personalizada

O código no seu notebook *Charts.ipynb* gera um gráfico de barras que é uma boa aproximação do que o Coach precisa e corresponde ao que ele criou com a planilha. O gráfico de barras não é uma correspondência *exata*, e isso tem a ver com o fato de que o eixo x do gráfico começa em zero, já o eixo x da planilha começa em 1:13.44, então a escala está um pouco fora. Não se preocupe, o que você criou aqui está excelente.

Só falta conseguir chamar seu código para *qualquer* nome de arquivo, não apenas aquele que contém os tempos de natação de Darius. Criar outra função deve resolver. Lembre-se da estratégia em três etapas do último capítulo para criar uma função:

1. **Pensar em um nome bonito e significativo.**
   Chamaremos a função de `produce_bar_chart`, que, mesmo sendo nós a dizer, é um dos melhores nomes que você provavelmente encontrará.

2. **Decidir sobre o número e os nomes dos parâmetros.**
   Como `read_swim_data`, sua nova função tem um único parâmetro que identifica o nome de arquivo para gerar um gráfico de barras.

3. **Indentar o código da função sob uma instrução def.**
   def introduz a função, especificando o nome dela e quaisquer parâmetros. Como sempre, o código indentado sob a palavra-chave **def** é o bloco de código da função.

Concordo. É uma boa ideia.

Afinal, o código que você está criando faz parte do sistema criado para o Coach, então manteremos todo o código que você planeja usar em um módulo.

Dê uma olhada (na próxima página) no código que adicionamos ao nosso arquivo *swimclub.py*. Você deve fazer isso também, prestando atenção aos *pequenos ajustes* que fizemos na versão final.

Adicionaremos outra função ao módulo

Adicione as próximas duas linhas ao *início* do seu arquivo *swimclub.py*, em seguida, adicione a função ajustada, como mostrado:

Verifique se qualquer módulo necessário é importado antes de sua função usá-lo.

```
import hfpy_utils

CHARTS = "charts/"
```

Defina uma constante que identifica onde os gráficos de barras devem ser armazenados.

```
   ⋮
```

Um comentário útil é adicionado como uma string com aspas triplas.

```
def produce_bar_chart(fn):
    """Given the name of a swimmer's file, produce a HTML/SVG-based bar chart.

    Save the chart to the CHARTS folder. Return the path to the bar chart file.
    """
    swimmer, age, distance, stroke, times, average, converts = read_swim_data(fn)
    from_max = max(converts)
    times.reverse()
    converts.reverse()
    title = f"{swimmer} (Under {age}) {distance} {stroke}"
    header = f"""<!DOCTYPE html>
                <html>
                    <head>
                        <title>{title}</title>
                    </head>
                    <body>
                        <h3>{title}</h3>"""
    body = ""
    for n, t in enumerate(times):
        bar_width = hfpy_utils.convert2range(converts[n], 0, from_max, 0, 350)
        body = body + f"""
                        <svg height="30" width="400">
                            <rect height="30" width="{bar_width}" style="fill:rgb(0,0,255);" />
                        </svg>{t}<br />"""
    footer = f"""
                        <p>Average time: {average}</p>
                    </body>
                </html>"""
    page = header + body + footer
    save_to = f"{CHARTS}{fn.removesuffix('.txt')}.html"
    with open(save_to, "w") as sf:
        print(page, file=sf)

    return save_to
```

Como esta função é agora parte do módulo "swimclub", você não precisa qualificar totalmente esta chamada.

O código original referenciado a esta f-string como "html". Achamos que "header" é um nome melhor, então mudamos.

Também mudamos o nome "svgs" para "body".

Esta linha agora facilita a leitura. A página HTML é composta por um cabeçalho, um corpo e um rodapé (header, body, footer).

A função retorna o local/nome do arquivo salvo.

Test Drive

Verifique se o módulo `swimclub` está atualizado com o código ajustado da última página. Volte ao seu notebook *Charts.ipynb*, clicando no botão **Reiniciar** do VS Code para limpar o interpretador dos restos de quaisquer células de código executadas antes. Trabalhando na parte inferior do notebook, adicione e execute o código como mostrado abaixo. Veja se os resultados aqui são replicados em sua tela.

Comece importando os módulos nos quais seu código se baseia.

```
import os
import swimclub
import webbrowser
```

Em seguida, execute "produce_bar_chart" para criar a página HTML e confirme o local do arquivo criado.

```
swimclub.produce_bar_chart("Darius-13-100m-Fly.txt")
```

```
'charts/Darius-13-100m-Fly.html'
```

Atribua o local a uma variável chamada "chart".

```
chart = swimclub.produce_bar_chart("Darius-13-100m-Fly.txt")

webbrowser.open("file://" + os.path.realpath(chart))
```

```
True
```

Exiba o gráfico de barras em seu navegador padrão.

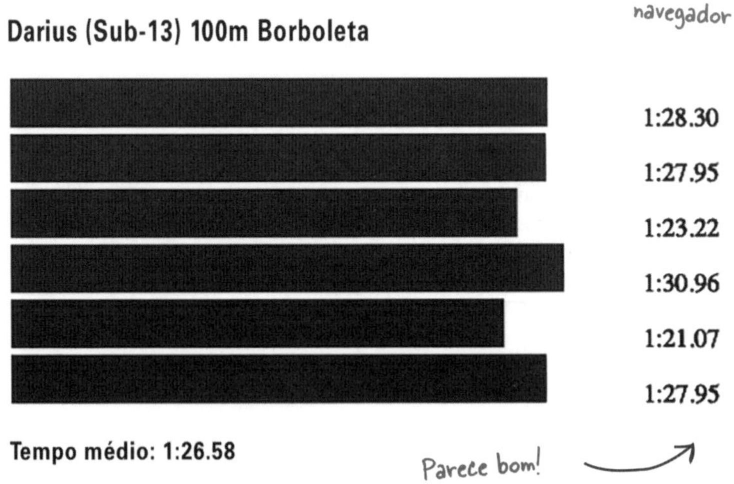

Parece bom!

```
chart = swimclub.produce_bar_chart("Dave-17-100m-Free.txt")

webbrowser.open("file://" + os.path.realpath(chart))
```

```
True
```

Limpe e repita para os dados de 100m Estilo livre de Dave.

Dave (Sub-17) 100m Estilo livre

Tempo médio: 0:59.21

```
chart = swimclub.produce_bar_chart("Lizzie-14-100m-Back.txt")

webbrowser.open("file://" + os.path.realpath(chart))
```

```
True
```

Mais uma vez para dar sorte: os dados de 100m Costas de Lizzie.

Lizzie (Sub-14) 100m Costas

Tempo médio: 1:29.2

Há apenas um pequeno detalhe: 2 não parece certo... e quase acertamos 3 de 3! 😉

Qual é a do valor dos centésimos?

Seu código gerou um valor "2" para os centésimos de Lizzie. O problema é que não fica claro se esse valor deve ser "20" ou "02". Veja a linha de código de seu módulo `swimclub` que gerou o valor:

Pegue o valor de "average", divida por 100 e arredonde o resultado para 2 casas decimais...

```
mins_secs, hundredths = str(round(average / 100, 2)).split(".")
```

... então, converta o valor arredondado em uma string e divida-a no caractere ".", produzindo as partes componentes.

É um grande mistério, né?

O código realmente parece bom, mas não há como escapar do fato de que ele não funciona bem para os dados da Lizzie. Droga.

O que fazer?

Um pouco de trabalho de detetive de código pode ser necessário aqui. Agora, não sinta que você tem que (mais uma vez) recorrer a isso... a menos que seja o detetive de código mais famoso do mundo *e* seu sobrenome seja "Holmes." 😉

Arredondar não é o que você quer (neste caso)

Quando se trata de fazer o arredondamento com a BIF **round**, a ênfase está na *execução* correta do cálculo, não na *formatação* correta do resultado para a exibição. É como se o arredondamento fosse uma operação muito *brusca* quando se trata de usar o resultado de **round** diretamente para fins de exibição.

Além de facilitar a *produção* de strings, a tecnologia f-string do Python fornece **especificadores de formato de strings** sofisticados. Há muitos desses especificadores, e não descreveremos o que todos fazem aqui. Em vez disso, veremos a correção de que precisamos:

Seu BFF, os dois pontos, tem um papel importante nos especificadores de formato de f-string. O valor inserido em sua f-string é formatado de acordo com a especificação dada.

```
f"{(average / 100):.2f}"
```

```
'89.20'
```

"2f" especifica que o número de ponto flutuante criado dividindo "average" por 2 deve ser exibido com duas casas decimais.

É mais parecido com isto!

```
f"{(average / 100):.2f}".split(".")
```

```
['89', '20']
```

Como a f-string produz uma string, você pode ir em frente e dividi-la quando necessário.

Atribuir a f-string split a `mins _ secs` e `hundredths` (como você fez com a linha de código em questão) dá-lhe uma substituição imediata que corrige o detalhe da exibição e resolve o mistério da codificação.

Se Liga!!

Se quiser saber um pouco mais sobre os especificadores de formato de f-string, como sugerido antes, comece com os exemplos incluídos nos docs do Python: *https://docs.python.org/3/reference/lexical_analysis.html#f-strings.*

Test Drive

Ajuste a função `read_swim_data` no módulo `swimclub` para substituir a linha de código que usou a BIF **round** pelo código da f-string da página anterior. Aqui está o trecho de código necessário:

Esta é a linha de substituição do código.

```
        :
average = statistics.mean(converts)
mins_secs, hundredths = f"{(average / 100):.2f}".split(".")
mins_secs = int(mins_secs)
        :
```

Com o módulo `swimclub` salvo, reinicie seu notebook *Charts.ipynb* e, em seguida, execute novamente as células de código que geram o gráfico de barras de Lizzie. Quando fizer isso, verá o mesmo gráfico da última vez, mas o detalhe irritante é corrigido e o tempo médio é exibido corretamente:

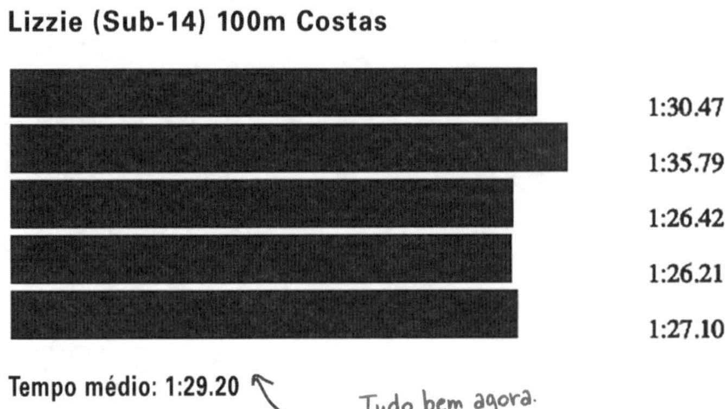

Tudo bem agora.

Mais um pequeno ajuste na formatação

Ajustar o formato de exibição do valor de *centésimos* levanta outra questão: o que acontece se o valor dos *segundos* tem apenas um dígito, digamos 2? No momento, o código atual cria uma string de tempo que lembra `"1:2.20"` (que parece bem estranha) em oposição a `"1:02.20"` (que parece *muito* melhor). A tecnologia de formatação de f-string pode ajudar aqui também. Para evitar que esta situação aconteça, mude a penúltima linha de código na função `read_swim_data` (em *swimclub.py*) para ficar assim:

```
average = f"{minutes}:{seconds:0>2}.{hundredths}"
```

O especificador de formato "0>2" instrui a f-string para preencher à esquerda o valor "seconds" com zero se necessário.

As coisas estão progredindo bem...

Com esta última correção aplicada, você agora tem um mecanismo que, dado o nome de arquivo de qualquer nadador, pode gerar um gráfico de barras associado. É um passo importante para dar ao Coach um sistema que substitui sua prancheta confiável e planilha.

Mas ainda é uma questão aberta como você fornecerá essa funcionalidade para o Coach. Não nos preocuparemos com esses detalhes agora. Saboreie a glória dos seus belos gráficos de barras HTML.

Ótimo! E tem mais por vir.

Agora que temos o código que desenha um gráfico de barras para qualquer um dos arquivos de dados do Coach, precisamos fazer com que ele selecione facilmente com qual arquivo do nadador trabalhar. Começaremos este trabalho no próximo capítulo.

Antes disso, relaxe, faça uma pausa, reveja o resumo do capítulo e não se esqueça de ler as palavras cruzadas deste capítulo.

PONTOS DE BALA

- Embora este livro não seja para ensinar **HTML**, como um programador Python moderno, você achará difícil não se deparar com o processamento de HTML em algum momento.
- Além de gerar uma página HTML completa, este capítulo também usa a marcação **SVG** para desenhar barras nos gráficos do Coach.
- A PSL vem com o módulo **webbrowser** que, como o nome sugere, permite ao Python interagir com seu navegador favorito. O módulo **webbrowser** pode abrir o HTML em um arquivo e a partir de um endereço da web.
- Quando se trata de criar **strings formatadas**, o Python tem opções. Além de criar strings com o venerável operador de concatenação (+), a galera descolada (e nós, os mais velhos também) cada vez mais busca as **f-strings** para esse tipo de coisa.
- As f-strings facilitam incluir o valor de uma variável em uma string formatada graças à **interpolação**. Pense em "inserir" e você estará bem. Chaves são usadas para indicar onde na string formatada o valor da variável deve ficar. Lembre-se: no Python, as chaves normalmente ficam nos dados, ***não*** no código.
- O módulo **hfpy_utils** tem uma função de conversão que pode converter um valor de um intervalo em um valor em outro intervalo. Chamada de `convert2range` (em um ato de imaginação desconhecido), essa função foi usada para garantir que a largura das barras no gráfico do Coach não acabasse tendo milhares de pixels.
- Se você acha que somos realmente inteligentes, por conta da criação da função `convert2range`, pense bem. Veja o código `htpy _ utils.py` (parte do download deste livro) e observe o comentário que lhe diz quem é realmente inteligente.
- Além de abrir arquivos para leitura, a BIF **open** também pode gravar em arquivos, o que é muito útil quando seu código precisa criar um novo arquivo. O modo "`w`" diz a **open** para criar/sobrescrever/gravar o arquivo nomeado.
- O método **reverse** (predefinido em todas as listas Python) troca a ordem de uma lista nomeada *no lugar*, e evitou o constrangimento de mostrar ao Coach um gráfico do nadador com a ordem incorreta das barras.
- Para ser claro, uma "ordem de barras incorreta" não tem nada a ver com ordenar três cervejas em vez de duas.
- Com tudo funcionando pelas especificações, você criou a função `produce _ bar _ chart` e adicionou-a ao módulo **swimclub**, para que sua nova funcionalidade pudesse ser compartilhada mais facilmente.
- Feito isso, você notou um pequeno bug (não é sempre assim?), que resultou no valor dos centésimos de segundo exibido incorretamente. A sempre versátil f-string veio socorrer aqui assim que você percebeu que a BIF **round** estava fazendo de tudo para arruinar seu dia.
- O **especificador de formato** do mecanismo da f-string salvou você da fúria de **round**, bem a tempo de mostrar seu código gerador de gráficos de barras ao Coach, que ficou animado com seu progresso. Ufa!

Cruzadinha do Python

As respostas para as pistas se encontram nas páginas deste capítulo e a solução está na página seguinte.

Horizontal

5. Como uma técnica, isso não escala muito bem ao criar strings.

7. O nome de um módulo PSL que pode abrir automaticamente uma página da web.

10. Abreviação de gráficos vetoriais escalonáveis.

13. O que significa "f" em f-string.

Vertical

1. Este gráfico de barras do nadador exibiu um pequeno detalhe que o uso de uma f-string corrigiu.

2. Com f-strings, as __________ ficam nos nomes de variáveis.

3. O sobrenome do detetive de código mais famoso do mundo.

4. O nome do parâmetro para a BIF **print** que salva os dados no disco.

6. O módulo PSL que se comunica com o sistema operacional.

8. Este método de lista troca a ordem.

9. O uso desta BIF resultou na criação de uma linha de código com problemas.

11. Quando usado com a BIF **open**, o valor "w" permite o modo __________ .

12. A linguagem de marcação da web.

Respostas na página 224

Cruzadinha do Python Solução

Da página 223

Horizontal

5. Como uma técnica, isso não escala muito bem ao criar strings.

7. O nome de um módulo PSL que pode abrir automaticamente uma página da web.

10. Abreviação de gráficos vetoriais escalonáveis.

13. O que significa "f" em f-string.

Vertical

1. Este gráfico de barras do nadador exibiu um pequeno detalhe que o uso de uma f-string corrigiu.

2. Com f-strings, as __________ ficam nos nomes de variáveis.

3. O sobrenome do detetive de código mais famoso do mundo.

4. O nome do parâmetro para a BIF **print** que salva os dados no disco.

6. O módulo PSL que se comunica com o sistema operacional.

8. Este método de lista troca a ordem.

9. O uso desta BIF resultou na criação de uma linha de código com problemas.

11. Quando usado com a BIF **open**, o valor "w" permite o modo __________ .

12. A linguagem de marcação da web.

5 organizando

Escolhendo uma Estrutura de Dados

Seu código precisa colocar os dados em algum lugar na memória.

E quando se trata de organizar os dados em algum lugar... **na memória**, sua escolha de qual estrutura de dados usar pode ser crítica e muitas vezes é a diferença entre uma solução bagunçada que *funciona* e uma solução **elegante** que *funciona bem*. Neste capítulo, você aprenderá outra estrutura de dados predefinida do Python, o **dicionário**, que costuma ser combinado com a lista onipresente para criar estruturas de dados **complexas**. O Coach precisa de uma maneira fácil de selecionar os dados do nadador, e quando você coloca os dados do Coach em um dicionário, as pesquisas são moleza!

Sim, começaremos por aí.

Para usar o sistema com eficiência, o Coach primeiro precisa selecionar um nadador na lista completa. Depois, para o nadador selecionado, uma segunda lista exibida permite escolher os detalhes do estilo.

Então... são as duas *tarefas de lista* distintas que abordaremos, uma de cada vez.

Conheça os dados com os quais trabalhará

Se você olhar rápido todos os arquivos em sua pasta *swimdata,* provavelmente notará que cada nadador (não importa a categoria de idade) tem um nome *exclusivo.* Isto é, há apenas um Darius, uma Ruth, um Ali etc. Isso facilita o que você fará em relação ao que seria se tivesse, por exemplo, um Dave nadando na categoria sub-17 e *outro* Dave nadando na sub-12. Mas, não nos preocuparemos com essas complicações agora.

Na série *Use a Cabeça*, gostamos de dizer: *Trabalhe com os dados que você tem.*

Extraia uma lista de nomes dos nadadores

Lembra-se deste código em um capítulo anterior que, dado o nome de uma pasta, retorna uma lista de arquivos contidos nela:

Importe os módulos necessários.

```
import os

import swimclub
```

Crie uma lista dos nomes de arquivo na pasta "swimdata".

Não queremos processar o arquivo ".DS_Store" específico do macOS.

```
swim_files = os.listdir(swimclub.FOLDER)
swim_files.remove('.DS_Store')

print(len(swim_files))
```

```
60
```

Confirme se os 60 nomes de arquivo estão agora na lista "swim_files".

Processaremos todos os arquivos na lista `swim_files` para extrair a lista única de nomes dos nadadores. Parece um trabalho para o loop **for**.

Exercício

Crie um novo notebook chamado *OrganizingData.ipynb*, adicione o código acima na primeira célula de código e pressione **Shift+Enter** para executar estas cinco linhas de código. Na próxima célula, crie uma nova lista vazia chamada `swimmers`, então crie um loop **for** que processa todos os arquivos na lista `swim_files`. Em cada iteração, adicione o nome do nadador à lista `swimmers`. Quando terminar, mostre a lista de nomes da lista `swimmers` na tela. Escreva o código que você criou no espaço abaixo:

____

____

____

____

____

Respostas na página 228

Exercício Solução

Da página 227

Você teve que criar um novo notebook chamado *OrganizingData.ipynb*, adicionar o código fornecido na primeira célula de código e pressionar **Shift+Enter** para executar as cinco linhas de código. Na próxima célula, precisou criar uma nova lista vazia chamada `swimmers`, antes de criar um loop **for** que processa todos os arquivos na lista `swim_files`. Em cada iteração, precisou adicionar o nome do nadador à lista `swimmers`. Para terminar, teve que mostrar a lista de nomes da lista `swimmers` na tela. Veja nosso código. Como o seu se compara?

Comece com uma lista vazia de nadadores.

```
swimmers = []
for file in swim_files:
    swimmers.append(swimclub.read_swim_data(file)[0])
print(swimmers)
```

Processe cada nome de arquivo, um por vez.

Obtenha os dados no arquivo (como uma tupla) e adicione os dados do primeiro slot à lista "swimmers".

Exiba a lista completa de nomes na tela.

Test Drive

Veja os resultados que temos na nossa tela quando executamos o código:

```
swimmers = []
for file in swim_files:
    swimmers.append(swimclub.read_swim_data(file)[0])
print(swimmers)
```

A função "read_swim_data" retorna uma tupla cujo primeiro slot contém o nome do nadador. É o que [0] acessa.

```
['Hannah', 'Darius', 'Owen', 'Mike', 'Hannah', 'Mike', 'Mike', 'Abi', 'Ruth', 'Tasmin', 'Erika',
'Ruth', 'Abi', 'Maria', 'Elba', 'Tasmin', 'Abi', 'Abi', 'Mike', 'Ali', 'Ruth', 'Chris', 'Ali',
'Darius', 'Ruth', 'Aurora', 'Katie', 'Alison', 'Ruth', 'Emma', 'Calvin', 'Darius', 'Mike', 'Emma',
'Tasmin', 'Blake', 'Abi', 'Chris', 'Blake', 'Bill', 'Darius', 'Dave', 'Alison', 'Lizzie', 'Katie',
'Katie', 'Katie', 'Lizzie', 'Tasmin', 'Katie', 'Dave', 'Erika', 'Calvin', 'Calvin', 'Carl', 'Bill',
'Katie', 'Blake', 'Erika', 'Katie']
```

É uma lista de nomes de nadadores. Mas, são *todos* os 60, com muitos deles repetidos. Você precisa de alguma forma de remover todos os nomes repetidos e duplicados!

Removendo duplicatas com lista-conjunto-lista

Quando estiver em uma situação na qual você tem uma lista de dados que contém muitas entradas repetidas ou duplicadas, um *truque* útil é converter rapidamente a lista em um **conjunto**, que remove todas as entradas duplicadas ou repetidas. Quando o conjunto termina, você pode convertê-lo de volta em uma lista. É tão simples quanto parece:

1. Veja a lista que contém as entradas repetidas ou duplicadas.

```
names = list(set(swimmers))
```

3. Quando você passa o conjunto para a BIF "list", ele converte o conjunto de entradas único de volta em uma lista, antes de atribuir a lista a uma variável chamada "names".

2. Quando você passa a lista para a BIF "set", todas as entradas repetidas ou duplicadas são removidas (como mágica). A estrutura de dados da lista é transformada em uma estrutura de dados do conjunto.

Test Drive

Vá em frente e digite a linha de código acima na sua próxima célula de código, em seguida, execute-a. Então, use a BIF **print** para exibir a lista `names` na tela:

```
names = list(set(swimmers))
```

← O truque de lista-conjunto-lista.

```
print(names)
```

```
['Carl', 'Elba', 'Calvin', 'Erika', 'Owen', 'Ali', 'Abi', 'Aurora', 'Mike', 'Darius',
'Maria', 'Dave', 'Hannah', 'Ruth', 'Chris', 'Emma', 'Bill', 'Alison', 'Katie',
'Tasmin', 'Blake', 'Lizzie']
```

A lista de nomes do nadador com as duplicatas ou as entradas repetidas removidas.

```
len(names)
```

```
22
```

← Uma verificação rápida com o Coach confirma que há 22 nadadores no clube.

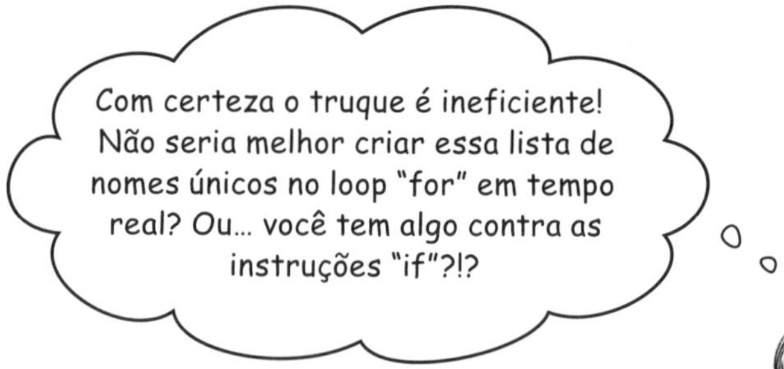

As observações são válidas, com certeza.

Se você soubesse que teria que se preocupar com as entradas repetidas *antes*, teria escrito seu loop **for** assim:

```
swimmers = []
for file in swim_files:
    name = swimclub.read_swim_data(file)[0]
    if name not in swimmers:
        swimmers.append(name)
print(swimmers)
```

Lembre-se: o código em uma caixa cinza significa que você *acompanha* no seu notebook atual.

O loop gera uma lista de 22 elementos em `swimmers` que contém os mesmos 22 nomes produzidos pelo truque lista-conjunto-lista (mas em uma ordem diferente). Mas, você não sabia que precisava se preocupar com as duplicatas até *depois* de executar seu loop **for** original... Então o truque *lista-conjunto-lista* é o caminho a seguir. Depois que passa, tudo fica óbvio!

Agora o Coach tem uma lista de nomes

Se você usa o *truque lista-conjunto-lista* ou modifica seu loop **for** original para criar a lista única conforme segue, acaba com os 22 nomes de que o Coach precisa.

Para confirmar que ambas as técnicas têm os mesmos resultados, você pode usar a BIF **sorted** para exibir suas listas como uma cópia ordenada assim:

Usar a BIF "print" exibe os dados na horizontal na tela.

```
print(sorted(names))
```

```
['Abi', 'Ali', 'Alison', 'Aurora', 'Bill', 'Blake', 'Calvin', 'Carl', 'Chris',
'Darius', 'Dave', 'Elba', 'Emma', 'Erika', 'Hannah', 'Katie', 'Lizzie', 'Maria',
'Mike', 'Owen', 'Ruth', 'Tasmin']
```

```
print(sorted(swimmers))
```

```
['Abi', 'Ali', 'Alison', 'Aurora', 'Bill', 'Blake', 'Calvin', 'Carl', 'Chris',
'Darius', 'Dave', 'Elba', 'Emma', 'Erika', 'Hannah', 'Katie', 'Lizzie', 'Maria',
'Mike', 'Owen', 'Ruth', 'Tasmin']
```

Nota: a BIF "sorted" produz uma *cópia* ordenada dos dados de sua lista. A ordem original nas suas listas permanece inalterada.

Sim, obter os nomes é a primeira etapa.

Com um nadador identificado, podemos lembrar ainda o nome de seus arquivos de dados e usar os dados nesses arquivos para desenhar o número correto de gráficos. O problema é: *Como fazer isso se tudo que sabemos, no momento, é o nome do nadador?*

Uma pequena mudança faz uma "grande" diferença

Veja o código original que exibe os nomes dos nadadores extraídos de cada um dos arquivos na pasta `swimdata`:

Lembre-se: você só está interessado no primeiro item de dados retornado da função, ou seja, o nome do nadador, que é adicionado à lista "swimmers" em cada iteração.

```
swimmers = []
for file in swim_files:
    swimmers.append(swimclub.read_swim_data(file)[0])
print(swimmers)
```

Lembre-se de que o código acima exibe 60 nomes na tela e você pode implantar com sucesso o *truque lista-conjunto-lista* para remover os nomes duplicados indesejados. Ajustar um pouco o código permite lembrar não só o nome do nadador, mas também o nome de seu nome de arquivo associado:

O nome de arquivo associado do nadador.

O nome do nadador..

```
swimmers = []
for file in swim_files:
    swimclub.read_swim_data(file)[0]
    swimmers.append((swimclub.read_swim_data(file)[0], file))
```

Você viu os parênteses extras nos dados anexados? Quando você usa parênteses assim, cria uma tupla.

Sim, mas temos um probleminha.

Cada tupla contém o nome do nadador, *bem como* seu nome de arquivo associado, e cada nome de arquivo é único. Infelizmente, o *truque lista-conjunto-lista* não remove mais os nomes repetidos dos nadadores da lista `swimmers`: não há mais entradas duplicadas em `swimmers`. Esse é o problema. Agora você precisará escrever *outro* loop **for** para processar os dados em `swimmers` e determinar a lista exclusiva de nomes.

Toda tupla é única

Supomos que você adicionou (e executou) o código da página anterior em seu notebook mais recente. A BIF **len** confirma que a lista `swimmers` tem 60 tuplas:

```
len(swim_files)
```

```
60
```

Uma extensão da *notação de colchetes* do Python permite que você veja (neste exemplo) os primeiros cinco slots em sua lista `swimmers` recém-criada:

Pegue os primeiros cinco slots da lista...

```
swimmers[:5]
```

```
[('Hannah', 'Hannah-13-100m-Free.txt'),
 ('Darius', 'Darius-13-100m-Back.txt'),
 ('Owen', 'Owen-15-100m-Free.txt'),
 ('Mike', 'Mike-15-100m-Free.txt'),
 ('Hannah', 'Hannah-13-100m-Back.txt')]
```

Os primeiros cinco slots na lista "swimmers" são tuplas em duas partes.

Pode ser útil considerar cada uma das tuplas como uma linha de dados.

O nome do nadador..

O nome de arquivo..

Exibir as primeiras cinco tuplas/linhas na lista é suficiente para demonstrar o problema: *Hannah aparece duas vezes devido ao fato de que os nomes de arquivo dela diferem.* Claro, há apenas uma Hannah no clube e para voltar ao ponto em que você tem uma lista de nomes únicos para mostrar ao Coach, é preciso processar todas as linhas na lista de nadadores para remover as entradas repetidas e duplicadas. Funciona, mas parece um desperdício:

```
names = []
for row in swimmers:
    if row[0] not in names:
        names.append(row[0])
print(sorted(names))
```

Comece com uma lista "names" vazia e processe todas as linhas na lista de tuplas "swimmers" para criar uma lista de nomes únicos. Note o uso de colchetes para selecionar o primeiro objeto em cada tupla. Funciona, mas parece um pouco frágil.

```
['Abi', 'Ali', 'Alison', 'Aurora', 'Bill', 'Blake', 'Calvin', 'Carl', 'Chris',
'Darius', 'Dave', 'Elba', 'Emma', 'Erika', 'Hannah', 'Katie', 'Lizzie', 'Maria',
'Mike', 'Owen', 'Ruth', 'Tasmin']
```

A lista de nomes únicos (de novo)

Tem razão. Há muito loop acontecendo.

Como você está usando uma lista aqui (ou, mais corretamente, uma lista de *linhas* em duas partes), muitas vezes precisa contar com o loop **for** para verificar a lista *inteira* ao tentar encontrar os dados que deseja. Não é o caso quando você sabe onde um dado específico está na lista (ou na tupla).

Por exemplo, no *Test Drive* mais recente, você usou `row[0]` para pegar o nome do nadador porque sabe que o nome é o primeiro item de cada linha de tuplas. Mas se, por exemplo, você precisa extrair todos os dados de Dave da sua lista de tuplas `swimmers`, tem que usar um loop, pois não tem ideia de onde os dados de Dave estão na lista de tuplas sem primeiro pesquisar. Um código assim não só encontra as linhas de tuplas de Dave, como também informa os números de slots relevantes da lista de tuplas `swimmers`:

```
for n, event in enumerate(swimmers):
    if event[0] == "Dave":
        print(n, event)
```

```
42 ('Dave', 'Dave-17-100m-Free.txt')
51 ('Dave', 'Dave-17-200m-Back.txt')
```

E, claro, você está usando *outro* loop aqui, o que significa que itera a lista de tuplas inteira *novamente*.

Não seria um sonho se houvesse uma forma de organizar meus dados na memória para que as pesquisas fossem otimizadas e eu não precisasse recorrer a todo esse loop? Mas sei que é apenas uma fantasia...

Faça pesquisas super-rápidas com dicionários

Além de listas, tuplas e conjuntos, o Python tem uma quarta estrutura de dados predefinida, que atende pelo nome de **dicionário**. Dependendo da linguagem de programação com a qual já tem experiência, você pode conhecer o dicionário do Python por outro nome, como *array associativo, mapa, hash* ou *tabela de símbolos.* Não importa o nome usado, essa estrutura de dados fornece uma funcionalidade de pesquisa otimizada em uma tabela de dados com várias linhas.

Para ajudá-lo a entender o que é um dicionário, iremos compará-lo com uma lista.

Em conceito, uma lista é assim:

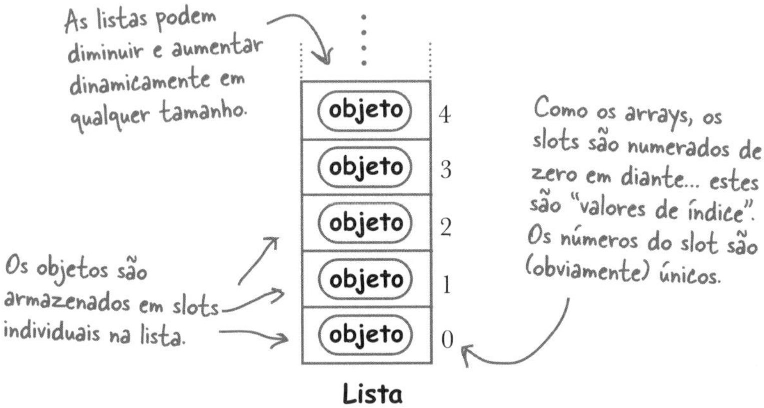

Veja uma... em, eh... *lista* de coisas a saber sobre listas:

1. **As listas são como arrays normais potencializados.**
   O que diferencia uma lista de um array (no Python) é a sua capacidade de diminuir e aumentar dinamicamente em qualquer tamanho. O Python lida com todos os detalhes do gerenciamento da memória bagunçada.

2. **As listas são uma coleção sequencial de objetos Python.**
   Você pode colocar qualquer coisa em um slot da lista — *qualquer coisa.* Como tudo no Python é objeto, qualquer objeto pode ser armazenado em lista, com cada slot numerado com um valor de índice que começa em zero.

3. **As listas são perfeitas quando a ordem dos dados é importante.**
   Se você precisar manter seus dados em uma ordem específica, não haverá melhor estrutura de dados a usar do que uma lista (mesmo que também possa usar uma tupla, mas lembre-se: as tuplas são imutáveis).

4. **As listas podem ser processadas de várias formas.**
   Você pode trabalhar com dados em qualquer lista usando a notação de colchetes, os métodos de lista, as BIFs do Python e os loops (com o loop **for** do Python sendo quase perfeito aqui).

Os dicionários são armazenamentos de pesquisa com chave/valor

Compare o diagrama da lista na página anterior com a representação conceitual de um dicionário do Python:

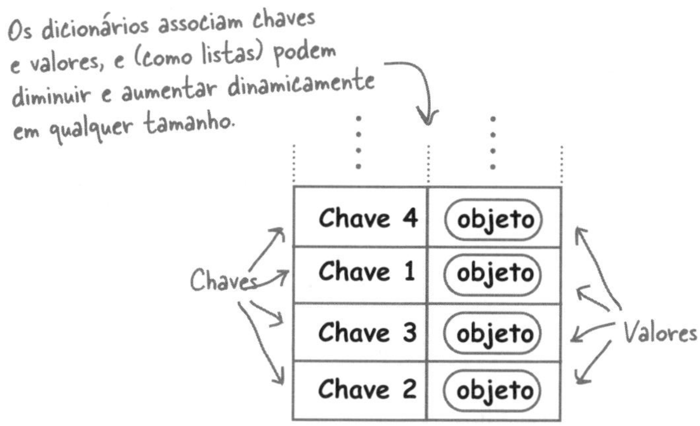

Dicionário

Veja o que você precisa saber sobre dicionários:

1. **Os dicionários são como uma lista em duas colunas.**
   Mas diferente das listas, que usam um índice numérico para identificar os slots que contêm objetos, os dicionários usam chaves para identificar os valores, com os valores sendo *qualquer* objeto Python.

2. **Um dicionário pode conter qualquer número de linhas de dados.**
   Cada par de chave/valor representa uma linha de dados: uma **chave** é associada a um **valor**. Como os índices em listas são únicos, as chaves de dicionário precisam ser únicas para a pesquisa funcionar.

3. **Os dicionários têm uma funcionalidade de pesquisa rápida.**
   Quando fornecida uma chave, seu dicionário pesquisa e retorna o valor associado. Graças à implementação subjacente, essas buscas *não* usam uma pesquisa sequencial.

4. **Os dicionários podem ser processados de muitas formas diferentes.**
   Você pode trabalhar com os dados em qualquer dicionário usando uma versão específica do dicionário na notação de colchetes, os métodos do dicionário, as BIFs do Python e os loops.

Conversa informal

Conversa da noite: A LISTA conversa com o DICIONÁRIO sobre como selecionar a melhor estrutura de dados...

LISTA: Veja quem apareceu no (cof, cof) *sexto* capítulo?

DICIONÁRIO: Olá, Lista, como você está?

LISTA: Como estou? *Como estou?* Nos cinco capítulos antes deste, tenho trabalhado, viu? Trabalhado *duro* para manter os dados do Coach em ordem.

DICIONÁRIO: No que você é realmente boa: manter a ordem.

LISTA: Não venha bancar o superior, novato... arrogante!

DICIONÁRIO: Não há necessidade de insultos. Só estou afirmando que quando a ordem dos dados é importante, não há melhor estrutura de dados do que você, Lista.

LISTA: Nada melhor...? NADA MELHOR?!? Ah, sim... sou ótima quando se trata de ordenar dados. Eh... obrigada Dicionário. E posso fazer pesquisas também, se você não se importa com um pouco de busca sequencial. Sou uma verdadeira faz-tudo, na minha humilde opinião.

DICIONÁRIO: Bem, concordando em discordar sobre isso, pois não há melhor estrutura de dados de pesquisa predefinida do que eu.

LISTA: Como eu disse: *novato*. Hum. [Vira o rosto, desviando o olhar do Dicionário.]

DICIONÁRIO: Ah, qual é, você sabe que é verdade. Uma pesquisa sempre vencerá uma busca sequencial, fácil. Mas uma tabela de pesquisa é provavelmente a pior escolha quando se trata de lembrar a ordem em que os dados foram criados. Nesse caso, todos nos curvamos a você, Oh poderosa lista.

LISTA: [Volta a encarar.] Eu gosto disso: Oh Poderosa Lista™. Acho que colocarei em uma camiseta.

DICIONÁRIO: [Piscando] Não conte para a Tupla e o Conjunto...

LISTA: [Risos] Melhor nem começar a falar sobre os dois...

DICIONÁRIO: OK, é melhor lembrar que todos nós temos nossos usos, e todos temos coisas que fazemos beeeem melhor do que qualquer outra coisa.

LISTA: Escolho gola V ou gola careca para a camiseta?

DICIONÁRIO: Você está me ouvindo?!?

LISTA: Ouvindo você? Sou a Poderosa Lista™... todos precisam me ouvir!

DICIONÁRIO: Meu, eu sabia que era uma má ideia. Uma lista nunca ouve. Onde eu coloquei o número da Tupla?

Você já disse isso algumas vezes: o Python usa chaves nos dados, não no código. Isso fica bem claro ao trabalhar com dicionários, certo?

Sim. Eles andam juntos.

Claro, não é que você ainda não tenha visto as chaves usadas com dados antes. No Capítulo 0, você usou chaves em `deck` do baralho de cartas, criando um conjunto no processo.

Diferente dos conjuntos, que colocam uma lista de valores únicos entre chaves, o dicionário do Python coloca *linhas de dados* entre chaves. Como apresentado antes, cada linha tem duas partes, uma parte **chave** e uma parte **valor**, e cada uma é separada por seu BFF: *os dois pontos.*

Veja para ter um exemplo rápido.

Veja um pequeno exemplo de dicionário, atribuído à variável "person".

Note as chaves de abertura e fechamento.

```
person = {
    "first": "Tim",
    "last": "O'Reilly",
}
```

Há duas linhas aqui, representando duas informações, com as chaves à esquerda e os valores associados à direita.

E não é que os dicionários evitam os colchetes. Pelo contrário: você pode usá-los para acessar os dados de cada linha.

```
person["first"]
```

```
'Tim'
```

```
person["last"]
```

```
"O'Reilly"
```

Quando você usa uma chave entre colchetes, o dicionário retorna o valor associado.

Anatomia da criação de um dicionário

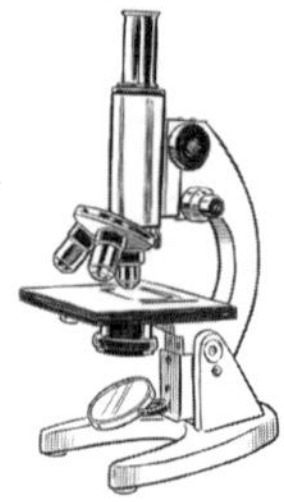

❶ Os dicionários colocam os dados entre chaves

Em Python, as chaves ficam nos dados, não no código. Veja como criar um dicionário vazio.

```
names = {}
```

❷ Sem linhas aqui

Este dicionário não tem linhas de dados, por isso não há pares de chave/valor no dicionário `names` agora.

❸ Use colchetes para adicionar uma linha de dados

Nos dicionários, a chave fica entre colchetes, que então recebe um valor *associado*, o que adiciona uma linha de dados ao dicionário.

```
names["Dave"] = "Dave-17-100m-Free.txt"
```

❹ A chave

❺ O valor

❻ O dicionário cresceu dinamicamente em uma linha

E o valor dessa linha pode ser acessado usando `names["Dave"]`. Legal, né?

Aponte seu lápis

Pare um pouco para aplicar o que você já sabe sobre dicionários no problema em questão, ou seja, usar um dicionário para armazenar os nomes únicos de todos os nadadores do Coach. Acompanhe em seu notebook para determinar as quatro linhas de código necessárias, escrevendo cada linha nos espaços abaixo.

Comece criando um novo dicionário vazio chamado `swimmers`:

1 ______________________________

Trabalhando na mesma célula de código em seu notebook, forneça a primeira linha de um loop **for** que itera todos os arquivos na lista `swim_files`:

2 ______________________________

No bloco do loop **for**, forneça a linha de código que chama a função `read_swim_data`, lembrando o nome do nadador em uma variável chamada `name`:

3 ______________________________

Com a variável `name` atribuída ao nome do nadador atual, use `name` como uma nova chave de dicionário e atribua uma lista vazia como um valor de dicionário:

4 ______________________________

Respostas na página 242

não existem Perguntas Idiotas

P: Os dicionários podem armazenar qualquer coisa como parte de seu valor?

R: Os valores do dicionário podem ser qualquer objeto Python. Como as listas, o valor armazenado em uma linha do dicionário pode ser *qualquer* objeto Python. Isso significa que, além de armazenar strings e números como valores do dicionário, também é possível armazenar listas, tuplas, conjuntos e/ou dicionários. Isso permite inúmeros arranjos de gerenciamento de dados na memória.

P: Os dicionários podem ter qualquer quantidade de chaves?

R: Sim, mas há uma ressalva: cada chave precisa ser única, então você não pode ter chaves duplicadas. O motivo tem a ver com o caso de uso do dicionário principal, que é como uma tabela de pesquisa. Se você pensar um pouco, logo perceberá que permitir valores de chave duplicados só pode levar a muitos problemas...

Aponte seu lápis Solução

Da página 241

Você precisou parar um pouco para aplicar o que já sabe sobre dicionários no problema em questão, ou seja, usar um dicionário para armazenar os nomes únicos de todos os nadadores do Coach. Acompanhando em seu notebook, determinou as quatro linhas de código necessárias, escrevendo cada linha nos espaços abaixo, como fizemos.

Começou criando um novo dicionário vazio chamado `swimmers`:

1 `swimmers = {}` ← O dicionário vazio é atribuído ao nome de variável "swimmers".

Trabalhando na mesma célula de código, teve que fornecer a primeira linha de um loop **for** que itera todos os arquivos na lista `swim_files`:

2 `for file in swim_files:` ← Nenhuma mudança aqui; esta linha de código foi usada muitas vezes antes.

No bloco do loop **for**, forneceu a linha de código que chama a função `read_swim_data`, lembrando o nome do nadador em uma variável chamada `name`:

3 `name, *_ = swimclub.read_swim_data(file)` ← O "*_" engole o resto dos dados, já o nome do nadador atual é atribuído à variável "name".

E por fim, com a variável `name` atribuída ao nome do nadador atual, teve que usar `name` como uma nova chave de dicionário e atribuir uma lista vazia como um valor de dicionário:

4 `swimmers[name] = []` ← O valor de "name" é usado como a chave da linha e a parte do valor da linha é definida para uma lista vazia.

Não, pois as chaves do dicionário devem ser únicas.

Isso significa que sempre que vemos um nome duplicado, a última linha de código atribui uma lista vazia à linha já existente. As chaves de dicionário duplicadas simplesmente são impossíveis.

Test Drive

Teste seu último código de loop. O código deve corresponder a estas quatro linhas:

```
swimmers = {}
for file in swim_files:
    name, *_ = swimclub.read_swim_data(file)
    swimmers[name] = []
```

Continue e pressione **Shift+Enter** para executar o loop acima. Em sua próxima célula, digite "swimmers", em seguida, pressione **Shift+Enter** de novo:

```
swimmers
```

```
{'Hannah': [],
 'Darius': [],
 'Owen': [],
 'Mike': [],
 'Abi': [],
 'Ruth': [],
 'Tasmin': [],
 'Erika': [],
 'Maria': [],
 'Elba': [],
 'Ali': [],
 'Chris': [],
 'Aurora': [],
 'Katie': [],
 'Alison': [],
 'Emma': [],
 'Calvin': [],
 'Blake': [],
 'Bill': [],
 'Dave': [],
 'Lizzie': [],
 'Carl': []}
```

A chave de abertura fica no início do dicionário.

Lá está ele de novo, o seu BFF dois pontos! Quando eles aparecem em um dicionário, separam uma chave do seu valor associado.

O Jupyter Notebook exibe bem todas as linhas no dicionário "swimmers" em sua própria linha. Isso facilita ver o padrão "chave, dois pontos, valor".

Cada linha do dicionário é separada da seguinte por uma vírgula.

A chave de fechamento fica no fim do dicionário.

Continuaremos este Test Drive na próxima página, pois há mais para descobrir. →

Test Drive Continuação

As BIFs também trabalham com dicionários. Veja o que a BIF **len** mostra como o tamanho do dicionário:

```
len(swimmers)
```

22

Quando você usa "len" em um dicionário, é recompensado com o número de linhas nele.

Veja o que é mostrado quando você usa a BIF **sorted** com seu dicionário:

```
print(sorted(swimmers))
```

```
['Abi', 'Ali', 'Alison', 'Aurora', 'Bill', 'Blake', 'Calvin', 'Carl', 'Chris',
'Darius', 'Dave', 'Elba', 'Emma', 'Erika', 'Hannah', 'Katie', 'Lizzie', 'Maria',
'Mike', 'Owen', 'Ruth', 'Tasmin']
```

A menos que seja dito o contrário, a BIF "sorted" retorna uma lista ordenada das chaves do dicionário.

Você pode acessar a parte do valor de qualquer linha usando uma chave entre colchetes:

```
swimmers["Dave"]
```

[]

O valor associado à chave "Dave" é atualmente uma lista vazia.

E claro (seu velho amigo) o combo mambo **print dir** mostra a lista de métodos incluídos com cada dicionário:

```
print(dir(swimmers))
```

```
['__class__', '__class_getitem__', '__contains__', '__delattr__', '__delitem__',
'__dir__', '__doc__', '__eq__', '__format__', '__ge__', '__getattribute__',
'__getitem__', '__gt__', '__hash__', '__init__', '__init_subclass__', '__ior__',
'__iter__', '__le__', '__len__', '__lt__', '__ne__', '__new__', '__or__',
'__reduce__', '__reduce_ex__', '__repr__', '__reversed__', '__ror__',
'__setattr__', '__setitem__', '__sizeof__', '__str__', '__subclasshook__',
'clear', 'copy', 'fromkeys', 'get', 'items', 'keys', 'pop', 'popitem',
'setdefault', 'update', 'values']
```

Continuando a ignorar os dunders, você fica com onze métodos que manipulam as linhas do seu dicionário. Mais sobre isto adiante neste livro como e quando você precisar.

Sim, teremos.

Parece que você leu nossa mente. Estranho.

A escolha de uma lista vazia como parte do valor do dicionário `swimmers` não foi por acaso, já que usar uma lista abre todo tipo de possibilidades. Especificamente, a lista pode crescer com os nomes dos arquivos de dados associados a cada nadador. Tudo o que é necessário para permitir isso é uma mudança no código do loop **for**.

Exercício

Veja a versão mais recente do seu loop **for**. Substitua a última linha pelo código adicional que aumenta a lista associada com o nome dos arquivos de dados do nadador.

```
swimmers = {}
for file in swim_files:
    name, *_ = swimclub.read_swim_data(file)
    swimmers[name] = []
```

Dica: lembre-se de que as listas têm o método "append" predefinido e útil.

Escreva o código substituto aqui:

____

____

____

Respostas na página 246

Exercício Solução

Da página 245

Você teve que substituir a última linha do loop **for** pelo código adicional que aumenta a lista associada com o nome dos arquivos de dados do nadador.

```
swimmers = {}
for file in swim_files:
    name, *_ = swimclub.read_swim_data(file)
    swimmers[name] = []
```

Teve que escrever o código substituto aqui. Acabou com o mesmo código nosso?

```
if name not in swimmers:
    swimmers[name] = []
swimmers[name].append(file)
```

Uma lista vazia só é atribuída a uma chave quando a chave ainda não está no dicionário "swimmers".

Aumente a lista associada à chave identificada anexando o nome do arquivo de dados atual.

Test Drive

Vá em frente e execute a versão mais recente do seu loop **for**:

```
swimmers = {}
for file in swim_files:
    name, *_ = swimclub.read_swim_data(file)
    if name not in swimmers:
        swimmers[name] = []
    swimmers[name].append(file)
```

Então, verifique para ver a lista de nomes de arquivo associados a, por exemplo, Dave:

```
swimmers["Dave"]
```

```
['Dave-17-100m-Free.txt', 'Dave-17-200m-Back.txt']
```

← Lindo!

Sim, mas é importante entender o que acontece com o dicionário.

Veja o código do loop da lista de tuplas de antes, que pesquisa a lista *inteira* procurando os arquivos de Dave:

```
for n, event in enumerate(swimmers):
    if event[0] == "Dave":
        print(n, event)
```

```
42 ('Dave', 'Dave-17-100m-Free.txt')
51 ('Dave', 'Dave-17-200m-Back.txt')
```

E veja o código do dicionário de listas da página anterior que lhe dá os mesmos resultados usando uma busca no dicionário `swimmers`:

```
swimmers["Dave"]
```

```
['Dave-17-100m-Free.txt', 'Dave-17-200m-Back.txt']
```

E aqui está por que é melhor usar um dicionário: a pesquisa é *muito rápida*, não importa o tamanho do dicionário, o que não é algo que você *pode* dizer sobre a busca sequencial da sua lista.

Dicionários são otimizados para a pesquisa rápida

Com o dicionário de listas `swimmers` preenchido com dados, determinar quais arquivos de dados pertencem a qual nadador parece *bem fácil*:

```
swimmers["Darius"]
```

```
['Darius-13-100m-Back.txt',
 'Darius-13-100m-Breast.txt',
 'Darius-13-100m-Fly.txt',
 'Darius-13-200m-IM.txt']
```

```
swimmers["Emma"]
```

```
['Emma-13-100m-Free.txt', 'Emma-13-100m-Breast.txt']
```

```
swimmers["Calvin"]
```

```
['Calvin-9-50m-Fly.txt', 'Calvin-9-50m-Back.txt', 'Calvin-9-50m-Free.txt']
```

```
swimmers["Katie"]
```

```
['Katie-9-100m-Breast.txt',
 'Katie-9-100m-IM.txt',
 'Katie-9-50m-Fly.txt',
 'Katie-9-50m-Breast.txt',
 'Katie-9-50m-Back.txt',
 'Katie-9-50m-Free.txt',
 'Katie-9-100m-Free.txt',
 'Katie-9-100m-Back.txt']
```

Não há motivos para adicionar anotações às células de código acima, pois está muito claro o que acontece. Identificar o nadador pelo nome entre colchetes seleciona a lista de nomes de arquivo associada. É moleza. As pesquisas de dicionário são *super-rápidas*.

Exiba o dicionário inteiro

Quando se trata de exibir o dicionário `swimmers` inteiro, digitar "swimmers" em uma célula de código e pressionar **Shift+Enter** exibe todo o dicionário de listas na tela, que *apertamos* para caber nesta página (desculpe):

```
swimmers
```

```
{'Hannah': ['Hannah-13-100m-Free.txt', 'Hannah-13-100m-Back.txt'],
 'Darius': ['Darius-13-100m-Back.txt',
  'Darius-13-100m-Breast.txt',
  'Darius-13-100m-Fly.txt',
  'Darius-13-200m-IM.txt'],
 'Owen': ['Owen-15-100m-Free.txt'],
 'Mike': ['Mike-15-100m-Free.txt',
  'Mike-15-100m-Back.txt',
  'Mike-15-100m-Fly.txt',
  'Mike-15-200m-IM.txt',
  'Mike-15-200m-Free.txt'],
 'Abi': ['Abi-10-50m-Back.txt',
  'Abi-10-50m-Free.txt',
  'Abi-10-100m-Back.txt',
  'Abi-10-50m-Breast.txt',
  'Abi-10-100m-Breast.txt'],
 'Ruth': ['Ruth-13-200m-Free.txt',
  'Ruth-13-200m-Back.txt',
  'Ruth-13-100m-Back.txt',
  'Ruth-13-100m-Free.txt',
  'Ruth-13-400m-Free.txt'],
 'Tasmin': ['Tasmin-15-100m-Back.txt',
  'Tasmin-15-100m-Free.txt',
  'Tasmin-15-100m-Breast.txt',
  'Tasmin-15-200m-Breast.txt'],
 'Erika': ['Erika-15-100m-Free.txt',
  'Erika-15-200m-Breast.txt',
  'Erika-15-100m-Breast.txt'],
 'Maria': ['Maria-9-50m-Free.txt'],
 'Elba': ['Elba-14-100m-Free.txt'],
 'Ali': ['Ali-12-100m-Back.txt', 'Ali-12-100m-Free.txt'],
 'Chris': ['Chris-17-100m-Back.txt', 'Chris-17-100m-Breast.txt'],
 'Aurora': ['Aurora-13-50m-Free.txt'],
 'Katie': ['Katie-9-100m-Breast.txt',
  'Katie-9-100m-IM.txt',
  'Katie-9-50m-Fly.txt',
  'Katie-9-50m-Breast.txt',
  'Katie-9-50m-Back.txt',
  'Katie-9-50m-Free.txt',
  'Katie-9-100m-Free.txt',
  'Katie-9-100m-Back.txt'],
 'Alison': ['Alison-14-100m-Breast.txt', 'Alison-14-100m-Free.txt'],
 'Emma': ['Emma-13-100m-Free.txt', 'Emma-13-100m-Breast.txt'],
 'Calvin': ['Calvin-9-50m-Fly.txt',
  'Calvin-9-50m-Back.txt',
  'Calvin-9-50m-Free.txt'],
 'Blake': ['Blake-15-100m-Free.txt',
  'Blake-15-100m-Back.txt',
  'Blake-15-100m-Fly.txt'],
 'Bill': ['Bill-18-200m-Back.txt', 'Bill-18-100m-Back.txt'],
 'Dave': ['Dave-17-100m-Free.txt', 'Dave-17-200m-Back.txt'],
 'Lizzie': ['Lizzie-14-100m-Free.txt', 'Lizzie-14-100m-Back.txt'],
 'Carl': ['Carl-15-100m-Back.txt']}
```

Todo o dicionário de listas contido em "swimmers". Tudo está aqui, mas não é muito fácil de ver, é?

Vire a página para aprender sobre um jeito melhor de ver "swimmers".

O módulo pprint exibe bem os seus dados

```
import pprint

pprint.pprint(swimmers)
```

Importe o módulo "pprint" da PSL, então use a função "pprint.pprint" para exibir bem o seu dicionário.

```
{'Abi': ['Abi-10-50m-Back.txt',
         'Abi-10-50m-Free.txt',
         'Abi-10-100m-Back.txt',
         'Abi-10-50m-Breast.txt',
         'Abi-10-100m-Breast.txt'],
 'Ali': ['Ali-12-100m-Back.txt', 'Ali-12-100m-Free.txt'],
 'Alison': ['Alison-14-100m-Breast.txt', 'Alison-14-100m-Free.txt'],
 'Aurora': ['Aurora-13-50m-Free.txt'],
 'Bill': ['Bill-18-200m-Back.txt', 'Bill-18-100m-Back.txt'],
 'Blake': ['Blake-15-100m-Free.txt',
           'Blake-15-100m-Back.txt',
           'Blake-15-100m-Fly.txt'],
 'Calvin': ['Calvin-9-50m-Fly.txt',
            'Calvin-9-50m-Back.txt',
            'Calvin-9-50m-Free.txt'],
 'Carl': ['Carl-15-100m-Back.txt'],
 'Chris': ['Chris-17-100m-Back.txt', 'Chris-17-100m-Breast.txt'],
 'Darius': ['Darius-13-100m-Back.txt',
            'Darius-13-100m-Breast.txt',
            'Darius-13-100m-Fly.txt',
            'Darius-13-200m-IM.txt'],
 'Dave': ['Dave-17-100m-Free.txt', 'Dave-17-200m-Back.txt'],
 'Elba': ['Elba-14-100m-Free.txt'],
 'Emma': ['Emma-13-100m-Free.txt', 'Emma-13-100m-Breast.txt'],
 'Erika': ['Erika-15-100m-Free.txt',
           'Erika-15-200m-Breast.txt',
           'Erika-15-100m-Breast.txt'],
 'Hannah': ['Hannah-13-100m-Free.txt', 'Hannah-13-100m-Back.txt'],
 'Katie': ['Katie-9-100m-Breast.txt',
           'Katie-9-100m-IM.txt',
           'Katie-9-50m-Fly.txt',
           'Katie-9-50m-Breast.txt',
           'Katie-9-50m-Back.txt',
           'Katie-9-50m-Free.txt',
           'Katie-9-100m-Free.txt',
           'Katie-9-100m-Back.txt'],
 'Lizzie': ['Lizzie-14-100m-Free.txt', 'Lizzie-14-100m-Back.txt'],
 'Maria': ['Maria-9-50m-Free.txt'],
 'Mike': ['Mike-15-100m-Free.txt',
          'Mike-15-100m-Back.txt',
          'Mike-15-100m-Fly.txt',
          'Mike-15-200m-IM.txt',
          'Mike-15-200m-Free.txt'],
 'Owen': ['Owen-15-100m-Free.txt'],
 'Ruth': ['Ruth-13-200m-Free.txt',
          'Ruth-13-200m-Back.txt',
          'Ruth-13-100m-Back.txt',
          'Ruth-13-100m-Free.txt',
          'Ruth-13-400m-Free.txt'],
 'Tasmin': ['Tasmin-15-100m-Back.txt',
            'Tasmin-15-100m-Free.txt',
            'Tasmin-15-100m-Breast.txt',
            'Tasmin-15-200m-Breast.txt']}
```

Não só a saída é mais fácil de ver, mas a função "pprint" também classifica a saída por chave — que legal!

Dicionário de listas processado com facilidade

Agora que o dicionário `swimmers` contém uma lista individual de nomes de arquivo para cada nadador no clube, só falta um pequeno loop **for** para exibir o conjunto de gráficos de barras de qualquer nadador individual. Aqui está como fazê-lo para Calvin:

```
import os
import webbrowser

import swimclub


for fname in swimmers["Calvin"]:
    webbrowser.open("file://" + os.path.realpath(swimclub.produce_bar_chart(fname)))
```

Não há nada novo aqui, pois você já viu todo este código (ou algo muito parecido) antes.

Calvin registrou tempos em três eventos durante as sessões de natação mais recentes:

Seu loop abre três novas abas no navegador, uma para cada gráfico de barras.

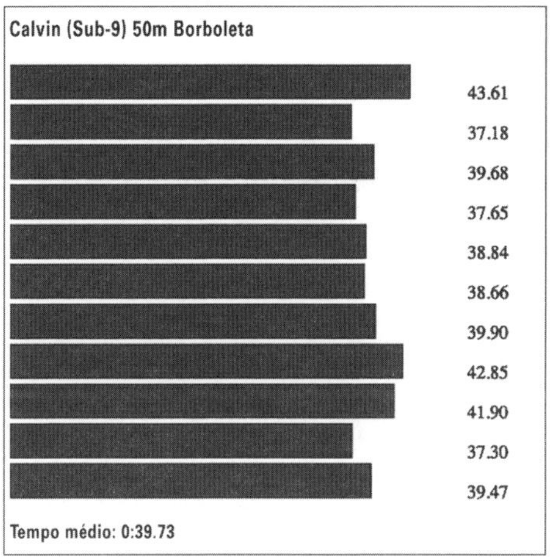

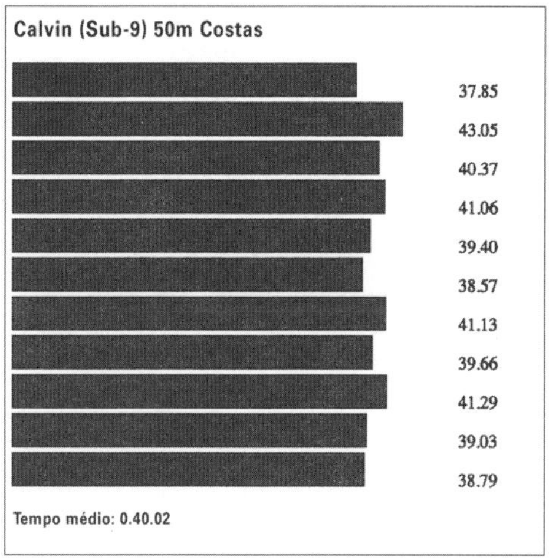

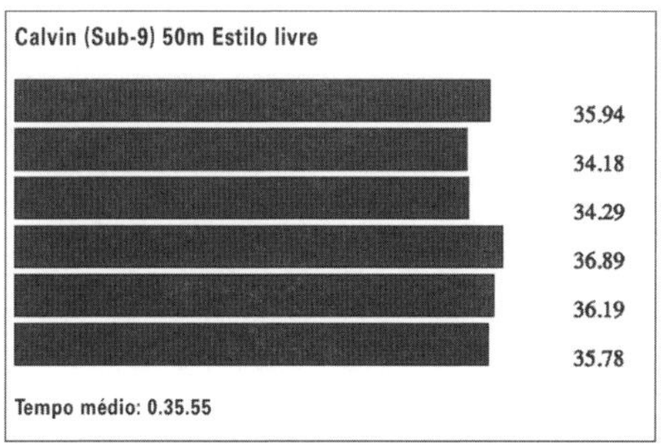

Fica claro que Calvin é um jovem nadador dedicado: basta ver todos estes tempos de natação. Nada mal para uma criança de 8 anos!

Está realmente começando a fazer sentido

Neste ponto, você desenvolveu um código que pode processar todos os arquivos de dados na pasta `swimdata`, extrair uma lista de nomes de nadadores e, supondo que um nome é selecionado para a lista, exibir todos os gráficos de barras para o nadador escolhido. E seu código faz isso em um piscar de olhos. É uma grande melhoria em relação ao Coach tendo que inserir manualmente todos os dados do nadador em sua planilha.

Mas significa que você terminou?

Quase esquecemos!

Lembre-se de que não é apenas o Coach que precisa ter acesso aos gráficos de barras do nadador. Ao disponibilizar essa funcionalidade para qualquer navegador conectado à internet, *qualquer pessoa* pode dar uma olhada.

Sim, é o plano!

Um dos pontos fortes do Python é sua capacidade de criar ótimos webapps. E a boa notícia é que fazer isso raramente "demora muito".

Na verdade, o trabalho concluído até agora pode ser reutilizado praticamente como está, e o que não pode ser usado pode ser facilmente adaptado.

Uma promessa: criaremos um webapp para o Coach em um único capítulo, que começará em poucas páginas. Mas antes, há o resumo do capítulo habitual para dar uma olhada, em seguida, a palavra cruzada obrigatória.

Vejo você no próximo capítulo quando usará o Python para criar um webapp!

PONTOS DE BALA

- A lista do Python é ótima quando você precisa manter a **ordem** dos dados. Mas as coisas ficam problemáticas quando você usa uma lista para pesquisar, especialmente quando a lista cresce. Consegue soletrar s-e-q-u-e-n-c-i-a-l?
- Embora a gente ame o loop **for**, usá-lo com uma lista para fornecer a funcionalidade de pesquisa é (muitas vezes) uma *má* ideia.
- Mesmo o uso do operador **in** (que amamos quase tanto quanto **for**) precisa ser considerado com cuidado, pois **in** também faz pesquisas sequencialmente com um loop.
- Claro, não estamos dizendo que as listas não são úteis. Por Deus, elas são. E neste capítulo você usou uma lista que *continha* tuplas e *combinou* uma chamada para uma lista com uma chamada para um conjunto em cadeia. Não estamos sugerindo que o conjunto estava "na cadeia"; é só que você usou uma cadeia de funções para chamar um conjunto em uma lista, então chamou uma lista novamente no conjunto. Chamamos isso de **truque lista-conjunto-lista**.
- Quando se trata de fazer pesquisas, pode haver apenas uma estrutura de dados a escolher, e é o **dicionário** do Python.
- Conjuntos de listas, os dicionários colocam os dados entre chaves. Ao contrário dos conjuntos (que contêm uma coleção de valores únicos), os dados em um dicionário são organizados como uma coleção de **linhas**, com uma parte **chave** e uma parte **valor** separadas por seu BFF, os dois pontos.
- Uma ressalva com os dicionários é lembrar que as chaves devem ser **únicas**: você não pode ter uma chave aparecendo mais de uma vez no seu dicionário.
- Não pense por um segundo que as listas e os dicionários não se dão bem. Longe disso: eles são *grandes amigos* e suas **forças combinadas** trabalham bem juntas.
- Os colchetes também funcionam com dicionários. Eles podem ser usados para **recuperar** um valor dado a uma chave (com a chave entre colchetes) e os colchetes também são usados para **atribuir** valores às chaves, criando novas linhas no dicionário quando a chave ainda não existe, substituindo o valor atribuído.
- Podemos não ter mencionado especificamente no capítulo (o que foi muita ousadia de nossa parte), mas os dicionários são outro exemplo de estrutura de dados **mutável**, pois podem diminuir e aumentar durante a execução.
- Como a parte valor de um dicionário pode ser **qualquer** objeto Python, é possível criar estruturas de dados **complexas** quando necessário. Essa parte pode ser uma lista ou outro dicionário. Na verdade, pode ser qualquer coisa desejada. Lembre-se: os valores podem ser qualquer objeto Python.
- Quando um dicionário fica grande e/ou complexo, o Python pode ter dificuldade para exibir os dados de uma forma fácil de ler. É por isso que a PSL fornece o módulo **pprint**, que imprime as estruturas de dados do Python.
- O dicionário é uma tecnologia fundamental no mundo Python, e você só tocou na superfície neste capítulo. É possível fazer muitas coisas com ele, como verá nos próximos capítulos.

Cruzadinha do Python

Como sempre, todas as respostas para as pistas se encontram neste capítulo (e a solução está na próxima página).

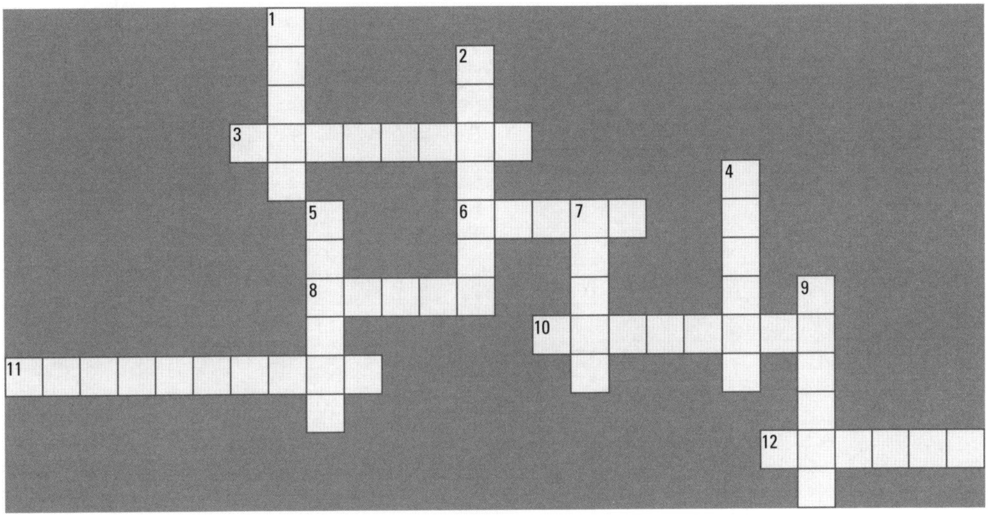

Horizontal

3. Um tipo de tabela que permite a recuperação rápida de dados.

6. O nome dado à coluna esquerda de 3 na vertical.

8. A estrutura de dados deste capítulo pode ser considerada uma coleção (singular).

10. Esta estrutura de dados predefinida facilita remover os itens de dados repetidos.

11. Conhecido como um array associativo em algumas linguagens.

12. Você criará um deles no próximo capítulo.

Vertical

1. As listas são ótimas para manter a __________.

2. O lado direito da estrutura de dados deste capítulo ________ valores aos nomes no lado esquerdo da estrutura.

4. A impressora bonita da PSL.

5. É um ótimo nadador, apesar de ter apenas 8 anos.

7. O nome dado à coluna direita de 3 na vertical.

9. Uma BIF que retorna uma cópia ordenada de qualquer dado.

Respostas na página 256

Cruzadinha do Python Solução

Da página 255

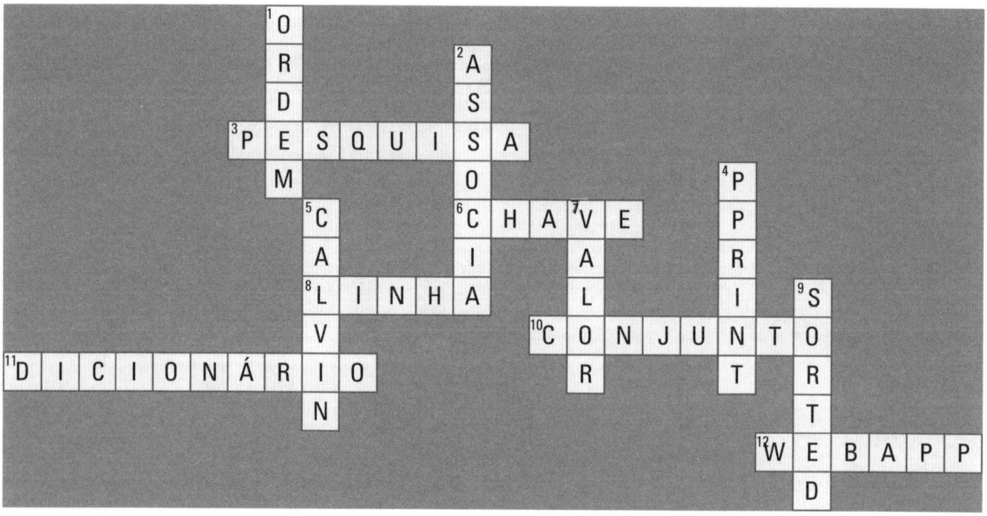

Horizontal

3. Um tipo de tabela que permite a recuperação rápida de dados.

6. O nome dado à coluna esquerda de 11 na horizontal.

8. A estrutura de dados deste capítulo pode ser vista como uma coleção desses (no singular).

10. Esta estrutura de dados predefinida facilita remover os itens de dados repetidos.

11. Conhecido como um array associativo em algumas linguagens.

12. Você criará um deles no próximo capítulo.

Vertical

1. As listas são ótimas para manter a __________.

2. O lado direito da estrutura de dados deste capítulo ________ valores aos nomes no lado esquerdo da estrutura.

4. A impressora bonita da PSL.

5. É um ótimo nadador, apesar de ter apenas 8 anos.

7. O nome dado à coluna direita de 11 na horizontal.

9. Uma BIF que retorna uma cópia ordenada de qualquer dado.

Estamos interrompendo este livro com um Anúncio de Serviço Importante. Aguarde...

Seu cérebro pode estar vendo o tamanho deste capítulo — o menor até agora — e pensando: *"Não demorou muito. Talvez os dicionários não sejam tão importantes quanto todas as outras coisas."*

Se for o caso, afaste todos esses pensamentos da sua mente!

De todas as tecnologias de programação integradas no Python, o humilde dicionário é de longe o mais importante, pois é usado *EM TODO LUGAR* do Python. Uma boa compreensão do que é possível (ou não) com os dicionários permite explorar este importante recurso da linguagem, transformando-o de um bom programador em Python em um *ótimo*.

Você só tocou na superfície do que é possível com os dicionários neste capítulo, e há muito mais por vir, então fique atento.

Resultado: as Listas são ótimas, as Tuplas são úteis e os Conjuntos são legais, mas os Dicionários são **incríveis**.

Há muitas funcionalidades poderosas integradas em cada dicionário e vale a pena reservar um tempo para rever o que cada um dos métodos do dicionário faz (quando tiver tempo). Lembre-se: você pode ler os docs do Python em seu notebook graças à BIF "help".

A programação normal volta logo...

6 criando um webapp

Desenvolvimento para Web

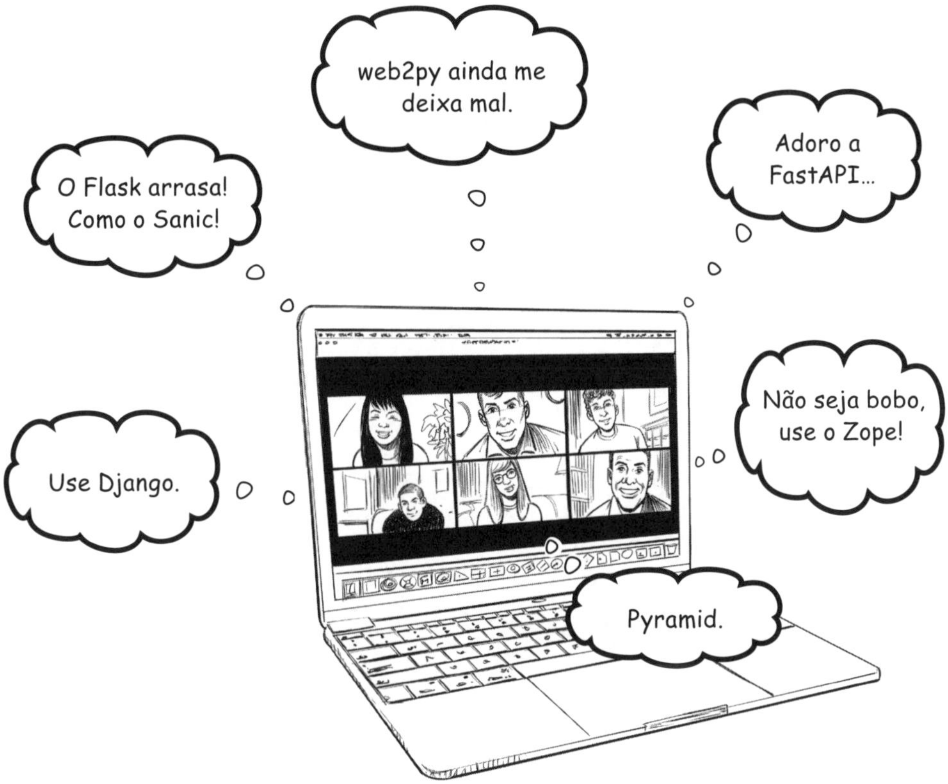

Pergunte a dez programadores qual framework para web usar...

... e provavelmente terá onze respostas conflitantes! 😉 Quando se trata de desenvolvimento para web, o Python tem muitas *escolhas* tecnológicas, cada uma com uma comunidade de desenvolvedores leal e solidária. Neste capítulo, você verá o **desenvolvimento para web**, criando rapidamente um webapp para o Coach que exibe os dados do gráfico de barras de qualquer nadador. Ao longo do caminho, aprenderá a usar **templates** HTML, **decoradores** de funções, métodos HTTP **get** e **set** etc. Não há tempo a perder: o Coach está ansioso para mostrar seu novo sistema. Vamos lá!

Muitas opções.

E, claro, dependendo do que você planeja fazer, algumas tecnologias são "melhores" que outras.

Tomamos uma decisão executiva.

Criaremos o webapp do Coach com Flask

O Flask merece a reputação de fazer os desenvolvedores passarem do zero para um webapp funcional em pouco tempo, então parece ser a melhor opção para nós. O Coach não irá esperar muito mais, então você precisa mostrar os resultados, rápido!

Para começar, reserve um momento para instalar o Flask.

A melhor forma de fazer isso é com a ferramenta de gerenciamento de pacotes predefinida do Python, chamada **pip**. A última vez que você a usou foi quando instalou o Jupyter no prefácio do livro. Naquele momento, executou o **pip** na linha de comando do seu SO. Daqui para frente, você pode executar o **pip** em qualquer notebook (como verá na próxima página).

"pip": Package Installer for Python.

Installe Flask usando PyPI

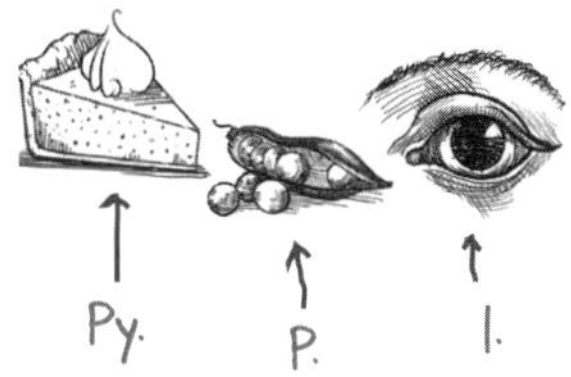

Flask é tecnicamente um *microframework*, fornecendo apenas o suficiente para colocar seu webapp funcionando com o mínimo de problemas. Como um extra opcional para o Python, o Flask é instalado a partir de **PyPI**, o Python Package Index. A instalação está integrada no Jupyter Notebook.

Como sempre, **acompanhe** conforme trabalha neste capítulo.

Comece criando uma nova subpasta em sua pasta *Aprendizagem* chamada *webapp*.

No VS Code, use **Arquivo**, então **Abrir pasta...** para selecionar a pasta *webapp* recém-criada como seu *diretório de trabalho atual*. Crie um *novo* notebook Jupyter chamado *WebappSupport.ipynb* e salve na pasta *webapp*.

O notebook mais recente será usado (quando necessário) para testar o código enquanto você cria seu primeiro webapp. Por ora, pediremos a *pip* para instalar o Flask:

Cuidado: é um "f" minúsculo.

O flag "--upgrade" pede ao "pip" para instalar o "Flask" se ainda não foi instalado, e atualiza com a versão mais recente e melhor de "Flask" se já foi instalado.

```
%pip install flask —upgrade
```

```
Collecting flask
  Downloading Flask-2.2.2-py3-none-any.whl (101 kB)
     ━━━━━━━━━━━━━━━━━━━━━━━━━━━━━━━━━━━━━━━━ 101.5/101.5 kB 6.3 MB/s eta 0:00:00
Collecting itsdangerous>=2.0
  Downloading itsdangerous-2.1.2-py3-none-any.whl (15 kB)
Requirement already satisfied: click>=8.0 in /usr/local/lib/python3.10/site-packages (from flask)
(8.1.3)
         ⋮

Jinja2>=3.0->flask) (2.1.1)
Installing collected packages: Werkzeug, itsdangerous, flask
Successfully installed Werkzeug-2.2.2 flask-2.2.2 itsdangerous-2.1.2
Note: you may need to restart the kernel to use updated packages.
```

Dependendo de como o Python está configurado, você pode ver mensagens diferentes da mostrada aqui. O importante é que veja a confirmação "Instalado com sucesso".

Prepare a pasta para hospedar o webapp

Na pasta *webapp*, crie duas subpastas adicionais, uma chamada *static* e outra *templates*. O Flask espera que tais pastas existam para a maioria dos webapps.

Em seguida, copie sua pasta *swimdata* e seus arquivos *hfpy_utils.py* e *swimclub.py* para a pasta *webapp* também.

Feito isso, o conteúdo da pasta *webapp* deve refletir o que é mostrado aqui:

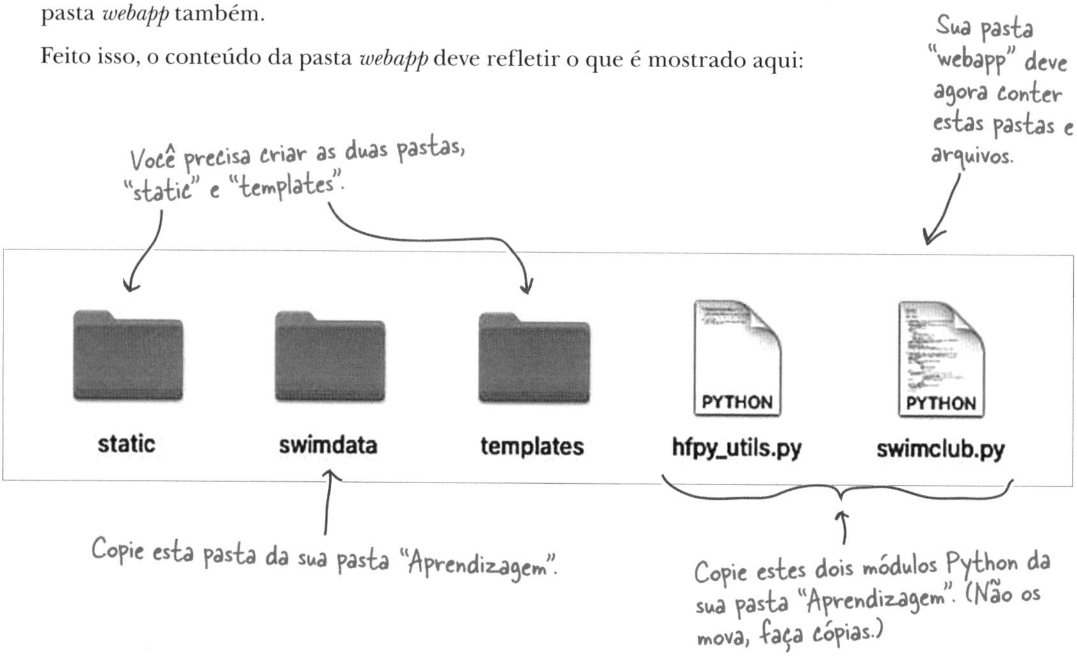

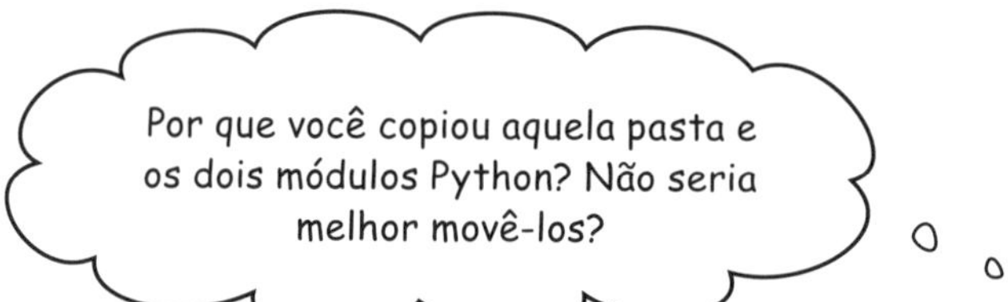

Não, copiar é melhor aqui.

Os notebooks existentes em sua pasta *Aprendizagem* esperam que os dados do Coach residam em *swimdata* e seus notebooks também esperam que os dois módulos existam em *Aprendizagem*. Se você movesse os três itens, seus notebooks falhariam na próxima vez em que os executasse (com muitos erros "arquivo não encontrado").

Dito isso, você pode ficar com uma sensação ruim sobre a cópia, pois provavelmente só quer uma cópia oficial de cada arquivo e pasta, certo? Mas não é algo para se preocupar ainda, porque ainda está criando o primeiro produto para o Coach e deve decidir sobre qual código é necessário (ou não).

MVP do Flask

Quando se trata de colocar algo funcionando com o Flask, muitos programadores costumam ficar surpresos com o pouco código normalmente necessário.

Com isso em mente, vejamos o código do *produto mínimo viável* (*MVP*) do Flask ou, como muitos gostam de referenciar este exemplo, o *Hello World* do Flask:

```
from flask import Flask

app = Flask(__name__)


@app.get("/")
def index():
    return "This is a placeholder for your webapp's opening page."


if __name__ == "__main__":
    app.run()
```

Conte. São apenas sete linhas de código.

Você aprenderá o que cada uma das linhas de código faz em breve.

Por enquanto, use o VS Code para criar um novo arquivo (*não* um novo notebook) chamado *app.py* e digite as sete linhas de código mostradas antes na janela de edição do VS Code. Salve seu arquivo *app.py* na pasta *webapp* existente.

Sua pasta "webapp" agora tem três pastas e três arquivos. Ela também deve ter o seu notebook "WebappSupport.ipynb", que não é mostrado aqui (queremos que se concentre no que é necessário para o webapp).

Não. Sua sensação está correta.

A forma como você estrutura e executa o código muda neste capítulo.

Nos seis capítulos anteriores, você escreveu e rodou seu código Python nos notebooks Jupyter. Como a tendência é testar quando trabalha pela primeira vez com uma nova linguagem de programação, usar notebooks para criar, executar, editar e experimentar seu código é, em nossa opinião, uma ótima forma de aprender.

Mas quando se trata de executar o código não destinado a rodar em um ambiente de notebook, as regras mudam. Um exemplo é o desenvolvimento e a execução de um webapp. Seu código será executado em um servidor da web, *em algum lugar* (provavelmente na nuvem). O Jupyter não deve (e muitas vezes *não pode*) ser usado neste caso. Você rodará seu código diretamente *por meio do* interpretador Python, e aprenderá a fazer isso neste capítulo.

Você ainda usará o VS Code ao criar o código do seu webapp, mas usará o editor de texto predefinido do VS Code no lugar da extensão do Jupyter.

Opções ao trabalhar com seu código

Um conselho que tentamos seguir ao decidir se começamos um projeto em um novo notebook Jupyter ou em um editor de código:

Ao tentar elaborar o código necessário, comece com um notebook Jupyter, e siga a partir daí.

É o caminho que você tem usado até agora.

Se desenvolveu o código no notebook e gostaria de compartilhar, crie um módulo independente.

Você fez isso quando criou o módulo "swimclub".

Ao criar um código que será executado como um aplicativo independente, use um editor de código.

Você verá muitas dessas abordagens neste capítulo.

Não tenha medo de misturar.

Não há nada de errado em usar um notebook para experimentar o código que você está escrevendo. E tudo bem pegar o código em seu notebook e transformá-lo em um aplicativo independente que você edita no seu editor de código. Tudo bem também começar a escrever o código em seu editor, perceber que precisa testar e copiar o código para um notebook quando necessário.

Test Drive

Com as sete linhas de código digitadas na janela de edição do VS Code (e salvas como *app.py* na pasta *webapp*), testaremos seu primeiro webapp.

No menu VS Code, selecione **Executar** e **Executar sem depurar** para pedir ao VS Code que execute o código que reside atualmente na janela de edição. Um novo terminal abre na parte inferior do VS Code e as seguintes mensagens aparecem:

```
 * Serving Flask app 'app'
 * Debug mode: off
WARNING: This is a development server. Do not use it in a production deployment.
 Use a production WSGI server instead.
 * Running on http://127.0.0.1:5000
Press CTRL+C to quit
```

As mensagens aparecem como resultado do interpretador Python executando o código do webapp.

A mensagem mais importante (por ora) está na penúltima linha da saída acima, que informa que seu webapp está sendo executado na porta `5000` em seu computador com um endereço IP `127.0.0.1` (também referenciado como `localhost`).

Continue e digite `http://127.0.0.1:5000` na barra de localização do navegador. A mensagem de espaço reservado aparece na tela:

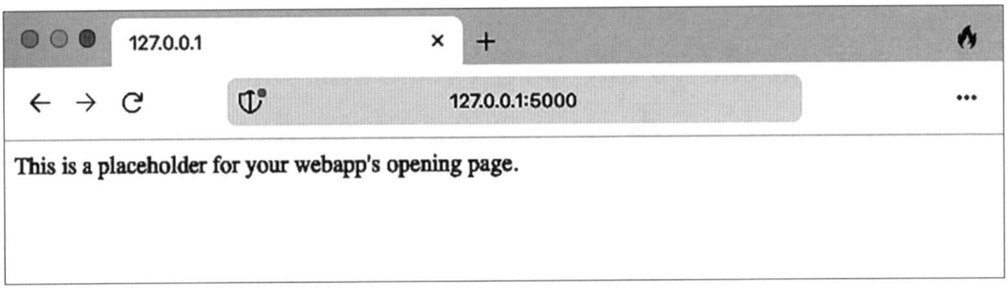

O Flask vem com um servidor da web integrado que permite executar e testar seu webapp conforme o cria. Embora o servidor da web Flask não seja planejado para o "uso de produção", ele é muito bom durante o desenvolvimento.

Logo após usar o navegador para visualizar a mensagem de espaço reservado, a área do terminal no VS Code atualiza com uma mensagem confirmando o processamento bem-sucedido de uma requisição HTTP `GET`:

```
Press CTRL+C to quit
127.0.0.1 - - [03/Oct/2022 17:37:46] "GET / HTTP/1.1" 200 -
```

O endereço IP do computador de onde veio a requisição.

Quando a requisição chegou.

O método HTTP usado pela requisição ("GET" neste caso).

O código de status HTTP retornado ao navegador (200 significa "Tudo bem").

Anatomia do app MVP do Flask

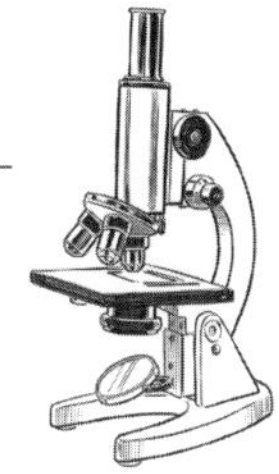

Em detalhes, veja o que o código do seu webapp faz...

1 Importe o objeto "Flask" principal do módulo "flask". Nota: a capitalização é importante aqui, pois é "F" MAIÚSCULO para o objeto e "f" minúsculo para o módulo.

2 Quando um objeto é importado de um módulo usando "from" da instrução "import", não há necessidade de qualificar totalmente o nome importado em seu código.

3 Crie um novo objeto "Flask" chamado "app".

```
from flask import Flask

app = Flask(__name__)

@app.get("/")
def index():
    return "This is a placeholder for your webapp's opening page."


if __name__ == "__main__":
    app.run()
```

4 O uso do "dunder name" parece um pouco estranho, mas tudo o que ele faz é associar o webapp ao namespace atual do seu código (que é uma exigência do Flask).

5 Quando o símbolo "@" aparece usado desta forma, você está vendo um decorador do Python. Esse decorador associa uma requisição HTTP GET para a URL "/" e a definição da função na próxima linha de código.

6 Quando chamada, a função "index", returna esta string interessante.

7 É a famosa expressão "dunder name = dunder main". Temos mais a dizer sobre esta declaração "if" na próxima página.

8 Esta linha de código executa o servidor da web predefinido do Flask e fornece seu código webapp a ele.

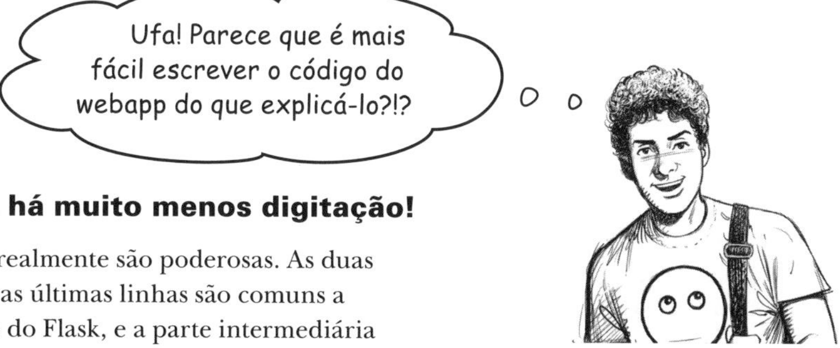

Com certeza há muito menos digitação!

Estas sete linhas realmente são poderosas. As duas primeiras e as duas últimas linhas são comuns a todos os webapps do Flask, e a parte intermediária especifica o comportamento distinto do webapp.

dunder name e dunder main De perto

A instrução **if** perto da parte inferior do código de webapp é quase uma celebridade, pois aparece perto do fim de mais programas Python do que a maioria das outras instruções. É uma construção importante da linguagem de programação Python, pois permite controlar o que acontece quando seu código é (1) *importado* ou (2) *executado diretamente* pelo interpretador Python. Explicaremos o que acontece com a ajuda do menor módulo Python do mundo.

Continuando a trabalhar em sua pasta *webapp*, crie um arquivo chamado *whoami.py* e adicione a seguinte linha de código:

```
print(f"Hello, I'm {__name__}.")
```

Nada extraordinário aqui. Quando esta linha é executada, o valor atual do "dunder name" aparece como parte da mensagem amigável deste módulo.

Agora escolha **Executar** e **Executar sem depurar** no menu do VS Code (e se você vir o aviso *Inicializar*, escolha "Sim"). Depois de um momento, esta mensagem aparece em uma *segunda* janela do terminal do VS Code:

```
Hello, I'm __main__.
```

Agora, com o código em *whoami.py* salvo, volte ao seu notebook *WebappSupport.ipynb* e, na próxima célula de código vazia, digite o seguinte (e pressione **Shift+Enter**):

Digite isto.

```
import whoami
```

```
Hello, I'm whoami.
```

Veja isto.

O mesmo código executado, mas uma mensagem *diferente* é exibida.

Quando o código é *executado diretamente* pelo interpretador Python, `__name__` é definido para o valor `__main__` por padrão (como na *primeira* mensagem exibida acima).

Mas na *segunda* vez que o código em *whoami.py* é executado, ele é *importado* pelo interpretador Python, *não* diretamente executado. Quando isso acontece, `__name__` *sempre* é definido para o nome do módulo a ser importado, que é "whoami" na segunda mensagem exibida. Nota: o código em todos os módulos é executado de cima abaixo quando importado.

Sabendo tudo isso, agora fica claro o que as duas linhas de código fazem na parte inferior do código do seu webapp:

```
if __name__ == "__main__":
    app.run()
```

Quando o seu webapp é *executado diretamente* pelo Python, ele dispara o servidor da web predefinido do Flask e executa o código do webapp. No entanto, se o seu webapp é *importado* como um módulo, a linha `app.run()` *não* é executada. *(Quando e por que você gostaria de importar seu webapp, mas não executá-lo, ficará claro mais tarde neste livro.)*

Exercício

Para que o webapp existente faça mais, escreva mais código. Especificamente, você precisa criar funções adicionais que façam o que precisa que seu webapp faça.

Estenderemos seu webapp com outra função chamada `display _ swimmers` que, quando chamada, retorna uma lista ordenada dos nomes de nadadores únicos (extraídos dos nomes de arquivo na pasta *swimdata*).

Algumas coisas a considerar. Primeiro, é preciso adicionar duas instruções de importação ao início de *app.py* para garantir que os módulos `os` e `swimclub` estejam disponíveis para o código. Escreva as duas instruções de importação que você usaria neste espaço:

____

____

Em seguida, toda função que você adiciona ao webapp Flask precisa de um decorador `@app` se você quer torná-la executável com uma URL associada. Escreva a linha do decorador que você usaria para associar a URL`/swimmers` e a requisição HTTP GET:

____

Agora só precisa de uma função para retornar a lista ordenada de nomes dos nadadores. Já decidimos chamar a função de `display_swimmers`, então tudo o que é necessário agora é o código dela. Escreva o código que você usaria para a função no espaço abaixo (dica: a maior parte do código de que você precisa aqui já existe no módulo `swimclub`):

Não se preocupe se demorar um pouco aqui.

____

____

____

____

____

____

____

____

Dica: ao trabalhar na web, o formato de dados dominante é texto. Por exemplo, todo o conteúdo HTML é textual por natureza. Assim, os navegadores normalmente supõem que tudo enviado a eles de um servidor da web chega como texto. Às vezes,isso pode atrapalhar se você não se lembra de converter seus dados no equivalente textual ao enviá-los ao seu servidor da web. Para fazer isso no Python, converta as respostas de webapp com a BIF **str** quando necessário.

Respostas na página 270

Exercício Solução

Da página 269

Para que o webapp existente faça mais, escreva mais código. Especificamente, você precisa criar funções adicionais que façam o que precisa que seu webapp faça. Você teve que estender seu webapp com outra função chamada `display _ swimmers` que, quando chamada, retorna uma lista ordenada dos nomes de nadadores únicos (extraídos dos nomes de arquivo na pasta *swimdata*).

Algumas coisas a considerar. Primeiro, foi preciso adicionar duas instruções de importação ao início de *app.py* para garantir que os módulos `os` e `swimclub` estejam disponíveis para o código. Você escreveu as duas instruções de importação que usaria neste espaço:

```
import os
import swimclub
```

Você desejará adicionar estas duas instruções perto do início de "app.py".

Em seguida, toda função que você adiciona ao webapp Flask precisa de um decorador `@app` se você quer torná-la executável com uma URL associada. Você escreveu a linha do decorador que usaria para associar a URL `/swimmers` e a requisição HTTP GET:

```
@app.get("/swimmers")
```

A URL "/swimmers" responde a uma requisição HTTP GET.

Agora só precisa de uma função para retornar a lista ordenada de nomes dos nadadores. Com a decisão de chamar a função de `display_swimmers`, então tudo o que é necessário agora é o código dela. Você escreveu o código que usaria para a função aqui:

```
def display_swimmers():
    swim_files = os.listdir(swimclub.FOLDER)
    swim_files.remove(".DS_Store")
    swimmers = {}
    for file in swim_files:
        name, *_ = swimclub.read_swim_data(file)
        if name not in swimmers:
            swimmers[name] = []
        swimmers[name].append(file)
    return str(sorted(swimmers))
```

A assinatura da função. Nota: a função não tem parâmetros.

Você já viu todo este código antes.

Os resultados desta função são convertidos em uma string *antes* de serem retornados (por precaução).

Como o navegador e o webapp baseado em Flask se comunicam?

Não importa o dispositivo do usuário, se está conectado à internet, o usuário insere o *nome* do servidor junto com o *caminho* para um recurso na barra de localização do navegador:

Esta parte é o "caminho".

O navegador conecta (o claramente fictício) *someserversomewhere.com* e envia o *caminho* — a palavra "`swimmers`" — para o servidor da web em espera.

Não se preocupe em tentar conectar este servidor. Mesmo que ele exista, você não quer perder tempo vendo ele.

Ao receber o *caminho*, o servidor da web, executando um webapp baseado em Flask, tenta **corresponder** o caminho a qualquer URL definida no código do webapp. Essas URLs são fáceis de localizar, pois sua linha de código começa com o símbolo `@`:

```
        .
        .
        .
@app.get("/")
def index():
    return "This is a placeholder for your webapp's opening page."

@app.get("/swimmers")
def display_swimmers():
    swim_files = os.listdir(swimclub.FOLDER)
    swim_files.remove(".DS_Store")
    swimmers = {}
        .
        .
        .
```

Esta URL *não* corresponde...

... mas esta sim!

Aqui está a função que é executada.

Neste ponto, o Flask chama a função associada à URL, que é a função definida *diretamente abaixo* da linha de código `@`. É a função `display _ swimmers` em seu código. Há duas coisas que você precisa saber: (1) ela pode executar *qualquer* código Python e (2) a última linha de código executada pela função *deve* ser uma instrução `return` que envia uma resposta textual ao navegador da web do usuário em espera(que felizmente exibe a resposta na guia do navegador atual do usuário).

Test Drive

Vá em frente e adicione sua nova função ao arquivo *app.py* (acima da instrução **if** do dunder name). Seu novo código deve corresponder ao que é mostrado aqui:

```
@app.get("/swimmers")
def display_swimmers():
    swim_files = os.listdir(swimclub.FOLDER)
    swim_files.remove(".DS_Store")
    swimmers = {}
    for file in swim_files:
        name, *_ = swimclub.read_swim_data(file)
        if name not in swimmers:
            swimmers[name] = []
        swimmers[name].append(file)
    return str(sorted(swimmers))
```

Associe a URL.

Inicie a função.

Pegue a lista de arquivos.

Livre-se do arquivo indesejado.

Crie um dicionário vazio.

Processe todos os arquivos.

Leia os dados do arquivo, adicione o nome do nadador e a lista de nomes de arquivo ao dicionário.

Retorne do dicionário a lista ordenada dos nomes de nadador.

Não digite `http://127.0.0.1:5000/swimmers` na barra de localização do seu navegador. Em vez disso, no Terminal do VS Code, pressione **Ctrl+C** para encerrar a instância em execução anterior do seu webapp, pois essa instância executa a versão mais antiga do código de *app.py*. Quando o término for confirmado no Terminal, escolha **Executar** e **Executar sem depurar** no menu do VS Code para iniciar a versão *mais recente* do seu webapp, em seguida, visite a URL dos nadadores. Se tudo estiver bem, deverá ver a versão em string da sua lista ordenada de nomes de nadadores aparecer na janela do navegador:

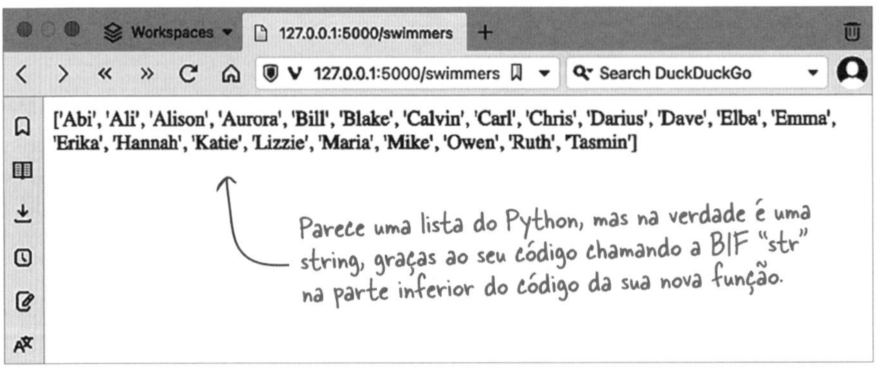

Parece uma lista do Python, mas na verdade é uma string, graças ao seu código chamando a BIF "str" na parte inferior do código da sua nova função.

Um aparte: você pode ter notado que parece ser um navegador diferente do que usamos anteriormente. Como regra geral, gostamos de testar nossos webapps no máximo de navegadores possível (então você verá diferentes IUs do navegador neste e no resto dos capítulos do livro).

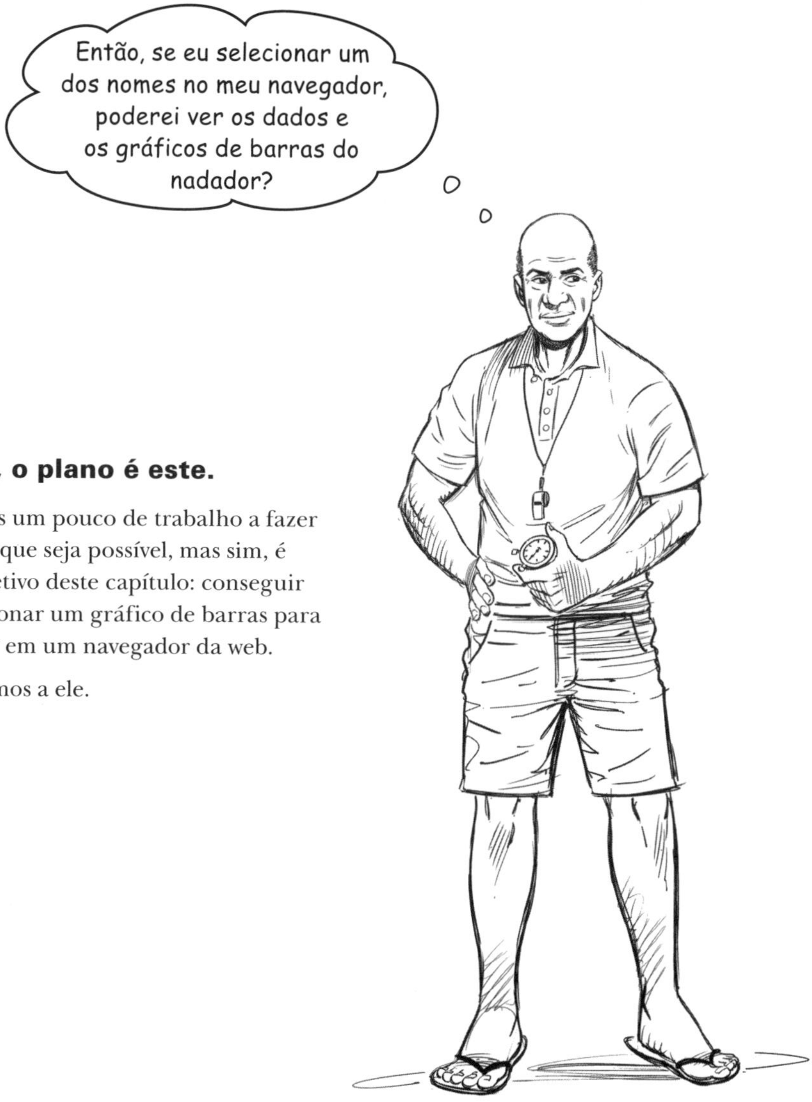

Sim, o plano é este.

Temos um pouco de trabalho a fazer antes que seja possível, mas sim, é o objetivo deste capítulo: conseguir selecionar um gráfico de barras para exibir em um navegador da web.

Voltemos a ele.

Criando seu webapp, parte por parte...

Certo, conseguir exibir uma lista ordenada dos nomes únicos de nadadores em um navegador da web tem pouca ou nenhuma utilidade para o Coach agora. Mas, o objetivo aqui é criar um webapp funcional que faz o que o Coach precisa, então estamos fazendo as coisas com calma de propósito. Você está dando pequenos passos, com cada modificação no código de *app.py* ficando mais perto da sua meta final, que é um webapp funcional para o Coach.

Dito isto, note que também é possível parametrizar as URLs com o Flask, e você pode usar esse recurso do Flask para ajudá-lo a exibir a lista de arquivos de um nadador selecionado. Veja esta pequena função que permite fornecer o nome de um nadador individual ao digitar a URL na barra de localização do navegador:

O parâmetro se chama "swimmer" e tem sinais de maior e menor na URL. Isso indica ao Flask que o valor de "swimmer" é fornecido durante a execução.

```
@app.get("/files/<swimmer>")
def get_swimmers_files(swimmer):
    return str(swimmers[swimmer])
```

O parâmetro da URL ("swimmer" neste código) corresponde a um parâmetro de função com o mesmo nome. O valor desta variável pode então ser usado no corpo da função.

Se seu webapp rodasse na porta `5000` do seu computador, então `http://127.0.0.1:5000` exibiria o conteúdo padrão do seu webapp. Mas como as três linhas de código mostradas acima são adicionadas ao webapp, você pode usar a URL para solicitar (por exemplo) os arquivos de dados de Ruth:

```
http://127.0.0.1:5000/files/Ruth
```

Neste exemplo, o valor "Ruth" é atribuído ao parâmetro "swimmer" pelo Flask e passado para a função "get_swimmers_files".

Alerta de Spoiler!

Infelizmente, quando você adiciona o código acima a *app.py*, reinicia seu webapp e tenta usar essa URL para listar os arquivos de Ruth, as coisas não saem com o planejado...

Test Drive

Se você ainda não fez, adicione as três linhas de código da última página ao seu *app.py* (lembre-se de salvar!), pressione **Ctrl+C** no Terminal para interromper a execução do webapp anterior, selecione **Executar** e **Executar sem depurar** no menu do VS Code. Seu webapp mais recente é executado...

Clique no navegador e digite `http://127.0.0.1:5000/files/Ruth` na barra de localização. Prepare-se para ficar desapontado:

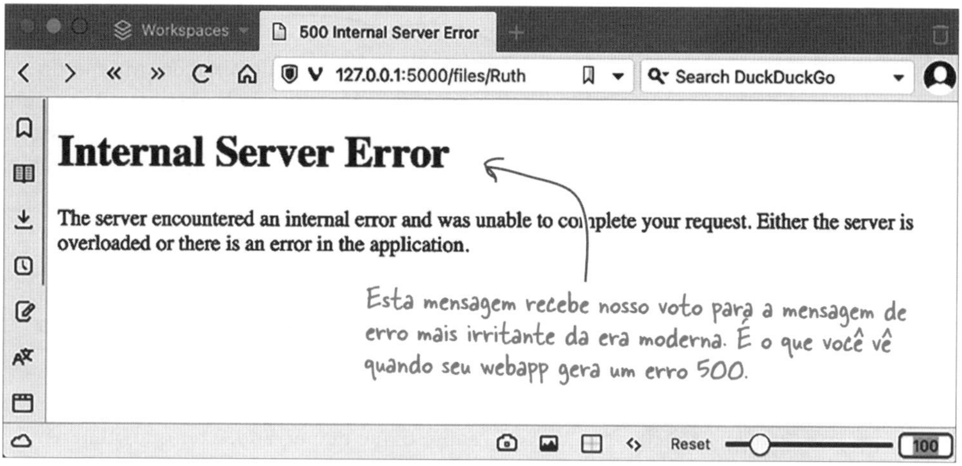

Esta mensagem recebe nosso voto para a mensagem de erro mais irritante da era moderna. É o que você vê quando seu webapp gera um erro 500.

Como mensagens de erro, este **Internal Server Error** realmente não diz muito sobre os detalhes do que deu errado. Se você der uma olhada rápida no Terminal do VS Code, verá inúmeras mensagens de erro na tela, com um pouco mais de informação:

Como todas as outras mensagens de erro do Python, leia de baixo para cima.

```
                    ⋮
    rv = self.handle_user_exception(e)
  File "/usr/local/lib/python3.10/site-packages/flask/app.py", line 1820, in full_dispatch_req
uest
    rv = self.dispatch_request()
  File "/usr/local/lib/python3.10/site-packages/flask/app.py", line 1796, in dispatch_request
    return self.ensure_sync(self.view_functions[rule.endpoint])(**view_args)
  File "/Users/barryp/Desktop/THIRD/Learning/webapp/app.py", line 30, in get_simmers_files
    return str(swimmers[swimmer])
NameError: name 'swimmers' is not defined
127.0.0.1 - - [03/Oct/2022 20:32:43] "GET /files/Ruth HTTP/1.1" 500 -
```

É um pouco difícil de identificar, mas parece que seu código tem um NameError.

A confirmação de que ocorreu um erro 500.

É sempre bom ter uma ajudinha extra.

A mensagem de erro 500 simples não diz muito sobre o que deu errado, e ter que olhar as mensagens de erro no Terminal do VS Code é um pouco desajeitado.

A ajuda está disponível. Se você ajustar a última linha do seu código *app.py* para que fique assim:

```
app.run(debug=True)
```

ativará o *modo de depuração* do Flask que, como verá, faz uma grande diferença.

Test Drive

Pressione **Ctrl+C** no seu Terminal *mais uma vez* para impedir que o webapp seja executado. Altere a última linha em *app.py* para incluir o parâmetro `debug=True` na chamada de `app.run()`, então inicie o seu webapp *de novo* selecionando **Executar** e **Executar sem depurar** no menu do VS Code.

Algumas coisas acontecem quando seu webapp é executado desta vez. A primeira é que o modo de depuração do Flask está ativado, resultando em mensagens aparecendo no Terminal e confirmando o estado das coisas:

Depurador do Flask em execução.

```
 * Serving Flask app 'app'
 * Debug mode: on
WARNING: This is a development server. Do not use it in a production deployment.
Use a production WSGI server instead.
 * Running on http://127.0.0.1:5000
Press CTRL+C to quit
 * Restarting with stat
 * Debugger is active!
 * Debugger PIN: 142-366-301
```

Estas três mensagens são novas, e cada uma é importante.

Investigaremos o significado das novas mensagens:

1. **Restarting with stat**
   A mensagem *stat* habilita um modo de desenvolvimento em que o Flask monitora o código do seu webapp para quaisquer edições salvas. Quando detecta uma alteração, a execução do Flask reinicia automaticamente seu webapp. Isso significa que não é preciso mais parar, editar, salvar e reiniciar seu webapp após cada mudança de código: o modo de depuração do Flask faz tudo isso por você. Apenas uma ressalva: se sua edição introduzir um erro de sintaxe, o Flask encerrará o webapp. Para continuar, você terá que corrigir o erro, salvar e reiniciar o webapp manualmente.

2. **Debugger is active!**
   A mensagem *active* confirma que o depurador do Flask está em execução (mesmo já sabendo disso com a mensagem "on" na segunda linha).

3. **Debugger PIN: 142-366-301**
   A mensagem *PIN* exibe um código que pode ser usado para depurar interativamente o código do seu webapp direto no navegador da web. É difícil descrever o que isso faz sem dar um exemplo, então adiaremos até que você realmente precise desse recurso. Quando fizer isso, você ficará um pouco surpreso com o que ele permite fazer.

Note que você ainda tem que corrigir o problema com a versão atual do seu webapp. O *Internal Server Error* não desapareceu. Mas veremos o que acontece quando você volta para o navegador e recarrega a requisição anterior...

Test Drive Continuação

Ao invés da simples mensagem *Internal Server Error* vergonhosa que reaparece, quando o modo de depuração está ativado, o Flask faz de tudo para de ser útil, renderizando uma mensagem de erro amigável para os desenvolvedores dentro do seu navegador:

Fique à vontade para fazer uma pausa e desfrutar a glória do que você está vendo aqui.

NameError

NameError: name 'swimmers' is not defined

Traceback (most recent call last)

File "/usr/local/lib/python3.10/site-packages/flask/app.py", line *2548*, in `__call__`

```
return self.wsgi_app(environ, start_response)
```

File "/usr/local/lib/python3.10/site-packages/flask/app.py", line *2528*, in `wsgi_app`

```
response = self.handle_exception(e)
```

File "/usr/local/lib/python3.10/site-packages/flask/app.py", line *2525*, in `wsgi_app`

```
response = self.full_dispatch_request()
```

File "/usr/local/lib/python3.10/site-packages/flask/app.py", line *1822*, in `full_dispatch_request`

```
rv = self.handle_user_exception(e)
```

File "/usr/local/lib/python3.10/site-packages/flask/app.py", line *1820*, in `full_dispatch_request`

```
rv = self.dispatch_request()
```

File "/usr/local/lib/python3.10/site-packages/flask/app.py", line *1796*, in `dispatch_request`

```
return self.ensure_sync(self.view_functions[rule.endpoint])
(**view_args)
```

File "/Users/barryp/Desktop/THIRD/Learning/webapp/app.py", line *51*, in `get_swimmers_files`

```
return str(swimmers[swimmer])
```

NameError: name 'swimmers' is not defined ← Aqui está o erro real. Notou que está destacado no topo da página também?

The debugger caught an exception in your WSGI application. You can now look at the traceback which led to the error.

To switch between the interactive traceback and the plaintext one, you can click on the "Traceback" headline. From the text traceback you can also create a paste of it. For code execution mouse-over the frame you want to debug and click on the console icon on the right side. ← Faça uma rápida leitura destas notas.

You can execute arbitrary Python code in the stack frames and there are some extra helpers available for introspection:

- `dump()` shows all variables in the frame
- `dump(obj)` dumps all that's known about the object

Brought to you by **DON'T PANIC**, your friendly Werkzeug powered traceback interpreter. ← Justiça seja feita.

O que há com esse NameError?

Vejamos o código em *app.py*, prestando uma atenção especial à linha de código que o modo de depuração diz estar causando o erro:

A versão atual do código do seu webapp. →

```
from flask import Flask


import os
import swimclub


app = Flask(__name__)


@app.get("/")
def index():
    return "This is a placeholder for your webapp's opening page."


@app.get("/swimmers")
def display_swimmers():
    swim_files = os.listdir(swimclub.FOLDER)
    swim_files.remove(".DS_Store")
    swimmers = {}
    for file in swim_files:
        name, *_ = swimclub.get_swim_data(file)
        if name not in swimmers:
            swimmers[name] = []
        swimmers[name].append(file)
    return str(sorted(swimmers))


@app.get("/files/<swimmer>")
def get_swimmers_files(swimmer):
    return str(swimmers[swimmer])


if __name__ == "__main__":
    app.run(debug=True)
```

← É a linha de código que causa o erro. Consegue ver qual é o problema?

Por que você acha que usar `swimmers` **na função** `get _ swimmers _ files` **está gerando um erro?**

Trocando Ideias

Mara: Acho que temos um problema de visibilidade aqui.

Sam: Concordo. As regras de escopo do Python estão nos prejudicando.

Alex: Como assim?

Mara: Pense na visibilidade da variável `swimmers`. Você vê como é definida na função `display _ swimmers`?

Alex: Com certeza…

Sam: Isso significa que é *local* para `display _ swimmers`.

Mara: E não visível em nenhum outro lugar no código, e certamente não é visível *globalmente*.

Alex: Então, por que não torná-la uma variável global para que todo o código do webapp possa vê-la?

Mara: Se ao menos isso funcionasse o tempo todo…

Alex: Eh?

Sam: É sutil. O uso de uma variável global em um webapp funciona quando o webapp atende a um único usuário, por exemplo: ao ser testado por *você* no *seu* computador. Mas, coloque o mesmo webapp na nuvem e pode ser *devastador*…

Mara: Ha! Devastador, isso é engraçado. Talvez Sam esteja sendo um pouco *exagerado*, mas — sim — é melhor evitar as variáveis globais nos webapps.

Alex: Continuo sem saber o motivo, pessoal.

Sam: O problema tem a ver com o fato de que seu webapp tem *uma* instância do seu código rodando na nuvem. Se você compartilhar dados em uma variável global nesse código, todos que interagem com seu webapp verão os *mesmos* dados. Tudo bem se ninguém muda o valor, mas pense no que acontece com a variável `swimmer`.

Mara: Seu valor *muda* sempre que um usuário do webapp *seleciona* um nadador com quem trabalhar.

Alex: Que poderia *substituir* o valor de *outro* usuário recém-selecionado?

Mara: Exato!

Sam: Como eu disse, *devastador*…

Alex: Certo, entendo agora. Imagino que precisamos de uma forma segura de compartilhar o valor das variáveis no código do webapp?

Sam: Sim, e acho que o Flask pode nos ajudar…

O Flask inclui um suporte da seção predefinido

Se você já desenvolveu para a web, provavelmente sabe que usar uma variável global para compartilhar dados no servidor da web é muito perigoso, sobretudo quando vários usuários fazem uma requisição da web que atualiza os dados globais. Às vezes pode funcionar bem, mas — honestamente — você precisa de um mecanismo aqui que funcione *o tempo todo.*

Como pode imaginar, você não é o primeiro programador a ter essa necessidade, e a galera boa que construiu o Flask fornece o que é conhecido como *suporte da sessão,* que você pode ativar facilmente para seu webapp. Usando uma tecnologia no servidor da web que se encaixa na tecnologia de cookies baseada no navegador, é possível compartilhar dados com segurança em seu webapp colocando os dados compartilhados em um *dicionário* chamado `session`.

Mencionamos no final do capítulo anterior que os dicionários estão *por toda parte* no Python!

Para ativar as sessões, você precisa de duas coisas: (1) importar o objeto `session` do Flask e (2) definir uma *chave secreta.* Isso resulta nas duas edições no código de *app.py*:

```
from flask import Flask, session

import os
import swimclub

app = Flask(__name__)
app.secret_key = "You will never guess..."
        :
```

Edição 1: adicione "session" à sua lista de importações do módulo "flask".

Edição 2: atribua uma string difícil de adivinhar ao atributo "secret_key" associado ao seu objeto "app". Uma string com qualquer coleção aleatória de caracteres imprimíveis costuma resolver (e pode ter qualquer comprimento).

A chave secreta usada no código acima deve ser alterada para algo muito mais difícil de adivinhar. Essa string é então usada pelo Flask para criptografar quaisquer cookies enviados ao seu navegador e garantir que nada possa ser mexido no seu cliente.

Sua chave secreta precisa ser difícil de adivinhar.

A única vez que você desejará usar uma chave secreta como mostrado acima pode ser quando quer irritar seus filhos adolescentes. Se eles foram ousados, mude a senha do WiFi em sua casa para "Você nunca adivinhará". Então, quando os queridinhos perguntarem qual é a nova senha, diga. É certo, eles sairão bufando de raiva, antes de finalmente (algumas horas depois) perceber que você respondia a pergunta o tempo todo.

Não significa que conhecemos alguém que tenha realmente feito isso com os filhos, é claro... 😉

A tecnologia session do Flask é um dicionário

Veja uma *correção muito rápida* para o problema atual (como compartilhar com segurança o valor de uma variável entre as funções), que como muitas correções rápidas, funciona... mas, dependendo de como é usada, pode falhar.

A tecnologia `session` incluída no Flask pode ser considerada um *dicionário no lado do servidor*. Qualquer coisa armazenada no dicionário `session` pode ser compartilhada entre todas as funções em seu webapp.

Sabendo disso (e aqui está a correção rápida), substitua todas as ocorrências da variável `swimmers` por `session["swimmers"]` no código do *app.py*. O trecho de código abaixo indica onde ocorrem as seis edições:

```
                :
@app.get("/swimmers")
def display_swimmers():
    swim_files = os.listdir(swimclub.FOLDER)
    swim_files.remove(".DS_Store")
1 → session["swimmers"] = {}
    for file in swim_files:
        name, *_ = swimclub.get_swim_data(file)
        if name not in session["swimmers"]:  ← 2
3 →         session["swimmers"][name] = []
4 →     session["swimmers"][name].append(file)
    return str(sorted(session["swimmers"]))
                                    ↑ 5

@app.get("/files/<swimmer>")
def get_swimmers_files(swimmer):
    return str(session["swimmers"][swimmer])
                                    ↑ 6
                :
```

Vá em frente e faça essas correções rápidas no código do *app.py*, lembrando-se de **salvar** o código para garantir que o Flask recarregue automaticamente seu webapp. Quando estiver pronto, acompanhe no *Test Drive* na próxima página.

Test Drive

Com a versão mais recente do código do seu webapp em execução, visite *http://127.0.0.1:5000/swimmers* e confirme se a funcionalidade anterior ainda funciona:

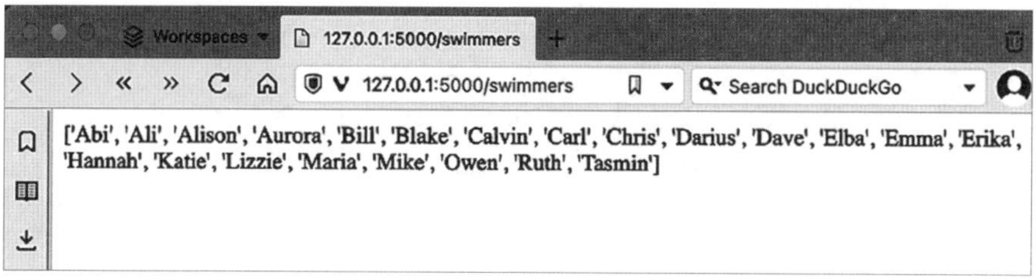

Agora acesse *http://127.0.0.1/files/Calvin* para ver os nomes de arquivo associados a Calvin. Lembre-se de que uma requisição como esta informou um erro antes. Desta vez, funciona!

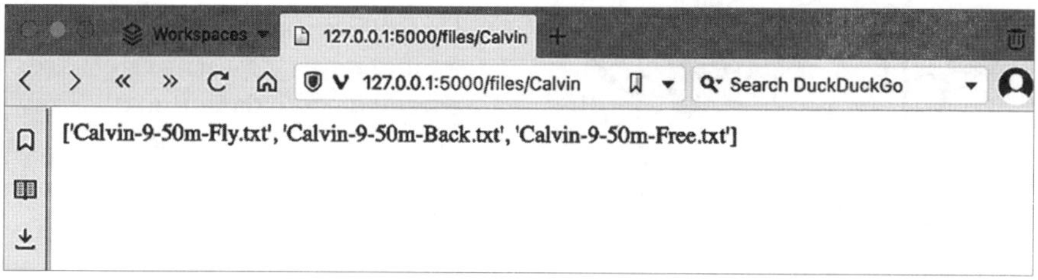

Tudo parece em ordem, pois as duas URLs e suas funções associadas funcionam sem erros. **Faça o seguinte**: feche seu navegador e pare (com **Ctrl+C**) seu webapp no VS Code, então saia do VS Code. Faça uma pausa... levante-se, estique-se e olhe pela janela mais próxima (mas apenas por um momento). Volte ao seu computador e reabra o VS Code, em seguida, reinicie seu webapp escolhendo **Executar** e **Executar sem depurar** no menu do VS Code. Inicie seu navegador e digite *http://127.0.0.1:5000/files/Calvin* na barra de localização, em seguida, pressione **Enter**... desastre na certa!

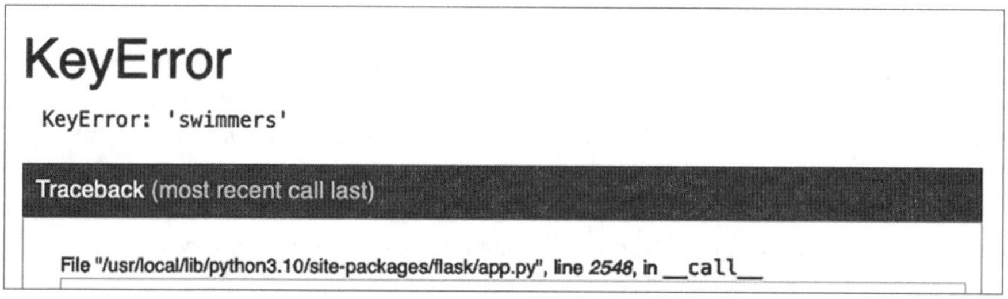

⋮

O problema é a ordem de execução.

O código é bom, mas a ordem de execução faz a diferença aqui. Por exemplo, se a função `get_swimmers_files` é executada *antes* da função `display_swimmers`, `session` não é preenchida com a chave `swimmers`. Ops!

Corrigindo sua solução rápida

A tecnologia `session` do Flask permite usar com segurança seus dados compartilhados em mais de um escopo. No momento, apenas uma das funções preenche `session`, o que é bom. O *ruim* é que há uma sequência de eventos que resultam na variável `session` não contendo nada, o que pode ser *devastador* (em referência ao termo usado anteriormente). Uma correção para sua solução rápida pode garantir que `session` seja preenchida com os dados corretos *sempre*, de modo que quando você precisar acessar os dados compartilhados, *eles estarão realmente lá.*

Iremos extrair o código de preenchimento de `session` da função `display_swimmers` para que possa ser chamado de qualquer outro lugar. Além disso, iremos garantir que, para qualquer execução do seu webapp, `session` seja preenchida apenas uma vez. Como isso é simples, fizemos a alteração para você. Você encontrará o código atualizado na próxima página.

Ajustando o código com a "melhor correção"

Aqui estão as atualizações feitas nas funções `display _ swimmers` e `get _ swimmers _ files`. Além disso, é mostrado o código para uma nova função chamada `populate _ data`:

A instrução "if" garante que "session" seja preenchida com dados apenas quando necessário.

É uma função regular, então não há necessidade de decorá-la com uma URL.

```
        ⋮
def populate_data():
    if "swimmers" not in session:
        swim_files = os.listdir(swimclub.FOLDER)
        swim_files.remove(".DS_Store")
        session["swimmers"] = {}
        for file in swim_files:
            name, *_ = swimclub.read_swim_data(file)
            if name not in session["swimmers"]:
                session["swimmers"][name] = []
            session["swimmers"][name].append(file)


@app.get("/swimmers")
def display_swimmers():
    populate_data()
    return str(sorted(session["swimmers"]))


@app.get("/files/<swimmer>")
def get_swimmers_files(swimmer):
    populate_data()
    return str(session["swimmers"][swimmer])
        ⋮
```

Esta função não tem (nem precisa) uma instrução "return", pois não retorna nada.

Chamar "populate_data" garante que os dados estejam disponíveis sempre que necessário.

Aplique as alterações acima no código de app.py e salve o código (que reinicia o webapp). Recarregue a página do navegador para confirmar que a mensagem KeyError não existe mais.

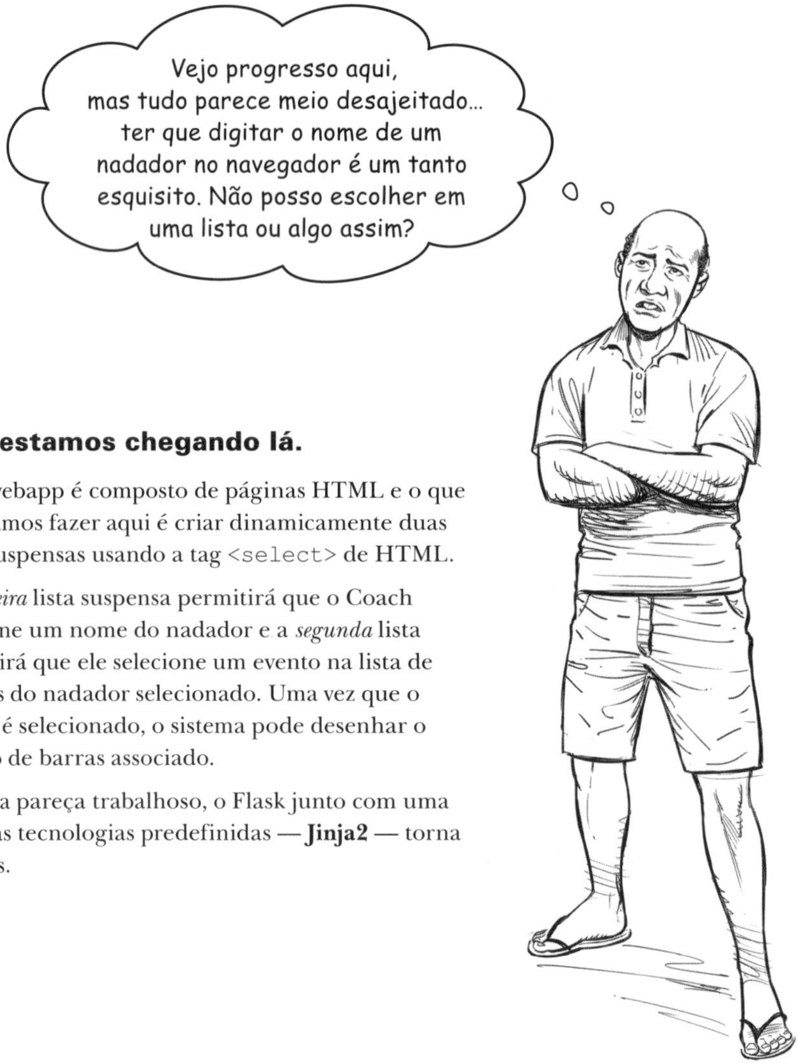

Sim, estamos chegando lá.

Cada webapp é composto de páginas HTML e o que precisamos fazer aqui é criar dinamicamente duas listas suspensas usando a tag `<select>` de HTML.

A *primeira* lista suspensa permitirá que o Coach selecione um nome do nadador e a *segunda* lista permitirá que ele selecione um evento na lista de eventos do nadador selecionado. Uma vez que o evento é selecionado, o sistema pode desenhar o gráfico de barras associado.

Embora pareça trabalhoso, o Flask junto com uma das suas tecnologias predefinidas — **Jinja2** — torna simples.

Veja Bem!!

Presumimos um conhecimento prévio aqui.

Como o objetivo deste livro é apresentá-lo às maravilhas do Python, presumimos que você fica confortável lendo e escrevendo HTML. Também presumimos que você tem uma compreensão básica da diferença entre os métodos GET e POST de HTTP. Se nossas suposições estiverem incorretas, você pode obter algum material introdutório em HTML e/ou HTTP antes de continuar (mas faremos o possível para descrever o que estamos fazendo conforme prosseguimos).

Use render_template para exibir as páginas da web

O Flask vem com uma função chamada `render _ template` que, em sua forma mais básica, fornece um mecanismo para exibir um arquivo de HTML em seu navegador, como oferecido pelo webapp. O único requisito é que seus arquivos HTML reais estejam armazenados na pasta `templates` do seu webapp (que você criou no início do capítulo).

Veja o código do webapp que fornece um ponto de entrada padrão (ou página):

```
@app.get("/")
def index():
    return "This is a placeholder for your webapp's opening page."
```

Supondo a existência de um arquivo HTML chamado *templates/index.html*, você pode mudar a instrução `return` para usar a função `render _ template` do Flask assim:

```
@app.get("/")
def index():
    return render_template("index.html")
```

Não há necessidade de incluir "templates/" aqui, já que o Flask irá procurar na pasta "templates" por padrão.

Para que o código atualizado funcione, você precisará adicionar `render _ template` à lista de importações para o Flask (na primeira linha de *app.py*) *e* precisará criar sua própria página *index.html* (e salvá-la na pasta *templates* do seu webapp).

Faça isto.

Test Drive

Vá em frente e aplique as edições vistas na página anterior ao seu código *app.py*, então crie um novo arquivo na pasta *templates* chamado *index.html*, com o seguinte HTML como o conteúdo do arquivo:

```
<!DOCTYPE html>
<html>
    <head>
        <title>Welcome to the Swimclub system</title>
    </head>
    <body>
        <h3>Welcome to the Swimclub system</h3>
        <p>
            This is the Coach's swimclub system.
            Begin by selecting a <a href="/swimmers">swimmer</a> to work with.
        </p>
    </body>
</html>
```

Adicione este HTML ao arquivo "index.html" dentro da sua pasta "templates".

Com o código de *app.py* modificado (como visto na página anterior), recarregue a URL padrão do seu webapp no navegador. A nova saída renderizada em HTML aparece:

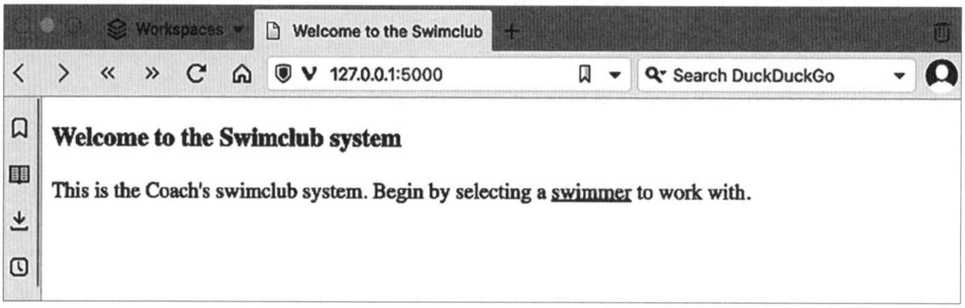

O link (azul online) está praticamente implorando para ser clicado. Ao clicar, a lista dos nadadores do Coach aparece:

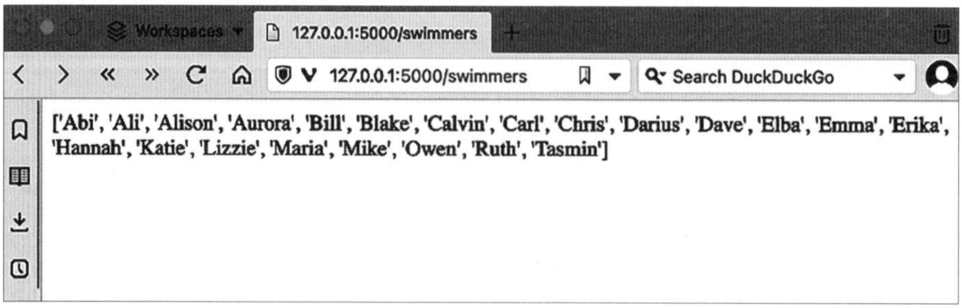

Concordamos, parece!

O objetivo aqui não é produzir um sistema incrivelmente bonito. O que queremos é um sistema que funcione. Então, sim, é básico. E, sim, parece algo dos anos 1990.

E tudo bem.

Sua lista suspensa deve lembrar isto.

A lista de nadadores precisa ser uma lista suspensa

Clicar no link "swimmer" na página inicial envia a URL */swimmers* para o servidor da web Flask em espera, que executa a função `display_swimmers` fazendo o navegador exibir a lista "bruta" de nomes dos nadadores.

Ao invés de ver os dados brutos, o que você realmente quer aqui é uma lista suspensa de nomes dos nadadores aparecendo, renderizada na página do navegador, usando a tag `<select>` de HTML .

Existem várias formas de fazer isso, mas você não quer escrever à mão uma página HTML codificada com todos os dados necessários adicionados (basta pensar no desgaste dos seus pobres dedos).

Em vez disso, seria bom se pudesse aplicar alguns truques de programação, escrevendo apenas a quantidade mínima absoluta de HTML quando necessário, gerando o resto com uma pequena quantidade de código Python...

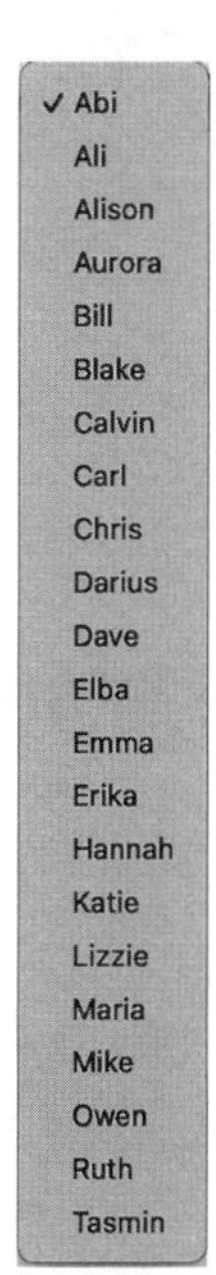

E se tal coisa fosse possível?

Certamente vale a pena considerar.

Usar f-strings com seu código SVG foi uma ótima opção, mas você provavelmente desejará algo que funcione em um nível mais alto ao gerar uma coleção de páginas HTML.

O mecanismo de template incluído no Flask, Jinja2, está repleto de coisinhas que geram HTML.

O Jinja2 processa templates que são uma mistura de HTML e das extensões de marcação do próprio Jinja2, combinadas para produzir páginas da web geradas dinamicamente. Os arquivos do Jinja2 são (normalmente) arquivos HTML padrão com algumas marcações do Jinja2.

E sim, você acertou: o Jinja2 usando a palavra "templates" explica por que o Flask espera que todos os arquivos HTML residam em sua pasta *templates*, porque é aí que o Jinja2 espera que eles também residam.

não existem Perguntas Idiotas

P: Só para esclarecer, todos os arquivos HTML usados por meu webapp Flask precisam estar na pasta *templates*?

R: Sim, e você precisa ter cuidado com a ortografia usada, pois "templates" tem que estar com *letras minúsculas*. Alguns sistemas operacionais podem ser imprudentes em relação a isso e, em certas circunstâncias, você pode usar "Templates" ou "TEMPLATES", e o sistema operacional não se importará. Mas o Flask e o Jinja2 sim, portanto, crie a pasta *templates* usando letras minúsculas (e não terá problemas).

Criar templates Jinja2 economiza tempo

Transformaremos o *index.html* existente em um novo template chamado *base.html*.

O template *base.html* contém o HTML que você deseja compartilhar com todas as suas páginas da web subsequentes, além da marcação Jinja2 que indica o conteúdo que deve ser adicionado ao template em um momento posterior.

Veja a transformação:

```
<!DOCTYPE html>
<html>
    <head>
        <title>Welcome to the Swimclub system</title>
    </head>
    <body>
        <h3>Welcome to the Swimclub system</h3>
        <p>
            This is the Coach's swimclub system.
            Begin by selecting a <a href="/swimmers">swimmer</a> to work with.
        </p>
    </body>
</html>
```

Esta é a marcação HTML original em "index.html".

Isto é "base.html" que, se você olhar bem, não é muito diferente da página "index.html" existente.

```
<!DOCTYPE html>
<html>
    <head>
        <title>{{title}}</title>
    </head>
    <body>
        <h3>{{title}}</h3>
        {% block body %}
        {% endblock %}
    </body>
</html>
```

Há duas expressões Jinja2...

... e há duas instruções Jinja2.

Se quiser que o que vê no VS Code corresponda ao destaque da sintaxe mostrado online, reserve um tempo para instalar a extensão "Jinja" para o VS Code a partir de "wholroyd" do desenvolvedor.

Nos Bastidores

Saiba um pouco sobre as extensões de marcação do Jinja2 para HTML

Como a maioria das tecnologias de template maduras, há muita coisa incluída em Jinja2. Dito isso, é possível ser produtivo quando tudo o que se tem é a capacidade de trabalhar em uma pequena quantidade de Jinja2.

A primeira coisa que você precisa saber: o Jinja2 permite aplicar a noção de herança (da programação orientada a objetos) em suas páginas HTML. Você cria um modelo "básico" com todas as marcações HTML que deseja compartilhar e *herda* esse modelo ao criar novas páginas HTML. Há uma instrução do Jinja2 que permite fazer isso:

Os delimitadores {% e %} ficam nas instruções do Jinja2.

```
{% extends "base.html" %}
```

Quando o Jinja2 vê esta marcação, ele herda todo o HTML do arquivo "base.html".

Como a *instrução* `extends`, o Jinja2 também suporta (entre outras) as instruções `if`, `for` e `block`. Você verá algumas usadas quando começar a criar os templates do seu webapp.

Além das instruções do Jinja2, há também as *expressões* dele, que são delimitadas por chaves duplas em um template:

O uso de chaves aqui deve lembrá-lo das f-strings, e é a mesma ideia geral em Jinja2. A expressão entre chaves é avaliada e, em seguida, substituída na página HTML, no lugar da expressão.

```
{{ swimmers }}
```

O valor da variável "swimmers" é trocado aqui (e as chaves não aparecem no HTML gerado).

A maioria das expressões Python válidas pode aparecer entre chaves duplas e a expressão é avaliada *antes* da substituição acontecer. Por exemplo:

```
{{ swimmers["Katie"][-1] }}
```

Pegue o último valor da lista associada à chave "Katie" no dicionário "swimmers".

Estenda base.html para criar mais páginas

Agora que *base.html* existe, você pode editar *index.html* para herdar do template básico, em seguida, fornecer algum conteúdo que "falta":

É aqui que você define a relação de herança.

É como fica "index.html" agora.

```
{% extends "base.html" %}

{% block body %}
<p>
    This is the Coach's swimclub system.
    Begin by selecting a <a href="/swimmers">swimmer</a> to work with.
</p>
{% endblock %}
```

Este bloco de HTML (chamado "body") substitui o bloco com o mesmo nome em "base.html".

A instrução "endblock" termina a instrução "block" anterior (e você pode ter tantos blocos individualmente nomeados em seus templates quanto necessário).

Os valores da expressão vêm do seu código.

Neste exemplo, o valor a ser usado pela expressão `title` é passado a partir do código Python quando você chama a função `render _ template` do Flask.

Veremos como fazer isso na próxima página.

Exercício

Se você ainda não criou *base.html* nem editou *index.html*, volte e crie/edite esses arquivos HTML agora. Salve *base.html* e *index.html* em sua pasta *templates*.
Com os templates prontos (e colocados), edite a função `index` no código do *app.py* para que fique assim, então salve o código:

```
@app.get("/")
def index():
    return render_template(
        "index.html",
        title="Welcome to the Swimclub system",
    )
```

Para ajudar na legibilidade, estamos colocando a chamada "render_template" em várias linhas.

Além de identificar o modelo a ser usado ("index.html"), você também está fornecendo um valor para a expressão "title" que será substituída e usada pelo arquivo de template.

A maioria das outras linguagens classificaria esta "vírgula à direita" como um erro de sintaxe. Não o Python, que fica feliz em torná-lo opcional. É uma convenção na comunidade Python usá-la assim.

Sim, exatamente.

Veremos tudo isso em ação...

Test Drive

Com os templates prontos, o código *app.py* editado (e salvo), você está pronto para testar seu webapp para Jinja2. Verifique novamente se o Flask reiniciou com sucesso seu webapp (verifique no terminal do VS Code) e recarregue sua página padrão no navegador:

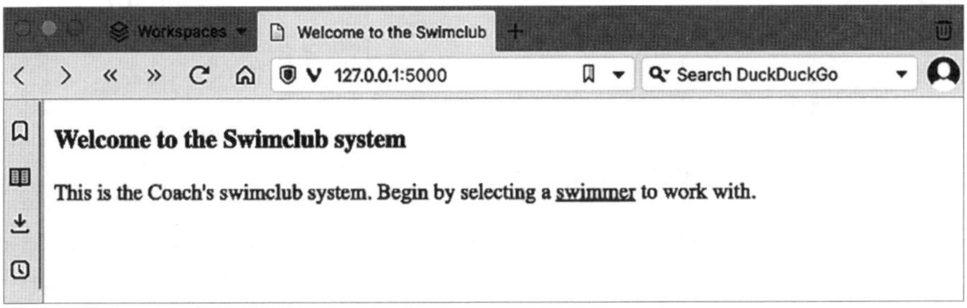

Clicar no link (azul online) faz exatamente o que se espera: a lista dos nadadores do Coach aparece na tela:

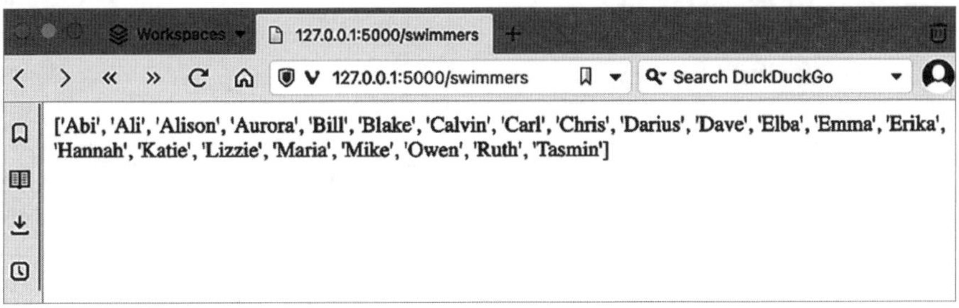

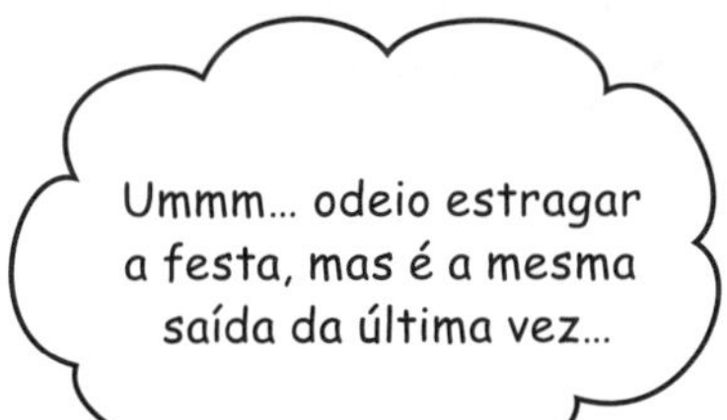

E deveria ser!

Você não deve esperar ver algo novo aqui. No entanto, o seu webapp agora usa os templates Jinja2, o que torna moleza a adição de novas páginas ao seu webapp.

Para ilustrar este novo *superpoder* do desenvolvimento para web, vejamos o código do template Jinja2 que gera uma lista suspensa `<select>`.

Criação dinâmica de uma lista suspensa

Veja o template Jinja2 (chamado *select.html*) que renderiza dinamicamente o HTML para uma tag `<select>` quando recebe uma lista de valores de dados (em uma variável chamada — em um acesso de imaginação arrebatadora — `data`):

```
{% extends "base.html" %}

{% block body %}

<form method="POST" action="{{ url }}">

    <label for="{{ select_id }}">Please select a {{ select_id }}:</label>

    <select name="{{ select_id }}" id="{{ select_id }}">

        {% for name in data %}
            <option value="{{ name }}">{{ name }}</option>
        {% endfor %}

    </select>

    <p>
        <input type="submit" value="Select">
    </p>

</form>

{% endblock %}
```

É aqui que você define a relação de herança.

Este valor precisa ser fornecido por seu código e identifica a URL para a qual usar POST nos dados deste formulário HTML.

A expressão "select_id" (usada quatro vezes) fornece o nome associado ao valor de dados enviado com POST quando o usuário clica no botão submit (enviar).

O loop "for" do Jinja2 é a instrução mais interessante. Dada a lista de valores em "data", este código Jinja2 cria uma tag <option> para cada slot na lista. Como você verá em breve, isso funciona com qualquer tamanho de lista, não apenas a lista dos nomes de nadadores do Coach.

Parece um progresso, mas só preciso de uma lista suspensa dos nomes de nadadores...

Não se preocupe, Coach, não esquecemos por que estamos fazendo isso.

Este template parece complexo, mas quando você remove a marcação do Jinja2, é apenas HTML. As chaves duplas são substituídas pelo valor das variáveis. O loop `for` cria as tags `<option>` necessárias, gerando dinamicamente as opções `<select>` para o Coach escolher.

Aponte seu lápis

Veja a versão atual da função `display _ swimmers` no código *app.py*:

```
@app.get("/swimmers")
def display_swimmers():
    populate_data()
    return str(sorted(session["swimmers"]))
```

É possível ajustar o código para substituir a instrução `return` por uma que aproveite o template *select.html* da página anterior. Se ainda não fez isso, crie *select.html* em sua pasta *templates* antes de continuar.
O que gostaríamos que fizesse é fornecer a chamada completa que você faria para a função `render_template` para gerar uma nova página que exibe a lista suspensa dos nomes de nadadores. Você pode supor que a URL no HTML `<form>` envia para */showfiles*. O nome da tag `<select>` deve ser definido para "swimmer". Preencha o código que falta abaixo. Já começamos:

```
@app.get("/swimmers")
def display_swimmers():
    populate_data()
    return render_template(
        "select.html",

        ____________________________________

        ____________________________________

        ____________________________________

        ____________________________________

        ____________________________________

        ____________________________________

    )
```

O(s) template(s) esperam quatro valores. Você pode nomeá-los e fornecer seus valores?

Respostas na página 298

Aponte seu lápis Solução

Da página 297

Veja a versão atual da função `display _ swimmers` no código *app.py*::

```
@app.get("/swimmers")
def display_swimmers():
    populate_data()
    return str(sorted(session["swimmers"]))
```

É possível ajustar o código para substituir a instrução `return` por uma que aproveite o template *select.html* da página anterior. Foi pedido para você criar *select.html* em sua pasta *templates* antes de continuar.
Gostaríamos que você fornecesse a chamada completa que faria para a função `render_ template` para gerar uma nova página que exibe a lista suspensa dos nomes de nadadores. Você teve que supor que a URL a usar se chamava */showfiles*. O nome da tag `<select>` deve ser definido para "swimmer". Você preencheu o código que faltava. Começamos para você:

```
@app.get("/swimmers")
def display_swimmers():
    populate_data()
    return render_template(
        "select.html",
        
        title="Select a swimmer",
        url="/showfiles",
        select_id="swimmer",
        data=sorted(session["swimmers"]),
    )
```

Lembrou-se de definir "title"?

O(s) template(s) esperam quatro valores. Como seu código se compara ao nosso?

O valor de "data" precisa ser passado como uma lista, não convertido em uma string como antes. Você notou isso?

Quando um argumento é passado para uma função assim, é uma convenção remover os espaços ao redor do caractere "=". Compare isso com a atribuição (no código normal), em que a convenção é sempre colocar um espaço antes *e* depois de "=".

Test Drive

Seu código em *app.py* foi atualizado, salvo e o webapp reiniciou. Você agora tem três arquivos em sua pasta *template*: *base.html*, *index.html* e *select.html*. Recarregue a página inicial do seu webapp:

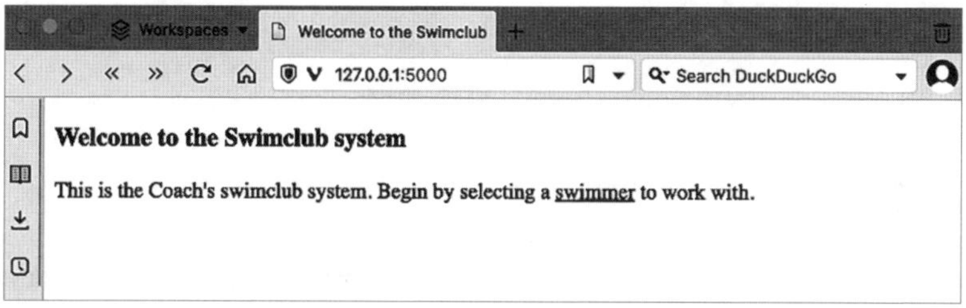

Nada mudou. Mas, clique no link (azul online) e será apresentado a uma página convidando para você selecionar um nadador em uma lista suspensa graças à tag `<select>` gerada por seu Jinja2:

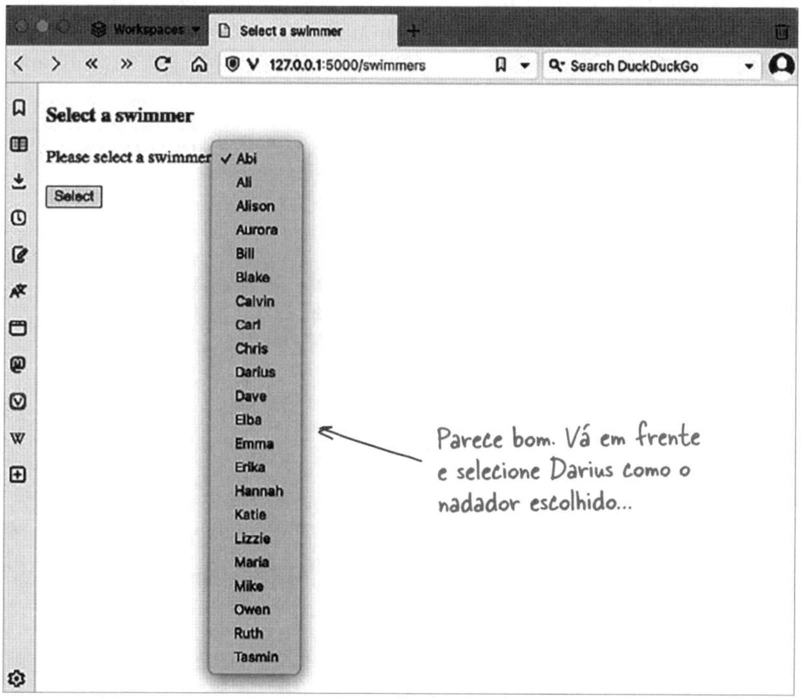

Selecionando um nadador

Quando você seleciona Darius na lista suspensa e clica no botão **Selecionar**, é saudado com a segunda mensagem de erro mais frustrante na web, o temido erro `404` *Not Found*:

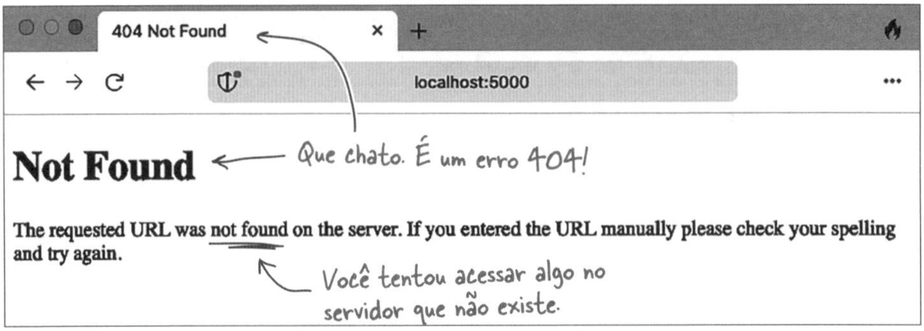

É exatamente o que esperávamos que acontecesse, pois a URL*/showfiles* não existe atualmente no código do seu webapp. Você tem uma URL*/files/<swimmer>* no código de *app.py*, mas ela responde a uma requisição HTTP `GET`, já o HTML `<form>` no template *select.html* usa `POST` para enviar os dados para o servidor da web Flask.

Veja a versão atual do seu código `get _ swimmers _ files` em *app.py*, que pode ser usada para identificar onde as mudanças no código são necessárias:

Esta linha do decorador precisa mudar, pois os dados são enviados com POST do formulário HTML. Além disso, não é a URL correta: ela precisa ser "/showfiles".

```
@app.get("/files/<swimmer>")
def get_swimmers_files(swimmer):
    populate_data()
    return str(session["swimmers"][swimmer])
```

O parâmetro da função "swimmer" precisa sair (já que não é mais necessário).

Esta linha precisa ser substituída por uma chamada "render_template" não diferente daquela no final da função "display_swimmers". Isso permitirá criar uma lista suspensa de arquivos de qualquer nadador.

Você precisa processar os dados do formulário

O outro problema que você tem é que o valor da variável `swimmer` como passado para a função `get _ swimmers _ files` é fornecido pela URL */files/<swimmer>*. Isso não funcionará mais, já que você irá alterar a URL para */showfiles*, com os dados sendo enviados com POST para o webapp a partir do seu formulário HTML.

O Flask torna superfácil obter os dados do formulário...

... Graças ao objeto `request`.

Sempre que seu navegador se comunica com qualquer servidor da web, ele envia dados extras para o servidor internamente. Dependendo do navegador sendo executado, esses dados podem incluir o nome dele, seu mecanismo HTML subjacente, sua versão, seu nome, o que você comeu no café da manhã etc. (Certo, talvez não a parte do café da manhã, mas você entendeu.)

E mais, quaisquer dados enviados via `POST` também são incluídos, e o Flask agrupa todos esses dados extras em um objeto chamado `request`. Você só precisa adicionar `request` à sua lista de importações do Flask no início de *app.py* e seguir em frente.

Faça isto agora.

Dados do formulário disponíveis como dicionário

Quando o objeto `request` recebe qualquer dado do seu formulário, adiciona-o como um dicionário, usando o valor `select _ id` como a chave ("swimmer" no exemplo) e o nome do nadador selecionado como o valor associado ("Darius" aqui).

No código de webapp, você pode recuperar o nome "Darius" (supondo que "Darius" foi selecionado da lista suspensa) no formulário HTML usando esta linha de código:

```
name = request.form["swimmer"]
```

O nome do nadador selecionado é atribuído a uma nova variável.

O objeto "request.form" se comporta como um dicionário.

Sim! Exato!

Você pode chamar o template *select.html* com valores diferentes (neste caso, a lista de arquivos associados ao nadador escolhido) e exibir outra lista suspensa para o Coach escolher.

Ímãs de Geladeira

Com todo o progresso feito, os *Programadores Use a Cabeça* ficaram um pouco animados e criaram outra função chamada `display_swimmer_files`. Decorada com `@app.post` e associada à URL */showfiles*, a função pega o objeto `request` para acessar o nome do nadador, então usa o template *select.html* para exibir uma lista suspensa dos nomes de arquivo. Em seguida, os programadores definem o valor `select_id` para `file`, com */showbarchart* como a próxima URL. Em comemoração, o código foi transformado em ímãs de geladeira (de todas as coisas), afixados na geladeira, então a festa começou. Na confusão, alguém bateu na geladeira, derrubando a maioria dos ímãs no chão. Seu trabalho é remontá-los na ordem correta.

Respostas na página 304

```
def display_swimmer_files():

    return render_template(

    )
```

Aqui estão os ímãs que caíram no chão. Nota mental: nada de festas para os Programadores Use a Cabeça (sem a supervisão de adultos).

```
url="/showbarchart",
name = request.form["swimmer"]
title="Select an event",
select_id="file",
@app.post("/showfiles")
populate_data()
"select.html",
data=session["swimmers"][name],
```

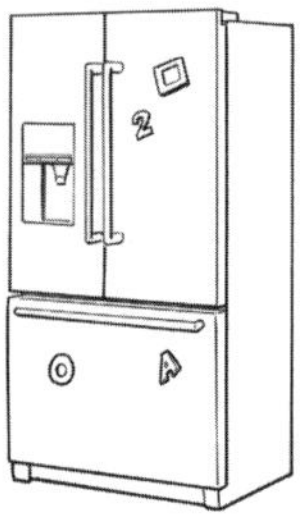

Ímãs de Geladeira

Da página 303

Com todo o progresso feito, os *Programadores Use a Cabeça* ficaram um pouco animados e criaram outra função chamada `display_swimmer_files`. Decorada com `@app.post` e associada à URL */showfiles*, a função pega o objeto `request` para acessar o nome do nadador, então usa o template *select.html* para exibir uma lista suspensa dos nomes de arquivo. Em seguida, os programadores definem o valor `select_id` para `file`, com */showbarchart* como a próxima URL.

Em comemoração, o código foi transformado em ímãs de geladeira (de todas as coisas), afixados na geladeira, então a festa começou. Na confusão, alguém bateu na geladeira, derrubando a maioria dos ímãs no chão. Seu trabalho foi remontá-los na ordem correta. Conseguiu?

A função é decorada com a URL correta.

```
@app.post("/showfiles")
def display_swimmer_files():
    populate_data()
    name = request.form["swimmer"]
    return render_template(
        "select.html",
        title="Select an event",
        url="/showbarchart",
        select_id="file",
        data=session["swimmers"][name],
    )
```

Como sempre, esta chamada garante que a sessão seja preenchida com dados, se necessário.

Pegue o nome do nadador selecionado no formulário.

Identifique o template a usar.

Atribua um valor de título.

Defina a próxima URL.

Nomeie a tag <select>.

Passe os dados a serem usados com a próxima lista suspensa, que neste caso é a lista de nomes de arquivo associados ao nadador escolhido.

Test Drive

Selecionar Darius no primeiro menu suspenso exibe a lista de eventos em que Darius nadou, mostrada em uma nova lista suspensa:

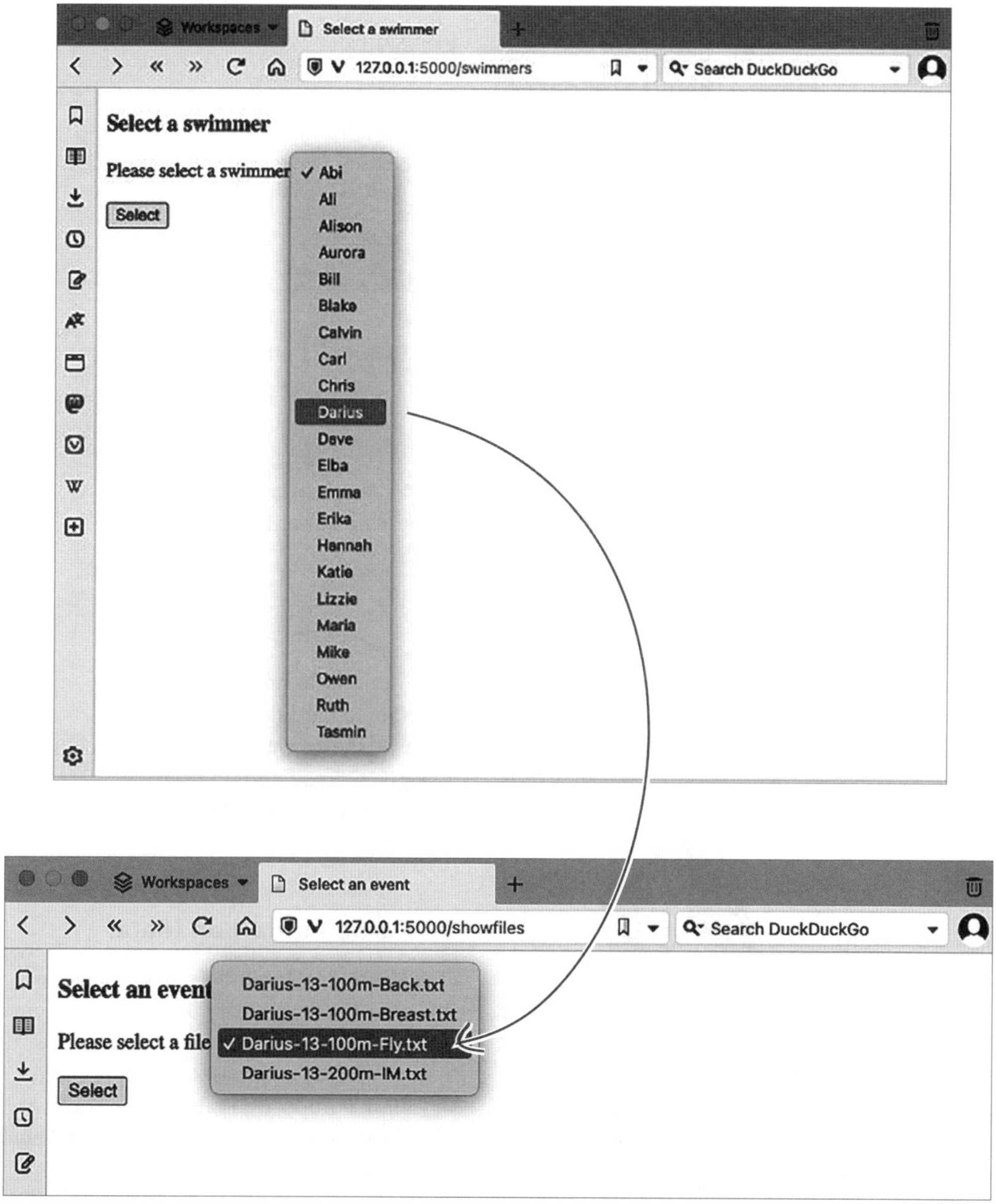

Cada vez mais perto de um sistema funcional

Selecionar qualquer arquivo para Darius resulta em outro 404, e dar uma olhada rápida em sua função mais recente revela o que acontece:

```
@app.post("/showfiles")
def display_swimmers_files():
    populate_data()
    name = request.form["swimmer"]
    return render_template(
        "select.html",
        title="Select an event",
        url="/showbarchart",
        select_id="file",
        data=session["swimmers"][name],
    )
```

Você ainda tem que associar qualquer código a esta URL, então é o caso de mais um 404.

Parece uma boa ideia.

Só um probleminha. Como está escrita, a função `produce_bar_chart` em *swimclub.py* espera criar seus arquivos HTML em uma pasta chamada *charts*. Flask e Jinja2 esperam que os arquivos HTML residam na pasta *templates*. Temos um pequeno conflito...

As funções suportam valores de parâmetro padrão

Vá em frente e abra o módulo no VS Code. Lembre-se, você o copiou para sua pasta webapp no início deste capítulo.

A função produce _ bar _ chart incluída no módulo swimclub codifica o local para salvar quaisquer gráficos de barras baseados em SVG criados. Este local é definido na constante CHARTS perto do início do código do módulo:

As constantes definidas perto do início de "swimclub.py"

```
CHARTS = "charts/"

FOLDER = "swimdata/"
```

Se você vai para a parte inferior do código do módulo, há uma linha de código que usa a constante CHARTS:

É a 4ª linha a partir da parte inferior do arquivo.

```
save_to = f"{CHARTS}{fn.removesuffix('.txt')}.html"
```

É tentador mudar o valor de CHARTS para templates/ e forçar o código a ser salvo na pasta *templates*: *não faça isso*. Tal alteração *violaria* qualquer código existente que outros usuários do seu módulo (inclusive você) escreveram, esperando que a saída fosse salva na pasta *charts*.

Isto inclui o código que você já escreveu nos capítulos anteriores. Sim, você depende do seu próprio módulo.

É claro não jogaremos a toalha e desistiremos. Então, o que fazer?

As funções do Python suportam **parâmetros padrão**, que permitem que você forneça um parâmetro de função com um valor *padrão*. O padrão é usado somente se nenhum outro valor de argumento é fornecido.

Ativaremos esse recurso em *swimclub.py*. Perto da parte inferior do arquivo do seu módulo, mude a linha de código save _ to para:

```
save_to = f"{location}{fn.removesuffix('.txt')}.html"
```

O que era "CHARTS" nesta linha de código agora é "location".

Agora, na outra página, tornamos o valor de location um **parâmetro padrão** para a função produce _ bar _ chart em *swimclub.py*.

Valores opcionais do parâmetro padrão

Vá para o início da função `produce_bar_chart` e mude a linha **def**:

Antes →

```
def produce_bar_chart(fn):
```

Depois →

```
def produce_bar_chart(fn, location=CHARTS):
```

A atribuição de um valor aqui faz com que o parâmetro "location" seja opcional (já que ele agora tem um valor padrão).

Atribuir um *padrão* torna esse parâmetro *opcional.*

Na linha "Depois", acima, `location` recebe o valor de `CHARTS` se nenhum valor alternativo é fornecido quando a função é chamada. Esta pequena mudança, mas *essencial*, simplifica a criação da função restante de webapp (pois a criação do gráfico de barras é passada para o módulo `swimclub`).

Aqui estão as cinco linhas de código que podemos usar para criar a função `show_bar_chart` em *app.py*, permitindo que seu webapp desenhe gráficos com o nome de arquivo do nadador escolhido. Dê uma olhada:

Associe esta URL a um método HTTP POST.

Pegue o valor de "file" select_id no formulário HTML.

```
@app.post("/showbarchart")
def show_bar_chart():
    file_id = request.form["file"]
    location = swimclub.produce_bar_chart(file_id, "templates/")
    return render_template(location.split("/")[-1])
```

O gráfico de barras é criado e salvo na pasta "templates", não na pasta CHARTS. O valor do parâmetro padrão é substituído.

A chamada para "produce_bar_chart" retorna o local do arquivo salvo. Isto é passado para "render_template", mas não antes de o prefixo "templates/" ser removido, pois o Flask/Jinja2 procura os arquivos HTML na pasta "templates" por padrão. (Talvez você precise pensar um pouco sobre esta última linha de código.)

Versão final do seu código, 1 de 2

Antes de executar seu código mais recente, compare nosso *app.py* com o seu e verifique se implementou todas as alterações que temos:

```
from flask import Flask, session, render_template, request

import os
import swimclub


app = Flask(__name__)
app.secret_key = "You will never guess..."


@app.get("/")
def index():
    return render_template(
        "index.html",
        title="Welcome to the Swimclub system",
    )


def populate_data():
    if "swimmers" not in session:
        swim_files = os.listdir(swimclub.FOLDER)
        swim_files.remove(".DS_Store")
        session["swimmers"] = {}
        for file in swim_files:
            name, *_ = swimclub.read_swim_data(file)
            if name not in session["swimmers"]:
                session["swimmers"][name] = []
            session["swimmers"][name].append(file)
```

Veja se o seu código corresponde ao nosso.

O resto do código está na outra página. →

Versão final do seu código, 2 de 2

```
@app.get("/swimmers")
def display_swimmers():
    populate_data()
    return render_template(
        "select.html",
        title="Select a swimmer",
        url="/showfiles",
        select_id="swimmer",
        data=sorted(session["swimmers"]),
    )
```

Veja se o seu código corresponde ao nosso.

```
@app.post("/showfiles")
def display_swimmers_files():
    populate_data()
    name = request.form["swimmer"]
    return render_template(
        "select.html",
        title="Select an event",
        url="/showbarchart",
        select_id="file",
        data=session["swimmers"][name],
    )
```

É uma boa ideia adicionar um comentário ao início de cada função. Não fizemos isso para economizar um pouco de espaço nas páginas (e manter seu foco na compreensão do código). Mas adicionar comentários é uma boa ideia.

```
@app.post("/showbarchart")
def show_bar_chart():
    file_id = request.form["file"]
    location = swimclub.produce_bar_chart(file_id, "templates/")
    return render_template(location.split("/")[-1])


if __name__ == "__main__":
    app.run(debug=True)
```

Test Drive

Com a versão mais recente do código de *app.py* rodando no VS Code, use o sistema para ver qualquer gráfico de barras para qualquer um dos nadadores do Coadh. Funciona bem, não é? Mesmo que ainda lembre os anos 1990...

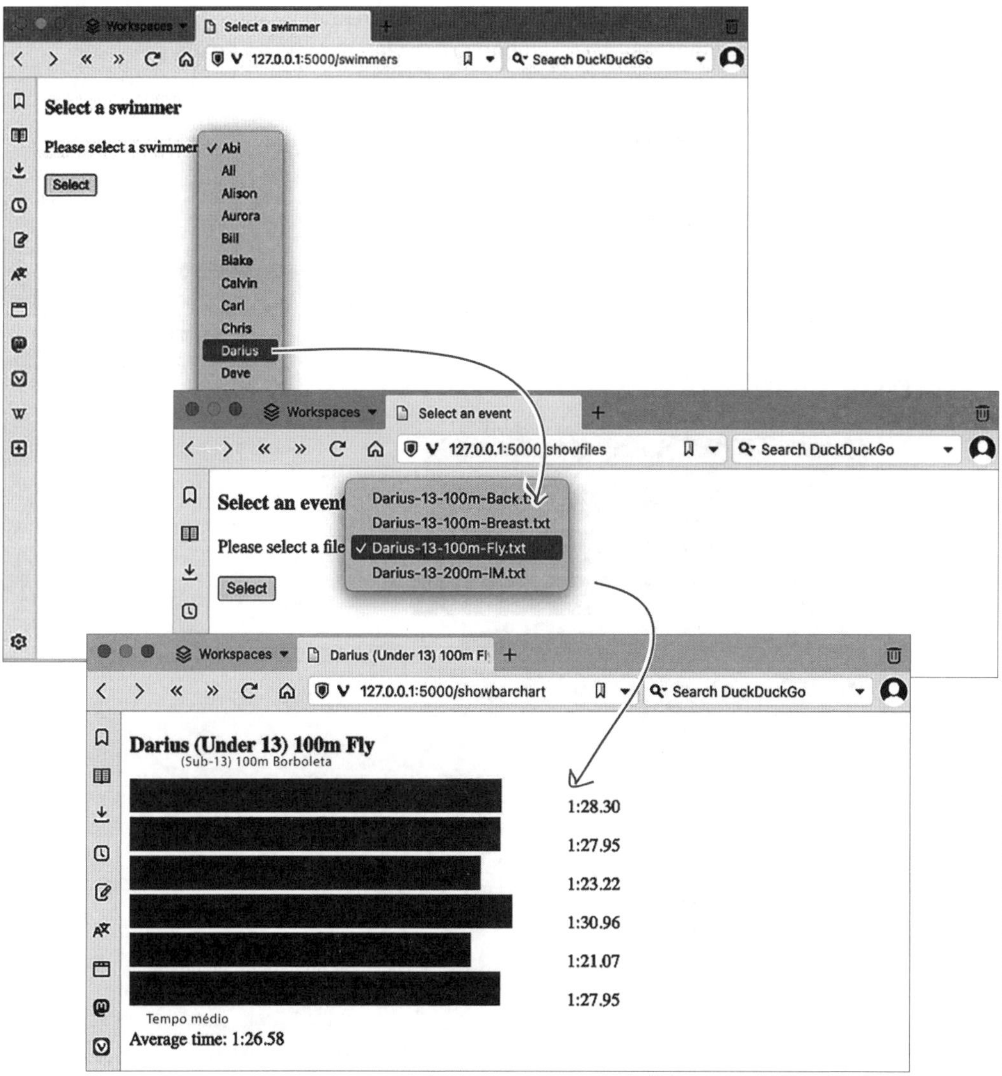

Como um primeiro webapp, parece bom

Prometemos que seria preciso um único capítulo para o código que você desenvolveu até agora neste livro, transformando-o em um webapp funcional, e isso é o que você fez nas últimas cinquenta páginas.

O Coach agora pode escolher *qualquer* nadador na lista de nadadores, em seguida, selecione *qualquer* evento de natação a partir dos dados mostrados, antes de visualizar o gráfico de barras. Embora o webapp resultante provavelmente precise de um pouco de "carinho na interface", o que temos aqui é bem útil. E eu sei que somos tendenciosos, mas achamos que é *bonito* também.

Nós nos perguntamos o que o Coach vai achar?

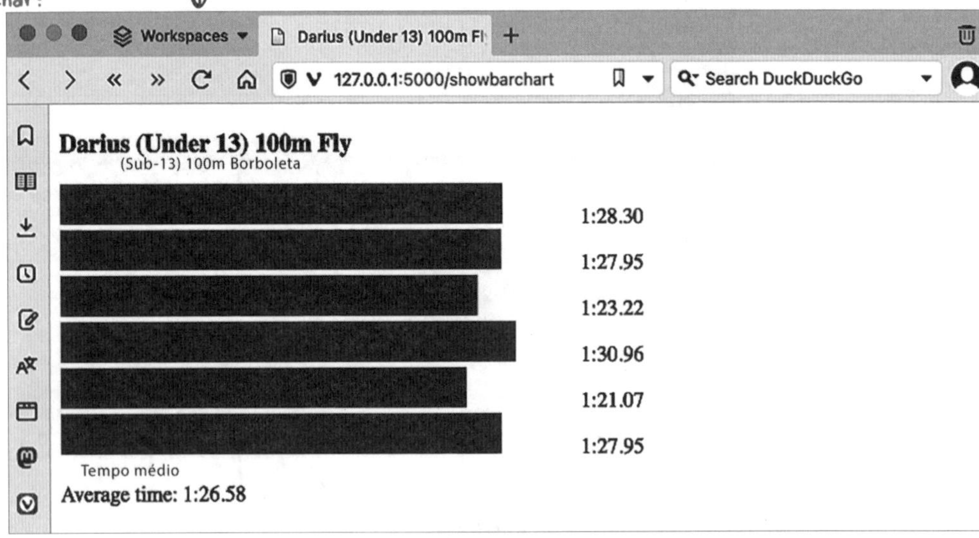

não existem Perguntas Idiotas

P: Quando eu adiciono código a uma função associada a um decorador @app do Flask, fico limitado a qual código posso usar?

R: Não. Você pode colocar qualquer código Python, e o código pode fazer qualquer coisa. A única restrição é que a função deve concluir com uma instrução `return` (caso contrário, seu servidor da web fica muito confuso).

P: Posso ter qualquer quantidade de parâmetros padrão quando crio uma nova função?

R: Sim, mais ou menos. Quando você atribui um valor a um parâmetro (tornando-o opcional), o Python presume que todos os parâmetros subsequentes são opcionais também. Então, você também tem que fornecer valores padrão para esses parâmetros. Conclusão: a ordem dos parâmetros da sua função faz a diferença.

Sistema do Coach pronto para entrar em cena

Você finalmente tem algo para mostrar ao Coach. Quando ele vir o que você desenvolveu, ficará emocionado. Ele não para de parabenizar a todos que encontra. Você também tem certeza de que vê uma pequena lágrima no canto do olho dele...

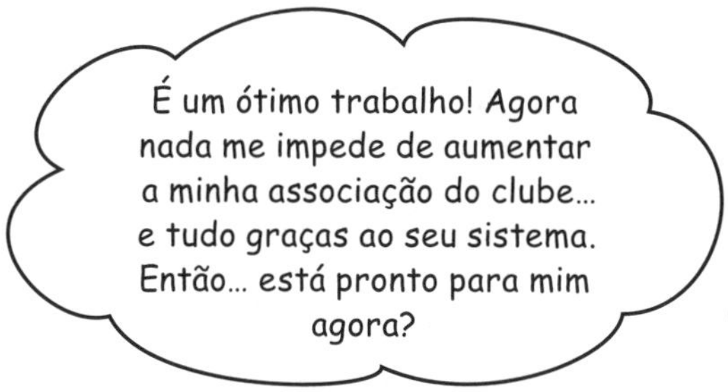

O sistema atual funciona...

..., mas apenas no nosso computador de desenvolvimento. Para ser realmente útil, a aparência do sistema pode ser melhorada e precisa funcionar na internet, especificamente na nuvem. Isso tudo será discutido no próximo capítulo.

Até lá, sente-se, relaxe, pegue uma xícara de sua bebida favorita, revise o resumo do capítulo, então (como sempre) faça a palavra cruzada deste capítulo.

PONTOS DE BALA

- Quando se trata de criar um webapp com Python, há muitas opções. Gostamos do **Flask** porque ele nos permite começar rapidamente.
- O Flask utiliza o recurso **decorador** do Python, que usa o símbolo `@` para marcar uma função para ter tratamento especial. No Flask, o decorador `@app` permite associar uma URL de entrada a qualquer função do Python.
- Fora da caixa, o decorador `@app` suporta os **métodos** *GET* e *POST* de HTTP.
- O webapp Flask **mínimo** tem só sete linhas de código, com quatro delas comuns à maioria dos webapps Flask, não importando sua finalidade.
- O Flask usa o **truque** "dunder name = dunder main" para você controlar qual código roda dependendo de como o módulo é importado.
- É necessário cuidado ao criar o código do webapp que precisa **compartilhar dados** entre as funções. Você deve evitar as variáveis globais (a menos que goste de devastação). Use a tecnologia `session` do Flask.
- E não se esqueça de fornecer a **chave secreta** "você nunca adivinhará" para preparar a sessão do Flask e a tecnologia de cookies.
- O **modo de depuração** do Flask salva vidas, então ative-o com `@app.run(debug=True)`.
- O Flask vem com a biblioteca de templates **Jinja2** predefinida. Embora basicamente associado à criação de páginas HTML, o Jinja2 pode ser usado para qualquer template.
- `render_template` do Flask faz todo o trabalho pesado ao conectar o mecanismo de templates do Jinja2.
- Entre outras coisas, o Jinja2 pode incluir **expressões** em seus templates, bem como **instruções**. As expressões têm chaves duplas, `{{` e `}}`, já as instruções têm `{%` e `%}`.
- Os exemplos de instruções Jinja2 vistas neste capítulo incluem `block`, `endblock`, `extends`, `for` e `endfor`. Há outras, mas estas cinco são mais do que suficientes para continuar.
- A instrução `extends` é a nossa favorita, pois nos permite criar páginas HTML que **herdam** de uma página web mestre comum, normalmente chamada *base.html*. Neste capítulo, *select.html* herda de *base.html* e é reutilizada em mais de um lugar. Legal.
- Ainda mais legal é como o Flask facilita o acesso aos dados **enviados** de um formulário HTML. Basta ler o valor de dados que você deseja no dicionário `request.form` do Flask. Como sempre, os colchetes são seus aliados aqui.
- As funções do Python suportam a noção de **variáveis opcionais padrão**. Quando o parâmetro de uma função recebe um valor, o valor se torna seu padrão, que é usado sempre que a função é chamada sem um valor de argumento para esse parâmetro.

Cruzadinha do Python

Como sempre, todas as respostas para as pistas se encontram neste capítulo e as soluções estão logo ali.

Horizontal

2. O mecanismo de template usado por 9 na horizontal (nome com número da versão).

6. Este método HTTP envia dados de formulário.

9. Framework web deste capítulo.

10. Uma função útil quando se trata de exibir páginas da web.

12. A marcação `{{ }}` envolve uma ________.

13. São parâmetros com valores atribuídos (ver 3 na vertical).

16. Defina isto para `True em app.run()`.

18. A palavra-chave de herança.

19. A tag HTML para um item da lista suspensa (ver 15 na vertical).

Vertical

1. Seus arquivos HTML ficam aqui.

3. A marcação `{% %}` envolve uma ________.

4. É um segredo que *você nunca adivinhará.*

5. Permite o compartilhamento seguro de dados.

7. Para controlar as importações, verifique este dunder com o dunder main.

8. Uma pasta necessária (vazia agora).

11. O símbolo @ introduz isto. Como é chamado no Python?

14. Os parâmetros com valores atribuídos *também* são isto (ver 13 na horizontal).

15. A tag HTML do menu suspenso.

17. Este método HTTP (normalmente) faz solicitações aos servidores da web.

Respostas na página 316

Cruzadinha do Python Solução

Da página 315

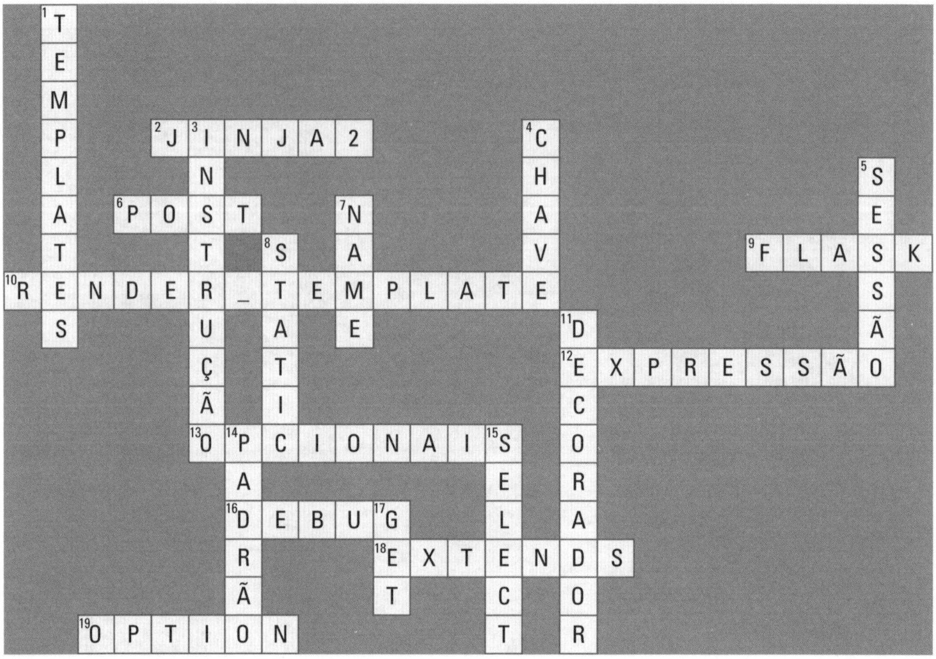

Horizontal

2. O mecanismo de template usado por 9 na horizontal (nome com número da versão).

6. Este método HTTP envia dados de formulário.

9. Framework web deste capítulo.

10. Uma função útil quando se trata de exibir páginas da web.

12. A marcação `{{ }}` envolve uma ________.

13. São parâmetros com valores atribuídos (ver 3 na vertical).

16. Defina isto para `True em app.run()`.

18. A palavra-chave de herança.

19. A tag HTML para um item da lista suspensa (ver 15 na vertical).

Vertical

1. Seus arquivos HTML ficam aqui.

3. A marcação `{% %}` envolve uma ________.

4. É um segredo que *você nunca adivinhará.*

5. Permite o compartilhamento seguro de dados.

7. Para controlar as importações, verifique este dunder com o dunder main.

8. Uma pasta necessária (vazia agora).

11. O símbolo @ introduz isto. Como é chamado no Python?

14. Os parâmetros com valores atribuídos *também* são isto (ver 13 na horizontal)..

15. A tag HTML do menu suspenso.

17. Este método HTTP (normalmente) faz solicitações aos servidores da web.

7 implantação

Rode seu Código em Qualquer Lugar

Fazer com que o código seja executado no seu computador é uma coisa...

O que você realmente quer é **implantar** seu código para que seja fácil para os usuários executá-lo também. E se consegue fazer isso *sem* muita complicação, bem melhor. Neste capítulo, você termina o webapp do Coach adicionando um pouco de **estilo**, antes de **implantá-lo** na **nuvem**. Mas, não vá pensando que é algo que aumenta a complexidade para 11 — longe disso. Uma edição anterior deste livro se gabou de que a implantação levava "cerca de 10 minutos", e ainda é um trabalho rápido agora... embora neste capítulo você implante seu webapp em 10 **etapas**. A nuvem está esperando para hospedar o webapp do Coach. Vamos lá!

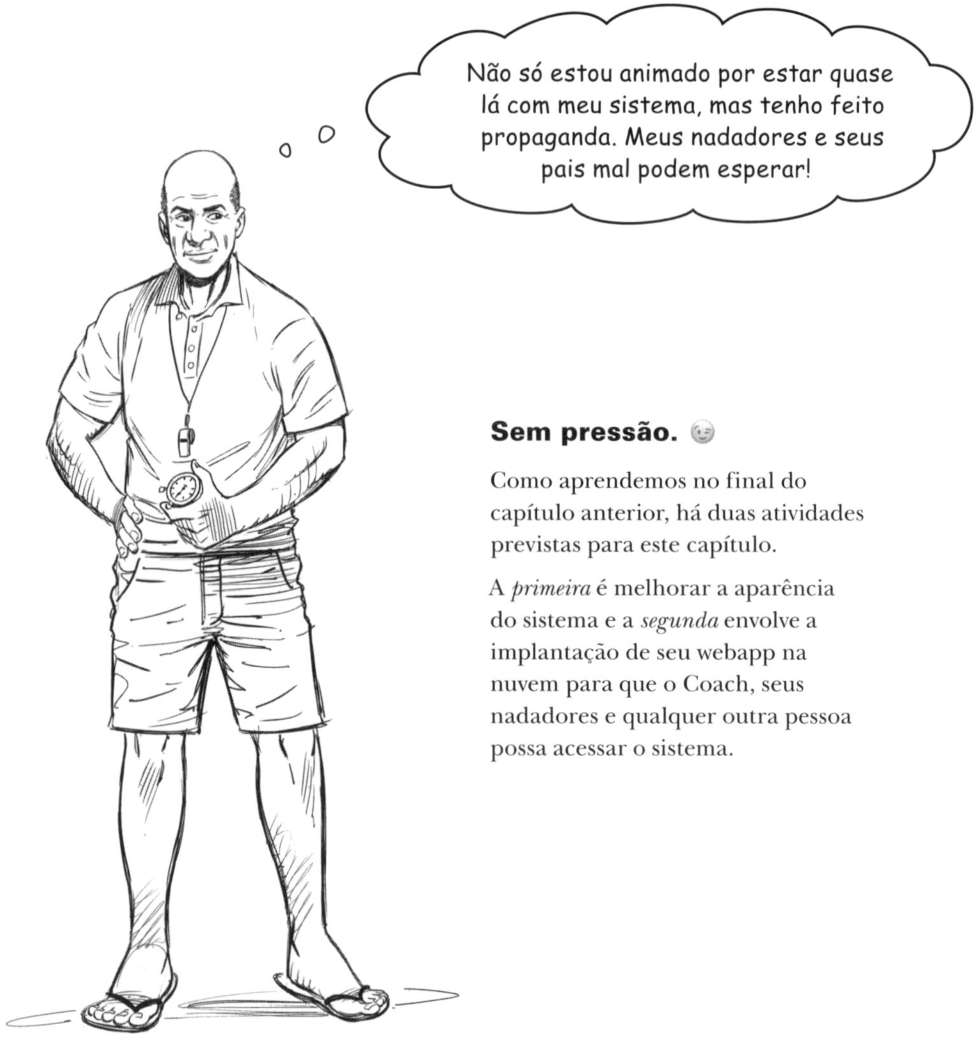

Sem pressão. 😉

Como aprendemos no final do capítulo anterior, há duas atividades previstas para este capítulo.

A *primeira* é melhorar a aparência do sistema e a *segunda* envolve a implantação de seu webapp na nuvem para que o Coach, seus nadadores e qualquer outra pessoa possa acessar o sistema.

Se Liga!!

Este é mais um **Aviso** do que um *Se Liga!!*.

Nas páginas a seguir você adicionará algum CSS ao webapp em uma tentativa de melhorar a aparência. Afinal, é tudo muito anos 1990 no momento...

Estamos fazendo o *mínimo necessário* aqui: adicionando um toque de cor, escolhas de fontes mais agradáveis (espero) e alguns outros ajustes da interface do usuário. Agora, somos os primeiros a admitir que o design da interface do usuário não é realmente nossa área, então o que vem a seguir pode não agradar a todos (e, na verdade, uma das revisoras de tecnologia deste livro sugeriu que *pioramos* a aparência do sistema — Eca!). O que demonstramos é que pequenos ajustes na interface do usuário podem fazer a diferença.

Não temos dúvidas de que aqueles que são melhores nessas "coisas de design" podem fazer com que o webapp do Coach pareça muito profissional, e se você puder, fique à vontade para fazer isso.

Certo, dito isso (respiração profunda): aqui vai...

Código Pronto

Nada como um pouco de estilo...

Ajustaremos seu webapp *um pouco* para melhorar a aparência. Adicionar uma folha de estilo pode melhorar as coisas sem muito trabalho. Veja o conteúdo de um pequeno arquivo CSS chamado *webapp.css* que pode ser adicionado ao webapp (você verá como em breve):

```
body {
  font-family: Verdana, Geneva, Arial, sans-serif;
  background-color: rgb(160, 240, 240);
  margin: 10%;
}

h2 {
  font-size: 150%;
}

input[type=submit] {
  width: 8em;
  color: white;
  background-color: blue;
  font-weight: bold;
}

a {
  text-decoration: none;
  font-weight: bold;
}

a:hover {
  text-decoration: underline;
}
```

Não digite este CSS, baixe-o da página de suporte do livro. Note que o Flask espera que o CSS resida na pasta "static" de seu webapp, então crie (ou coloque) este arquivo lá antes de continuar.

Toda página que usa este CSS tem uma fonte consistente, usa um fundo azul-claro e reserva 10% do seu espaço na tela como margem.

Os cabeçalhos de nível 2 aparecem em um tamanho de fonte maior.

O botão "submit" padrão é reformulado.

Quaisquer tags de âncora na página reagem quando você passa o mouse sobre elas.

Antes de adicionar esta folha de estilo ao webapp, pare um pouco para fazer duas pequenas alterações estéticas em *app.py* e *index.html*, em seguida, veja o que fazem.

Test Drive

São edições menores, mas agora que você teve tempo para executar seu webapp algumas vezes, eles organizam a IU. A primeira mudança é no código de *app.py* (perto do início), com uma pequena edição aplicada no valor do parâmetro `title`:

```
@app.get("/")
def index():
    return render_template(
        "index.html",
        title="Welcome to Swimclub",
    )
```

Vá em frente e encurte esta string.

O template *index.html* também recebe uma pequena edição, reduzindo a quantidade de texto dentro da tag `<p>`:

```
{% extends "base.html" %}

{% block body %}
<p>
    Begin by selecting a <a href="/swimmers">swimmer</a> to work with.
</p>
{% endblock %}
```

Remova a mensagem que se refere ao Coach (não é necessária).

Com as duas mudanças estéticas aplicadas, é hora de editar seu template *base.html* para que ele referencie sua nova folha de estilo. Se ainda não criou (ou baixou) o *webapp.css*, faça isso agora e copie seu arquivo CSS para a pasta *static* do seu webapp. Quando terminar, adicione uma tag `<link>` à *base.html* para ficar assim:

```
<!DOCTYPE html>
<html>
    <head>
        <title>{{title}}</title>
        <link rel="stylesheet" href="/static/webapp.css"/>
    </head>
    <body>
        <h2>{{title}}</h2>
        {% block body %}
        {% endblock %}
    </body>
</html>
```

Uma pequena mudança aqui também. Isto costumava ser <h3>.

Adicione esta tag <link> para ativar a folha de estilo, e não se esqueça de *salvar tudo* depois de fazer as edições.

Este Test Drive termina na próxima página. ⟶

Test Drive — Continuação

Selecione **Executar** e **Executar sem depurar** para ativar o webapp (supondo que ele não está em execução), então mude para o navegador para ver a diferença que essas edições fazem, começando na página inicial do seu webapp:

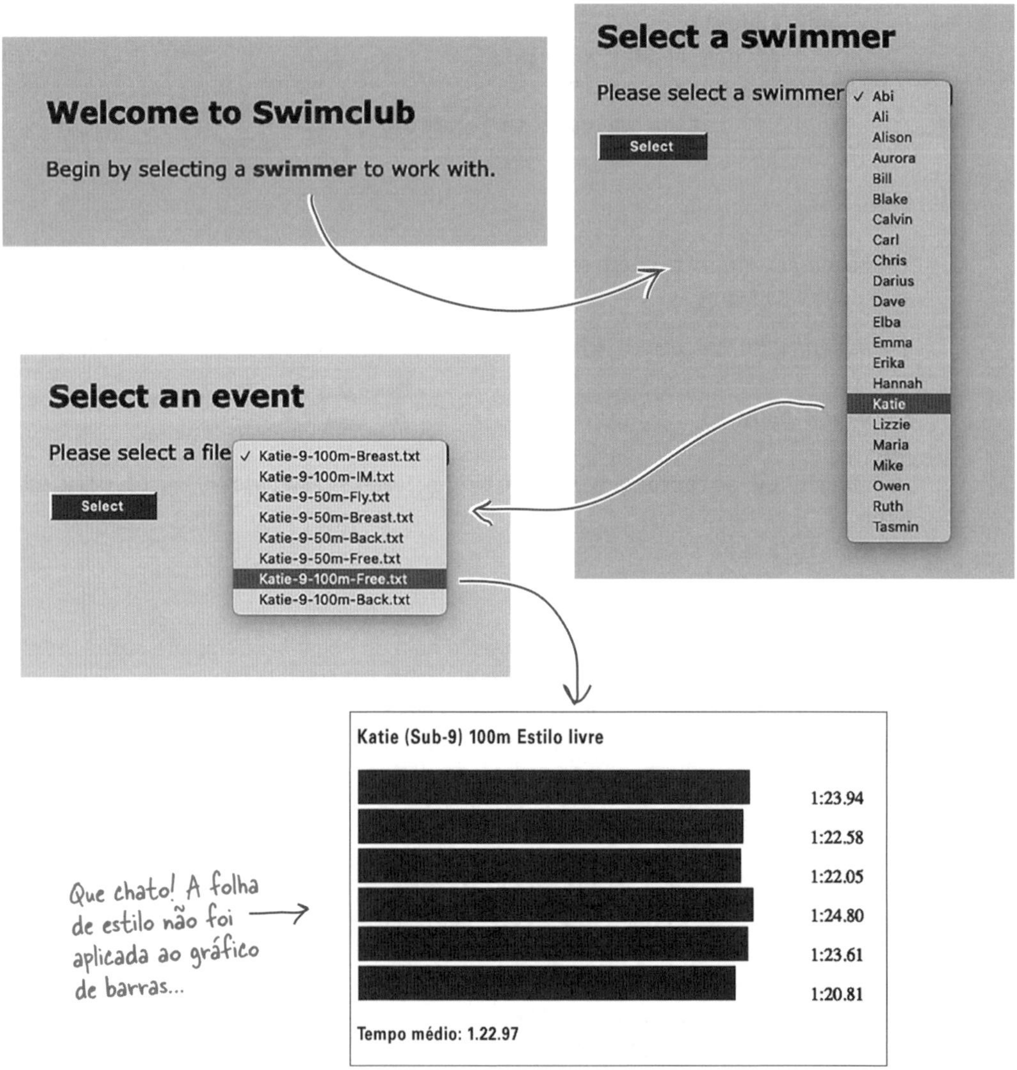

Que chato! A folha de estilo não foi aplicada ao gráfico de barras...

Há sempre mais de um jeito de fazer algo

Cada uma das soluções tem seus méritos.

Ajustar o código em seu módulo `swimclub` fica na categoria de "correção rápida", mas — neste caso e em nossa mente — não parece ter nenhum efeito colateral desagradável esperando por você. A edição não é apenas rápida, mas também curta, pois é realizada adicionando uma única linha de HTML ao código.

Porém, há algo a ser dito para abstrair a criação dinâmica de todas as páginas HTML do seu webapp em um template. O bom nesta solução é que o código de *app.py* não está *cheio* de partes de HTML, ao contrário do código em *swimclub.py* (que está). A lógica do seu webapp está no código de *app.py*, já a IU e o HTML de webapp estão nos templates Jinja2. Essa separação é atraente e agrada ao seu *Engenheiro de Software Interno*, mesmo que haja um pouco mais de trabalho do que uma única linha de HTML necessária para realizar a solução.

Dito isso, seu *Programador Interno* gosta da ideia de corrigir esse problema com a edição de uma única linha.

Test Drive

Iremos ouvir o nosso *Programador Interno* (desta vez) e editar seu código *swimclub.py* para ajustar a página HTML gerada para cada gráfico de barras criado. Adicione a tag `<link>` do CSS de uma linha à f-string `header` na função `produce_bar_chart`, como mostrado:

```
header = f"""<!DOCTYPE html>
            <html>
                <head>
                    <title>{title}</title>
                    <link rel="stylesheet" href="/static/webapp.css"/>
                </head>
                <body>
                    <h2>{title}</h2>"""
```

A primeira pequena edição, adicionando o link CSS.

A segunda pequena edição, mudando <h3> para <h2>

Como sempre, salve todo o código antes de continuar.

Com as edições aplicadas e salvas, você seleciona o arquivo para 100m Estilo livre de Katie no menu suspenso e a folha de estilo do seu webapp é aplicada. Nada mal, né?

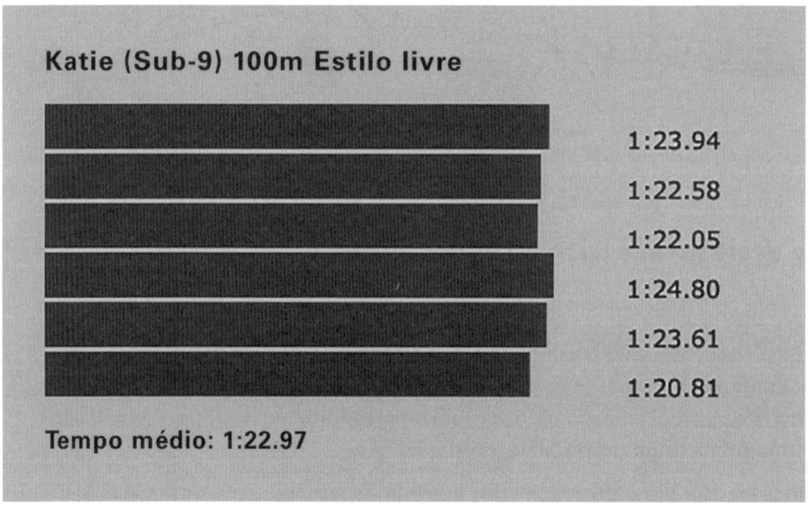

Parece estiloso, heim?

Ainda tem algo que não parece certo

Embora seu *Programador Interno* tenha ganhado o dia quando se trata de adicionar uma única linha de marcação HTML ao *swimclub.py*, ainda há algo que não parece certo, e seu *Engenheiro de Software Interno* não ficará quieto quanto a isso.

Dê uma olhada no menu suspenso gerado após o nome do nadador selecionado na lista:

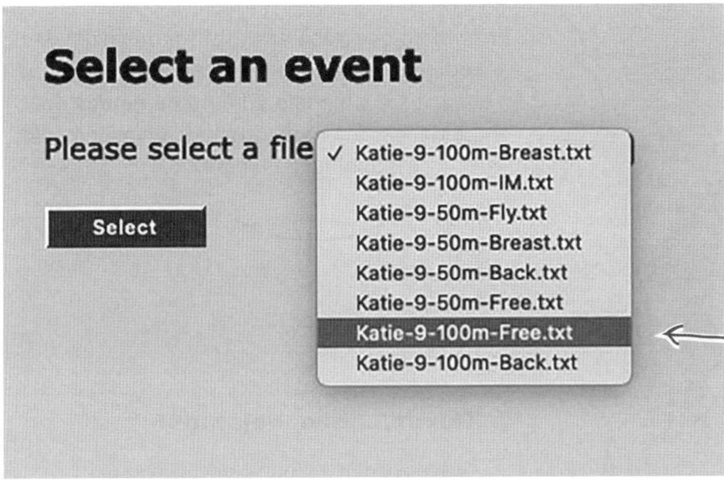

Embora você agora tenha um webapp funcional, esta lista suspensa incomoda um pouco.

Concordamos, não parece certo.

Ajustaremos as coisas para melhorar a aparência do menu suspenso, de modo que seja mais fácil para o Coach trabalhar.

Talvez... mas, vejamos.

Descobriremos o que é necessário para melhorar a aparência da segunda lista suspensa (os arquivos do nadador). Então, se funcionar, poderemos nos preocupar com o que a mudança faz na primeira lista suspensa (os nomes dos nadadores).

Aponte seu lápis

Quando você tem que criar algum código, sendo uma única linha ou muitas páginas, um dos melhores lugares para experimentar é em um notebook Jupyter. Então, no VS Code, volte para o notebook *WebappSupport.ipynb* e digite a seguinte linha na próxima célula de código vazia:

```
name = "Katie-9-100m-Free.txt"
```

Nos espaços abaixo, escreva a linha de código que você acha que faz o que está sendo pedido. Para começar, forneça a única linha que remove "`.txt`" do final da variável `name`:

____

Estenda sua linha única para separar o que restou usando o caractere "-" como delimitador:

____

Se estiver acompanhando em seu notebook enquanto experimenta as linhas únicas, você pode muito bem acreditar que a última linha de código foi um caso de "chegou perto, mas errou". Quase lá, mas falta um pouco.
Antes de tentar adivinhar o que experimentar em seguida, pare um pouco para ler a documentação predefinida do método **split** (dica: use a BIF **help**), prestando uma especial atenção em quaisquer parâmetros opcionais/padrão. Com base no que aprendeu, estenda sua linha de código mais recente para controlar como **split** divide sua string para que a divisão ocorra *duas vezes*:

____

Usando a notação de colchete, estenda sua única linha mais uma vez para selecionar o último item na lista retornada por **split**:

____

Respostas na página 328

Aponte seu lápis Solução

Da página 327

Quando você tem que criar algum código, sendo uma única linha ou muitas páginas, um dos melhores lugares para experimentar é em um notebook Jupyter. Então, no VS Code, você teve que voltar para o notebook *WebappSupport.ipynb* e digitar a seguinte linha na próxima célula de código vazia:

```
name = "Katie-9-100m-Free.txt"
```

Nos espaços abaixo, escreveu a linha de código que você acha que faz o que está sendo pedido. Para começar, forneceu a única linha que remove "`.txt`" do final da variável `name`:

```
name.removesuffix(".txt")
```

Não há nada de novo aqui, pois você já viu "removesuffix" antes.

Teve que estender sua linha única para separar o que restou usando o caractere "-" como delimitador:

```
name.removesuffix(".txt").split("-")
```

Encadeie outra chamada do método para dividir a string usando o caractere "-".

Se vem acompanhando em seu notebook enquanto experimenta as linhas únicas, você pode muito bem acreditar que a última linha de código foi um caso de "chegou perto, mas errou". Quase lá, mas falta um pouco.

Antes de tentar adivinhar o que experimentar em seguida, precisou parar um pouco para ler a documentação predefinida do método **split**, prestando uma especial atenção em quaisquer parâmetros opcionais/padrão. Com base no que aprendeu, teve que estender sua linha de código mais recente para controlar como **split** divide sua string para que a divisão ocorra *duas vezes*:

```
name.removesuffix(".txt").split("-", 2)
```

Um parâmetro opcional para "split" controla quantas vezes a divisão ocorre.

Usando a notação de colchete, teve que estender sua única linha mais uma vez para selecionar o último item na lista retornada por **split**:

```
name.removesuffix(".txt").split("-", 2)[-1]
```

Como uma lista é retornada por "split", você pode facilmente pegar o último item da lista usando um valor de índice negativo.

Test Drive

Depois de completar o último *Aponte*, veja o código com o qual acabamos em nosso notebook. Note como, nas duas últimas células de código, decidimos ver o que acontece se a cadeia de métodos é aplicada a uma string simples:

```
name = "Katie-9-100m-Free.txt"
```

```
name.removesuffix(".txt")
```

```
'Katie-9-100m-Free'
```

```
name.removesuffix(".txt").split("-")
```

```
['Katie', '9', '100m', 'Free']
```

```
name.removesuffix(".txt").split("-", 2)
```

```
['Katie', '9', '100m-Free']
```

Embora a cadeia de métodos final pareça complexa, não é, pois tudo o que você está fazendo aqui é criar no Python o que já sabe. O segredo para entender a última linha de código é lembrar que "removesuffix" retorna uma string ajustada para "split" que, por sua vez, retorna uma lista, permitindo que os colchetes peguem dados no último slot da lista.

```
name.removesuffix(".txt").split("-", 2)[-1]
```

Veja o resultado.

```
'100m-Free'
```

```
name = "Katie"
```

```
name.removesuffix(".txt").split("-", 2)[-1]
```

A cadeia de métodos não tem efeito em uma string simples (não há sufixo para remover e "split" de fato não faz nada).

```
'Katie'
```

O Jinja2 executa o código entre {{ e }}

Agora que você tem sua única linha, pode adicioná-la ao template *select.html*.

Vá em frente e ajuste a marcação <option> assim:

```
{% for name in data %}
    <option value="{{ name }}">{{ name.removesuffix(".txt").split("-", 2)[-1] }}</option>
{% endfor %}
```

Embora seja provavelmente o lado mais complexo das coisas, isto mostra que *qualquer* expressão Python (não importa a complexidade) pode aparecer entre chaves duplas. (Como não amar o Jinja2, heim?)

Com a edição aplicada (e tudo salvo), retornar ao webapp em execução agora gera uma lista suspensa para os eventos dos nadadores que é um pouco mais agradável aos olhos:

Parece bom!

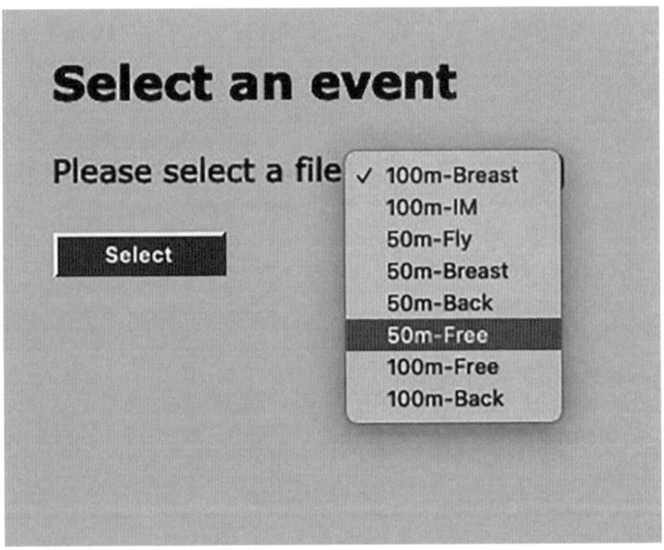

Com esta última alteração aplicada, você terminou. O webapp do Coach funciona (parecendo "melhor") no computador. Agora tudo o que você precisa fazer é entregá-lo ao Coach.

Trocando Ideias

Mara: Iremos disponibilizar este webapp para o Coach. Alguma sugestão de como? Sou toda ouvidos...

Sam: Mesmo que tenhamos criado um webapp, não podemos esperar que o Coach esteja em uma posição de hospedar por conta própria, não é?

Mara: Não mesmo. Ele é treinador de natação, não especialista em TI.

Alex: Então... devemos ver algo como um serviço de hospedagem gerenciado?

Sam: Sim. Só precisamos escolher.

Alex: Todos parecem usar o Amazon Web Services hoje...

Sam: ... *Microsoft Azure* ... *Google Cloud* ... *Heroku da Salesforce* ... ou *IBM SmartCloud*. A lista continua.

Mara: É como se uma novidade aparecesse toda semana!

Alex: Minha cabeça está girando, pessoal.

Sam: Vamos considerar o que o Coach *precisa*.

Mara: Obviamente, o suporte para Python é essencial.

Sam: E tudo o que usarmos precisa ser barato. Gratuito seria ainda melhor.

Alex: Suponho que o Coach realmente não se importa com o que usamos, desde que tenha acesso à sua funcionalidade!

Mara: Sim. É um bom ponto, o que significa que estamos livres para escolher qualquer serviço de hospedagem que quisermos, dados os requisitos do Coach.

Sam: Nesse caso, eu escolheria o *PythonAnywhere*.

Alex: Python*oquê*? Nunca ouvi falar...

Mara: Claro! Eu sempre me esqueço. É o serviço de hospedagem da Anaconda, criado especificamente para os desenvolvedores de webapp Python que buscam hospedar seus projetos Python online. Pode muito bem ser perfeito.

Sam: Concordo. Não há melhor serviço para começar ao implantar um webapp Python, na minha humilde opinião.

Alex: O *PythonAnywhere* é fácil de configurar e usar?

Mara: Descobriremos, não é?

Dez etapas para a implantação na nuvem

Com a decisão tomada para rodar o *PythonAnywhere*, veremos o processo de implantar nesta plataforma de nuvem focada em Python. São dez etapas no total.

Acompanhe o processo enquanto aprende sobre ele.

1. **Crie uma conta de iniciante no PythonAnywhere.**
   Acesse *https://pythonanywhere.com* para começar o processo de criação de uma nova conta para iniciantes.

Comece aqui.

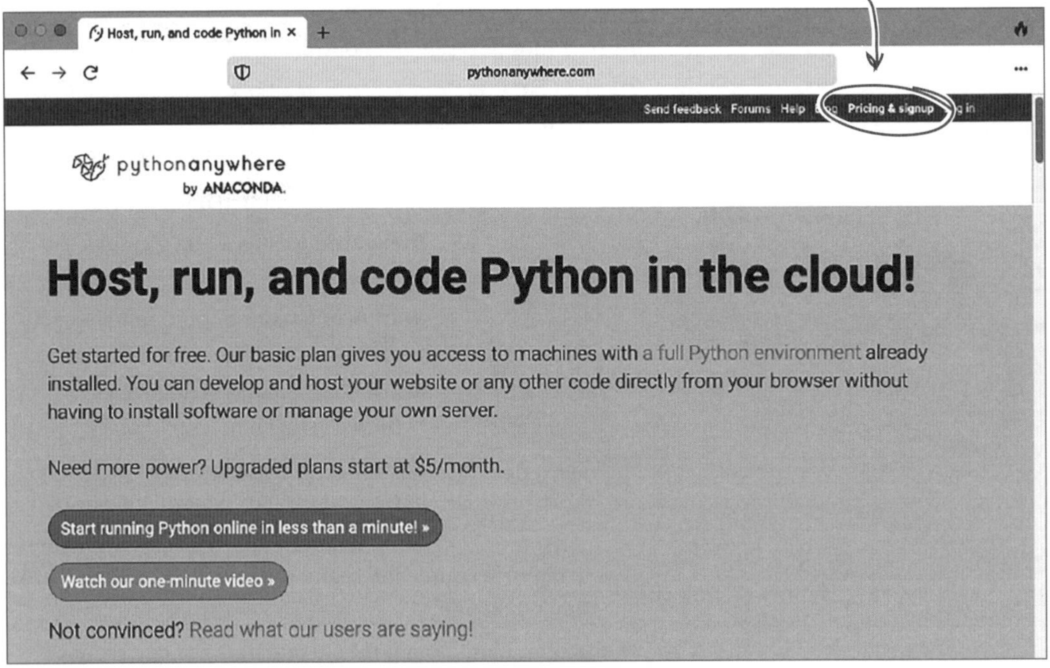

Clique no botão "Create a Beginner account".

Uma conta para iniciantes é tudo de que você precisa

A conta *Beginner* do PythonAnywhere tem *algumas* restrições de uso. Mas para o que você precisa com o webapp do Coach, tão cedo não será um problema.

Mesmo que você acabe atingindo os limites para iniciantes, os planos pagos são a partir de apenas US$5 por mês.

2 **Forneça todos os detalhes habituais.**
Vá em frente e registre seus dados no PythonAnywhere usando o formulário de inscrição fornecido.

PythonAnywhere é uma empresa da Anaconda, um dos maiores nomes do ecossistema de ciência de dados em Python.

Desculpe, mas "headfirstpython" já é usado. 😉

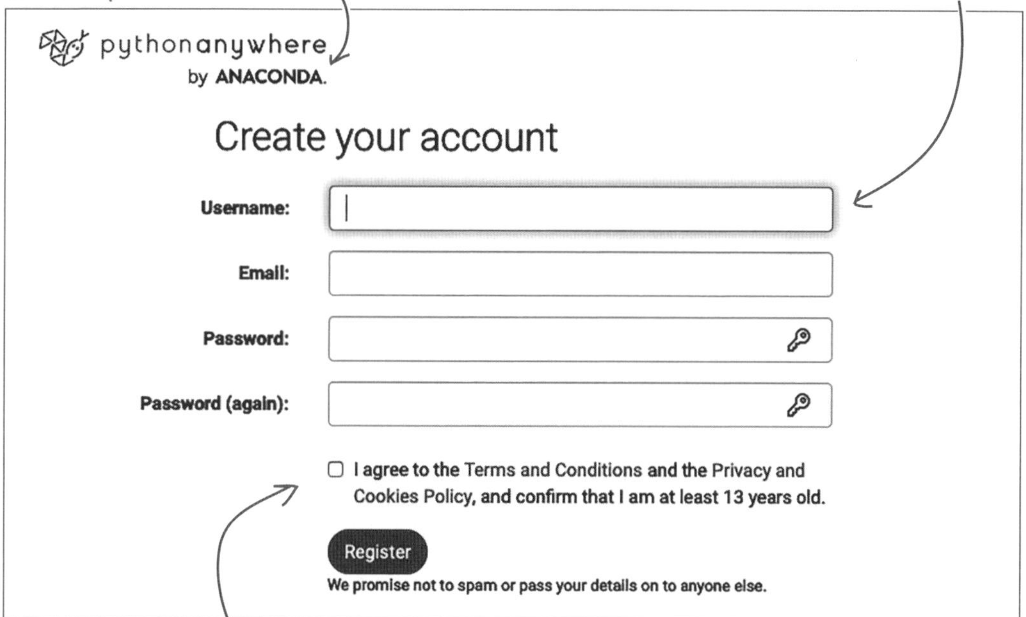

Reserve um tempo para ler os Termos e as Condições, em seguida, clique nesta pequena caixa de seleção antes de se registrar.

Você pode pensar que terá que esperar para confirmar seu endereço de e-mail antes de continuar, certo? Bem, as pessoas do PythonAnywhere se esforçam muito para *não* ficarem no seu caminho...

Nada impedindo que você comece...

Embora o PythonAnywhere tenha enviado um e-mail para confirmar seu endereço de e-mail, eles estão confiantes e muito felizes em deixá-lo prosseguir (com o entendimento estrito de que você confirmará seu e-mail em breve).

Aparece o painel do PythonAnywhere.

Há muita coisa acontecendo aqui. Por ora, concentre-se nestes links, que levam a cada uma das guias do painel.

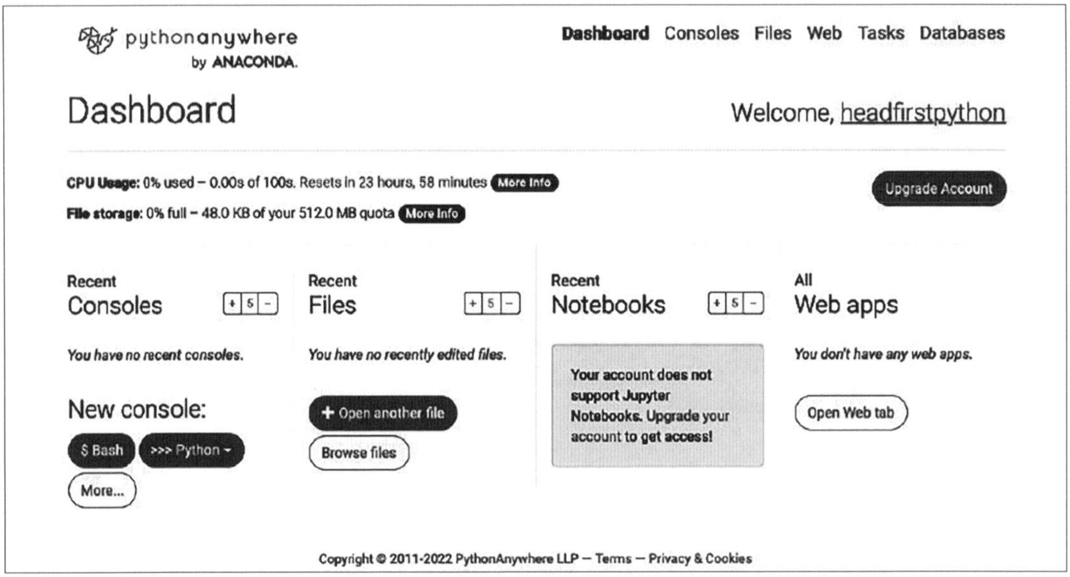

3. **Clique na guia Web e crie um novo webapp.**
   As contas para iniciantes no PythonAnywhere podem ter um webapp ativo por vez. Você ainda tem que criar um, então corrigiremos isso.

Vá em frente! Este botão está só esperando para ser clicado...

Na dúvida, fique com os padrões

Ao clicar neste grande botão (azul online), você verá uma mensagem informando que sua conta não pode ter um nome de domínio personalizado (sem upgrade). Não é um grande problema. Por padrão, seu webapp é executado em um nome de domínio criado prefixando o nome de usuário PythonAnywhere recém-registrado com o sufixo *.pythonanywhere.com*. Essa combinação (para nós) resulta no seguinte endereço da web:

Vá em frente, clique nele (você sabe que quer).

Next »

headfirstpython.pythonanywhere.com

Continue e clique no botão **Next**.

4. **Selecione "Flask" para criar um webapp padrão e de espaço reservado.**
Uma lista de opções de framework da web aparece. Clique na opção "Flask" e selecione a versão mais recente do Python na lista seguinte.

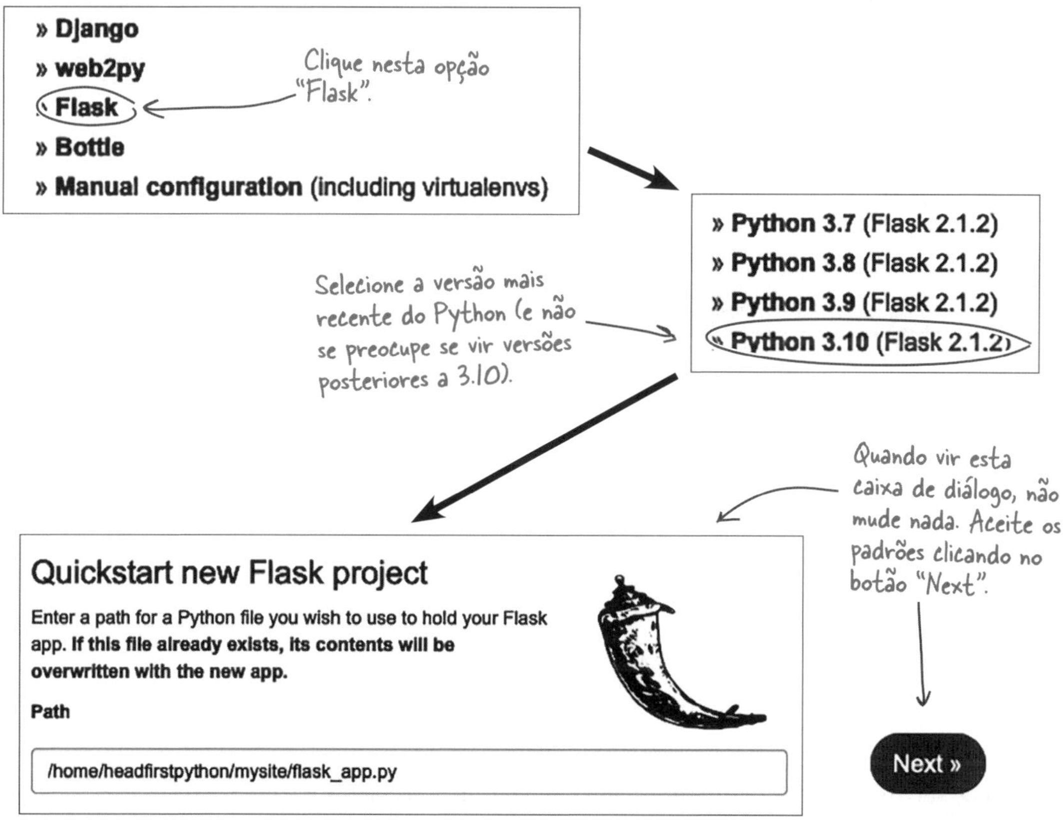

O webapp de espaço reservado não faz muita coisa

Você verá a página de confirmação de configuração da web para seu novo webapp, que fornece muitas opções de configuração. Por enquanto, não ajustaremos nada. Em vez disso, clique na URL em azul (online) para o novo webapp para vê-lo em ação:

O início da página de configuração do seu novo webapp.

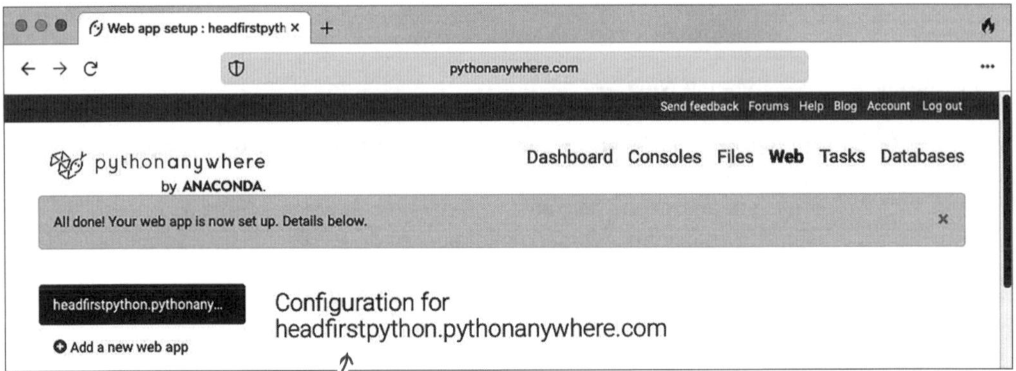

Clique aqui...

... para executar o novo webapp.

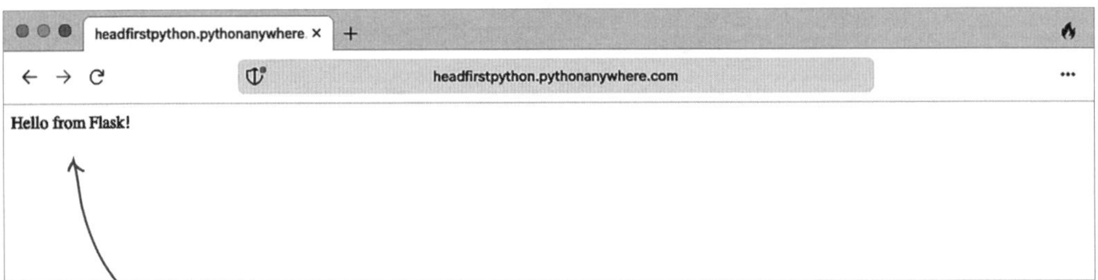

Sabemos... é emocionante.

Quando você terminar de desfrutar da glória do webapp Flask padrão, pressione o botão **Voltar** do navegador para retornar à página de configuração.

Implantando seu código no PythonAnywhere

Depois de pressionar o botão **Voltarr** do navegador, você volta para a guia **Web** do PythonAnywhere. Vá para a guia **Files** clicando em "Files". Seu navegador deve exibir uma página não muito diferente desta:

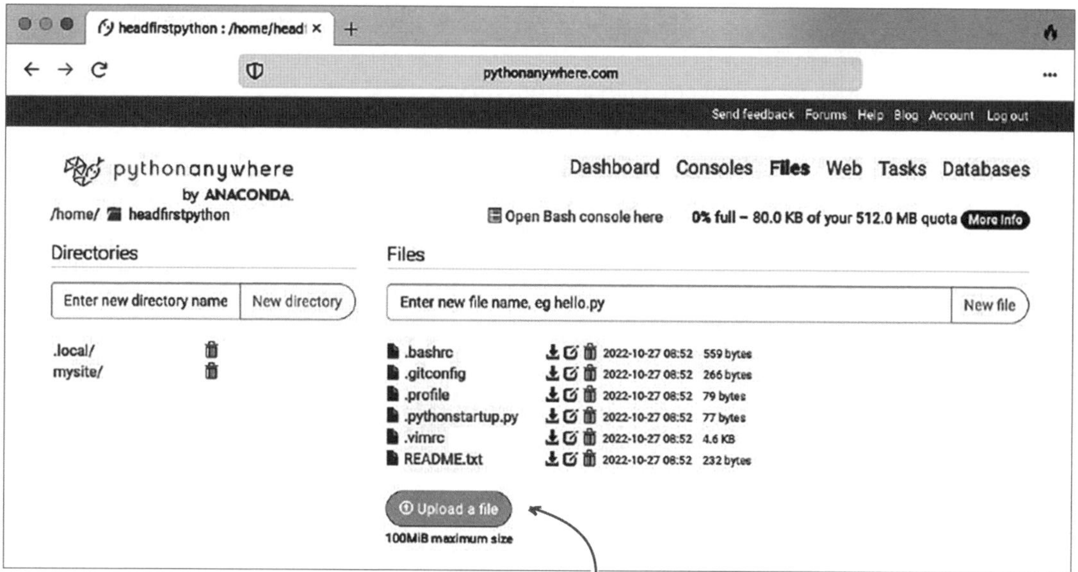

Você pode ficar tentado a clicar neste botão, mas não faça isso até que tenha terminado a Etapa 5.

5. **Prepare o código webapp do Coach para a implantação.**
   Você tem uma cópia do webapp do Coach (código, templates, CSS etc.) em sua pasta *webapp* no computador. Use a tecnologia de compactação do seu sistema operacional para ZIPAR tudo na pasta *webapp* em um arquivo chamado *webapp.zip*.

6. **Use o botão "Upload a file" para copiar *webapp.zip* para a nuvem.**

Veja Bem!

É preciso cuidado ao carregar pela primeira vez seu código no PythonAnywhere.

Não fique tentado a fazer upload dos arquivos do seu webapp individualmente, o que é possível, mas é propenso a erros (porque com certeza você esquecerá algo). O ZIP é seu amigo.

Extraia o código no console

Feito o upload do código, você pode abrir um terminal na nuvem do PythonAnywhere para *descompactar webapp.zip*, que é a Etapa 7.

7 **Descompacte o arquivo ZIP de upload recente.**
Você vê o link "Open Bash console here" abaixo da palavra "Dashboard"? Vá em frente e clique nele para abrir um terminal baseado em navegador rodando na nuvem do PythonAnywhere.

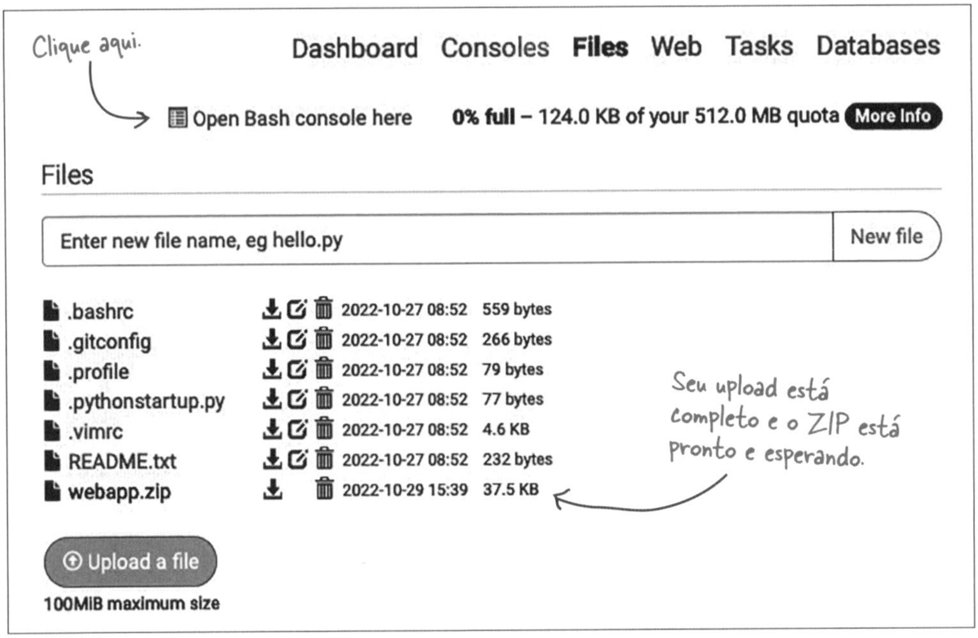

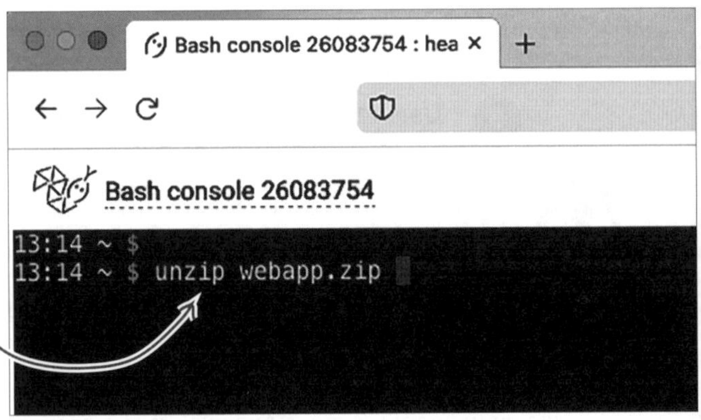

Configure a guia Web para apontar para o código

O comando `unzip` (no final da página anterior) desempacota seu código e cria uma pasta chamada *webapp* na pata de alto nível do PythonAnywhere.

Quando o comando terminar, digite `exit` no prompt do console para encerrar o terminal, em seguida, clique no "logo da cobra" do PythonAnywhere para voltar ao painel de controle.

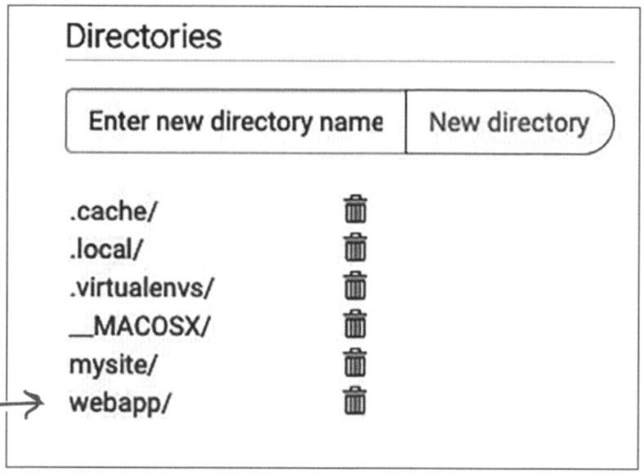

Clicar na guia "Files" confirma que uma pasta chamada "webapp" agora existe.

O "logo da cobra". Quando você clica nele, sempre volta ao painel do PythonAnywhere.

8 **Configure as pastas do webapp.**
Clique na guia **Web** do painel e, em seguida, role para baixo até ver as configurações **Code**. Clique nas entradas "Source code" e "Working directory" para ajustar ambas e referenciar a pasta *webapp*.

Antes...

Depois...

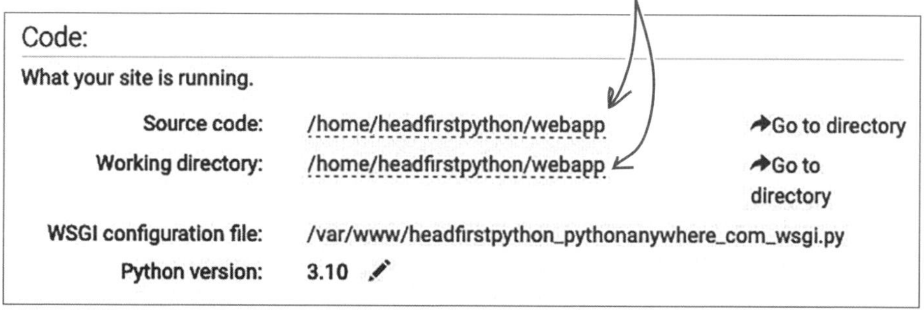

Edite o arquivo WSGI do seu webapp

O terceiro link na seção **Code** da guia de configuração do seu webapp se refere à configuração WSGI (*Web Server Gateway Interface*) do webapp.

No PythonAnywhere, o arquivo de configuração WSGI diz ao servidor onde encontrar seu código e como iniciá-lo. O webapp padrão coloca o código na pasta *mysite* e usa o arquivo *flask_app.py* como ponto de partida, e essas configurações são referenciadas no arquivo WGSI. Ambos precisam mudar para executar o webapp do Coach.

9 **Edite o arquivo WSGI para referenciar o código webapp do Coach.** Clique no link WSGI para carregar o código de configuração no editor de texto do PythonAnywhere. Aplique as duas alterações como mostrado abaixo.

Antes...

```
8  import sys
9
10 # add your project directory to the sys.path
11 project_home = '/home/headfirstpython/mysite'
12 if project_home not in sys.path:
13     sys.path = [project_home] + sys.path
14
15 # import flask app but need to call it "application" for WSGI to work
16 from flask_app import app as application  # noqa
17
```

Substitua a referência para a pasta "mysite" pelo nome da pasta "webapp" (na linha 11).

Como o código do Coach reside no arquivo "app.py", você precisa mudar a referência para "flask_app" para ser "app" (na linha 16).

Depois...

```
8  import sys
9
10 # add your project directory to the sys.path
11 project_home = '/home/headfirstpython/webapp'
12 if project_home not in sys.path:
13     sys.path = [project_home] + sys.path
14
15 # import flask app but need to call it "application" for WSGI to work
16 from app import app as application  # noqa
17
```

Com essas duas pequenas edições aplicadas, clique no botão grande **Save** (verde online) e clique no logo da cobra para voltar ao painel, em seguida, volte à guia **Web** mais uma vez.

Save

Se Liga!!

O termo "WSGI" é pronunciado como "uísque" pela maioria dos usuários Python, ao invés de soletrar as quatro letras individuais. Ninguém diz "W... S... G... I". A pronúncia uísque pode levar a certa confusão, sobretudo quando os novatos participam de conferências ou encontros sobre Python pela primeira vez. Há muitas pobres almas que ficam imaginando se estão no lugar certo... pois todos na *Web Track* parecem estar falando sobre bebidas alcoólicas. 😉

Quase lá. Você criou uma conta PythonAnywhere, criou um webapp Flask padrão, carregou o código do Coach e redefiniu a configuração do seu webapp hospedado. Dois cliques rápidos ficam entre você e a primeira execução de teste do seu webapp PythonAnywhere.

10 **Ative o HTTPS, então recarregue o webapp em execução.**
O pessoal do PythonAnywhere fornece suporte HTTPS sem custo extra, então ative-o antes de recarregar o código do webapp.

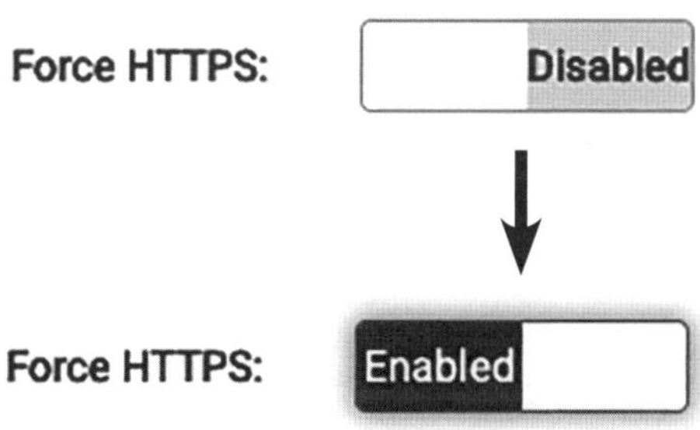

Estas são as 10 etapas realizadas, que dependendo da rapidez com que você lê/digita, podem ter levado apenas 10 minutos. Tudo o que resta é testar a versão hospedada na nuvem do webapp do Coach. *Que rufem os tambores...* consegue sentir a *emoção*?

Test Drive

É hora de voltar ao topo da página de configuração do webapp e clicar no link (azul online):

O topo da página de configuração do webapp atualizado.

Clique aqui...

... para executar o webapp do Coach na nuvem.

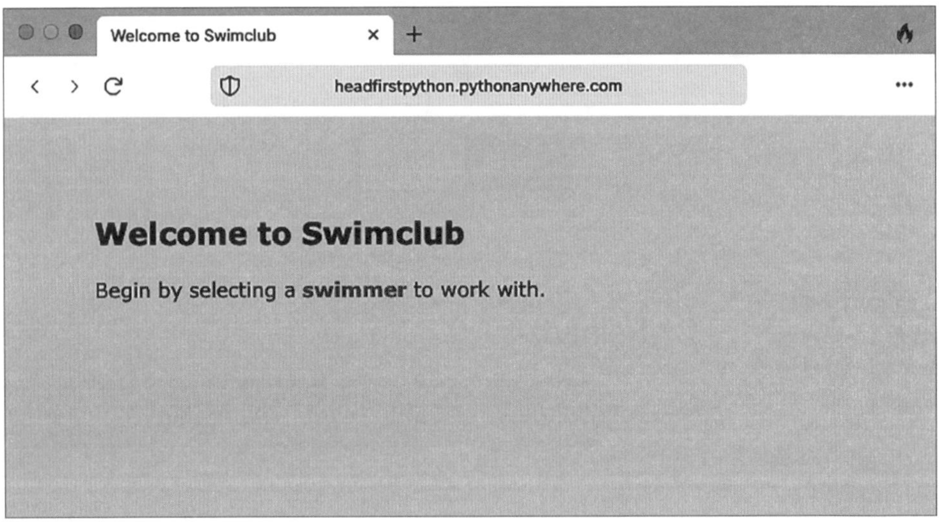

Vá em frente e confirme se o webapp hospedado na nuvem está funcionando *exatamente* como no seu computador local:

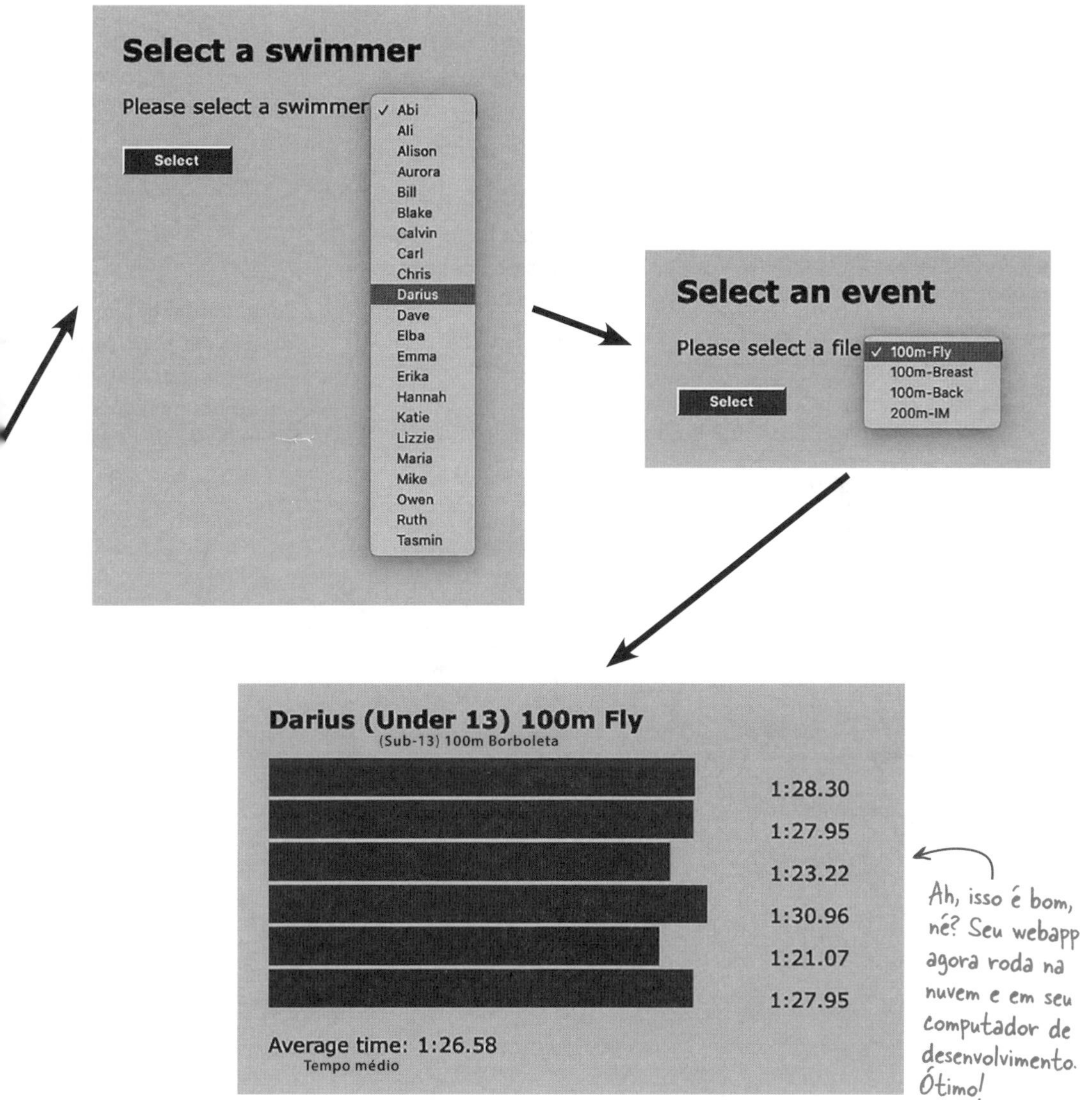

O webapp hospedado na nuvem está pronto!

Antes de continuar, pare um pouco e volte ao PythonAnywhere, depois saia do serviço em nuvem. O seu webapp continua a rodar e se você fornecer ao Coach o endereço da web do serviço em execução, ele poderá acessar o webapp de *qualquer lugar*.

não existem Perguntas Idiotas

P: Que serviço PythonAnywhere legal. Como sei que ele não sumirá da nuvem a qualquer momento?

R: Para ser honesto, nunca terá certeza disso. Mas, o PythonAnywhere é uma empresa Anaconda, que também é um gigante do setor no ecossistema da ciência de dados do Python. Isso significa que o fato da Anaconda possuir o PythonAnywhere é notável. E mais, o PythonAnywhere é implantado sobre a tecnologia AWS da Amazon, que é (provavelmente) a maior plataforma de hospedagem em nuvem do mundo. Mesmo que o PythonAnywhere sumisse (por qualquer razão), lembre-se de que o webapp do Coach é um webapp Flask do Python que não foi alterado de forma alguma para fazê-lo funcionar no PythonAnywhere. Isso significa que você está livre para pegar seu código e implantá-lo em outro lugar, quando necessário.

P: O que acontecerá se o PythonAnywhere resolver acabar com as contas gratuitas do plano para iniciantes? O Coach é quem pagará para manter o webapp funcionando?

R: Por mérito, o PythonAnywhere oferece um nível gratuito desde 2011, e eles declaram constante e publicamente que as contas gratuitas para iniciantes vieram para ficar. Eles merecem crédito por isso.

P: Ao criar um novo webapp no PythonAnywhere, importa qual versão do Python é executada?

R: Raramente. O código usado com o webapp do Coach é executado no Python 3.6 e superior (devido ao uso das f-stings). Sempre optamos pelo Python mais recente no PythonAnywhere quando solicitado a escolher. Mas se você estiver usando um recurso de linguagem que requer uma versão específica do Python (como a instrução `match` adicionada no Python 3.10), é preciso mais cuidado ao escolher qual Python usar. (Um aparte: é possível ajustar em qual versão do Python seu webapp roda. Há uma lista suspensa na seção Code da guia Web).

P: O que falta quando uso uma conta Beginner no PythonAnywhere?

R: Existem algumas restrições, mas, na nossa opinião, nenhuma delas é uma barreira. Veja a tabela de comparação no final desta página: *https://www.pythonanywhere.com/pricing*. Considere fazer upgrade para uma conta paga se houver um recurso de que você precisa e não é fornecido gratuitamente.

PONTOS DE BALA

- Adicione uma **folha de estilo** ao seu webapp para dar um toque de cor. E coloque sua folha de estilo na pasta *static*.
- Lembre-se: quaisquer **mudanças** feitas no template HTML *base* são **aplicadas** a **todos** os templates que **herdam** de *base*.
- Se o seu código gera HTML sem referenciar o template *base*, qualquer CSS aplicado em *base* (ou qualquer outra coisa) **não** é compartilhado.
- É possível colocar qualquer código Python arbitrário entre as tags `{{` e `}}`em um template Jinja. Apenas tenha cuidado para não usar uma expressão muito **complexa**.
- Como nos capítulos anteriores, o uso dos métodos de string `removesuffix` e `split` permite **encadear** os métodos para fazer muito trabalho com uma pequena quantidade de código.
- Implantar seu webapp na **nuvem** é possível com muitos serviços online diferentes, mas o nosso favorito continua sendo o **PythonAnywhere**.
- Seu código Flask em execução local pode ser **implantado** (quase sempre) no PythonAnywhere com quase nenhuma mudança no código.
- WSGI significa *Web Server Gateway Interface* e é uma **especificação** padrão para incorporar o código Python no navegador. O Flask tem um pequeno servidor da web de teste compatível com WSGI que permite testar seu webapp localmente no próprio computador. O PythonAnywhere também tem suporte para WSGI, como todos os gigantes do setor no ecossistema de hospedagem na web.

É um ótimo endosso.

Um Coach feliz é um desenvolvedor feliz.

Você trabalhou com sucesso em mais da metade dos capítulos deste livro e, no processo, entregou um webapp funcional para um Coach muito grato (sem mencionar que aprendeu parte do Python no processo). Está indo muito bem. Fique à vontade para dar um tapinha em suas costas.

Com uma versão em nuvem do seu webapp em execução, é hora de uma pausa bem merecida. Isso depois de arrebentar na palavra cruzada deste capítulo, claro. 😉

O que vem a seguir...? Bem, tomaremos um pouco de fôlego enquanto o Coach passa um tempo experimentando a primeira versão do seu webapp. Quem sabe o que ele pode pedir depois?

Cruzadinha do Python

Como sempre, todas as respostas para as pistas se encontram neste capítulo e as soluções estão na próxima página.

Horizontal

4. Nos modelos Jinja, o código Python entre {{ e }} é referido por este nome.

5. O nome da pasta na nuvem que contém seu código.

8. O centro de controle do PythonAnywhere.

9. A pasta de recursos da web que não mudam com frequência.

Vertical

1. A palavra do meio de CSS.

2. Ativado para ter um pouco mais de segurança na web.

3. É a web, também é fofa... ou talvez seja cúmulo-nimbo?

4. Você aprendeu cerca de dez delas.

5. Não é uma bebida forte.

6. O botão que todos adoram clicar.

7. Use isto quando for hora de descompactar.

Respostas na página 348

Cruzadinha do Python Solução

Da página 347

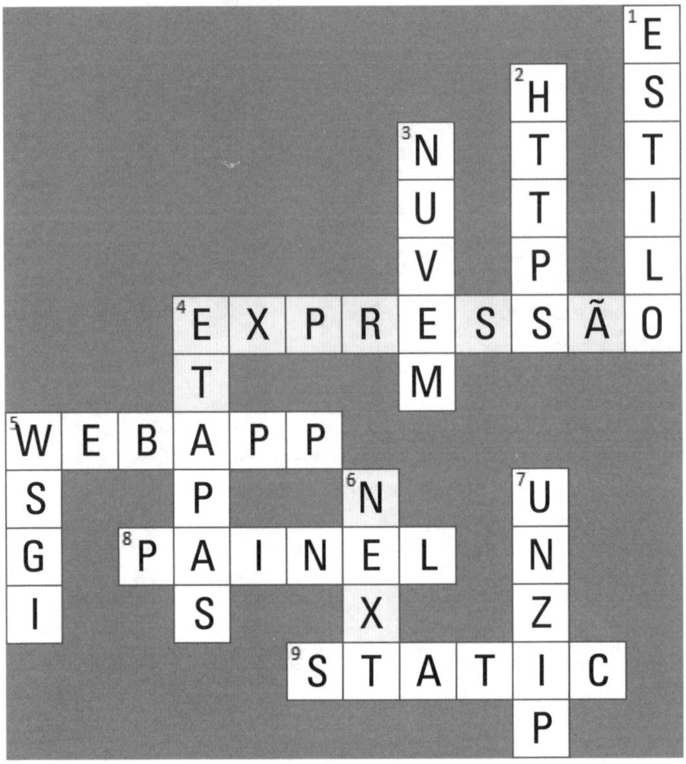

Horizontal

4. Nos modelos Jinja, o código Python entre {{ e }} é referido por este nome.

5. O nome da pasta na nuvem que contém seu código.

8. O centro de controle do PythonAnywhere.

9. A pasta de recursos da web que não mudam com frequência.

Vertical

1. A palavra do meio de CSS.

2. Ativado para ter um pouco mais de segurança na web.

3. É a web, também é fofa... ou talvez seja cúmulo-nimbo?

4. Você aprendeu cerca de dez delas.

5. Não é uma bebida forte.

6. O botão que todos adoram clicar.

7. Use isto quando for hora de descompactar.

8 trabalhando com HTML

Extraindo da Web

Em um mundo perfeito, seria fácil acessar todos os dados de que você precisa.

Mas raramente é assim. Caso em questão: os dados são publicados na web. Os dados incorporados em HTML são projetados para serem **renderizados** por navegadores e **lidos** por pessoas. Mas e se você precisar **processar** os dados incorporados em HTML com o código? Azar seu? Bem, por sorte, o Python brilha quando se trata de **extrair** dados de páginas da web, e neste capítulo você aprenderá a fazer exatamente isso. Também aprenderá a **analisar** essas páginas HTML extraídas para **obter** dados úteis. Ao longo do caminho, verá o **fatiamento de listas** e a **biblioteca Beautiful Soup**. Mas, não se preocupe, isso ainda é o *Use a Cabeça Python*, não o *Use a Cabeça Cozinhando...*

O Coach precisa de mais dados

Perguntar não ofende.

Vocês se sentaram com o Coach para tomar um café e ele explicou o que quer. Além do gráfico de barras atual, ele quer ver os recordes mundiais atuais para homens e mulheres, para os comprimentos da prova, para qualquer distância selecionada e estilo. O Coach está convencido de que compartilhar os tempos dos recordes mundiais com seus nadadores lhes dará "algo para mirar".

O Coach até esboçou sua ideia na parte de trás de um guardanapo de papel.

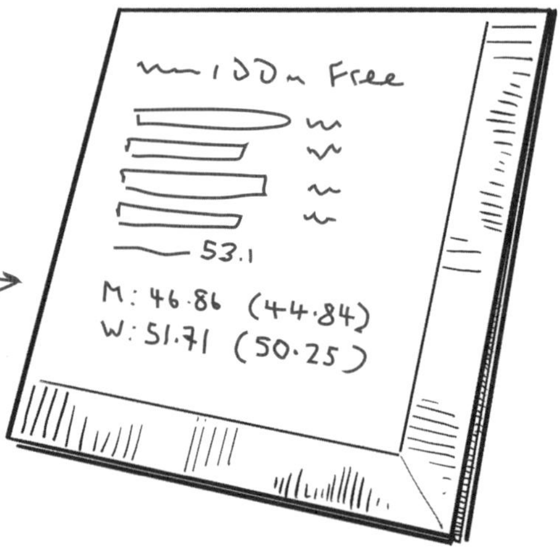

Há duas linhas extras aqui. "M" são os recordes oficiais dos homens, enquanto "W" são os recordes das mulheres. Dois números são mostrados. O primeiro é para uma prova longa (de 50m) e o segundo (entre parênteses) é para os recordes da prova curta (de 25m). Os recordes mundiais são mantidos para ambos os comprimentos da piscina.

Trocando Ideias

Alex: Não podemos mostrar apenas um número na parte inferior em vez de quatro?

Mara: Para fazer isso, precisamos saber o sexo do nadador e o comprimento da piscina em que eles atingiram seu tempo...

Sam: E não sabemos nenhum desses dados.

Alex: Então... precisamos mostrar todos os quatro. Certo, entendi. Mas, por que o Coach precisa dessas informações?

Mara: Tem a ver com a motivação do nadador. Quando o Coach mostra o gráfico de barras para cada nadador, ele gosta de referenciar os tempos atuais do recorde mundial para lhe dar uma ideia de como está progredindo, além de destacar o que é possível.

Sam: O Coach é muitíssimo ambicioso em relação aos nadadores.

Alex: Uau. Ele tem grandes planos, heim?

Mara e **Sam** (juntos): Todos os treinadores têm grandes planos!!

Sam: Então... onde podemos conseguir esses dados de recordes mundiais?

Mara: Embora o Coach me diga que o site FINA tem a palavra final, uma cópia dos dados também está na Wikipédia.

Alex: FINA?

Sam: É a *Fédération Internationale de Natation*, que se traduz em português como *Federação Internacional de Natação*. Você não está feliz por ter perguntado?

Alex: E por que não obter os dados com eles?

Mara: Os dados estão disponíveis no site FINA (como planilhas para download), mas a Wikipédia faz um trabalho melhor de fornecê-los em tabelas.

Alex: O que é importante porque...

Sam: Porque é mais fácil de extrair.

Mara: Parece que você tem um plano, Sam?

Sam: Sim. Iremos extrair algumas páginas da Wikipédia.

Conheça os dados antes de extrair

Como muitas coisas, a *Wikipédia* tem a maioria dos dados de que você precisa, e espera pacientemente que você coloque a mão na massa usando a extração da web:

https://en.wikipedia.org/wiki/List_of_world_records_in_swimming

Enquanto você percorre toda a página da *Wikipédia* em seu navegador, veja uma parte dela que é de particular interesse para nós:

É uma parte dos recordes de 50m (prova longa) para mulheres, de meados de 2023.

Event	Time		Name	Nationality	Date	Meet	Location	Ref
50m freestyle	23.67	sf	Sarah Sjöström	Sweden	29 July 2017	World Championships	Budapest, Hungary	[56][57]
100m freestyle	51.71	r	Sarah Sjöström	Sweden	23 July 2017	World Championships	Budapest, Hungary	[58][59]
200m freestyle	1:52.98	ss	Federica Pellegrini	Italy	29 July 2009	World Championships	Rome, Italy	[60][61][62]
400m freestyle	3:56.08		Summer McIntosh	Canada	28 March 2023	Canadian Trials	Toronto, Canada	[63][64]
800m freestyle	8:04.79		Katie Ledecky	United States	12 August 2016	Olympic Games	Rio de Janeiro, Brazil	[65][66]
1500m freestyle	15:20.48		Katie Ledecky	United States	16 May 2018	TYR Pro Swim Series	Indianapolis, United States	[67][68]
50m backstroke	26.98		Liu Xiang	China	21 August 2018	Asian Games	Jakarta, Indonesia	[69]
100m backstroke	57.45		Kaylee McKeown	Australia	13 June 2021	Australian Olympic Trials	Adelaide, Australia	[70]
200m backstroke	2:03.14		Kaylee McKeown	Australia	10 March 2023	NSW State Championships	Sydney, Australia	[71]
50m breaststroke	29.30	sf	Benedetta Pilato	Italy	22 May 2021	European Championships	Budapest, Hungary	[72][73]

⋮

Estas duas colunas de dados são mais úteis para o Coach. As outras são interessantes, mas ele não as mencionou no guardanapo, por isso iremos ignorá-las por ora.

Antes de continuar, leve o tempo que precisar para rever a página da web *Swimming World Records* na Wikipédia. Especificamente, observe quantas **tabelas** de dados aparecem na página.

Há quatro para os recordes mundiais específicos do gênero: tabelas de prova longa para homens e mulheres, e tabelas de prova curta para homens e mulheres.

Há outras duas tabelas para provas longas e curtas, e mais três tabelas de "rankings" quase na parte inferior da página. Há muitos dados, com certeza.

Poder do Cérebro

Consegue pensar em uma estratégia que poderia utilizar na tentativa de identificar quais tabelas você precisa extrair?

Precisamos de um plano de ação...

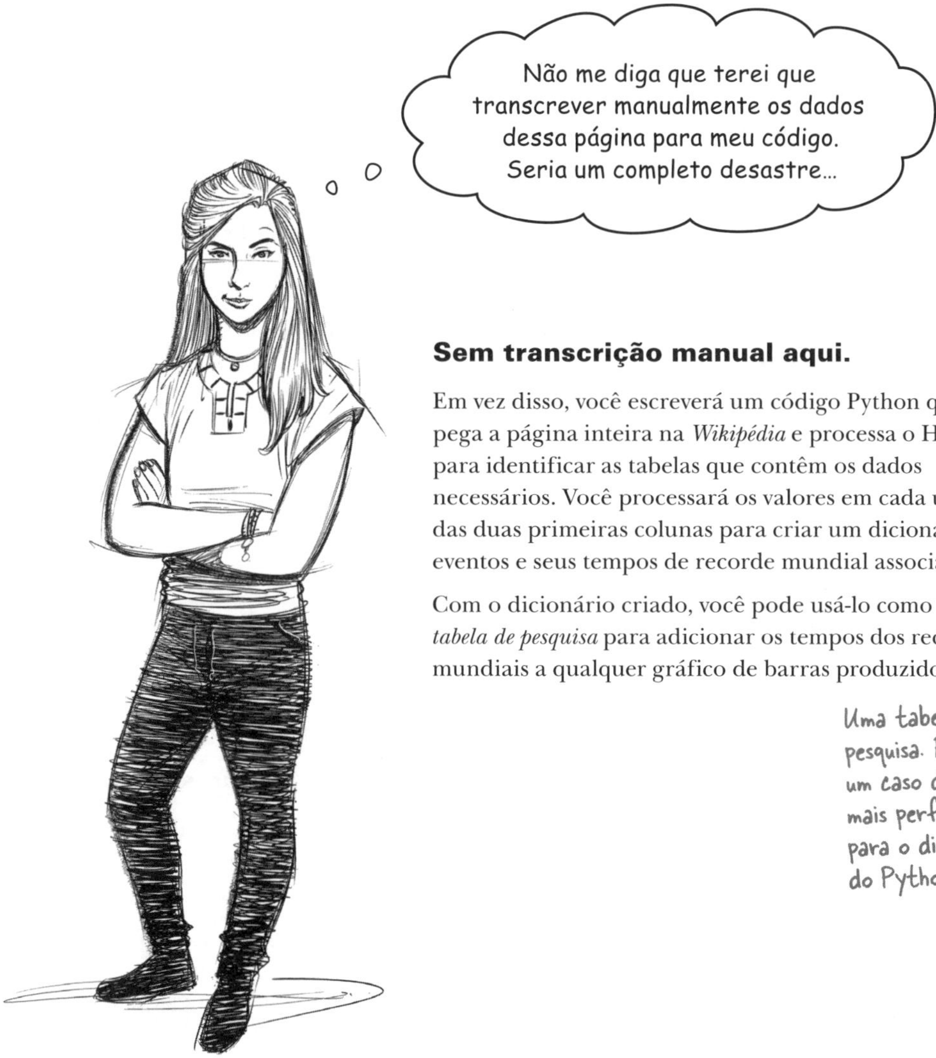

Sem transcrição manual aqui.

Em vez disso, você escreverá um código Python que pega a página inteira na *Wikipédia* e processa o HTML para identificar as tabelas que contêm os dados necessários. Você processará os valores em cada uma das duas primeiras colunas para criar um dicionário de eventos e seus tempos de recorde mundial associados.

Com o dicionário criado, você pode usá-lo como uma *tabela de pesquisa* para adicionar os tempos dos recordes mundiais a qualquer gráfico de barras produzido.

Uma tabela de pesquisa. Existe um caso de uso mais perfeito para o dicionário do Python?

Um passo a passo para a extração da web

Precisamos de um plano de ataque para fazer este último trabalho. Aqui está nossa lista de tarefas sugerida:

1. Pegue a página HTML bruta na Wikipédia.
2. Identifique as tabelas que contêm os dados necessários.
3. Processe as duas primeiras colunas de cada tabela para extrair os dados do recorde.
4. Converta os dados do recorde em um dicionário de recordes mundiais de natação.
5. Use o dicionário para adicionar os recordes mundiais à parte inferior de cada gráfico de barras.

Há um pouco de trabalho a fazer.

Cada tarefa provavelmente tem tarefas secundárias, o que pode levar um tempo. Mas, estamos prontos para o desafio se você estiver!

Na verdade, dividiremos as cinco tarefas neste e no próximo capítulo. Mas não se preocupe, estamos demorando para garantir que daremos a cada tarefa o tempo de que ela precisa, como em todos os projetos de programação — o perigo está nos detalhes.

Seguiremos o conselho do Coach e ficaremos com uma divisão três/dois

Não é uma metáfora de natação, é?!?

Com a recomendação do Coach, dividiremos as cinco tarefas para que a primeira unidade de trabalho foque o processamento da página HTML para extrair dados úteis. A segunda unidade pega esses dados e os transforma em um formato que possa ser integrado no webapp do Coach.

Com isso em mente, concentre-se nas três tarefas deste capítulo:

1. Pegue a página HTML bruta na Wikipédia.
2. Identifique as tabelas que contêm os dados necessários.
3. Processe as duas primeiras colunas de cada tabela para extrair os dados do recorde.

O próximo capítulo, chamado *Manipulação de Dados*, continua trabalhando nas duas tarefas restantes, que abordam a integração:

4. Converta os dados do recorde em um dicionário de recordes mundiais de natação.
5. Use o dicionário para adicionar os recordes mundiais à parte inferior de cada gráfico de barras.

Com o plano de ataque finalizado, começaremos.

É hora da tecnologia de análise do HTML

Como na maioria das outras tecnologias no espaço Python, há mais de uma forma de pegar os dados na internet.

A técnica clássica envolve o uso do pacote Python de terceiros mais baixado do PyPI, chamado `requests`, que muitas vezes é comparado com outra tecnologia clássica de análise HTML, chamada *Beautiful Soup* (e conhecida no mundo como `bs4`). Para analisar o HTML de forma eficaz, a `bs4` precisa usar os serviços de um mecanismo de análise de terceiros, sendo `lxml` uma escolha popular (embora existam outras).

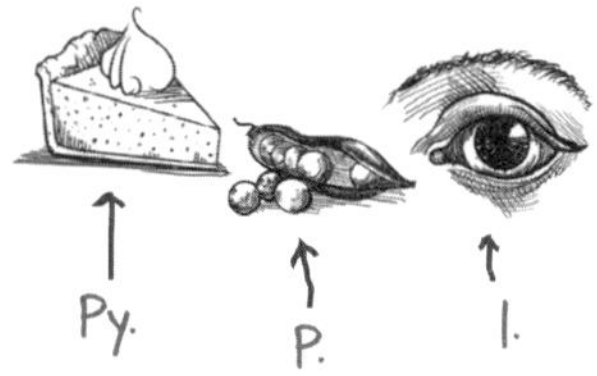

Se você estiver prestando atenção (e contando), temos até três possíveis instalações de pacotes do PyPI (`requests`, `bs4` e `lxml`). Embora os três pacotes PyPI tenham excelente reputação (e bem merecida), seria melhor se um único pacote fosse suficiente para lidar com todas as necessidades aqui.

É hora de uma... em... eh... sopa fria!

O pacote `gazpacho` (também no PyPI) é para tornar a extração da web a mais simples possível. Ele pode não ser tão poderoso quanto o combo `requests/bs4/lxml`, mas tudo bem, pois `gazpacho` faz mais do que o suficiente para o que é necessário aqui. Começaremos instalando o `gazpacho`, em seguida, iremos usá-lo para pegar a página HTML bruta na *Wikipédia*.

Parece que não deveria ser permitido, mas "gazpacho" é o nome dado a uma saborosa sopa espanhola, que é servida *fria*!!!

É uma pergunta deliciosa...

Usar a palavra "sopa" (soup em inglês) para se referir às tecnologias de análise HTML pode parecer estranho.

É como `gazpacho` homenageia a avó de todas as bibliotecas de processamento HTML em Python: *Beautiful Soup*. Quando usada com `requests`, *Beautiful Soup* é uma ferramenta poderosa, mas seu uso aqui é — em nossa visão — um exagero. Como é possível dizer pelo nome, *Beautiful Soup* estabeleceu a prática de se referir ao HTML analisado como "soup", e é uma convenção que ficou.

Só para você saber, pode ser difícil para nós resistir a piadas ou trocadilhos. Fique avisado.

Exercício

Começaremos instalando `gazpacho` em seu Jupyter Notebook configurado no VS Code. Comece criando um novo notebook chamado *WorldRecords.ipynb*. Como esse notebook está no suporte do webapp do Coach, iremos salvá-lo na pasta *webapp* dentro da pasta *Aprendizagem*.

Perto do início do Capítulo 6, *Criando um Webapp*, você usou `pip` para instalar o Flask. Use `pip` novamente para instalar o pacote `gazpacho` na primeira célula do seu notebook mais recente. Escreva o comando que usou aqui:

____

→ Respostas na página 358

não existem Perguntas Idiotas

P: Não devemos nos ater à combinação `requests+bs4+lxml` testada? Afinal de contas, com base em algumas pesquisas no *DuckDuckGo*, parece que é uma escolha popular, então por que seguir por um caminho diferente?

R: É uma pergunta válida. Peça a qualquer pessoa para recomendar uma biblioteca de análise HTML e `bs4` aparece muito. Assim como *Scrapy*, que é um framework de código aberto construído para criar "robôs de busca" capazes de uma extração da web avançada. Tanto `bs4` quanto *Scrapy* funcionam bem, mas gostamos de `gazpacho` porque é muito fácil de começar e usar. Também gostamos do fato de que `gazpacho` não tem dependências, o que significa que ele pode ser adicionado aos seus projetos Python sem você se preocupar com módulos dependentes extras sendo adicionados. Por exemplo, quando você decide usar `bs4`, tem `requests` e `lxml` também, querendo ou não.

P: Não há uma API que possa nos dar os dados dos recordes mundiais de natação quando necessário?

R: Não que pudéssemos encontrar, embora o site FINA forneça uma forma de baixar as planilhas para vários recordes mundiais. Mas a interface do usuário é para as interações "apontar e clicar" feitas por pessoas, não chamadas da API geradas por computador.

P: Que tal usar algo como o *Selenium* para esse tipo de trabalho?

R: *Selenium* é uma ótima ferramenta, mas foi projetado para ajudar no teste automatizado de sites/aplicativos. Você provavelmente poderia fazer com que o *Selenium* fizesse a extração da web, mas acaba sendo mais problemático do que vale a pena, já que não é o principal caso de uso dele. É uma pergunta que faz pensar, no entanto...

P: E `wget` e `curl` na linha de comando? Por que não executar e analisar sua saída?

R: Pode funcionar também, mas — como você está verá — `gazpacho` é para fazer a extração da web via análise HTML com o mínimo de confusão.

Exercício Solução

Da página 357

Você fez as coisas acontecerem instalando `gazpacho` em seu Jupyter Notebook configurado no VS Code.

Teve que criar um novo notebook chamado *WorldRecords.ipynb*, salvando-o na pasta *webapp* dentro da pasta *Aprendizagem*.

Foi pedido para usar `pip` para instalar o pacote `gazpacho` na primeira célula do seu notebook mais recente. Você escreveu o comando que usou aqui:

%pip install gazpacho --upgrade

Lembrou-se de prefixar o comando "pip" com o símbolo %? É isso que permite que seu notebook execute "pip" neste caso.

Aqui está a saída produzida quando fizemos a instalação. Você deve ver mensagens parecidas, e não se preocupe se instalar uma versão posterior de "gazpacho" em relação ao que é mostrado aqui. Desde que tenha 1.1 ou posterior, mandou bem.

```
%pip install gazpacho --upgrade
```

```
Collecting gazpacho
  Using cached gazpacho-1.1.tar.gz (7.9 kB)
  Installing build dependencies ...   Getting requirements to build wheel ...   Preparing metadata (pyproject.toml)
... Building wheels for collected packages: gazpacho
  Building wheel for gazpacho (pyproject.toml) ...   Created wheel for gazpacho: filename=gazpacho-1.1-py3-none-
any.whl size=7463 sha256=2e03a594e3ee6dea7c0142d7dfce8a26f7a969f21875af858a5dd27eb111c240
  Stored in directory:
/Users/barryp/Library/Caches/pip/wheels/64/03/ea/47538bca4fb65b58be6b8e652205a6ef7a41f6fff83efacbe4
Successfully built gazpacho
Installing collected packages: gazpacho
Successfully installed gazpacho-1.1
Note: you may need to restart the kernel to use updated packages.
```

Você está instalando "gazpacho" pela primeira vez, então pode ignorar com segurança esta nota. (Se instalou uma atualização para um pacote existente, então isso pode exigir uma reinicialização do kernel.)

Pegue a página HTML bruta na Wikipédia

Com gazpacho instalado, iremos colocá-lo imediatamente para trabalhar.

Comece atribuindo o endereço da web da página *Wikipédia* (da qual extrair) a uma variável constante chamada URL:

```
URL = "https://en.wikipedia.org/wiki/List_of_world_records_in_swimming"
```

O valor URL identifica a página da web que contém os recordes mundiais de natação.

Usaremos gazpacho para recuperar o HTML bruto no endereço da web URL, criando uma nova variável dentro da qual armazenar os resultados, que chamamos (em um momento de loucura) de html:

Antes de usar "gazpacho", importe-o.

```
import gazpacho
```

```
html = gazpacho.get(URL)
```

A função "get" retorna uma cópia do HTML bruto que se encontra no endereço da web especificado (identificado por "URL"). Note que o HTML retornado por "get" é atribuído a uma nova variável.

Como os dados retornados pela função get são uma string, teremos uma ideia de com o que trabalhamos pedindo à BIF **len** para informar o tamanho de html:

```
len(html)
```

```
530127
```

Caramba! É mais de meio milhão de caracteres.

Não se preocupe se "len" informa um tamanho diferente do mostrado aqui. É altamente provável que a página da Wikipédia tenha mudado desde quando este livro foi publicado, o que significa que o valor "len" que você vê pode diferir um pouco (mas espero que não muito).

Esta é a Tarefa 1 do seu plano feito e acabado, e você ainda nem suou.

Conheça os dados extraídos

Com a primeira tarefa da unidade de trabalho do capítulo concluída, faremos uma marca de verificação ao lado da tarefa:

1. Pegue a página HTML bruta na Wikipédia. ✔

Antes de prosseguir, veja o texto que a Tarefa 1 mostrou na variável `html`. Graças ao uso da BIF **len**, você sabe que há mais de meio milhão de caracteres em `html`. É *muito* texto (ou seja, uma string *realmente grande*).

Você poderia digitar o nome `html` em uma célula vazia do notebook e pressionar **Shift+Enter** para ver a string inteira, mas *não faremos isso agora*, pois a saída sai rapidamente da tela e leva uma eternidade para exibir...

Em vez disso, veja uma *parte* da string `html`, talvez os primeiros cem ou os últimos cem caracteres, talvez algumas centenas de caracteres no meio?

O início da string "html".

```
'<!DOCTYPE html>\n<html class="client-nojs" lang="en" dir="ltr">\n<head>\n<meta
charset="UTF-8"/>\n<title>List of world records in swimming -
Wikipedia</title>\n<script>document.documentElement.className="client-js";RLCONF=
{"wgBreakFrames":false,"wgSeparatorTransformTable":["",""],"wgDigitTransformTable":
["",""],"wgDefaultDateFormat":"dmy","wgMonthNames":
```

O final da string "html".

```
02T16:51:14Z","image":"https:\\/\\/upload.wikimedia.org\\/wikipedia\\/commons\\/a\\/ae
\\/Caeleb_Dressel_before_winning_100_fly_%2842769914221%29.jpg","headline":"Wikimedia
list article"}</script>\n<script>(RLQ=window.RLQ||[]).push(function()
{mw.config.set({"wgBackendResponseTime":101,"wgHostname":"mw1431"});});
</script>\n</body>\n</html>'
```

Algum lugar no meio da string "html".

```
<tr>\n<th>Event\n</th>\n<th style="width:4em" class="unsortable">Time\n</th>\n<th
class="unsortable">\n</th>\n<th>Name</th>\n<th>Nationality</th>\n<th>Date</th>\n<th>Me
et</th>\n<th>Location\n</th>\n<th style="width:2em" class="unsortable">Ref\n</th>
</tr>\n\n<tr>\n<td><span data-sort-value="01  !"> <a
href="/wiki/World_record_progression_50_metres_freestyle" title="World record
```

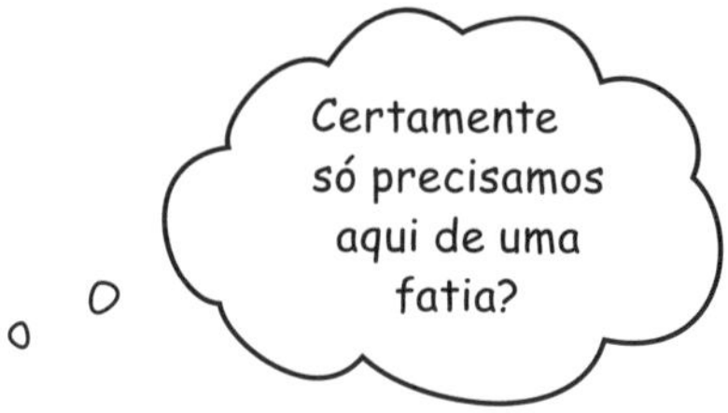

Sim. E você já viu uma fatia em ação.

Embora referente a listas, não a strings.

Você pode se lembrar do Capítulo 5, *Organizando*, que viu as primeiras cinco entradas na lista `swimmers` usando uma extensão para a notação de colchetes. Veremos de novo:

Seu BFF em todo lugar!

```
swimmers[:5]
```

```
[('Hannah', 'Hannah-13-100m-Free.txt'),
 ('Darius', 'Darius-13-100m-Back.txt'),
 ('Owen', 'Owen-15-100m-Free.txt'),
 ('Mike', 'Mike-15-100m-Free.txt'),
 ('Hannah', 'Hannah-13-100m-Back.txt')]
```

No Capítulo 5, você usou uma fatia para pegar os primeiros cinco slots da lista "swimmers".

Alguém disse "fatia"?

Quando se trata de fatiar uma lista, é mais como fatias de presunto enlatado do que fatias de pizza.

Você pode copiar uma fatia de qualquer sequência

Verdade seja dita, colocamos aquela preciosa notação (mostrada na página anterior) no Capítulo 5 sem detalhar o que acontece internamente, o que não foi muito *Use a Cabeça* de nossa parte. Agora é hora de dizer a verdade, corrigir o erro e dar uma olhada mais de perto na *notação de fatias* do Python.

Você pode pedir ao Python para *copiar* uma fatia de qualquer sequência. Como listas e strings são sequências, elas suportam a **notação de fatias**. Quando você fatia uma sequência, obtém uma *cópia* dos dados fatiados. Os dados originais ficam inalterados.

Comece com uma lista de números.

Fatie (ou seja, copie) os quatro primeiros números da lista.

```
nums = [0, 1, 2, 3, 4, 5, 6, 7, 8, 9]
nums[:4]
```

```
[0, 1, 2, 3]
```

Os dados originais não mudaram (pois a fatia pega uma cópia).

```
nums
```

```
[0, 1, 2, 3, 4, 5, 6, 7, 8, 9]
```

Uma string de caracteres inspirada em Douglas Adams.

```
msg = "My name's Marvin, and I'm depressed."
msg[:16]
```

```
"My name's Marvin"
```

Use uma fatia para copiar os primeiros 16 caracteres.

```
msg
```

Nenhuma mudança na string original.

```
"My name's Marvin, and I'm depressed."
```

Criaremos um notebook em sua pasta *Aprendizagem*, chamado *StartStopStep.ipynb*, para saber mais sobre o fatiamento. Vá em frente e use o VS Code para criar seu novo notebook, depois adicione o código desta página ao início dele.

Anatomia das fatias, 1 de 3

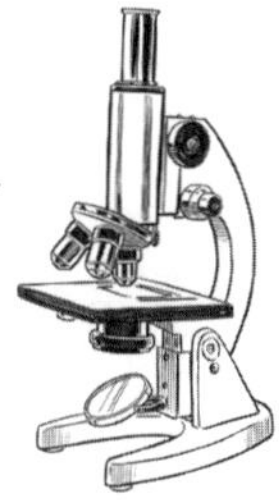

1 Os colchetes permitem escolher valores individuais

No Python, quando você usa colchetes em qualquer sequência, pode escolher valores individuais, com o primeiro slot numerado em *zero*.

```
fav = "Life, the Universe and Everything."
```

```
fav[0], fav[1]
```

```
('L', 'i')
```

```
fav[-1], fav[-2]
```

```
('.', 'g')
```

2 O Python permite usar valores de índice negativos também

Os valores de índice negativos começam a contar "do outro lado" da sequência, com o último slot numerado em *menos um*.

3 Outra extensão de notação define uma fatia

Uma *fatia* permite extrair uma *parte sequencial* de qualquer sequência. Você especifica onde a parte *começa* e *termina* dentro dos colchetes.

```
fav[0:4]
```

```
'Life'
```

4 Comece no primeiro número, pare antes do segundo

A notação de fatias `0:4` se traduz como "*começar no slot 0 e parar no slot 4, mas não incluir os dados do slot 4*". É estranho no início, mas você se acostuma.

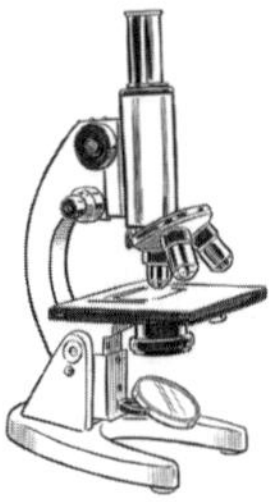

Anatomia das fatias, 2 de 3

Para não precisar voltar a página, veja a atribuição original da string.

```
fav = "Life, the Universe and Everything."
```

5 Os valores de início e fim podem especificar qualquer fatia

Um pequeno truque: subtraia o primeiro número *positivo* do segundo número *positivo* para descobrir o tamanho que a fatia deve ter.

```
fav[10:18]
```

```
'Universe'
```

```
fav[23:33]
```

```
'Everything'
```

```
fav[23:-1]
```

```
'Everything'
```

6 Os valores negativos podem ser usados com fatias também

A fatia *começa* no primeiro número e *termina* (mas *não* inclui) no segundo. Neste exemplo, a fatia *começa* no slot 23 e *termina* no último slot (excluído da fatia).

7 Os valores de início e fim têm padrões

Se você excluir o valor *inicial*, ele será considerado zero (o início da sequência). Excluir o valor *final* estende a fatia até o fim da sequência atual. Aqui, o valor *inicial* é zero.

```
fav[:4]
```

```
'Life'
```

Anatomia das fatias, 3 de 3

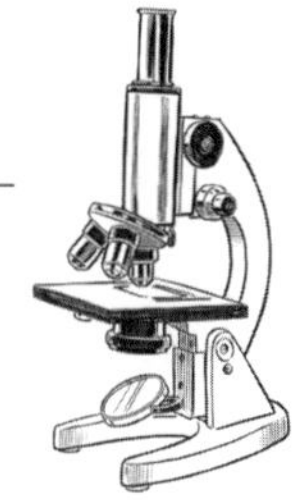

```
fav = "Life, the Universe and Everything."
```

É sua string favorita, não é?

8 Você pode misturar os padrões com valores de índice negativos

Às vezes, você não quer "`Everything.`", mas *quer* "`Everything`". Pode experimentar os padrões junto com os índices negativos até conseguir o que deseja.

```
fav[23:]
```

'Everything.'

```
fav[-11:]
```

'Everything.'

```
fav[-11:-1]
```

'Everything'

Viu o ponto? Não viu, porque ele não é fatiado.

9 Cuidado para não ir longe demais...

Depender dos valores padrão para *iniciar* e *terminar* nem sempre faz sentido. Um caso em questão: embora ambos os exemplos finais tenham o mesmo resultado, sabemos qual dos dois usos preferimos.

```
fav[:]
```

'Life, the Universe and Everything.'

Seus dedos agradecerão por usar este.

```
fav
```

'Life, the Universe and Everything.'

Esqueceu o terceiro número da especificação da fatia: PASSO?

Não esquecemos...

Um terceiro número *opcional* pode ser adicionado à sua especificação de fatia. Chamado *passo*, ele indica a *frequência* da extração de fatias de qualquer sequência.

Veja o formato geral da fatia:

[*início* : *fim* : *passo*]

A melhor maneira de descrever o *passo* é com alguns exemplos:

Comece com uma string (que é uma sequência).

```
msg
```

```
"My name's Marvin, and I'm depressed."
```

Fatie cada segundo valor da sequência (o PASSO é definido para 2).

```
msg[::2]
```

```
'M aesMri,adImdpesd'
```

Fatie cada terceiro valor da sequência (o PASSO é definido para 3).

```
msg[::3]
```

```
'Mne rna meee'
```

```
msg[::-1]
```

```
".desserped m'I dna ,nivraM s'eman yM"
```

Muito provavelmente é o que você verá "no uso real" (embora com listas em vez de strings). A sequência inteira é fatiada, então retornada na ordem inversa (com PASSO definido para -1). Isso funciona com qualquer sequência em Python.

Você terminou com o notebook *StartStopStep.ipynb*, então **feche** e volte para *WorldRecords.ipynb* antes de continuar.

Aponte seu lápis

Agora que você sabe um pouco sobre fatias, iremos usá-las.

Comece especificando uma fatia que retorna os primeiros 500 caracteres da sua string `html`. Experimente no notebook *WorldRecords.ipynb*, em seguida, escreva a fatia que usou no espaço abaixo:

____

Que tal uma fatia que extrai os últimos 500 caracteres de `html`? Escreva a fatia que usou aqui:

____

O próximo pode exigir um pouco mais de consideração (e uma linha de código extra). Você pode extrair os primeiros 500 caracteres da primeira tabela HTML na string `html`? Escreva as duas linhas de código aqui:

____

____

Se este fez você coçar a cabeça, considere por um momento que "html" é uma string. Você pode fazer muitas coisas nas strings em Python. Lembre-se também de que o "combo mambo print dir" lista muitos métodos de string, e um deles pode ajudar. Dica: o que você está procurando deve ser fácil de encontrar com *find*.

Respostas na página 368

Aponte seu lápis Solução

Da página 367

Você teve que colocar seu novo conhecimento sobre fatias em uso especificando uma fatia que retorna os primeiros 500 caracteres da sua string `html`. Veja o que propomos em nosso notebook *WorldRecords.ipynb*:

```
html[:500]  ←—— O valor para "início" é zero, o começo da string.
```

```
'<!DOCTYPE html>\n<html class="client-nojs" lang="en" dir="ltr">\n<head>\n<meta
charset="UTF-8"/>\n<title>List of world records in swimming -
Wikipedia</title>\n<script>document.documentElement.className="client-js";RLCONF=
{"wgBreakFrames":false,"wgSeparatorTransformTable":["",""],"wgDigitTransformTable":
["",""],"wgDefaultDateFormat":"dmy","wgMonthNames":
["","January","February","March","April","May","June","July","August","September","Oct
ober","November","December"],"wgRequestId":"81d5ca1b-444d-42d5-'
```

Em seguida, veio uma fatia que extrai os últimos 500 caracteres de `html`:

```
html[-500:]  ←—— O valor para "fim" é definido para o final da string.
```

```
'.","logo":
{"@type":"ImageObject","url":"https:\\/\\/www.wikimedia.org\\/static\\/images\\/wmf-
hor-googpub.png"}},"datePublished":"2007-03-15T21:20:10Z","dateModified":"2022-11-
02T16:51:14Z","image":"https:\\/\\/upload.wikimedia.org\\/wikipedia\\/commons\\/a\\/ae
\\/Caeleb_Dressel_before_winning_100_fly_%2842769914221%29.jpg","headline":"Wikimedia
list article"}</script>\n<script>(RLQ=window.RLQ||[]).push(function()
{mw.config.set({"wgBackendResponseTime":101,"wgHostname":"mw1431"});});
</script>\n</body>\n</html>'
```

E, finalmente, a parte complicada: extrair os primeiros 500 caracteres da primeira tabela HTML na string `html`:

Use o método de string "find" para calcular o valor a usar para "início".

```
from_where = html.find("<table")
html[from_where:from_where+500]  ←—— Adicione 500 ao valor "início" para especificar o valor "fim".
```

```
'<table class="wikitable sortable" style="font-size: 95%;">\n<tbody>
<tr>\n<th>Event\n</th>\n<th style="width:4em" class="unsortable">Time\n</th>\n<th
class="unsortable">\n</th>\n<th>Name</th>\n<th>Nationality</th>\n<th>Date</th>\n<th>Me
et</th>\n<th>Location\n</th>\n<th style="width:2em" class="unsortable">Ref\n</th>
</tr>\n\n<tr>\n<td><span data-sort-value="01  !"> <a
href="/wiki/World_record_progression_50_metres_freestyle" title="World record
progression 50 metres freestyle">50m freestyle</a> </span>\n</td>\n<'
```

Sim, gazpacho pode ajudar aqui.

Escrever o código para analisar "manualmente" esse meio milhão de caracteres não é moleza, e é provável que cause muito sofrimento e talvez algumas lágrimas. Por sorte, esse nunca foi o plano.

O plano é aplicar o poder de `gazpacho` no problema.

É hora do poder da análise HTML

Lembremos a próxima tarefa no plano de três pontos deste capítulo:

2 Identifique as tabelas que contêm os dados necessários.

Antes de chegar ao ponto de identificar as tabelas que contêm os recordes mundiais de natação de interesse para o Coach, utilizaremos `gazpacho` para extrair todas as tabelas HTML da string `html`, e continuaremos daí.

Antes de fazer qualquer outra coisa, você precisa transformar o HTML bruto na string `html` em *soup*:

Lembre-se: você está trabalhando no notebook "WorldRecords.ipynb".

```
soup = gazpacho.Soup(html)
```

Passar a string HTML bruta para o construtor "Soup" cria uma representação analisada do HTML, que atribuímos a uma nova variável chamada — o que mais? — "soup".

```
type(soup)
```

A confirmação de que você está lidando agora com um objeto "Soup".

```
gazpacho.soup.Soup
```

Tente ler esta linha sem rir.

Hora do combo mambo. Passe o objeto `soup` para **print dir** para entender o que o objeto Soup `gazpacho` pode fazer:

```
print(dir(soup))
```

```
['attrs', 'find', 'get', 'html', 'strip', 'tag', 'text']
```

Considerando as listas de métodos, isto pode parecer um pouco medíocre, mas não se deixe enganar. O poder da análise aguarda nesta lista de métodos.

Pesquisando soup para obter as tags de interesse

Embora o combo mambo **print dir** tenha revelado sete atributos/métodos do objeto Soup `gazpacho`, o método **find** é de maior interesse no momento. O método **find** permite localizar e extrair os elementos HTML de soup.

Vejamos o que o método **find** pode fazer com soup...

Encontre todas as tags <table> em soup da página HTML.

```
tables = soup.find("table")
```

```
type(tables)
```

list

```
len(tables)
```

12

Quando mais de uma tag é encontrada, "gazpacho" retorna uma lista de objetos.

O primeiro objeto na lista retornada é mais soup.

```
type(tables[0])
```

gazpacho.soup.Soup

```
type(tables[-1])
```

gazpacho.soup.Soup

O último objeto na lista retornada também é mais soup.

Às vezes, os padrões de gazpacho podem enganar

Quando você usa o método **find**, precisa ter cuidado, sobretudo se qualquer código subsequente presume que uma lista é sempre retornada.

Por padrão, **find** retorna um dos três objetos possíveis.

Se a tag HTML pesquisada não é encontrada, `None` é retornado. Se uma única tag é encontrada, um *único* objeto Soup é retornado. Se mais de uma tag é encontrada, uma *lista* de objetos Soup é retornada.

Você pode substituir esse comportamento padrão para garantir que uma lista seja *sempre* retornada, isto é, uma lista vazia para `None`, uma lista de um slot para um objeto Soup e uma lista de objetos Soup para mais de um. Para tanto, passe o argumento `mode="all"` para **find**.

O objeto soup retornado também é pesquisável

Vejamos a primeira tabela encontrada na página HTML, usando o método **find** mais uma vez para extrair uma lista de linhas da tabela. Exibir o conteúdo da primeira linha de dados da primeira tabela na página é facilmente combinado com a saída renderizada.

Pegue todas as linhas da primeira tabela (no slot 0), retornando uma lista.

```
rows = tables[0].find("tr", mode="all")
```

O valor "all" sempre retorna uma lista. O valor "tr" se refere à tag de linha da tabela do HTML, <TR>.

```
type(rows)
```

```
list
```

Outra lista é retornada.

```
len(rows)
```

```
21
```

Mostre o que está na primeira linha.

```
rows[0]
```

```
<tr>
  <th>Event
</th>
  <th style="width:4em" class="unsortable">Time
</th>
  <th class="unsortable">
</th>
  <th>Name</th>
  <th>Nationality</th>
  <th>Date</th>
  <th>Meet</th>
  <th>Location
</th>
  <th style="width:2em" class="unsortable">Ref
</th>
</tr>
```

Parece texto HTML, mas não é. É o soup "gazpacho".

A primeira tabela da página são os dados para os recordes da prova longa dos homens.

Long course (50m pool) [edit]

Men [edit]

	Event	Time		Name	Nationality	Date	Meet	Location	Ref
linhas[0]									
linhas[1]	50m freestyle	20.91	ss	César Cielo	Brazil	18 December 2009	Brazilian Championships	São Paulo, Brazil	[9][10][11][12]
linhas[2]	100m freestyle	46.86		David Popovici	Romania	13 August 2022	European Championships	Rome, Italy	[13] [14]

⋮

Aponte seu lápis

Agora que você sabe um pouco sobre o método **find** e como usá-lo, gostaríamos que escrevesse um loop **for** que processa cada uma das tabelas no soup HTML. Em cada iteração enumerada, calcule quantas linhas de dados a tabela atual tem, em seguida, exiba o número da tabela e o número de linhas na tela (usando uma f-string, se possível). Resolva o código de que você precisa em seu notebook *WorldRecords.ipynb* e escreva o código que usou aqui:

Respostas na página 374

Você o encontrará em dois lugares.

Para começar, ele ainda está em sua variável `html` de uma forma *não soup*. Além disso, *soup.html* também tem uma cópia da marcação HTML original (caso você precise dela).

Aponte seu lápis Solução

Da página 373

Agora que você sabe um pouco sobre o método **find** e como usá-lo, teve que escrever um loop **for** que processa cada uma das tabelas no soup HTML. Em cada iteração enumerada, precisou calcular quantas linhas de dados a tabela atual tem e exibir o número da tabela e o número de linhas na tela (usando uma f-string, se possível). Veja o código proposto por nós. Como o seu se compara?

```
for n, table in enumerate(tables):
    rows = table.find("tr", mode="all")
    print(f"{n} -> {len(rows)} rows")
```

Faça um loop e enumere a lista de tabelas.

Encontre as linhas para a tabela atual.

Uma f-string exibe os resultados.

Test Drive

Aqui está o que o código acima produziu em nosso notebook:

```
for n, table in enumerate(tables):
    rows = table.find("tr", mode="all")
    print(f"{n} -> {len(rows)} rows")
```

```
0 -> 21 rows
1 -> 1 rows
2 -> 22 rows
3 -> 3 rows
4 -> 28 rows
5 -> 26 rows
6 -> 3 rows
7 -> 26 rows
8 -> 1 rows
9 -> 7 rows
10 -> 5 rows
11 -> 8 rows
```

Existem 12 tabelas na página...

... com cada tabela tendo um número variado de linhas. Mas qual delas contém os dados dos recordes mundiais de natação?

Qual tabela contém os dados necessários?

Com base em uma revisão rápida da saída no final da página anterior, é muito provável que os dados de que você precisa estão na tabelas numeradas 2, 4, 5 e/ou 7, pois elas têm muitas linhas. Para determinar em quais tabelas nos concentramos, também exibiremos informações sobre o número de colunas que cada tabela tem.

Lembre-se: as tabelas de recordes mundiais têm muitas, muitas linhas de dados.

Exercício

Veja o código da página anterior:

```
for n, table in enumerate(tables):
    rows = table.find("tr", mode="all")
    print(f"{n} -> {len(rows)} rows")
```

Para incluir informações sobre o número de colunas que cada tabela tem, use uma técnica parecida com a contagem das tags `<tr>` em cada tag `<table>`, mas conte o número de tags `<td>` na *última* linha de cada tabela. Ajuste o código acima para exibir as informações de contagem de linhas e colunas, e escreva o código do loop atualizado aqui:

Respostas na página 376

Poder do Cérebro

Consegue pensar em uma razão pela qual o exercício desta página sugere contar o número de tags `<td>` na última linha de cada tabela, ao contrário de qualquer outra linha, especificamente, a primeira linha?

Exercício Solução

Da página 375

Foi pedido para você incluir informações sobre o número de colunas que cada tabela tem, usando uma técnica parecida com a contagem das tags `<tr>` em cada tag `<table>`, mas teve que contar o número de tags `<td>` na *última* linha de cada tabela. Veja o código proposto *inicialmente*:

```
for n, table in enumerate(tables):
    rows = table.find("tr", mode="all")
    cols = rows[-1].find("td", mode="all")
    print(f"{n} -> {len(rows)} rows, {len(cols)} columns")
```

← Pegue as tags <td> da última linha.

Test Drive

Este loop atualizado fornece mais informações sobre as linhas e as colunas na tabela:

Lembre-se: Isso garante que uma lista seja *sempre* retornada por "find".

```
for n, table in enumerate(tables):
    rows = table.find("tr", mode="all")
    cols = rows[-1].find("td", mode="all")
    print(f"{n} -> {len(rows)} rows, {len(cols)} columns")
```

```
0 -> 21 rows, 9 columns
1 -> 1 rows, 2 columns
2 -> 22 rows, 9 columns
3 -> 3 rows, 9 columns
4 -> 28 rows, 9 columns
5 -> 26 rows, 9 columns
6 -> 3 rows, 9 columns
7 -> 26 rows, 11 columns
8 -> 1 rows, 2 columns
9 -> 7 rows, 1 columns
10 -> 5 rows, 1 columns
11 -> 8 rows, 1 columns
```

Parece que a oitava tabela (no slot 7) é o patinho feio aqui. As outras quatro tabelas "grandes" têm nove colunas de dados.

Quatro tabelas grandes e quatro conjuntos de recordes mundiais

Pare um pouco e volte ao navegador para rever a página HTML *Wikipédia* nele.

Com certeza, as tabelas de recordes mundiais de natação têm *nove* colunas. A tabela *Lista dos recordes mundiais de natação (por país)* tem *onze* colunas — é o patinho feio entre as tabelas maiores nesta página da web.

As tabelas nos slots 0, 2, 4 e 5 são as que você precisa.

2 Identifique as tabelas que contêm os dados necessários. ✔

Duas tarefas terminadas; falta uma.

Sim, é o próximo.

Vejamos de perto as tabelas 0, 2, 4 e 5.

Hora de extrair dados reais

Tendo identificado as tabelas de recordes mundiais (nos slots 0, 2, 4 e 5 da lista `tables`), relembraremos a tarefa que resta para a unidade de trabalho deste capítulo:

3 Processe as duas primeiras colunas de cada tabela para extrair os dados do recorde.

Agora que você sabe como encontrar as tags HTML em sua página, construiremos com essa técnica para extrair os dados das duas primeiras colunas de cada uma das quatro tabelas de recordes mundiais.

Lembre-se da lista "curta" relatada por **print dir** quando aplicada a um objeto Soup:

```
print(dir(soup))
```

```
['attrs', 'find', 'get', 'html', 'strip', 'tag', 'text']
```

O atributo "text" retorna quaisquer dados textuais associados a uma tag HTML identificada.

Agora veja de novo as primeiras linhas da primeira de suas tabelas: os recordes mundiais para homens nadando em uma piscina de 50m.

Preste uma atenção especial às linhas:

Long course (50m pool) [edit]

Men [edit]

Esta primeira linha é a informação do cabeçalho nas tags <th> (que você provavelmente desejará pular).

Event	Time		Name	Nationality	Date	Meet	Location	Ref
50m freestyle	20.91	ss	César Cielo	Brazil	18 December 2009	Brazilian Championships	São Paulo, Brazil	[9][10][11][12]
100m freestyle	46.86		David Popovici	Romania	13 August 2022	European Championships	Rome, Italy	[13] [14]
200m freestyle	1:42.00	ss	Paul Biedermann	Germany	28 July 2009	World Championships	Rome, Italy	[15][16][17]
400m freestyle	3:40.07	ss	Paul Biedermann	Germany	26 July 2009	World Championships	Rome, Italy	[18][19][20]
800m freestyle	7:32.12	ss	Zhang Lin	China	29 July 2009	World Championships	Rome, Italy	[21][22]
1500m freestyle	14:31.02		Sun Yang	China	4 August 2012	Olympic Games	London, United Kingdom	[23][24]

O resto das linhas tem os valores reais dos dados nas tags <td>, que você pode acessar com o atributo ".text" de soup.

Exercício

Se puder extrair os dados necessários da primeira tabela, poderá extrair os outros dados necessários das tabelas restantes. Então, começamos com a primeira tabela (no slot 0). Você criará um loop **for** que processa as duas primeiras colunas de dados da primeira tabela. Por ora, seu código só exibe na tela os valores de dados que encontra. Veremos cada linha de código que você precisa criar e sugerimos que experimente quando necessário em seu notebook. Escreva as linhas de código criadas nos espaços abaixo. Há seis linhas no total. Comece criando uma nova variável chamada `table` que é atribuída ao primeiro slot da lista `tables`:

Seu loop **for** itera cada linha (as tags `<tr>`) em `table`, mas ignora a primeira linha, pois contém uma linha de informações do cabeçalho. Use o nome `row` para a variável de loop:

Agora começa o bloco de código indentado do loop **for**. Comece o bloco de código encontrando todas as tags `<td>` na `row` atual, atribuindo a soup uma nova variável chamada `columns`:

Crie uma nova variável chamada `event` que tem como seu valor os dados textuais associados à primeira coluna:

Crie outra variável nova chamada `time` que tem como seu valor os dados textuais associados à segunda coluna:

E, por fim, na última linha de código no bloco do loop **for**, use uma f-string junto com a BIF **print** para exibir os valores `event` e `time` na tela:

Respostas na página 380

Exercício Solução

Da página 379

Se puder extrair os dados necessários da primeira tabela, poderá extrair os outros dados necessários das tabelas restantes. O plano era começar com a primeira tabela (no slot 0). Você teve que criar um loop **for** que processa as duas primeiras colunas de dados da primeira tabela. Por ora, seu código precisou exibir na tela os valores de dados que encontra. Vimos cada linha de código que você precisou criar e sugerimos que experimentasse quando necessário em seu notebook. Você escreveu as linhas de código criadas nos espaços abaixo. Há seis linhas no total.

Começou criando uma variável nova chamada `table` que é atribuída ao primeiro slot da lista `tables`:

```
table = tables[0]
```

Seu loop **for** itera cada linha (as tags `<tr>`) em `table`, mas ignora a primeira linha, pois contém uma linha de informações do cabeçalho. Use o nome `row` para a variável de loop:

```
for row in table.find("tr", mode="all")[1:]:
```

É um uso inteligente de uma fatia para pular a primeira linha.

Agora começa o bloco de código indentado do loop **for**. Comece o bloco de código encontrando todas as tags `<td>` na `row` atual, atribuindo a soup uma nova variável chamada `columns`:

```
columns = row.find("td" , mode="all")
```

Encontre todas as tags <td> para a linha atual.

Crie uma nova variável chamada `event` que tem como seu valor os dados textuais associados à primeira coluna:

A primeira coluna no slot 0.

```
event = columns[0].text
```

Crie outra variável nova chamada `time` que tem como seu valor os dados textuais associados à segunda coluna:

A segunda coluna no slot 1.

```
time = columns[1].text
```

E, por fim, na última linha de código no bloco do loop **for**, use uma f-string junto com a BIF **print** para exibir os valores `event` e `time` na tela:

```
print(f"{event} -> {time}")
```

Test Drive

Com seu loop **for** mais recente digitado em uma única célula de código no notebook *WorldRecords.ipynb*, testaremos para ver a saída produzida:

Veja o código do último exercício digitado em uma única célula.

```
table = tables[0]
for row in table.find("tr", mode="all")[1:]:
    columns = row.find("td", mode="all")
    event = columns[0].text
    time = columns[1].text
    print(f"{event} -> {time}")
```

Comece com a segunda linha no slot 1 (pulando as informações do cabeçalho no slot zero).

```
50m freestyle -> 20.91
100m freestyle -> 46.86
200m freestyle -> 1:42.00
400m freestyle -> 3:40.07
800m freestyle -> 7:32.12
1500m freestyle -> 14:31.02
50m backstroke -> 23.71
100m backstroke -> 51.60
200m backstroke -> 1:51.92
50m breaststroke -> 25.95
100m breaststroke -> 56.88
200m breaststroke -> 2:05.95
50m butterfly -> 22.27
100m butterfly -> 49.45
200m butterfly -> 1:50.34
200m individual medley -> 1:54.00
400m individual medley -> 4:03.84
4 × 100 m freestyle relay -> 3:08.24
4 × 200 m freestyle relay -> 6:58.55
4 × 100 m medley relay -> 3:26.78
```

É a lista dos eventos extraídos da tabela.

E aqui estão os tempos associados para cada evento identificado.

Não precisamos de todas essas associações. Mas, por ora, não se preocupe. Ajustaremos no próximo capítulo.

Extraia os dados de todas as tabelas, 1 de 2

Tendo processado uma tabela de recordes mundiais, deve ser fácil aplicar no resto o que seu loop **for** faz.

Para ajudar a manter as coisas organizadas, começamos definindo duas tuplas constantes para armazenar os números de slot das quatro tabelas, além dos nomes abreviados das quatro provas:

Esta é uma tupla dos slots em "tables" que contêm os dados dos recordes mundiais.

```
RECORDS = (0, 2, 4, 5)
COURSES = ("LC Men", "LC Women", "SC Men", "SC Women")
```

"LC" é a abreviação para "Piscina Longa" ou de 50m.

"SC" é a abreviação para "Piscina Curta" ou de 25m.

Com as tuplas definidas, a BIF **zip** pode ser usada para associar os números de slot aos nomes das provas. Você pode ver como isso acontece enviando a saída de **zip** para a BIF **list**:

```
list(zip(RECORDS, COURSES))
```

```
[(0, 'LC Men'), (2, 'LC Women'), (4, 'SC Men'), (5, 'SC Women')]
```

As tuplas com dois elementos ficam juntas, então são transformadas em uma lista. Você acaba com uma lista de tuplas com dois elementos.

Um loop **for** pode iterar sua lista de tuplas com dois elementos, com cada número de slot e nome da prova sendo atribuído a *duas* variáveis de loop individuais em cada iteração, usando uma linha de código como esta:

```
for table, course in zip(RECORDS, COURSES):
```

Não há necessidade de converter explicitamente a saída de "zip" em uma lista, pois o loop "for" faz isso para você com base no contexto.

Extraia os dados de todas as tabelas, 2 de 2

No bloco de código de seu loop **for**, o valor das variáveis de loop `table` e `course` pode ser usado quando necessário. Com isso em mente, e para manter gerenciável a saída produzida, exibiremos o valor `course` atual na tela:

```
print(f"{course}:")
```

Tendo exibido o nome da prova, outro loop **for** (aninhado) pode processar as linhas de dados da tabela atual, usando um código muito semelhante ao que você escreveu para o *Exercício* mais recente:

O valor atual de "table" é usado para indexar na lista "tables" e pegar a tabela de recordes mundiais de que você precisa.

```
for row in tables[table].find("tr", mode="all")[1:]:
    columns = row.find("td", mode="all")
    event = columns[0].text
    time = columns[1].text
```

Com os valores `event` e `time` determinados, as duas chamadas para **print** formatam corretamente a saída:

Um caractere de tabulação formata a saída inserindo espaços em branco antes de cada linha da saída.

```
    print(f"\t{event} -> {time}")
print()
```

Quando você pede a "print" para não exibir nada, ela o ignora por completo e exibe uma linha em branco (que é um "tipo" de nada).

Colocaremos esta última parte do código em uma célula de código, executaremos e veremos o que acontece...

Test Drive

Vá em frente e digite o código das duas últimas páginas em uma única célula em seu notebook, em seguida, pressione **Shift+Enter**:

```
RECORDS = (0, 2, 4, 5)
COURSES = ("LC Men", "LC Women", "SC Men", "SC Women")

for table, course in zip(RECORDS, COURSES):
    print(f"{course}:")
    for row in tables[table].find("tr", mode="all")[1:]:
        columns = row.find("td", mode="all")
        event = columns[0].text
        time = columns[1].text
        print(f"\t{event} -> {time}")
    print()
```

O código.

A saída (mostrada em duas colunas aqui para economizar espaço)

```
LC Men:
        50m freestyle -> 20.91
        100m freestyle -> 46.86
        200m freestyle -> 1:42.00
        400m freestyle -> 3:40.07
        800m freestyle -> 7:32.12
        1500m freestyle -> 14:31.02
        50m backstroke -> 23.71
        100m backstroke -> 51.60
        200m backstroke -> 1:51.92
        50m breaststroke -> 25.95
        100m breaststroke -> 56.88
        200m breaststroke -> 2:05.95
        50m butterfly -> 22.27
        100m butterfly -> 49.45
        200m butterfly -> 1:50.34
        200m individual medley -> 1:54.00
        400m individual medley -> 4:03.84
        4×100m freestyle relay -> 3:08.24
        4×200m freestyle relay -> 6:58.55
        4×100m medley relay -> 3:26.78

LC Women:
        50m freestyle -> 23.67
        100m freestyle -> 51.71
        200m freestyle -> 1:52.98
        400m freestyle -> 3:56.40
        800m freestyle -> 8:04.79
        1500m freestyle -> 15:20.48
        50m backstroke -> 26.98
        100m backstroke -> 57.45
        200m backstroke -> 2:03.35
        50m breaststroke -> 29.30
        100m breaststroke -> 1:04.13
        200m breaststroke -> 2:18.95
        50m butterfly -> 24.43
        100m butterfly -> 55.48
        200m butterfly -> 2:01.81
        200m individual medley -> 2:06.12
        400m individual medley -> 4:26.36
        4×100m freestyle relay -> 3:29.69
        4×200m freestyle relay -> 7:39.29
        4×100m medley relay -> 3:50.40

SC Men:
        50m freestyle -> 20.16
        100m freestyle -> 44.84
        200m freestyle -> 1:39.37
        400m freestyle -> 3:32.25
        800m freestyle -> 7:23.42
        1500m freestyle -> 14:06.88
        50m backstroke -> 22.22
        100m backstroke -> 48.33
        200m backstroke -> 1:45.63
        50m breaststroke -> 24.95
        100m breaststroke -> 55.28
        200m breaststroke -> 2:00.16
        50m butterfly -> 21.75
        50m butterfly -> 21.75
        100m butterfly -> 47.78
```

```
        200m butterfly -> 1:48.24
        200m butterfly -> 1:46.85
        100m individual medley -> 49.28
        200m individual medley -> 1:49.63
        400m individual medley -> 3:54.81
        4×50m freestyle relay -> 1:21.80
        4×50m freestyle relay -> 1:20.77
        4×100m freestyle relay -> 3:03.03
        4×200m freestyle relay -> 6:46.81
        4×50m medley relay -> 1:30.14
        4×100m medley relay -> 3:19.16

SC Women:
        50m freestyle -> 22.93
        100m freestyle -> 50.25
        200m freestyle -> 1:50.31
        400m freestyle -> 3:53.92
        400m freestyle -> 3:51.30
        800m freestyle -> 7:59.34
        800m freestyle -> 7:57.42
        1500m freestyle -> 15:18.01
        1500m freestyle -> 15:08.24
        50m backstroke -> 25.27
        100m backstroke -> 54.89
        200m backstroke -> 1:58.94
        50m breaststroke -> 28.56
        100m breaststroke -> 1:02.36
        100m breaststroke -> 1:02.36
        100m breaststroke -> 1:02.36
        200m breaststroke -> 2:14.57
        50m butterfly -> 24.38
        100m butterfly -> 54.59
        200m butterfly -> 1:59.61
        100m individual medley -> 56.51
        200m individual medley -> 2:01.86
        400m individual medley -> 4:18.94
        4×50m freestyle relay -> 1:32.50
        4×100m freestyle relay -> 3:26.53
        4×200m freestyle relay -> 7:32.85
        4×50m medley relay -> 1:42.38
        4×50m medley relay -> 1:42.38
        4×100m medley relay -> 3:44.52
```

A saída.

Não se preocupe se a sua saída é diferente, já que os recordes mundiais de natação às vezes são quebrados.

Lembre-se: "LC" é uma abreviação de "Piscina Longa," já "SC" é uma abreviação de "Piscina Curta". Saiba que você pode ver números diferentes do que é mostrado aqui, pois alguns recordes mundiais de natação podem ter sido quebrados desde que este livro foi publicado.

O loop aninhado resolveu!

Com a parte do código mais recente, você terminou a terceira tarefa. Parece que a sugestão do Coach de dividir as tarefas está funcionando! Olhe o quanto você alcançou:

1. Pegue a página HTML bruta na Wikipédia. ✓
2. Identifique as tabelas que contêm os dados necessários. ✓
3. Processe as duas primeiras colunas de cada tabela para extrair os dados do recorde. ✓

Você terminou com a análise HTML (por enquanto). É hora de manipular as duas colunas de dados para permitir sua integração no webapp do Coach. Isso vem no próximo capítulo (após a revisão rápida deste e a palavra cruzada obrigatória no final do capítulo).

PONTOS DE BALA

- Quando se trata de dados na web, o HTML é o rei.
- HTML é um formato baseado em texto que pode ser processado facilmente com código, presumindo o uso de uma tecnologia de análise HTML.
- O Python tem muitas bibliotecas de análise HTML disponíveis no PyPI e, neste capítulo, você aprendeu sobre `gazpacho`.
- Gazpacho é uma sopa fria, popular na Espanha e em Portugal. `gazpacho` é uma biblioteca Python que analisa HTML, referenciada como "soup".
- `gazpacho` tem um poderoso método predefinido chamado **find** que pode pesquisar todos os tipos de HTML analisado com rapidez e eficiência.
- `gazpacho` pode ser configurada para sempre **retornar dados analisados como uma lista**, ou, seja todo o mecanismo de loop usual do Python pode ser utilizado para pegar os dados de interesse.
- Ao processar as tabelas HTML com `gazpacho`, o método **find** pode retornar todas as linhas e todos os itens de dados em cada linha. Pense nas tags HTML `<tr>` e `<td>`.
- Uma extensão da notação de colchetes do Python permite especificar **fatias**, que podem extrair partes de qualquer sequência.
- As fatias são especificadas com os valores *`início : fim : passo`* (que você encontrará sendo usado em muitos lugares no mundo Python). Cada um dos três valores tem padrões sensíveis, que fornecem especificações de fatia compactas e poderosas.
- Uma *armadilha* na especificação *`fim`* é que a fatia retornada inclui os dados **até, mas não inclusive,** o slot *`fim`*. Esse comportamento confunde a todos, então não se preocupe se você errar (pois tem uma solução fácil).

Cruzadinha do Python

Como sempre, todas as respostas para as pistas se encontram neste capítulo (com as soluções na próxima página).

Horizontal

2. Atraente (outra palavra para).

3. Ao especificar 12 na vertical, este é o valor "até, mas não inclusive".

7. É uma grande fonte global de conhecimento, dados e fatos.

9. Este método busca em uma página web por tags especificadas.

10. Use este método para obter uma cópia de uma página da web a partir de um site.

11. As páginas da web são principalmente isto.

12. Ao especificar 12 na vertical, isso permite selecionar cada segundo, terceiro, quarto (e assim por diante) slot.

13. Pode ter relação com torradas, mas não tem.

14. Pode ser quente, fria, ou 13 na horizontal.

Vertical

1. O termo usado ao resgatar tags de uma página da web.

4. Use este parâmetro para garantir que uma lista seja sempre retornada.

5. As tabelas são feitas de muitas destas.

6. Uma BIF útil que adiciona números aos loops for.

8. Ao especificar 12 na vertical, isto permite indicar onde começar.

10. Um tipo de 4 na vertical, mas também o nome de uma biblioteca de análise da web.

Respostas na página 388

Cruzadinha do Python
Solução

Da página 387

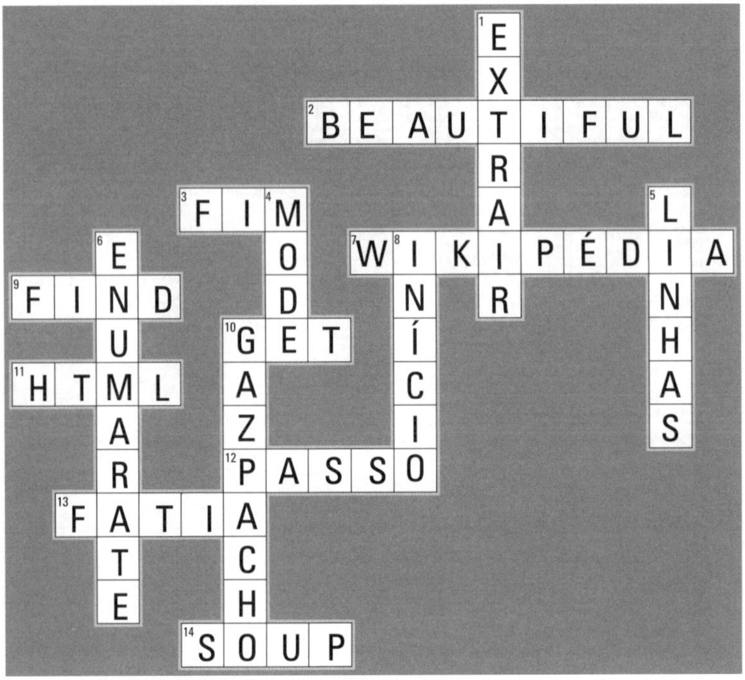

Horizontal

2. Atraente (outra palavra para).

3. Ao especificar 12 na vertical, este é o valor "até, mas não inclusive".

7. É uma grande fonte global de conhecimento, dados e fatos.

9. Este método busca em uma página web por tags especificadas.

10. Use este método para obter uma cópia de uma página da web a partir de um site.

11. As páginas da web são principalmente isto.

12. Ao especificar 12 na vertical, isso permite selecionar cada segundo, terceiro, quarto (e assim por diante) slot.

13. Pode ter relação com torradas, mas não tem.

14. Pode ser quente, fria, ou 13 na horizontal.

Vertical

1. O termo usado ao resgatar tags de uma página da web.

4. Use este parâmetro para garantir que uma lista seja sempre retornada.

5. As tabelas são feitas de muitas destas.

6. Uma BIF útil que adiciona números aos loops for.

8. Ao especificar 12 na vertical, isto permite indicar onde começar.

10. Um tipo de 4 na vertical, mas também o nome de uma biblioteca de análise da web.

9 trabalhando com dados

Manipulação de Dados

Às vezes seus dados não estão organizados como deveriam.

Talvez você tenha uma *lista de listas*, mas realmente precisa de um *dicionário de dicionários*. Ou talvez precise relacionar um valor em uma estrutura de dados a um valor em outra, mas os valores não correspondem. Afff, é tão frustrante. Não se preocupe: o poder do Python está aqui para ajudar. Neste capítulo, você usará o Python para **manipular** seus dados e transformar os dados extraídos no final do capítulo anterior em algo realmente *útil*. Verá como **explorar** o dicionário do Python como uma tabela de **pesquisa**. Há conversões, integrações, atualizações, implantações e muito mais neste capítulo. E, no final, o esboço do Coach se torna *realidade*. Não pode esperar? Nem nós... vamos lá!

Dobrando os dados à sua vontade...

Você já escreveu o código que completa três das cinco tarefas de manipulação de dados:

1. **Pegue a página HTML bruta na Wikipédia.** ✓
2. **Identifique as tabelas que contêm os dados necessários.** ✓
3. **Processe as duas primeiras colunas de cada tabela para extrair os dados do recorde.** ✓

Lembre-se do objetivo aqui.

A razão pela qual o Coach quer os tempos dos recordes mundiais é para exibi-los abaixo de cada um dos gráficos de barras gerados.

O trabalho restante envolve duas tarefas adicionais:

4. **Converta os dados do recorde em um dicionário de recordes mundiais de natação.**
5. **Use o dicionário para adicionar os recordes mundiais à parte inferior de cada gráfico de barras.**

Manteremos o ritmo, abordando rapidamente a Tarefa 4.

Aponte seu lápis

Supondo a existência da lista `tables`, este código processa as quatro tabelas de recordes mundiais e exibe os eventos e os tempos extraídos na tela:

```
RECORDS = (0, 2, 4, 5)
COURSES = ("LC Men", "LC Women", "SC Men", "SC Women")

for table, course in zip(RECORDS, COURSES):
    print(f"{course}:")
    for row in tables[table].find("tr", mode="all")[1:]:
        columns = row.find("td", mode="all")
        event = columns[0].text
        time = columns[1].text
        print(f"\t{event} -> {time}")
    print()
```

Um loop "for" aninhado resolve aqui (mesmo que, por enquanto, todos os dados apareçam na tela).

Continuando a trabalhar em seu notebook *WorldRecords.ipynb*, a sua tarefa agora é converter esse código para preencher um *dicionário de dicionários*. O dicionário *externo* tem quatro chaves: os quatro valores da tupla `COURSES`. Associado a cada uma das chaves está outro dicionário *interno* aninhado que associa cada evento a seus tempos de recorde mundial.

Experimente em seu notebook para ajustar o código do loop para criar o dicionário de dicionários necessário. Quando terminar, escreva o código que criou no espaço abaixo.

Respostas na página 392

Aponte seu lápis Solução

Da página 391

Seu código de loop mais recente processa as quatro tabelas de recordes mundiais e exibe os eventos e os tempos extraídos na tela. Seu trabalho era converter esse código para preencher um *dicionário de dicionários*. O dicionário *externo* deve ter quatro chaves: os quatro valores da tupla `COURSES`. Associado a cada chave está outro dicionário *interno* aninhado que associa cada evento a seus tempos de recorde mundial.

Veja o seu código de antes e o código que criamos. Destacamos as mudanças que fizemos. Como nossas mudanças se comparam com as suas?

As três instruções "print" *não* são mais necessárias.

```
for table, course in zip(RECORDS, COURSES):
    print(f"{course}:")
    for row in tables[table].find("tr", mode="all")[1:]:
        columns = row.find("td", mode="all")
        event = columns[0].text
        time = columns[1].text
        print(f"\t{event} -> {time}")
    print()
```

Nomeamos nosso dicionário "externo" como "records" e inicialmente o definimos para um dicionário vazio.

Cada nome da prova é uma chave no dicionário "records", que (inicialmente) tem um novo dicionário vazio associado. Sempre que o loop externo itera, o dicionário interno é definido para vazio.

```
records = {}
for table, course in zip(RECORDS, COURSES):
    records[course] = {}
    for row in tables[table].find("tr", mode="all")[1:]:
        columns = row.find("td", mode="all")
        event = columns[0].text
        time = columns[1].text
        records[course][event] = time
```

O dicionário associado a cada nome da prova cresce linha por linha, que associa "event" a "time". Esta linha de código preenche o dicionário de dicionários com dados.

Test Drive

Se ainda não o fez, vá em frente e digite o código do seu dicionário de dicionários em uma célula de código vazia, em seguida, pressione **Shift+Enter** para preencher `records`:

```
records = {}
for table, course in zip(RECORDS, COURSES):
    records[course] = {}
    for row in tables[table].find("tr", mode="all")[1:]:
        columns = row.find("td", mode="all")
        event = columns[0].text
        time = columns[1].text
        records[course][event] = time
```

Este código não é muito diferente do código que usou a BIF "print" para exibir os dados dos recordes na tela. A diferença aqui é onde ficam os dados. Este código salva uma cópia dos dados no dicionário "records".

Você pode pedir ao dicionário `records` para revelar sua lista de chaves:

```
records.keys()
```

```
dict_keys(['LC Men', 'LC Women', 'SC Men', 'SC Women'])
```

Nota: um objeto "dict_keys" se comporta como uma lista.

Então pode escolher os recordes específicos de interesse, fornecendo o nome da prova seguido do descritor do evento, que gera o tempo do recorde mundial:

```
records["SC Women"]["100m backstroke"]
```

```
'54.89'
```

O primeiro conjunto de colchetes seleciona uma linha no dicionário "externo" e o segundo conjunto seleciona uma linha no dicionário "interno" aninhado; a combinação permite que você obtenha o valor desejado.

```
records["LC Men"]["50m freestyle"]
```

```
'20.91'
```

Nota: estes recordes são válidos a partir de meados de 2023. O que você vê pode ser diferente.

Agora você tem os dados de que precisa...

Com o dicionário de dicionários `records` criado, a Tarefa 4 terminou!

4 **Converta os dados do recorde em um dicionário de recordes mundiais de natação.** ✓

5 **Use o dicionário para adicionar os recordes mundiais à parte inferior de cada gráfico de barras.**

No entanto, um problema sutil pode estar à espreita...

Sim, também vimos isso.

Quando o Coach selecionou um evento na segunda lista suspensa do webapp, como fazemos a correspondência entre o valor escolhido e as chaves nos dicionários *internos* do dicionário `records`?

Iremos considerar o problema em detalhes.

Como os valores dos dados selecionados do webapp podem ser relacionados aos dados no dicionário records?

O formato dos dados em seu webapp *difere* no dicionário `records`, e temos que conectá-los de alguma forma... Vejamos o que está acontecendo internamente.

1 O webapp recebe um valor parecido com: `Mike-15-100m-Fly.txt`. **Esse valor é então usado para criar, e depois exibir, o gráfico de barras do nadador.**

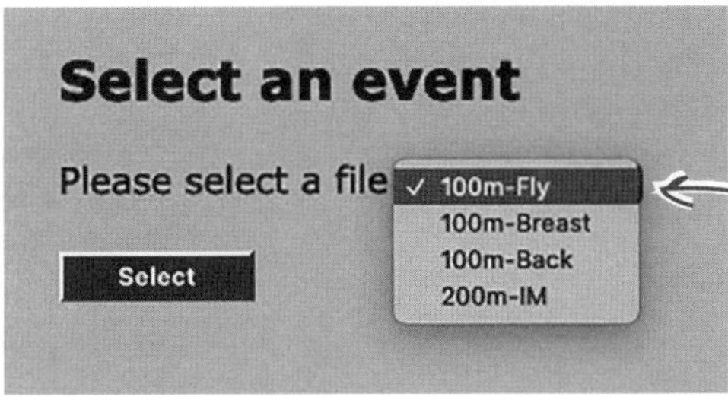

Embora pareça que o Coach está selecionando "100m-Fly", internamente o valor enviado para o back-end parece mais com: "Mike-15-100m-Fly.txt".

2 O dicionário `records` **tem quatro chaves (os quatro nomes da prova) com cada chave associada a um dicionário interno aninhado. As chaves do dicionário interno são os nomes dos eventos, neste formato:** `100m butterfly`.

É uma das quatro chaves externas do dicionário.

O dicionário interno (aninhado) tem uma grande coleção de chaves. Mostramos apenas algumas linhas de dados aqui, incluindo a linha 100m butterfly.

```
{
    'LC Men':
        { ... ,
                '50m butterfly': '22.27',
                '100m butterfly': '49.45',
                '200m butterfly': '1:50.34',
          ... }
      ...
}
```

Se pudermos converter `"Mike-15-100m-Fly.txt"` em `"100m butterfly"`, poderemos usar o último valor para extrair os quatro recordes mundiais *100m butterfly* do dicionário `records`.

Aplique o que você já sabe...

A conversão necessária pode ser realizada com algumas linhas de código.

Antes de começarmos, veja como você recuperaria "manualmente" os recordes mundiais de natação para os 100m Borboleta para cada uma das provas:

O dicionário externo. A prova. O evento.

```
print( records["LC Men"]["100m butterfly"] )
print( records["LC Women"]["100m butterfly"] )
print( records["SC Men"]["100m butterfly"] )
print( records["SC Women"]["100m butterfly"] )
```

Não sabemos quanto a você, mas esse uso duplo de colchetes às vezes nos deixa de olhos arregalados...

```
49.45
55.48
47.78
54.05
```

Os tempos dos recordes mundiais de natação.

Usar um dicionário é uma ótima opção para fazer conversões. Em um esforço para confirmar nossa imaginação quando se trata de nomear variáveis (e quando *pressionados*), aqui está um dicionário chamado `conversions` que *associa* os nomes de estilo curtos e seus equivalentes mais longos:

Dado um nome de estilo curto, este dicionário pode ser usado para pesquisar o equivalente mais longo.

```
conversions = {
    "Free": "freestyle",
    "Back": "backstroke",
    "Breast": "breaststroke",
    "Fly": "butterfly",
    "IM": "individual medley",
}
```

Usar dicionários desta forma (ou seja, para suportar conversões) é um caso de uso clássico do dicionário.

A conversão do nome de arquivo fornecido por webapp na chave do dicionário interno (aninhado) equivalente usa técnicas que você já explorou várias vezes neste livro:

1. Comece com o nome de arquivo fornecido por webapp.

2. Os métodos "removesuffix" e "split" fazem a sua parte (mais uma vez).

```
event = "Mike-15-100m-Fly.txt"
*_, distance, stroke = event.removesuffix(".txt").split("-")
lookup = f"{distance} {conversions[stroke]}"
lookup
```

```
'100m butterfly'
```

3. Um pouco de mágica da f-string, junto com uma pesquisa no dicionário.

4. Ta da! O valor convertido.

Aponte seu lápis

O código na página anterior forneceu um valor para `lookup`.

Sua tarefa é pegar a variável `lookup` e usá-la em um novo loop **for** que itera o que você tem em cada um dos nomes da prova no dicionário `records`, em seguida, exibir os *quatro* recordes mundiais de natação associados ao valor de `lookup`.

A saída exibida deve corresponder à saída do código "manual" no início da página anterior. Leve o tempo que precisar para experimentar e quando estiver funcionando, escreva o código que você usou no espaço abaixo:

Respostas na página 398

não existem Perguntas Idiotas

P: Usar o dicionário `conversions` como uma tabela de pesquisa é bom. Mas e se eu tiver mais de um forma curta para um estilo? Por exemplo, e se o Coach também usa "Medley" como a forma curta para "medley individual"? Isso pode ser incluído?

R: Sim, claro. Você pode ter qualquer número de chaves do dicionário (no lado esquerdo). A principal restrição a saber é que cada chave precisa ser única: você não pode ter chaves duplicadas em um dicionário (pense nisso: como saberia qual valor usar dadas duas chaves com o mesmo valor? Bem... não saberia, então você não pode).

Também pode ter muitos valores no lado direito de qualquer dicionário, todos associados a uma chave. Claro, isso pressupõe que você tenha alguma estrutura de dados de coleta como seu valor, por exemplo, uma lista, uma tupla ou um conjunto. Em tal situação, os requisitos do seu aplicativo precisam ditar qual valor escolher em sua coleção e quando.

P: O padrão dicionário de dicionários (como usado com `records`) é um caso de uso comum?

R: Sim, como é um dicionário de listas, uma lista de dicionários, uma lista de lista de dicionários... ou qualquer outra estrutura que você possa pensar.

Uma das ideias por trás de fornecer estruturas de dados predefinidas tão poderosas é permitir a criação de arranjos de dados avançados quando necessário (sem muita confusão). Se você usou uma linguagem como C++ (com listas vinculadas) antes do Python, isso pode parecer um pouco mágico. Tudo bem: pensamos que é mágica também. 😉

Aponte seu lápis Solução

Da página 397

Você recebeu um valor para `lookup`.

Sua tarefa era pegar a variável `lookup` e usá-la em um loop **for** para iterar cada um dos nomes da prova no dicionário `records`, em seguida, exibir os quatro recordes mundiais de natação associados ao valor de `lookup`.

A saída exibida teve que corresponder à saída do código "manual" de antes. Você levou o tempo que precisou para experimentar e escreveu o código que usou no espaço abaixo. Veja o código proposto por nós:

Pegue o nome de cada prova.

```
for course in records.keys():
    print(f"{records[course][lookup]}")
```

E combine o nome da prova com o valor de "lookup" para recuperar os dados necessários.

Test Drive

Executar seu último loop exibe a mesma saída do código "manual" de antes, confirmando que — dado um valor para `lookup` — você pode recuperar os quatro valores dos recordes mundiais de natação para incluir no gráfico de barras do nadador:

```
for course in records.keys():
    print(f"{records[course][lookup]}")
```

O uso de colchetes duplos "de arregalar os olhos" ainda está aqui, mas não parece tão ruim neste código, né?

```
49.45
55.48
47.78
54.59
```

Estes tempos dos recordes mundiais de natação correspondem aos produzidos pelo código "manual" de antes.

Existem dados demais aqui?

Ótima pergunta.

No momento, todos os dados das tabelas da Wikipédia são armazenados no dicionário `records`, incluindo os tempos de qualquer revezamento.

Falamos com o Coach e ele nos disse que não precisa desses dados de tempo e tudo bem ignorá-los. Veremos os dados para a chave "`LC Men`" em `records` para saber o que está acontecendo.

```
records["LC Men"]
```

O dicionário "records" associa um dicionário de recordes mundiais à chave "LC Men".

```
{'50m freestyle': '20.91',
 '100m freestyle': '46.86',
 '200m freestyle': '1:42.00',
 '400m freestyle': '3:40.07',
 :
'200m butterfly': '1:50.34',
'200m individual medley': '1:54.00',
'400m individual medley': '4:03.84',
'4 × 100 m freestyle relay': '3:08.24',
'4 × 200 m freestyle relay': '6:58.55',
'4 × 100 m medley relay': '3:26.78'}
```

O Coach disse que podemos ignorar com segurança estas três linhas de dados, pois elas não lhe interessam.

Filtrando os dados do revezamento

Pare um pouco para rever os dados no final da página anterior. Note que a palavra "`relay`" aparece nas chaves das linhas de dados que não queremos mais. Sabendo disso, podemos recriar o dicionário `records`, filtrando a palavra "`relay`":

```
records = {}
for table, course in zip(RECORDS, COURSES):
    records[course] = {}
    for row in tables[table].find("tr", mode="all")[1:]:
        columns = row.find("td", mode="all")
        event = columns[0].text
        time = columns[1].text
        if "relay" not in event:
            records[course][event] = time
```

Se o evento tiver a palavra "relay", ignore-o. Apenas adicione um par de chave/valor ao dicionário interno para os eventos de não revezamento.

Não é uma grande mudança, mas tem o efeito desejado: os eventos de revezamento não fazem mais parte do dicionário de dicionários `records`:

```
records["LC Men"]
```

```
{'50m freestyle': '20.91',
 '100m freestyle': '46.86',
 '200m freestyle': '1:42.00',
 '400m freestyle': '3:40.07',
 '800m freestyle': '7:32.12',
 '1500m freestyle': '14:31.02',
 '50m backstroke': '23.71',
 '100m backstroke': '51.60',
 '200m backstroke': '1:51.92',
 '50m breaststroke': '25.95',
 '100m breaststroke': '56.88',
 '200m breaststroke': '2:05.95',
 '50m butterfly': '22.27',
 '100m butterfly': '49.45',
 '200m butterfly': '1:50.34',
 '200m individual medley': '1:54.00',
 '400m individual medley': '4:03.84'}
```

Reserve um momento para executar estas últimas células de código em seu notebook "WorldRecords.ipynb", confirmando que os dados "relay" não existem mais.

Pronto para atualizar os gráficos de barras

Você está chegando cada vez mais perto de contatar o Coach para confirmar que pode exibir os tempos dos recordes mundiais na parte inferior do gráfico de barras de cada nadador. Você tem os dados de que **precisa** no dicionário de dicionários `records` e pode recuperar os quatro tempos dos recordes mundiais indexando o dicionário `records` com duas chaves: o nome da prova e o nome do evento.

Tudo o que resta a fazer é a Tarefa 5:

5 **Use o dicionário para adicionar os recordes mundiais à parte inferior de cada gráfico de barras.**

O código do seu gráfico de barras está no módulo `swimclub`, então provavelmente é um bom lugar para adicionar o código que recupera os quatro tempos dos recordes mundiais para incluí-los na parte inferior do gráfico, de acordo com a especificação no guardanapo do Coach:

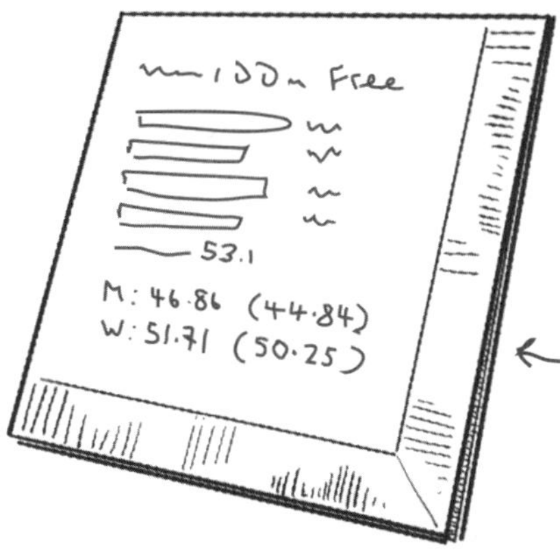

Lembre-se: os números entre parênteses são os recordes mundiais em prova curta.

Outra pergunta ótima!

Como? Isso é algo que precisamos pensar um pouco...

Trocando Ideias

Alex: Não podemos só importar o notebook para o código do nosso módulo?

Mara: Não, isso não funcionará, pois o Python não suporta tal mecanismo. Infelizmente, a declaração **import** não sabe nada sobre os notebooks Jupyter.

Sam: Sim, isso mesmo. Precisamos de outro mecanismo. Não importa o que façamos, acho que queremos *salvar* os dados em nosso notebook e depois *lê-los* no código `swimclub.py`.

Alex: OK, gosto disso. Já vimos como abrir um arquivo para leitura, então imagino que gravar em um arquivo seja simples também?

Mara: Sim. Tudo o que temos a fazer é decidir sobre um formato de arquivo.

Sam: E, como tudo, temos opções?

Alex: Opções?

Sam: Acho que há *pelo menos* três técnicas.

Mara: Acho que uma delas envolve o uso de `pickle` da PSL?

Alex: Pickle? Sério?

Mara: Sim, é um módulo que suporta salvar e restaurar com eficiência qualquer dado baseado em Python do seu código.

Sam: E funciona bem, mas eu alertaria quanto ao uso neste caso, pois `pickle` usa um formato binário que só pode ser lido pelo Python. Acho que queremos compartilhar os dados `records` com outras linguagens, então eu estaria inclinado para uma solução multiplataforma.

Alex: Como o bom e velho texto simples... ou talvez CSV?

Mara: Eca. Não obrigada. Esses formatos podem funcionar, mas perderemos a estrutura do dicionário de dicionários se convertermos `records` em qualquer um deles. Precisamos de outra coisa.

Sam: Concordo. Precisamos de algo que mantenha a estrutura dos dados que estamos salvando e compartilhando.

Alex: Então, de volta a `pickle`?

Sam: Acho que temos uma escolha melhor que é popular na web...

Mara: Ah, claro! Não acredito que não pensei nisso antes. Você está pensando em JSON, não é?

Sam: Sim. Voto no JSON.

Alex: Bem! Então é o JSON. Decisão tomada!

O Python vem com uma biblioteca JSON predefinida

É bem fácil converter e salvar `records` em um arquivo com formato JSON. Acompanhe em seu notebook *WorldRecords.ipynb* enquanto faz isso.

Comece importando o módulo "json" da PSL.

```
import json
```

Use uma instrução "with" para abrir um arquivo, dando-lhe o alias "jf" (abreviação de "arquivo JSON").

Este "w" diz à BIF "open" para gravar no arquivo (sobrescrevendo qualquer conteúdo anterior dele).

```
with open("records.json", "w") as jf:
    json.dump(records, jf)
```

Chame a função "dump" do módulo "json" para converter os dados "records" em JSON, antes de salvar JSON no arquivo referenciado por "jf".

É isso: seu dicionário `records` foi salvo no arquivo *records.json* em seu diretório de trabalho atual (que deve ser ***webapp***). Veremos o que foi salvo na próxima página.

Se Liga!!

Embora usar o JSON seja uma boa opção neste caso, nem sempre é. Para começar, nem todas as estruturas de dados do Python podem ser convertidas em JSON. Por exemplo, o JSON não tem a noção de conjuntos, então se você espera salvar um **conjunto** Python no JSON, está sem sorte.

Além das estruturas, certos dados em Python também têm desafios. O caso mais importante é o popular formato `datetime` do Python. O JSON não sabe nada sobre valores formatados como datas e/ou horas e se recusará a cooperar se você tentar incluir dados `datetime` em seus arquivos JSON. Existem soluções para a maioria dos problemas, mas não faz mal conhecer as "limitações" do JSON.

O JSON é textual, mas está longe de ser bonito

Se você pedir ao VS Code para abrir seu arquivo JSON recém-criado, poderá ficar um pouco em choque (e desejará ativar a *mudança de linha*):

O JSON "bruto" no VS Code, que parece... assustador.


```
{"LC Men": {"50m freestyle": "20.91", "100m freestyle": "46.86", "200m freestyle": "1:42.00",
"400m freestyle": "3:40.07", "800m freestyle": "7:32.12", "1500m freestyle": "14:31.02", "50m
backstroke": "23.71", "100m backstroke": "51.60", "200m backstroke": "1:51.92", "50m
breaststroke": "25.95", "100m breaststroke": "56.88", "200m breaststroke": "2:05.95", "50m
butterfly": "22.27", "100m butterfly": "49.45", "200m butterfly": "1:50.34", "200m individual
medley": "1:54.00", "400m individual medley": "4:03.84"}, "LC Women": {"50m freestyle": "23.67",
"100m freestyle": "51.71", "200m freestyle": "1:52.98", "400m freestyle": "3:56.08", "800m
freestyle": "8:04.79", "1500m freestyle": "15:20.48", "50m backstroke": "26.98", "100m
backstroke": "57.45", "200m backstroke": "2:03.14", "50m breaststroke": "29.30", "100m
breaststroke": "1:04.13", "200m breaststroke": "2:17.55", "50m butterfly": "24.43", "100m
butterfly": "55.48", "200m butterfly": "2:01.81", "200m individual medley": "2:06.12", "400m
individual medley": "4:25.87"}, "SC Men": {"50m freestyle": "20.16", "100m freestyle": "44.84",
"200m freestyle": "1:39.37", "400m freestyle": "3:32.25", "800m freestyle": "7:23.42", "1500m
freestyle": "14:06.88", "50m backstroke": "22.11", "100m backstroke": "48.33", "200m backstroke":
"1:45.63", "50m breaststroke": "24.95", "100m breaststroke": "55.28", "200m breaststroke": "2:00.
16", "50m butterfly": "21.75", "100m butterfly": "47.78", "200m butterfly": "1:46.85", "100m
individual medley": "49.28", "200m individual medley": "1:49.63", "400m individual medley": "3:54.
81"}, "SC Women": {"50m freestyle": "22.93", "100m freestyle": "50.25", "200m freestyle": "1:50.
31", "400m freestyle": "3:51.30", "800m freestyle": "7:57.42", "1500m freestyle": "15:08.24",
"50m backstroke": "25.25", "100m backstroke": "54.89", "200m backstroke": "1:58.94", "50m
breaststroke": "28.37", "100m breaststroke": "1:02.36", "200m breaststroke": "2:14.57", "50m
butterfly": "24.38", "100m butterfly": "54.05", "200m butterfly": "1:59.61", "100m individual
medley": "56.51", "200m individual medley": "2:01.86", "400m individual medley": "4:18.94"}}
```


Existem muitas ferramentas disponíveis que podem exibir a *estrutura* de seus dados JSON (e o VS Code pode até ter uma ou duas extensões JSON), mas nossa ferramenta favorita de visualização do JSON é o navegador *Firefox*. Veja o que o visualizador JSON predefinido do *Firefox* pode fazer:

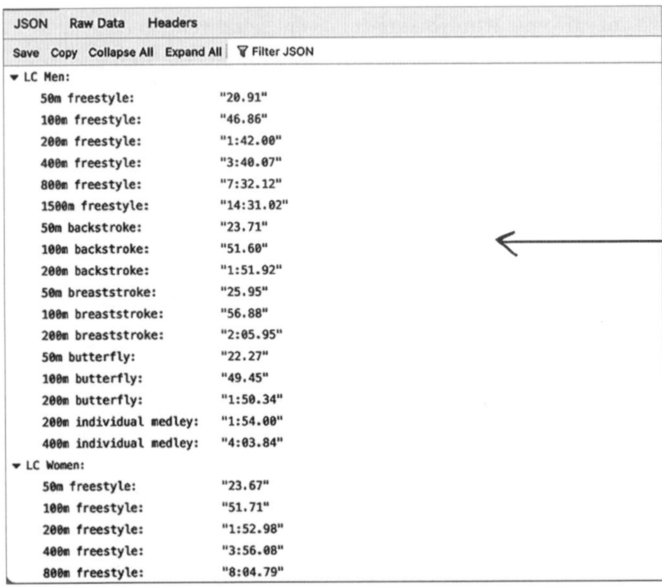

A exibição JSON padrão fornecida pelo Firefox, que confirma que a estrutura do dicionário "records" foi salva. Bom, né?

Além de salvar como JSON, a biblioteca `json` também pode *ler* os dados em um arquivo JSON, *restaurando-o* na estrutura de dados equivalente do Python conforme segue. Veremos isso em ação daqui a pouco.

Exercício

Com *records.json* agora existindo, voltamos nossa atenção para os nomes de arquivo que se parecem com:

```
Darius-13-100m-IM.txt
```

e que precisam ser convertidos em uma chave de pesquisa assim:

```
100m individual medley
```

Gostaríamos que você criasse uma função que tem um único valor de argumento, o nome de arquivo dos dados de qualquer nadador (por exemplo, `Darius-13-100m-IM.txt`). Ao receber esse valor, sua função deve converter o nome de arquivo na chave de pesquisa correta, que a função retorna. Todo o código de que você precisa para escrever a nova função já existe em seu notebook *WorldRecords.ipyn*. Tudo o que precisa fazer é reunir o código para criar a nova função.

Chame a nova função de `event_lookup` e escreva-a de forma que ela possa ser adicionada ao módulo `swimclub`, ou seja, a função não deve depender de nenhuma definição de variáveis preexistente do notebook. Escreva o código criado no espaço abaixo:

Respostas na página 406

Exercício Solução

Da página 405

Com *records.json* agora existindo, você voltou sua atenção para os nomes de arquivo que se parecem com:

`Darius-13-100m-IM.txt`

e que precisavam ser convertidos em uma chave de pesquisa assim:

`100m individual medley`

Foi pedido para criar uma função que tem um único valor de argumento, o nome de arquivo dos dados de qualquer nadador (por exemplo, `Darius-13-100m-IM.txt`). Ao receber esse valor, sua função teve que converter o nome de arquivo na chave de pesquisa correta, que a função retorna. Todo o código de que você precisa para escrever a nova função já existe em seu notebook *WorldRecords.ipyn*. Tudo o que precisou fazer é reunir o código para criar a nova função.

Você teve que chamar a nova função de `event _ lookup` e escrevê-la de forma que ela possa ser adicionada ao módulo `swimclub`, ou seja, a função não deve depender de nenhuma definição de variáveis preexistente do notebook. Veja o código que criamos:

A tabela de pesquisa "conversions" (dicionário) é definida como parte do bloco de código da função.

```
def event_lookup(event):
    conversions = {
        "Free": "freestyle",
        "Back": "backstroke",
        "Breast": "breaststroke",
        "Fly": "butterfly",
        "IM": "individual medley",
    }
    *_, distance, stroke = event.removesuffix(".txt").split("-")
    return f"{distance} {conversions[stroke]}"
```

Lembre-se: usar *_ permite que você descarte as partes do nome de arquivo dividido de que precisa.

Divida o nome de arquivo depois de remover o sufixo indesejado.

Retorne a conversão.

Test Drive

Agora que você tem a função `event_lookup`, pode criar um novo notebook (nomeamos o nosso como *TestStandalone.ipynb*) para ver se seu código mais recente pode ser executado corretamente e sem depender de qualquer outro notebook. Veja o código que adicionamos ao nosso notebook *TestStandalone.ipynb*:

Defina a função.

```
def event_lookup(event):

    conversions = {
        "Free": "freestyle",
        "Back": "backstroke",
        "Breast": "breaststroke",
        "Fly": "butterfly",
        "IM": "individual medley",
    }

    *_, distance, stroke = event.removesuffix(".txt").split("-")

    return f"{distance} {conversions[stroke]}"
```

Teste a nova função com alguns nomes de arquivo.

```
print(event_lookup("Darius-13-100m-Back.txt"))
print(event_lookup("Darius-13-100m-Breast.txt"))
print(event_lookup("Darius-13-100m-Fly.txt"))
print(event_lookup("Darius-13-100m-IM.txt"))
```

```
100m backstroke
100m breaststroke
100m butterfly
100m individual medley
```

As conversões funcionam!

"Importando" dados JSON

Os dados *records.json* podem ser lidos de volta no Python (e restaurados como um dicionário) usando a função `load` da biblioteca `json`:

Execute estas células em seu notebook "TestStandalone.ipynb".

```
import json

with open("records.json") as jf:
    records = json.load(jf)
```

Abra o arquivo no modo padrão de "leitura", em seguida, atribua os dados JSON à variável "records".

```
records["LC Men"][event_lookup("Darius-13-100m-Fly.txt")]
```

```
'49.45'
```

"records" pode agora ser usada como antes, mesmo com os dados gerados inicialmente em outro notebook.

Integração do webapp

Agora você tem partes do código que pode começar a integrar no webapp do Coach. Especificamente, você adicionará código ao módulo `swimclub`, já que é onde reside o código de produção de gráficos de barras.

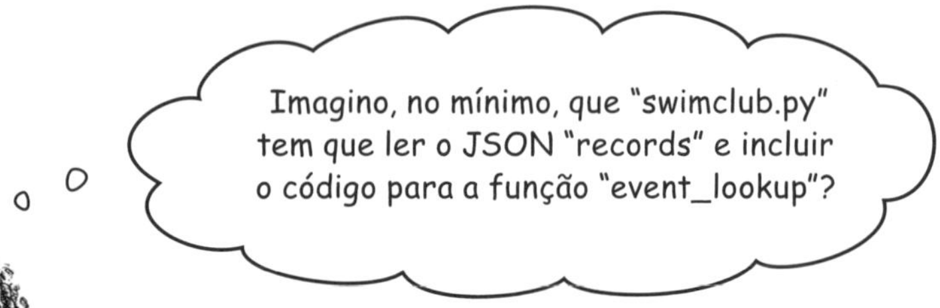

Sim, seria um bom começo.

Seu dicionário de dicionários `records` precisa ser acessível a partir do código do módulo `swimclub`, por isso ler o JSON é obrigatório.

A função `event _ lookup`, que reside em seu notebook *TestStandalone.ipynb*, pode ser copiada *literalmente* para o módulo `swimclub`.

Faremos essas duas edições agora.

Deixe o notebook *TestStandaline.ipynb* aberto no VS Code e clique no ícone *Explorer* para ver a lista de arquivos na pasta *webapp*. Encontre e clique duas vezes no nome de arquivo *swimclub.py* para carregar seu módulo em uma *janela de edição* do VS Code.

O ícone Explorer.

Tudo o que é necessário: editar e copiar/colar...

Você precisa importar o dicionário de dicionários `records` a partir do arquivo *records.json* para o código do seu módulo `swimclub`, então usá-lo. Para começar, adicione à sua lista de importações no início do arquivo do código e defina outra constante chamada `JSONDATA` que identifica o arquivo.

```
import json
import statistics

import hfpy_utils

CHARTS = "charts/"
FOLDER = "swimdata/"
JSONDATA = "records.json"


def event_lookup(event):
    """Convert from filenames to dictionary keys.

    Given an event descriptor (the name of a swimmer's file), convert
    the descriptor into a lookup key which can be used with the "records"
    dictionary.
    """
    conversions = {
        "Free": "freestyle",
        "Back": "backstroke",
        "Breast": "breaststroke",
        "Fly": "butterfly",
        "IM": "individual medley",
    }

    *_, distance, stroke = event.removesuffix(".txt").split("-")

    return f"{distance} {conversions[stroke]}"

                                        ⋮
```

Você precisa importar o módulo "json" da PSL.

Outra definição de constante.

O código "event_lookup" também é adicionado ao arquivo. Note a adição de um comentário com três aspas, que colocamos aqui (é algo que falta no código da função em nosso notebook).

Adicionando recordes mundiais ao gráfico de barras

Se você pular para a parte inferior da função `produce _ bar _ chart`, encontrará o seguinte código, que adiciona o rodapé (footer) HTML ao final do gráfico de barras gerado:

Uma f-string coloca o valor "average" na posição desejada.

```
footer = f"""
                <p>Average time: {average}</p>
            </body>
        </html>"""
```

Esta f-string precisa mudar para incluir os dados dos recordes mundiais de natação.

Execute o código (abaixo) no seu notebook *TestStandalone.ipynb*. Como mostrado, o loop **for** exibe os quatro tempos dos recordes mundiais para *100m Fly* (100m Borboleta):

Os quatro nomes da prova são definidos como uma tupla constante.

```
COURSES = ("LC Men", "LC Women", "SC Men", "SC Women")
```

```
for course in COURSES:
    print(records[course][event_lookup("Darius-13-100m-Fly.txt")])
```

```
49.45
55.48
47.78
54.05
```

Este loop "for" entra no dicionário de dicionários "records" para recuperar os quatro valores de dados necessários.

Uma adaptação do loop **for** acima pode ser usada para gerar outra parte de HTML que contém os dados que o Coach quer que você adicione a cada gráfico de barras.

Exercício

O código mostrado abaixo extrai cada tempo dos recordes mundiais para *100m butterfly*. Ajustaremos o código para aceitar o nome de arquivo de qualquer nadador como armazenado na variável `fn` (disponível na função `produce_bar_chart`). E em vez de colocar os recordes na tela, ajuste o código do loop para armazenar os quatro tempos em uma nova variável de lista chamada `times`. (Trabalhe no notebook *TestStandalone.ipynb*.)

```
COURSES = ("LC Men", "LC Women", "SC Men", "SC Women")

for course in COURSES:
    print(records[course][event_lookup("Darius-13-100m-Fly.txt")])
```

Escreva o código que você criou neste espaço:

____

____

____

____

Com a lista `times` agora disponível, adicione a marcação HTML extra à f-string `footer`. No espaço abaixo, adicione um segundo parágrafo HTML que incorpora os quatro tempos dos recordes na lista `times`. Combine a ordem dos valores com os da especificação no guardanapo do Coach.

```
footer = f"""
                        <p>Average time: {average}</p>

                    </body>
                </html>"""
```

O novo parágrafo HTML fica aqui.

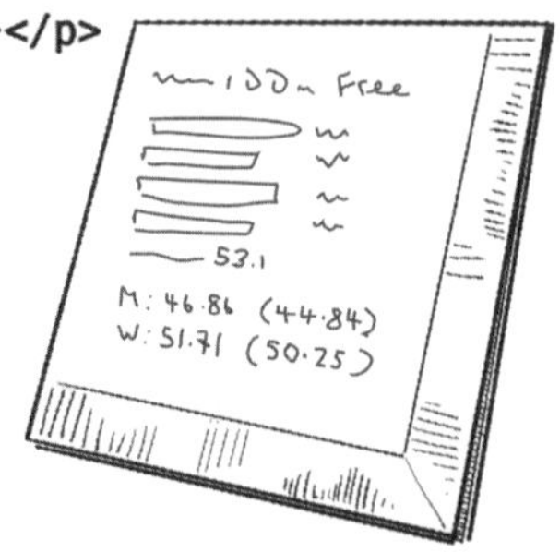

Mostre a marcação que você usaria aqui.

Respostas na página 412

Exercício Solução

Da página 411

O código mostrado abaixo extrai cada tempo dos recordes mundiais para *100m butterfly*. Sua primeira tarefa neste *Exercício* foi ajustar o código para aceitar o nome de arquivo de qualquer nadador como armazenado na variável `fn` (disponível na função `produce_bar_chart`). E em vez de colocar os recordes na tela, você ajustou o código do loop para armazenar os quatro tempos em uma nova variável de lista chamada `times`.

```
COURSES = ("LC Men", "LC Women", "SC Men", "SC Women")

for course in COURSES:
    print(records[course][event_lookup("Darius-13-100m-Fly.txt")])
```

Veja o código proposto por nós:

Crie uma lista vazia chamada "times" e adicione a ela em cada iteração.

```
times = []
for course in COURSES:
    times.append(records[course][event_lookup(fn)])
```

Use o valor em "fn" como o nome de arquivo do nadador.

Com a lista `times` agora disponível, você adicionou a marcação HTML extra à f-string `footer`. Teve que adicionar um segundo parágrafo HTML que incorpora os quatro tempos dos recordes na lista `times`, combinando a ordem dos valores com os da especificação no guardanapo do Coach.

```
footer = f"""
                    <p>Average time: {average}</p>
<p>M: {times[0]} ({times[2]})<br />W: {times[1]} ({times[3]})</p>
               </body>
            </html>"""
```

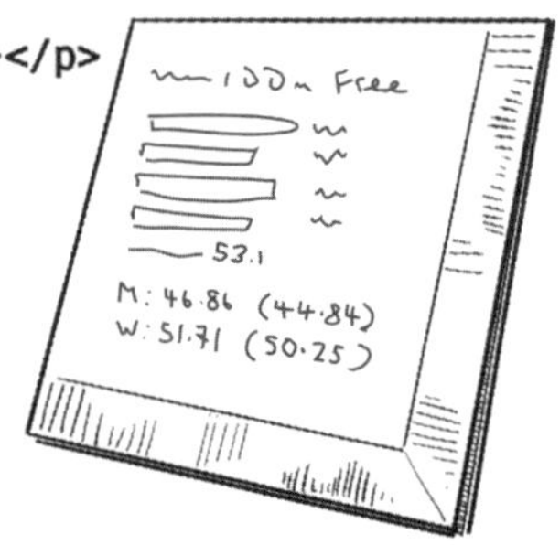

Os valores na lista de "times" são integrados na f-string usando chaves. Observe a ordem: 0, 2, 1 e 3 para combinar com o guardanapo.

Mostre a marcação que você usaria aqui.

Test Drive

Aqui está o trecho do código quase na parte inferior da função `produce_bar_chart` (em *swimclub.py*) com as alterações do seu *Exercício* mais recente aplicadas (além do código de leitura JSON):

```
                                    :
with open(JSONDATA) as jf:
    records = json.load(jf)
COURSES = ("LC Men", "LC Women", "SC Men", "SC Women")
times = []
for course in COURSES:
    times.append(records[course][event_lookup(fn)])

footer = f"""
                        <p>Average time: {average}</p>
                        <p>M: {times[0]} ({times[2]})<br />W: {times[1]} ({times[3]})</p>
                    </body>
                </html>"""
                                    :
```

Leia o JSON.

Resolva os quatro recordes mundiais do nome de arquivo "fn".

Adicione os tempos dos recordes mundiais a footer.

Salve as alterações no código e teste a nova funcionalidade, abra o arquivo *app.py* do seu webapp no VS Code e selecione **Executar** e **Executar sem depurar** no menu. Seu webapp deve iniciar na janela do terminal do VS Code.

Vá em frente e acesse *http://127.0.0.1:5000* usando seu navegador favorito, em seguida, clique no link **swimmer**. Selecione `Darius` no menu suspenso e `100-Fly` no próximo menu suspenso.

Supondo que tudo está OK com o último código, as estrelas se alinham, os pássaros começam a cantar, o sol brilha e tudo fica bem no mundo. E os atuais recordes mundiais *100m Borboleta* aparecem na parte inferior do gráfico de barras gerado:

É uma correspondência quase perfeita para a especificação no guardanapo do Coach. Os recordes dos homens são mostrados primeiro, com o recorde em prova curta entre parênteses. Na próxima linha, os tempos dos recordes mundiais das mulheres são mostrados, novamente com o tempo em prova curta mostrado entre parênteses.

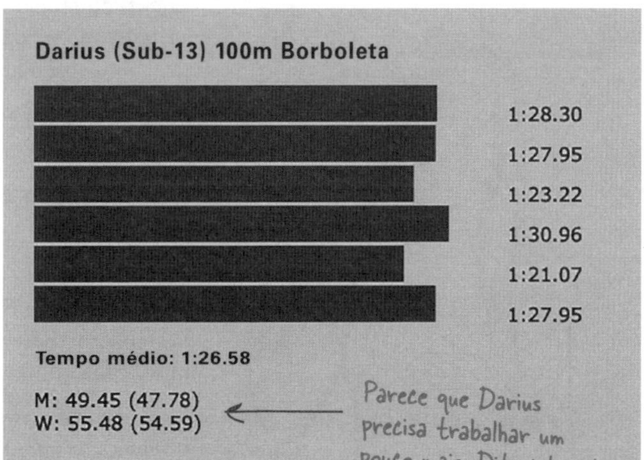

Parece que Darius precisa trabalhar um pouco mais. Dito isto, ele ainda não tem 13 anos.

A última versão do webapp está pronta?

Com o requisito identificado na especificação do guardanapo do Coach criado, o webapp atualizado está pronto para brilhar. Você pode confirmar com confiança que terminou a segunda unidade de trabalho adicionando esta marca de verificação final:

4. **Converta os dados do recorde em um dicionário de recordes mundiais de natação.** ✓
5. **Use o dicionário para adicionar os recordes mundiais à parte inferior de cada gráfico de barras.** ✓

Mas... você realmente terminou?

Seu webapp atualizado roda em seu computador local. Se quiser, você pode implantar a versão mais recente do seu código — o módulo `swimclub` atualizado e o arquivo *records.json* — no PythonAnywhere.

Notou que nenhuma alteração foi feita em "app.py"?

Mas, não faremos isso ainda, mesmo que (como você pode imaginar) o Coach esteja ansioso para colocar as mãos em sua nova funcionalidade.

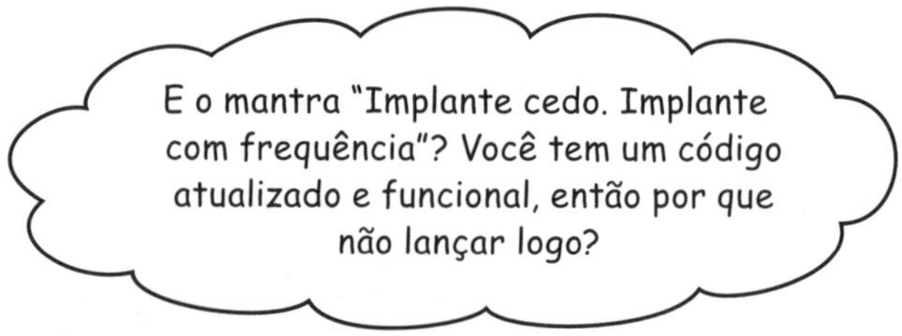

Não é que o código não funciona.

Como demonstrado, a versão mais recente do seu webapp funciona e há uma grande probabilidade de que o código mais recente rodará *inalterado* no PythonAnywhere. Mas, não é o código que causa a hesitação aqui: *são os dados.*

Especificamente, o que acontece se os dados de origem *mudam*? O que acontece quando um nadador quebra um recorde mundial e a página da Wikipédia muda? Como seria?

Pensaremos sobre isso...

Trocando Ideias

Alex: Quando os dados mudam, tudo o que temos a fazer é executar novamente nosso notebook para gerar de novo *records.json*, certo?

Mara: Sim, mas como saberemos quando fazer isso?

Alex: O Coach nos dirá, com certeza...

Sam: Sim, talvez, mas provavelmente ele não ficará feliz com os dados do recorde mundial desatualizados.

Mara: Não irritaremos o Coach se pudermos evitar. Prefiro que ele não perceba quando seus dados ficam desatualizados.

Alex: Não podemos nos revezar e rodar o notebook uma vez ao dia?

Sam: Claro... desde que *você* faça isso todo fim de semana e nas férias. Obrigado por se voluntariar.

Alex: ... ehhhhhh...

Mara: [risos] Seja como for, tem de ser um processo automatizado.

Alex: Poderíamos gerar *records.json* de novo sempre que o webapp fosse visitado, assim garantimos não perder nada.

Sam: Pode ser um desperdício de recursos, sobretudo se o Coach decidir compartilhar seu webapp com todos os nadadores. Estaríamos potencialmente gerando de novo várias vezes por dia o que, para mim, parece demais.

Mara: OK. Concordamos que o arquivo *records.json* tem que ser gerado de novo. Resta saber *como* fazemos isso e *quando*.

Sam: Já temos o código gerado de novo no notebook *WorldRecords.ipynb*, então é só uma questão de conseguir rodar esse código independentemente do *Jupyter Notebook*, certo?

Mara: Sim.

Alex: É difícil de fazer?

Mara: Não. Transformaremos o código gerado de novo em um programa Python independente, um *utilitário*, que podemos executar a qualquer momento, então podemos nos preocupar em executá-lo com algum tipo de agendamento.

Sam: Parece bom para mim...

Código Pronto

Atualizando os dados JSON sob demanda

Em vez de percorrer todo o código em seu notebook *WorldRecords.ipynb* para copiar e colar o código necessário para seu utilitário, fizemos o trabalho pesado por você. Veja o código que *extraímos*, chamado *update_records.py*, e salvamos na nossa pasta *webapp*.

update_records.py > ...

```
import gazpacho
import json

URL = "https://en.wikipedia.org/wiki/List_of_world_records_in_swimming"
RECORDS = (0, 2, 4, 5)
COURSES = ("LC Men", "LC Women", "SC Men", "SC Women")
WHERE = ""
JSONDATA = "records.json"

html = gazpacho.get(URL)
soup = gazpacho.Soup(html)
tables = soup.find("table")
records = {}
for table, course in zip(RECORDS, COURSES):
    records[course] = {}
    for row in tables[table].find("tr")[1:]:
        columns = row.find("td")
        event = columns[0].text
        time = columns[1].text
        if "relay" not in event:
            records[course][event] = time
with open(WHERE + JSONDATA, "w") as jf:
    json.dump(records, jf)
```

As importações.

As constantes.

A lógica.

Você pode, claro, executar este código diretamente de dentro do VS Code selecionando **Executar** e **Executar sem depurar** no sistema de menus. Se fizer isso agora, uma janela de terminal será aberta na parte inferior da tela, e o código será executado. Embora não tenha uma saída visível, o código conectou a *Wikipédia*, baixou a página HTML correta e usou `gazpacho` para analisar e extrair as tags `<table>`, que são então convertidas no dicionário `records`. As duas últimas linhas de código salvam os dados no arquivo *records.json*. Não interessa como você vê isso, não é nada mal para menos de 23 linhas de código.

Sim, o PythonAnywhere faz isso sim!

Lembre-se de que o webapp do Coach é implantado no PythonAnywhere, não na sua máquina de desenvolvimento. Você desejará executar seu utilitário *update_records.py* na nuvem do PythonAnywhere para garantir que os recordes mundiais de natação exibidos não fiquem obsoletos. Talvez uma vez ao dia?

A questão é… como?

O PythonAnywhere resolve...

Faça login em sua conta PythonAnywhere, então clique na guia **Tasks**.

O formulário exibido permite configurar uma única tarefa agendada diariamente (que é tudo o que você tem com sua conta *Beginner*):

Agende aqui.

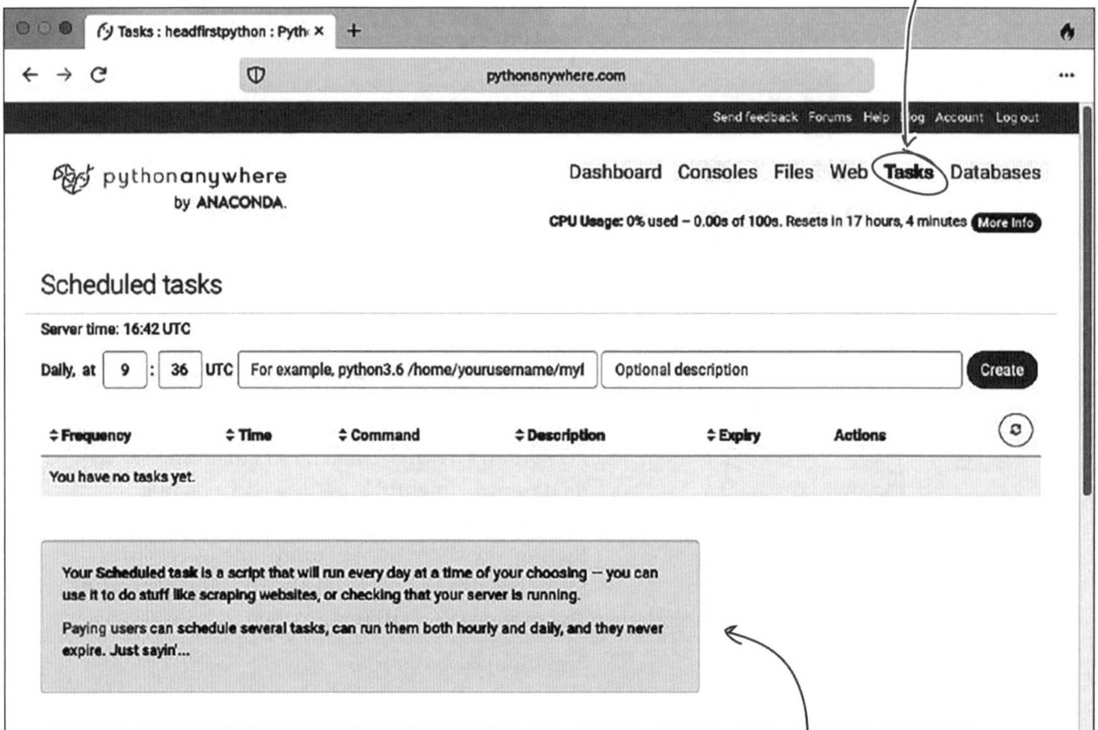

Obrigado, PythonAnywhere, mas, por ora, só precisamos de uma tarefa diária.

Não preencha este formulário ainda, já que precisa atualizar o webapp atualmente implementado com o código do webapp mais recente.

Faremos isso primeiro, então você pode voltar ao formulário e agendar sua atualização diária.

Também faça o upload do código do utilitário

Se fizer o upload do módulo `update _ records` *como está*, uma *pegadinha* sutil o aguarda.

Como está escrito, o código do utilitário cria *records.json* na pasta a partir da qual ele é executado. Não é grande coisa ao executar o utilitário em *seu* computador, pois você está no controle e pode garantir que o utilitário seja sempre executado a partir da pasta correta. Mas este não é o caso do PythonAnywhere, em que você deve ser um pouco mais preciso. Especificamente, precisa ajustar seu código para referenciar o local *exato* da pasta a usar. Não é difícil, e é apenas uma pequena edição no código `update _ records.py`:

Defina um novo valor para "WHERE" que referencie a pasta exata a usar no PythonAnywhere (ajuste esta constante para referenciar seu local em vez de "headfirstpython").

```
import gazpacho
import json

URL = "https://en.wikipedia.org/wiki/List_of_world_records_in_swimming"
RECORDS = (0, 2, 4, 5)
COURSES = ("LC Men", "LC Women", "SC Men", "SC Women")
WHERE = "/home/headfirstpython/webapp/"
## WHERE = ""
JSONDATA = "records.json"

html = gazpacho.get(URL)
soup = gazpacho.Soup(html)
tables = soup.find("table")
records = {}
for table, course in zip(RECORDS, COURSES):
    records[course] = {}
    for row in tables[table].find("tr")[1:]:
        columns = row.find("td")
        event = columns[0].text
        time = columns[1].text
        if "relay" not in event:
            records[course][event] = time
with open(WHERE + JSONDATA, "w") as jf:
    json.dump(records, jf)
```

Essa edição ajusta `update _ records.py` para rodar no PythonAnywhere, o que é ótimo.

Apenas esteja ciente de que seu utilitário não será executado em seu computador, pois a pasta referenciada por `WHERE` provavelmente não existe (portanto, se for executado localmente, ajuste o valor de `where` quando necessário).

Implante o novo webapp no PythonAnywhere

É uma tentação *compactar com zip* toda a pasta `webapp` para fazer upload e implantar de uma só vez. Se você fizer isso, **todos** os arquivos na pasta `webapp` serão copiados para o *PythonAnywhere*, incluindo todos os seus notebooks.

Se for o que deseja, fique à vontade para repetir as etapas necessárias no Capítulo 7, *Implantação*, quando necessário.

Se você considerar o que fez neste capítulo e no anterior, o único arquivo que *mudou* em seu webapp é *swimclub.py*. Além disso, existem dois *novos* arquivos agora: *records.json* e *update_records.py*. Se você não gosta de repetir as três ações compactar/fazer upload/descompactar do Capítulo 7, usaremos a guia **Files** do PythonAnywhere para fazer o upload dos três arquivos individualmente:

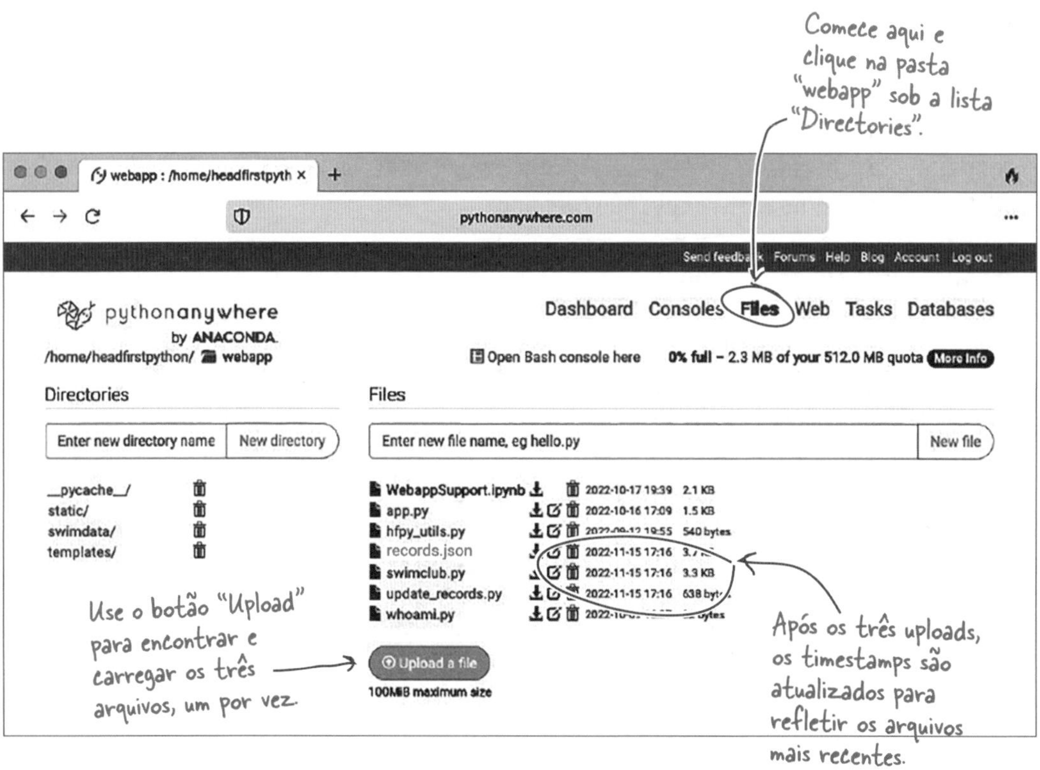

É hora de clicar no grande botão verde (online)!

Peça ao PythonAnywhere para rodar o código novo

Acesse a guia **Web** no painel do PythonAnywhere, em seguida, clique no grande botão verde (online) para implantar seu webapp atualizado:

É difícil de não ver, né?

Clicar no link azul (online) na guia **Web** do PythonAnywhere coloca a versão mais recente do seu webapp no navegador. Como esperado, funciona no PythonAnywhere exatamente como no seu computador de desenvolvimento:

É exatamente o que você esperava ver, então iremos compartilhá-lo com o Coach.

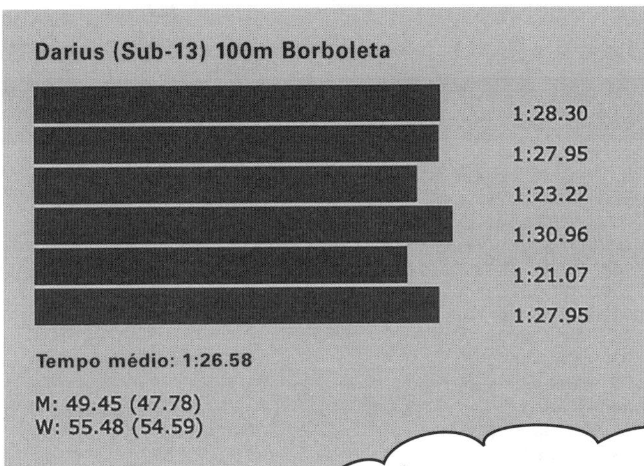

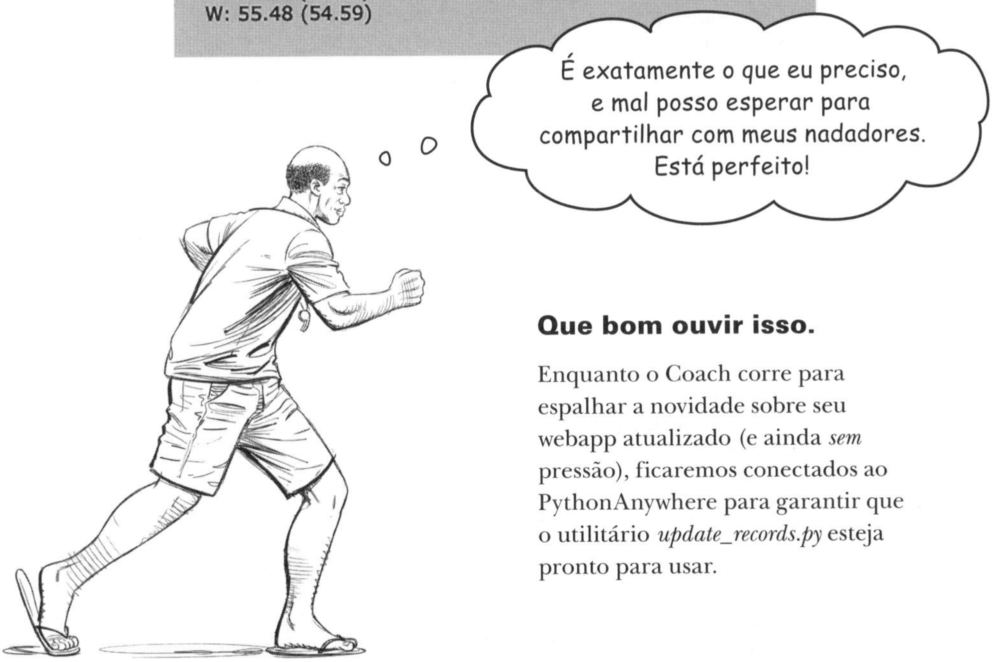

Que bom ouvir isso.

Enquanto o Coach corre para espalhar a novidade sobre seu webapp atualizado (e ainda *sem* pressão), ficaremos conectados ao PythonAnywhere para garantir que o utilitário *update_records.py* esteja pronto para usar.

Teste os utilitários antes de implantar na nuvem

O pessoal do PythonAnywhere trabalha muito para garantir que o ambiente Python disponibilizado seja o mais completo possível. Aqui a palavra "completo" significa fornecer as versões recentes do Python (incluindo a PSL), bem como uma grande coleção de módulos populares de terceiros do *PyPI*.

Mas nem todos os módulos estão incluídos. Veja o que acontece quando você executa seu utilitário *update_records.py* em um console do PythonAnywhere. Faça isto: retorne ao painel, clique na guia **Consoles** e em `Bash` para iniciar um terminal:

Mude o diretório para sua pasta "webapp"...

... e tente executar o utilitário. Ele trava com um erro "ModuleNotFound" porque "gazpacho" não está instalado.

```
Bash console 26273336
18:03 ~ $
18:03 ~ $ cd webapp
18:03 ~/webapp $
18:03 ~/webapp $ python update_records.py
Traceback (most recent call last):
  File "/home/headfirstpython/webapp/update_records.py", line 1, in <module>
    import gazpacho
ModuleNotFoundError: No module named 'gazpacho'
18:03 ~/webapp $
18:03 ~/webapp $
18:03 ~/webapp $ python -V
Python 3.10.5
18:04 ~/webapp $
18:04 ~/webapp $
```

Qual versão do Python você está executando?

É um "V" MAIÚSCULO.

Embora não seja possível instalar `gazpacho` no ambiente global do PythonAnywhere, você pode instalá-lo *apenas para você*, anexando `--user` a **pip**:

Instale "gazpacho" para seu uso.

A próxima vez que você rodar seu utilitário, ele funcionará!

```
18:04 ~/webapp $
18:04 ~/webapp $ python3.10 -m pip install gazpacho --user
Looking in links: /usr/share/pip-wheels
Collecting gazpacho
  Using cached gazpacho-1.1-py3-none-any.whl
Installing collected packages: gazpacho
Successfully installed gazpacho-1.1
18:04 ~/webapp $
18:05 ~/webapp $ python update_records.py
18:05 ~/webapp $
18:05 ~/webapp $
18:05 ~/webapp $
```

Rodaremos a tarefa todo dia à 1h da manhã

Agora que *update_records.py* roda sem erro, você pode voltar para a guia **Tasks** do PythonAnywhere e agendar para ser executado diariamente.

Você especifica quando deseja que sua tarefa seja executada especificando os valores de *hora* e *minuto*. Também especifica o comando a ser executado, observando a versão do Python a usar e o caminho completo para o código do utilitário. Usamos esta linha de comando:

```
python3.10    /home/headfirstpython/webapp/update_records.py
```

A versão do Python sendo usada (e está tudo bem se você estiver usando uma versão posterior aqui).

O local do utilitário. Quando você especificar o local, substitua "headfirstpython" por seu nome de usuário no PythonAnywhere.

Se quiser, forneça uma descrição opcional para a tarefa, antes de clicar em **Create**:

Quando

O quê

Por quê

Não se esqueça de clicar no botão "Create" para confirmar.

Sua tarefa é criada, rodando diariamente por cerca de quatro semanas (quando ela expira). Faça uma nota para retornar à guia **Tasks** antes que sua tarefa expire, assim você pode clicar no botão **Extend expiry** para manter sua tarefa ativa por um pouco mais de tempo.

Como já deve ter imaginado, a atualização para uma conta PythonAnywhere paga permite especificar mais de uma tarefa agendada que nunca expira. Mas, por ora, este arranjo funciona bem o suficiente para seu webapp:

Retorne a esta página para clicar neste botão e garantir que sua tarefa continue ativa.

Com sua tarefa agendada, você pode sair do PythonAnywhere. A versão mais recente do seu webapp é implantada e o utilitário está agendado para rodar diariamente.

Verifique novamente amanhã para confirmar se o arquivo *records.json* atualizou.

Tudo o que você precisa fazer é verificar o timestamp na guia "Files".

Nada como um usuário feliz.

Suas habilidades em Python estão melhorando, e agora você aproveita o que sabe para fazer um bom trabalho.

Mesmo que este seja o Capítulo 9, lembre-se de que começamos no zero, então você agora tem dez capítulos na manga. Quando estiver pronto, veja o próximo capítulo depois de fazer a revisão, dando uma conferida na última palavra cruzada.

Vejo você no próximo capítulo!

PONTOS DE BALA

- Todas as quatro estruturas de dados predefinidas do Python — **lista**, **dicionário**, **tupla** e **conjunto** — são ótimas sozinhas, mas realmente brilham quando usadas juntas ou **aninhadas** em si mesmas. Neste capítulo um arranjo clássico, o **dicionário de dicionários**, demonstrou como construir e usar uma estrutura hierárquica de dados.
- Outro caso de uso clássico foi demonstrado quando um dicionário forneceu uma pequena **tabela de pesquisa**, fazendo com que as conversões de um valor em outro fossem rápidas.
- A BIF **open**, usada nos capítulos anteriores para ler os dados nos arquivos, tornou-se uma máquina de gravação da estrutura de dados graças ao seu **modo gravação** ("`w`"). Você usou essa BIF quando escreveu o código para salvar seu dicionário de dicionários como JSON.
- Elas podem não ter tido um papel principal neste capítulo, mas as **f-strings**, quando apareceram, roubam a cena.
- Você aprendeu a criar um pequeno programa **utilitário**, que então executou fora do VS Code e do ambiente Jupyter Notebook. Você até mesmo conseguiu que seu utilitário fosse executado diariamente no PythonAnywhere.
- Você fez uma nota mental para fazer login no PythonAnywhere amanhã para confirmar se o utilitário está funcionando como o esperado.

Cruzadinha do Python

Você encontrará todas as respostas para as pistas neste capítulo (com as soluções esperando na próxima página).

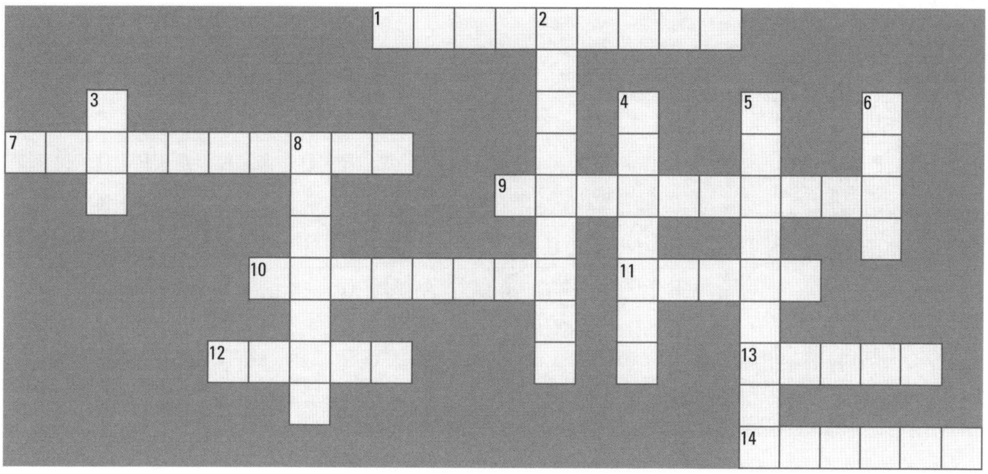

Horizontal

1. Rima com lidar, mas se aplica aos dados.

7. O programa *update_records.py* é um.

9. Útil para limpar a boca e esboçar os requisitos do app.

10. Esta guia do painel dá acesso ao shell do Bash.

11. Entre outras coisas, esta guia do painel exibe uma lista de pastas.

12. Este capítulo é sobre tudo isto.

13. Esta guia do painel pode agendar uma execução diária.

14. Este grande botão verde é difícil de não ver.

Vertical

2. Você pode procurar ou ________________.

3. Esta BIF junta duas listas.

4. Nosso navegador favorito para exibir dados.

5. Transformar de um valor em outro.

6. Nada a ver com JavaScript: é um formato de arquivo multiplataforma.

8. O nome do dicionário de dicionários deste capítulo.

Respostas na página 426

Cruzadinha do Python Solução

Da página 425

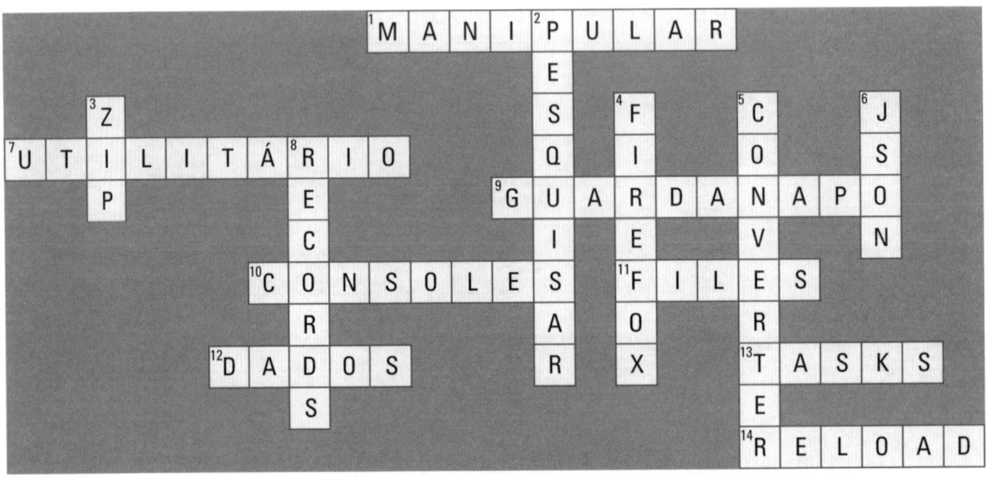

Horizontal

1. Rima com lidar, mas se aplica aos dados.

7. O programa *update_records.py* é um.

9. Útil para limpar a boca e esboçar os requisitos do app.

10. Esta guia do painel dá acesso ao shell do Bash.

11. Entre outras coisas, esta guia do painel exibe uma lista de pastas.

12. Este capítulo é sobre tudo isto.

13. Esta guia do painel pode agendar uma execução diária.

14. Este grande botão verde é difícil de não ver.

Vertical

2. Você pode procurar ou ________________.

3. Esta BIF junta duas listas.

4. Nosso navegador favorito para exibir dados.

5. Transformar de um valor em outro.

6. Nada a ver com JavaScript: é um formato de arquivo multiplataforma.

8. O nome do dicionário de dicionários deste capítulo.

9½ trabalhando com ~~elefantes~~ dataframes

Dados Tabulares

Às vezes é como se todos os dados do mundo quisessem estar em uma tabela.

Os dados tabulares estão *em toda parte*. Os recordes mundiais de natação do capítulo anterior são dados **tabulares**. Se você tem idade suficiente para se lembrar das listas telefônicas, os dados são tabulares. Extratos bancários, faturas, planilhas, adivinha? Todos são dados tabulares. Neste *breve* capítulo, você aprenderá um pouco sobre uma das bibliotecas de análise de dados tabulares mais populares em Python: **pandas**. Você só tocará na superfície do que o pandas pode fazer, mas aprenderá o suficiente para conseguir explorar a estrutura de dados mais usada do pandas, o **dataframe**, quando precisar processar um bloco de dados tabulares.

Elefante na sala... ou panda?

Os *Programadores Use a Cabeça* enviaram sua principal revisora de código que deu uma olhada rápida no código que você criou para extrair os recordes mundiais de natação da *Wikipédia*. Só disseram uma coisa...

Não é que o nosso código não funciona. Funciona.

E o Coach está muito feliz, e com razão.

Quando apontamos isso, Sanjita continuou balançando a cabeça. Quando apontamos ainda que nunca usamos `pandas`, a expressão séria dela se transformou em um sorriso e ela disse: *"Deixe-me mostrar a vocês"*.

Sanjita avisa que dará orientações, pega o teclado e sugere que prestemos muita atenção. Credo...

Conheça Sanjita, a melhor revisora de código do Use a Cabeça

Se Liga!!

Conviva o suficiente com Cientistas de Dados e você provavelmente ouvirá a palavra "pandas" *pelo menos uma vez*. É o nome dado à principal biblioteca de manipulação de dados de terceiros no ecossistema Python, e é extremamente popular. É conhecida sobretudo como uma biblioteca de data science, mas pode ser usada por qualquer pessoa que precisa manipular dados. O importante é saber que a estrutura de dados principal do pandas se chama "dataframe" e tem natureza tabular (no sentido de que é composta por linhas e colunas). Pense em "planilha" quando ouvir "dataframe" e você não errará muito.

Dicionário de dicionários com pandas?

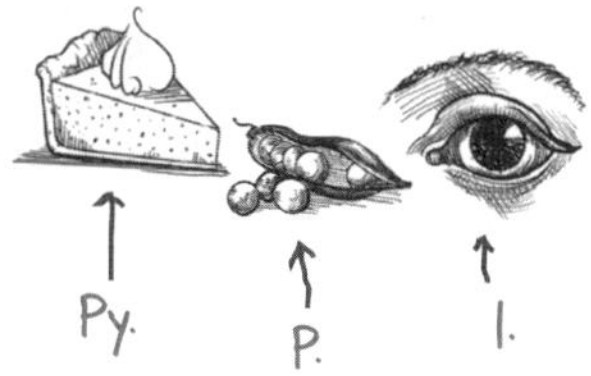

Sanjita afirma com coragem que ela pode produzir os mesmos dados em nosso dicionário de dicionários `records` com muito menos linhas de código. Estamos *chocados*, pois temos muito orgulho das 23 linhas de código em nosso utilitário *update_records.py*. Mas, também estamos ansiosos para ver o que acontece aqui...

Estamos contando a partir de zero!

0 **Crie um novo notebook e instale o pandas.** Sanjita cria um novo notebook em sua pasta *webapp*, salva como *ScrapeWithPandas.ipynb*, então usa **pip** para instalar o `pandas`.

Sanjita tem o controle do nosso teclado, mas não do seu. Então, acompanhe.

```
%pip install pandas lxml --upgrade
```

Além de instalar o "pandas", Sanjita inclui o parser "lxml" (que ajuda o "pandas" a processar o HTML).

OK, deixaremos essa passar.

O comando **pip** acima instala o `pandas` (e suas dependências) no Python instalado atualmente.

Agora você está pronto para o código `pandas` *real*.

Comece seguindo a convenção

Embora seja tentador simplesmente importar a biblioteca `pandas` e começar, há uma convenção no ecossistema para importar o `pandas` com o alias `pd`. É uma conveniência de digitação, pois "pd" com duas letras é muito menos para digitar do que "pandas" com seis. Pode não parecer uma grande diferença, mas aumenta com o tempo.

1. **Importe o pandas com o alias "pd", em seguida, defina a URL.** Declarando que todo o código Python que usa a biblioteca `pandas` começa com esta linha, Sanjita importa a biblioteca `pandas` e define a constante `URL`.

Agora você pode usar o nome "pd" em qualquer lugar em que planeja usar o nome "pandas".

```
import pandas as pd

URL = "https://en.wikipedia.org/wiki/List_of_world_records_in_swimming"
```

É a mesma constante usada com seu código "gazpacho".

2. **Pegue e analise o HTML da URL para extrair todas as tabelas incluídas.** Lembre-se de que chegar a este ponto com `gazpacho` envolveu chamar `get` e uma conversão para *soup*, então você fez uma pesquisa com o método `find`. A biblioteca `pandas` compacta essas três etapas em uma.

Uma única chamada pega a página HTML na Wikipédia e analisa a página para extrair todas as tags <table>.

```
tables = pd.read_html(URL)
```

Quando você criou a lista "tables" com "gazpacho", acabou com uma lista de tags <table> convertidas em soup. Isso *não* acontece com o "pandas". Pelo contrário, "tables" é uma lista de dataframes.

Notou o uso do alias "pd" aqui? É muito menos digitação, não é?

Uma lista de dataframes do pandas

A função `read_html` encontra, analisa e extrai automaticamente as tags <table> da página web identificada, transformando cada tabela em um **dataframe**. Ao ouvir a palavra "dataframe", pense em "linhas e colunas" ou "planilha em tabelas". Para entender melhor o que é um dataframe, veremos um.

3 **Selecione uma tabela na lista usando a notação de colchetes.** Por exemplo, se você digitasse `tables[0]` em uma célula de código (e pressionasse **Shift+Enter**), veria todas as linhas de dados da primeira tabela na página exibidas de forma tabular, como linhas e colunas. Se houver muitas linhas, os dados poderão sair rapidamente da tela, portanto pedimos a `pandas` para exibir apenas as primeiras cinco linhas, usando o método `head`.

Como em qualquer lista do Python, os colchetes permitem acessar um slot específico. Neste caso, você solicita o primeiro dataframe no slot zero.

O método "head" controla quantas linhas são exibidas a partir do dataframe. Quando não existe "head", você vê o dataframe inteiro. Quando "head" é usado, ele mostra as primeiras cinco linhas.

```
tables[0].head()
```

	Event	Time	Unnamed: 2	Name	Nationality	Date	Meet	Location	Ref
0	50m freestyle	20.91	ss	César Cielo	Brazil	18 December 2009	Brazilian Championships	São Paulo, Brazil	[9][10][11][12]
1	100m freestyle	46.86	NaN	David Popovici	Romania	13 August 2022	European Championships	Rome, Italy	[13] [14]
2	200m freestyle	1:42.00	ss	Paul Biedermann	Germany	28 July 2009	World Championships	Rome, Italy	[15][16][17]
3	400m freestyle	3:40.07	ss	Paul Biedermann	Germany	26 July 2009	World Championships	Rome, Italy	[18][19][20]
4	800m freestyle	7:32.12	ss	Zhang Lin	China	29 July 2009	World Championships	Rome, Italy	[21][22]

Esta coluna de dados é adicionada automaticamente e referenciada como o índice do dataframe.

Uau! Veja isso. Este dataframe contém todos os dados da tabela de recordes mundiais de natação e Piscina Longa para Homens, organizados de forma tabular, como linhas e colunas. Lembre-se de que para chegar perto disso com "gazpacho", você teve que escrever loops "for" para processar todas as tags <tr> e <td>.

É só o começo com `pandas`, mas já impressiona. Reserve um momento para considerar todo o código que você *não* precisou fazer à mão para chegar a este ponto.

Selecionando colunas no dataframe

Por padrão, os dataframes em sua lista `tables` contêm todas as linhas e as colunas de cada uma das tags HTML `<table>` processadas. Usando ainda outra extensão para a notação de colchetes, você pode especificar as colunas para extrair de um dataframe `pandas`.

4 **Concentre-se nas colunas que fornecem os dados necessários.** Embora ter acesso a todas as linhas e colunas no dataframe costume ser do que você precisa, para os nossos propósitos, apenas as colunas `Event` e `Time` são importantes. Sanjita seleciona essas colunas no dataframe, atribuindo-as a uma variável chamada `df`.

Usar "df" aqui é uma convenção, e é a abreviação de "dataframe". Embora você possa usar qualquer nome de variável, muitos programadores "pandas" gostam de usar "df". Para descobrir o motivo, dê uma olhada no seu teclado QWERTY.

Um segundo par de colchetes permite fornecer uma lista de colunas para extrair do dataframe. Os colchetes duplos parecem um pouco estranhos no início, mas tenha em mente que é uma lista dentro do segundo par.

```
df = tables[0][["Event", "Time"]]
```

```
df.head()
```

	Event	Time
0	50m freestyle	20.91
1	100m freestyle	46.86
2	200m freestyle	1:42.00
3	400m freestyle	3:40.07
4	800m freestyle	7:32.12

Todo dataframe tem um índice e, como visto até agora, os valores do índice padrão são numerados de forma incremental a partir de zero.

Como mostrado anteriormente, Sanjita usa o método "head" para visualizar as primeiras cinco linhas do dataframe "df".

Sanjita está certa.

Existe uma função `pandas` chamada `to_dict` que converte qualquer dataframe em um dicionário Python. Mas as conversões padrão muitas vezes não são o que você quer. Vejamos.

Dataframe para o dicionário, tentativa 1

Chamar a função `to _ dict` em um dataframe gera um dicionário, mas a conversão padrão pode não ser do que você precisa:

```
df.to_dict()
```

```
{'Event': {0: '50m freestyle',
  1: '100m freestyle',
  2: '200m freestyle',
  3: '400m freestyle',
  4: '800m freestyle',
  5: '1500m freestyle',
  6: '50m backstroke',
  7: '100m backstroke',
  8: '200m backstroke',
  9: '50m breaststroke',
  10: '100m breaststroke',
  11: '200m breaststroke',
  12: '50m butterfly',
  13: '100m butterfly',
  14: '200m butterfly',
  15: '200m individual medley',
  16: '400m individual medley',
  17: '4×100m freestyle relay',
  18: '4×200m freestyle relay',
  19: '4×100m medley relay'},
 'Time': {0: '20.91',
  1: '46.86',
  2: '1:42.00',
  3: '3:40.07',
  4: '7:32.12',
  5: '14:31.02',
  6: '23.71',
  7: '51.60',
  8: '1:51.92',
  9: '25.95',
  10: '56.88',
  11: '2:05.95',
  12: '22.27',
  13: '49.45',
  14: '1:50.34',
  15: '1:54.00',
  16: '4:03.84',
  17: '3:08.24',
  18: '6:58.55',
  19: '3:26.78'}}
```

Neste caso padrão, e com estes dados, a função "to_dict" criou um dicionário de dicionários que, apesar de incluir todos os dados, não é o que você esperava. O que você realmente quer é um dicionário que associa os nomes dos eventos aos tempos dos recordes mundiais...

Há uma segunda questão aqui... lembre-se de que seu código anterior que gera JSON ignora qualquer recorde mundial de "revezamento", então pausaremos a tarefa que gera um dicionário por ora e nos livraremos dos dados indesejados do dataframe (antes de continuar).

Removendo dados indesejados do dataframe

Para confirmar que os dados de revezamento estão *no* dataframe, pediremos a `pandas` para exibir as últimas cinco linhas de dados:

Além de suportar "head", os dataframes também entendem "tail", que por padrão seleciona as últimas cinco linhas de dados do dataframe.

```
df.tail()
```

	Event	Time
15	200m individual medley	1:54.00
16	400m individual medley	4:03.84
17	4 × 100 m freestyle relay	3:08.24
18	4 × 200 m freestyle relay	6:58.55
19	4 × 100 m medley relay	3:26.78

A confirmação de que os dados de "revezamento" estão incluídos.

Uma *expressão condicional* do `pandas` pode ser usada para selecionar as linhas. Na próxima célula, os dados na coluna `Event` são *convertidos* em uma string, que então *pesquisa* "relay" (revezamento) usando a função `contains`:

```
df[df["Event"].str.contains("relay")]
```

	Event	Time
17	4 × 100 m freestyle relay	3:08.24
18	4 × 200 m freestyle relay	6:58.55
19	4 × 100 m medley relay	3:26.78

Pode-se levar um tempo para se acostumar com esta sintaxe, mas ela resolve. Apenas as linhas "relay" são selecionadas.

Até agora, tudo bem, se não fosse pelo fato de que queremos selecionar as linhas que *não* têm a palavra `"relay"` aparecendo em nenhum lugar na coluna `Event`. Não tenha medo, o `pandas` ajuda aqui e é a edição de um único caractere para mudar o significado da condicional acima. Veja o caractere:

~

Este caractere significa NÃO no pandas. Não fique tentado a usar !, pois não funcionará.

Negando a expressão condicional do pandas

Para inverter o significado da condicional, posicione o caractere "~" antes da condicional:

É uma pequena edição, mas tem o efeito desejado. Estamos selecionando todas as linhas que NÃO são recordes mundiais de revezamento.

```
df[~df["Event"].str.contains("relay")]
```

	Event	Time
0	50m freestyle	20.91
1	100m freestyle	46.86
2	200m freestyle	1:42.00
3	400m freestyle	3:40.07
4	800m freestyle	7:32.12
5	1500m freestyle	14:31.02
6	50m backstroke	23.71
7	100m backstroke	51.60
8	200m backstroke	1:51.92
9	50m breaststroke	25.95
10	100m breaststroke	56.88
11	200m breaststroke	2:05.95
12	50m butterfly	22.27
13	100m butterfly	49.45
14	200m butterfly	1:50.34
15	200m individual medley	1:54.00
16	400m individual medley	4:03.84

Com os dados selecionados como acima, *substituiremos* o dataframe existente (em `df`) por estes dados filtrados:

```
df = df[~df["Event"].str.contains("relay")]
```

Quando você seleciona dados em um dataframe, "pandas" também retorna uma cópia dos dados. Então, se quiser se lembrar de qualquer dado selecionado, precisa atribuir a seleção a uma variável.

Dataframe para o dicionário, tentativa 2

Agora que as linhas de "revezamento" não existem mais, você pode voltar para a tarefa em questão e ajustar o comportamento da função `to _ dict` passando valores do parâmetro. Em uma leitura rápida da documentação do `pandas`, o parâmetro `records` parece interessante:

```
df.to_dict("records")
```

```
[{'Event': '50m freestyle', 'Time': '20.91'},
 {'Event': '100m freestyle', 'Time': '46.86'},
 {'Event': '200m freestyle', 'Time': '1:42.00'},
 {'Event': '400m freestyle', 'Time': '3:40.07'},
 {'Event': '800m freestyle', 'Time': '7:32.12'},
 {'Event': '1500m freestyle', 'Time': '14:31.02'},
 {'Event': '50m backstroke', 'Time': '23.71'},
 {'Event': '100m backstroke', 'Time': '51.60'},
 {'Event': '200m backstroke', 'Time': '1:51.92'},
 {'Event': '50m breaststroke', 'Time': '25.95'},
 {'Event': '100m breaststroke', 'Time': '56.88'},
 {'Event': '200m breaststroke', 'Time': '2:05.95'},
 {'Event': '50m butterfly', 'Time': '22.27'},
 {'Event': '100m butterfly', 'Time': '49.45'},
 {'Event': '200m butterfly', 'Time': '1:50.34'},
 {'Event': '200m individual medley', 'Time': '1:54.00'},
 {'Event': '400m individual medley', 'Time': '4:03.84'}]
```

Isto é o mais perto do que você quer, mas não muito. Quase.

É o suficiente.

A função `set _ index` deixa você *remodelar* um dataframe existente para usar uma coluna identificada como seu índice (em oposição ao padrão de incremento numérico no início de cada linha).

Dataframe para o dicionário, tentativa 3

Sanjita mencionou algumas páginas atrás que a função set _ index ajudaria. Claramente, como mostrado nas duas últimas páginas, o método to _ dict é poderoso. Mas precisamos prestar mais atenção ao que Sanjita nos diz e manter o foco.

Como há muita coisa incluída no "pandas", pode ser fácil se distrair. Tentaremos focar o que realmente importa aqui.

5 **Use o truque da especialista para remodelar seu dataframe.**
Ser um pouco especialista em pandas ajuda Sanjita aqui, pois esses profissionais já sabem o que o uso de set _ index faz.

Sanjita está se exibindo um pouco, mas note como "set_index" é usada para ajustar a forma do dataframe "df", que é então atribuído a "df", sobrescrevendo o que estava lá antes.

```
df = df.set_index("Event")
df.head()
```

	Time
Event	
50m freestyle	20.91
100m freestyle	46.86
200m freestyle	1:42.00
400m freestyle	3:40.07
800m freestyle	7:32.12

Quando o dataframe remodelado é convertido em um dicionário desta vez, ele se transforma em um dicionário de dicionários... que parece muito familiar, não é? O dicionário externo tem uma única chave ("Time") que é associada a um dicionário interno aninhado, que contém as associações de evento/tempo como uma coleção de linhas de chave/valor.

```
df.to_dict()
```

```
{'Time': {'50m freestyle': '20.91',
  '100m freestyle': '46.86',
  '200m freestyle': '1:42.00',
  '400m freestyle': '3:40.07',
  '800m freestyle': '7:32.12',
  '1500m freestyle': '14:31.02',
  '50m backstroke': '23.71',
  '100m backstroke': '51.60',
  '200m backstroke': '1:51.92',
  '50m breaststroke': '25.95',
  '100m breaststroke': '56.88',
  '200m breaststroke': '2:05.95',
  '50m butterfly': '22.27',
  '100m butterfly': '49.45',
  '200m butterfly': '1:50.34',
  '200m individual medley': '1:54.00',
  '400m individual medley': '4:03.84'}}
```

É outro dicionário de dicionários

Sanjita pega o dicionário da página anterior e começa a construir o dicionário de dicionários `records`.

6 **Construa o dicionário de dicionários records, uma prova por vez.** Sorrindo, Sanjita nos mostra o código que começa a criar o dicionário de dicionários `records`.

Crie um novo dicionário vazio chamado "records".

Atribua o dicionário "interno" produzido a partir da conversão do dataframe "df".

Use a chave "Time" para acessar o dicionário "interno" do dataframe, que é atribuído à chave "LC Men" em "records".

```
records = {}
records["LC Men"] = df.to_dict()["Time"]
```

```
records
```

```
{'LC Men': {'50m freestyle': '20.91',
  '100m freestyle': '46.86',
  '200m freestyle': '1:42.00',
  '400m freestyle': '3:40.07',
  '800m freestyle': '7:32.12',
  '1500m freestyle': '14:31.02',
  '50m backstroke': '23.71',
  '100m backstroke': '51.60',
  '200m backstroke': '1:51.92',
  '50m breaststroke': '25.95',
  '100m breaststroke': '56.88',
  '200m breaststroke': '2:05.95',
  '50m butterfly': '22.27',
  '100m butterfly': '49.45',
  '200m butterfly': '1:50.34',
  '200m individual medley': '1:54.00',
  '400m individual medley': '4:03.84'}}
```

Sanjita conseguiu gerar este dicionário de dicionários sem escrever nenhum código de loop.

Exercício

Veja o código do capítulo anterior que, quando executado com os dados na lista `tables` criada por `gazpacho`, transforma os dados extraídos no dicionário de dicionários `records`:

```
RECORDS = (0, 2, 4, 5)
COURSES = ("LC Men", "LC Women", "SC Men", "SC Women")

records = {}
for table, course in zip(RECORDS, COURSES):
    records[course] = {}
    for row in tables[table].find("tr", mode="all")[1:]:
        columns = row.find("td", mode="all")
        event = columns[0].text
        time = columns[1].text
        if "relay" not in event:
            records[course][event] = time
```

Seu trabalho é converter as seis linhas de código do loop **for** externo para processar a lista `tables` criada por `pandas`, gerando o dicionário de dicionários `records` a partir dos dataframes `pandas` em vez de usar o soup `gazpacho`:

Estas quatro linhas de código não mudam.

```
RECORDS = (0, 2, 4, 5)
COURSES = ("LC Men", "LC Women", "SC Men", "SC Women")

records = {}
for table, course in zip(RECORDS, COURSES):
```

Escreva seu código neste espaço.

Respostas na página 440

Exercício Solução

Da página 439

Veja o código do capítulo anterior que, quando executado com os dados na lista `tables` criada por `gazpacho`, transforma os dados extraídos no dicionário de dicionários `records`:

```
RECORDS = (0, 2, 4, 5)
COURSES = ("LC Men", "LC Women", "SC Men", "SC Women")

records = {}
for table, course in zip(RECORDS, COURSES):
    records[course] = {}
    for row in tables[table].find("tr", mode="all")[1:]:
        columns = row.find("td", mode="all")
        event = columns[0].text
        time = columns[1].text
        if "relay" not in event:
            records[course][event] = time
```

Seu trabalho era converter as seis linhas de código do loop **for** externo para processar a lista `tables` criada por `pandas`, gerando o dicionário de dicionários `records` a partir dos dataframes `pandas` em vez de usar o soup `gazpacho`:

```
RECORDS = (0, 2, 4, 5)
COURSES = ("LC Men", "LC Women", "SC Men", "SC Women")

records = {}
for table, course in zip(RECORDS, COURSES):
    df = tables[table][["Event", "Time"]]
    df = df[~df["Event"].str.contains("relay")]
    df = df.set_index("Event")
    records[course] = df.to_dict()["Time"]
```

Extraia as colunas necessárias do dataframe atual.

Livre-se das linhas "relay".

Remodele o dataframe para usar "Event" como o valor de índice.

Converta o dataframe remodelado em um dicionário e atribua o dicionário associado à chave "Time" à prova atual no dicionário de dicionários "records".

Test Drive

Testaremos o código baseado em `pandas`, comparando o dicionário de dicionários `records` produzido pelo código do `pandas` com o produzido por `gazpacho`.

```
RECORDS = (0, 2, 4, 5)
COURSES = ("LC Men", "LC Women", "SC Men", "SC Women")

records = {}
for table, course in zip(RECORDS, COURSES):
    df = tables[table][["Event", "Time"]]
    df = df[~df["Event"].str.contains("relay")]
    df = df.set_index("Event")
    records[course] = df.to_dict()["Time"]
```

Importaremos o dicionário `records` criado por `gazpacho` para seu notebook. Isso permite comparar os dados no dicionário `pandas` com os dados no dicionário `gazpacho`:

Leia o dicionário "records" criado pelo código "gazpacho" e dê-lhe o alias "gazpacho_records".

```
import json

with open("records.json") as jf:
    gazpacho_records = json.load(jf)
```

```
records == gazpacho_records
```

```
True
```

Os dados no dicionário criado por "pandas" são os mesmos do dicionário criado pelo código de "gazpacho".

```
records["SC Women"]["100m butterfly"]
```

```
'54.05'
```

```
gazpacho_records["SC Women"]["100m butterfly"]
```

```
'54.05'
```

Não importa o dicionário usado, os dados contidos são os mesmos em ambos. É porque o código "pandas" e o código "gazpacho" produzem exatamente o mesmo dicionário de dicionários.

Comparando gazpacho e pandas

Com a versão pandas pronta do seu código que gera records, comparamos o código de gazpacho com sua versão pandas equivalente (para ver se Sanjita estava certa ao nos repreender por não usar pandas). Veja o código de gazpacho:

```
import gazpacho

URL = "https://en.wikipedia.org/wiki/List_of_world_records_in_swimming"

html = gazpacho.get(URL)
soup = gazpacho.Soup(html)
tables = soup.find("table")

RECORDS = (0, 2, 4, 5)
COURSES = ("LC Men", "LC Women", "SC Men", "SC Women")

records = {}
for table, course in zip(RECORDS, COURSES):
    records[course] = {}
    for row in tables[table].find("tr", mode="all")[1:]:
        columns = row.find("td", mode="all")
        event = columns[0].text
        time = columns[1].text
        if "relay" not in event:
            records[course][event] = time
```

Este é o código do capítulo anterior, que foi cuidadosamente feito à mão para usar "gazpacho", criando o dicionário de dicionários "records".

E aqui está o código equivalente escrito com pandas:

```
import pandas as pd

URL = "https://en.wikipedia.org/wiki/List_of_world_records_in_swimming"

tables = pd.read_html(URL)

RECORDS = (0, 2, 4, 5)
COURSES = ("LC Men", "LC Women", "SC Men", "SC Women")

records = {}
for table, course in zip(RECORDS, COURSES):
    df = tables[table][["Event", "Time"]]
    df = df[~df["Event"].str.contains("relay")]
    df = df.set_index("Event")
    records[course] = df.to_dict()["Time"]
```

E veja o código de Sanjita, que também cria "records", mas usa o "pandas" e tem menos linhas de código. (E tudo bem ter ciúmes.)

Diante disso, parece um progresso.

Há menos código `pandas` do que o equivalente `gazpacho`, mas escrever menos código *às vezes* pode ter um custo oculto.

Iremos explorar o que isso significa chamando os especialistas...

Conversa informal

Conversa da noite: gazpacho e pandas se sentam para discutir sobre a verdade da análise HTML com Python.

pandas: Com base no cálculo no meu guardanapo, faço uma redução de pelo menos 33% no número de linhas de código para a solução `pandas`. Que tal?

gazpacho: É menos código sim, mas a que custo?

pandas: Custo? Que custo?!? Há menos código. Sem custo extra!

gazpacho: Não tenho tanta certeza. Primeiro, você — e todos os módulos dos quais depende — adiciona muitos *custos indiretos*. Já eu, sem dependências externas, não tenho nenhum. Faço o que faço *sem* enrolação.

pandas: Não cairei na sua provocação maldosa sobre enrolação... Sim, sou um módulo **grande** com uma coleção de dependências que demoram um pouco para importar e executar, mas veja tudo o que faço. Tenho muitas funcionalidades. Todos me amam.

gazpacho: Mas nem analisa páginas da web inteiras...

pandas: Com licença! Você dormiu nas últimas 12 páginas? Não viu a redução de 33% no tamanho do código?

gazpacho: Menos linhas de código nem sempre é bom. O que eu quero dizer aqui é que você só pode analisar as tags HTML `<table>`. Todo o resto na página fica de lado.

pandas: Eh... sim... mas... eh...

gazpacho: Estou esperando...

pandas: Todo o resto não é importante. Todas as coisas boas estão nas tags `<table>`!

gazpacho: Se eu quiser extrair todas as tags `<img>` de uma página não posso usar você, certo?

pandas: Sim, é verdade. Não posso fazer isso... a menos que as tags `<img>` sejam parte de `<table>`, então eu posso.

gazpacho: E se eu quiser extrair todas as tags `<a>` de certa página HTML, é a mesma situação?

A conversa continua na próxima página. →

pandas:

Emmm... só posso vê-las se estão incluídas na tag `<table>`. Não é ruim, é?

gazpacho:

É se for isso que você quer. Por exemplo, se precisar acessar todas as tags `<a>` na página inteira, usar a função `read _ html` falhará, pois não poderá ver nada fora das tags `<table>` e `</table>`.

pandas: *Por favor*, não conte a ninguém.

gazpacho: Não se preocupe. Seu segredo está seguro.

pandas: Veja: você tem que admitir, minhas habilidades de processamento com `<table>` são muito legais, né?

gazpacho: Sim, se é o *único* requisito que você tem. Não posso competir. Mas posso, com algumas linhas extras de código (e um loop ou dois), processar as tags `<table>` também.

pandas: Eu sabia que veria a luz, e você disse: *não posso competir*. E não vamos esquecer que eu transformo automaticamente os dados que encontro em dataframes, ao contrário do soup desagradável que você usa.

gazpacho: Não há nada de errado com soup! Ele representa *todo* o HTML de uma página da web em um formato de análise que meu método `find` pode tirar de letra, em curto prazo. É uma delícia...

pandas: Ah, meu caro... chega de piadas com comida!

gazpacho: É demais para seu estômago, heim?

pandas: Já chega!

De repente, batem à porta.

pandas: Caramba, quem é?!? Eles não parecem felizes.

gazpacho: Rápido, esconda-se. É *Beautiful Soup*, e eles trouxeram a biblioteca `requests`!!

Com certeza, está pronto pra viagem.

Desculpe, não deu pra resistir.

Que parece outra piada de comida, né?

Na verdade, nada o impede de usar `gazpacho` e `pandas` *juntos*, aproveitando os pontos fortes de cada um quando faz sentido.

Se tudo o que você precisa fazer é extrair rapidamente dados das tabelas HTML, nada melhor do que o `pandas`. Se precisa acessar os dados de outro lugar em uma página HTML, achamos que `gazpacho` é uma ótima escolha. Mas, como foi dito, não há problema em misturar.

Se Liga!!

Está além do escopo deste livro detalhar muito o `pandas`. Se quiser saber mais, uma rápida pesquisa no *DuckDuckGo* revelará inúmeros guias passo a passo na internet. Nossa melhor escolha para começar é o excelente tutorial *Getting started* incluído na documentação do `pandas`:

https://pandas.pydata.org/docs/getting_started/intro_tutorials/index.html

Reserve um tempo para ver isto (em ordem) e estará no caminho certo.

Para uma cobertura mais detalhada, recomendamos *qualquer coisa* de Wes McKinney e a terceira edição de *Python para Análise de Dados* é obrigatória:

https://wesmckinney.com/book

não existem Perguntas Idiotas

P: O `pandas` não é sobre data science?

R: Na superfície, sim. A biblioteca `pandas` começou como uma ferramenta para fazer análises financeiras e se transformou em uma ferramenta de análise de dados de uso geral por volta de 2010, quando se tornou um projeto de código aberto. O resto, como dizem, é história. No momento da escrita deste livro, o `pandas` era a principal ferramenta de análise de dados no espaço de data science do Python.

P: O `pandas` só pode ser usado por Cientistas de Dados?

R: Como mostrado neste capítulo, a resposta para essa pergunta é: não. Se o `pandas` é uma boa opção para sua aplicação, vá em frente e use-o quando necessário. Note que o `pandas` (e suas dependências) é uma biblioteca grande, o que significa que às vezes pode levar um tempo para importar. Mas, se você não estiver com pressa, o `pandas` pode ser ótimo.

P: Então... devo reformular meu utilitário *update_records.py* para usar `pandas` em vez de `gazpacho`?

R: Poderia se quisesse. Mas, sabe o que dizem: *não mexa em time que está ganhando.*

P: Muitos exemplos de código `pandas` na internet começam com a linha `import pandas as pd`, mas também incluem outra linha: `import numpy as np`. Devo adicionar essa linha também?

R: A biblioteca `numpy` (pronunciada como "num-pai" e rima com Dubai) fornece uma implementação rápida de um array numérico para Python. A biblioteca `pandas` se baseia na `numpy`, mas você só precisa importar `numpy` para seu código se precisa acessar seus recursos especificamente. Como mostrado neste capítulo, `pandas` funciona bem sem uma importação específica de `numpy`.

P: Então quem usa `numpy`?

R: Para ser honesto, `numpy` é usada por muitas pessoas para fazer inúmeras coisas. Por exemplo, se você tem muitos dados numéricos que precisam ser processados, é melhor colocá-los em um array `numpy` a usar uma lista Python, pois o primeiro é muito mais rápido, mais eficiente em memória e criado para esse caso de uso específico. E mais, se você tem dados organizados como matriz, recomenda-se aprender como `numpy` pode ajudá-lo a processar esses dados. Além dos Cientistas de Dados, `numpy` também brilha na matemática e em ciências em geral, mas ***qualquer pessoa*** pode usar.

P: Acho que o `pandas` e o Jupyter Notebook foram feitos um para o outro?

R: Sim e não. A tecnologia Jupyter Notebook evoluiu a partir de um projeto chamado **iPython**, que em si fornece uma atualização para a interface de linha de comando (bem básica) do Python (o prompt >>>). Quando o pessoal do **iPython** quis adicionar um front-end GUI bonito à sua tecnologia, eles optaram pela web, criando o Jupyter Notebook, que, além de rodar no VS Code, originalmente começou a funcionar em qualquer navegador moderno. Na verdade, a maioria das pessoas roda o Jupyter Notebook em seu navegador, e muitos programadores preferem fazer isso dentro de um editor. O aumento no uso do Jupyter Notebook parece andar de mãos dadas com o aumento no uso do `pandas`, por isso as duas tecnologias costumam ser consideradas inseparáveis. Mas, como espero que você tenha visto neste livro (e, mais especificamente, neste capítulo), é possível ser eficaz em um sem ter que usar o outro. Os notebooks Jupyter nem sempre precisam usar o `pandas` e o `pandas` nem sempre precisa rodar em um notebook Jupyter. Tudo depende do que você tenta fazer.

Se você gostou de trabalhar com o `pandas` neste capítulo, vale a pena reservar um tempo para conferir o projeto **Jupyter Lab** (*https://jupyter.org*).

Foi só uma pequena amostra...

... do que é possível com a biblioteca `pandas`. Há livros, artigos, negócios, fortunas e projetos no mundo graças à biblioteca `pandas`. Devido em grande parte à adoção do `pandas`, o Python cresceu desde 2010 na comunidade de data science, e isso provavelmente está ajudando a alimentar o crescimento do Python em outros lugares.

`pandas` é o superpoder do Python e é uma biblioteca muito útil para ter em sua caixa de ferramentas. Não é justo que só as pessoas que usam data science se divirtam com o `pandas`, então nosso conselho é usá-lo quando puder (e se divertir também).

Embora este seja o menor capítulo do livro, você não sairá daqui sem uma rápida revisão e uma palavra cruzada. Aproveite, e vejo você no próximo capítulo.

Há mais no "pandas" do que processar tabelas HTML e, à medida que você explorar o que ele pode fazer, verá como o "pandas" trabalha pesado para fornecer ferramentas de manipulação de dados muito avançadas que podem ser exploradas com muito pouco código (e quase nenhum loop).

PONTOS DE BALA

- `pandas` é a principal ferramenta de análise de dados usada por programadores Python. É usado em *todo lugar*.
- `pandas` fornece um excelente suporte para organizar seus dados em forma de **tabela**: os dados são organizados no formato de linha/coluna. O nome dado a esta forma tabular no `pandas` é **dataframe**.
- A linha `import pandas as pd` de código pode muito bem ser a mais usada no espaço de data science do Python, e é tão boa quanto `import numpy as np`. A palavra-chave `as` permite especificar um *alias* de abreviação para um nome em Python.
- A função `read_html` (parte do `pandas`) pega, lê e converte qualquer página HTML em uma lista de tabelas, com cada slot contendo um dataframe. É uma função muito legal (supondo que tudo o que você precisa fazer é extrair os dados `<table>`).
- A função `head`, permite visualizar as primeiras cinco linhas de dados em qualquer dataframe.
- A função `to_dict` (a *verdadeira* estrela neste capítulo) converte os dados do dataframe em um dicionário Python.
- Se a conversão padrão não é o que você quer, pode ajustar o comportamento de `to_dict` passando parâmetros. O parâmetro `"records"` quase resolveu neste capítulo (mas não muito).
- Cada dataframe `pandas` suporta a função `set_index` que permite remodelar seu dataframe.
- Embora o código para extrair da web escrito com `pandas` geralmente tenha menos linhas de código do que o equivalente escrito com `gazpacho`, não significa necessariamente que o código `pandas` é "melhor".

Como não amar "pandas"?... Eles são tão fofinhos!

Cruzadinha do Python

Você encontrará todas as respostas para as pistas neste capítulo. As soluções estão na próxima página.

Horizontalmente

1. Um alias de duas letras para 4 na vertical.

4. Muito popular, é o superpoder deste capítulo.

5. O equivalente desta função em `gazpacho` é usar `get`, depois `Soup` e `find`.

6. A *Conversa informal* deste capítulo talvez tenha tido piadas demais desse.

8. Esta função remodela as coisas

11. Veremos as primeiras cinco linhas.

12. Tem linhas e colunas, organizadas como uma tabela. É _______________.

Verticalmente

2. A estrutura de dados em linha/coluna central para 4 na vertical.

3. Um parâmetro `to _ dict` que *quase* funcionou.

7. Sanjita fez questão de instalar também esta biblioteca de análise.

9. Uma função para converter de 11 na horizontal em um dicionário Python.

10. O nome desta biblioteca popular rima com Dubai.

Respostas na página 450

Cruzadinha do Python Solução

Da página 449

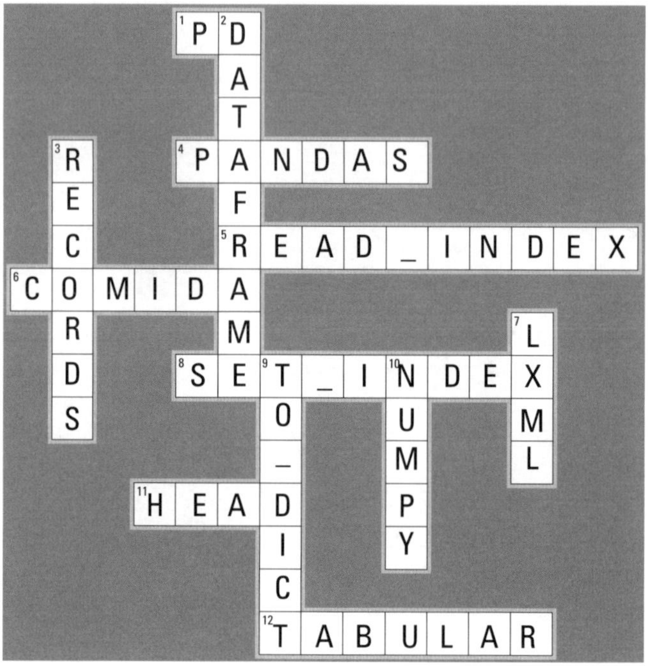

Horizontalmente

1. Um alias de duas letras para 4 na vertical.

4. Muito popular, é o superpoder deste capítulo.

5. O equivalente desta função em `gazpacho` é usar `get`, depois `Soup` e `find`.

6. A *Conversa informal* deste capítulo talvez tenha tido piadas demais desse.

8. Esta função remodela as coisas

11. Veremos as primeiras cinco linhas.

12. Tem linhas e colunas, organizadas como uma tabela. É _______________.

Verticalmente

2. A estrutura de dados em linha/coluna central para 4 na vertical.

3. Um parâmetro `to_dict` que *quase* funcionou.

7. Sanjita fez questão de instalar também esta biblioteca de análise.

9. Uma função para converter de 11 na horizontal em um dicionário Python.

10. O nome desta biblioteca popular rima com Dubai.

10 bancos de dados

Organizando

Cedo ou tarde, os dados do seu aplicativo precisam ser gerenciados.

E quando você precisa **gerenciar** seus dados de forma mais adequada, o Python (sozinho) pode não ser suficiente. Quando isso acontecer, você precisará acessar seu mecanismo de **banco de dados**. Para manter as coisas... em, eh... *gerenciáveis*, ficaremos com os mecanismos de banco de dados que suportam o bom e velho **SQL**. Neste capítulo, você não apenas **criará** um banco de dados e adicionará algumas **tabelas** a ele, mas também irá **inserir**, **selecionar** e **excluir** dados do seu banco de dados, executando todas essas tarefas com consultas SQL orquestradas por seu código Python.

O Coach nos procurou...

E está um pouco confuso.

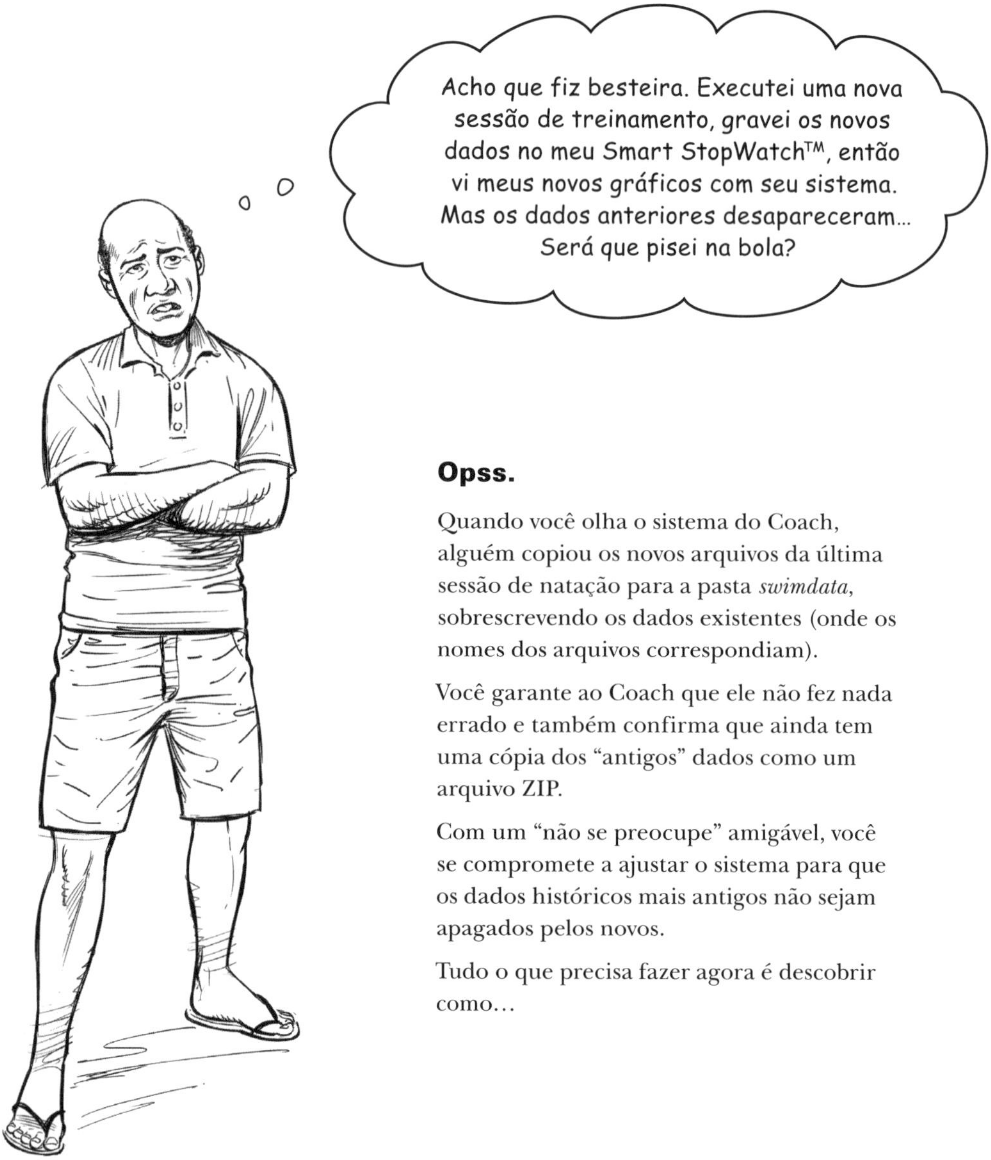

Opss.

Quando você olha o sistema do Coach, alguém copiou os novos arquivos da última sessão de natação para a pasta *swimdata*, sobrescrevendo os dados existentes (onde os nomes dos arquivos correspondiam).

Você garante ao Coach que ele não fez nada errado e também confirma que ainda tem uma cópia dos "antigos" dados como um arquivo ZIP.

Com um "não se preocupe" amigável, você se compromete a ajustar o sistema para que os dados históricos mais antigos não sejam apagados pelos novos.

Tudo o que precisa fazer agora é descobrir como...

Trocando Ideias

Sam: OK, equipe, o que vocês acham?

Alex: Podemos trabalhar com o que temos?

Mara: Como assim?

Alex: Tudo o que precisamos fazer é inventar um mecanismo que troque o conjunto de dados na pasta *swimdata* quando necessário. Perguntamos ao Coach com qual conjunto ele quer trabalhar e seguimos daí.

Sam: Pode funcionar, mas o que acontece quando mais de uma pessoa usa o sistema *ao mesmo tempo*?

Mara: Faz diferença?

Sam: Bem... imagine que o Coach selecionou um conjunto de dados para trabalhar, resultando no sistema movendo o conjunto selecionado para a pasta *swimdata*. Momentos depois, outro usuário seleciona um conjunto de dados *diferente*, resultando no sistema movendo o conjunto do usuário para a pasta *swimdata*. O Coach ainda acha que está trabalhando com o primeiro conjunto de dados quando, na verdade, está olhando para o segundo. Opss...

Alex: Não tinha pensado nisso. Não podemos dizer ao Coach para não permitir que outra pessoa use o sistema quando ele está online?

Sam: Podemos, mas, a longo prazo, não é uma solução muito viável. O sistema é um webapp, e a suposição básica é que há vários usuários trabalhando no sistema ao mesmo tempo.

Mara: Não podemos carregar/descarregar os conjuntos de dados?

Alex: Acho que não. Precisamos de outra coisa... mas o quê?

Sam: Precisamos de algo para lidar com vários conjuntos de dados para cada pessoa pensar que é o único usuário do sistema. Precisamos de um sistema para lidar com os dados...

Alex: Claro... precisamos de um banco de dados, certo?

Sam: Sim. Os bancos de dados são para gerenciar os dados do seu aplicativo, bem como compartilhá-los de forma eficiente e segura entre os vários usuários.

Mara: É fácil usar um banco de dados com o Python?

Sam: Sim. E acredite ou não, o Python vem com a tecnologia de banco de dados baseada em SQL mais popular do mundo já predefinida, que se chama **SQLite**.

O SQLite nos permite ter rapidez.

Começar com o SQLite permite criar sua funcionalidade de banco de dados sem instalar *nada*. Como o SQLite vem com o Python, você já tem isso. Não há nada para instalar, definir, configurar ou ajustar.

Quando tiver seu código de banco de dados escrito e funcionando *localmente* em seu computador usando o SQLite, não será muito trabalhoso (como verá mais tarde) mudar para uma dessas tecnologias de banco de dados de alta performance.

Agora… antes de começar a escrever qualquer "código de banco de dados", reflita um pouco para decidir sobre um plano de ataque.

E não pense nem por um segundo que o SQLite não é uma tecnologia de banco de dados "real". É a tecnologia existente mais utilizada. Veja **https://www.sqlite.org/mostdeployed.html** para saber mais.

Relaxe

Não entre em pânico se toda essa conversa sobre banco de dados lhe der palpitações.

Fique calmo. Não esperamos que você seja especialista em banco de dados. Nem esperamos que conheça o SQL em detalhes. Forneceremos o SQL de que você precisa para acompanhar, mas se tudo parecer jargão, não se preocupe. Explicaremos o que estamos fazendo conforme você trabalha neste material.

Vale a pena planejar com antecedência...

Elaboramos um plano com quatro pontos para este trabalho.

1. **Decida por uma estrutura para os dados e crie as tabelas do banco de dados.**
Você precisa decidir como os dados no banco de dados serão organizados. Quando decidir, poderá criar o banco de dados e as tabelas necessárias usando Python e SQL.

2. **Adicione valores de dados às tabelas do banco de dados.**
O sistema do Coach usa os dados na pasta *swimdata*. Você precisará pegar os dados nessa pasta e adicioná-los às tabelas do banco de dados apropriadas. Como na Tarefa 1, Python e SQL são as tecnologias que deve usar aqui.

3. **Extraia os dados de que precisa das tabelas do banco de dados.**
No momento, o código do webapp entra e sai da pasta *swimdata* quando preciso para pegar os dados necessários para fazer as coisas. Com a Tarefa 2 concluída, você pode escrever o Python e o SQL para pegar os dados que seu webapp precisa nas tabelas do banco de dados.

4. **Ajuste o código do webapp existente para usar os dados em suas tabelas do banco de dados.**
Com a Tarefa 3 concluída, você precisará mudar o código do webapp atual para obter os dados em seu banco de dados em vez da pasta *swimdata*.

Claro, cada tarefa provavelmente dá um pouco de trabalho em si, e pode incluir várias tarefas secundárias, podendo levar algum tempo... Mas você prometeu ao Coach que resolveria o problema, e promessa é promessa, né?

Como verá, começando com o SQLite como seu mecanismo de banco de dados, você pode realizar as quatro tarefas com uma combinação de código Python e SQL, e pode experimentar como quiser no Jupyter Notebook enquanto trabalha no novo código necessário *antes* de ajustar o webapp existente.

E lembre-se: forneceremos todo o SQL necessário conforme você trabalha nas tarefas.

Há um pouco de trabalho aqui, então começaremos.

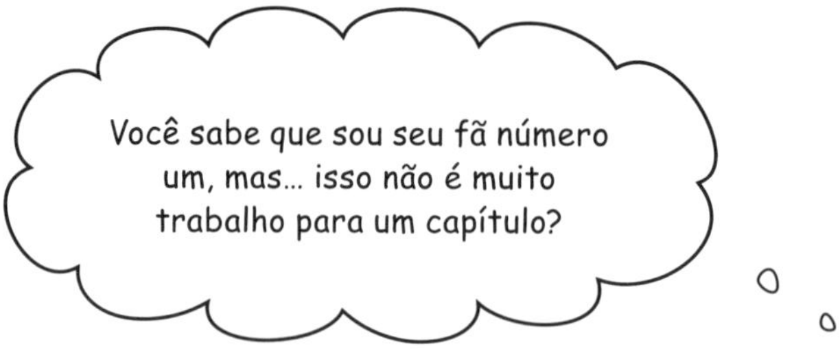

Não se preocupe, Coach, damos conta.

Sabemos que parece muito trabalho, mas estamos seguindo os conselhos anteriores do Coach e dividindo o trabalho para torná-lo mais gerenciável.

Criaremos mais alguns notebooks para ajudar. Neste e no próximo capítulo o Coach estará novamente executando... ou nadando (percebeu a brincadeira?).

Tarefa 1: Decida pela estrutura do banco de dados

Um lembrete do que é necessário para a Tarefa 1:

1. **Decida por uma estrutura para os dados e crie as tabelas do banco de dados.**
   Você precisa decidir como os dados no banco de dados serão organizados. Quando decidir, poderá criar o banco de dados e as tabelas necessárias usando Python e SQL.

Alto lá. Fomos nós.

Nós nos reunimos no almoço e esboçamos algumas ideias nos guardanapos de papel do restaurante.

Achamos que o sistema do Coach precisará de *três* tabelas, como detalhado na próxima página.

Cada linha de dados na tabela "swimmers" tem três informações: ID, nome e idade. Por exemplo: 1, 'Abi', 10.

Cada linha de dados na tabela "events" também tem três informações: ID, distância e estilo. Por exemplo: 1, '100m', 'Livre'.

O uso de IDs nestas duas tabelas é importante, pois permite referenciar um nadador individual, ou um evento individual, usando apenas a ID.

Cada linha de dados na tabela "times" tem quatro informações: ID do nadador, ID do evento, tempo registrado e timestamp da criação. Por exemplo: 2, 1, '1:23.43', '2022-12-12 12:16:20'. O valor de timestamp é realmente importante, pois registra a data e a hora em que a linha de dados foi adicionada à tabela "times". Cada sessão de natação (realizada pelo Coach) compartilha a parte data do timestamp, que pode ser filtrada para extrair os dados de qualquer sessão. Isto significa que a tabela "times" armazena os dados de todas as sessões de natação do Coach, não apenas os dados da sessão mais recentes.

Estrutura + dados do guardanapo

A tabela `swimmers` contém uma linha de dados para cada nadador do Coach. Além da ID exclusiva para cada linha, cada nadador pode ser identificado pela combinação de seu nome e faixa etária.

Supondo que a tabela `swimmers` seja preenchida com os dados de cada nadador, veja como ficam as cinco linhas de dados:

Você começará a preencher as tabelas com dados em breve.

Cada valor de ID identifica exclusivamente um nadador.

id	name	age
1	Abi	10
2	Hannah	13
3	Darius	13
4	Owen	15
5	Mike	15

Cada combinação de nome e faixa etária aparece uma vez na tabela ""swimmers".

Da mesma forma, a tabela `events`, quando preenchida com os dados de cada evento, pode ter os seguintes dados em suas primeiras cinco linhas:

Cada valor de ID identifica exclusivamente um evento.

id	distance	stroke
1	100m	Free
2	100m	Back
3	100m	Fly
4	50m	Back
5	200m	Free

Cada combinação de distância e estilo aparece uma vez na tabela "events".

A tabela `times`, quando preenchida com dados temporais, pode ter os seguintes dados em suas primeiras dez linhas:

"ts" é a abreviação para "timestamp".

swimmer_id	event_id	time	ts
2	1	1:21.43	2022-12-12 12:16:20
2	1	1:21.40	2022-12-12 12:16:20
2	1	1:21.62	2022-12-12 12:16:20
2	1	1:25.38	2022-12-12 12:16:20
3	2	1:22.57	2022-12-12 12:16:20
3	2	1:29.64	2022-12-12 12:16:20
3	2	1:20.39	2022-12-12 12:16:20
3	2	1:23.83	2022-12-12 12:16:20
4	1	1:15.57	2022-12-12 12:16:20
4	1	1:14.40	2022-12-12 12:16:20

Todas estas linhas têm o mesmo timestamp, por isso foram registradas pelo Coach durante a mesma sessão de natação.

O nadador ID 3 é "Darius" e a ID do Evento 2 é "100 Costas". Observe os quatro tempos registrados para a combinação de nadador/evento.

Instalando o módulo DBcm do PyPI

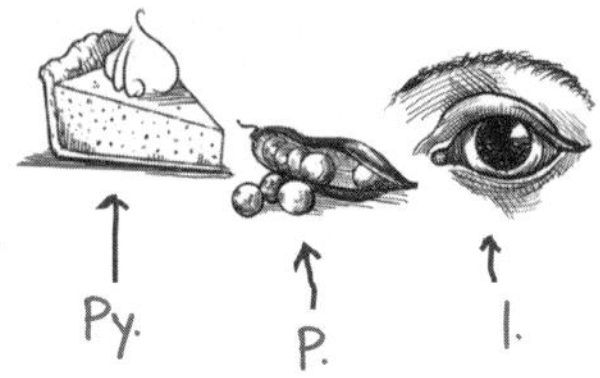

Com as tabelas (e a estrutura) identificadas, criaremos um banco de dados para contê-las, além de três tabelas: `swimmers`, `events` e `times`.

Antes, muito se falou sobre o SQLite vir predefinido no Python e, de fato, ele vem. Assim, você pode seguir as instruções detalhadas na documentação do Python aqui:

https://docs.python.org/3/library/sqlite3.html

para usar a tecnologia DB-API do Python, junto com o módulo `sqlite3` da PSL, para "se comunicar" com o SQLite. Como uma abordagem, certamente funciona. Mas preferimos interagir com o SQLite usando o módulo `DBcm` do PyPI, e é a nossa recomendação para você.

Instale o módulo *primeiro*, então o utilize para interagir com o SQLite.

PSL é a abreviação de "Biblioteca Padrão do Python".

Faça isto para acompanhar...

Agora, crie um novo notebook na pasta *webapp*, *CreateDatabaseTables.ipynb*, e execute este comando na primeira célula de código:

```
%pip install DBcm --upgrade
```

Antes, dissemos que nada precisava ser instalado para usar o SQLite com Python... mas aqui estamos nós, sugerindo que você instale o módulo "DBcm" para simplificar suas interações com o SQLite. Chocante, né?!?

Aparecem muitas mensagens na tela enquanto o `pip` executa suas tarefas. Não só o `DBcm` é instalado, mas você também verá mensagens dizendo que os módulos `mysql-connector-python` e `protobuf` estão instalados. O `DBcm` precisa desses módulos para se comunicar com os mecanismos de banco de dados MySQL e MariaDB (vistos em um capítulo posterior).

Por ora, você está pronto para se comunicar com o SQLite usando o `DBcm`. Veremos como.

Se Liga!!

Os detalhes de como o módulo `DBcm` foi criado estão incluídos na segunda edição do *Use a Cabeça Python!*. Em vez de repetir o material aqui, esta edição concentra-se em usar o `DBcm` para simplificar as interações com os mecanismos de banco de dados do tipo SQLite e/ou MySQL. Você não precisa entender como o `DBcm` funciona "por dentro" para aproveitar sua funcionalidade, como este e os capítulos seguintes (espero) demonstram. Mas se estiver interessado, os capítulos posteriores da segunda edição deste livro se aprofundam no código do `DBcm` mostrando como ele é construído.

Iniciando com DBcm e SQLite

O módulo `DBcm` se baseia na instrução **with** do Python.

Você viu pela primeira vez a instrução **with** no Capítulo 2, quando o notebook *Average.ipynb* usou **with** junto com a BIF **open** para gerenciar o contexto no qual o código interagiu com um arquivo em disco. Veja o código usado então:

Esta instrução "with" abre o arquivo identificado, que é referido pelo alias "file" dentro do bloco de código da instrução "with".

```
with open(FOLDER+FN) as file:
    lines = file.readlines()
```

Quando o bloco de código termina, a instrução "with" garante que o arquivo seja fechado.

Como você verá, o módulo `DBcm` usa a instrução **with** para se comunicar com o mecanismo do banco de dados. Em vez de abrir e fechar automaticamente um arquivo em disco, o `DBcm` abre uma conexão com seu mecanismo do banco de dados, executa uma ação do banco de dados, então fecha a conexão automaticamente, fazendo as alterações necessárias.

Para começar, importe o módulo `DBcm`:

```
import DBcm
```

Acompanhe, inserindo esta (e a próxima) linha de código no seu notebook e pressionando "Shift+Enter" para executar cada célula.

Com o módulo `DBcm` importado, o próximo passo é fornecer os detalhes da conexão do banco de dados que você deseja usar. No SQLite, tudo que é necessário aqui é o nome do arquivo que contém o banco de dados do seu aplicativo. Se o arquivo já existe, o SQLite o usa. Se ele ainda não existe, o SQLite cria para você.

O nome de arquivo que você usa pode ser qualquer coisa, mas gostamos de usar um nome que identifique claramente o arquivo como contendo um banco de dados SQLite:

```
db_details = "CoachDB.sqlite3"
```

Qualquer nome de arquivo pode ser usado aqui, mas gostamos de um nome que sugere o uso do arquivo.

O DBcm funciona com a instrução "with"

Em vez de trabalhar com a BIF **open**, o módulo `DBcm` fornece uma classe `UseDatabase` que lhe permite se comunicar, graças à instrução **with**, com um arquivo de banco de dados SQLite ou um mecanismo do banco de dados do tipo MySQL (como MySQL ou MariaDB).

Para demonstrar, iremos conectar o mecanismo do banco de dados SQLite associado ao nome de arquivo identificado por `db_details` e enviaremos o comando `pragma table_list` SQLite para listar os nomes de quaisquer tabelas disponíveis no banco de dados identificado.

Veja a instrução **with** que faz exatamente isso, colocando o resultado do comando `pragma table_list` em uma variável chamada `results`:

Se já conhece MySQL/MariaDB, o comando "show tables" faz a mesma coisa.

Em vez de usar a BIF "open", use "UseDatabase" do DBcm, passando o nome do banco de dados SQLite como parâmetro.

Parecido com o uso de "open", um alias para a conexão do banco de dados aberta é atribuído a uma variável, que se chama "db" neste código.

```
with DBcm.UseDatabase(db_details) as db:
    db.execute("pragma table_list")
    results = db.fetchall()
```

Você pode enviar um comando para a conexão do banco de dados (identificada por "db") usando a função "execute".

O método "fetchall" retorna a saída do comando recém-executado como uma lista de tuplas, que são atribuídas a uma variável chamada "results" neste código.

Faria sentido, não é?

Mas para confirmar se é realmente o caso, faremos um *Test Drive* com as últimas linhas de código.

Test Drive

Com o `DBcm` instalado, você pode executar o código apresentado até agora neste capítulo em seu notebook. A suposição, na parte inferior da página anterior, era que a variável `results` continua vazia, o que parece razoável considerando que você ainda não criou nenhuma tabela. Mas, veja o que acontece quando a variável `results` é examinada após a execução da instrução **with**:

```
import DBcm
```

```
db_details = "CoachDB.sqlite3"
```

```
with DBcm.UseDatabase(db_details) as db:
    db.execute("pragma table_list")
    results = db.fetchall()
```

```
results
```

```
[('main', 'sqlite_schema', 'table', 5, 0, 0),
 ('temp', 'sqlite_temp_schema', 'table', 5, 0, 0)]
```

Admitimos que esta saída nos fez coçar a cabeça... até percebermos que "pragma table_list" do SQLite também retorna quaisquer tabelas internas ao SQLite. Neste caso, "sqlite_schema" e "sqlite_temp_schema" são exemplos dessas tabelas internas, e você pode ignorá-las com segurança.

Veja com atenção: "results" é uma lista de tuplas.

Se vir algo semelhante na tela, então o seu módulo `DBcm` funciona corretamente, na medida em que você é capaz de utilizar a função `execute` para enviar um comando ao banco de dados, em seguida, recuperar qualquer resultado do comando em execução usando o método `fetchall`.
As duas tabelas identificadas na lista `results` são usadas pelo SQLite para controlar seu estado interno. É melhor deixá-las em paz, né?

Use strings com três aspas para seu SQL

No *Test Drive* mais recente, o comando enviado para o banco de dados foi: `pragma table _ list`. Como o comando era curto, fazia sentido incluir a string de comando inteira como parte da chamada `db.execution`. Mas à medida que o comando que você envia para o banco de dados fica mais longo (e mais complexo), muitas vezes é mais fácil ver se ele é atribuído a uma variável, então mostrado em uma string com três aspas em várias linhas. Veja um exemplo:

A consulta é exibida em uma string com três aspas e atribuída a uma variável chamada "SQL".

Com certeza, o uso de uma string com três aspas é provavelmente um exagero aqui (já que é uma pequena consulta SQL), mas queremos demonstrar a ideia básica.

A variável "SQL" é passada para a função "execute".

```
SQL = """
    select time()
"""

with DBcm.UseDatabase(db_details) as db:
    db.execute(SQL)
    results = db.fetchall()
results
```

```
[('20:35:56',)]
```

O método "fetchall" sempre retorna uma lista de tuplas, mesmo quando o SQL pede — como neste caso — um *único* valor.

Se tiver certeza de que um único valor será retornado, você poderá usar o método `fetchone` para retornar uma única tupla do banco de dados em vez de uma lista de tuplas (como é sempre o caso com `fetchall`). Considere, por exemplo, esta versão do código acima:

Além da nossa anotação, acima, gostamos que o uso de uma string com três aspas permite que nosso cérebro detecte muito rapidamente o SQL dentro do código.

```
SQL = """
    select time()
"""

with DBcm.UseDatabase(db_details) as db:
    db.execute(SQL)
    results = db.fetchone()
results
```

Buscando um resultado (o primeiro) em vez de todos.

Uma única tupla de resultados é retornada por "fetchone".

```
('20:53:44',)
```

não existem Perguntas Idiotas

P: Só para esclarecer, as strings com três aspas na página anterior têm consultas SQL comuns, certo?

R: Sim. Você pode executar essas consultas SQL em outras ferramentas (e linguagens) se precisar. Como verá mais adiante, a maioria dos mecanismos de bancos de dados inclui uma interface de linha de comando e o SQL que mostramos no código pode ser copiado literalmente para essas ferramentas.

P: Estou vendo a saída das variáveis `results` e `result` exibidas. As vírgulas parecem bem estranhas. É um erro?

R: Não é um erro, mas concordamos que realmente parecem um pouco estranhas. Para entender o que está acontecendo, lembre-se de que `fetchall` retorna uma lista de tuplas. Duas páginas atrás, a saída produzida pelo comando SQLite `pragma table_list` é claramente uma lista de tuplas. A lista retornada fica entre colchetes, com cada valor na lista separado por uma vírgula. No exemplo, os valores da lista são tuplas em si, sendo uma coleção de valores separados por vírgulas entre parênteses.

Importante: As listas contêm valores separados por vírgulas e colchetes, já as tuplas contêm valores separados por vírgulas e parênteses.

Quando a lista tem um único valor, por exemplo, `[42]`, os colchetes são suficientes para que o Python analise com sucesso `[42]` como uma lista de um elemento.

Tudo fica bem até você considerar o que acontece quando uma tupla tem um único valor, por exemplo, o número `42`. É uma tentação codificar a tupla como `(42)`, o que não funcionará, pois as regras do Python afirmam que uma tupla (para ser tupla) contém valores separados por vírgula *mesmo quando há apenas um único valor na tupla.* `(42)` não tem vírgula, então o Python analisa como o valor `42`, que provavelmente não é o que você quer se o objetivo era um tupla de um elemento. Mas quando uma vírgula é adicionada `(42,)`, o Python analisa isso como uma tupla de um elemento. Parece muito estranho, mas são as regras...

Pense neste código: `(1 + 2) * 3`, em que os parênteses estabelecem a operação precedente (ou seja, a adição acontece *primeiro*). Não há vírgula aqui, então não há chance de o Python confundir isso com uma tupla, certo? Mas compare com o método `fetchone`, usado no final da última página, que retorna um único resultado do banco de dados. Em vez de produzir uma lista de tuplas (como com `fetchall`), o método `fetchone` retorna uma única tupla. Se essa única tupla em si contém um único valor, então a vírgula *deve* ser incluída para que seja uma tupla.

Não está feliz por ter perguntado? [Descansaremos um pouco após essa explicação.] 😉

P: Apenas para eu entender aonde tudo isso quer chegar, quando chegamos a usar DBcm com MySQL ou MariaDB, todo esse código precisa mudar?

R: Não, mas algumas edições serão necessárias para o SQL usado, pois nem todos os dialetos de SQL são criados igualmente. O que funciona com SQLite pode não funcionar com MySQL, nem com PostgreSQL, com Oracle, com SQL Server, com... bem, você entendeu. Grande parte do SQL usado por sua aplicação deve funcionar inalterada em qualquer mecanismo do banco de dados moderno baseado em SQL. Mas existem casos extremos e incompatibilidades para ter cuidado. Quando você tiver trabalhado em todo o código (SQL e Python) que é necessário para atualizar o webapp do Coach para usar o SQLite, será necessário — em um capítulo posterior — implantar usando MariaDB. Você não precisará mudar nenhum código do seu Python como parte do exercício, mas pequenas alterações no SQL serão necessárias, com ênfase na palavra "pequenas" (então não se preocupe muito agora).

P: Até então todos os exemplos retornaram alguns resultados do mecanismo do banco de dados, que `fetchall` ou `fetchone` pode pegar se necessário. O que acontece quando o SQL executado não gera nenhuma saída? `fetchall` e `fetchone` falham?

R: Não, uma lista vazia é retornada no caso de `fetchall`, enquanto o valor para nada do Python, `None`, é retornado pelo método `fetchone`.

P: É tudo sobre as funções fetch ou tem mais?

R: Há também um método `fetchmany` que, com base no parâmetro numérico fornecido, retorna esse número de linhas (ou seja, tuplas) dos resultados retornados pelo mecanismo do banco de dados. O método `fetchmany` pode ser útil, por exemplo, ao implementar paginação.

Nem todo SQL retorna resultados

Claro, é perfeitamente normal que um comando SQL não gere nenhuma saída. Por exemplo, se você vir cada comando `CREATE TABLE` a seguir, nenhum produz qualquer saída, embora cada um ajuste o estado do seu banco de dados adicionando uma tabela.

Veja os comandos SQL que criam as tabelas `swimmers`, `events` e `times`. Também são mostradas as "estruturas do guardanapo" de antes:

```
create table if not exists swimmers (
    id integer not null primary key autoincrement,
    name varchar(32) not null,
    age integer not null
)
```

É um SQL específico do SQLite que provavelmente não funcionará com outros mecanismos. Os padrões não são incríveis?

```
create table if not exists events (
    id integer not null primary key autoincrement,
    distance varchar(16) not null,
    stroke varchar(16) not null
)
```

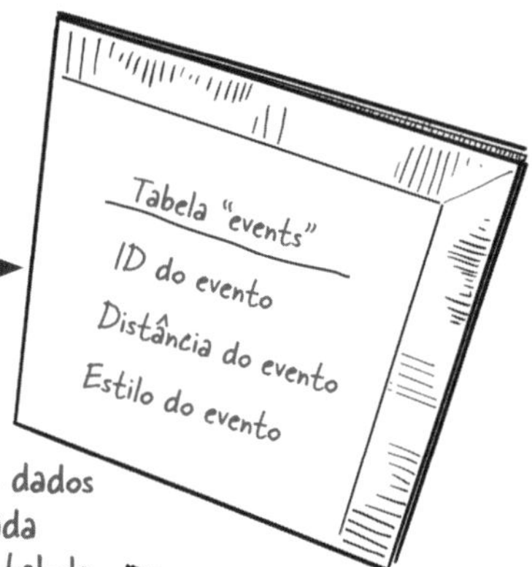

"not null" garante que os dados sejam fornecidos para cada coluna em toda linha da tabela.

```
create table if not exists times (
    swimmer_id integer not null,
    event_id integer not null,
    time varchar(16) not null,
    ts timestamp default current_timestamp
)
```

Sempre que uma linha de dados é adicionada à tabela "times", o timestamp atual é gerado automaticamente.

Exercício

Veja o SQL que, quando executado, cria a tabela `swimmers`:

```
create table if not exists swimmers (
    id integer not null primary key autoincrement,
    name varchar(32) not null,
    age integer not null
)
```

Continuando a trabalhar em seu notebook *CreateDatabaseTables.ipynb*, escreva o código que atribui a instrução acima a uma variável chamada `SQL` e, em seguida, envia a consulta para a execução do banco de dados. Pegue o lápis e escreva seu código aqui:

O SQL acima não produz nenhuma saída. Você pode pensar em uma maneira de verificar se a execução do SQL foi bem-sucedida? Escreva a estratégia sugerida aqui:

Respostas na página 468

Exercício Solução

Da página 467

Veja o SQL que, quando executado, cria a tabela `swimmers`:

```
create table if not exists swimmers (
    id integer not null primary key autoincrement,
    name varchar(32) not null,
    age integer not null
)
```

Continuando a trabalhar em seu notebook *CreateDatabaseTables.ipynb*, você teve que escrever o código que atribui a instrução acima a uma variável chamada `SQL` e, em seguida, enviar a consulta para a execução do banco de dados. Você escreveu seu código aqui:

```
SQL = """
    create table if not exists swimmers (
        id integer not null primary key autoincrement,
        name varchar(32) not null,
        age integer not null
    )
"""
with DBcm.UseDatabase(db_details) as db:
    db.execute(SQL)
```

Coloque a instrução SQL dentro de três aspas, e atribua-a à variável "SQL".

Nota: "not null" é um jargão SQL para "não permitir um valor em branco aqui," ou seja, o nome e os valores da idade *devem* ser fornecidos para cada linha.

Use "DBcm" para conectar o banco de dados e enviar a consulta para a execução do mecanismo do banco de dados.

O SQL acima não produziu nenhuma saída. Você teve que pensar em uma maneira de verificar se a execução do SQL foi bem-sucedida. Veja o que propomos:

Send "pragma tables_list" to the server, then view the returned results.

Test Drive

Aqui está o código do último *Exercício* que, quando enviado para o mecanismo do banco de dados, cria uma tabela `swimmers`:

```
SQL = """
    create table if not exists swimmers (
        id integer not null primary key autoincrement,
        name varchar(32) not null,
        age integer not null
    )
"""
with DBcm.UseDatabase(db_details) as db:
    db.execute(SQL)
```

Quando você executa o código acima, nenhuma saída é gerada. A sugestão, na parte inferior da última página, foi executar o comando `pragma tables_list` (fornecido por SQLite) para ver se a lista de tabelas no mecanismo do banco de dados se ajusta para indicar o estado alterado no servidor. Enviaremos o comando para o mecanismo e veremos:

É o mesmo código de antes no capítulo.

```
with DBcm.UseDatabase(db_details) as db:
    db.execute("pragma table_list")
    results = db.fetchall()
results
```

```
[('main', 'sqlite_sequence', 'table', 2, 0, 0),
 ('main', 'swimmers', 'table', 3, 0, 0),
 ('main', 'sqlite_schema', 'table', 5, 0, 0),
 ('temp', 'sqlite_temp_schema', 'table', 5, 0, 0)]
```

A informação retornada do mecanismo do banco de dados foi atualizada para incluir os dados na tabela "swimmers". (Há também outra tabela SQLite interna chamada "sqlite_sequence" que é melhor ficar como está). Note que o número "3" na linha "swimmers" indica quantas colunas existem nessa tabela (que é exatamente o esperado aqui).

Crie as tabelas events e times

Agora que você criou a tabela `swimmers`, não dá muito trabalho criar as outras duas, ou seja, `events` e `times`. Para poupar tempo, aqui está um *código pronto* que faz isso por você, junto com outra execução de `pragma tables _ list` para confirmar que as três tabelas agora existem no seu mecanismo do banco de dados.

Em vez de usar múltiplas instruções **with** aqui, uma sequência de instruções SQL é enviada para o mecanismo do banco de dados em um único bloco **with**:

```
with DBcm.UseDatabase(db_details) as db:
    SQL_1 = """
        create table if not exists events (
            id integer not null primary key autoincrement,
            distance varchar(16) not null,
            stroke varchar(16) not null
        )
    """
    SQL_2 = """
        create table if not exists times (
            swimmer_id integer not null,
            event_id integer not null,
            time varchar(16) not null,
            ts timestamp default current_timestamp
        )
    """
    db.execute(SQL_1)
    db.execute(SQL_2)
```

Crie duas variáveis contendo instruções SQL em várias linhas.

Envie cada instrução em sequência para o mecanismo do banco de dados.

```
with DBcm.UseDatabase(db_details) as db:
    db.execute("pragma table_list")
    results = db.fetchall()
results
```

```
[('main', 'times', 'table', 4, 0, 0),
 ('main', 'events', 'table', 3, 0, 0),
 ('main', 'sqlite_sequence', 'table', 2, 0, 0),
 ('main', 'swimmers', 'table', 3, 0, 0),
 ('main', 'sqlite_schema', 'table', 5, 0, 0),
 ('temp', 'sqlite_temp_schema', 'table', 5, 0, 0)]
```

Enviar "pragma tables_list" para o banco de dados confirma a criação das três tabelas: "swimmers", "events" e "times".

As tabelas estão prontas (e a Tarefa 1 terminada)

Com as três tabelas criadas, a Tarefa 1 está terminada e pronta:

1. **Decida por uma estrutura para os dados e crie as tabelas do banco de dados.** ✓
   Você precisa decidir como os dados no banco de dados serão organizados. Quando decidir, poderá criar o banco de dados e as tabelas necessárias usando Python e SQL.

Continuando, feche o notebook *CreateDatabaseTables.ipynb* e crie um novo notebook na pasta *webapp* chamado *PopulateTables.ipynb*.

Faça isto agora.

Veja o que está envolvido na Tarefa 2:

2. **Adicione valores de dados às tabelas do banco de dados.**
   O sistema do Coach usa os dados na pasta *swimdata*. Você precisará pegar os dados nessa pasta e adicioná-los às tabelas do banco de dados apropriadas. Como na Tarefa 1, Python e SQL são as tecnologias que deve usar aqui.

Sim. É o plano.

E trabalharemos em cada tabela, uma por uma.

Você começará com a tabela `swimmers`, adicionando uma linha de dados identificando cada nadador do Coach.

A seguir vem a tabela `events`, na qual você criará linhas individuais identificando cada combinação de distância/estilo.

Por fim, com as tabelas `swimmers` e `events` preenchidas, é hora de ver a tabela `times`, que é a mais complexa das três atividades de preenchimento. Cada linha na tabela `times` precisa identificar um nadador, um evento, o tempo registrado naquele evento e um timestamp identificando quando a linha foi adicionada à tabela.

Determinando a lista de arquivos do nadador

Lembre-se de que a versão atual do webapp do Coach trabalha com os dados na pasta *swimdata*. Há muitos arquivos nessa pasta cujos nomes adotam um formato muito específico, por exemplo: *Abi-10-100m-Back.txt*. Se este exemplo de nome de arquivo estiver armazenado em uma variável chamada `fn`, você já sabe que esse código extrai as partes componentes:

Pegue o nome de arquivo em "fn"...

... então remova o sufixo ".txt", antes de dividir o que restou em suas partes constituintes, separando-as em "-".

```
fn = 'Abi-10-100m-Back.txt'
name, age, distance, stroke = fn.removesuffix(".txt").split("-")
```

```
name, age
```

```
('Abi', '10')
```

Aqui está uma linha de dados da tabela "swimmers".

```
distance, stroke
```

```
('100m', 'Back')
```

E aqui está uma linha de dados da tabela "events" (que você terá quando terminar com a tabela "swimmers").

Por ora, você só está interessado nas variáveis `name` e `age`, pois os valores que essas variáveis contêm podem ser usados para preencher a tabela `swimmers`. Claro, você quer determinar esses valores para todos os arquivos na pasta *swimdata*. Mais uma vez, você já usou um código para processar todos os arquivos em sua pasta. As próximas linhas são tiradas de páginas anteriores neste livro:

```
import os

FOLDER = "swimdata/"

files = os.listdir(FOLDER)
files.remove(".DS_Store")
```

Use a função "listdir" do módulo "os" para pegar todos os nomes de arquivos da pasta nomeada.

Lembre-se de remover da lista o arquivo ".DS_Store" indesejado específico para Mac antes de continuar.

A lista `files` contém todos os nomes de arquivo do nadador da pasta *swimdata*. Agora você pode pegar cada arquivo em `files`, extrair os valores `name` e `age`, depois usar os valores extraídos para adicionar uma linha de dados à sua tabela `swimmers`.

Tarefa 2: Adicionando dados a uma tabela de banco de dados

O SQL é diferente do Python, que considera letras maiúsculas e minúsculas. Gostamos de usar MAIÚSCULAS quando discutimos os verbos SQL no texto, mas minúsculas quando usamos SQL em nosso código. Mas, somos nós. Não há nenhuma regra.

Quando se trata de adicionar dados a uma tabela existente, o SQL fornece a instrução `INSERT`.

Para chegar ao ponto de poder adicionar os nomes e as idades dos nadadores à tabela `swimmers`, resolveremos como usar `INSERT` para um nadador. E quando conseguir, você poderá repetir o processo para todos.

Trabalhando no notebook mais recente, comece atribuindo o primeiro nome de arquivo da lista `files` a uma variável e, em seguida, extraia os valores `name` e `age` do nome de arquivo:

Pegue o primeiro nome de arquivo na lista.

```
first = files[0]
print(first)
name, age, _, _ = first.removesuffix(".txt").split("-")
name, age
```

Extraia os valores "name" e "age".

O primeiro nome de arquivo.

```
Hannah-13-100m-Free.txt

('Hannah', '13')
```

Os valores extraídos.

Com os valores `name` e `age` determinados, a próxima etapa é usar os valores em uma instrução `INSERT`, terminando com uma instrução SQL assim:

Enviar este SQL para seu mecanismo do banco de dados insere uma nova linha de dados na tabela "swimmers".

```
insert into swimmers
(name, age)
values
("Hannah", 13)
```

Você não precisa fornecer um valor de ID para cada nadador, pois o mecanismo do banco de dados inclui a próxima ID disponível quando você insere uma nova linha (graças ao rótulo "autoincrement" usado com sua instrução "create table" anterior).

Veja Bem!

Não fique tentado a usar uma f-string aqui!

Se pedíssemos para criar o código Python para criar a instrução INSERT como uma string, você provavelmente sugeriria o uso de uma f-string com três aspas. Embora funcione, não é a abordagem recomendada ao criar instruções SQL parametrizadas. Em vez disso, as tecnologias de banco de dados do Python fornecem ***espaços reservados****, que fazem a mesma coisa, mas de uma forma muito mais segura.*

Não há nada de errado em usar f-strings na maioria das situações.

Mas é preciso ter cuidado quando se trata de criar instruções SQL programaticamente.

Há uma classe inteira de vulnerabilidades de segurança conhecida coletivamente como *Ataques de Injeção SQL* (do inglês *SQL Injection*) que pode ser explorada quando as instruções SQL são construídas usando tecnologias de *substituição de strings*, como as empregadas internamente pelas f-strings. Para se proteger desses ataques, as tecnologias de banco de dados do Python suportam a *substituição de parâmetros usando espaços reservados*. Esse mecanismo nega qualquer tentativa de injetar um ataque SQL potencialmente fatal no código do seu aplicativo.

Segurança com espaços reservados SQL do Python

Em vez de usar a substituição de *strings*, use a substituição de *parâmetros* do Python. É simples: ao definir sua instrução SQL, insira um espaço reservado em vez de uma substituição de string. No SQLite, os espaços reservados são assim:

?

Não é um erro de digitação. O símbolo do espaço reservado no SQLite é um único ponto de interrogação e sua instrução SQL pode ter tantos espaços reservados quanto precisar.

Veja a instrução `INSERT` de antes, junto com seu equivalente de espaço reservado:

```
insert into swimmers
(name, age)
values
("Hannah", 13)
```

Valores substituídos.

```
insert into swimmers
(name, age)
values
(?, ?)
```

Espaços reservados.

Claro, quando você finalmente enviar a instrução SQL para o mecanismo do banco de dados em espera, desejará substituir os espaços reservados pelos valores reais a serem usados. Isto é feito passando uma tupla de valores para a função `execute`, além da instrução SQL real.

Suponha que o espaço reservado SQL mostrado acima seja atribuído a uma variável chamada `SQL_INSERT`. Suponha ainda que as variáveis `name` e `age` existam e receberam valores. A seguinte linha de código envia o SQL para o mecanismo do banco de dados em espera, substituindo os espaços reservados pelos valores das variáveis identificadas de uma maneira que protege dos *Ataques de Injeção de SQL*:

Passe o SQL a executar.

Forneça uma tupla de variáveis para usar como os valores substituídos.

```
db.execute(SQL_INSERT, (name, age,))
```

Só resta a você dormir um pouco mais profundamente, seguro ao saber que o uso de espaços reservados protegeu seu código, você e os usuários do aplicativo de um *Ataque de Injeção de SQL*. ← Ufa!

Exercício

Hora de trabalhar um pouco. Este *Exercício* tem cinco partes, cada uma requerendo que você adicione células de código ao seu notebook atual: *PopulateTables.ipynb*. Começaremos com uma simples.

1. Adicione código para importar o módulo `DBcm`, em seguida, crie a variável `db_details`, atribuindo-lhe o valor `"CoachDB.sqlite3"`. Pegue o lápis e escreva o código que você adicionou aqui:

   ____

   ____

   ____

2. Na próxima célula de código, crie uma variável chamada `SQL_INSERT` e atribua-lhe uma string com três aspas. Na string com três aspas, adicione a versão com espaço reservado da instrução `INSERT` da página anterior. Escreva o código usado aqui:

   ____

   ____

   ____

   ____

   ____

   ____

   ____

3. Sua próxima célula precisa usar uma instrução **with** junto com `DBcm` para conectar o banco de dados SQLite. Uma única linha de código no bloco da instrução **with** executa a instrução `SQL_INSERT`, passando as variáveis `name` e `age` como substituições do espaço reservado. Escreva as **duas linhas** de código que usou aqui:

   ____

   ____

   ____

4 Agora que você adicionou uma linha de dados à tabela `swimmers`, verificamos se os dados foram salvos. Atribua esta instrução SQL à variável `SQL`, `select * from swimmers`, e crie uma instrução **with** que envia a instrução para o banco de dados, antes de recuperar os resultados e exibi-los na tela. Escreva o código que você usou na próxima célula de código aqui:

5 Se tudo correu bem, a célula de código anterior confirma a adição (e o armazenamento) de uma única linha de dados. Claro, você desejará repetir o mecanismo da célula anterior em todos os nomes de arquivo na pasta *swimdata*, não apenas no primeiro, e — acertou — um loop virá a calhar. Mas antes de começar a escrever um loop, você precisará remover a linha que acabou de adicionar à tabela `swimmers`, pois era um teste rápido do mecanismo e você quer começar com uma tabela vazia quando chegar a hora de escrever seu loop.

A instrução SQL `delete from swimmers`, quando enviada para o banco de dados, remove todos os dados armazenados da tabela `swimmers`. Na próxima célula de código, crie um código que envia essa instrução SQL para o SQLite. Note que sua tabela não tem dados, mas ainda existe (ou seja, a tabela não é removida).

Escreva o código que usou aqui:

Para saber se a exclusão funcionou, execute novamente a célula de código criada para **4** e confirme se a tabela `swimmers` está vazia, ou seja, não copie e cole, clique na célula e pressione **Ctrl+Enter** para executar de novo o código da célula.

Respostas na página 478

Exercício Solução

Da página 476

Hora de trabalhar um pouco. Havia cinco partes no *Exercício*, cada uma requerendo que você adicionasse células de código ao seu notebook atual: *PopulateTables.ipynb*. Você começou com uma simples.

1. Você adicionou o código para importar o módulo `DBcm`, em seguida, criou a variável `db_details`, atribuindo-lhe o valor `"CoachDB.sqlite3"`. Você pegou o lápis e escreveu o código que adicionou aqui:

```
import DBcm

db_details = "CoachDB.sqlite3"
```

Como estava no seu notebook anterior.

2. Na próxima célula de código, teve que criar uma variável chamada `SQL_INSERT` e atribuir-lhe uma string. Na string, adicionou a versão com espaço reservado da instrução `INSERT` de algumas páginas atrás. Você escreveu o código usado aqui:

```
SQL_INSERT = """
        insert into swimmers
        (name, age)
        values
        (?, ?)
"""
```

A instrução "insert" do SQL é inserida em várias linhas (facilitando a leitura) e fica entre três aspas.

3. Sua próxima célula devia usar uma instrução **with** junto com `DBcm` para conectar o banco de dados SQLite. Uma única linha de código no bloco da instrução **with** executou a instrução `SQL_INSERT`, passando as variáveis `name` e `age` como substituições do espaço reservado. Você escreveu as **duas linhas** de código que usou aqui:

```
with DBcm.UseDatabase(db_details) as db:
    db.execute(SQL_INSERT, (name, age,))
```

Conecte o banco de dados e envie a instrução SQL junto com os dois valores de parâmetro.

4 Agora que você adicionou uma linha de dados à tabela `swimmers`, verificou se os dados foram salvos atribuindo esta instrução SQL à variável `SQL`, `select * from swimmers`. Usando uma instrução **with**, enviou a instrução para o banco de dados, antes de recuperar os resultados e exibi-los na tela. Você teve que escrever o código que usou na próxima célula de código aqui:

```
SQL = """select * from swimmers"""
with DBcm.UseDatabase(db_details) as db:
    db.execute(SQL)
    results = db.fetchall()
results
```

Quando a instrução SQL é curta, você pode inseri-la como uma string de uma linha.

Não há nada novo aqui. Envie o comando SQL para o banco de dados, busque os resultados e exiba-os na tela.

5 Se tudo correu bem, a célula de código anterior confirmou a adição (e o armazenamento) de uma única linha de dados. Claro, você desejará repetir o mecanismo da célula anterior em todos os nomes de arquivo na pasta *swimdata*, não apenas no primeiro, e — acertou — um loop virá a calhar. Mas antes de começar a escrever um loop, você precisou remover a linha que acabou de adicionar à tabela `swimmers`, pois era um teste rápido do mecanismo. Isso assegura que começará com uma tabela vazia quando chegar a hora de escrever seu loop.

A instrução SQL `delete from swimmers`, quando enviada para o banco de dados, remove todos os dados armazenados da tabela `swimmers`. Na próxima célula de código, escreveu um código que enviou essa instrução SQL para o SQLite. Note que sua tabela não tem dados, mas ainda existe (ou seja, a tabela não é removida).

Teve que escrever o código que usou aqui:

```
SQL = """delete from swimmers"""
with DBcm.UseDatabase(db_details) as db:
    db.execute(SQL)
```

Este comando "delete" é muito poderoso, mas também bem implacável... pois não tem uma opção para desfazer. Portanto, tenha cuidado ao usá-lo.

Para saber se a exclusão funcionou, executou novamente a célula de código criada para 4 e confirmou se a tabela `swimmers` estava vazia, ou seja, não copiou e colou, clicou na célula e pressionou **Ctrl+Enter** para executar de novo o código da célula.

Executaremos todo o código em um "Test Drive" para confirmar se funciona como o esperado. →

Test Drive

Este código presume que `name` e `age` foram definidas para os valores extraídos do primeiro nome de arquivo na lista `files` (como lido na pasta *swimdata*). Cada parte de código mostrada é inserida em sua própria célula em nosso notebook, exceto a última na parte inferior da próxima página, onde você foi solicitado a clicar na célula anterior e executar novamente o código pressionando **Ctrl+Enter**.

Como antes, o módulo "DBcm" é importado, então os detalhes da conexão para o banco de dados são definidos.

```
import DBcm

db_details = "CoachDB.sqlite3"
```

A instrução "insert" parametrizada define dois espaços reservados para os valores reais "name" e "age" a serem adicionados como uma linha de dados na tabela "swimmers".

```
SQL_INSERT = """
    insert into swimmers
    (name, age)
    values
    (?, ?)
"""
```

A instrução "insert" é enviada para o banco de dados, junto com os dois valores necessários (passados como uma tupla).

```
with DBcm.UseDatabase(db_details) as db:
    db.execute(SQL_INSERT, (name, age,))
```

A instrução "insert" é do tipo durona e calada, pois não há resposta do banco de dados indicando sucesso. Geralmente, se houver um erro (ou um problema), você ficará sabendo, enquanto todo o resto fica em silêncio...

```
SQL = """select * from swimmers"""
with DBcm.UseDatabase(db_details) as db:
    db.execute(SQL)
    results = db.fetchall()
results
```

```
[(1, 'Hannah', 13)]
```

Quando você pede ao banco de dados para retornar todas as linhas de dados na tabela "swimmers", não só obtém os valores de name e age ("Hannah" e 13), mas também há um valor de ID 1 retornado. Esse valor foi adicionado automaticamente pelo SQLite porque você especificou esta coluna como "autoincrement". Legal, né? Note que a próxima linha de dados será numerada como 2, 3 etc., até esgotar as linhas, os dados, o espaço em disco ou a vontade de viver... 😉

```
SQL = """delete from swimmers"""
with DBcm.UseDatabase(db_details) as db:
    db.execute(SQL)
```

Remover todas as linhas de uma tabela específica acontece em silêncio dentro do banco de dados. Para realmente ver o que aconteceu, você precisa pedir novamente para ver todas as linhas de dados.

```
SQL = """select * from swimmers"""
with DBcm.UseDatabase(db_details) as db:
    db.execute(SQL)
    results = db.fetchall()
results
```

```
[]
```

Clique na célula anterior e pressione "Ctrl-Enter" para executar de novo a célula. Diferente do que acontece no topo desta página, a tabela "swimmers" agora está vazia, o que resulta em uma lista vazia. Isso significa que não há linhas de dados na tabela "swimmers", mas a tabela ainda existe.

Sim, isso parece um plano.

Faremos isso rapidamente e veremos o que acontece. Pegue o lápis e nos vemos na próxima página.

Exercício

Todos os nomes de arquivo da pasta `swimdata` estão na lista `files` em seu notebook. Você pode percorrer a lista `files` atribuindo cada nome de arquivo individual à variável de loop `fn`, que pode então ter seu sufixo ".txt" removido, antes de ser dividida no símbolo "-". Isso lhe dá a capacidade de preencher as variáveis `name` e `age`, que podem ser substituídas em uma instrução `INSERT` e enviadas para o mecanismo do banco de dados em espera. Pegue o lápis (e seu notebook) e crie o código para executar a tarefa acima, que deve adicionar a lista de nadadores à tabela `swimmers` usando um loop **for** para iterar a lista `files`, um por vez. Escreva o código que você criou abaixo.

```
import os

import DBcm

db_details = "CoachDB.sqlite3"

FOLDER = "swimdata/"

files = os.listdir(FOLDER)
files.remove(".DS_Store")

SQL_INSERT = """
    insert into swimmers
    (name, age)
    values
    (?, ?)
"""
```

Para que se concentre na tarefa em questão, mostramos este código que configura as coisas para você, colocando a lista de nomes de arquivos dos nadadores na lista "files" e definindo a instrução INSERT como uma string com três aspas. Seu trabalho é escrever o código de loop que adiciona todos os detalhes dos nadadores à tabela "swimmers", processando a lista "files", um nome de arquivo por vez.

Respostas na página 484

Exercício Solução

Da página 483

Todos os nomes de arquivo da pasta `swimdata` estão na lista `files` em seu notebook. Você pode percorrer a lista `files` atribuindo cada nome de arquivo individual à variável de loop `fn`, que pode então ter seu sufixo ".txt" removido, antes de ser dividida no símbolo "-". Isso lhe dá a capacidade de preencher as variáveis `name` e `age`, que podem ser substituídas em uma instrução `INSERT` e enviadas para o mecanismo do banco de dados em espera.
Você pegou o lápis (e seu notebook) e criou o código para executar a tarefa acima, que deve adicionar a lista de nadadores à tabela `swimmers`, usando um loop **for** para iterar a lista `files`, um por vez. Você escreveu o código proposto no espaço abaixo.

```
import os

import DBcm

db_details = "CoachDB.sqlite3"

FOLDER = "swimdata/"

files = os.listdir(FOLDER)
files.remove(".DS_Store")

SQL_INSERT = """
    insert into swimmers
    (name, age)
    values
    (?, ?)
"""
```

```
with DBcm.UseDatabase(db_details) as db:
    for fn in files:
        name, age, _, _ = fn.removesuffix(".txt").split("-")
        db.execute(SQL_INSERT, (name, age, ))
```

Veja o código que criamos. Como ele se compara ao seu?

Poder do Cérebro

*Pare um pouco para ver como escrevemos nosso código na parte inferior da página anterior, com a instrução **with** englobando o loop **for** (e não o contrário). Você pode pensar em uma razão pela qual fizemos isso?*

Test Drive

Veja o nosso código, que funciona, mas talvez não exatamente como esperávamos:

```
with DBcm.UseDatabase(db_details) as db:
    for fn in files:
        name, age, _, _ = fn.removesuffix(".txt").split("-")
        db.execute(SQL_INSERT, (name, age, ))
```

Ao pressionar **Ctrl+Click** na célula de código, que executa de novo e exibe todos os dados, vemos isto:

```
(2, 'Hannah', 13),
(3, 'Darius', 13),
(4, 'Owen', 15),
(5, 'Mike', 15),
(6, 'Hannah', 13),
(7, 'Mike', 15),
(8, 'Mike', 15),
        ...
(58, 'Katie', 9),
(59, 'Blake', 15),
(60, 'Erika', 15),
(61, 'Katie', 9)]
```

A primeira parte estranha é que as IDs começaram em 2, não em 1. É porque o SQLite nunca reutiliza uma ID usada anteriormente, mesmo após sua exclusão (muitos mecanismos de banco de dados funcionam da mesma forma).

O outro problema se refere a todas as entradas duplicadas!! Como cada nadador tem vários arquivos na pasta "swimdata", eles são adicionados à tabela "swimmers" muitas vezes, quando deveriam ser adicionados apenas uma vez (pois se referem ao mesmo nadador). Isso precisa ser corrigido.

Sim, precisamos evitar as entradas duplicadas.

É a combinação do valor do nome *e* do valor da idade que garante a exclusividade, então você precisa verificar *ambos*.

Para entender o que poderia dar errado, considere se, além de Darius com menos de 13 anos, outro nadador, mais jovem, *também* chamado Darius entrasse no clube. O Darius mais jovem nada na faixa etária sub-10, então para diferenciá-lo de Darius sub-13, você precisa pesquisar o nome e a idade.

Também deve considerar o que pode acontecer no próximo ano, quando um grupo de nadadores vai para a próxima faixa etária. Como exemplo, Darius nadará na faixa etária sub-14 e você desejará manter seus dados sub-14 separados dos dados sub-13, e neste caso, desejará querer "ambos" os nadadores em sua tabela do banco de dados.

As coisas ficam ainda mais complicadas se *outro* Darius nadando na faixa etária Sub-13 entra no clube. Mas, como este é um livro sobre Python, não um livro sobre design de aplicativos de banco de dados, gerenciamento e armazenamento, manteremos as coisas simples por enquanto e iremos supor que tal situação nunca ocorrerá com o webapp do Coach (mas provavelmente acontecerá no "mundo real").

Exercício

Pegue o lápis mais uma vez. Encontre abaixo duas instruções SQL parametrizadas. A primeira, `SQL _ SELECT`, retorna todos os dados da tabela `swimmers` enquanto filtra os valores do nome e da idade. Você já viu a segunda instrução antes, `SQL _ INSERT`, que adiciona uma linha de dados à tabela `swimmers`.

Seu trabalho é ajustar o código para inserir uma nova linha na tabela `swimmers` quando os dados são novos (ou seja, ainda não existem na tabela). Como uma dica, lembre-se de que `fetchall` retorna uma lista vazia quando sua consulta SQL não retorna nenhum resultado. Crie o código de que você precisa, em seguida, escreva-o no espaço abaixo.

```
import os

import DBcm

db_details = "CoachDB.sqlite3"

FOLDER = "swimdata/"

files = os.listdir(FOLDER)
files.remove(".DS_Store")

SQL_SELECT = """
    select * from swimmers
    where name = ? and age = ?
"""

SQL_INSERT = """
    insert into swimmers
    (name, age)
    values
    (?, ?)
"""
```

Note os espaços reservados em ambas as instruções SQL.

Respostas na página 488

Exercício Solução

Da página 487

Você pegou o lápis mais uma vez e revisou as duas instruções SQL parametrizadas fornecidas mostradas abaixo. A primeira, `SQL_SELECT`, retorna todas as linhas de dados da tabela `swimmers`, filtrando `name` e `age`, enquanto a segunda instrução, `SQL_INSERT`, adiciona uma linha de dados à tabela `swimmers`. Seu trabalho era ajustar o código para inserir uma nova linha na tabela `swimmers` quando os dados são novos (ou seja, ainda não existem na tabela). Você teve que se lembrar de que `fetchall` retorna uma lista vazia quando sua consulta SQL não retorna nenhum resultado. Você criou o código necessário e escreveu no espaço abaixo.

```
import os

import DBcm

db_details = "CoachDB.sqlite3"

FOLDER = "swimdata/"

files = os.listdir(FOLDER)
files.remove(".DS_Store")

SQL_SELECT = """
    select * from swimmers
    where name = ? and age = ?
"""

SQL_INSERT = """
    insert into swimmers
    (name, age)
    values
    (?, ?)
"""
```

O truque para entender este código é lembrar que uma lista não vazia no Python é avaliada como TRUE, já uma lista vazia é avaliada como FALSE. Veja como o código explora esse comportamento em sua instrução "if".

```
with DBcm.UseDatabase(db_details) as db:
    for fn in files:
        name, age, _, _ = fn.removesuffix(".txt").split("-")
        db.execute(SQL_SELECT, (name, age,))
        if db.fetchall():
            continue
        db.execute(SQL_INSERT, (name, age,))
```

Quando chamado, o método "fetchall" retorna uma lista de tuplas quando os dados existem ou uma lista vazia quando os dados não podem ser encontrados.

A instrução "continue" faz com que a iteração do loop atual termine cedo.

Os dados só são inseridos quando não podem ser encontrados.

Test Drive

Vejamos qual a diferença que seu último código faz nas inserções do banco de dados. Se você ainda não fez isso, selecione a célula de código que executa `delete from swimmers` e execute de novo (pressionando **Ctrl+Enter**). Isso esvazia a tabela `swimmers` de todos os dados antes de executar seu código mais recente. Quando estiver pronto, retorne à célula de código que contém o último código e pressione **Shift+Enter**. Em seguida, volte para a célula que executa `select * from swimmers`, pressionando **Ctrl+Enter** para executar do novo o código. Você deverá ver uma lista muito menor de nadadores retornados do banco de dados, como mostrado abaixo:

```
with DBcm.UseDatabase(db_details) as db:
    for fn in files:
        name, age, _, _ = fn.removesuffix(".txt").split("-")
        db.execute(SQL_SELECT, (name, age,))
        if db.fetchall():
            continue
        db.execute(SQL_INSERT, (name, age,))
```

A versão mais recente do seu código de inserção para a tabela "swimmers".

```
[(62, 'Hannah', 13),
 (63, 'Darius', 13),
 (64, 'Owen', 15),
 (65, 'Mike', 15),
 (66, 'Abi', 10),
 (67, 'Ruth', 13),
 (68, 'Tasmin', 15),
 (69, 'Erika', 15),
 (70, 'Maria', 9),
 (71, 'Elba', 14),
 (72, 'Ali', 12),
 (73, 'Chris', 17),
 (74, 'Aurora', 13),
 (75, 'Katie', 9),
 (76, 'Alison', 14),
 (77, 'Emma', 13),
 (78, 'Calvin', 9),
 (79, 'Blake', 15),
 (80, 'Bill', 18),
 (81, 'Dave', 17),
 (82, 'Lizzie', 14),
 (83, 'Carl', 15)]
```

Os dados recuperados do banco de dados quando você pede para retornar todas as linhas da tabela "swimmers". Observe que não há entradas duplicadas nos resultados. Além disso, note que os valores da ID começam em 62, já que as 61 linhas anteriores foram excluídas. Isso pode parecer estranho, mas não é, pois o mais importante é que cada linha tenha uma ID única.

Repetiremos o processo para os eventos

Agora que você tem um código que adiciona linhas de dados à tabela `swimmers`, não é muito difícil produzir um código semelhante para a tabela `events`.

Parece uma boa ideia, mas pode ser um exagero.

Se você para um pouco e olha o código que adiciona linhas de dados únicas à tabela `swimmers`, não é difícil ver o que tem que mudar para ajustar o código para fazer uma coisa semelhante na tabela `events`. E, claro, a parte *Engenharia de Software* do seu cérebro imediatamente pensa "função reutilizável". Afinal, se o código só precisa ser um pouco ajustado, abstrair essas diferenças em uma função para a qual você passa os valores dos parâmetros (quando necessário) parece uma boa ideia.

Trabalho feito.

Não ainda, neste caso (confie em nós, experimentamos). É possível criar uma função aqui, mas o esforço necessário logo se transforma em uma bagunça que pode ser difícil de ler e raciocinar. Então, apesar do que o seu engenheiro de software interno esteja lhe dizendo, tentaremos copiar e colar...

Aponte seu lápis

Abaixo você encontrará o código que adiciona dados à sua tabela `swimmers`, mas com todas as referências à tabela removidas (ou seja, apagadas). Nos espaços indicados (que estão *sublinhados*) escreva os valores de substituição se você convertesse esse código copiado e colado para trabalhar com sua tabela `events`.

```
import os

import DBcm

db_details = "CoachDB.sqlite3"

FOLDER = "swimdata/"

files = os.listdir(FOLDER)
files.remove(".DS_Store")

SQL_SELECT = """
    select * from __________
    where __________ = ? and ________ = ?
"""

SQL_INSERT = """
    insert into __________
    ( __________ , ________ )
    values
    (?, ?)
"""

with DBcm.UseDatabase(db_details) as db:
    for fn in files:
        _, _, __________ , ________ = fn.removesuffix(".txt").split("-")
        db.execute(SQL_SELECT, ( __________ , ________ ,))
        if db.fetchall():
            continue
        db.execute(SQL_INSERT, ( __________ , ________ ,))
```

Dica: use a combinação de teclas **Esc e C** seguida de **Esc e V** para copiar e colar sua célula de código `swimmers`, depois faça as alterações sugeridas em sua nova célula de código com base no que você inseriu acima.

Respostas na página 492

Aponte seu lápis Solução

Da página 491

Depois de usar **Esc e C** seguido de **Esc e V** para copiar e colar a célula de código `swimmers`, você deve ajustar o código copiado, inserindo valores nos espaços indicados (em branco e sublinhados).

Ao contrário do código anterior, que adiciona dados à sua tabela `swimmerss`, você teve que escrever os valores de substituição como se estivesse convertendo esse código copiado e colado para trabalhar com sua tabela `events`. Veja as mudanças que fizemos:

```
import os

import DBcm

db_details = "CoachDB.sqlite3"

FOLDER = "swimdata/"

files = os.listdir(FOLDER)
files.remove(".DS_Store")

SQL_SELECT = """
    select * from events
    where distance = ? and stroke = ?
"""

SQL_INSERT = """
    insert into events
    ( distance , stroke )
    values
    (?, ?)
"""

with DBcm.UseDatabase(db_details) as db:
    for fn in files:
        _, _, distance , stroke = fn.removesuffix(".txt").split("-")
        db.execute(SQL_SELECT, ( distance , stroke ,))
        if db.fetchall():
            continue
        db.execute(SQL_INSERT, ( distance , stroke ,))
```

Substitua todas as referências à tabela "swimmers" pela tabela chamada "events".

Em vez do valor "name", este código referencia o valor "distance".

Em vez do valor "age", este código referencia o valor "stroke".

Há uma mudança sutil aqui. Reparou?

Test Drive

Aqui está o código copiado e colado com as alterações da tabela `events` aplicadas. Pressione **Shift+Enter** para executá-lo:

```
SQL_SELECT = """
    select * from events
    where distance = ? and stroke = ?
"""

SQL_INSERT = """
    insert into events
    (distance, stroke)
    values
    (?, ?)
"""

with DBcm.UseDatabase(db_details) as db:
    for fn in files:
        _, _, distance, stroke = fn.removesuffix(".txt").split("-")
        db.execute(SQL_SELECT, (distance, stroke,))
        if db.fetchall():
            continue
        db.execute(SQL_INSERT, (distance, stroke,))
```

Um pequeno ajuste no código que exibe todos os dados da tabela `swimmers` confirma que tudo está certo:

```
SQL = """select * from events"""
with DBcm.UseDatabase(db_details) as db:
    db.execute(SQL)
    results = db.fetchall()
results
```

```
[(1, '100m', 'Free'),
 (2, '100m', 'Back'),
 (3, '100m', 'Fly'),
 (4, '50m', 'Back'),
 (5, '200m', 'Free'),
 (6, '200m', 'Back'),
 (7, '50m', 'Free'),
 (8, '50m', 'Breast'),
 (9, '200m', 'IM'),
 (10, '100m', 'Breast'),
 (11, '400m', 'Free'),
 (12, '50m', 'Fly'),
 (13, '200m', 'Breast')]
```

Não há entradas de evento duplicadas, pois seu código copiado e colado já verifica isso. Ao contrário dos dados "swimmers", as IDs na tabela "events" começam em 1 porque você não teve que experimentar as inserções antes. Embora já possa ter notado, observe que os mecanismos de banco de dados começam a contar a partir de um, não de zero (provavelmente em um esforço para manter a vida de todos interessante).

Tudo o que resta é a tabela times...

Com as tabelas `swimmers` e `events` preenchidas com dados, só falta preencher a tabela `times`.

Ao invés de você voltar neste capítulo em busca do comando `CREATE TABLE` para `times`, pediremos ao SQLite para confessar o que ele sabe sobre essa tabela. Há outro comando `pragma`, `table _ info`, que pode ajudar aqui.

Execute o comando `pragma table _ info` na próxima célula de código para se lembrar da estrutura da tabela `times`:

MySQL/MariaDB têm um comando parecido, chamado "describe".

Como antes, você envia o comando "pragma" para o SQLite, em seguida, busca e exibe os resultados.

```
with DBcm.UseDatabase(db_details) as db:
    db.execute("pragma table_info(times)")
    results = db.fetchall()
results
```

```
[(0, 'swimmer_id', 'INTEGER', 1, None, 0),
 (1, 'event_id', 'INTEGER', 1, None, 0),
 (2, 'time', 'varchar(16)', 1, None, 0),
 (3, 'ts', 'timestamp', 0, 'current_timestamp', 0)]
```

Ah, você está se lembrando de tudo agora... Há quatro colunas na tabela "times": "swimmer_id", "event_id", "time" e "ts" (que é a abreviação de "timestamp").

Os valores a usar para `swimmer _ id` e `event _ id` se relacionam com as colunas de ID nas tabelas de `swimmers` e `events`, respectivamente, por isso devem ser fáceis de encontrar. O valor `ts` é inserido automaticamente pelo mecanismo do banco de dados SQLite quando uma linha de dados é adicionada a `times`, então tudo tranquilo (isso é tratado para você). Mas... de onde vem o valor `time`?

Os tempos estão nos arquivos do nadador...

Relembre o conteúdo de qualquer um dos arquivos do nadador. Aqui está o conteúdo de um dos arquivos associados a Darius:

Estes são os dados que lhe interessam.

Darius-13-100m-Fly.txt

```
1:27.95,1:21.07,1:30.96,1:23.22,1:27.95,1:28.30
```

Considere o que você tem aqui.

Há a lista de (neste exemplo) seis tempos de natação registrados. Esses tempos são os dados que precisam ser adicionados à tabela `times` uma linha por tempo mostrado.

Para cada linha, os valores `swimmer_id` e `event_id` precisam ser determinados a partir das informações contidas no nome de arquivo:

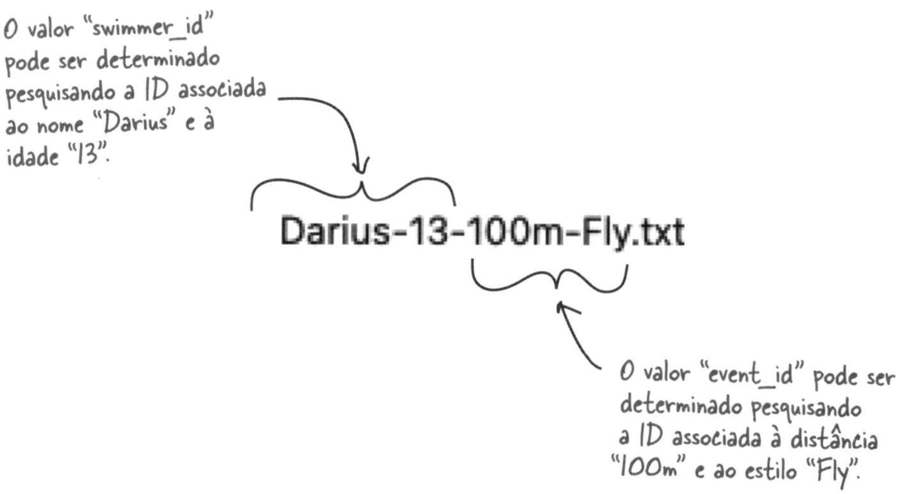

Com as duas IDs encontradas, é só uma questão de pegar o conteúdo do arquivo (a string dos tempos), separá-lo no símbolo de vírgula e inserir uma nova linha para cada um dos valores dos tempos.

Faremos isso agora.

Exercício

O lembrete de um código já executado no seu notebook. Primeiro, veja o código que pega a lista de nomes de arquivo na pasta *swimdata*:

```
import os

FOLDER = "swimdata/"

files = os.listdir(FOLDER)
files.remove(".DS_Store")
```

Além do código acima, você também importou o módulo `DBcm` e identificou o arquivo do banco de dados SQLite:

```
import DBcm

db_details = "CoachDB.sqlite3"
```

Lembre-se também de que você escreveu e executou um código que preenche as tabelas `swimmers` e `events` com dados. Com isso em mente, veja as três instruções SQL novas que, quando recebem valores para cada um de seus espaços reservados, ajudarão a preencher a tabela `times` com dados:

```
SQL_GET_SWIMMER = """
    select id from swimmers
    where name = ? and age = ?
"""
```

Quando fornecidos os valores para "name" e "age", esta consulta SQL retorna a ID do nadador.

```
SQL_GET_EVENT = """
    select id from events
    where distance = ? and stroke = ?
"""
```

Quando fornecidos os valores para "distance" e "stroke", esta consulta SQL retorna a ID do evento.

```
SQL_INSERT = """
    insert into times
    (swimmer_id, event_id, time)
    values
    (?, ?, ?)
"""
```

Quando fornecidas uma ID do nadador, uma ID do evento e uma hora, esta consulta SQL adiciona uma nova linha de dados à tabela "times".

Respostas na página 498

Agora pegue o lápis.

Veja a instrução **with** que abre uma conexão com o banco de dados SQLite. A primeira linha de código no bloco da instrução **with** percorre todos os nomes de arquivo na lista `files`, então (no bloco de código do loop) são determinados os valores de `name`, `age`, `distance` e `stroke`:

```
with DBcm.UseDatabase(db_details) as db:
    for fn in files:
        name, age, distance, stroke = fn.removesuffix(".txt").split("-")
```

Sua tarefa é completar o bloco de código do loop para preencher a tabela `times` com dados. As consultas SQL mostradas na página anterior devem ajudá-lo aqui. Experimente se necessário no notebook e quando achar que o código está funcionando corretamente, escreva-o aqui:

Dica: assim como o método `fetchall` (que passa todas as linhas retornadas por uma consulta), a biblioteca `sqlite3` do Python também tem suporte para `fetchone` e `fetchmany` (que funcionam de modo diferente). A documentação de `sqlite3` tem todos os detalhes.

Exercício Solução

Da página 496

Você teve que pegar o lápis.

Você recebeu a instrução **with** que abre uma conexão com o banco de dados SQLite. A primeira linha de código no bloco da instrução **with** percorre todos os nomes de arquivo na lista `files`, então (no bloco de código do loop) são determinados os valores de `name`, `age`, `distance` e `stroke`:

```
with DBcm.UseDatabase(db_details) as db:
    for fn in files:
        name, age, distance, stroke = fn.removesuffix(".txt").split("-")
```

Sua tarefa era completar o bloco de código do loop para preencher a tabela `times` com dados. As consultas SQL fornecidas ajudariam aqui. Você experimentou se necessário no notebook e quando achou que o código estava funcionando corretamente, teve que escrevê-lo aqui.

Aqui está o código que criamos. Como se compara com o seu?

Nota: Este código é muito otimista, pois presume que "fetchone" chama os dois dados de retorno. Há problemas se suas tabelas do banco de dados estão vazias (elas não deveriam estar neste estágio).

Pesquise o banco de dados para obter a ID do nadador.

```
db.execute(SQL_GET_SWIMMER, (name, age,))
s_id = db.fetchone()[0]
db.execute(SQL_GET_EVENT, (distance, stroke,))
e_id = db.fetchone()[0]
with open(FOLDER+fn) as sf:
    times = sf.read().strip().split(",")
for t in times:
    db.execute(SQL_INSERT, (s_id, e_id, t,))
```

Use "fetchone" para atribuir o primeiro item retornado do banco de dados a uma variável chamada "s_id" (abreviação de "swimmer ID").

Pesquise a event ID e atribua-a a uma variável chamada "e_id" (abreviação de "event ID").

Abra o nome de arquivo atual na pasta "swimdata".

Leia os dados no arquivo, retire os caracteres indesejados e separe o que sobrou usando vírgulas. Atribua a lista resultante a uma nova variável chamada "times".

Um loop aninhado pega cada valor de tempo na lista "times" e insere o valor, junto com a ID do nadador e a ID do evento, em seu banco de dados.

Test Drive

Quando você executa seu código de atualização `times`, não há nenhuma saída, pois o código não gera mensagens (se tudo está certo). Para ver o que aconteceu, comece perguntando ao banco de dados quantas linhas existem agora em sua tabela `times`:

```
with DBcm.UseDatabase(db_details) as db:
    for fn in files:
        name, age, distance, stroke = fn.removesuffix(".txt").split("-")
        db.execute(SQL_GET_SWIMMER, (name, age,))
        s_id = db.fetchone()[0]
        db.execute(SQL_GET_EVENT, (distance, stroke,))
        e_id = db.fetchone()[0]
        with open(FOLDER+fn) as sf:
            times = sf.read().strip().split(",")
            for t in times:
                db.execute(SQL_INSERT, (s_id, e_id, t,))
```

```
SQL = """select count(*) from times"""
with DBcm.UseDatabase(db_details) as db:
    db.execute(SQL)
    results = db.fetchone()[0]
results
```

O uso de "count(*)" diz ao banco de dados para informar quantas linhas de dados são retornadas. Note como "fetchone" está sendo bem utilizado aqui, pois você pode ter certeza de que "count(*)" só retorna uma única linha de dados.

```
338
```

Há 338 tempos individuais nos dados do Coach.

Você pode ler as primeiras dez linhas de dados da sua tabela `times` para ter uma ideia do que aconteceu aqui:

Para cada linha retornada, o primeiro número é a ID do nadador, o segundo é a ID do evento, já o terceiro valor é o tempo registrado (como uma string). O quarto valor é um timestamp indicando quando a linha foi criada. Esse timestamp é automaticamente adicionado à linha pelo mecanismo do banco de dados.

```
SQL = """select * from times limit 10"""
with DBcm.UseDatabase(db_details) as db:
    db.execute(SQL)
    results = db.fetchall()
results
```

Limite quantas linhas de dados são retornadas pela consulta.

```
[(62, 1, '1:21.43', '2023-01-13 20:11:34'),
 (62, 1, '1:21.40', '2023-01-13 20:11:34'),
 (62, 1, '1:21.62', '2023-01-13 20:11:34'),
 (62, 1, '1:25.38', '2023-01-13 20:11:34'),
 (63, 2, '1:22.57', '2023-01-13 20:11:34'),
 (63, 2, '1:29.64', '2023-01-13 20:11:34'),
 (63, 2, '1:20.39', '2023-01-13 20:11:34'),
 (63, 2, '1:23.83', '2023-01-13 20:11:34'),
 (64, 1, '1:15.57', '2023-01-13 20:11:34'),
 (64, 1, '1:14.40', '2023-01-13 20:11:34')]
```

O uso de timestamps aqui é essencial, pois permitem selecionar por data. À medida que o Coach adiciona novos dados após uma nova sessão de natação, eles terão um timestamp mais recente, por isso nunca há qualquer possibilidade de substituir os dados mais antigos.

não existem Perguntas Idiotas

P: Deixe-me entender bem. Para usar DBcm tenho que saber um pouco de SQL?

R: Sim, e sugerimos que isso não é tão ruim. Somos da opinião de que você deve saber quando usar e explorar o Python, bem como usar e explorar o SQL. Ambos têm seus pontos fortes e usos.

Por exemplo, digamos que você tenha uma tabela com cem mil linhas de dados. E sugerimos ainda que você queira selecionar um subconjunto das linhas. Embora possa pegar todos os dados com `select *` e usar o Python para aplicar um filtro, não seria aconselhável escolher esse caminho. É melhor adicionar a cláusula `where` à sua consulta SQL para que o mecanismo do banco de dados faça a filtragem antes que os dados cheguem ao código do Python. Existem mecanismos de banco de dados para fazer isso de forma eficiente e sem problemas, então deixe que façam. Não se dê ao trabalho escrevendo um código Python para fazer uma tarefa que seu mecanismo já oferece.

Da mesma forma, digamos que você precise transformar alguns dados retornados pelo mecanismo do banco de dados. Embora consiga descobrir como fazer a transformação com um SQL sofisticado, pode ser melhor transformar com o código Python (sobretudo se a transformação for complexa). Provavelmente o Python é a melhor escolha aqui.

Conclusão: ao trabalhar com bancos de dados, reserve um tempo para aprender um pouco sobre SQL.

P: Eu deveria me preocupar com os dados em *swimdata* criando 338 linhas de dados na tabela `times`? Parece muito...

R: No grande esquema das coisas, não são muitos dados. Se você fosse processar todos os arquivos na pasta *swimdata* e contar o número de tempos individuais em cada arquivo ao calcular um total acumulado, acabaria com 338 tempos espalhados em 60 arquivos.

E, de qualquer forma, atualmente o espaço em disco é *barato*. 😉

Quase...

Só uma última coisa a fazer.

Neste momento, todo o código que atualiza suas três tabelas do banco de dados está em seu notebook mais recente. Não teremos uma situação em que o notebook deve rodar de novo toda vez que o Coach executa uma sessão de treino e gera dados novos. Criaremos um utilitário separado que pode ser executado independentemente do seu notebook.

Utilitário para atualizar o banco de dados, 1 de 2

Como este foi um grande capítulo, é provável que esteja aliviado por termos criado o utilitário necessário para você. O utilitário se chama *update_tables.py* e está incluído nos materiais de download do livro. Grande parte do código no utilitário foi retirada do notebook *PopulateTables.ipynb*, e o código do utilitário é mostrado abaixo e na próxima página. Você executará o utilitário no próximo capítulo, mas não será pedido que ajuste o código. Neste estágio do livro, você deve conseguir *ler* o código e *entender* o que ele faz.

Comece importando as bibliotecas necessárias e definindo alguns valores (constantes).

```
import DBcm

db_details = "CoachDB.sqlite3"

import os

FOLDER = "swimdata/"


files = os.listdir(FOLDER)
files.remove(".DS_Store")
```

Pegue a lista de nomes de arquivo na pasta "swimdata".

```
SQL_SELECT_SWIMMERS = """
    select * from swimmers
    where name = ? and age = ?
"""

SQL_INSERT_SWIMMERS = """
    insert into swimmers
    (name, age)
    values
    (?, ?)
"""

SQL_SELECT_EVENTS = """
    select * from events
    where distance = ? and stroke = ?
"""

SQL_INSERT_EVENTS = """
    insert into events
    (distance, stroke)
    values
    (?, ?)
"""
```

Defina uma coleção de instruções SQL que são úteis ao adicionar novos nadadores e novos eventos às tabelas apropriadas do banco de dados. Cada instrução recebeu um nome significativo.

Utilitário para atualizar o banco de dados, 2 de 2

Este é o resto do código *update_tables.py*:

```
SQL_GET_SWIMMER = """
    select id from swimmers
    where name = ? and age = ?
"""

SQL_GET_EVENT = """
    select id from events
    where distance = ? and stroke = ?
"""

SQL_INSERT_TIMES = """
    insert into times
    (swimmer_id, event_id, time)
    values
    (?, ?, ?)
"""
```

Defina mais instruções SQL úteis ao adicionar novos tempos registrados ao banco de dados. Novamente, cada instrução recebeu um nome significativo.

Abra uma conexão com o mecanismo do banco de dados.

```
with DBcm.UseDatabase(db_details) as db:
    for fn in files:
        name, age, distance, stroke = fn.removesuffix(".txt").split("-")

        db.execute(SQL_SELECT_SWIMMERS, (name, age,))
        if not db.fetchall():
            db.execute(SQL_INSERT_SWIMMERS, (name, age,))

        db.execute(SQL_SELECT_EVENTS, (distance, stroke,))
        if not db.fetchall():
            db.execute(SQL_INSERT_EVENTS, (distance, stroke,))

        db.execute(SQL_GET_SWIMMER, (name, age,))
        s_id = db.fetchone()[0]

        db.execute(SQL_GET_EVENT, (distance, stroke,))
        e_id = db.fetchone()[0]

        with open(FOLDER+fn) as sf:
            times = sf.read().strip().split(",")
            for t in times:
                db.execute(SQL_INSERT_TIMES, (s_id, e_id, t,))
```

Extraia os detalhes do nadador para cada arquivo.

Em vez de usar uma instrução "continue", esta versão do código usa "if not". Ambas as abordagens têm o efeito desejado.

Adicione à tabela "swimmers" quando necessário. Idem para a tabela "events".

Tendo resolvido a ID do nadador e a ID do evento a usar, adicione cada tempo registrado do arquivo atual à tabela "times".

A Tarefa 2 (finalmente) terminou

Já estava mais do que na hora, mas a Tarefa 2 terminou:

1. **Decida por uma estrutura para os dados e crie as tabelas do banco de dados.** Você precisa decidir como os dados no banco de dados serão organizados. Quando decidir, poderá criar o banco de dados e as tabelas necessárias usando Python e SQL. ✔

2. **Adicione valores de dados às tabelas do banco de dados.** O sistema do Coach usa os dados na pasta *swimdata*. Você precisará pegar os dados nessa pasta e adicioná-los às tabelas do banco de dados apropriadas. Como na Tarefa 1, Python e SQL são as tecnologias que deve usar aqui. ✔

Avisamos que as quatro tarefas identificadas no início deste capítulo davam um pouco de trabalho. O que você fez até agora foi ótimo, mas é hora de dar uma pausa. As Tarefas 3 e 4 são guardadas para o próximo capítulo:

3. **Extraia os dados de que precisa das tabelas do banco de dados.** No momento, o código do webapp entra e sai da pasta *swimdata* quando preciso para pegar os dados necessários para fazer as coisas. Com a Tarefa 2 concluída, você pode escrever o Python e o SQL para pegar os dados que seu webapp precisa nas tabelas do banco de dados.

4. **Ajuste o código do webapp existente para usar os dados em suas tabelas do banco de dados.** Com a Tarefa 3 concluída, você precisará mudar o código do webapp atual para obter os dados em seu banco de dados em vez da pasta *swimdata*.

Pare um pouco para rever os pontos principais do capítulo na próxima página, então relaxe com sua bebida favorita enquanto faz a palavra cruzada do capítulo.

Vejo você no próximo capítulo (depois de um tempo longe do seu teclado).

PONTOS DE BALA

- Quando se trata de gerenciar os dados associados aos aplicativos, nada melhor do que um **banco de dados**.
- Ao instalar o Python, você tem o **SQLite** de graça.
- SQLite é um **mecanismo** de gerenciamento de banco de dados baseado em arquivo e processo único que requer muito pouca administração para ser executado. Todas as interações com o mecanismo podem ser executadas dentro do código Python. Isso torna o uso do SQLite uma excelente escolha ao começar, já que você pode experimentar com facilidade.
- Quando usado com **with**, `DBcm` permite conectar um mecanismo do banco de dados subjacente (SQLite ou MySQL/MariaDB) e executar um número arbitrário de consultas/instruções SQL. Quando o bloco de código associado à instrução **with** termina, um "commit" é enviado para o mecanismo e sua conexão do banco de dados é automaticamente fechada.
- Se você usa um nome de arquivo com a classe **UseDatabase** de `DBcm`, o SQLite é usado. Como aprenderá em um capítulo posterior, um dicionário de informações de credenciais também pode ser fornecido a **UseDatabase**, permitindo que você use `DBcm` com uma instalação MySQL/MariaDB existente.
- DB-API do Python fornece uma série de **métodos** para interagir com o mecanismo do banco de dados escolhido, incluindo `execute`, `fetchall`, `fetchmany` e `fetchone`.
- O método `execute` envia uma consulta/instrução SQL para o mecanismo do banco de dados escolhido.
- O método `fetchall` retorna os resultados como uma lista de tuplas (quando pelo menos uma linha é retornada) ou uma lista vazia (quando nenhum resultado retorna do mecanismo do banco de dados).
- O método `fetchmany` funciona como `fetchall`, mas você pode especificar um número máximo de linhas a retornar. As chamadas repetidas para `fetchmany` permitem implementar **paginação** (se precisar).
- O método `fetchone` retorna uma, e apenas uma, tupla de resultados do seu mecanismo do banco de dados. Como com `fetchall` e `fetchmany`, os resultados podem estar vazios.
- Dependendo do mecanismo do banco de dados usado, você pode solicitar informações adicionais sobre o banco de dados e as tabelas com as quais trabalha. Por exemplo, o SQLite fornece os comandos `pragma table _ list` e `pragma table _ info`, já MySQL/MariaDB fornecem os equivalentes `show tables` e `describe`.
- Apesar do SQL ser uma tecnologia de banco de dados muito estabelecida, cada mecanismo do banco de dados implementa seu próprio **dialeto**. Isso pode tornar a vida interessante...
- Ao usar consultas/instruções SQL no código Python, a recomendação é colocá-las em **strings com três aspas e várias linhas**. Claro, é só uma **recomendação**, então não precisa seguir. Mas os outros programadores que leem seu código agradecerão muito quando você usar isso (lembre-se de que o "outro programador" pode ser você daqui a seis meses).
- Os mecanismos de banco de dados Python suportam a noção de consultas/instruções parametrizadas. O uso de **espaços reservados** pode proteger seu código de todos os tipos de Ataques de Injeção de SQL e o uso de espaços reservados é muito encorajado. Usar f-strings para ter o mesmo efeito (ou seja, consultas/ instruções parametrizadas) pode levar a problemas... não tente e nem diga que não avisamos.
- A maioria das tecnologias de espaço reservado espera que os dados sejam passados nas consultas SQL usando uma **tupla**, mesmo quando há apenas um parâmetro. Isso pode levar a tuplas estranhas. Lembre de `(42,)`, que parece estranho, mas funciona.
- Ao executar várias consultas/instruções SQL em seu banco de dados (talvez em um loop frequente), é melhor colocar o loop em uma instrução **with** conectando o banco de dados do que sempre conectar/executar/ desconectar o banco de dados em um loop frequente. Seu mecanismo do banco de dados (e, por extensão, os administradores do banco de dados) agradecerá.
- Ao usar SQL, a instrução `SELECT` permite que os dados sejam lidos, a instrução `INSERT` permite que você adicione dados e a instrução `DELETE` remove os dados de uma tabela. Há também uma instrução `UPDATE` que pode alterar os dados (mas você ainda não precisou fazer alterações, então `UPDATE` ainda não apareceu neste livro).

Cruzadinha do Python

Você encontrará todas as respostas para as pistas neste capítulo. As soluções estão, como sempre, na próxima página.

Horizontal

1. Comando DB-API que retorna uma única linha de dados.

3. Usado com 5 na vertical para conectar.

7. Comando para executar uma consulta.

10. Comando para adicionar os dados gerenciados.

11. Comando DB-API que retorna todas as linhas de dados (tudo).

12. Usar isto ajuda a proteger de ataques de injeção desagradáveis (você também dorme melhor).

15. Com qualquer número de 7 na horizontal.

Vertical

2. Um lugar para os dados: linhas e colunas.

4. Este mecanismo DB é pré-instalado quando você instala o Python, mas qual é o nome? (Inclua o número da versão.)

5. Comando para remover os dados gerenciados.

6. Use com um objeto de arquivo para pegar todos os dados de um arquivo aberto (como uma lista de linhas).

8. Comando DB-API que retorna uma lista específica de linhas de dados.

9. Comando para ler os dados gerenciados.

13. Às vezes pronunciado "sequel".

14. Um módulo personalizado baseado em um módulo PSL, que permite executar consultas usando uma instrução with (11 na vertical).

Respostas na página 506

Cruzadinha do Python Solução

Da página 505

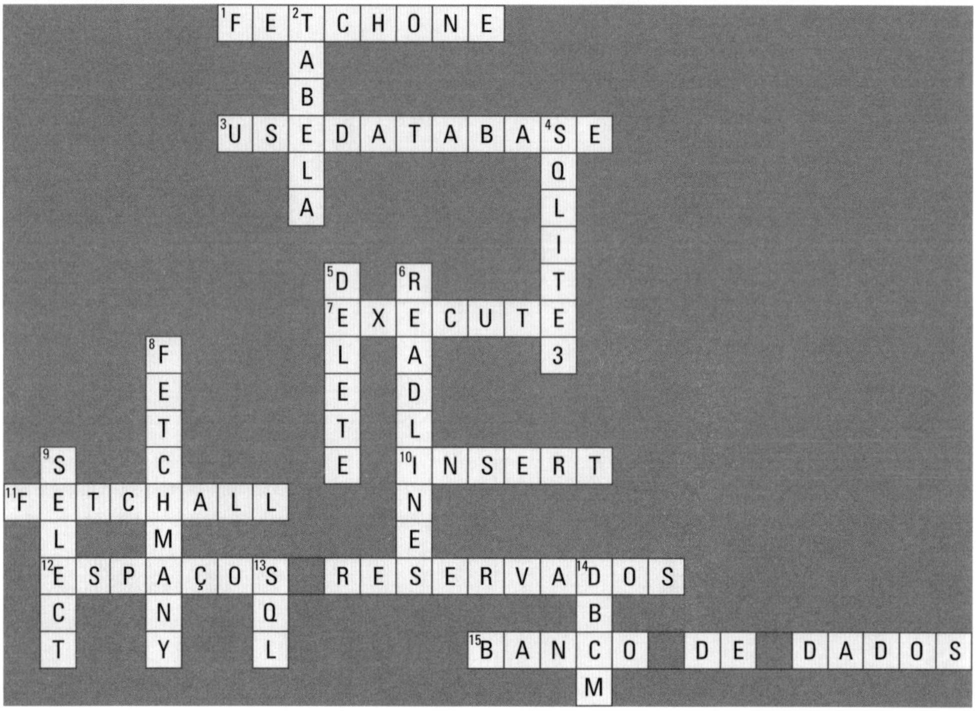

Horizontal

1. Comando DB-API que retorna uma única linha de dados.

3. Usado com 5 na vertical para conectar.

7. Comando para executar uma consulta.

10. Comando para adicionar os dados gerenciados.

11. Comando DB-API que retorna todas as linhas de dados (tudo).

12. Usar isto ajuda a proteger de ataques de injeção desagradáveis (você também dorme melhor).

15. Com qualquer número de 7 na horizontal.

Vertical

2. Um lugar para os dados: linhas e colunas.

4. Este mecanismo DB é pré-instalado quando você instala o Python, mas qual é o nome? (Inclua o número da versão.)

5. Comando para remover os dados gerenciados.

6. Use com um objeto de arquivo para pegar todos os dados de um arquivo aberto (como uma lista de linhas).

8. Comando DB-API que retorna uma lista específica de linhas de dados.

9. Comando para ler os dados gerenciados.

13. Às vezes pronunciado "sequel".

14. Um módulo personalizado baseado em um módulo PSL, que permite executar consultas usando uma instrução with (11 na vertical).

11 list comprehensions

Integrações do Banco de Dados

Com as tabelas do banco de dados prontas, é hora de integrar.

Seu webapp pode ter a **flexibilidade** que o Coach requer usando conjuntos de dados em suas tabelas do banco de dados, e neste capítulo você cria um módulo de **utilitários** que permite ao webapp **explorar** seu mecanismo do banco de dados. E, em uma busca interminável para fazer mais com menos código, você aprenderá a ler e gravar **list comprehensions** (compreensões de lista) que são o verdadeiro superpoder do Python. Também **reutilizará** muito do seu código preexistente de maneiras novas e interessantes, então vamos começar. Há muito trabalho de **integração** a fazer.

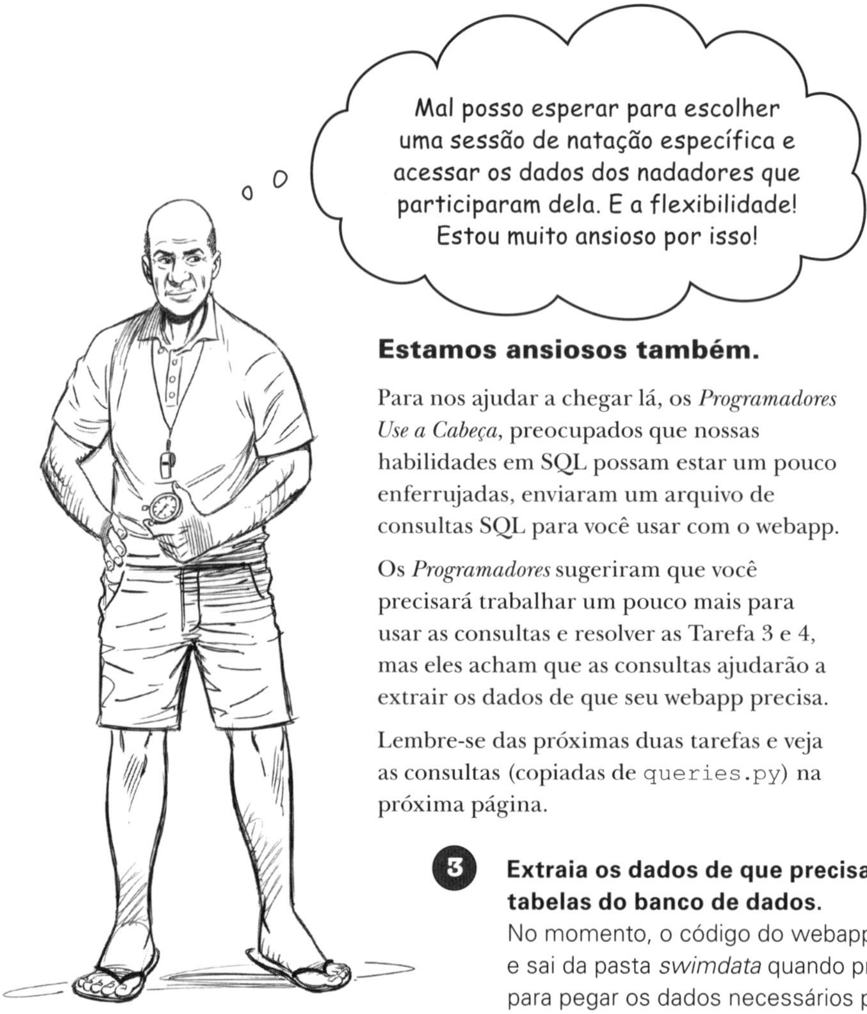

Estamos ansiosos também.

Para nos ajudar a chegar lá, os *Programadores Use a Cabeça*, preocupados que nossas habilidades em SQL possam estar um pouco enferrujadas, enviaram um arquivo de consultas SQL para você usar com o webapp.

Os *Programadores* sugeriram que você precisará trabalhar um pouco mais para usar as consultas e resolver as Tarefa 3 e 4, mas eles acham que as consultas ajudarão a extrair os dados de que seu webapp precisa.

Lembre-se das próximas duas tarefas e veja as consultas (copiadas de `queries.py`) na próxima página.

3. **Extraia os dados de que precisa das tabelas do banco de dados.**
No momento, o código do webapp entra e sai da pasta *swimdata* quando preciso para pegar os dados necessários para fazer as coisas. Com a Tarefa 2 concluída, você pode escrever o Python e o SQL para pegar os dados que seu webapp precisa nas tabelas do banco de dados.

4. **Ajuste o código do webapp existente para usar os dados em suas tabelas do banco de dados.**
Com a Tarefa 3 concluída, você precisará mudar o código do webapp atual para obter os dados em seu banco de dados em vez da pasta *swimdata*.

Quatro consultas para os dados necessários

Como este livro não espera que você seja especialista em SQL (embora seja bom), aqui está o conteúdo do arquivo *queries.py*. Preste uma especial atenção nos nomes dados às consultas, que indicam os dados que você pode esperar de volta do banco de dados quando qualquer uma das consultas é usada:

```
SQL_SESSIONS = """
    select distinct ts from times
"""
```

Pegue uma cópia do arquivo na página GitHub deste livro.

Cada consulta recebeu um nome descritivo.

```
SQL_SWIMMERS_BY_SESSION = """
    select distinct swimmers.name, swimmers.age
    from times, swimmers
    where date(times.ts) = ? and
    times.swimmer_id = swimmers.id
    order by name
"""
```

Estas três consultas recebem valores parametrizados, que são identificados pelos espaços reservados "?".

```
SQL_SWIMMERS_EVENTS_BY_SESSION = """
    select distinct events.distance, events.stroke
    from swimmers, events, times
    where times.swimmer_id = swimmers.id and
    times.event_id = events.id and
    (swimmers.name = ? and swimmers.age = ?) and
    date(times.ts) = ?
"""
```

Esta função "date" é fornecida pelo SQLite. Quando recebe um timestamp, a função o converte no formato AAAA-MM-DD.

```
SQL_CHART_DATA_BY_SWIMMER_EVENT_SESSION = """
    select times.time
    from swimmers, events, times
    where (swimmers.name = ? and swimmers.age = ?) and
    (events.distance = ? and events.stroke = ?) and
    swimmers.id = times.swimmer_id and
    events.id = times.event_id and
    date(times.ts) = ?
"""
```

É um pouco difícil de dizer, mas este nome é uma pista sobre o que a consulta gera.

Explore as consultas no novo notebook

Para garantir que todos saibam o que esperar das consultas, criaremos mais um notebook para experimentar. Vá em frente e use o VS Code para fazer isso agora, salvando o notebook recém-criado como *TryQueries.ipynb* na pasta *webapp*. Para começar, importe o módulo `queries`, e comece o *combo mambo*:

```
import queries

print(dir(queries))
```

```
['SQL_CHART_DATA_BY_SWIMMER_EVENT_SESSION', 'SQL_SESSIONS', 'SQL_SWIMMERS_BY_SESSION',
'SQL_SWIMMERS_EVENTS_BY_SESSION', '__builtins__', '__cached__', '__doc__', '__file__', '__loader__',
'__name__', '__package__', '__spec__']
```

Além da coleção usual de dunders, cada nome das consultas também é listado.

Como sempre, a sugestão é *ignorar* os dunders informados pelo *combo mambo*. Não é que temos algo contra os dunders, é só que ainda não precisamos deles neste livro... E se há uma coisa que um livro *Use a Cabeça* tenta fazer, é só explicar algo quando realmente é necessário, e você *ainda* não precisa dos dunders.

Boa pergunta. Por quê?

Criaremos um pouco de código que só mostra os não dunders quando você usa o *combo mambo* **print dir**.

Exercício

Iremos experimentar em uma célula do notebook. Crie uma lista vazia chamada `statements` e escreva o código para um loop **for** que itera cada um dos itens na lista produzida por `dir(queries)`. Anexe o item atual à lista `statements`, mas somente se ele começa com algo diferente de dois underscores, ou seja, "__". Quando seu loop terminar, exiba a lista `statements` na tela.
Escreva o código criado para fazer esta tarefa no espaço abaixo.

Respostas na página 512

Aguenta aí. Há um método na nossa loucura.

Sim, provavelmente você criou linhas de código fazendo este exercício, como as mostradas na próxima página. Mas, como verá, ainda não terminamos.

Exercício Solução

Da página 511

Você experimentou em uma célula do notebook. Criando uma lista vazia chamada `statements`, teve que escrever o código para um loop **for** que itera cada um dos itens na lista produzida por `dir(queries)`, anexando o item atual à lista `statements` no processo. Mas somente se começasse com algo diferente de dois underscores, ou seja, "_ _". Quando seu loop terminou, você exibiu a lista `statements` na tela.
Veja o código proposto por nós:

```
statements = []
for sql in dir(queries):
    if not sql.startswith("__"):
        statements.append(sql)
statements
```

Comece com uma lista vazia chamada "statements". → `statements = []`

Processe cada item na lista "dir", um por vez. → `for sql in dir(queries):`

Lembre-se dos itens que não começam com "__". → `statements.append(sql)`

Exiba os itens não dunder na tela. → `statements`

Test Drive

Seu código funciona, apesar de usar um pouco mais de código do que o muito amado *combo mambo* **print dir**:

```
statements = []
for sql in dir(queries):
    if not sql.startswith("__"):
        statements.append(sql)
statements
```

```
['SQL_CHART_DATA_BY_SWIMMER_EVENT_SESSION',
 'SQL_SESSIONS',
 'SQL_SWIMMERS_BY_SESSION',
 'SQL_SWIMMERS_EVENTS_BY_SESSION']
```

Veja! Sem dunders aqui.

Cinco linhas de código de loop em uma

Agora, antes que todos levantem as mãos em desespero, é possível reduzir essas cinco linhas de código a **uma**. Veja:

```
[sql for sql in dir(queries) if not sql.startswith("__")]
```

```
['SQL_CHART_DATA_BY_SWIMMER_EVENT_SESSION',
 'SQL_SESSIONS',
 'SQL_SWIMMERS_BY_SESSION',
 'SQL_SWIMMERS_EVENTS_BY_SESSION']
```

Esta saída é idêntica à saída das cinco linhas de código, mas foi produzida aqui com uma única linha de código. E, a propósito, não há dunders aqui também.

Não é mágica, é list comprehension.

No Python, *comprehension* é um jeito de gerar uma coleção de valores usando uma forma compacta das cinco linhas de código de loop da página anterior. Esse código gerou uma nova lista, chamada `statements`, contendo as entradas produzidas pela BIF **dir** que não são dunders.

O **list comprehension** no início desta página faz exatamente a mesma coisa: gera uma lista de entradas da BIF **dir** que não são dunders.

Ao contrário das cinco linhas do código de loop, list comprehension não cria a lista `statements`, embora nada impeça que você atribua a lista gerada a uma variável se desejar. As cinco linhas de código e o list comprehension de uma linha geram o mesmo resultado. O primeiro caso tem sua lista gerada atribuída a uma variável para que você possa ver os resultados, já list comprehension não.

De cinco linhas de código para uma...

Veja as cinco linhas de código do loop **for** e note que elas seguem uma estrutura muito específica (ou padrão):

1. Comece com uma nova lista vazia.

2. Processe uma lista existente, item por item, usando um loop "for".

3. Uma instrução "if" (opcional) aplica um filtro.

4. Adicione o item (filtrado) à nova lista.

```
statements = []
for sql in dir(queries):
    if not sql.startswith("__"):
        statements.append(sql)
statements
```

5. Use a nova lista como quiser (neste exemplo, os dados da lista são exibidos na tela).

Diante disso, o list comprehension de uma linha não parece ter muito em comum com o loop **for** de cinco linhas, mas veja melhor:

1. Os colchetes indicam que uma lista está sendo criada.

```
[sql for sql in dir(queries) if not sql.startswith("__")]
```

2. O item (filtrado) é adicionado à lista.

3. O valor de "sql" é obtido da iteração dos itens na lista retornada por "dir(queries)".

4. Um filtro (opcional) é aplicado a cada valor de "sql" em cada iteração

Lendo da esquerda para a direita, list comprehension pode ser descrito assim:

> "Lembrar o valor de `sql` para cada valor de `sql` na lista `dir(queries)`, mas só lembrar o valor se a condição de filtragem é mantida."

Como mostrado antes, a saída produzida pelas cinco linhas de código e pela única linha de código é *idêntica*.

Um combo mambo não dunder

Uma pequena mudança em list comprehension permite usá-lo com *qualquer* objeto Python:

O combo mambo original "print dir" com tudo incluído.

```
print(dir(list))
```

```
['__add__', '__class__', '__class_getitem__', '__contains__', '__delattr__', '__delitem__',
'__dir__', '__doc__', '__eq__', '__format__', '__ge__', '__getattribute__', '__getitem__',
'__getstate__', '__gt__', '__hash__', '__iadd__', '__imul__', '__init__', '__init_subclass__',
'__iter__', '__le__', '__len__', '__lt__', '__mul__', '__ne__', '__new__', '__reduce__',
'__reduce_ex__', '__repr__', '__reversed__', '__rmul__', '__setattr__', '__setitem__', '__sizeof__',
'__str__', '__subclasshook__', 'append', 'clear', 'copy', 'count', 'extend', 'index', 'insert',
'pop', 'remove', 'reverse', 'sort']
```

```
[x for x in dir(list) if not x.startswith("__")]
```

```
['append',
 'clear',
 'copy',
 'count',
 'extend',
 'index',
 'insert',
 'pop',
 'remove',
 'reverse',
 'sort']
```

Neste list comprehension, usamos "x" como o nome da variável, mas você pode usar qualquer nome.

A lista de "não dunders", graças a list comprehension.

```
print([x for x in dir(list) if not x.startswith("__")])
```

```
['append', 'clear', 'copy', 'count', 'extend', 'index', 'insert', 'pop', 'remove', 'reverse', 'sort']
```

O list comprehension nesta célula é passado como um parâmetro para a BIF "print". A lista filtrada é gerada por comprehension e a lista resultante é exibida na tela por "print".

A célula de código mais recente também demonstra uma grande vantagem que list comprehension tem sobre seu loop **for** equivalente (além da recompensa de cinco linhas em uma). Os comprehensions podem ser usados quando é *sintaticamente impossível* usar um loop **for** equivalente de cinco linhas. Você não pode codificar um loop **for** "normal" como um parâmetro para uma função (como **print**). Mas pode, como acabou de ver, usar list comprehension como um valor de argumento.

Isto pode ser bem útil.

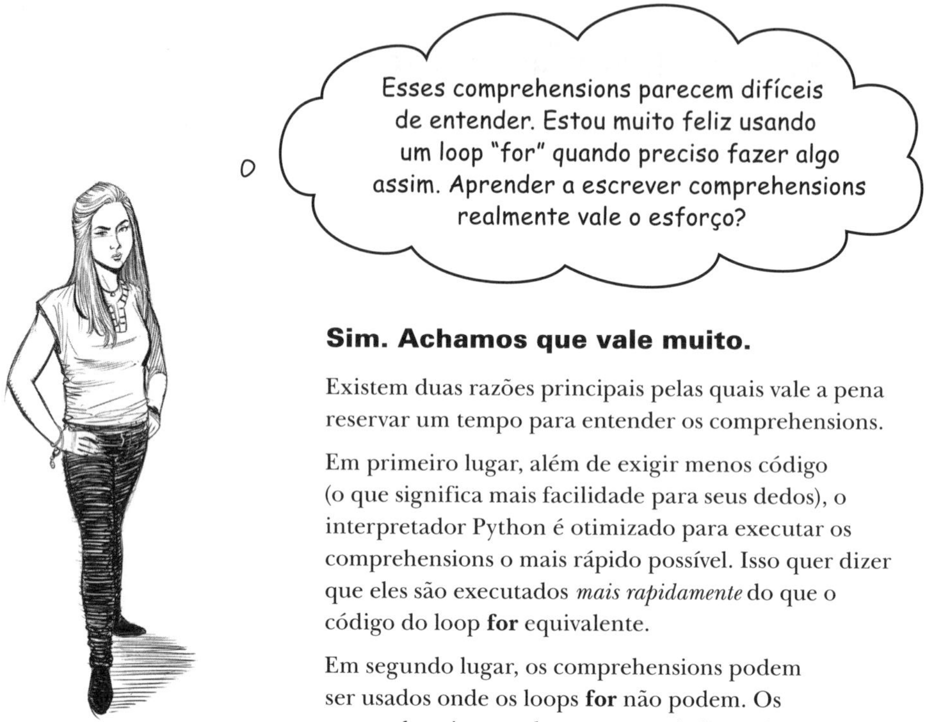

Sim. Achamos que vale muito.

Existem duas razões principais pelas quais vale a pena reservar um tempo para entender os comprehensions.

Em primeiro lugar, além de exigir menos código (o que significa mais facilidade para seus dedos), o interpretador Python é otimizado para executar os comprehensions o mais rápido possível. Isso quer dizer que eles são executados *mais rapidamente* do que o código do loop **for** equivalente.

Em segundo lugar, os comprehensions podem ser usados onde os loops **for** não podem. Os comprehensions podem aparecer à *direita* do operador de atribuição, algo que um loop **for** normal não pode. Isso pode ter muito poder (como mostrado mais adiante no capítulo).

não existem Perguntas Idiotas

P: Deixe-me ver se entendi bem: comprehension é apenas uma abreviação sintática para uma construção de loop padrão?

R: Sim, especificamente o loop **for**. Um loop **for** padrão e seu comprehension equivalente fazem a mesma coisa. Só que comprehension tende a ser mais rápido.

P: Quando saberei quando usar um list comprehension?

R: Não há regras rígidas aqui. Normalmente, se você produz uma nova lista a partir de uma existente, veja bem o seu código de loop. Pergunte a si mesmo se o loop é um candidato para conversão em um comprehension equivalente. Se a nova lista é *temporária* (ou seja: usada uma vez, depois descartada), pergunte-se se list comprehension seria melhor. Como regra geral, você deve evitar a introdução de variáveis temporárias no código, sobretudo se elas são usadas apenas uma vez. Se puder, use comprehension.

P: Posso evitar os comprehensions?

R: Sim, pode. Mas eles são *muito* usados no Python, então a menos que seu plano seja nunca ver o código de outra pessoa, sugerimos reservar um tempo para se familiarizar com a tecnologia comprehension do Python. Quando acostumar, se perguntará como viveu sem eles antes. Mencionamos que eles são rápidos?

P: Sim, entendo, mas a velocidade é importante hoje? Meu computador é super-rápido e ele executa meus loops com rapidez suficiente.

R: Que interessante. É verdade que temos computadores muito mais potentes que os anteriores. Também é verdade que passamos muito menos tempo tentando extrair até o último ciclo da CPU do nosso código (porque, convenhamos: não precisamos mais). Mas quando uma tecnologia que oferece um aumento de desempenho é apresentada, por que não usá-la? É pouco esforço para um grande retorno no desempenho.

Exercício

Volte ao notebook *TryQueries.ipynb* e digite as quatro linhas de código mostradas abaixo.

Estas duas linhas de código configuram sua conexão com o mecanismo do banco de dados SQLite.

```
import DBcm

db_details = "CoachDB.sqlite3"
```

```
from queries import SQL_SESSIONS

print(SQL_SESSIONS)
```

Pegue a consulta do módulo "queries" e exiba na tela.

```
select distinct ts from times
```

No espaço fornecido, digite o código que você usaria para enviar a consulta `SQL_SESSIONS` para seu mecanismo do banco de dados e exiba os resultados retornados:

Respostas na página 518

Exercício Solução

Da página 517

Você teve que voltar ao notebook *TryQueries.ipynb* e digitar as quatro linhas de código mostradas abaixo.

Estas duas linhas de código configuram sua conexão com o mecanismo do banco de dados SQLite.

```
import DBcm

db_details = "CoachDB.sqlite3"
```

```
from queries import SQL_SESSIONS

print(SQL_SESSIONS)
```

Pegue a consulta do módulo "queries" e exiba na tela.

```
select distinct ts from times
```

No espaço fornecido, você digitou o código que usaria para enviar a consulta `SQL_SESSIONS` para seu mecanismo do banco de dados e exibiu os resultados retornados. Como o seu se compara?

```
with DBcm.UseDatabase(db_details) as db:
        db.execute(SQL_SESSIONS)
        results = db.fetchall()
results
```

Continuando a usar o padrão da instrução "with" do capítulo anterior, a consulta é enviada para o banco de dados e todas as linhas retornadas são recuperadas e exibidas na tela.

Test Drive

Executar o código do *Exercício* anterior confirma a existência de um conjunto de dados armazenados no banco de dados:

```
with DBcm.UseDatabase(db_details) as db:
    db.execute(SQL_SESSIONS)
    results = db.fetchall()
results
```

```
[('2023-01-13 20:11:34',)]
```

A saída que você vê provavelmente exibirá uma data diferente, pois a data é derivada de quando você inseriu seus dados.

Por sorte, o Coach enviou os dados da sua sessão de natação mais recente, explicando que alguns dos participantes habituais estavam fora em uma competição, então seu último conjunto de dados não é tão grande como da última vez. Ele também disse que um novo nadador entrou para o clube: um menino de sete anos chamado... espere só... Darius.

Os dados mais recentes estão em um arquivo *swimdata2.zip*. Remova os arquivos da sua pasta *swimdata* atual (pois você já adicionou esses dados às tabelas do banco de dados) e descompacte o conteúdo de *swimdata2.zip* em sua pasta *swimdata* vazia, resultando em uma coleção de novos arquivos nela.

Lembre-se de como, no final do capítulo anterior, você criou um utilitário de banco de dados que, quando executado, pega os arquivos de dados na pasta *swimdata* e os usa para preencher as tabelas do banco de dados. Executaremos seu utilitário agora para atualizar o banco de dados com os últimos tempos da sessão de natação.

Ainda no notebook *TryQueries.ipynb*, execute um comando do sistema operacional para executar o utilitário e execute novamente a célula do código mostrado acima para confirmar que seu banco de dados agora contém dois conjuntos de dados:

Se você estiver no Windows, talvez precise substituir "python3" por "py -3" para executar o comando.

O ponto de exclamação (!) diz ao Jupyter para executar o comando no prompt do sistema operacional.

```
!python3 update_tables.py
```

```
with DBcm.UseDatabase(db_details) as db:
    db.execute(SQL_SESSIONS)
    results = db.fetchall()
results
```

```
[('2023-01-13 20:11:34',), ('2023-01-20 21:18:25',)]
```

Executar de novo sua consulta confirma que os dois conjuntos de dados agora residem no banco de dados (veja as datas diferentes aqui).

Menos uma consulta, faltam três...

As outras três consultas podem ser testadas da mesma forma como você fez com a primeira. A principal diferença é, claro, que cada consulta espera valores parametrizados. Veremos as três consultas restantes agora, para saber como funcionam.

Acompanhe este material em seu notebook *TryQueries.ipynb*.

Pegue (e exiba) a próxima consulta do módulo "queries".

```
from queries import SQL_SWIMMERS_BY_SESSION

print(SQL_SWIMMERS_BY_SESSION)
```

```
select distinct swimmers.name, swimmers.age
from times, swimmers
where date(times.ts) = ? and
times.swimmer_id = swimmers.id
order by name
```

Esta consulta espera receber um valor de data, pois filtra os nomes e as idades retornados do nadador na data (que deve ser fornecida no formato AAAA-MM-DD).

O padrão usual executa sua última consulta.

Ao executar este código, atualize o valor da data para corresponder aos dados no seu banco de dados.

```
with DBcm.UseDatabase(db_details) as db:
    db.execute(SQL_SWIMMERS_BY_SESSION, ("2023-01-13",))
    results = db.fetchall()
results
```

Há duas coisas a notar sobre como o valor da data é fornecido. Em primeiro lugar, a parte hora de timestamp não é necessária aqui (pois o Coach só tem uma sessão de natação em um dia), em segundo lugar, o único parâmetro para a consulta SQL é fornecido como uma tupla com um elemento. Observe a vírgula à direita no fim da tupla, que diz ao Python que este único item deve estar em uma tupla. (E, sim, parece estranho para nós também, mas lembre-se: é assim que as tuplas de um elemento funcionam...)

```
[('Abi', 10),
 ('Ali', 12),
 ('Alison', 14),
 ('Aurora', 13),
 ('Bill', 18),
 ('Blake', 15),
 ('Calvin', 9),
 ('Carl', 15),
 ('Chris', 17),
 ('Darius', 13),
 ('Dave', 17),
 ('Elba', 14),
 ('Emma', 13),
 ('Erika', 15),
 ('Hannah', 13),
 ('Katie', 9),
 ('Lizzie', 14),
 ('Maria', 9),
 ('Mike', 15),
 ('Owen', 15),
 ('Ruth', 13),
 ('Tasmin', 15)]
```

Veja a lista dos nadadores da primeira sessão de natação.

Apenas para saber: estes números são as faixas etárias, não as idades reais do nadador.

Lembre-se: o método "fetchall" retorna uma lista vazia (sem resultados) ou uma lista de tuplas (como mostrado aqui).

Ajustar o valor parametrizado para referenciar a segunda sessão de natação gera uma lista de resultados muito menor (como esperado).

```
with DBcm.UseDatabase(db_details) as db:
    db.execute(SQL_SWIMMERS_BY_SESSION, ("2023-01-20",))
    results = db.fetchall()
results
```

```
[('Abi', 10),
 ('Blake', 15),
 ('Darius', 13),
 ('Darius', 8),
 ('Dave', 17),
 ('Katie', 9),
 ('Maria', 9),
 ('Owen', 15)]
```

Uma lista menor de tuplas desta vez (devido à maioria dos nadadores estar fora em uma competição)

Agora existem dois nadadores diferentes chamados "Darius". E não confunda estes números com a idade real do nadador. Eles se referem à faixa etária em que cada nadador nada. Então, o Darius mais jovem tem 7 anos, mas nada na faixa etária Sub-8.

Menos duas consultas, faltam duas...

Continuaremos com as consultas restantes. Continue **acompanhando** em seu notebook.

Como antes, pegue (e exiba) a próxima consulta do módulo "queries".

```
from queries import SQL_SWIMMERS_EVENTS_BY_SESSION

print(SQL_SWIMMERS_EVENTS_BY_SESSION)
```

```
select distinct events.distance, events.stroke
from swimmers, events, times
where times.swimmer_id = swimmers.id and
times.event_id = events.id and
(swimmers.name = ? and swimmers.age = ?) and
date(times.ts) = ?
```

Esta consulta retorna uma lista de eventos que o nadador identificado nadou durante a sessão. Três valores são parametrizados: o nome do nadador, sua idade e a data da sessão.

Execute a consulta para Darius Sub-13 nadando em 13 de janeiro (ajustando os dados se necessário).

```
with DBcm.UseDatabase(db_details) as db:
    db.execute(SQL_SWIMMERS_EVENTS_BY_SESSION, ("Darius", 13, "2023-01-13",))
    results = db.fetchall()
results
```

```
[('100m', 'Back'), ('100m', 'Breast'), ('100m', 'Fly'), ('200m', 'IM')]
```

Execute a consulta novamente, mas desta vez recupere os dados dos eventos para Darius Sub-8 nadando no dia 20.

```
with DBcm.UseDatabase(db_details) as db:
    db.execute(SQL_SWIMMERS_EVENTS_BY_SESSION, ("Darius", 8, "2023-01-20",))
    results = db.fetchall()
results
```

```
[('50m', 'Back'), ('50m', 'Free'), ('50m', 'Breast')]
```

Como esperado, é uma lista de tuplas.

A última, mas não menos importante (consulta)...

A quarta consulta recupera os dados temporais para um nadador de certa idade, nadando em certa sessão, além de nadar em um evento específico:

Pegue e exiba a consulta.

```
from queries import SQL_CHART_DATA_BY_SWIMMER_EVENT_SESSION

print(SQL_CHART_DATA_BY_SWIMMER_EVENT_SESSION)
```

```
select times.time
from swimmers, events, times
where (swimmers.name = ? and swimmers.age = ?) and
(events.distance = ? and events.stroke = ?) and
swimmers.id = times.swimmer_id and
events.id = times.event_id and
date(times.ts) = ?
```

Cinco (!!!) valores parametrizados precisam ser fornecidos para a consulta: os detalhes do nadador (dois valores), os detalhes do evento (outros dois valores), e a data da sessão de natação.

Está um pouco apertado, mas cinco valores são fornecidos para cada espaço reservado parametrizado nesta consulta. Como sempre, os valores são passados para a consulta como uma tupla.

```
with DBcm.UseDatabase(db_details) as db:
    db.execute(SQL_CHART_DATA_BY_SWIMMER_EVENT_SESSION, ("Darius", 13, "100m", "Fly", "2023-01-13",))
    results = db.fetchall()
results
```

```
[('1:27.95',),
 ('1:21.07',),
 ('1:30.96',),
 ('1:23.22',),
 ('1:27.95',),
 ('1:28.30',)]
```

Esta lista (de tuplas) dos tempos de natação deve parecer familiar para você. São exatamente os mesmos tempos apresentados na planilha do Coach no início do Capítulo 1.

Sim, talvez seja possível.

Mas também pode ser uma boa ideia criar um módulo de funções de acesso a dados que abstraia o funcionamento interno do notebook *TryQueries.ipyn*.

Ao criar um módulo de funções de utilitário do banco de dados, você pode centralizar todo o código do banco de dados em um só lugar. Isso evita que você encha o código do webapp existente com um monte de instruções **with** `DBcm`. Além disso, ao ter suas funções de utilitário do banco de dados em um só lugar, fica fácil trocar de um mecanismo do banco de dados para outro (como verá mais tarde quando for do SQLite para o MariaDB).

Criaremos um módulo de utilitários do banco de dados.

Você é mais do que bem-vindo para usar seu próprio arquivo "CoachDB.sqlite3" no próximo exercício. Porém, se quiser que a saída mostrada corresponda à saída do livro, baixe nosso arquivo de banco de dados na página GitHub do livro (veja na pasta "chapter11/webapp").

Exercício

É hora de você flexionar os músculos que criam a função.
Crie um novo arquivo (**não** um notebook) em sua pasta *webapp* chamado *data_utils.py* e adicione as seguintes linhas de código a ele:

```
import DBcm

db_details = "CoachDB.sqlite3"

from queries import *
```

É mais uma variante da instrução "import". O "*" é uma abreviação de "tudo" e quando usado neste contexto, importa todos os nomes definidos no módulo nomeado para o namespace atual. Usar "*" permite referenciar os objetos no módulo importado sem prefixar o nome do objeto com o nome do módulo e um ponto. Isso significa, por exemplo, que você pode usar "SQL_SESSIONS" para referenciar a primeira consulta em vez de usar "queries.SQL_SESSIONS".

Veja o código que você usou no notebook *TryQueries.ipynb* para executar a terceira consulta. Sua tarefa é transformar esse código em uma função parametrizada que possa ser chamada com três valores de parâmetro que são inseridos nos espaços reservados quando necessário. A função precisa retornar os resultados da consulta para o código que chama.

```
with DBcm.UseDatabase(db_details) as db:
    db.execute(SQL_SWIMMERS_EVENTS_BY_SESSION, ("Darius", 13, "2023-01-13",))
    results = db.fetchall()
results
```

Escreva o código da sua função aqui:

Respostas na página 526

Exercício Solução

Da página 525

Chegou a hora de você flexionar os músculos que criam a função. Você teve que criar um novo arquivo (**não** um notebook) na pasta *webapp* chamado *data_utils.py* e adicionar as seguintes linhas de código a ele:

```
import DBcm

db_details = "CoachDB.sqlite3"

from queries import *
```

AVISO: É preciso cuidado com a versão "*" da instrução "import", pois ela importa *todos* os nomes encontrados no módulo. Para um módulo muito grande, essa prática pode muito bem encher o namespace do seu código com nomes indesejados ou (pior) substituir os nomes existentes por um nome importado!! Nós estamos nos safando aqui porque sabemos o que existe em nosso módulo, mas usar "*" com algo como "pandas" poderia resultar em coisas ruins acontecendo. Prudência ao usar "*" é sempre aconselhável.

Veja o código que você usou no notebook *TryQueries.ipynb* para executar a terceira consulta. Sua tarefa era transformar esse código em uma função parametrizada que pudesse ser chamada com três valores de parâmetro que são inseridos nos espaços reservados quando necessário. A função precisa retornar os resultados da consulta para o código que chama.

```
with DBcm.UseDatabase(db_details) as db:
    db.execute(SQL_SWIMMERS_EVENTS_BY_SESSION, ("Darius", 13, "2023-01-13",))
    results = db.fetchall()
results
```

Veja o código proposto por nós:

```
def get_swimmers_events(name, age, date):
    with DBcm.UseDatabase(db_details) as db:
        db.execute(SQL_SWIMMERS_EVENTS_BY_SESSION, (name, age, date,))
        results = db.fetchall()
    return results
```

Demos à nossa função um nome significativo, além de três parâmetros.

Os valores dos parâmetros são usados como valores de espaço reservado.

Os resultados obtidos com o mecanismo do banco de dados são retornados ao código que chama.

Sim, o objetivo é que seja fácil.

Deve ser uma tarefa simples pegar o código de um notebook Jupyter e transformá-lo em uma função de chamada, como mostrado.

Não há nenhum truque aqui. É realmente uma tarefa simples.

Ao invés de se lançar diretamente em um *Test Drive* para mostrar a nova função em ação, iremos poupar algum tempo e apresentar o código para nosso módulo `data _ utils` (próxima página). Como verá, repetimos o trabalho do *Exercício* mais recente para criar quatro funções de chamada, uma para cada consulta SQL com a qual você trabalhou.

Código dos utilitários do banco de dados, 1 de 2

Veja a primeira metade do código de *data_utils.py* que criamos para transformar as quatro instruções **with** de acesso ao banco de dados nas funções de chamada. Adicionamos comentários a cada função (para todos ficarem informados).

```
import DBcm

db_details = "CoachDB.sqlite3"

from queries import *
```

Os detalhes do banco de dados são definidos (neste caso, o nome do arquivo do banco de dados SQLite) e as importações necessárias também são fornecidas.

Cada função recebe um nome significativo.

```
def get_swim_sessions():
    """Return a tuple-list of unique session timestamps."""
    with DBcm.UseDatabase(db_details) as db:
        db.execute(SQL_SESSIONS)
        results = db.fetchall()
    return results


def get_session_swimmers(date):
    """When given a date (YYYY-MM-DD), return a tuple-list of swimmers
    and their associated age (filtered by date).
    """
    with DBcm.UseDatabase(db_details) as db:
        db.execute(SQL_SWIMMERS_BY_SESSION, (date,))
        results = db.fetchall()
    return results
```

Um comentário útil (espero) é adicionado a cada função. Lembre-se: você pode ver a documentação em seu notebook usando a BIF "help".

Código dos utilitários do banco de dados, 2 de 2

Veja a segunda metade do código de *data_utils.py* que criamos para transformar as quatro instruções **with** de acesso ao banco de dados nas funções de chamada.

Conforme as consultas SQL ficam mais complexas, exigindo valores adicionais de espaço reservado, a assinatura da função fornece os valores necessários.

```
def get_swimmers_events(name, age, date):
    """When given a date (YYYY-DD-MM), swimmer's name, and swimmer's age, return
    a tuple-list of events the swimmer swam on that date."""
    with DBcm.UseDatabase(db_details) as db:
        db.execute(SQL_SWIMMERS_EVENTS_BY_SESSION, (name, age, date,))
        results = db.fetchall()
    return results


def get_swimmers_times(name, age, distance, stroke, date):
    """When given a date (YYYY-MM-DD), swimmer's name, swimmer's age, distance, and stroke,
    return a tuple-list of times the swimmer swam on that date over the identified
    distance/stroke combination."""
    with DBcm.UseDatabase(db_details) as db:
        db.execute(SQL_CHART_DATA_BY_SWIMMER_EVENT_SESSION, (name, age, distance, stroke, date,))
        results = db.fetchall()
    return results
```

Usar um módulo de dados suporta as futuras refatorações

Localizar suas funções de acesso aos dados em seu próprio módulo permite proteger seu webapp das mudanças nos mecanismos de acesso aos dados subjacentes. Se mais tarde você decidir mudar *como* seus dados são armazenados, poderá limitar as alterações da codificação ao seu módulo de dados, mantendo as assinaturas da função existentes *inalteradas*. No que diz respeito à sua aplicação, suas funções de dados são chamadas e os dados são retornados.

não existem Perguntas Idiotas

P: Baixei o código no GitHub e a formatação é diferente. O que houve?

R: O código no GitHub foi formatado pelo formatador de código **Black** (veja o *Apêndice*), que pode mudar como o código aparece, mas *não* como funciona. As restrições de espaço não nos permitiram mostrar o código formatado por Black aqui.

Test Drive

Testaremos o novo módulo *data_utils* para confirmar se ele é executado como você deseja. Crie outro notebook Jupyter com o VS Code chamado *TestDataUtils.ipynb*. Começaremos importando o módulo, depois usaremos a versão list comprehension do combo mambo para exibir os não dunders do módulo:

```
import data_utils
```

```
print([x for x in dir(data_utils) if not x.startswith("__")])
```

```
['DBcm', 'SQL_CHART_DATA_BY_SWIMMER_EVENT_SESSION', 'SQL_SESSIONS', 'SQL_SWIMMERS_BY_SESSION',
'SQL_SWIMMERS_EVENTS_BY_SESSION', 'db_details', 'get_session_swimmers', 'get_swim_sessions',
'get_swimmers_events', 'get_swimmers_times']
```

Esta pode ser uma lista maior de nomes do que você esperava. Note que o módulo "data_utils" importa o módulo "queries", por isso os nomes de *ambos* os módulos são informados aqui.

Com o módulo importado, você pode usar a BIF **help** para aprender um pouco sobre qualquer função:

```
help(data_utils.get_swim_sessions)
```

```
Help on function get_swim_sessions in module data_utils:

get_swim_sessions()
    Return a tuple-list of unique session timestamps.
```

Leia os docs de baixo para cima.

Executaremos a função `get_swim_sessions`:

```
data_utils.get_swim_sessions()
```

```
[('2023-01-13 20:11:34',), ('2023-01-20 21:18:25',)]
```

A lista de resultados em tupla confirma que o banco de dados contém dois conjuntos de dados, adicionados em duas datas separadas (representadas como dois valores timestamp distintos).

A próxima função retorna a lista de nadadores em tupla que nadaram em determinada sessão, que (neste caso) é a segunda sessão de natação do banco de dados:

```
data_utils.get_session_swimmers("2023-01-20")
```

```
[('Abi', 10),
 ('Blake', 15),
 ('Darius', 13),
 ('Darius', 8),
 ('Dave', 17),
 ('Katie', 9),
 ('Maria', 9),
 ('Owen', 15)]
```

Uma lista de nadadores em tupla muito menor (como esperado)

Vejamos os eventos em que Darius, de sete anos, nadou durante a sessão:

```
data_utils.get_swimmers_events("Darius", 8, "2023-01-20")
```

```
[('50m', 'Back'), ('50m', 'Free'), ('50m', 'Breast')]
```

A lista de eventos em tupla que o jovem Darius nadou durante a sessão.

Por fim, veremos os tempos de natação que Darius de sete anos registrou durante os mergulhos de treinamento, 50m em Estilo livre:

```
data_utils.get_swimmers_times("Darius", 8, "50m", "Free", "2023-01-20")
```

```
[('39.42',), ('36.13',), ('37.66',), ('39.07',)]
```

A lista de tempos em tupla registrados para Darius, que, para uma criança de sete anos, são muito promissores. Achamos que o Darius mais novo pode ser um nadador para prestar atenção no futuro!

Com a conclusão deste *Test Drive*, você agora tem um módulo de funções do banco de dados que pode integrar no código do webapp existente. O que significa, claro, que é hora de mais uma marca de verificação...

Quase na hora da integração do banco de dados

Lembraremos do que está envolvido na Tarefa 3:

3 **Extraia os dados de que precisa das tabelas do banco de dados**
No momento, o código do webapp entra e sai da pasta *swimdata* quando preciso para pegar os dados necessários para fazer as coisas. Com a Tarefa 2 concluída, você pode escrever o Python e o SQL para pegar os dados que seu webapp precisa nas tabelas do banco de dados.

Fizemos grandes progressos, mas...

Talvez. É um excelente ponto.

Listas de tuplas são sempre retornadas do método `fetchall` e são passadas de volta para o código que chamou sua função de banco de dados intocada.

Dependendo do que você planejou para os dados, pode ser interessante transformar um pouco as listas de tuplas.

Mas, quais transformações são necessárias aqui e onde no código elas devem ocorrer?

Trocando Ideias

Mara: Realmente importa onde fazemos as transformações?

Sam: Acho que sim.

Alex: Mesmo? Voto em fazer as transformações em *data_utils.py* e seguir em frente.

Sam: Poderíamos fazer isso, mas qualquer outro programador que usa o módulo `data _ utils` fica limitado às transformações que decidimos fazer e terá problemas se realmente quiser uma lista de tuplas.

Mara: Qual a probabilidade de que isso aconteça?

Sam: Bem... nunca se sabe, né? Pode muito bem ser o caso de ninguém mais precisar usar os dados, mas é impossível saber. Uma coisa é certa, os aplicativos têm o hábito de nunca serem finalizados e eles crescem em recursos ao longo do tempo, então mais casos de uso para os dados não podem ser descartados.

Alex: Então, tudo bem colocar uma carga adicional no usuário do nosso módulo do banco de dados para fazer suas próprias transformações?

Sam: Sim, pois apenas os usuários do módulo de dados sabem o que querem fazer com os dados. Não podemos saber, não é?

Mara: Acho que não. Para deixar claro, você está sugerindo manter o módulo `data _ utils` como está, mas deixar que os programadores que usam o módulo decidam sobre as transformações necessárias?

Sam: Sim.

Alex: Por favor, diga que há um jeito fácil de fazer essas transformações...

Sam: Claro que existe, e você já isso viu em ação. É um trabalho perfeito para *list comprehensions.*

Exercício

Continue a trabalhar em seu notebook *TestDataUtils.ipynb*. Esta próxima célula atribui os resultados retornados de sua primeira função de acesso aos dados a uma nova variável chamada `data`, produzindo o resultado mostrado:

```
data = data_utils.get_swim_sessions()
data
```

```
[('2023-01-13 20:11:34',), ('2023-01-20 21:18:25',)]
```

Na próxima célula do notebook, crie um list comprehension para transformar a saída acima em uma lista como esta:

```
['2023-01-13', '2023-01-20']
```

Escreva o list comprehension usado no espaço abaixo:

____

____

Dica: Se você está iniciando com list comprehension, comece escrevendo um loop **for** "normal" para fazer a transformação, em seguida, converta o loop **for** com várias linhas em um list comprehension com uma linha.

Veja os resultados da sua segunda função de acesso aos dados, que é novamente atribuída à variável `data` e exibida na tela:

```
data = data_utils.get_session_swimmers("2023-01-20")
print(data)
```

```
[('Abi', 10), ('Blake', 15), ('Darius', 13), ('Darius', 8), ('Dave', 17), ('Katie', 9), ('Maria',
9), ('Owen', 15)]
```

Continuando na próxima célula de código, crie um list comprehension que gere esta saída:

```
['Abi-10', 'Blake-15', 'Darius-13', 'Darius-8', 'Dave-17', 'Katie-9', 'Maria-9', 'Owen-15']
```

Escreva o list comprehension usado neste espaço:

____

____

Dica: Considere usar uma f-string para fazer a transformação requerida por list comprehension.

Passaremos para a terceira função. Como na página anterior, atribua os resultados da chamada da função à variável `data` e exiba os dados na tela:

```
data = data_utils.get_swimmers_events("Darius", 8, "2023-01-20")
data
```

```
[('50m', 'Back'), ('50m', 'Free'), ('50m', 'Breast')]
```

Veja o que o próximo list comprehension precisa para transformar `data` em:

```
['50m Back', '50m Free', '50m Breast']
```

Escreva o list comprehension usado para fazer a transformação acima aqui:

____

____

Dica: Outra f-string de que você precisa aqui (acima) e o list comprehension final (abaixo).

Por fim, a quarta função de acesso aos dados produz esta saída:

```
data = data_utils.get_swimmers_times("Darius", 8, "50m", "Free", "2023-01-20")
data
```

```
[('39.42',), ('36.13',), ('37.66',), ('39.07',)]
```

Veja do que esta versão de `data` precisa para ser transformada:

```
['39.42', '36.13', '37.66', '39.07']
```

No espaço abaixo, escreva o list comprehension que você usaria para a transformação final:

____

____

Quando estiver pronto, compare sua lista com a nossa (na próxima página). →

Exercício Solução

Da página 535

Continue a trabalhar em seu notebook *TestDataUtils.ipynb*. Esta próxima célula atribui os resultados retornados de sua primeira função de acesso aos dados a uma nova variável chamada `data`, produzindo o resultado mostrado:

```
data = data_utils.get_swim_sessions()
data
```

```
[('2023-01-13 20:11:34',), ('2023-01-20 21:18:25',)]
```

Em seu notebook, esboce um list comprehension para transformar a saída acima em uma lista como esta:

```
['2023-01-13', '2023-01-20']
```

Você escreveu o list comprehension usado no espaço abaixo:

```
[session[0].split(" ")[0] for session in data]
```

"session" referencia cada tupla na lista de tuplas.

Você pode ter coçado a cabeça com este, mas... pegue o primeiro item na tupla (índice zero), divida-o no caractere de espaço e selecione o primeiro item na lista resultante (novamente, no índice zero).

Veja os resultados da sua segunda função de acesso aos dados, que é novamente atribuída à variável `data` e exibida na tela:

```
data = data_utils.get_session_swimmers("2023-01-20")
print(data)
```

```
[('Abi', 10), ('Blake', 15), ('Darius', 13), ('Darius', 8), ('Dave', 17), ('Katie', 9), ('Maria', 9), ('Owen', 15)]
```

Continuando na próxima célula de código, crie um list comprehension que gere esta saída:

```
['Abi-10', 'Blake-15', 'Darius-13', 'Darius-8', 'Dave-17', 'Katie-9', 'Maria-9', 'Owen-15']
```

Como antes, teve que escrever o list comprehension usado neste espaço:

```
print([f"{swimmer[0]}-{swimmer[1]}" for swimmer in data])
```

"swimmer" referencia cada tupla na lista de tuplas.

A BIF "print" exibe a saída em toda a tela.

Crie uma f-string a partir do primeiro item em cada tupla (índice zero), um caractere de traço, e o segundo item em cada tupla (índice um).

Passaremos para a terceira função. Como na página anterior, atribua os resultados da chamada da função à variável `data` e exiba os dados na tela:

```
data = data_utils.get_swimmers_events("Darius", 8, "2023-01-20")
data
```

```
[('50m', 'Back'), ('50m', 'Free'), ('50m', 'Breast')]
```

Veja o que o próximo list comprehension precisa para transformar `data` em:

```
['50m Back', '50m Free', '50m Breast']
```

Você escreveu, de novo, o list comprehension usado para fazer a transformação acima aqui:

```
[f"{event[0]} {event[1]}" for event in data]
```

Este list comprehension lembra muito o anterior, mas "event" referencia cada tupla na lista de tuplas e f-string *não* usa o caractere de traço.

Por fim, a quarta função de acesso aos dados produz esta saída:

```
data = data_utils.get_swimmers_times("Darius", 8, "50m", "Free", "2023-01-20")
data
```

```
[('39.42',), ('36.13',), ('37.66',), ('39.07',)]
```

Veja do que esta versão de `data` precisa para ser transformada:

```
['39.42', '36.13', '37.66', '39.07']
```

No espaço abaixo, você escreveu o list comprehension que usaria para a transformação final:

```
[time[0] for time in data]
```

Mantivemos list comprehension o mais simples até o final. Tudo o que acontece aqui é que cada tupla (em "time") tem seu primeiro item (índice zero) recuperado.

Test Drive

Confirmaremos que as listas produzidas por cada uma das transformações de list comprehension são como as esperadas.

```
data = data_utils.get_swim_sessions()
data
```

```
[('2023-01-13 20:11:34',), ('2023-01-20 21:18:25',)]
```

```
[session[0].split(" ")[0] for session in data]
```

```
['2023-01-13', '2023-01-20']
```

Talvez tenha que ler isto mais de uma vez. Você pega o primeiro item de cada tupla, divide-o e seleciona a parte da "data".

O list comprehension no início deste capítulo tinha uma condição "if". Como dito, a "parte do filtro é opcional". Nenhum dos quatro list comprehensions associados ao Test Drive requer um filtro (e tudo bem).

```
data = data_utils.get_session_swimmers("2023-01-20")
print(data)
```

```
[('Abi', 10), ('Blake', 15), ('Darius', 13), ('Darius', 8), ('Dave', 17),
('Katie', 9), ('Maria', 9), ('Owen', 15)]
```

```
print([f"{swimmer[0]}-{swimmer[1]}" for swimmer in data])
```

```
['Abi-10', 'Blake-15', 'Darius-13', 'Darius-8', 'Dave-17', 'Katie-9', 'Maria-9',
'Owen-15']
```

A f-string executa a transformação aqui, escolhendo os dois valores de cada tupla e inserindo-os em uma string devidamente formatada.

```
data = data_utils.get_swimmers_events("Darius", 8, "2023-01-20")
data
```

```
[('50m', 'Back'), ('50m', 'Free'), ('50m', 'Breast')]
```

```
[f"{event[0]} {event[1]}" for event in data]
```

```
['50m Back', '50m Free', '50m Breast']
```

Esta transformação segue o mesmo padrão do list comprehension anterior (sem o caractere de traço).

```
data = data_utils.get_swimmers_times("Darius", 8, "50m", "Free", "2023-01-20")
data
```

```
[('39.42',), ('36.13',), ('37.66',), ('39.07',)]
```

```
[time[0] for time in data]
```

```
['39.42', '36.13', '37.66', '39.07']
```

Você pode pensar neste list comprehension como pedindo o item de dados de cada tupla na lista de tuplas. Não chega a ser uma transformação, é mais como pegar um item de dados (e é um uso perfeitamente bom da tecnologia de list comprehension do Python).

Integre o código do banco de dados!

Finalmente, estamos na Tarefa 4.

É o que este capítulo (e o anterior) vem propondo: integrar as funções de acesso aos dados no código do webapp existente para que o Coach possa trabalhar com qualquer número de conjuntos de dados da sessão de natação. Veja o que é exigido da Tarefa 4:

4 **Ajuste o código do webapp existente para usar os dados em suas tabelas do banco de dados.**
Com a Tarefa 3 concluída, você precisará mudar o código do webapp atual para obter os dados em seu banco de dados em vez da pasta *swimdata*.

É hora de se lembrar do estado atual do código do webapp para que você possa descobrir onde as mudanças devem ser aplicadas.

Aponte seu lápis

Aqui está o código para o arquivo *app.py* do webapp (nesta e na próxima página). Leve o tempo de que precisar para ler o código, em seguida, pegue o lápis e circule as partes que você acha que precisa mudar para usar as funções em *data_utils.py*.

```
from flask import Flask, session, render_template, request

import os
import swimclub


app = Flask(__name__)
app.secret_key = "You will never guess..."


@app.get("/")
def index():
    return render_template(
        "index.html",
        title="Welcome to Swimclub",
    )
```

Não se esqueça de atualizar este valor para algo difícil de adivinhar.

Respostas na página 542

Aponte seu lápis, continuação

```
def populate_data():
    if "swimmers" not in session:
        swim_files = os.listdir(swimclub.FOLDER)
        swim_files.remove(".DS_Store")
        session["swimmers"] = {}
        for file in swim_files:
            name, *_ = swimclub.read_swim_data(file)
            if name not in session["swimmers"]:
                session["swimmers"][name] = []
            session["swimmers"][name].append(file)


@app.get("/swimmers")
def display_swimmers():
    populate_data()
    return render_template(
        "select.html",
        title="Select a swimmer",
        url="/showfiles",
        select_id="swimmer",
        data=sorted(session["swimmers"]),
    )

@app.post("/showfiles")
def display_swimmers_files():
    populate_data()
    name = request.form["swimmer"]
    return render_template(
        "select.html",
        title="Select an event",
        url="/showbarchart",
        select_id="file",
        data=session["swimmers"][name],
    )


@app.post("/showbarchart")
def show_bar_chart():
    file_id = request.form["file"]
    location = swimclub.produce_bar_chart(file_id, "templates/")
    return render_template(location.split("/")[-1])


if __name__ == "__main__":
    app.run(debug=True)
```

Poder do Cérebro

Além de substituir os mecanismos de acesso aos dados existentes do webapp pelas novas funções para o banco de dados, você pode pensar em outras mudanças necessárias no código do seu webapp para dar suporte aos vários conjuntos de dados do Coach?

Aponte seu lápis Solução

Da página 540

Foi mostrado o código para o arquivo *app.py* do webapp e foi pedido para você levar o tempo de que precisasse para ler o código, pegar o lápis e circular as partes que achava que precisaria mudar para usar as funções em *data_utils.py*.

```
from flask import Flask, session, render_template, request

import os
import swimclub


app = Flask(__name__)
app.secret_key = "You will never guess..."


@app.get("/")
def index():
    return render_template(
        "index.html",
        title="Welcome to Swimclub",
    )
```

Estes imports provavelmente mudarão, já que você não está mais pegando os dados do webapp em sua pasta "swimdata". Em vez disso, está usando os dados armazenados no mecanismo do banco de dados SQLite.

Nenhuma outra alteração é necessária para o código nesta página. Mas você acha que outra URL é necessária aqui? Você precisa adicionar um novo código para permitir que o Coach selecione qual conjunto de dados da sessão usar?

Aponte seu lápis
Solução, continuação

```
def populate_data():
    if "swimmers" not in session:
        swim_files = os.listdir(swimclub.FOLDER)
        swim_files.remove(".DS_Store")
        session["swimmers"] = {}
        for file in swim_files:
            name, *_ = swimclub.read_swim_data(file)
            if name not in session["swimmers"]:
                session["swimmers"][name] = []
            session["swimmers"][name].append(file)


@app.get("/swimmers")
def display_swimmers():
    populate_data()
    return render_template(
        "select.html",
        title="Select a swimmer",
        url="/showfiles",
        select_id="swimmer",
        data=sorted(session["swimmers"]),
    )


@app.post("/showfiles")
def display_swimmers_files():
    populate_data()
    name = request.form["swimmer"]
    return render_template(
        "select.html",
        title="Select an event",
        url="/showbarchart",
        select_id="file",
        data=session["swimmers"][name],
    )


@app.post("/showbarchart")
def show_bar_chart():
    file_id = request.form["file"]
    location = swimclub.produce_bar_chart(file_id, "templates/")
    return render_template(location.split("/")[-1])


if __name__ == "__main__":
    app.run(debug=True)
```

Esta função pega os dados na pasta "swimdata" e coloca uma cópia deles na variável "session" do webapp. Agora que você está usando um banco de dados, a necessidade de colocar os dados de trabalho em "session" deixa de existir, pois essa função não é mais necessária.

Não é mais preciso usar a variável "session", então esta chamada pode ser removida.

Em vez de recuperar os dados necessários na variável "session", eles podem ser recuperados usando a chamada apropriada para as funções do seu banco de dados.

Como acima, esta chamada não é mais necessária.

Este código chama uma função que gera um gráfico SVG "à mão", criando um arquivo HTML com o gráfico incorporado. Isso realmente deve ser tratado pelo template do Jinja2; mudaremos esse mecanismo também.

Atualizando o código do webapp existente

Inicialize o webapp do Coach para se lembrar do fluxo do usuário nas telas.

Para executar o webapp, abra *app.py* no VS Code e selecione **Executar** e **Executar sem depurar** no sistema de menus. Um terminal abre no VS Code e seu webapp é iniciado. Você verá a URL no webapp em execução no terminal.

Quando estiver pronto, visite o endereço da web com seu navegador favorito. Você será recebido com uma página da web com este conteúdo:

Não é mais o ponto de partida para o webapp, já que seu mecanismo do banco de dados foi criado para permitir que o Coach selecione em uma lista de conjuntos de dados. Para tanto, o Coach precisa ver uma lista de datas correspondendo a cada sessão de natação.

Veja o código que exibe o conteúdo acima:

A URL está associada a uma função que renderiza o template "index.html".

```
@app.get("/")
def index():
    return render_template(
        "index.html",
        title="Welcome to Swimclub",
    )
```

Este código não precisa mudar, pois o template do Jinja2 contém a mensagem de abertura do webapp.

Vejamos o template *index.html* para determinar o que precisa mudar.

Revise o(s) template(s) quanto às alterações...

Veja *index.html*. É bem óbvio que o template precisa mudar para que o Coach seja aconselhado a começar selecionando uma sessão de natação, *não* um nadador:

```
{% extends "base.html" %}

{% block body %}
<p>
    Begin by selecting a <a href="/swimmers">swimmer</a> to work with.
</p>
{% endblock %}
```

Não é mais o ponto de partida do webapp.

É uma edição comum (para o template). Ajuste o template *index.html* para que o conteúdo de <p> fique assim:

```
Begin by selecting a <a href="/swims">swim session</a> to work with.
```

Se você salvar o template e depois recarregar a página de abertura do webapp no navegador, não será uma surpresa que a página atualize:

Nada de ficar muito animado aqui, pois a atualização do template funcionou como esperado.

Estamos indo devagar de *propósito* aqui, já que faz um tempo desde que você viu o código do webapp. Em vez de forçá-lo a voltar para o capítulo que originalmente cobriu esse material, queremos que você se concentre no trabalho em mãos, por isso abordamos essas edições passo a passo *de forma intencional*.

Agora... pergunte-se, o que a URL *Iswims* precisa fazer?

Parece um bom plano.

Dê uma rápida olhada no código do webapp, que responde a um clique da URL */swimmers*:

```
@app.get("/swimmers")
def display_swimmers():
    populate_data()
    return render_template(
        "select.html",
        title="Select a swimmer",
        url="/showfiles",
        select_id="swimmer",
        data=sorted(session["swimmers"]),
    )
```

Um novo código é necessário para lidar com a URL */swims*. Iremos baseá-lo no código da URL */swimmers*. Um código como este resolve:

```
@app.get("/swims")
def display_swim_sessions():
    data = data_utils.get_swim_sessions()
    dates = [session[0].split(" ")[0] for session in data]
    return render_template(
        "select.html",
        title="Select a swim session",
        url="/swimmers",
        select_id="chosen_date",
        data=dates,
    )
```

1. Informe o Flask sobre a nova URL.
2. Crie uma nova função.
3. Pegue os dados de que precisa no seu mecanismo do banco de dados.
4. Transforme os dados brutos com um list comprehension.
5. Reutilize o template "select.html" existente.
6. Ajuste a mensagem que o Coach vê.
7. Especifique a próxima URL a visitar.
8. Forneça um nome de variável para o item selecionado.
9. Passe os dados transformados para o template.

Test Drive

Adicione esta instrução **import** ao início de *app.py* para que as chamadas aos utilitários do banco de dados sejam executadas sem erros:

```
SQL = """select * from swimmers"""
with DBcm.UseDatabase(db_details) as db:
    db.execute(SQL)
```

Vá em frente e adicione o código da parte inferior da página anterior ao arquivo *app.py*. Salve o código de *app.py* atualizado no VS Code. Se digitou tudo corretamente, seu webapp deverá *recarregar automaticamente* e você verá uma mensagem parecida com esta no terminal do VS Code:

```
* Detected change in '/Users/barryp/Desktop/THIRD/Learning/webapp/app.py', reloading
* Restarting with stat
* Debugger is active!
* Debugger PIN: 115-518-560
```

A versão mais recente do código do webapp já está ativa (e esperamos que, agora, você esteja começando a lembrar de tudo).

Infelizmente, quando você clica no link "swim session" na página inicial do webapp, tem uma surpresa. Aqui está o que vimos na tela:

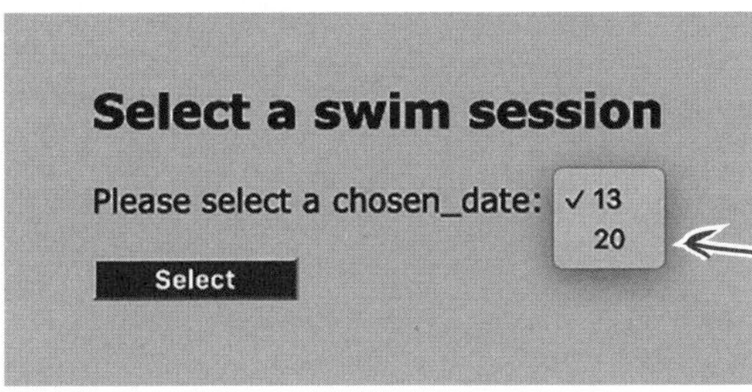

Droga! Quase funcionou. Parece que apenas parte da data da sessão de natação é exibida na caixa suspensa.

A pergunta é: o que está causando este erro?

Vejamos para saber...

Então... qual o problema com seu template?

Veja o código do Jinja2 atual para *select.html* que é usado algumas vezes pelo webapp do Coach.

A pergunta é: *o que há de errado com este template?*

```
{% extends "base.html" %}

{% block body %}

<form method="POST" action="{{ url }}">

    <label for="{{ select_id }}">Please select a {{ select_id }}:</label>

    <select name="{{ select_id }}" id="{{ select_id }}">

        {% for name in data %}
            <option value="{{ name }}">{{ name.removesuffix(".txt").split("-", 2)[-1] }}</option>
        {% endfor %}

    </select>

    <p>
        <input type="submit" value="Select">
    </p>

</form>

{% endblock %}
```

Não demorou muito para detectarmos o problema. Esta manipulação foi adicionada ao template para processar os nomes de arquivo na pasta "swimdata". Isso ainda é necessário?

Agora que você está atualizando seu webapp para obter os dados necessários no mecanismo do banco de dados, a necessidade de um "improviso" na manipulação do nome de arquivo mostrado acima acaba. Ajuste a linha <option> para ficar assim:

```
<option value="{{ name }}">{{ name }}</option>
```

Vá em frente e salve tudo no VS Code, confirme se o webapp foi recarregado e gere o menu suspenso mais uma vez:

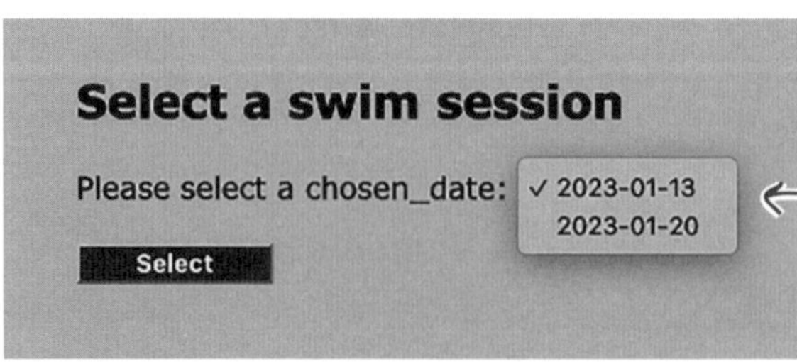

Agora sim está como deveria. As datas das sessões de natação são agora selecionadas na lista suspensa.

Exercício

Veja o código da função `display _ swimmers`, tirado da sua versão atual de *app.py*:

```
@app.get("/swimmers")
def display_swimmers():
    populate_data()
    return render_template(
        "select.html",
        title="Select a swimmer",
        url="/showfiles",
        select_id="swimmer",
        data=sorted(session["swimmers"]),
    )
```

Clicar no botão **Select** na parte inferior da página anterior coloca a data selecionada na URL */swimmers*, com o valor enviado por post atribuído à variável `chosen_date`. Ajuste o código acima para receber o valor enviado, em seguida, use `chosen_date` para filtrar a lista de nomes dos nadadores exibidos na tela. Como o valor de `chosen_date` provavelmente será usado em futuras funções, salve a data na variável `session` do Flask.
Dica: se você esqueceu como recuperar um valor de formulário, veja o código `display _ swimmers _ file`.

Escreva o código que você usou aqui.

Respostas na página 550

Exercício Solução

Da página 549

Veja o código da função `display _ swimmers`, tirado da sua versão atual de *app.py*:

```
@app.get("/swimmers")
def display_swimmers():
    populate_data()
    return render_template(
        "select.html",
        title="Select a swimmer",
        url="/showfiles",
        select_id="swimmer",
        data=sorted(session["swimmers"]),
    )
```

Clicar no botão **Select** na parte inferior da página antes do *Exercício* coloca a data selecionada na URL */swimmers*, com o valor enviado por post atribuído à variável `chosen_date`. Você ajustou o código acima para receber o valor enviado, em seguida, usou `chosen_date` para filtrar a lista de nomes dos nadadores exibidos na tela. Como o valor de `chosen_date` provavelmente será usado em futuras funções, teve que salvar a data na variável `session` do Flask. Veja o código que usamos para tudo isto:

```
@app.post("/swimmers")
def display_swimmers():
    session["chosen_date"] = request.form["chosen_date"]
    data = data_utils.get_session_swimmers(session["chosen_date"])
    swimmers = [f"{swimmer[0]}-{swimmer[1]}" for swimmer in data]
    return render_template(
        "select.html",
        title="Select a swimmer",
        url="/showfiles",
        select_id="swimmer",
        data=sorted(swimmers),
    )
```

Esta linha tem duas tarefas. Ela pega os dados enviados do formulário HTML e salva-os na variável "session" do Flask.

Esta linha @app precisa usar "post" ao invés de "get", já que a URL tem dados enviados por post agora.

Estas duas linhas de código (em essência copiadas literalmente do notebook "TestDataUtils.ipynb") pegam a lista de nadadores no banco de dados, então transformam os resultados com list comprehension. Note que os dados são filtrados pelo valor em "chosen_date".

Há apenas uma outra mudança feita no código existente, e é para ajustar o que é enviado para o template do Jinja2 em espera. Em vez de usar a variável "session" do Flask, os dados são lidos no banco de dados.

Test Drive

Ao salvar sua versão mais recente do *app.py*, seu webapp recarrega.
Veja o código para a função `display _ swimmers` atualizada que filtra a lista de nadadores por data:

```
@app.post("/swimmers")
def display_swimmers():
    session["chosen_date"] = request.form["chosen_date"]
    data = data_utils.get_session_swimmers(session["chosen_date"])
    swimmers = [f"{swimmer[0]}-{swimmer[1]}" for swimmer in data]
    return render_template(
        "select.html",
        title="Select a swimmer",
        url="/showfiles",
        select_id="swimmer",
        data=sorted(swimmers),
    )
```

A sessão de natação escolhida impacta a lista de nadadores que o Coach vê no navegador:

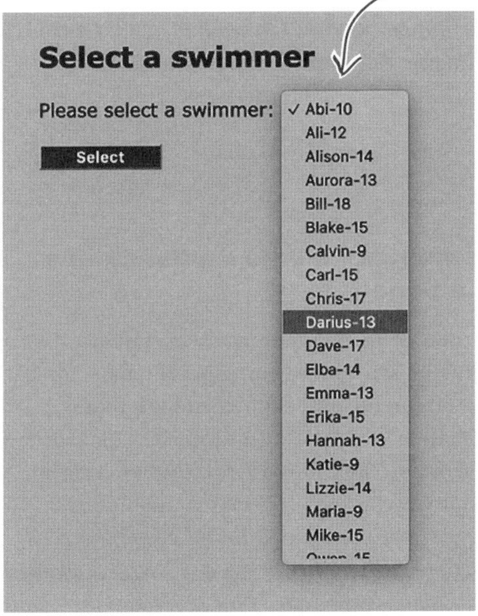

Isto é o que vemos quando selecionamos a data da primeira sessão de natação. Uma longa lista de nomes (e faixas etárias) exibida como um menu suspenso.

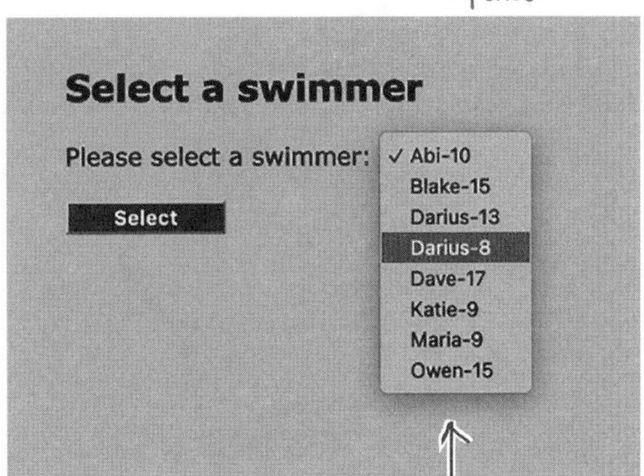

Quando selecionamos a data da segunda sessão de natação, vemos uma lista muito menor (pois a maioria dos nadadores está fora em uma competição).

Exibiremos uma lista de eventos...

A próxima URL com a qual seu webapp interage é */showfiles*. Quanto aos nomes da URL, isso fazia sentido quando seu webapp processava os arquivos na pasta *swimdata*. Agora que webapp pega os dados no mecanismo do banco de dados, esse nome precisa mudar. Usaremos */showevents*.

Antes de chegar à próxima função no webapp (`display _ swimmers _ files`), faremos outra mudança na função `display _ swimmers`:

```
return render_template(
    "select.html",
    title="Select a swimmer",
    url="/showfiles",
    select_id="swimmer",
    data=sorted(swimmers),
)
```

Altere esta URL em sua função "display_swimmers" para referenciar "/showevents".

Achamos que é uma mudança que vale a pena.

Fazer uma pequena mudança nesta URL garante que seu código corresponda mais ao que realmente está acontecendo. E não se esqueça de que esta não é a última vez que você provavelmente irá interagir com *app.py*. A última coisa que desejará em três meses (quando você ou algum outro programador ler o código) é alguém perguntando: *Por que essa URL é se chama /showfiles quando ela exibe dados de eventos?*

Exercício

Respostas na página 554

Veja o código da função `display _ swimmers _ files` em *app.py*:

```
@app.post("/showfiles")
def display_swimmers_files():
    populate_data()
    name = request.form["swimmer"]
    return render_template(
        "select.html",
        title="Select an event",
        url="/showbarchart",
        select_id="file",
        data=session["swimmers"][name],
    )
```

Fizemos algumas mudanças para você abaixo. Ajustamos a URL para ser */showevents* e depois mudamos o nome da função para `display_swimmer_events`. A próxima linha de código usa a atribuição múltipla para atribuir os dados do nadador selecionado do seu formulário HTML à variável `session` do Flask:

```
@app.post("/showevents")
def display_swimmer_events():
    session["swimmer"], session["age"] = request.form["swimmer"].split("-")
```

Escreva o resto do código desta função, que precisa pegar os dados dos eventos dos nadadores em seu mecanismo de banco de dados e renderizar o próximo template.

Exercício Solução

Da página 554

Veja o código da função `display _ swimmers _ files` em *app.py*:

```
@app.post("/showfiles")
def display_swimmers_files():
    populate_data()
    name = request.form["swimmer"]
    return render_template(
        "select.html",
        title="Select an event",
        url="/showbarchart",
        select_id="file",
        data=session["swimmers"][name],
    )
```

Ajustamos a URL para ser */showevents* e depois mudamos o nome da função para `display_swimmer_events`. A próxima linha de código usou a atribuição múltipla para atribuir os dados do nadador selecionado do seu formulário HTML à variável `session` do Flask. Você teve que fornecer o resto do código da função no espaço fornecido:

```
@app.post("/showevents")
def display_swimmer_events():
    session["swimmer"], session["age"] = request.form["swimmer"].split("-")

    data = data_utils.get_swimmers_events(
        session["swimmer"], session["age"], session["chosen_date"]
    )
    events = [f"{event[0]} {event[1]}" for event in data]
    return render_template(
        "select.html",
        title="Select an event",
        url="/showbarchart",
        data=events,
        select_id="event",
    )
```

Pegue os dados de que precisa em seu mecanismo de banco de dados.

Os valores das variáveis do espaço reservado vêm da variável "session" do Flask. Você notou que o valor para "chosen_date" é usado aqui também?

Faça a transformação necessária.

Há algumas pequenas mudanças aqui para garantir que o código referencie "event" e "events" em vez de "files".

Test Drive

Com as mudanças mais recentes no código *app.py* aplicadas e salvas, seu webapp recarrega.
O código para sua função mais recente deve ficar assim:

```
@app.post("/showevents")
def display_swimmer_events():
    session["swimmer"], session["age"] = request.form["swimmer"].split("-")
    data = data_utils.get_swimmers_events(
        session["swimmer"], session["age"], session["chosen_date"]
    )
    events = [f"{event[0]} {event[1]}" for event in data]
    return render_template(
        "select.html",
        title="Select an event",
        url="/showbarchart",
        select_id="event",
        data=events,
    )
```

Se você selecionar a segunda sessão de natação na lista de datas e escolher Darius de sete anos (que nada na categoria Sub-8) na lista de nadadores, seu webapp para banco de dados exibirá esta lista de eventos para o Darius mais jovem:

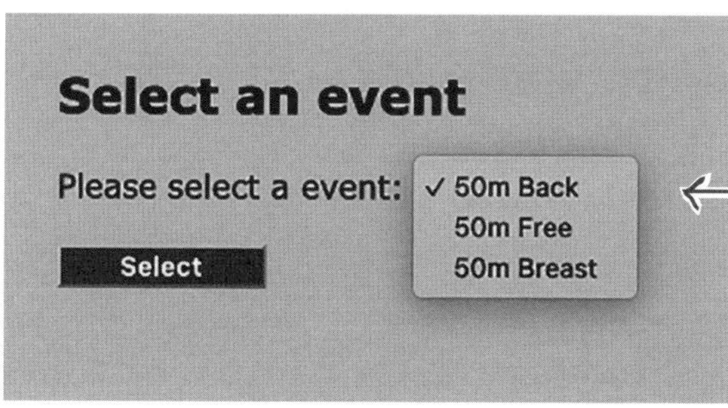

Como esperado, a lista suspensa se ajusta com base no conjunto de dados que você leu no mecanismo do banco de dados.

Use o botão *Voltar* do navegador para retornar à página inicial do webapp, selecione a primeira sessão de treinamento e, em seguida, selecione o Darius mais velho na lista de nadadores. Agora você deve ver esta lista suspensa:

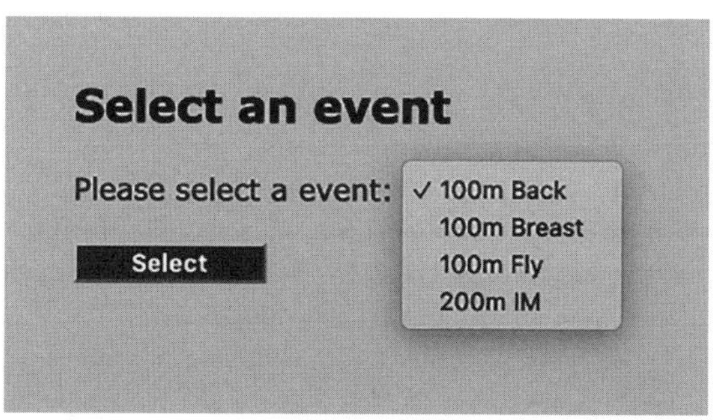

Tudo o que resta é desenhar o gráfico de barras...

Veja o código para a função show _ bar _ chart que, na versão atual do webapp do Coach, pega os dados de que precisa no arquivo de um nadador e chama a função produce _ bar _ chart do módulo swimclub para fazer o trabalho pesado:

```
@app.post("/showbarchart")
def show_bar_chart():
    file_id = request.form["file"]
    location = swimclub.produce_bar_chart(file_id, "templates/")
    return render_template(location.split("/")[-1])
```

Apenas cinco linhas de código aqui. Será que é tão difícil assim ajustar isto para pegar os dados necessários no mecanismo do banco de dados?

Lembre-se de que você já tem um código que pega e transforma os dados brutos no banco de dados em uma lista de tempos:

Pegue os dados brutos...

```
data = data_utils.get_swimmers_times("Darius", 8, "50m", "Free", "2023-01-20")
data
```

```
[('39.42',), ('36.13',), ('37.66',), ('39.07',)]
```

```
[time[0] for time in data]
```

```
['39.42', '36.13', '37.66', '39.07']
```

... e transforme-se em uma lista de tempos

Se você considerar os cinco valores de argumento que a função get _ swimmers _ times requer, três deles já estão salvos na variável session do Flask, ou seja, chosen _ date, swimmer e age. Os outros dois argumentos, os valores de *distância* e *estilo*, estão disponíveis nos dados enviados do seu formulário HTML, que esta linha de código extrai e atribui às variáveis mostradas:

```
distance, stroke = request.form["event"].split(" ")
```

Os velhos amigos, a atribuição múltipla e "split", ajudam mais uma vez.

Sim, temos tudo para extrair os dados do banco de dados.

No entanto, por si só, os dados não são suficientes.

O módulo `swimclub`, no qual começamos a trabalhar no Capítulo 3, abstrai o processamento adicional aplicado à lista dos tempos de natação . Lembre-se de que a função `produce_bar_chart` (com a ajuda da função `read_swim_data`) faz um monte de conversões, pesquisas e manipulações nos tempos de natação antes de criar "manualmente" uma página HTML da web contendo um gráfico de barras SVG que é salvo no disco antes de ser renderizado por seu webapp.

Agora, há razões para continuar utilizando o módulo `swimclub` para realizar este trabalho. No entanto, fazer isso significaria continuar contando com o fato de que os dados em sua pasta *swimdata* não mudam... uma situação que já criou problemas para o Coach. Você precisa usar os dados em seu banco de dados para desenhar o gráfico enviando quaisquer dados necessários para um novo template do Jinja2, realizando o trabalho anteriormente feito por `produce_bar_chart`. Resolva o problema do Coach, pois você precisa parar de depender da existência de todos esses arquivos. Claro, isso não significa que você deve descartar *todo* o código em *swimclub.py*, porque é provável que algum possa ser recuperado.

Na próxima página, apresentamos o código atual para *swimclub.py* e — nas anotações fornecidas — indicamos quais partes achamos que são candidatas à reutilização.

Revisando o código de swimclub.py mais recente

```
import json
import statistics

import hfpy_utils

CHARTS = "charts/"
FOLDER = "swimdata/"
JSONDATA = "records.json"


def event_lookup(event):
    """Convert from filenames to dictionary keys.

    Given an event descriptor (the name of a swimmer's file), convert
    the descriptor into a lookup key which can be used with the "records"
    dictionary.
    """
    conversions = {
        "Free": "freestyle",
        "Back": "backstroke",
        "Breast": "breaststroke",
        "Fly": "butterfly",
        "IM": "individual medley",
    }

    *_, distance, stroke = event.removesuffix(".txt").split("-")

    return f"{distance} {conversions[stroke]}"


def read_swim_data(filename):
    """Return swim data from a file.

    Given the name of a swimmer's file (in filename), extract all the required
    data, then return it to the caller as a tuple.
    """
    swimmer, age, distance, stroke = filename.removesuffix(".txt").split("-")
    with open(FOLDER + filename) as file:
        lines = file.readlines()
        times = lines[0].strip().split(",")
    converts = []
    for t in times:
        # The minutes value might be missing, so guard against this causing a crash.
        if ":" in t:
            minutes, rest = t.split(":")
            seconds, hundredths = rest.split(".")
        else:
            minutes = 0
```

Você precisará decidir quais imports ainda são necessários.

Este continua sendo um dicionário de conversão realmente útil.

Este código converte os tempos como strings em tempos como centésimos de segundo.

O resto do código "read_swim_data" está na próxima página.

```
            seconds, hundredths = t.split(".")
        converts.append((int(minutes) * 60 * 100) + (int(seconds) * 100) + int(hundredths))
    average = statistics.mean(converts)
    mins_secs, hundredths = f"{(average / 100):.2f}".split(".")
    mins_secs = int(mins_secs)
    minutes = mins_secs // 60
    seconds = mins_secs - minutes * 60
    average = f"{minutes}:{seconds:0>2}.{hundredths}"

    return swimmer, age, distance, stroke, times, average, converts  # Returned as a tuple.
```

O gráfico de barras informa o tempo médio de natação e os cálculos são feitos por este código.

```
def produce_bar_chart(fn, location=CHARTS):
    """Given the name of a swimmer's file, produce a HTML/SVG-based bar chart.

    Save the chart to the CHARTS folder. Return the path to the bar chart file.
    """
    swimmer, age, distance, stroke, times, average, converts = read_swim_data(fn)
    from_max = max(converts)
    times.reverse()
    converts.reverse()
    title = f"{swimmer} (Under {age}) {distance} {stroke}"
```

Não nos esqueçamos destas linhas de código, que organizam os dados na ordem correta.

```
    header = f"""<!DOCTYPE html>
                    <html>
                        <head>
                            <title>{title}</title>
                            <link rel="stylesheet" href="/static/webapp.css"/>
                        </head>
                        <body>
                            <h2>{title}</h2>"""
    body = ""
    for n, t in enumerate(times):
        bar_width = hfpy_utils.convert2range(converts[n], 0, from_max, 0, 350)
        body = body + f"""
                            <svg height="30" width="400">
                                <rect height="30" width="{bar_width}" style="fill:rgb(0,0,255);" />
                            </svg>{t}<br />"""
```

Uma versão deste código precisa ser movida para um novo template do Jinja2.

```
    with open(JSONDATA) as jf:
        records = json.load(jf)
    COURSES = ("LC Men", "LC Women", "SC Men", "SC Women")
    times = []
    for course in COURSES:
        times.append(records[course][event_lookup(fn)])

    footer = f"""
                            <p>Average time: {average}</p>
                            <p>M: {times[0]} ({times[2]})<br />W: {times[1]} ({times[3]})</p>
                        </body>
                    </html>"""
    page = header + body + footer
    save_to = f"{location}{fn.removesuffix('.txt')}.html"
    with open(save_to, "w") as sf:
        print(page, file=sf)

    return save_to
```

Este código de pesquisa, bem como parte do HTML, provavelmente ainda é necessário.

* O código que não está anotado, em nossa opinião, não é mais necessário. *

Conheça o template do Jinja2 que gera o SVG

Veja o template do Jinja2 que, quando recebe os valores de dados apropriados, gera um gráfico de barras muito parecido com o código de *swimclub.py*:

```
{% extends "base.html" %}

{% block body %}

    {% for row in data %}
        <svg height="30" width="400">
            <rect height="30" width="{{ row[1] }}" style="fill:rgb(0,0,255);" />
        </svg>{{ row[0] }}<br />
    {% endfor %}
    <p>Average time: {{ average }}</p>
    M: {{worlds[0]}} ({{worlds[2]}})<br />W: {{worlds[1]}} ({{worlds[3]}})

{% endblock %}
```

A instrução "for" do Jinja2 (modelada no loop "for" do Python) faz a maior parte do trabalho aqui, adicionando uma tag SVG para cada barra do gráfico.

Lembre-se: usar as chaves duplas do Jinja2 permite inserir qualquer expressão Python válida em seu template.

A primeira coisa a notar é que a maior parte do código de *swimclub.py* que criou a página HTML completa *acabou*. Lembre-se: o template *base.html*, do qual o template acima herda, contém toda a HTML compartilhada, inclusive as HTMLs de cabeçalho e rodapé. Todos os templates de herança devem fornecer o conteúdo do corpo da sua página HTML.

Vá em frente e crie um novo arquivo na pasta *templates*, chamado *chart.html*, então adicione ao arquivo o código do template mostrado acima. Quando fizer isso, observe os nomes das variáveis com chaves duplas, `{{` e `}}`:

Faça isto agora.

- `row` – Uma lista de dois itens que pega seus valores em `data`
- `data` – Uma lista de duas tuplas contendo a string de tempo e seu equivalente numérico escalado
- `average` – A representação "em string" do valor médio do tempo
- `worlds` – Uma lista de quatro itens contendo os quatro recordes mundiais de natação associados ao evento atual

Todos, menos o primeiro valor, `row`, precisam ser passados para o template a partir do código de *app.py*. Tudo o que é necessário agora é reutilizar o código de *swimclub.py* para produzir esses valores. Antes de chegar a esse código, pare um pouco e considere uma importante máxima do Python.

O código é mais lido do que escrito.

É uma afirmação simples, com uma grande implicação: gostando ou não, como programador, você passará mais tempo *lendo* código do que *escrevendo*, e o Python é otimizado para tornar seu código (e o de outros programadores Python) *fácil de ler*.

Com isso em mente, na próxima página, apresentamos o código "reutilizado" de *swimclub.py*, que foi reformulado como um novo módulo Python chamado *convert_utils.py*. Conforme você lê o código, observe que grande parte dele é copiada literalmente de *swimclub.py*, com algumas exceções (que são apontadas).

Este módulo está incluído como parte do material de download deste livro.

Módulo convert_utils

```
import hfpy_utils

import json
import statistics


CONVERSIONS = {
    "Free": "freestyle",
    "Back": "backstroke",
    "Breast": "breaststroke",
    "Fly": "butterfly",
    "IM": "individual medley",
}
COURSES = ("LC Men", "LC Women", "SC Men", "SC Women")
JSONDATA = "records.json"


def get_worlds(distance, stroke):
    """Given an event distance and stroke, return the list of the four
    world records at that distance and stroke."""
    with open(JSONDATA) as jf:
        records = json.load(jf)
    return [records[course][f"{distance} {CONVERSIONS[stroke]}"] for course in COURSES]


def perform_conversions(times):
    """Given a list of swim times as strings, return the average time as a string,
    as well as the reversed list of times and a list of scaled swim times as
    numbers (floats)."""
    converts = []
    for t in times:
        # The minutes value might be missing, so guard against this causing a crash.
        if ":" in t:
            minutes, rest = t.split(":")
            seconds, hundredths = rest.split(".")
        else:
            minutes = 0
            seconds, hundredths = t.split(".")
        converts.append(int(minutes) * 60 * 100 + int(seconds) * 100 + int(hundredths))
    average = statistics.mean(converts)
    mins_secs, hundredths = f"{(average / 100):.2f}".split(".")
    mins_secs = int(mins_secs)
    minutes = mins_secs // 60
    seconds = mins_secs - minutes * 60
    average = f"{minutes}:{seconds:0>2}.{hundredths}"
    converts.reverse()
    times.reverse()
    from_max = max(converts)
    scaled = [hfpy_utils.convert2range(n, 0, from_max, 0, 350) for n in converts]
    return average, times, scaled  # Returned as a tuple.
```

Você já viu a maior parte do código deste módulo.

Este módulo introduz duas funções novas. Esta condensa o código de pesquisa dos recordes mundiais em uma única linha de código (graças ao uso de list comprehension).

Esta é a única linha de código nova, que é outro exemplo do uso de list comprehension para fazer uma transformação dos dados existentes. Essa compreensão escala os valores na lista "converts".

Exercício

Agora que o template *chart.html* existe, bem como o módulo `convert_utils`, terminaremos o código para *app.py*. Veja a primeira metade da função `show_bar_chart` atualizada, que determina os detalhes do evento selecionado e obtém os tempos de natação registrados para o nadador identificado (na data em questão) no banco de dados:

```
@app.post("/showbarchart")
def show_bar_chart():
    distance, stroke = request.form["event"].split(" ")
    data = data_utils.get_swimmers_times(
        session["swimmer"],
        session["age"],
        distance,
        stroke,
        session["chosen_date"],
    )
    times = [time[0] for time in data]
```

Os dados "event" são recuperados dos dados do formulário HTML enviado.

Os cinco valores de argumento para a função "get_swimmers_times" são mostrados em várias linhas para facilitar a leitura da chamada.

Seu trabalho é fornecer o resto do código para a função, que precisa fazer as conversões necessárias na lista `times`, calcular os tempos dos recordes mundiais a usar, criar um título de página apropriado, em seguida, terminar a função com uma chamada que retorna um template renderizado do template do Jinja2 *chart.html*. Escreva no código criado aqui:

Dica: ao criar seu código, importe "convert_utils.py" no início do arquivo.

Respostas na página 564

Exercício Solução

Da página 564

Agora que o modelo *chart.html* existe, bem como o módulo `convert_utils`, chegou a hora de terminar o código para *app.py*. Você tinha a primeira metade da função `show_bar_chart` atualizada, que determina os detalhes do evento selecionado e obtém os tempos de natação registrados para o nadador identificado na data em questão:

```
@app.post("/showbarchart")
def show_bar_chart():
    distance, stroke = request.form["event"].split(" ")
    data = data_utils.get_swimmers_times(
        session["swimmer"],
        session["age"],
        distance,
        stroke,
        session["chosen_date"],
    )
    times = [time[0] for time in data]
```

Os dados "event" são recuperados dos dados do formulário HTML enviado.

Os cinco valores de argumento para a função "get_swimmers_times" são mostrados em várias linhas para facilitar a leitura da chamada.

Seu trabalho era fornecer o resto do código para a função, que precisa fazer as conversões necessárias na lista `times`, calcular os tempos dos recordes mundiais a usar, criar um título de página apropriado, em seguida, terminar a função com uma chamada que retorna um template renderizado do template do Jinja2 *chart.html*. Veja nosso código e compare:

```
average_str, times_reversed, scaled = convert_utils.perform_conversions(times)
world_records = convert_utils.get_worlds(distance, stroke)
header = f"{session['swimmer']} (Under {session['age']}) {distance} {stroke} - {session['chosen_date']}"
return render_template(
        "chart.html",
        title=header,
        data=list(zip(times_reversed, scaled)),
        average=average_str,
        worlds=world_records,
)
```

Faça as conversões.

Pegue os quatro tempos de recordes mundiais.

Use uma f-string para criar um cabeçalho da página.

Retorne um template renderizado.

Nesta fase, cada valor do argumento para a chamada "render_template" deve fazer sentido, esperamos, o que parece um pouco estranho. (Falaremos mais sobre isso na próxima página.)

listar e zipar... o quê?!?

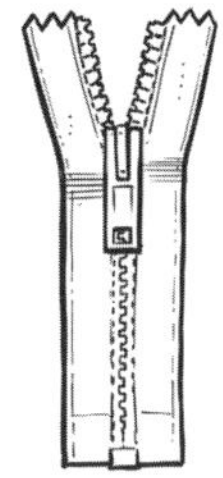

A chamada para **listar** e **zipar** as listas `times _ reversed` e `scaled` provavelmente fez você coçar a cabeça. Você já viu essa técnica antes… muito tempo atrás quando criou seu arquivo *records.json*. Apesar disso, vejamos um pequeno notebook Jupyter, chamado *TheZipBIF.ipynb*, que mostra o que acontece aqui com um pouco mais de detalhes:

As duas listas são definidas e atribuídas a variáveis nomeadas.

```
times = ['39.42', '36.13', '37.66', '39.07']
```

```
scaled = [346.89, 334.37, 320.79, 350.0]
```

```
zip(times, scaled)
```

```
<zip at 0x103b87e00>
```

As coisas parecem um pouco estranhas quando "zip" é chamado nas duas listas, mas é um pouco menos estranho quando a saída de "zip" se transforma em uma lista.

```
list(zip(times, scaled))
```

```
[('39.42', 346.89), ('36.13', 334.37), ('37.66', 320.79), ('39.07', 350.0)]
```

```
for row in zip(times, scaled):
    print(row)
```

Você não precisa usar "list" aqui, pois o loop "for" supõe um contexto de lista.

```
('39.42', 346.89)
('36.13', 334.37)
('37.66', 320.79)
('39.07', 350.0)
```

A exibição dos dados produzidos pelas duas listas zipadas confirma o que está acontecendo aqui: as duas listas são compactadas juntas em um item por vez retirado de cada uma das listas. Note como cada par de valores é retornado de "zip" como uma tupla.

Test Drive

Aqui está o código para a função `show_bar_chart` atualizada que, uma vez adicionada ao *app.py*, conclui as edições da Tarefa 4:

```
@app.post("/showbarchart")
def show_bar_chart():
    distance, stroke = request.form["event"].split(" ")
    data = data_utils.get_swimmers_times(
        session["swimmer"],
        session["age"],
        distance,
        stroke,
        session["chosen_date"],
    )
    times = [time[0] for time in data]
    average_str, times_reversed, scaled = convert_utils.perform_conversions(times)
    world_records = convert_utils.get_worlds(distance, stroke)
    header = f"{session['swimmer']} (Under {session['age']}) {distance} {stroke} - {session['chosen_date']}"
    return render_template(
        "chart.html",
        title=header,
        data=list(zip(times_reversed, scaled)),
        average=average_str,
        worlds=world_records,
    )
```

Se você selecionar a opção 50m Estilo livre do Darius mais jovem, deverá ver este gráfico de barras:

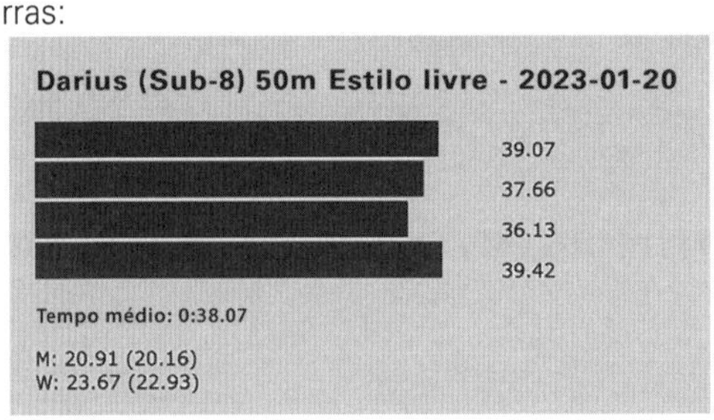

Notou o título do gráfico novo e melhorado, que agora contém a data da sessão de natação?

O gráfico para o Darius mais velho nadando 100m Borboleta é exatamente como era quando foi criado anteriormente no livro, então tudo parece funcionar bem:

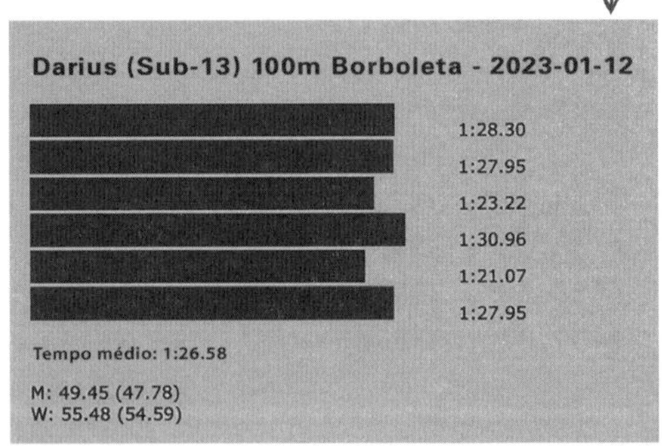

As integrações do banco de dados terminaram!

Ótimo trabalho!

Foi muito trabalho até aqui, mas seu webapp agora pode trabalhar com qualquer quantidade de dados gerados por qualquer quantidade de sessões de natação. Você acabou agora, e é hora de sua marca final:

1. **Decida por uma estrutura para os dados e crie as tabelas do banco de dados.** ✔
   Você precisa decidir como os dados no banco de dados serão organizados. Quando decidir, poderá criar o banco de dados e as tabelas necessárias usando Python e SQL.

2. **Adicione valores de dados às tabelas do banco de dados.** ✔
   O sistema do Coach usa os dados na pasta *swimdata*. Você precisará pegar os dados nessa pasta e adicioná-los às tabelas do banco de dados apropriadas. Como na Tarefa 1, Python e SQL são as tecnologias que deve usar aqui.

3. **Extraia os dados de que precisa das tabelas do banco de dados.** ✔
   No momento, o código do webapp entra e sai da pasta *swimdata* quando preciso para pegar os dados necessários para fazer as coisas. Com a Tarefa 2 concluída, você pode escrever o Python e o SQL para pegar os dados de que seu webapp precisa nas tabelas do banco de dados.

4. **Ajuste o código do webapp existente para usar os dados em suas tabelas do banco de dados.** ✔
   Com a Tarefa 3 concluída, você precisará mudar o código do webapp atual para obter os dados em seu banco de dados em vez da pasta *swimdata*.

Embora seja uma tentação compartilhar essa versão do webapp com o Coach *agora*, saiba que esse código atualmente roda em seu computador local, não na nuvem. Para tornar o webapp mais recente pronto para o Coach, ele realmente deve ser implantado no PythonAnywhere. Isso é (surpreendentemente) simples do ponto de vista da programação, e você irá fazê-lo no próximo capítulo do livro.

Antes, há o resumo e a palavra cruzada do final do capítulo para você ponderar e completar.

PONTOS DE BALA

- Este capítulo estava cheio de código que **integrou** os dados em seu mecanismo de banco de dados com o webapp do Coach.
- Apesar de todo o código de integração do banco de dados, existem só duas coisas que queremos que você se lembre neste capítulo, e são duas palavras: **list** e **comprehension**.
- **List comprehension** permite reescrever um loop **for** de várias linhas como uma única linha. Não só a linha de código resultante tem menos código (dãã!), como é mais **rápido** que seu equivalente de várias linhas, e list comprehensions podem aparecer em quase todo lugar no seu código (ao contrário do loop equivalente de várias linhas). Isso faz com que sejam muito, muito legais.
- Os programadores Python do mundo inteiro **amam** os list comprehensions. Consequentemente, você os verá sendo usados em muitos lugares no código de outros programadores.
- É possível criar **conjuntos** e **dicionários** também, mas você não precisa deles neste capítulo, então não foram apresentados. Mas se entender como um list comprehension funciona, não terá problemas em aplicar o que sabe para definir os dictionary comprehensions.
- Tuple comprehension não existe (então nem pense nisso).
- Os comprehensions costumam ter dois tipos: **transformacionais** e **filtragens**.
- Os comprehensions transformacionais (também chamados de **mapeamentos**) convertem os valores de uma lista em uma nova lista de valores convertidos.
- Os comprehensions de filtragem são fáceis de identificar: eles têm uma condição **if** que deve ser mantida para que um valor seja anexado a uma lista de destino.
- É perfeitamente aceitável ter um comprehension que seja transformacional *e* de filtragem (embora não tenhamos certeza de como chamar um list comprehension que faz as duas tarefas... *mapfilter*, talvez?).
- Mencionamos que os programadores Python *amam* os list comprehensions?

Cruzadinha do Python

Você encontrará todas as respostas para as pistas neste capítulo. As soluções estão na próxima página.

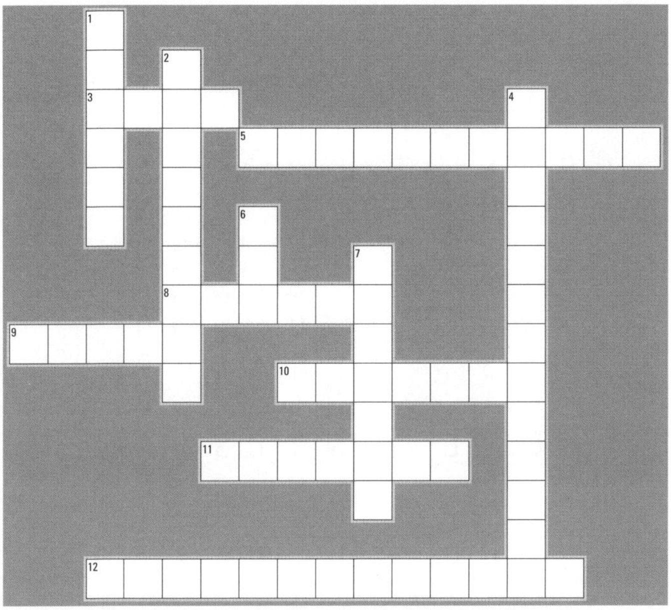

Horizontal

3. 3 na vertical rescreve um ________ **for** de várias linhas com uma linha de código.

5. Dois módulos novos de ________ foram criados neste capítulo (um chamado `data` e o outro `convert`).

8. O método do banco de dados `fetchall` (quando retorna dados) sempre retorna uma lista delas.

9. Em um template do Jinja2, o comando `extends` faz isto.

10. A tecnologia de destaque deste capítulo trabalha com listas, conjuntos e dicionários. Mas tente usá-lo com uma tupla e você receberá um desses.

11. Antes deste capítulo, estes eram referidos como "arquivos".

12. Uma das duas palavras que você tem que lembrar deste capítulo, e não é "list".

Vertical

1. Uma instrução if pode ser usada para aplicar isto a 3 na vertical.

2. Outro nome para muitas instruções SQL.

4. Converte uma lista de valores em outra lista de valores com uma ______________.

6. Com duas listas, esta BIF cria uma lista de pares de tuplas.

7. O código é mais lido do que ________.

Respostas na página 570

Cruzadinha do Python Solução

Da página 569

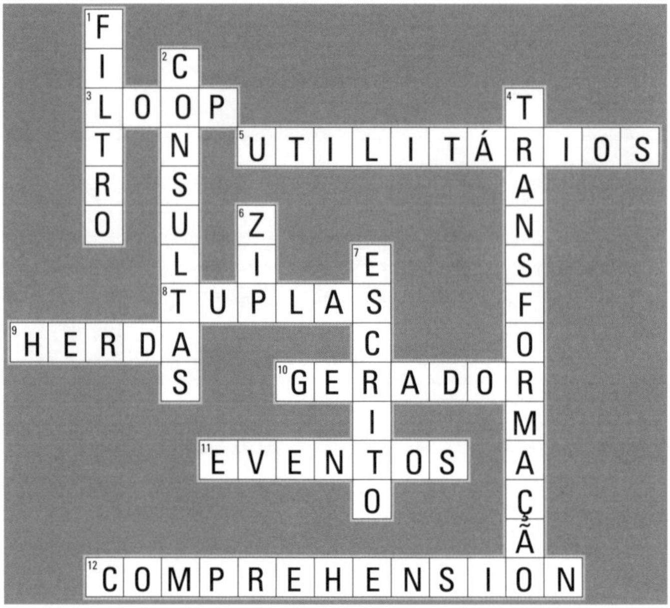

Horizontal

3. 3 na vertical rescreve um ________ **for** de várias linhas com uma linha de código.

5. Dois módulos novos de ________ foram criados neste capítulo (um chamado `data` e o outro `convert`).

8. O método do banco de dados `fetchall` (quando retorna dados) sempre retorna uma lista delas.

9. Em um template do Jinja2, o comando `extends` faz isto.

10. A tecnologia de destaque deste capítulo trabalha com listas, conjuntos e dicionários. Mas tente usá-lo com uma tupla e você receberá um desses.

11. Antes deste capítulo, estes eram referidos como "arquivos".

12. Uma das duas palavras que você tem que lembrar deste capítulo, e não é "list".

Vertical

1. Uma instrução if pode ser usada para aplicar isto a 3 na vertical.

2. Outro nome para muitas instruções SQL.

4. Converte uma lista de valores em outra lista de valores com uma ______________.

6. Com duas listas, esta BIF cria uma lista de pares de tuplas.

7. O código é mais lido do que ________.

12 implantação revisitada

Toques Finais...

Você está chegando ao fim da sua jornada em Python.

No capítulo final deste livro, você ajusta seu webapp para usar **MariaDB** como seu banco de dados de back-end, não o SQLite, então ajusta as coisas para implantar a versão mais recente do seu webapp no PythonAnywhere. Ao fazer isso, o Coach obtém acesso a um sistema que suporta **quaisquer** nadadores participando de **quaisquer** sessões de natação. Não há muita novidade sobre o Python no capítulo, já que você passa a maior parte do seu tempo ajustando o código existente para trabalhar com MariaDB e PythonAnywhere. O seu código Python nunca existe **isoladamente**: ele **interage** com o ambiente e os sistemas dos quais depende.

Prometemos: estamos quase lá.

O código do webapp foi atualizado para suportar as sessões de treinamento que o Coach pode enviar para ele. Com uma sessão de treinamento selecionada, o sistema se adapta para mostrar apenas os dados dessa sessão. É exatamente isso que ele quer.

Só resta substituir o webapp atualmente em execução no PythonAnywhere por seu novo código. Mas é só copiar para o código existente baseado em nuvem?

Trocando Ideias

Sam: O trabalho de integração do banco de dados é ótimo, mas estou um pouco preocupado em usar SQLite no PythonAnywhere.

Alex: Como assim? O SQLite não funciona na nuvem?

Sam: Sim, mas não é realmente projetado para ser implantado nela.

Mara: Ouvi dizer que o SQLite é mais adequado para aplicativos que suportam um único usuário, não algo projetado para ter muitos usuários interagindo com ele ao mesmo tempo.

Alex: É um problema?

Mara: Talvez não, mas nunca se sabe de que forma o webapp crescerá. Pode ser melhor pular para um sistema de gerenciamento de banco de dados multiusuário *agora*, antes que as coisas fiquem muito complexas. Se o sistema do Coach fizer sucesso, quem sabe quantos usuários ele terá?

Sam: Concordo.

Alex: Certo... eu acho. Mas mudamos para qual sistema de gerenciamento de banco de dados?

Mara: Como o código existente usa `DBcm`, devemos ficar com o MySQL ou o MariaDB, que o `DBcm` suporta *além do* SQLite. Se continuarmos usando o `DBcm`, nossas mudanças no código deverão ser mínimas.

Alex: Qual será: MySQL ou MariaDB?

Sam: Na verdade, não importa qual escolhemos. Mas preferimos MariaDB ao MySQL.

Alex: Qual a diferença?

Mara: Não diferem, pois o MariaDB é um *clone* do MySQL: todas as ferramentas e comandos que funcionam com o MySQL também funcionam com o MariaDB.

Alex: Mas por que ambos existem se são a mesma coisa?

Sam: Nem pergunte.

Mara: É uma longa história, que realmente não é muito relevante para o que estamos fazendo agora (se você está realmente curioso, comece por aqui: *https://en.wikipedia.org/wiki/Michael_Widenius*).

Alex: Então, o plano é portar o webapp para o MariaDB em nossas máquinas, depois mover tudo para o PythonAnywhere?

Mara: Sim.

Alex: E o PythonAnywhere roda o MariaDB, certo?

Sam: Não, ele roda o MySQL.

Alex: O quê??!?

Sam: Eu sei que parece estranho, mas não se preocupe. Como verá, MariaDB e MySQL são *essencialmente* a mesma coisa.

Mara: E é nossa preferência usar o MariaDB em nossos computadores. O fato de o MySQL ser usado pelo PythonAnywhere não fará diferença.

Alex: Não vejo como algo possa dar errado...

Sam: Como Mara disse antes, o uso do `DBcm` oculta muitos detalhes de nós, então eu não prevejo problemas sérios. Existem algumas incompatibilidades menores do SQL que precisamos estar cientes, mas nenhuma é *crítica*, então vamos direto ao ponto!

Não descartaremos nada.

Os dois últimos capítulos adaptaram o webapp para trabalhar com dados armazenados em qualquer sistema de banco de dados baseado em SQL, com o `DBcm` gerenciando a conexão do banco de dados.

Quando começamos o trabalho, não tínhamos ideia se mudar para um sistema de banco de dados SQL resolveria o problema do Coach. Usar SQLite (com zero instalação) nos permite testar nossas ideias sem gastar um tempo precioso instalando um sistema de gerenciamento de banco de dados "real".

O SQLite é um ótimo mecanismo de banco de dados, mas pode não ser a melhor escolha quando seu sistema precisa ter suporte para muitos usuários. Algo como o MariaDB pode ser melhor, e é por isso que estamos mudando para ele no webapp do Coach. Pense nisso como uma preparação futura para que o app possa *escalar* bem.

não existem Perguntas Idiotas

P: Já instalamos o MySQL. Posso usá-lo aqui?

R: Claro. O MariaDB é *nossa* preferência, mas não significa que precisa ser a sua.

Tudo o que demonstramos com o MariaDB nas páginas a seguir funciona *sem alteração* com o MySQL, então você é livre para usar o que quiser.

P: Posso instalar o MariaDB e o MySQL no mesmo computador?

R: Tecnicamente, sim. Mas alertamos para não fazer isso. O motivo tem relação com como os sistemas de banco de dados baseados em MySQL se comunicam com seu código (e o resto do mundo). Especificamente, o MariaDB e o MySQL usam a porta de protocolo 3306 por padrão para se comunicarem, e as coisas ficam um pouco complicadas quando ambos os servidores tentam obter essa porta. Embora seja possível configurar o servidor para usar outra porta, nossa experiência tem mais dor do que alegrias ao fazer isso.

Nosso conselho: use o MariaDB ou o MySQL no seu computador, *mas não ambos*.

P: E o PostgreSQL?

R: Não, sinto muito, não se você quer usar o `DBcm`. Apenas o MySQL/MariaDB e o SQLite têm suporte no momento. (Não que o PostgreSQL não seja uma *excelente* escolha de banco de dados.)

Migrando para o MariaDB

Antes de implantar no PythonAnywhere, faremos com que a versão para banco de dados do webapp do Coach funcione localmente com o MariaDB. Quando funcionar localmente, seu webapp poderá ser implantado no PythonAnywhere rodando o MySQL.

Antes de continuar: leve o tempo necessário para encontrar e instalar a versão estável mais recente do MariaDB em seu computador. Esperamos...

Obtenha o servidor em https://mariadb.org e siga as instruções de instalação para seu sistema operacional.

Configurando o MariaDB para o webapp do Coach

Com o MariaDB instalado, faça login no servidor a partir da linha de comando como um usuário admin do MariaDB. Essa atividade depende do sistema operacional, então note que o usuário admin pode ser conhecido como *superuser* ou *raiz* (dependendo do SO escolhido).

Assim que estiver logado como administrador, use os seguintes comandos para criar um novo banco de dados chamado `swimDB`, bem como um usuário chamado `swimuser` para gerenciar o acesso a ele:

```
create database swimDB;

grant all on swimDB.* to 'swimuser'@'localhost' identified by 'swimpasswd';
```

O nome do novo banco de dados.

O novo usuário a criar.

A senha a associar ao novo usuário.

Veja o que apareceu na nossa tela durante a interação acima:

```
Welcome to the MariaDB monitor.  Commands end with ; or \g.
Your MariaDB connection id is 4
Server version: 10.10.2-MariaDB Homebrew

Copyright (c) 2000, 2018, Oracle, MariaDB Corporation Ab and others.

Type 'help;' or '\h' for help. Type '\c' to clear the current input statement.

MariaDB [(none)]> create database swimDB;
Query OK, 1 row affected (0.005 sec)

MariaDB [(none)]> grant all on swimDB.* to 'swimuser'@'localhost' identified by 'swimpasswd';
Query OK, 0 rows affected (0.010 sec)

MariaDB [(none)]> quit
Bye
```

Como regra geral, tudo certo quando você vê a resposta "Query OK".

Com o banco de dados e o usuário criados, o comando "quit" sai do cliente MariaDB (retornando ao prompt do sistema operacional).

Movendo os dados do Coach para o MariaDB

Com seu banco de dados pronto e o usuário do banco de dados criado, o próximo passo é pegar os dados atualmente residindo no banco de dados SQLite e movê-los, com tudo o que têm direito, para o MariaDB.

Há duas partes nesta tarefa: (1) *reutilizar* suas definições de tabela e (2) *copiar* os dados existentes de cada tabela de saída (no SQLite) para as novas tabelas (no MariaDB).

Relaxe

Não se preocupe: parece muito trabalho, mas não é.

Todo o trabalho para fazer o webapp do Coach funcionar com o SQLite está prestes a ser *reutilizado* com o MariaDB (com pequenas edições).

Reutilizando suas tabelas, 1 de 2

Você pode se lembrar (de alguns capítulos atrás) que criou suas tabelas SQLite usando o código Python personalizado em seu notebook *CreateDatabaseTables.ipyn*. Embora seja uma ideia razoável reutilizar esse código com o MariaDB, você não fará isso aqui. Em vez disso, pedimos ao SQLite que mostre as definições de tabela necessárias para que você possa "alimentá-las" ao MariaDB.

O SQLite vem com o Python, então o executável `qlite3` é instalado no sistema quando você instala pela primeira vez o Python. Você pode usá-lo para exportar as definições das três tabelas no banco de dadosSQLite com este comando:

Os usuários Windows podem precisar instalar "sqlite-tools-win32-x86" para adquirir este utilitário.

Execute este comando em um terminal no seu sistema operacional. Verifique se você está em sua pasta "webapp" para que o arquivo "CoachDB.sqlite3" seja encontrado.

Em vez de exibir qualquer saída na tela, este símbolo de redirecionamento diz ao sistema operacional para colocar a saída do comando no arquivo nomeado, criando "schema.sql" em sua pasta atual.

```
sqlite3  CoachDB.sqlite3  .schema  >  schema.sql
```

É um pouco difícil de ver (e fácil de não notar), mas isto é um caractere ".".

Só para constar: a pasta deste capítulo no GitHub tem cópias dos arquivos de dados (caso tenha dificuldade).

O resultado de executar o comando é que *schema.sql* passa a existir em sua pasta *webapp*. Use o VS Code para abrir o *schema.sql* e junte-se a nós no começo da próxima página para ver o que você conseguiu (e fazer pequenas alterações).

Aplique três edições a schema.sql

Esta é a saída do comando "sqlite3": um arquivo contendo quatro comandos "CREATE TABLE", mostrando as definições de suas tabelas do banco de dados.

Dependendo do seu sistema operacional, a ordem do arquivo pode ser diferente. Não se preocupe com isso, mas aplique as edições em seu arquivo.

```
CREATE TABLE sqlite_sequence(name,seq);
CREATE TABLE times (
        swimmer_id integer not null,
        event_id integer not null,
        time varchar(16) not null,
        ts timestamp default current_timestamp
    );
CREATE TABLE swimmers (
      id integer not null primary key autoincrement,
      name varchar(32) not null,
      age integer not null
   );
CREATE TABLE events (
        id integer not null primary key autoincrement,
        distance varchar(16) not null,
        stroke varchar(16) not null
    );
```

Edição 1: exclua esta linha do arquivo (já que não é necessária no MariaDB).

Edição 2: adicione um underscore aqui para mostrar "auto_increment".

Edição 3: (igual) adicione um underscore aqui para mostrar "auto_increment".

Se você está se perguntando por que estas edições são necessárias, afinal, o SQL não é um padrão reconhecido internacionalmente?!? – nosso conselho é respirar fundo... e não deixar que isso o aflija. Dizem que contar até dez também ajuda. 😉

SALVE esta versão editada do arquivo "schema.sql" antes de continuar.

```
CREATE TABLE times (
        swimmer_id integer not null,
        event_id integer not null,
        time varchar(16) not null,
        ts timestamp default current_timestamp
    );
CREATE TABLE swimmers (
      id integer not null primary key auto_increment,
      name varchar(32) not null,
      age integer not null
   );
CREATE TABLE events (
        id integer not null primary key auto_increment,
        distance varchar(16) not null,
        stroke varchar(16) not null
    );
```

Este arquivo agora é compatível com o MariaDB.

Reutilizando suas tabelas, 2 de 2

Com as três edições aplicadas a *schema.sql* e salvas, usaremos o arquivo *schema.sql* para criar as tabelas necessárias no seu banco de dados `swimDB` rodando no MariaDB.

Ainda no terminal do sistema operacional (na pasta *webapp*), faça login no cliente MariaDB usando o nome de usuário e a senha definidos anteriormente:

Digite este comando no prompt do SO.

```
mysql -u swimuser -p swimDB
```

Quando solicitado a inserir a senha, digite "swimpasswd".

Supondo que inseriu a senha corretamente, você voltará ao prompt do MariaDB, onde enviará três comandos.

O primeiro comando, `show tables;`, exibe uma lista de tabelas definidas no banco de dados. Como você ainda não criou nenhuma no MariaDB, a lista está inicialmente vazia.

O segundo comando, `source schema.sql;`, lê e executa as consultas SQL contidas no arquivo *schema.sql*. Como você tem três comandos `CREATE TABLE` definidos nesse arquivo, deve esperar ver três mensagens *Query OK* na tela conforme cada tabela é criada.

O terceiro (e último) comando, `show tables;`, repete o primeiro comando para confirmar se as três tabelas foram criadas com sucesso:

MariaDB é um clone do MySQL, então todas as ferramentas e comandos que funcionam no MySQL também funcionam no MariaDB.

Você começa sem tabelas definidas.

```
MariaDB [swimDB]> show tables;
Empty set (0.001 sec)

MariaDB [swimDB]> source schema.sql
Query OK, 0 rows affected (0.018 sec)

Query OK, 0 rows affected (0.021 sec)

Query OK, 0 rows affected (0.019 sec)

MariaDB [swimDB]> show tables;
+-----------------+
| Tables_in_swimDB |
+-----------------+
| events          |
| swimmers        |
| times           |
+-----------------+
3 rows in set (0.001 sec)
```

Parece que os comandos CREATE TABLE estão fazendo o que devem.

Suas três tabelas foram criadas.

O comando "show tables" do MariaDB equivale ao comando "pragma table_list" do SQLite.

Verificando se as tabelas definidas estão corretas

Lembre-se do seu trabalho com o SQLite quando você usou o comando `pragma table _ info` para pedir ao mecanismo do banco de dados para exibir os detalhes de cada uma das tabelas do banco de dados. O comando `describe` do MariaDB faz a mesma coisa, como mostrado abaixo:

Parece bom.

```
MariaDB [swimDB]> describe swimmers;
+-------+-------------+------+-----+---------+----------------+
| Field | Type        | Null | Key | Default | Extra          |
+-------+-------------+------+-----+---------+----------------+
| id    | int(11)     | NO   | PRI | NULL    | auto_increment |
| name  | varchar(32) | NO   |     | NULL    |                |
| age   | int(11)     | NO   |     | NULL    |                |
+-------+-------------+------+-----+---------+----------------+
3 rows in set (0.007 sec)
```

Também parece bom.

```
MariaDB [swimDB]> describe events;
+----------+-------------+------+-----+---------+----------------+
| Field    | Type        | Null | Key | Default | Extra          |
+----------+-------------+------+-----+---------+----------------+
| id       | int(11)     | NO   | PRI | NULL    | auto_increment |
| distance | varchar(16) | NO   |     | NULL    |                |
| stroke   | varchar(16) | NO   |     | NULL    |                |
+----------+-------------+------+-----+---------+----------------+
3 rows in set (0.005 sec)
```

Três tentativas, três acertos. Suas três tabelas agora existem no banco de dados MariaDB.

```
MariaDB [swimDB]> describe times;
+------------+-------------+------+-----+---------------------+-------+
| Field      | Type        | Null | Key | Default             | Extra |
+------------+-------------+------+-----+---------------------+-------+
| swimmer_id | int(11)     | NO   |     | NULL                |       |
| event_id   | int(11)     | NO   |     | NULL                |       |
| time       | varchar(16) | NO   |     | NULL                |       |
| ts         | timestamp   | YES  |     | current_timestamp() |       |
+------------+-------------+------+-----+---------------------+-------+
4 rows in set (0.005 sec)
```

Com as tabelas prontas, sua próxima tarefa é pegar uma cópia dos dados das tabelas do banco de dados SQLite e copiá-los para as tabelas do banco de dados MariaDB. Como nas definições de tabela, o executável `sqlite3` da linha de comando é a sua ferramenta preferida aqui.

Copiando os dados existentes para o MariaDB

É provável que esteja vendo o prompt de comando do MariaDB na janela do terminal de seu sistema operacional. Deixe a janela como está por enquanto, em seguida, abra um segundo terminal, novamente em sua pasta *webapp*. Usaremos o segundo terminal para gerar um arquivo contendo os dados em cada uma das tabelas do banco de dados SQLite existentes.

É possível fazer isto com uma linha de comando `sqlite3`:

```
sqlite3 CoachDB.sqlite3 '.dump swimmers events times --data-only' > data.sql
```

Demore se precisar digitando esta linha de comando. Note o uso de aspas simples no comando ".dump". Como no comando anterior, a saída gerada é enviada para um novo arquivo chamado "data.sql" (neste caso).

Com o arquivo *data.sql* criado, volte ao prompt do MariaDB (em seu outro terminal) e envie um segundo comando `source`, `source data.sql;`, para executar as consultas SQL contidas em seu arquivo *data.sql* (que tem o efeito de importar todos os seus dados):

Como "data.sql" contém muitas consultas SQL, as mensagens "Query OK" logo saem da tela.

```
MariaDB [swimDB]> source data.sql;
Query OK, 1 row affected (0.002 sec)

Query OK, 1 row affected (0.000 sec)

Query OK, 1 row affected (0.000 sec)

Query OK, 1 row affected (0.000 sec)

Query OK, 1 row affected (0.000 sec)

Query OK, 1 row affected (0.000 sec)
```

Há muitas mais mensagens exibidas aqui...

Use estas três consultas SQL para verificar rapidamente quantas linhas de dados foram adicionadas a cada uma das tabelas pelo comando "source".

```
MariaDB [swimDB]> select count(*) from swimmers;
+----------+
| count(*) |
+----------+
|       23 |
+----------+
1 row in set (0.003 sec)

MariaDB [swimDB]> select count(*) from events;
+----------+
| count(*) |
+----------+
|       14 |
+----------+
1 row in set (0.001 sec)

MariaDB [swimDB]> select count(*) from times;
+----------+
| count(*) |
+----------+
|      467 |
+----------+
1 row in set (0.001 sec)
```

Estes totais da contagem de linhas parecem bons.

Sim, mas são alterações menores.

Lembre-se de que você já teve que ajustar os comandos SQL `CREATE TABLE`, que funcionavam perfeitamente com o SQLite, mas precisavam de ajustes *menores* quando usados com o MariaDB. Incompatibilidades *menores* parecidas também estão presentes quando se trata de como os espaços reservados funcionam com o MariaDB. Enquanto o driver SQLite do Python usa `?` como um caractere de espaço reservado, o driver MariaDB do Python usa **`%s`**.

Fique à vontade para revirar os olhos e soltar um longo suspiro de exasperação...

Certo, não é uma grande edição, mas ainda é algo para se preocupar e corrigir. Faremos isso agora.

Torne as consultas compatíveis com o MariaDB

Abra *queries.py* no VS Code, então substitua os espaços reservados **?** por **%s**. Salve esta versão atualizada do seu arquivo *queries.py*, depois de verificar bem se ele contém um código equivalente ao mostrado aqui:

```
SQL_SESSIONS = """
    select distinct ts from times
"""


SQL_SWIMMERS_BY_SESSION = """
    select distinct swimmers.name, swimmers.age
    from times, swimmers
    where date(times.ts) = %s and
    times.swimmer_id = swimmers.id
    order by name
"""
```

Mudar os espaços reservados não é uma grande edição, mas, se formos honestos, é um pouco chato ter que fazer isso. (As pessoas que criam banco de dados nunca conversam entre si?)

```
SQL_SWIMMERS_EVENTS_BY_SESSION = """
    select distinct events.distance, events.stroke
    from swimmers, events, times
    where times.swimmer_id = swimmers.id and
    times.event_id = events.id and
    (swimmers.name = %s and swimmers.age = %s) and
    date(times.ts) = %s
"""


SQL_CHART_DATA_BY_SWIMMER_EVENT_SESSION = """
    select times.time
    from swimmers, events, times
    where (swimmers.name = %s and swimmers.age = %s) and
    (events.distance = %s and events.stroke = %s) and
    swimmers.id = times.swimmer_id and
    events.id = times.event_id and
    date(times.ts) = %s
"""
```

O que era ? agora é %s.

O código do utilitário do banco de dados precisa de edições também

Duas outras edições também são necessárias, uma em *data_utils.py* e outra em *app.py*.

No momento, *data_utils.py* atribui o nome do arquivo do banco de dados SQLite à variável `db_details`. Ao usar `DBcm` com o MariaDB, a variável `db_details` é atribuída a um dicionário de informações de conexão/credencial. De novo, não é uma grande mudança, mas é importante.

Use o VS Code para ajustar o início do *data_utils.py* para que ele fique assim:

"DBcm" precisa de quatro informações para conectar com sucesso o MariaDB, e elas são atribuídas à variável "db_details" como um dicionário.

```
## db_details = "CoachDB.sqlite3"

db_details = {
    "host": "localhost",
    "database": "swimDB",
    "user": "swimuser",
    "password": "swimpasswd",
}
```

O valor anterior atribuído a "db_details" é comentado. O uso de cerquilhas duplas é uma convenção usada para comentar o código, em oposição a uma única cerquilha, que introduz um comentário real.

Outra incompatibilidade tem relação com como o SQLite e o MariaDB lidam com os timestamps. Enquanto o SQLite retorna timestamps para o código Python como uma string, o MariaDB retorna timestamps como um objeto `datetime`, então outro ajuste é necessário.

Nota: A PSL tem uma biblioteca útil chamada "datetime" que sabe tudo sobre datas no Python.

Use o VS Code para ajustar o início da função `display_swim_sessions` em *app.py* para ficar assim:

```
@app.get("/swims")
def display_swim_sessions():
    data = data_utils.get_swim_sessions()
    ## dates = [session[0].split(" ")[0] for session in data]  # SQLite3.
    dates = [str(session[0].date()) for session in data]  # MySQL/MariaDB.
```

Novamente, comentamos uma linha do código aqui. Pense nas cerquilhas duplas como um lembrete para voltar a esse código em uma data posterior e, talvez, considerar excluir a linha se ela não for mais necessária.

O MariaDB retorna datetimes do Python. Este código converte datetime em uma string de data.

Test Drive

Respire fundo... Você instalou o MariaDB no computador, criou um novo banco de dados e deu a um usuário direitos exclusivos ao seu banco de dados. Você criou as três tabelas necessárias no MariaDB e preencheu as tabelas com as linhas de dados existentes do seu banco de dados SQLite. Também editou (e salvou!) três dos arquivos do webapp: *queries.py*, *data_utils.py* e *app.py*. Com o código do *app.py* carregado no VS Code, escolha **Executar** e **Executar sem depurar** para testar o webapp compatível com o MariaDB:

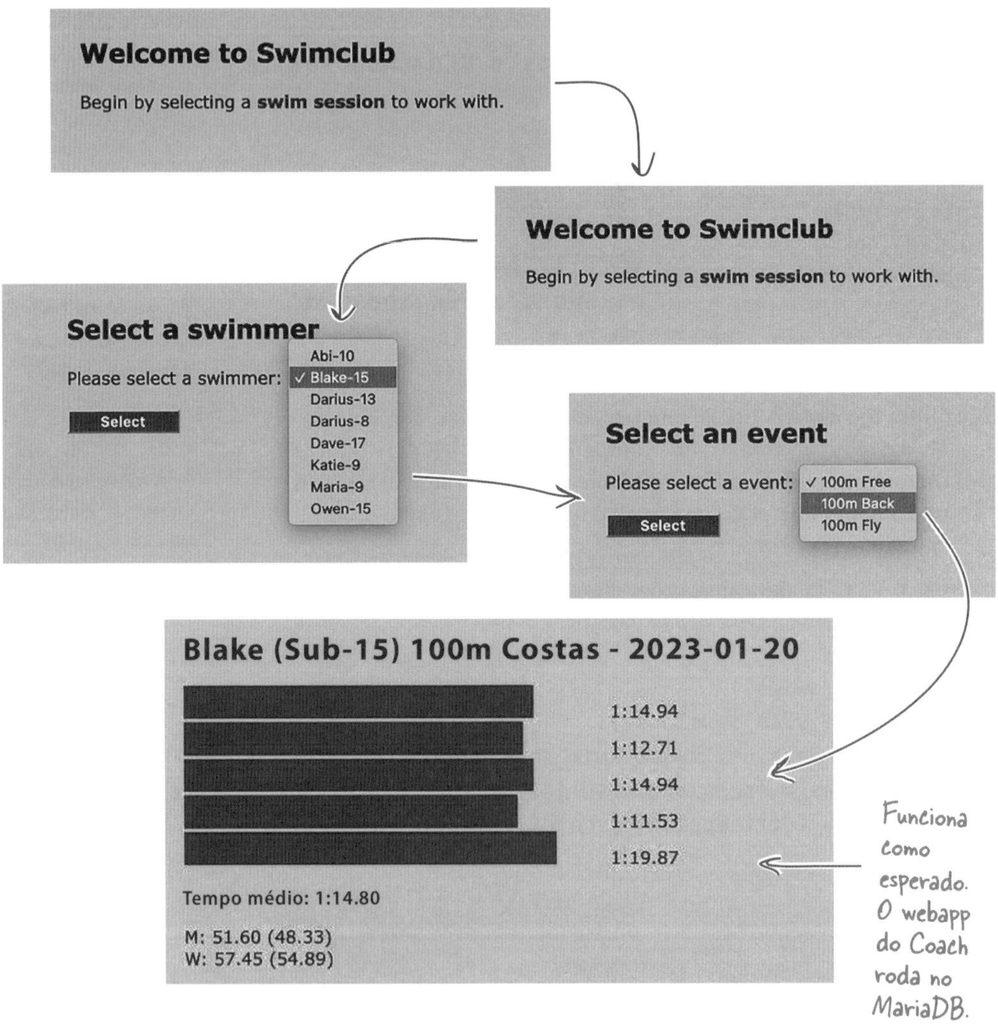

Sim, fazer upload é o primeiro passo.

Mas, há um pouco mais do que parece. Estamos chegando perto de terminar aqui, mas precisaremos de mais do que apenas o código atualizado. Quando se trata de implantar seu webapp mais recente no PythonAnywhere, você ainda precisa *criar* um banco de dados, *definir* suas tabelas e *preencher* as tabelas com os dados *na nuvem*.

No momento, todos os dados do seu webapp residem no banco de dados local do MariaDB (em seu computador). Dito isso, e como você está para descobrir, o processo de implantação é simples. Vamos lá.

Um novo banco de dados no PythonAnywhere

Iremos configurar sua conta do PythonAnywhere para rodar a versão para MariaDB do seu webapp.

Para começar, faça login em sua conta PythonAnywhere e clique na guia **Databases**. O PythonAnywhere usa MySQL (não MariaDB), mas tudo bem, pois o MariaDB é projetado para ser muitíssimo compatível com o MySQL. Digite a senha que você deseja usar com seu banco de dados nas caixas de entrada exibidas na guia **Databases**:

Use a mesma senha do banco de dados local, que é "swimpasswd" para nós, mas deve ser algo secreto para você.

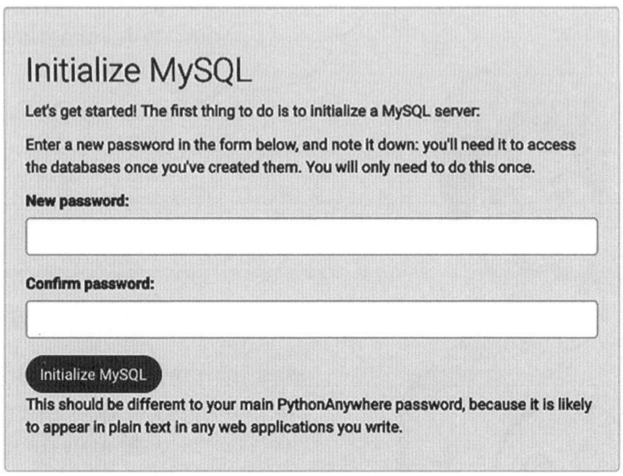

Leia isto!

Com a senha inserida, clique no grande botão (azul online). Depois de um momento, a tela do navegador é atualizada para confirmar que seu banco de dados existe agora. Você já sabe a senha a usar e agora verá as outras três informações de credencial necessárias para estabelecer uma conexão com seu banco de dados a partir do código:

Este é o nome que o PythonAnywhere deu ao seu banco de dados. Parece um pouco estranho (o que é este cifrão inserido), mas não fique preocupado.

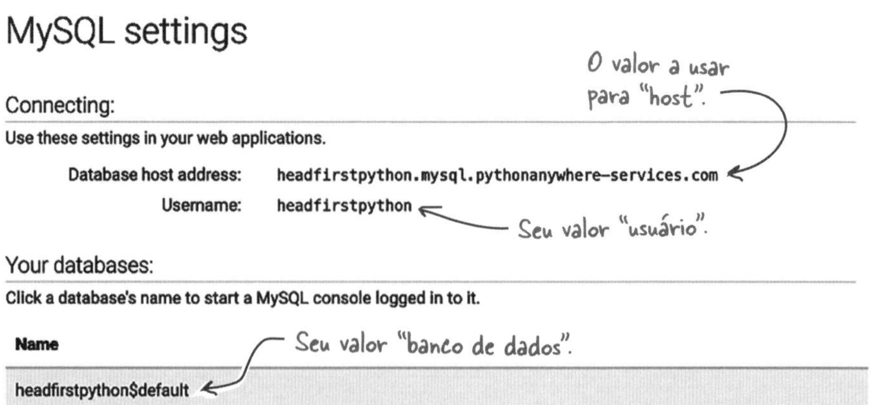

O valor a usar para "host".

Seu valor "usuário".

Seu valor "banco de dados".

Ajuste o dicionário de credenciais do banco de dados

Agora que você conhece as quatro informações de credenciais do banco de dados PythonAnywhere, pode ficar tentado a ajustar seu dicionário `db _ details` no código de *data_utils.py* para usar esses valores específicos da nuvem. Mas se fizer isso, seu código não será mais executado na máquina local...

Você poderia fazer uma nota mental para ajustar seu código dependendo do que está fazendo, mas, confie em nós, você esquecerá em algum momento.

Por sorte, a PSL pode ajudar aqui graças ao seu módulo `platform`. Aqui está o código que explora `platform`, permitindo manter uma única cópia do seu código que seleciona as credenciais a usar com base na plataforma de computação na qual roda: seu computador local ou o PythonAnywhere.

Mais uma vez, a Biblioteca Padrão vem nos socorrer.

Edite data_utils.py para suportar vários locais

Usaremos o VS Code para ajustar o início do *data_utils.py* para que lembre o código mostrado abaixo, que seleciona as credenciais do banco de dados após determinar a plataforma em que seu código roda, *localmente* ou no PythonAnywhere.

```
import DBcm

## db_details = "CoachDB.sqlite3"

import platform


if "aws" in platform.uname().release:
    # Running on PythonAnywhere.
    db_details = {
        "host": "headfirstpython.mysql.pythonanywhere-services.com",
        "database": "headfirstpython$default",
        "user": "headfirstpython",
        "password": "swimpasswd",
    }
else:
    # Running locally.
    db_details = {
        "host": "localhost",
        "database": "swimDB",
        "user": "swimuser",
        "password": "swimpasswd",
    }
```

É uma solução improvisada, mas serve. Se a string "aws" aparece na string de versão associada ao nome da plataforma, a suposição é que seu código roda no PythonAnywhere. Claro, esse código provavelmente falhará se o PythonAnywhere decidir não usar a plataforma em nuvem da Amazon no futuro. Isso jamais aconteceria, né...?!?

Quem se preocupa com segurança provavelmente está surtando neste exato momento, porque aqui estamos não só compartilhando nossas senhas neste livro, mas também colocando-as no código!! Se tivéssemos outras 600 páginas disponíveis, poderíamos realmente nos aprofundar em como escrever para ter segurança no código, mas não é o objetivo do livro.

Copiando tudo para a nuvem

Você criou seu banco de dados no PythonAnywhere e ajustou seu código *data_utils.py uma última vez* para suportar a seleção das credenciais do banco de dados corretas a usar (com base em qual plataforma seu código acha que está rodando). Agora você está pronto para copiar seu código e os dados para o PythonAnywhere.

Preparando código e dados para fazer upload

Primeiro: preparando seu código. Use o utilitário ZIP do sistema operacional para compactar a pasta *webapp*, nomeando o arquivo compactado como *webapp-update.zip*. Isso compactará todos os arquivos em *webapp* e abaixo.

Você não precisa de *todos* os arquivos que estão na pasta "webapp", então fique à vontade para mover os arquivos do notebook (.ipynb) de lá antes de zipar. Apenas o código do webapp, os templates, o CSS e o JSON precisam ser carregados.

Agora os seus dados.

Você pode fazer o upload dos arquivos criados anteriormente neste capítulo, *schema.sql* e *data.sql*, em seguida, usar o comando `source` no PythonAnywhere para executar os comandos no seu servidor MySQL hospedado na nuvem. Mas o fato de você estar usando o MariaDB localmente, aliado ao fato de que o MariaDB e o MySQL foram projetados para serem compatíveis, permite usar uma ferramenta MySQL para migrar todos os detalhes de um banco de dados em uma máquina para outra *usando um único comando.*

O comando `mysqldump` (incluído com o MySQL/MariaDB) permite criar uma cópia não apenas dos dados contidos em qualquer banco de dados, mas também suas definições de tabela. O arquivo produzido contém as definições da tabela do banco de dados *e* os dados.

Um uso típico de "mysqldump" é fazer backups dos bancos de dados em execução.

Este comando pode ser usado para "despejar" tudo de seu banco de dados `swimDB` local em um arquivo chamado *db.sql*:

```
sudo mysqldump swimdb > db.sql
```

Este comando deverá funcionar inalterado se você estiver usando o Linux ou o macOS. É improvável que os usuários Windows tenham acesso ao comando "sudo", então eles devem verificar a documentação do MariaDB específica para Windows para determinar como melhor executar "mysqldump" no Windows. Uma solução sugerida é abrir o "Prompt de Comando do Maria DB" no menu Iniciar do Windows e executar "mysqldump --user=swimuser --password=swimpasswd swimdb > db.sql".

Agora você tem seu código no arquivo *webapp-update.zip* e todos os detalhes do banco de dados no arquivo *db.sql*. É hora de colocá-los no PythonAnywhere...

Não poderia ser mais fácil: basta usar o botão "Upload a file" na guia **Files** do PythonAnywhere para copiar os dois arquivos para a nuvem.

Atualize o webapp com o código mais recente

Com o upload de *webapp-update.zip* e *db.sql*, clique no link "Open Bash console here":

Não se preocupe se a sua lista de arquivos for diferente.

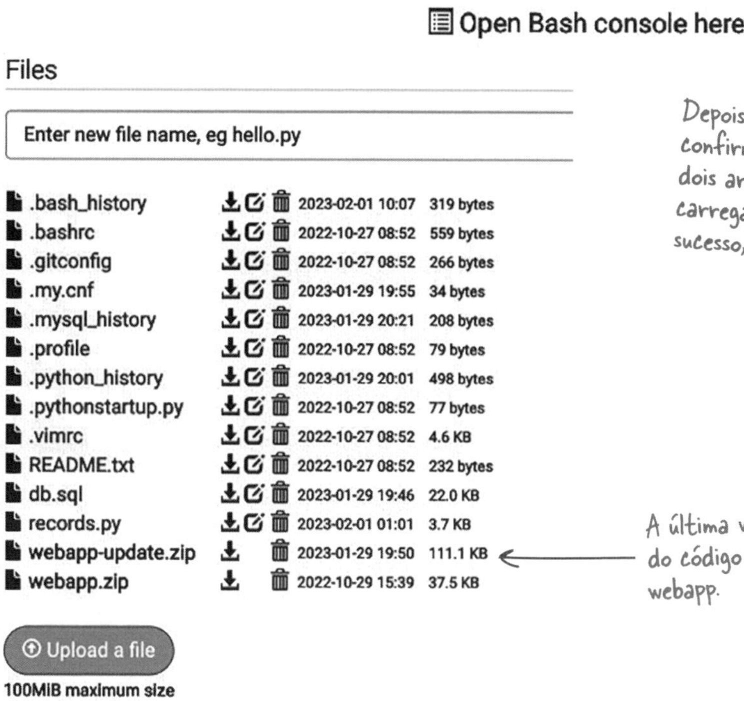

Depois de confirmar que os dois arquivos foram carregados com sucesso, clique aqui.

Aqui está o upload do nosso banco de dados "despejado".

A última versão do código do webapp.

Quando seu console Bash abrir, digite `unzip webapp-update.zip` para extrair o código carregado:

```
19:52 ~ $ unzip webapp-update.zip
Archive:  webapp-update.zip
  inflating: webapp/update_tables.py
  inflating: __MACOSX/webapp/._update_tables.py
  inflating: webapp/app-pre-database.py
  inflating: __MACOSX/webapp/._app-pre-database.py
  inflating: webapp/db.sql
  inflating: webapp/CreateDatabaseTables.ipynb
  inflating: __MACOSX/webapp/._CreateDatabaseTables.ipynb
  inflating: webapp/data.sql
  inflating: webapp/.DS_Store
  inflating: webapp/ReusedCode.ipynb
  inflating: __MACOSX/webapp/._ReusedCode.ipynb
replace webapp/WebappSupport.ipynb? [y]es, [n]o, [A]ll, [N]one, [r]ename:
```

O comando "unzip" do PythonAnywhere substitui os arquivos na pasta "webapp" existente. Digite um "A" maiúsculo quando for pedido para confirmar que é isso que você quer fazer.

Só mais algumas etapas...

Você está quase lá.

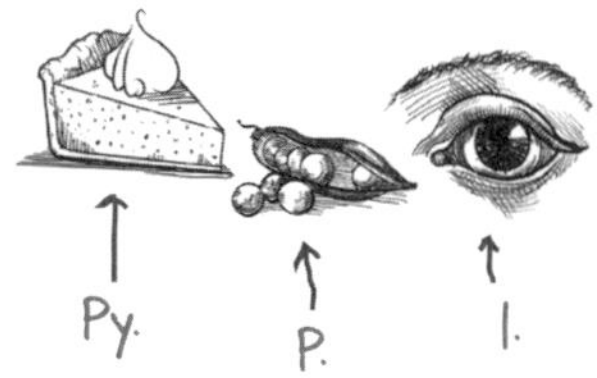

Você carregou o código mais recente do webapp e o descompactou na pasta *webapp* do PythonAnywhere. Mas antes de executá-lo, é necessário instalar o módulo `DBcm`, pois o código do webapp agora depende desse módulo estar disponível. Ele não é instalado no PythonAnywhere por padrão, mas pode ser adicionado com facilidade.

Continuando a trabalhar no console Bash da última página, peça ao comando **pip** do Python para instalar o `DBcm`:

```
python3 -m pip install DBcm
```

Esta pode ser a primeira vez que você viu este comando desde a Introdução deste livro, já que usou o comando %pip em seus notebooks para fazer a mesma coisa. Esta linha de comando instala um pacote nomeado do PyPI em seu ambiente Python.

Executar este comando produz uma série de mensagens de status. Se você vir uma mensagem na parte inferior da saída mostrando que "DBcm" foi instalado com sucesso, então tudo certo.

Sim, código pronto, Coach...

Mas os seus *dados* não.

Fizemos o upload das informações do seu banco de dados para o PythonAnywhere com sucesso, mas os dados ainda não foram importados para o servidor MySQL.

Faremos isso agora.

Preencha com dados o banco de dados na nuvem

Volte à guia **Databases** no PythonAnywhere, clique no link (azul online) associado ao banco de dados recém-criado:

Name

headfirstpython$default

Clicar neste link abre um console MySQL conectado ao banco de dados nomeado. Observe que você é logado automaticamente.

Assim como no mecanismo do banco de dados local do MariaDB, o comando `source` é seu amigo aqui. Digite `source db.sql` para executar todos os comandos e consultas SQL nesse arquivo. Quando o processo terminar, suas três tabelas foram criadas *e* preenchidas com uma cópia dos dados locais:

Você verá muitas outras mensagens "Query OK" na tela do que as mostradas aqui.

```
mysql> source db.sql
Query OK, 0 rows affected (0.00 sec)

Query OK, 0 rows affected (0.00 sec)

Query OK, 0 rows affected (0.00 sec)

Query OK, 0 rows affected (0.00 sec)

Query OK, 0 rows affected (0.00 sec)
```

```
mysql> select count(*) from events;
+----------+
| count(*) |
+----------+
|       14 |
+----------+
1 row in set (0.00 sec)

mysql> select count(*) from swimmers;
+----------+
| count(*) |
+----------+
|       23 |
+----------+
1 row in set (0.00 sec)

mysql> select count(*) from times;
+----------+
| count(*) |
+----------+
|      467 |
+----------+
1 row in set (0.00 sec)
```

Você pode verificar se tudo saiu como o planejado digitando estas três consultas. Parece bom para nós, pois estes totais da linha correspondem aos anteriores.

Hora do Test Drive com o PythonAnywhere

Seu código atualizado é carregado no PythonAnywhere e uma cópia do banco de dados local também é executada no PythonAnywhere. Só resta testar a versão atualizada do webapp. Antes disso, volte à guia **Web** do *PythonAnywhere*, então clique no grande botão (verde online) para reiniciar seu webapp:

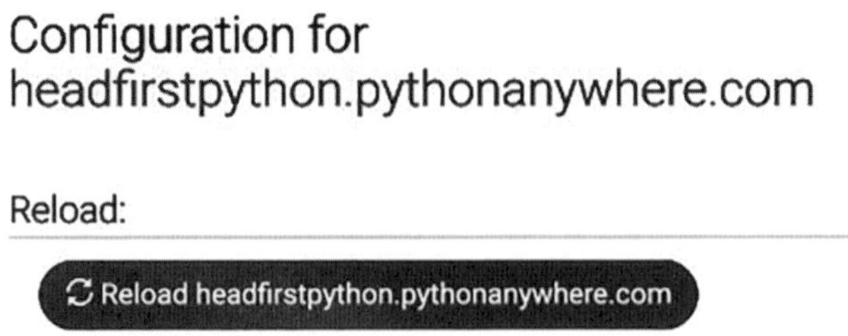

Continue, você sabe que quer: clicar neste botão!

Test Drive

Com o webapp recarregado, clique no link (azul online) do seu webapp para testar.

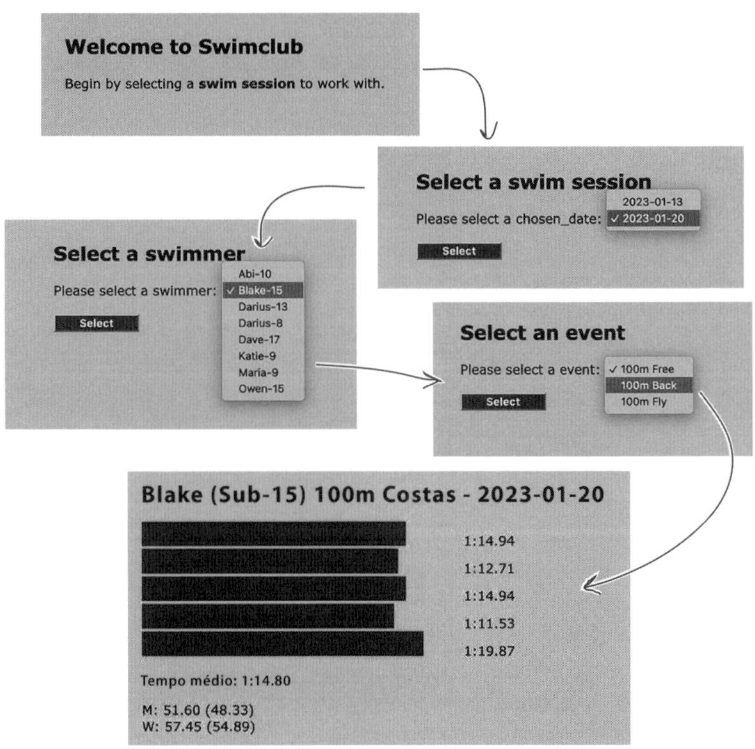

Não é nenhuma surpresa que o webapp rodando no PythonAnywhere com o MySQL corresponda ao comportamento dele rodando em seu computador local com o MariaDB.

Que ótimo. Mas... talvez você não tenha tido tanta sorte!

Se algo deu errado, você pode ter visto uma mensagem de erro concisa, algo parecido com:

Esta mensagem deve ser uma maldição na existência de todo desenvolvedor para web, hein?

Internal Server Error

Something went wrong :-(

Something went wrong while trying to load this website; please try again later.

If it is your site, you should check your logs to determine what the problem is.

Esta mensagem mostra um pouco mais, mas não é muito específica, é?

Agora não entre em pânico se estiver vendo qualquer uma das mensagens. Vire a página para saber o que fazer se algo assim acontecer com você.

Algo errado com o PythonAnywhere?

Nove vezes em dez, quando seu webapp se recusa a rodar no PythonAnywhere, é algo que você fez (ou se esqueceu de fazer).

Sua primeira parada sempre deve ser voltar à guia **Web** no PythonAnywhere e descer até ver a seção que descreve os arquivos de log do webapp:

"Access log" tem informações sobre as interações bem-sucedidas com seu servidor.

"Error log" tem informações sobre as requisições para seu webapp que resultaram em erros (produzindo as mensagens de erro simples da página anterior). Ver este arquivo deve ser sua primeira parada quando algo falha.

Log files:

The first place to look if something goes wrong.

Access log:	**headfirstpython.pythonanywhere.com.access.log**
Error log:	**headfirstpython.pythonanywhere.com.error.log**
Server log:	**headfirstpython.pythonanywhere.com.server.log**

Log files are periodically rotated. You can find old logs here: /var/log

O arquivo "Server log" tem informações sobre a tecnologia de back-end do PythonAnywhere e, embora possa ser menos relevante para a execução do código do webapp, muitas vezes contém mensagens que podem fazer você rir. Se você sabe que o problema não pode ser com seu código, verifique este arquivo de log quanto a problemas no PythonAnywhere.

```
During handling of the above exception, another exception occurred:
**NO MATCH**
Traceback (most recent call last):
  File "/usr/local/lib/python3.10/site-packages/flask/app.py", line 2077, in wsgi_app
    response = self.full_dispatch_request()
  File "/usr/local/lib/python3.10/site-packages/flask/app.py", line 1525, in full_dispatch_request
    rv = self.handle_user_exception(e)
  File "/usr/local/lib/python3.10/site-packages/flask/app.py", line 1523, in full_dispatch_request
    rv = self.dispatch_request()
  File "/usr/local/lib/python3.10/site-packages/flask/app.py", line 1509, in dispatch_request
    return self.ensure_sync(self.view_functions[rule.endpoint])(**req.view_args)
  File "/home/headfirstpython/webapp/app.py", line 23, in display_swim_sessions
    data = data_utils.get_swim_sessions()
  File "/home/headfirstpython/webapp/data_utils.py", line 17, in get_swim_sessions
    with DBcm.UseDatabase(db_details) as db:
  File "/home/headfirstpython/.local/lib/python3.10/site-packages/DBcm.py", line 96, in __enter__
    self.conn = mysql.connector.connect(**self.configuration)
  File "/usr/local/lib/python3.10/site-packages/mysql/connector/__init__.py", line 272, in connect
    return CMySQLConnection(*args, **kwargs)
  File "/usr/local/lib/python3.10/site-packages/mysql/connector/connection_cext.py", line 94, in __init__
    self.connect(**kwargs)
  File "/usr/local/lib/python3.10/site-packages/mysql/connector/abstracts.py", line 1052, in connect
    self._open_connection()
  File "/usr/local/lib/python3.10/site-packages/mysql/connector/connection_cext.py", line 251, in _open_connection
    raise errors.get_mysql_exception(msg=exc.msg, errno=exc.errno,
mysql.connector.errors.DatabaseError: 2003 (HY000): Can't connect to MySQL server on 'localhost:3306' (111)
```

Veja uma entrada de exemplo no arquivo "Error.log". Observe a última linha, que é uma pista muito boa sobre o que falhou.

Trocando Ideias

Alex: Não quero agourar, mas terminamos?

Mara: Qualquer sistema baseado em software está *realmente* terminado?

Sam: Sempre acho que há mais a acrescentar. Mas por ora, penso que temos um sistema que faz o que o Coach precisa. Lembre-se de que ele precisava de um sistema que lhe permitisse aumentar a adesão ao clube, reduzindo drasticamente a quantidade de tempo que ele passava, em suas palavras, "mexendo nas planilhas".

Alex: Acho que foi um longo caminho, não foi?

Sam: Sim. E o código que criamos é bem modularizado.

Alex: E fácil de ler.

Mara: O que já era esperado ao usar o Python, certo?

Sam: Se você me perguntar, estamos bem. Se o Coach voltar com mais "ideias de recurso", estaremos mais do que prontos.

Alex: Acho que nunca abordamos de fato o mecanismo necessário para copiar automaticamente os dados do *Cronômetro Inteligente* do Coach para a nuvem, não é?

Mara: Não é por isso que temos o pessoal DevOps?!?

Sam: Ha! Ha! Sim, é verdade. Sempre ajuda quando esse tipo de coisa se torna *responsabilidade de outra pessoa...*

Alex: Enquanto começamos o próximo projeto?

Sam: Na verdade, eu estava pensando em ir para a praia.

Alex: Temos tempo para uma pausa?

Sam: É claro que sim!

Mara: Você foi de não saber quase nada sobre Python a implantar um webapp baseado em nuvem e orientado a banco de dados que resolve um problema real. Ao longo do caminho, também aprendeu como o Python lida com os dados, como funciona a extração da web e como tecnologias avançadas, como o pandas, podem ser exploradas para ajudar a fazer as coisas. E você viu muitos códigos em Python.

Alex: Acho que ficamos ocupados, não é?

Sam: Só reforça a necessidade de descansar um pouco.

Alex: Certo. Vou pegar minha prancha, e estou pronto para ir.

Mara: É hora de surfar!

Sam: Vamos pegar onda, pessoal!

O Coach é um cara feliz!

Se seu último código funcionar bem na nuvem, qualquer pessoa com acesso ao seu sistema verá suas atualizações mais recentes. Isso inclui o Coach...

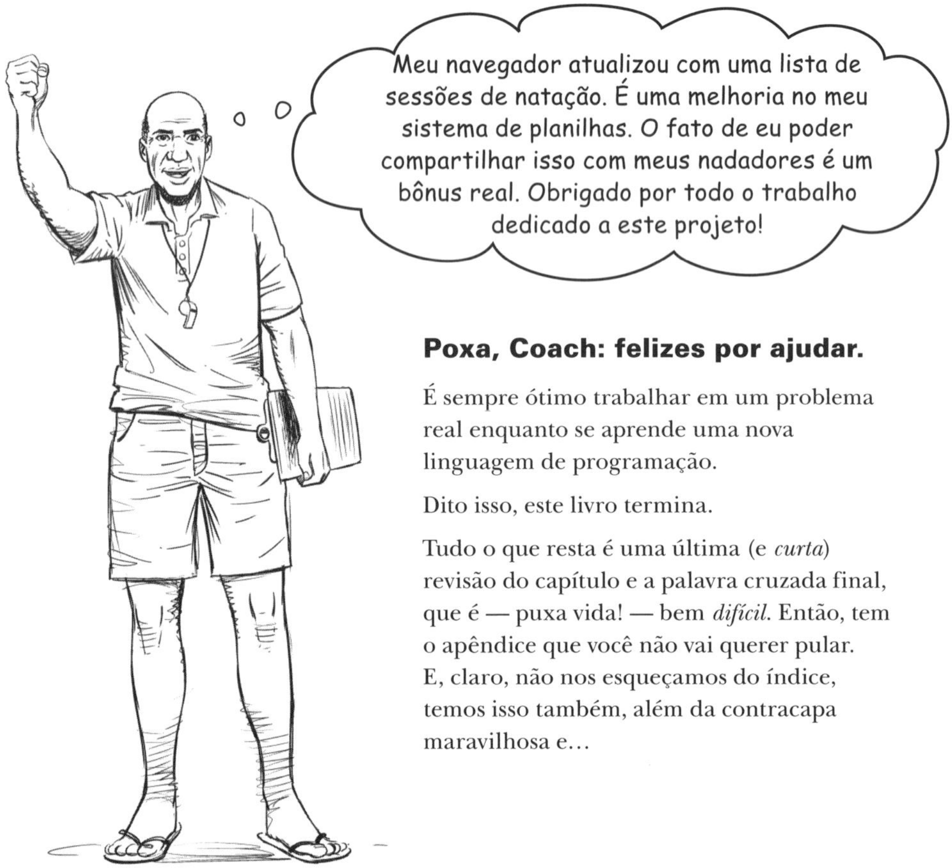

Poxa, Coach: felizes por ajudar.

É sempre ótimo trabalhar em um problema real enquanto se aprende uma nova linguagem de programação.

Dito isso, este livro termina.

Tudo o que resta é uma última (e *curta*) revisão do capítulo e a palavra cruzada final, que é — puxa vida! — bem *difícil*. Então, tem o apêndice que você não vai querer pular. E, claro, não nos esqueçamos do índice, temos isso também, além da contracapa maravilhosa e...

PONTOS DE BALA

- Ir do SQLite para o MariaDB não é difícil, mas você precisa ter os detalhes certos (lembre-se dos ajustes de `autoincrement` para `auto_increment` por exemplo).
- Apesar do SQLite e do MariaDB usarem SQL, seus dialetos diferem de formas sutis. Além disso, os espaços reservados no MariaDB usam **`%s`**, já o SQLite usa **?**, então é preciso ter cuidado aqui.
- As únicas outras alterações no código giraram em torno de definir as credenciais corretas do banco de dados (na variável `db_details`). O resto do código funcionou sem alterações graças ao uso do `DBcm`.

Cruzadinha do Python

Você encontrará todas as respostas para as pistas neste livro (talvez). As soluções estão na próxima página.

Horizontal

2. Um espírito ou um demônio (das antiguidades clássicas). (em inglês)

3. Pode muito bem ser toda a linguagem de programação da qual você precisa.

4. Os cientistas de dados adoram duas linguagens: R e _____________.

6. Esta linguagem de programação homenageia uma famosa trupe de comédia britânica (que, ao que parece, adorava ENLATADOS).

7. No início de 2023, a versão mais recente desta linguagem de programação é 3.11.

Vertical

1. Não mata usando veneno, mas espreme a presa, tirando sua vida (em inglês).

2. Sua linguagem de programação favorita.

3. O tema da XKCD 353.

4. O tema principal deste livro.

5. No início de 2023, é agora uma das linguagens de programação mais populares do mundo.

Respostas na página 598

Cruzadinha do Python Solução

Da página 597

Horizontal

2. Um espírito ou um demônio (das antiguidades clássicas). (em inglês)

3. Pode muito bem ser toda a linguagem de programação da qual você precisa.

4. Os cientistas de dados adoram duas linguagens: R e _______________.

6. Esta linguagem de programação homenageia uma famosa trupe de comédia britânica (que, ao que parece, adorava ENLATADOS).

7. No início de 2023, a versão mais recente desta linguagem de programação é 3.11.

Vertical

1. Não mata usando veneno, mas espreme a presa, tirando sua vida (em inglês).

2. Sua linguagem de programação favorita.

3. O tema da XKCD 353.

4. O tema principal deste livro.

5. No início de 2023, é agora uma das linguagens de programação mais populares do mundo.

Da próxima vez que você tiver um problema para resolver, crie um novo notebook Jupyter no VS Code e comece a digitar. Desejamos todo o sucesso enquanto você continua trabalhando e aprendendo sobre Python. Só não se esqueça de ler o apêndice...

página em branco *intencional*

Apêndice

Dez Coisas Principais que Não Cobrimos

Acreditamos muito que é importante saber quando parar.

Especialmente quando o autor é da *Irlanda*, uma nação famosa por produzir indivíduos com o dom de não saber bem quando parar de falar. 😉 Adoramos falar sobre Python, nossa linguagem de programação favorita. Neste apêndice, apresentamos as dez principais coisas que, dadas cerca de seiscentas páginas ou mais, gostaríamos de detalhar no *Use a Cabeça* para lhe contar tudo. Há informações sobre classes, tratamento de exceções, testes, uma morsa (sério, uma *morsa*? Sim: uma *morsa*), switches, decoradores, gerenciadores de contexto, simultaneidade, type hints, ambientes virtuais e ferramentas do programador. Como dissemos, há sempre mais para falar. Então, vá em frente, vire a página e aproveite as próximas páginas!

1. Classes

Dependendo do seu histórico em programação, você pode considerar a exclusão, por parte deste livro, de como criar uma **classe** no Python uma *curiosidade*, uma *afronta* ou *algo irrelevante.*

Em algumas linguagens de programação é quase impossível fazer algo útil até que você defina uma **classe**. Como esperamos que este livro demonstre, este *não* é o caso no Python. Se antes de migrar para o Python você usou uma linguagem baseada em classes, considere esta pergunta: *Conforme trabalhou neste livro, chegou a sentir falta da palavra-chave* `class`?

Não é que somos contra as classes...

Somos mais contra a ideia de que usar classes para *tudo* é por onde você deve começar.

Com base no código trabalhado nesta edição do *Use a Cabeça Python*, seria compreensível pensar que o Python não suporta a criação de classes personalizadas. Ele suporta sim, sobretudo a herança (inclusive o tipo múltiplo), as instâncias, os atributos, os métodos, as variáveis privadas e afins. Se a *programação orientada a objetos* (OOP) é a sua praia, pode contar com o Python.

E se a OOP *não é*, também pode contar com ele.

Mas, e se realmente precisar criar uma classe sua?

Quando precisamos definir uma nova classe, trabalhamos com uma série de perguntas em um esforço para nos convencer de que realmente precisamos de uma. Veja o que perguntamos:

1. **Será que um dicionário serve?**
   Se tudo o que você precisa é de uma forma de agrupar valores de dados nomeados, use um dicionário e não uma classe. Você será muito mais feliz.

2. **E quanto a definir uma classe usando um dataclass predefinido?**
   A PSL tem um módulo chamado `dataclass`. Esse módulo existe para facilitar a criação de uma classe personalizada no Python com o mínimo esforço.

3. **E quanto ao uso do pacote attrs de terceiros?**
   O PyPI tem o `attrs` muito respeitado, considerado um superconjunto do `dataclass` predefinido. Como o último, ele trabalha muito para ajudá-lo a não escrever todo o código necessário para criar sua própria classe personalizada.

Se você acabar respondendo *não, não* e *não* às três perguntas, fique à vontade para criar sua própria classe personalizada. A documentação do Python (sobretudo o Capítulo 9 do *Tutorial do Python*) é um bom ponto de partida.

Como é o código da classe do Python?

Quando você se deparar com um código do Python escrito como uma classe, fique atento a algumas coisas para entender primeiro o que está acontecendo. A título de ilustração, veja uma implementação (bem simplificada) de classe do exemplo do baralho de cartas, visto pela primeira vez, em toda a sua glória, no Capítulo 0.

O código a seguir continua a usar um **conjunto** como a estrutura de dados subjacente. Mas este código usa uma classe para *ocultar* os detalhes da implementação. Baixe o código na página GitHub deste livro. O notebook se chama *Cards-Class.ipynb*:

Toda classe começa com a palavra-chave "class" e pode (opcionalmente) herdar das classes existentes. Esta classe não herda de outra classe nomeada.

Quando uma função é definida dentro de uma classe, ela se transforma em um método, mas somente se inclui o nome "self" como seu primeiro parâmetro. Esta é uma referência para o identificador da instância de classe atual (e muitas vezes chamado "this" em outras linguagens de programação).

As quatro funções desta classe são métodos (todos eles têm "self" como seu primeiro parâmetro).

```
import random

class CardDeck:
    def __init__(self):
        self.reset()

    def reset(self):
        suits = ["Clubs", "Spades", "Hearts", "Diamonds"]
        faces = ["Jack", "Queen", "King", "Ace"]
        numbered = [2, 3, 4, 5, 6, 7, 8, 9, 10]
        self.deck = set()
        for suit in suits:
            for card in faces + numbered:
                self.deck.add(f"{card} of {suit}")

    def draw(self):
        card = random.choice(list(self.deck))
        self.deck.remove(card)
        return card

    def __len__(self):
        return len(self.deck)
```

Este método dunder é o inicializador da classe.

O conjunto "deck" é visível para a classe inteira, então seu nome é prefixado com a palavra "self" para permitir isso.

Os nomes das variáveis não prefixados com "self" não são atributos da classe. São variáveis normais cujo escopo fica restrito à função na qual estão definidas.

Ah ha! Veja isto... há uma função chamada "dunder len". Uma classe pode redefinir um método dunder para ajustar o que acontece quando um método dunder é chamado.

Vejamos a classe em ação na próxima página.

Jogando cartas com uma classe

Crie uma nova instância da classe "CardDeck" e chame-a de "deck".

```
deck = CardDeck()
```

```
len(deck)
```

52

Use a BIF "len" para ver o tamanho do baralho de cartas recém-criado. Isso se transforma em uma chamada para o método "__len__".

```
for _ in range(5):
    print(deck.draw())
```

Tire cinco cartas do baralho e mostre-as na tela.

```
7 of Hearts
Queen of Spades
2 of Spades
9 of Clubs
9 of Diamonds
```

```
len(deck)
```

47

Com certeza, o comprimento do baralho diminuiu.

Restaure o baralho com seu conjunto completo de cartas.

```
deck.reset()
```

```
len(deck)
```

52

De novo com 52 cartas (confirmado por outra chamada para "dunder len").

Ao longo do livro, fizemos um bom trabalho *ignorando* os dunders sempre que chamávamos o combo mambo **print dir**. Porém, não é possível ignorar os dunders ao criar as classes do Python.

Outro lugar onde os dunders brilham é em relação à instrução **with**. Dois dunders, `__enter__` e `__exit__`, fornecem ganchos para qualquer mecanismo de inicialização e limpeza da instrução **with**. Um exemplo pode ser encontrado no código de `DBcm`.

Interessado em aprender mais sobre dunders? Veja a última página deste apêndice.

2. Exceções

Ao longo do livro, presumimos (de forma bem ingênua, para ser honesto) que o nosso código era executado sem nenhum erro *inesperado* durante a execução. Que no Mundo Real™ é o que sempre acontece, né?

Quando as coisas dão errado, o Python *gera uma exceção.* Quando surgia uma exceção na execução, evitávamos lidar com ela *codificando uma alternativa.* Na verdade, assegurávamos que a exceção não ocorresse, então não nos preocupávamos com isso. Problema *resolvido.* Funciona bem como estratégia... até o momento em que surge uma exceção inesperada durante a execução. Quando acontece, as coisas falham, e falham muito.

A "solução" nunca é esperar o melhor, ignorar as exceções na execução e continuar. Uma estratégia melhor é *pegar* a exceção gerada *antes* que ela pare seu código. Você pode fazer isso com o mecanismo `try... except...` do Python.

Aqui está um exemplo de `try` em ação:

Pode haver um pecado maior na programação do que dividir um número por zero?!?

```
1 / 0
```

```
---------------------------------------------------------------------------
ZeroDivisionError                         Traceback (most recent call last)
/Users/barryp/Desktop/THIRD/Learning/TopTen.ipynb Cell 1 in 1
----> 1 1 / 0

ZeroDivisionError: division by zero
```

Quando você peca, coisas ruins acontecem.

```
try:
    1 / 0
except ZeroDivisionError:
    print("It's the end of our world as we know it!")
except:
    print("Something else has gone terribly wrong (gulp).")
```

```
It's the end of our world as we know it!
```

Você pode ter qualquer quantidade de blocos "except", inclusive este genérico.

Usar "try" com "except" permite pedir perdão. A exceção gerada é capturada e lidada (sem interrupções).

3. Teste

Continuando com a página anterior, outra estratégia útil para *evitar* bugs no código é usar testes automatizados para garantir que seu código seja executado como esperado.

O Python tem a biblioteca `unittest` predefinida, que é modelada com uma tecnologia de teste parecida desenvolvida originalmente para Java. Apesar de fazer parte da PSL, a `unittest` não é a ferramenta de testes automatizados recomendada hoje, tendo sido substituída, aos olhos de muitos programadores Python, por `pytest`.

Se você escreve um código que espera colocar em produção, então deve escrever testes para esse código também. Quando se trata de aprender `pytest`, recomendamos qualquer coisa de *Brian Okken*.

Nosso livro favorito sobre "pytest" que, se você leva a sério testar seu código Python, deve ser o seu favorito também.

Brian também é metade da equipe do podcast "Python Bytes". Brian, junto com Michael Kennedy, ajuda a manter todos atualizados com uma revisão semanal de tudo sobre Python. Michael também hospeda o podcast "Talk Python To Me", que também vale a pena assinar. Como se não bastasse (onde ele encontra o tempo?!?!), Michael administra o site "Talk Python Training", que oferece todo curso de treinamento online para a comunidade de programação Python.

4. Operador morsa

O operador := se chama oficialmente **expressão de atribuição**, mas é conhecido no mundo inteiro como operador *morsa*. O operador morsa permite combinar uma atribuição e uma expressão, normalmente substituindo duas linhas de código por uma. Veja um exemplo rápido (e totalmente artificial):

O nome "morsa" não tem relação com os Beatles (infelizmente) e tudo com como o operador é visto. Se você olhar o operador e inclinar a cabeça para a direita, acabará vendo algo que tem dois olhos e dois dentes grandes. Parece uma morsa...

:=

A parte da atribuição: atribua aleatoriamente um número inteiro a "x".

A parte da expressão: exiba uma das duas mensagens com base no valor atribuído de "x" (e, sim, sabemos que este exemplo é emocionante demais para colocar em palavras).

```
import random

x = random.randint(0, 10)

if x < 5:
    print(f"{x} is less than five!")
else:
    print(f"{x} is five or greater.")
```

```
6 is five or greater.
```

O operador morsa permite *combinar* as linhas de atribuição e expressão do código:

A combinação de atribuição e expressão. O uso do operador morsa permite atribuir à variável e testar seu valor de uma só vez, e em uma linha.

```
if (x := random.randint(0, 10)) < 5:
    print(f"{x} is less than five!")
else:
    print(f"{x} is five or greater.")
```

```
4 is less than five!
```

Se você está pensando em um caso de uso para o operador morsa, achamos que ele se destaca quando usado com um list comprehension de filtragem.

Grande coisa, hein? Bem... a adição do operador morsa ao Python causou certo rebuliço. As coisas esquentaram. Linhas de batalha foram traçadas. Um ditador estabelecido foi *derrubado*. Tudo ficou muito hostil e não Python por um tempo, até que todos (felizmente) se acalmaram. *Nosso conselho é simples*: se você gosta da aparência do operador morsa, vá em frente e use-o. Do contrário, não faça isso. *Tanto faz, não é nenhum problema.*

5. Onde fica o switch? Qual switch?

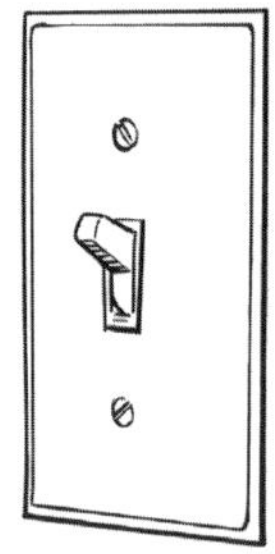

Uma pergunta comum quando os programadores conhecem o Python é perguntar: O Python tem uma *instrução switch?* Por quase trinta anos, todo programador Python respondeu negativamente, e apontava uma instrução **if** com várias opções (que faz a mesma coisa):

Veja um switch!

Continue procurando até encontrar uma correspondência. Este código funciona, mas está longe de ser bonito.

```
thing = "a"

if thing == 1:
    print("You look like a 1.")
elif thing == "A":
    print("You look like an UPPERCASE A.")
elif thing == "a":
    print("You look like a lowercase a.")
else:
    print("We've no idea what you are.")
```

```
You look like a lowercase a.
```

Considerando ambos, qual você acha mais fácil de ler?

O lançamento do Python 3.10 mudou *tudo*, com o acréscimo da instrução `match` à linguagem. Ainda não temos uma *instrução switch*, mas quem precisa de uma quando você tem `match`? Veja:

Este código faz a mesma coisa que a instrução "if" com várias opções mostrada acima.

```
thing = "a"

match thing:
    case 1:
        print("You look like a 1.")
    case "A":
        print("You look like an UPPERCASE A.")
    case "a":
        print("You look like a lowercase a.")
    case _:
        print("We've no idea what you are.")
```

```
You look like a lowercase a.
```

Como um acréscimo relativamente novo ao Python, você pode ter dificuldades para encontrar exemplos de seu uso no código de produção. Mas lhe dê um tempo, e isso mudará.

6. Recursos avançados da linguagem

Na edição anterior deste livro, nos esforçamos para mostrar como criar seu próprio **decorador** personalizado, bem como seu próprio **gerenciador de contexto** personalizado. Nesta edição, a ênfase é menos a criação e mais o *uso* desses recursos da linguagem.

Você usou um decorador ao escrever o código do Flask para o webapp do Coach, por exemplo:

Esta é a linha do decorador, que é fácil de identificar, pois é prefixada com o símbolo @.

```
@app.get("/files/<swimmer>")
def get_swimmers_files(swimmer):
    return str(swimmers[swimmer])
```

Parece que alguém está pronto para o Python avançado. Mas você não precisa ser um super-herói para ser eficaz usando o Python.

Um decorador de função permite colocar em uma de suas funções o código de outra função, transformando-a de alguma forma. Normalmente, o decorador retorna uma função para *substituir* a sua.

Agora... acabamos de reler o parágrafo anterior e, mesmo que o tenhamos escrito, a descrição ainda nos assusta. Em nossa experiência, a maioria dos programadores Python nunca precisa criar um decorador (que pode ser *difícil* de acertar), mas precisa saber usá-lo (o que é sempre *fácil*). O mesmo vale para os **gerenciadores de contexto**.

A tecnologia do gerenciador de contexto do Python está ligada à instrução **with**, e você já viu muita instrução **with** neste livro. Mais recentemente, usou a instrução **with** com `DBcm`, criando um código como:

Este código usa o gerenciador de contexto "DBcm" para conectar a instrução "with".

* Ponto chave * Você não precisa saber criar um gerenciador de contexto para utilizar um. Só tem que ser capaz de usá-lo como parte de uma instrução "with".

```
with DBcm.UseDatabase(db_details) as db:
    for fn in files:
        name, age, distance, stroke = fn.removesuffix(".txt").split("-")
```

Criar decoradores personalizados e gerenciadores de contexto não é o único recurso avançado que evitamos neste livro. Há também coisas como **geradores**, **tipos abstratos** e **metaclasses**. Para os leitores que desejam aprender mais sobre estes e outros recursos avançados da linguagem Python, veja a última página deste apêndice para saber os próximos passos recomendados.

7. Simultaneidade

Às vezes, você precisa fazer mais de uma coisa ao mesmo tempo em seu código. E, assim como o malabarismo da vida real, pode ser difícil controlar as coisas.

Há muitos Coaches para controlar...

O Python suporta várias tecnologias de programação simultâneas. Talvez você precise baixar dados de dez locais diferentes *ao mesmo tempo*? Se acha que precisa codificar uma solução onde diferentes partes do seu código *parecem* ser executadas ao mesmo tempo, você tem opções.

Só para esclarecer, nem todo mundo precisa fazer isso. É considerada uma técnica avançada.

Para começar, existem *threads* e o módulo `threading` predefinido da PSL é onde você desejará começar. Se o thread granular não é do que você precisa, há o módulo `multiprocessing`, que roda no *nível do processo*. E temos o suporte predefinido do Python para a *programação assíncrona* usando as palavras-chave **async** e **await**, além do módulo `asyncio`. Há também muitos módulos de terceiros no PyPI.

Relaxe

Talvez não precise programar "simultaneamente".

Houve muito alvoroço em torno da adição de **async** e **wait** ao Python. Tanto que, de fato, seria compreensível pensar que todo programador Python precisa dominar a programação assíncrona por medo de ficar para trás. Isso não poderia estar mais longe da verdade. Essa programação é avançada, e não é para todos. Se você precisar, saberá.

8. Type Hints

Se quiser começar uma briga em uma conferência Python, faça uma declaração pública extremamente provocadora sobre o uso de type hints no código de todos.

As type hints permitem adicionar uma notação *opcional* às assinaturas da função para *sugerir* os tipos de argumento esperados, bem como especificar o tipo de retorno da função.

A palavra-chave aqui é "opcional."

Se sua função *espera* uma string como seu único parâmetro, então *retorna* uma lista para quem chama, as type hints permitem especificar isso no código. Os outros programadores poderão ler o seu código, identificar as type hints e (espera-se) não enviar algo diferente de uma string como argumento, nem esperam receber algo que não seja uma lista.

Algumas ferramentas de terceiros do desenvolvedor (com `mypy` do PyPI sendo a mais famosa) podem pré-processar seu código e garantir que as chamadas para as funções estejam em conformidade com a assinatura do tipo sugerida, reclamando alto ao detectar uma infração. Pode ser útil saber isso.

De forma crítica, o Python *ignora* todas as type hints. Se você envia um dicionário para uma função que espera uma string, o Python aceita-o sem problemas, envia o dicionário para a função e, como todos, cruza os dedos esperando pelo melhor. Não há nenhum mecanismo predefinido no Python para verificar uma chamada com as type hints (e provavelmente nunca haverá). Afinal, as type hints são opcionais.

9. Ambientes Virtuais

Se você procura e encontra aleatoriamente um tutorial online para qualquer recurso importante do Python, as chances são de que o tutorial pedirá para criar um novo ambiente virtual *antes* de começar. Suspiro.

Agora, não entenda mal aqui: não consideramos isso um conselho ruim, mais *equivocado*. O problema é que você precisa saber um pouco sobre como o Python funciona para aproveitar o que um ambiente virtual oferece e se você for novato, talvez ainda não esteja pronto. Além disso, quando as coisas dão errado ao configurar um novo ambiente virtual, a confusão reina. E a maioria dos tutoriais apresenta os conselhos de tal forma que parece que um ambiente virtual *deve* ser criado para fazer *qualquer coisa* com o recurso do Python sendo examinado, quando claramente *não é o caso*.

Então... o que é *ambiente virtual* e por que você pode querer usar um?

Um ambiente virtual é uma instalação *limpa e nomeada* do Python. Aqui "limpa" significa que as únicas coisas instaladas no ambiente virtual são o próprio Python e a PSL. A parte "nomeada" se refere ao fato de que cada ambiente virtual recebe um nome individual e não deve ser nenhuma surpresa que você possa ter tantos ambientes virtuais em seu computador quanto o espaço em disco permite (e pode pensar em nomes únicos).

Agora — e esta é uma *visão importante* — , se você instala um pacote do PyPI em um ambiente virtual, ele *só* fica disponível *nesse* ambiente virtual nomeado. Não fica disponível nem no Python "principal" instalado no computador. O ambiente virtual de fato oculta e compartimenta uma versão do Python para você.

Como já deve ter imaginado, muitas vezes é considerada uma boa prática criar um ambiente virtual para cada projeto do Python. Isso permite instalar apenas os pacotes de que seu projeto precisa, com a certeza de que você não está estragando nada mais. Por que isso é importante fica claro quando você considera que um ambiente virtual pode instalar qualquer lançamento/ versão do Python, bem como qualquer lançamento/versão de um pacote PyPI. Então, se você tem um projeto que precisa do Flask v1 para rodar e outro projeto que precisa do Flask v2, basta colocar cada projeto em seu próprio ambiente virtual. Isso lhe dá a flexibilidade de instalar qualquer versão do Flask em cada ambiente *quando necessário*.

Você pode estar se perguntando: "Por que não criamos um ambiente virtual para o webapp do Coach?" É uma pergunta válida. Lembre-se de que o objetivo deste livro é dar a você uma base na programação em Python, não no uso de qualquer ferramenta de gerenciamento de projetos em particular (o que também explica por que não mostramos nosso uso do Git).

Como na maioria das coisas em Python, você não precisa usar ambientes virtuais se não quer. O uso é *opcional*. Assim, os ambientes virtuais lembram uma ferramenta como o Git. Não é preciso usar o Git com todos os projetos... se não quer. Depende de você. O mesmo vale para os ambientes virtuais. Cabe a você decidir quando usar um.

Dito isso, se você quiser olhar, comece com o módulo `venv` da PSL.

Falando nisso, muitos programadores Python abreviam "ambiente virtual" usando "venv" (que também é o nome do módulo predefinido).

10. Ferramentas

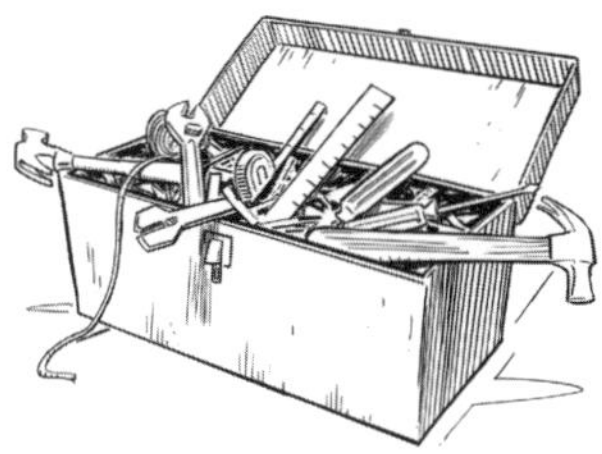

Há muitas ferramentas projetadas para sua vida como desenvolvedor Python ser a mais produtiva possível. Neste livro, o *VS Code* e o *Jupyter Notebook* proporcionam um excelente ambiente de aprendizagem, e encorajamos você a continuar contando com os notebooks ao iniciar um novo projeto, independentemente dos seus objetivos.

Editores de código do programador (e IDEs)

É muito raro encontrar um editor de código sem grande suporte para o Python, e não importa seu editor favorito, você provavelmente gostará do destaque da sintaxe do código e muito mais. O suporte direto para os notebooks, como o fornecido pelo *VS Code*, é menos universal, mas está se tornando um plugin cada vez mais popular para os editores modernos.

Se prefere um IDE completo, há opções. O IDE mais usado é o *PyCharm*, mas não se esqueça do muito competente *Wing Python IDE*. Os dois IDEs (com ajustes) têm suporte para os notebooks.

Formatadores de código

Lá vem treta! 😉

Se você pergunta a um grupo de programadores da maioria das outras linguagens de programação como eles formatam seu código, recebe muitas sugestões (possivelmente uma sugestão diferente de cada um). Faça a um grupo de programadores Python a mesma pergunta, e eles provavelmente responderão: "Basta usar o *Black*". Considerado o próprio *Formatador de Código Inflexível*, o *Black* reformata seu código com um padrão acordado, sem perguntas nem piedade. Você pode adicionar o *Black* ao seu ambiente Python de dentro de um notebook com o comando `%pip install black`. Se fizer isso dentro do *VS Code*, terá acesso a um menu pop-up contextual clicado com o botão direito que permite aplicar o padrão de formatação de código do *Black* a uma célula de código individual ou em todo o notebook. Fofo.

Um dos "padrões" do Black é formatar as strings com aspas duplas, o que ajuda a explicar por que este livro prefere as aspas duplas às aspas simples nas strings.

Existem outros formatadores de código disponíveis caso o *Black* não atenda às suas necessidades. Comece a pesquisar e encontre o que está disponível no PyPI.

Subindo o nível com os notebooks

Se você gosta de trabalhar com o Jupyter Notebook e quer subir de nível, confira o projeto *nbdev*, que permite criar, testar, documentar e distribuir pacotes Python de dentro do ambiente do notebook. E se você gosta do que é feito, e for a sua praia, ofereça-se para criar um logotipo bacana para o projeto.

Sim, muitas. 😉

Reserve um tempo para rever o notebook *TopTen.ipynb* incluído aos materiais de download deste livro. Nele, você encontrará o código deste apêndice e os links clicáveis para as coisas referidas nas últimas dez páginas.

Além dessa sugestão, encorajamos que você programe, programe e programe um pouco mais com o Python. E desejamos toda a diversão do mundo ao fazer isso.

Para *se aprofundar* no Python como linguagem, há apenas um livro que se encaixa na nossa visão: o maravilhoso *Fluent Python* de Luciano Ramalho (agora em sua segunda edição) (*Python Fluente* , 1ª ed. publicada no Brasil).

Este livro tem muita informação em suas + 1.000 páginas. Não é realmente um livro para "ler", é mais para "estudar". É um recurso maravilhoso para qualquer pessoa que queira saber quase tudo o que há para saber sobre Python. Ele presume que você conheça os fundamentos da linguagem, o que graças ao livro que acabou de estudar — você conhece!

Índice

Símbolos

A

B

C

D

G

H

I

N

O

P

Este livro foi impresso nas oficinas gráficas da Editora Vozes Ltda.,
Rua Frei Luís, 100 – Petrópolis, RJ.